世界传世藏书

【图文珍藏版】

二战通史

马博⊙主编

第二册

线装书局

十四、困兽犹斗

（一）犹斗的法西斯困兽

希特勒的"台风"行动计划也如闪击战计划一样在苏军的顽强阻击下遭遇了又一次破产，而这位独裁者在又一次歇斯底里的叫骂之后，命令德军统帅部立即制订新的进攻莫斯科的计划。11月7日，就在苏联举行红场阅兵式的当天，德军也拿出了他们的新计划：在莫斯科正西方向的第4集团军进行正面防守牵制苏军，而调派军队从莫斯科西北和西南方向对莫斯科主攻。

为了能一举攻占苏联首都，德军统帅部进行了密集的军队调动：第4装甲集群在第4集团军左翼向东北方向进攻，并从北面包围莫斯科；第3装甲集群从加里宁地区南调向第4装甲集群靠拢，由施特劳斯大将率领，掩护北翼，第3和第4装甲集群并肩向莫斯科河—伏尔加河运河推进。第2集团军则负责掩护南翼；古德里安的第2装甲集群在攻占图拉后，越过莫斯科河，沿莫斯科南郊的边缘向东北方向的卡希拉、科洛姆纳和莫斯科以东进攻。最北面的第9集团军向正东方向推进，占领伏尔加水库大坝。之后，德军在莫斯科南北的装甲兵就南北对进，最终完成对莫斯科的合围。

在希特勒眼里苏军显然已经到了山穷水尽的地步，他们的战线被德军攻得凌乱不堪，法西斯大军只需最后用手指头轻轻一推，莫斯科就会彻底完蛋。他们要向苏军发起最后一击。而受命在前线厮杀的包克元帅心里最清楚：过长的战线、补给的不足、恶劣的气候，一切都消耗着德军最后的力气，他们已经是强弩之末。但他万万不能违背希特勒的意愿，他们已经如此接近胜利，莫斯科触手可及，希特勒绝不会在这个时候放弃。最后他把进攻时间确定在了11月15日到17日。

德军的调兵遣将并没有逃过苏军的眼线。西方面军的指挥部里，人们各司其职在忙碌着，朱可夫身披着皮大衣站在桌旁，眼睛不错神地盯着桌子上的地图，不时地等待新的战况报告。情势紧急，他已经顾不上睡觉了。

德军的两翼包抄、分兵合围已不是什么新鲜招数了，目前，北面的罗科索夫斯基和南面的扎哈尔金面临更严重的困境，部队伤亡巨大，番号正在一天天地减少，预备队一批批地被调出投入战斗，他手头的余地也越来越小。

朱可夫不止一次地向总参谋部要求增援，总参谋长沙波什尼科夫也答应尽快调配，而事实是，西方面军迟迟得不到增援，现在战斗正在苏联境内全面开花，各地都在用人之际，都需要后援。除了大本营里必须由斯大林亲自调遣的预备队，他根本不能指望。

一切只能靠自己。朱可夫重新梳理前线的战况，一路一路地分析着德军的兵力分布，直到在正西方中央地区发现了什么，他的嘴角突然露出了一丝不易察觉的微笑。想想当初包克就是用两翼合围包抄的办法把巴普洛夫逼入绝境，而今他故技重演，但加强了两翼必然在中央方向相对薄弱。想到这，朱可夫立刻决定召开紧急会议。尽管有些冒险，但在如今的情势之下，这已经是最好的办法，他当即决定从中间抽调部分兵力补充两翼。

这时，斯大林的电话到了，找朱可夫通话："我想知道前线的战况，北方的情况怎么样了？"

"敌人前出到了伏尔加河，我们已经没有了后备兵力，罗科索夫斯的部队很可能会被压到河对岸。"

斯大林立刻说："无论如何，不得后退一步。想办法增加兵力。"

"没有了，后备部队已经全部投入到沃洛科拉姆斯克方向了。"朱可夫无奈地说。

11月10日的时候，斯大林的电话再一次打来。

"敌人现在的情况怎么样？"斯大林直截了当地问。

"敌人突击集团的集中似乎完成，预计不久将会转入反攻。看样子他们又想搞南北合围。"

"他们会在什么地方进行主要攻击？"

"预计北面会在沃洛科拉姆斯克地区，就是潘菲洛夫师的防区实施强大的攻击，而古德里安的集团军很可能将从南边绕过图拉向卡希拉突击。"

"我和沙波什尼科夫认为，我军应该发动一次先发制人的反突击，以粉碎敌人正在组织的进攻。反突击的地点就选在你刚才提到的沃洛科拉姆斯克，另外再从谢尔普霍夫地区向德军第4集团军实施另一次反突击，给德国人一个迎头痛击。"

突如其来的强制命令让朱可夫不知所措，在他看来这种想法根本就是不切实际的，于是他急忙问："斯大林同志，是不是其他战线的情况有了什么变化，使您说的反突击有了实现的可能。"

"眼下各条战线的形势仍然很紧张，敌人还在不断地逼近，也正因如此我们更有必要进行反攻！"

"我们用什么兵力反攻呢？光靠西方面军目前的兵力我们只能防御！"朱可夫提出异议。

"我们不是没有多余的兵力。在沃洛科拉姆斯克地区可以使用罗科索夫斯基集团军的右翼各兵力以及坦克师和多瓦托尔指挥的骑兵军，在谢尔普霍夫地区可以使用别洛夫的骑兵军、格特曼的坦克师和第49集团军的部分兵力。"斯大林数出了一串部队。

朱可夫有些激动了："这些部队是方面军最后一点后备力量了。倘若投入这次没有把握的反突击，一旦敌人转入进攻，我就再也没有兵力去巩固防御了！到那时我们会极其被动。"

斯大林听到这里语气变得严厉起来，要是换了旁人恐怕他早就发脾气了："你手下有6个集团军，这难道还少吗？"

"要知道西方面军的防线有600多千米，现在我们的纵深内，特别是中央防区的预备队少得可怜。"朱可夫有些无奈了。

手握大权的最高统帅也毫不示弱："反突击的事情就这样决定了，今晚就把通知部署下去。"

看来已经没有商量的余地了。过了一会儿，布尔加宁出现在了朱可夫眼前。"我刚刚受到了斥责。"看着朱可夫疑惑的眼神他继续说，"斯大林同志说朱可夫骄傲了，并要我立刻过来同你迅速组织反突击。"

不得不服从命令的朱可夫，通知了罗科索夫斯基和扎哈尔金做好反突击准备，并将计划报告给了最高统帅部。

事实再一次证明，朱可夫是对的，按照斯大林的命令组织的反突击，并没有取得预期的效果。在强大的德军面前，苏军投入的那一点单薄的反突击力量被牵制在沃洛科拉姆斯克。这样，苏军就用掉了西方面军仅有的一点后备兵力，防御战更加被动。

（二）乾坤逆转

到10月28日，德军的第1装甲军越过了米乌斯河，第17军则越过了顿涅茨河。此外，最高统帅已经放弃进攻沃罗涅日的，希特勒还命令用快速部队立即占领谢尔普霍夫以东的奥卡桥。这位独裁者显然不知道前线的道路情况有多糟糕，泥泞的道路让德军的摩托化部队甚至重炮只能选择绕行。有的部队自10月20日起就再没得到过面包，第3装甲师甚至只能以空运的办法补给，运力十分有限，德军的补给状况已经愈加恶化。

古德里安带领的第2装甲军的主攻方向是图拉，但他们此时却不得不在交通问题上大费周章。从奥廖尔到图拉之间只有一条公路，苏联人在撤退之时也没忘将沿路的桥梁都炸毁，顺便还在路旁为德军留下了地雷阵。本就脆弱的一条公路在重型战车的碾轧下已支离破碎，古德里安只好派人将一部分道路铺接好，以保证他们的后方补给能送到，可仍然只有有限的物资和燃料。在这个艰难的时刻，补给的充足与否已经成了决定攻击部队实力强弱的重要参考指标。

到 10 月 29 日，德军的先头战车距离图拉只有 3 公里远了，然而他们没有想到守卫这里的苏军如此顽强，古德里安想以闪击战占领这里的方式失败了。由于不断有苏军从东面来袭的情报，古德里安不得不以第 53 军为右翼掩护他的装甲兵团。与此同时，德军的摩托化部队已经无法正常运转，只能寄希望于降温结冰后才有通行的可能。古德里安见已经不能从正面占领图拉，他一度决定从东面绕过这里后继续前进，转而继续进攻地第罗夫和夏特河各渡口，其间他们还试图修复门曾斯克到图拉的铁路线，最终没能实现。

到了 11 月 2 日，正向乔普洛耶开进的第 53 军的先头部队遭遇了一队苏联红军，2 个骑兵师、5 个步兵师和 1 个战车旅的配置堪称实力雄厚，他们本是想攻击第 24 装甲军的侧翼，没想到却与第 53 军狭路相逢。一场恶战在所难免，双方在乔普洛耶进行了 10 余天的拉锯战，后来第 53 军得到了增援，最终将苏军逼退到叶夫列莫夫。

莫斯科的天气让德军士兵吃尽了苦头，11 月 3 日，降霜了，气温骤降，刚刚摆脱了泥泞的德军本以为可以舒服前行了，却开始面对更为严峻的问题——严寒。一夜之间，苏联大地就变成了雪白的世界，气温急剧下降到零下 20 摄氏度，大地骤然冰冻，他们的重炮、车辆被困在冻土里，一旦熄火就得人工给发动机烤火，很多战马冻死了。不仅火炮无法正常发射，他们的机枪、步枪和自动步枪也因为润滑油的冻结而无法使用，武器装备都成了废铁。

面对严冬，德军士兵甚至还没有过冬的装备，希特勒本以为战争一定会在冬季到来前结束，根本没有准备冬衣，直到深秋才意识到事情不容乐观，匆匆开始生产冬衣。然而德国的生产能力显然无法在短期内满足庞大的需求。最高统帅于是向全国发出了募捐冬衣的号令，到最后，不论款式、材质统统装车送往前线。不过此时的交通运输系统已经遭到了严重的破坏，运输需要很长的周期，前线的战士只能各显神通来迎接苏联的酷寒。你能看见德军士兵们有的披着毛毯，有的穿着苏联农民的棉袄，有的只弄到了呢子大衣，他们想尽了办法把一切能保暖的东西穿在身上，哪怕是女人的厚裙子。被冻到骨子里的德军部队，已经完全没有了当初的锐气，士气全无。

11 月 9 日，战斗还在继续，苏军从图拉的东西两面同时向德军发动攻势。由于艾贝尔巴赫的战车被调去增援第 53 军，第 24 装甲军只得以防御为主，但在切尔尼东地区德军又发现了苏联红军的部队，只得临时将第 47 装甲军调来增援。

到了 11 月 12 日，德军集团军总部召开了由各军团的参谋长参加的会议，会上要求古德里安的第 2 装甲军攻占莫斯科东面 400 公里的高尔基城，以切断苏联首都的后方交通网络。李本斯当即起立，说："这不是在 5 月，不是在法国作战，以现在的情形，我们无力承担这一任务，我们无法行进到韦尼奥夫以外的地区。"

古德里安乘坐的飞机遭遇了一场暴风雪，他辗转来到第53军军长魏森贝尔格将军的指挥部，并命令第53军向沃洛沃—斯大林诺戈尔斯克方向前进，允许他们一直保留艾贝尔巴赫的战车旅，直到第18装甲师可掩护他的左翼。现在，步兵已经降到每连不足50人。第24装甲军也在行进，由于没有防滑装备，他们的战车根本无法爬上满是坚冰的斜坡路面。多数战士还穿着单衣，队伍里没有防冻的药品，而他们的油料储备只能再坚持1天，根本无法发动进攻。

11月14日，古德里安来到了第167和第112步兵师视察，这里的情况也大同小异，战士们有许多只得穿上苏军的衣服和帽子，这已经算好的。600辆坦克的编制只剩下60辆，加之润滑油迟迟运不到，坦克每次发动都要借助燃料烧火。

德国陆军总参谋长哈尔德对东线德军的状况极为担忧，11月19日他向希特勒提交了一份报告：德军的50万辆卡车已有三成报废，四成需要大修，中央集团军群每天需要的物资，最多只能拿到需求量的一半略多。而苏军的援兵似乎源源不断。至19日，侦察显示，德军对面已经出现了34个新锐的西伯利亚师！后备军司令弗洛姆将军甚至小心翼翼地向总司令布劳希奇建议："是向莫斯科提出和谈的时候了"。

（三）绝境挣扎

11月15日，德军开始执行"台风"行动计划的第二阶段，突击部队首先向加里宁方面军的第30集团军以及西方面军的第16集团军的右翼发起了进攻。为了对付第30集团军，德军投入了300多辆坦克，而只有50余辆轻型坦克的红军第30集团军战斗力明显不足，不久就被来势凶猛的德军突破。

11月16日，果然不出朱可夫所料，德军向沃洛科拉姆斯克实施了突击，疯狂的德军出动了400辆中型坦克来对付苏军的150辆轻型坦克。苏军第316师的克洛奇科夫师级政治委员带领战斗组在杜波塞科沃附近的一个分道口坚守着通往伊斯特拉和莫斯科的沃洛科拉姆斯克公路的最重要地段。他们进行了持续4小时的激战，报销了德军18辆坦克，一直到打光了最后一颗子弹、最后一个人。

同样在11月16日，德军也开始向克林发起了猛攻，然而，之前在这里的预备队已经按照最高统帅部的反突击命令被调去支援沃洛科拉姆斯克方向，并被牵制在了那里。随着德军的攻势越来越猛，斯大林沉不住气了。

斯大林的电话再一次响起，朱可夫一直在想该如何向最高统帅汇报此时的情势，斯大林试探着问："你觉得我们能守住莫斯科吗？我的心情有些沉重，作为一名党员，请你在这个时候给我交个底。"仿佛电话这一端的朱可夫是整个莫斯科的唯一希望。

重任在肩的朱可夫当然知道责任重大，他们已经到了没有退路的最重要关头，然而这个问题每天都萦绕在他的脑海，我们能守住莫斯科吗？"是的，我坚信我们能守住莫斯科！"朱可夫坚定地说，给自己也给斯大林最后的信心和希望，"但是，我至少需要增加2个集团军的兵力和200辆坦克。"

听了朱可夫的话，斯大林宽慰许多："好，很好。你给总参谋部打电话，商量一下你要的2个集团军的集结地点，11月底前可以到位，但是坦克目前我还是没有。请你们务必坚持。"

朱可夫回到自己的办公室，把斯大林答应给他们2个集团军的消息告诉了大家，这已经是十分难得。当即，朱可夫和他的将领们发布了军令："各部队务必坚守阵地，11月底之前，未经方面军司令部许可，不得从阵地后撤一步。"

冬季战争给德军摆出了难题，陷于瘫痪状态的铁路运输系统使得能运到各军团驻地的粮食少得可怜，尽管德国本土今年是丰收之年，什么都不缺，但德军前线的战士只能以战养战。幸好苏联到处有谷仓，里面有小麦等存粮，每当他们拿下一个城镇时，苏联人民在临走时都会将谷仓焚毁，而德军则在尽全力抢救粮食，保证生存下去。

德军并没有停止脚步，反而步步紧逼，他们突破了苏军防线并占领了博洛霍沃地区。11月18日，德军第2装甲军发动全面攻势。第47装甲军下属的第18装甲师负责进攻叶夫列莫夫地区，第10摩托化步兵师在攻破了叶皮凡之后向米凯罗夫方向前进。第25摩托化步兵师则原地等待收割粮食，之后转入预备队。第24装甲军率领着第17、第3、第4装甲师以及大德意志步兵团和第296步兵师准备从东西两面进攻图拉，在空军的支援下，他们于11月18日攻下了地第罗夫，第2天又到达了波罗巧夫。到11月24日，第24装甲军又占领了韦尼奥夫，并成功击毁了50辆苏军的坦克。

到11月21日，第53军占领了乌斯罗维尼亚和斯大林诺戈尔斯克。而第43军率领着第31和第131步兵师，在乌帕河与奥卡河之间扫清了苏军。11月23日，德军坦克冲进了克林，为了不使第16集团军被围困其中，方面军连夜将他们撤到后方，由于失去了克林，在苏军的第16和第30集团军之间就形成了一个巨大的缺口。

（四）"乌拉！反攻！"

11月初，在南线的罗斯托夫地域，激战渐渐归于平静，前进受阻的克莱斯特集团军不得不停下来休整并加紧建立防御。苏军利用这一时间，悄悄地将步兵第

216、第 295 师及坦克第 3 旅、坦克第 71 营和 3 个反坦克炮兵团由西南方面军调往了南方方面军，准备进攻罗斯托夫。

11 月 12 日，西南方面军制定了新的计划，准备集中第 37 集团军、第 9 集团军一部、第 18 集团军一部分成 2 个梯队，于 11 月 16 日向克莱斯特集团军发起猛攻，与防守罗斯托夫地区的独立第 56 集团军协同作战，前出至图兹洛夫河一线，并于 11 月 20 日前出至米乌斯河一线。

然而计划没有变化快，就在苏军准备反攻前夕，西南方面军北翼的态势出现了恶化，第 3 集团军被庞大的德军部队迂回，随时有被包围的危险，铁木辛哥派出了 52 辆坦克、1 个反坦克炮兵连、1 个工程兵营以及 2 列装甲列车，随后又派出了 64 架飞机去加强第 3 集团军，之后，便再也无兵可派。莫斯科的形势也不容乐观，最高统帅部只派来了第 239 师到第 3 集团军的右翼。

到 11 月 16 日原定计划实施的日子，雨雾漫天极不适合飞行，苏军的作战飞机无法正常出动，苏军的第一梯队也没能按原计划占领出发的地域，加之这时德军在顿巴斯地区已经转出反攻，在科罗捷耶夫地域，德军甚至突破了苏军的正面，红军正忙于艰难抵抗……即便是这样，铁木辛哥也没有放弃，经过深入讨论和周密布置，苏军决定无论如何也不能再等下去，一定不能让克莱斯特集团军喘过气来。

11 月 17 日，上午 9 点 40 分，红军第 37 集团军经过半个小时的炮火准备后，派出步兵第 51、第 96、第 99、第 253 师在坦克第 3、第 132 旅的支援下对德军发动了攻势。其余各路兵马也都陆续在其他方向展开了攻势。克莱斯特集团在腹背受敌的情况下，将主要进攻方向转移到了苏军列梅佐夫带领的步兵第 317 和第 353 师的接合地带，而这里恰恰是苏军兵力配置最为薄弱的环节。德军的 100 多辆坦克成功楔入了罗斯托夫以北 12 千米的大萨雷，而他们的另一个目标则是罗斯托夫。

为了阻止德军闯入罗斯托夫，11 月 19 日凌晨列梅佐夫调来了步兵第 347 师，并在市北郊展开了部队。铁木辛哥也决定派第 9 集团军骑兵第 66 师和坦克第 142 旅迂回攻击位于第 37 集团军当面的德军第 14 军的后方。尽管德军第 14 军面临巨大威胁，克莱斯特依然执着地对罗斯托夫进行疯狂进攻。

11 月 20 日，克莱斯特在阿克赛斯卡亚镇、罗斯托夫北郊和红戈罗德萨德方向投入了 3 个大坦克群参战，付出了相当的代价之后，终于在 11 月 21 日成功占领了罗斯托夫市。德军的宣传队向全世界宣称："这是新的伟大的胜利！""通往高加索的大门已经打开！"

还没来得及享受他的赫赫战功，克莱斯特在 11 月 22 日就遭到了苏军的强烈猛攻，他也终于意识到他的侧翼正面临着巨大的威胁。不仅是克莱斯特，身在大本营的最高统帅希特勒也为第 1 坦克集团军两翼所处的局势焦急不安。为了加强他的坦克第 1 集团军，龙德施泰特派出了 4 个步兵师、1 个坦克师和 1 个摩托化师作为援兵。而此时，整个苏军在许多地段都开始了大规模的正面战斗，致使德军的预备队调动不能顺利完成。这些援兵也被苏军成功牵制。

在11月23日，孤军奋战的克莱斯特终于开始将自己的2个坦克师调离罗斯托夫向西北方向行进，并在行进中遭遇了前来阻截的苏军第9和第37集团军所属的部队。在图兹洛夫河到大克列平斯卡亚一线，苏德双方展开了声势浩大的战斗，整整持续了6天，德军的3个摩托化步兵团遭遇惨败。

苏联最高统帅部对前线的要求归根结底只有一句话：无论如何要解放罗斯托夫11月27日，苏军以快速突击的方式，对罗斯托夫实施了强兵攻击，杰明中校指挥的内务人民委员部会第230团和一个厂长领导的民兵团最先冲入了市内，随后步兵第343、第347师先遣营也进入该市，并同德军展开了激烈的巷战。直到28日晚，克莱斯特部队终于抵挡不住，做出了放弃罗斯托夫的决定。苏军乘胜追击，不仅夺回了罗斯托夫，还将德军打退了90余千米，缴获了154辆坦克、8辆装甲汽车、244门火炮、93门迫击炮、1455辆汽车以及其他技术兵器。

罗斯托夫一战失利后，德国陆军元帅、南路集团军群总司令冯·龙德施泰特不得不命令部队后撤。当他们撤退到米乌斯河的时候，就接到了最高统帅的紧急命令："禁止退却！"龙德施泰特当即复电："要想坚守已不可能，如果不撤退将全军覆灭。"大为光火的龙德施泰特还颇为英雄地叫板："我再次请求撤销这项命令，否则请另外派人来接替我的职位。"

看了复电的希特勒差点背过气去，哪里有人敢抗拒他的命令，更何况一个败军之将。冯·龙德施泰特不久就被解职，第6集团军司令冯·赖谢瑙取而代之。

十五、最后攻势

（一）坚守沃洛科拉姆斯克

根据希特勒的新计划，在莫斯科周围，德军的部队就像一只手掌，上方是紧并在一起的食指、中指、无名指和小指，下方是粗壮有力的大拇指，尽可以将苏联红军一把拿下。由克鲁格元帅的第4集团军负责攻打莫斯科以西宽大的正面，力量稍弱；古德里安的第2装甲集团军向图拉、卡希拉、科洛姆纳方向进攻，从南面直捣莫斯科；赫普纳的第4装甲集群、赖因哈特的第3装甲集群以及施特劳斯的第9集团军共同配合，向沃洛科拉姆斯克、克林方向进攻，力争从西北接近并迂回包抄莫斯科，如有可能就从北面突破。

为了阻挡向莫斯科方向推进的德军，10月中旬，莫斯科的最高统帅部不断地把莫斯科地区的一些部队派往周边的作战地区。罗科索夫斯基元帅刚到达沃洛科拉姆斯克指挥所，就立即安排司令部参谋及政治处工作人员成立5个组，深入各个方向搜寻这里被打散的大小部队和散兵，重新整合。

最先进入沃洛科拉姆斯克以北地区的是隶属第16集团军的骑兵第3军。这个骑兵军在得到被编入方面军预备队的通知后，向奥苏加车站推进，终于在10月13日冲出重围，来到沃洛科拉姆斯克，负责在沃洛科拉姆斯克以北直到伏尔加河水库的广阔正面组织防御。骑兵第3军军长是列夫·米哈伊洛维奇·多瓦托尔，该师下辖由普利耶夫将军带领的骑兵第50师和由梅利尼克指挥的骑兵第53师。

骑兵第3军的北面是混成学员团，在军事学校的基础上组建。他们从索尔涅奇诺戈尔斯克被调到沃洛斯拉姆斯克附近，负责组织拉马河东岸的防御。学员团由姆拉金采夫中校和斯拉弗金政委指挥，学员们血气方刚、斗志昂扬。位于沃洛科拉姆斯克左翼的是来自方面军预备队的步兵第316师，他们齐装满员。师长是潘菲洛夫将军，知识渊博，作战经验丰富，政委是叶戈罗夫。

同时，莫斯科的最高统帅部还组建了数十个由莫斯科民警、工人、民兵等组成的歼击连和歼击营，为第16集团军补充了有生力量。除此，方面军还得到了2个加农炮兵团、2个莫斯科炮兵学校的炮兵营、2个"喀秋莎"火箭炮团和3个"喀秋莎"火箭炮营，装备有所加强。尽管如此，他们的任务也相当艰巨，有宽达100千米的正面防线。

罗科索夫斯基仔细分析了战况和地形之后，认为德军的主攻方向将会在第316师的左翼。潘菲洛夫的第1075团为了掩护自己的左翼，挖掘了长达4千米的反坦克战壕，并组成了快速士兵队携带地雷和炸药在敌军坦克的行进方向上埋设了约4000枚地雷。

根据以往的战斗经验，第16集团军规定每一个炮兵连的每一门火炮都必须配备相应的步兵分队，来掩护他们巩固防御。由于战线长、人员少，罗科索夫斯基不得不将几乎所有的兵团都放在了第一梯队，使得每个兵团都处在广阔的正面战场。于是他又从各个部队抽调了一部分兵力，组成一个齐装满员的预备队。

那些正朝着莫斯科行进的德军士兵的日子也不好过，苏联的天气阴晴不定，从10月上旬开始，先是落地就融化的大雪，又紧接着一场倾盆大雨，秋雨季节说来就来，一开始还没给德军造成太大的影响，但过了几天，当他们的机械化履带大军把被雨水充分浸泡过的道路碾轧得稀烂的时候，整个苏联大地就都成了烂泥塘。

不幸的是，当时的德军装甲师已经充分认识到了履带的重要性，伴随着坦克前行的摩托化步兵也多数使用履带车，于是他们统统陷在泥地里动弹不得。至于那些后勤保障部队用的汽车，则完全变成了废铁一堆。汽车换成马车，没有油料供应，坦克也只得以马车的速度前进，士兵们改成了徒步行进。补给跟不上，天气严寒，泥水已经齐腰深，士兵们浑身湿透，晚上也只能在泥地里露营，病号的数量越来越多，许多战马都冻死了，越来越多的火炮、弹药等被扔在了泥地里。

希特勒在中央集团军群内建立了2个快速集群，对两方面军和相邻方面军的接合部，同时对西方面军的两翼突击，以便从南北两面迂回莫斯科，在其东部封闭合围圈。西方面军右翼是第30集团军和第16集团军。德军第3、第4坦克集群的主突方向直指这2个集团军。

10月16日，德军以坦克和摩托化军团开始向第16集团军防地的左翼发起了猛烈进攻，与苏军预判的方向一致，德军的主攻方向正对着潘菲洛夫带领的第316师，该师的前沿距沃洛科拉姆斯克公路12~15公里。苏军士兵浴血奋战，顽强阻击德军10余天，但最后不得不将防线后移。

为了早点儿拿下莫斯科，17日，德军也抓紧了猛攻，在博雷切沃地区和第5集团军的接合部，他们投入了100余辆坦克进攻苏军第316师的1个团，并占领了2个居民点。同时，在沃洛科拉姆斯克以北，多瓦托尔的部队受到了冲击。然而由于苏军的拼死反抗，他们的一次次冲击都被顶了回去，并没有取得太大的进展。

无情的战争还在继续，18日，德军再次集结了150辆坦克和1个摩托化步兵团向在伊格纳特科沃、日利诺、奥斯塔给沃方向的第316步兵师发起了强有力的进攻。苏军则构筑了反坦克大炮、加农炮营和"喀秋莎"的强大防线来抵抗这一轮的猛攻，艰苦的战斗持续了2天。苏军的炮兵们甚至用已经打坏的火炮继续射击，步兵们用手榴弹和燃烧瓶对付德军坦克，通信兵们在炮火中冒死修复和架设通信线路以确保信息的畅通。

经过这场异常激烈的战斗，苏德双方都遭受了重大损失，德军不得不暂时停止了进攻，以便恢复元气，补充力量。然而战斗停息的时间并没有持续多久，或许是饥寒交迫的德军实在太想早些结束这场战争，太想离开这个天寒地冻的地方。德军的全线进攻又重新开始了，这一次的重点仍然在沃洛科拉姆斯克方向，并源源不断地向这里调派了大量的后援部队。

求胜心切的德军在北部占领了加里宁市，并且击退了第30集团军的右翼部队，沿着莫斯科海的北岸向东推进，并且不知不觉占据了危及第16集团军右翼的有利地位。苏军的总参谋部，在划分西方面军和加里宁方面军之间的界线时，并没有选择诸如伏尔加河水库这种大地区为界，而是把界线挪到了更往南的地区，结果第30集团军被一分为二。

德军利用强大的兵力优势，在航空兵和坦克突击队的配合下，使苏军渐渐处于弱势。作为第16集团军的另一个友邻的第5集团军也被步步逼退，德军先后占领了莫扎伊斯克和鲁扎，于是德军得以直接在与第16集团军防御地带毗邻的地段上向东推进，并从南面迂回了沃洛科拉姆斯克，形势极其严峻。

10月26日，第16集团军好不容易争取到了2个37毫米的高炮团用来加强潘菲洛夫将军的第316师。德军对沃洛科拉姆斯克的进攻愈加凶狠，除了几个步兵师外，至少还有2个坦克师。在沃洛科拉姆斯克以北，防守的学员团经过了数天的顽强战斗，也不得不从拉马河地区向东退却。德军再次投入了数量巨大的坦克和步兵，在火炮和飞机的支援下，终于在10月27日占领了沃洛科拉姆斯克。但是他们企图切断通往伊斯特拉的公路的计划没有得逞，普利耶夫将军率领的骑兵和炮兵及时赶到，以闪击行动将德军打退。

11月6日，德军的快速突击部队开始冲击罗科索夫斯基的防御阵地，战斗进行得异常激烈。第16集团军各部挡住了德军的进攻，使德军陷入争夺据点的持久战之中，推进速度十分缓慢。

在10月底和11月初，德国人在第16集团军的右翼夺取了斯基尔马诺沃，并从南面威胁沃洛科拉姆斯克到伊斯特拉的公路干线，他们不仅可以炮击这条公路，而且可以随时切断这条公路。更危险的是，从这个方向，德军可以直击苏军主力的后方。为了将德军赶出斯基尔马诺沃，罗科索夫斯基派出了伊利耶大率领的骑兵第50师、切尔内绍夫的步兵第18师和卡图科夫的坦克旅，并调集了迫击炮营共同参战。从11月11日到14日，苏军的步兵和坦克在迫击炮和"喀秋莎"的火力掩护下对斯基尔马诺沃的德军进行了猛攻，给了敌人重重一击，将盘踞在斯基尔马诺沃和其他村庄的德军彻底打退，德军的武器和汽车扔得满战场都是。

（二）英雄勋章

扼守在沃洛科拉姆斯克地区"鲍雪契沃"国营农场西南阵地的是316师下属的第5连，从10月下旬开始，这个连队就与德军展开了激烈的较量，德军凭借着飞机、大炮的支援，利用坦克、装甲车的威力，向这个方向发动了几十次猛烈进攻，企图逼迫他们退出阵地，但这些英勇的红军战士拼死抵抗，甚至不惜与敌人进行近距离的肉搏战，也没有退后一步。指导员克洛奇科夫率领着他只剩下28个人的队伍，依然守护着这片阵地。

这是个难得的好天气，阳光正好，空气清新，一大早起来，克洛奇科夫拿着望远镜眺望德军方向的动静，只看见排列整齐的德军坦克下面都生起了火，德国人设计的坦克从设计之初就没有考虑过要在如此酷寒的条件下作战，加之冰冻了一夜，要想开动，必先烤火预热。看来，一场大战在所难免。

果然不出所料，上午10点，德军发起了向阵地的进攻，又是飞机大炮打头阵，密集的炮弹似乎要把苏军阵地的每一寸土地都炸上一遍，之后浩浩荡荡的绿皮坦克军团向他们袭来。克洛奇科夫放下望远镜对战壕里的战士们说："伙计们，今天可有好戏看了，把反坦克炮准备好，我们请德国佬尝尝炮弹，等他们近了，我们就用手雷招呼这些大乌龟。"

德军黑压压的坦克从三面向克洛奇科夫他们的连队开过来，一排又一排，越来越近，这次德军是下了大本钱，坦克多得数不清，来势汹汹。前面的反坦克战壕里萨拉见德军的气势有些阻挡不了，一时有些害怕了，刚刚一枚炮弹又将他的战友炸得血肉模糊，似乎预感到今天难逃一死。他本能地后退了一些，跳到后面的主战壕里稳定情绪。

指导员克洛奇科夫大喊着："打呀，不就那么点儿坦克吗？别给咱苏联红军丢人好不好，兄弟们，这打一个我们就赚一个，多带劲儿。萨拉·安德烈，快，快起来，消灭这帮德国鬼子，不能让他们到莫斯科。打呀，就靠你们了。"他拼了命地调动着大家的情绪，带头拿起手雷向敌军坦克扔去，一扔一个准。无数的德军坦克还是没有减弱他们的攻势，继续前进，大地在巨大的轰鸣声中跟着震动，苏军战士们也鼓起勇气又一次拿起了武器，这意味着，他们选择了坚守，直到最后一刻。

带着"铁卜字"的坦克一步一步向他们的主战壕开进，巨大的钢铁堡垒碾向这些年轻的战士守卫的土地，眼看着一辆坦克就要碾向自己的战壕，安德烈瞪大了双眼，紧咬着嘴唇，神情无比坚定。他的两只手里都紧紧握住了手雷，那将是他能够给德军最后的一击。这一次他没有躲闪，就在坦克的履带碾过他头顶的战壕之时，手雷响了，坦克悬在了战壕之上，下面冒着股股浓烟。

有2辆坦克开过了战壕，被纵深防御的将士们炸烂，这一拨刚过去，前方阵地上，坦克的炮火就又落在了战壕周围，十几辆坦克不依不饶地继续进攻，这时通信兵从克洛奇科夫身后拿着电话听筒向他喊道："指导员，师长电话！"然而，话音未落，一枚炮弹就在他身旁炸响，他紧握的电话筒摔在了地上，一片鲜血洒在上面。

身旁的战士们不断地阵亡，克洛奇科夫知道，这将是他生命的最后时刻，他们退无可退，只有用这血肉之躯与敌人的坦克同归于尽。又一辆坦克喷着火蛇直奔他而来，他抓下头上的帽子，拿起手边的2颗手雷，狠狠咬住了引信猛一拉，他奋力地吐出引信，用尽全身的力气大喊着："来吧，法西斯混蛋。伟大的苏联大地辽阔，可我们已经无路可退，身后就是莫斯科！来送死吧！"

两声轰隆的巨响震动了电话另一端的潘菲洛夫，爆炸声之后是死一般的沉静，他默默地摘下军帽、闭上眼睛，此刻，这位炮火中摸爬滚打出来的师长眼里不自觉地流出了两行热泪。他说："把克洛奇科夫上尉最后的话通告全师，不，要告诉莫斯科的每一位保卫者，'苏联大地辽阔，可我们已经无路可退，身后就是莫斯科！'"

第316师第5连的所有战士在这一天，全部壮烈殉国。这29位红军英雄用鲜血和生命为后续部队展开防御争取了宝贵的时间，在战斗形势最危急的时刻阻挡住了德军猛烈的进攻，拖慢了德军的进攻脚步，也捍卫了苏联红军的荣誉，使德军陷入争夺据点的持久战之中，战后，克洛奇科夫获封"苏联英雄"称号。

11月18日，罗科索夫斯基冒着德军的炮火来到了潘菲洛夫师所在地，在简陋的临时指挥所，他见到了镇定自若的潘菲洛夫。这位英雄师长正站在观察孔前举着望远镜看着前线的动静，看到罗科索夫斯基一行人进来，他急忙放下望远镜，并行了一个军礼："报告司令员同志，德军集结了3个坦克师和2个步兵师，以4倍于我军的兵力正对我们猛烈进攻，不过，阵地还在我们手里！"

罗科索夫斯基对眼前这位风度翩翩的师长赞赏有加："你们师打得十分英勇，我都看在眼里。"说着，他从外衣口袋里掏出一个精致的锦盒。这时一颗炮弹在不远处爆炸，他们一动也没有动。"我受苏联最高苏维埃主席团的委托，颁发给你一枚红旗勋章，并将第316师命名为近卫军第8师。"锦盒随即被打开，红色的天鹅绒上躺着一枚金光闪闪的勋章。"潘菲洛夫将军，我代表集团军司令部祝贺你们取得的荣誉。"

潘菲洛夫接过勋章，并拿过来一个搪瓷缸子，对身边的上尉说："倒酒。"军用水壶中的酒缓缓地倒出，不一会儿就是小半缸。潘菲洛夫接过来，将手中的奖章轻轻地放了进去，端到了罗科索夫斯基的面前。按照他们军队的传统，奖章要在酒里浸泡过才更加纯洁。罗科索夫斯基从搪瓷缸子中拿出了奖章，再一次郑重地交到潘菲洛夫手上。潘菲洛夫轻轻地接过来，深情地吻了奖章。临时指挥所里响起了有力的掌声和将帅们整齐的"乌拉"声。而此时又一颗炸弹落在了离这里更近一些的地方，临时指挥所里尘土飞扬。

"此地不宜久留，司令员同志，请你离开这里。"说着，潘菲洛夫交代上尉，"把司令员安全送上汽车。"潘菲洛夫留在了指挥所里，当罗科索夫斯基一行沿着壕沟离开指挥所不到100米时，一阵猛烈的炮火呼啸着从天而降，他们迅速就地卧倒，等四周滚滚的浓烟散去，他们再抬起头，发现之前的指挥所已经变成了一片瓦砾堆。上尉惊得目瞪口呆，跟跄着冲到废墟跟前，不顾一切地跪在地上试图用双手扒开眼前的砖瓦炮土，他脸色惨白，顾不上手上的疼，只是不停地挖。罗科索夫斯基也跟着一起挖了起来，上尉慢了下来，罗科索夫斯基也顺着上尉的手运动的方向看了过去，他们跪在那里，默默摘下了军帽。

第二天，罗科索夫斯基继续向莫斯科西北的克林和南面的索尔涅奇诺戈尔斯克方向巡视。在通往克林的公路上他得知，德军的4个坦克师和2个步兵师此时已经攻占了克林。他迎面遇上了从前线撤退下来的苏联守军。"敌人在向前开进，你们在和他们比赛谁先到莫斯科吗？"说着，他当即命令与他同行的扎哈罗夫将军就地整编退下来的部队组织防御，尽一切努力拖住敌人。

之后，他将车头转向了克林以南的索尔涅奇诺戈尔斯克，远远就听见前面炮声震天，战斗正难分难解。他迅速地跳下车举起望远镜，看见了远处一字排开的德军坦克正在驶来。他果断地钻回车里，命令司机："开下公路，到对面的小树林后面去。"他们的汽车刚刚冲下公路越过厚厚的冰面，就看见公路上一辆德军坦克出现在那里。坦克显然已经发现了他们，正转动炮塔向他们落在最后的一辆警卫车开了火。冰面上被炸开了一个大洞，警卫车紧急刹车后甩了出去，坦克又是一炮，将警卫车炸得四分五裂。

德军赖因哈特的第3装甲集群和赫普纳的第4装甲集群从北面进攻莫斯科，他们一次又一次地向沃洛科拉姆斯克发动冲击，企图把苏军逼过莫斯科运河。11月20日，按照方面军司令部的指示，罗科索夫斯基下令将部队退至巴韦利措沃、莫佐罗沃、阿克谢诺沃、新彼得罗夫斯科耶、鲁缅采沃一线。由于德军难以在沃洛科拉姆斯克方向取得突破，便将主力集中到了克林方向，成功攻下了索尔涅奇诺戈尔斯克和克林。

11月25日，朱可夫大将向罗科索夫斯基发出命令，要求夺回索尔涅奇诺戈尔斯克。罗科索夫斯基按命令迅速组织了反击，取得一些战果，但未能夺回索尔涅奇诺戈尔斯克。第16集团军的防线，如同整个莫斯科防线，步步后移。

（三）神秘的莫斯科

德军占领了莫斯科西北的克林和南面的索尔涅奇诺戈尔斯克，当中央集群总司令冯·包克元帅得知这一消息后如同吃了兴奋剂。他看着地图上近在眼前的莫斯科，得意于他们的战果，想着苏联就要完了。窗外一场大雪又不期而至，给莫斯科的周围笼罩了一层神秘的气息。

而眼下的情景却让参谋长格赖芬贝格联想到了130年前拿破仑攻克莫斯科时的情景，他建议道："元帅，我们现在的情况很像当年的马恩河会战，能否取得最后的胜利，就取决于哪一方投入了最后一个营的兵力。依我看，我们当务之急是多争取一些后备力量。"可惜当年的拿破仑虽然攻占了莫斯科，最后却被库图佐夫赶了出来，没能逃脱兵败的命运，这让包克有隐隐的不安。他思索了一下，叫他的副官进来，"给我接第2、第3、第4坦克集群的古德里安将军、赖冈哈特将军和赫普纳将军，我要马上分别与他们通话。"之后冯·包克又走到格赖芬叽格的跟前，"以我的名义给陆军参谋长哈尔德发个报，希望是我而不是苏联人投入最后一个营。"他郑重其事地说。

包克下定了最后的战斗决心，与3位将军一一通话，决定投入全部兵力给莫斯科致命一击。包克元帅的这一次策划可谓大手笔：他命令在莫斯科正南的古德里安的第2坦克集团军从图拉北上，在莫斯科正北的赫普纳将军的第4坦克集团军以及霍特将军的第3坦克集团军向南进军，而克鲁格庞大的第4军团则在中央向东横穿莫斯科城郊的森林，直取红都。

这是世界战争史上浓重的一笔，在一条战线上同时集中了最强大的坦克军团参战。虽然此时德军士兵在冰天雪地里困难重重、推进速度不快，但力图摆脱战争痛苦的德军士兵更希望快些结束战斗，眼看着离莫斯科几步之遥，他们步步紧逼，不断取得小规模的胜利。11月底，经过激战之后，德军攻占了列宁格勒至莫斯科铁路线上的克留科沃车站，列宁格勒与莫斯科的铁路联系就此被切断。

12月3日，德军第4坦克集团军攻占了莫斯科西北郊的红波利亚纳，这里距离莫斯科只有27公里，1个多小时的车程。包克坐着车在战斗一结束就赶到了这里。他是多么渴望近距离地看一看莫斯科，揭开这座神秘之城的面纱，甚至在电话中他还交代了他的坦克集团军司令一直以来的愿望：希望可以坐着第一辆坦克驶入莫斯科。

此时的红波利亚纳到处是残垣断壁，空气中弥漫着硝烟的味道，远处是隐隐的枪声，冯·包克的小汽车缓缓地开到了临时前线指挥部，他的一位坦克师师长告诉他，在塔楼上可以用望远镜看到莫斯科。在去塔楼的路上，包克问师长："怎么样，部队的士气如何？"

"战士们还在顽强地战斗，只是……"师长迟疑了一下。

包克警觉地问："怎么了？"

"我们的部队连日作战已经疲惫不堪，而我们明显感到苏军方面的抵抗越来越有力量。最主要的是，这里的气候对战士们的身体是严峻的考验，他们已经接近极限。"

"这是黎明前最后的黑暗，要战士们再坚持一下。"包克当然知道情况的严重，已经不是一天两天了，但他们离莫斯科如此之近。

在塔楼顶部，包克拿起了望远镜，广袤的莫斯科大地在他的眼前展开了一幅生动的画卷：冰封的河面银光闪闪、大片的农田安静地睡在白雪下面，交错的铁路延伸到无限的远方，这是怎样的一种力量。

"红五星、大教堂，"包克缓缓地转着手中的望远镜，喃喃地说，"我终于亲眼见到莫斯科了！"参谋长等了好一会儿，才凑到包克跟前小声说："元帅，这里刚刚被我们占领，局势还不稳定，苏军随时有可能反扑，我们还是先回去吧。"

包克显然有些恋恋不舍，举着望远镜又看了好一会儿。下楼梯的时候，他对师长说："准备200毫米的远程火炮，从这里直射莫斯科。给他们点儿颜色瞧瞧。"

之后，包克钻进小汽车将莫斯科抛在了身后。他不可能想到，这是他有生之年，第一次也是最后一次看见莫斯科。

十六、绝地反攻

（一）终于等到这一天

就在冯·包克元帅登上塔楼从望远镜里遥望莫斯科的同一天，斯大林的电话打到了罗科索夫斯基所在的第 16 集团军司令部。

斯大林说："罗科索夫斯基将军，我听说德国军队出现在了红波利亚纳地区，并且有情报说，法西斯企图在该地用大口径炮对莫斯科进行远距离轰击！你打算采取什么措施击退他们？"

对于斯大林能掌握及时准确的一手情报这一点，罗科索夫斯基十分佩服。事实上，面对当前的局势，他正在计划对德军实施反击，他回答道："斯大林同志，您刚才所说的情报和我了解到的情况基本一致，我知道敌人已经出现在红波利亚纳地区，而且有炮轰莫斯科的企图，但请您放心，我已经向那里增派了兵力，不会让他们的企图得逞的。但是，您知道，我们需要更多的兵力。""我马

罗科索夫斯基

上设法给你加强兵力，但你必须在明天日落之前消灭那里的德军。只许成功！"10分钟以后，西方面军司令员朱可夫大将的电话就到了。

"老兄，这次你发达了，1 个炮兵团、4 个'喀秋莎'炮营和 2 个步兵营都给你。不过，你知道，这可不是白给的。"

罗科索夫斯基喜出望外："你怎么一下子这么大方了？是不是大本营给你派来了后备队？""过几天你就清楚了。"朱可夫神秘地回答。

第二天，罗科索夫斯基就指挥他的第 16 集团军向红波利亚纳地区的德军部队发起了反击，德苏两军在红波利亚纳镇外展开坦克战，镇内则进行巷战，战斗持续了一整天，其间小镇数次易手，直到天黑，苏军终于取得了最后的胜利，将红波利亚纳地区的德军全部肃清。

11 月底，连续六天六夜没有合眼的朱可夫眼睛熬得通红，靠浓茶和浓咖啡支撑。这时总参谋长沙波什尼科夫元帅也病倒了，改由华西列夫斯基担任代理总参谋

长。华西列夫斯基与朱可夫配合默契，步调一致，对前线战事有精准的把握。朱可夫敏锐地察觉到，莫斯科城下的德军已经是强弩之末，再无进攻的能力。

朱可夫立即向最高统帅进行了电话沟通，这是至关重要的时刻。"斯大林同志，请把库兹涅佐夫将军的第1突击集团军以及第10集团军调给我指挥，我要用它们从亚赫罗马地区开始实施强有力的反击！"

突如其来的反击请求让斯大林愣了一下，他追问朱可夫："是否确信德国人已经没有更多的力量再投入战斗？"朱可夫说："敌人已经极度虚弱，现在是最佳的反击时机，西方面军必须借助第1突击集团军和第10集团军的加强配合，消灭威胁。如果这次不彻底将他们打退，将来他们就能从北方和南方抽调大批预备队。"

在经过与总参谋部的讨论后，大家一致认为朱可夫对前线的判断是正确的，应当立刻调兵组织反击。到反攻之前，朱可夫带领的西方面军得到了9个步兵师、2个骑兵师、8个步兵旅、6个坦克旅以及大量特种部队的加强，集中在莫斯科的八成空军也都被调派给朱可夫，西方面军的反攻兵力达到了70个师、40个旅，近75万人。而整个参加大反攻的苏军的3个方面军总兵力达到了100万人，有15个集团军、105个师、44个旅。

原定在12月3日开始的反攻由于德军第4集团军在莫斯科以西发动的进攻而推迟。12月6日清晨，西方面军终于转入反攻，朱可夫给各部队的任务是：

西方面军北翼的第1突击集团军和第16、第20、第30集团军与加里宁方面军配合，歼灭克林—索尔涅奇诺戈尔斯克、伊斯特拉地域内的德军集团。其中，库兹涅佐夫指挥的第1突击集团军在德米特罗夫—亚赫罗马地区展开自己的全部兵力，在第30和第20集团军协同下向克林方向突击，之后向捷里那瓦—斯洛博达的方向进攻。第20集团军则由红波利亚纳—白拉斯特地区出发，与第1突击集团军和第16集团军协同配合，向索尔涅奇诺戈尔斯克方向突击，并从南面迂回该市，之后向沃洛科拉姆斯克进攻，而第16集团军则以其右翼向克留科沃地区发动突击。北翼的第10和第50集团军与近卫骑兵第1军协同，向斯大林诺戈尔斯克—博戈罗季茨克方向突击，之后继续向乌帕河以南进攻，赶跑古德里安的第2装甲集团军并解放图拉。而苏军的西南方面军则负责歼灭叶列茨集团后向第2装甲集团军的后方行进，与西方面军的南翼部队配合作战。

12月5日，科涅夫领导的加里宁方面军率先发起了反攻。接到反攻的指令，红军将士们欢欣鼓舞，终于等到了这一天，半年多来他们步步后退，隐忍了许久的国仇家恨，终于等到雪耻的这一天。热血沸腾的加里宁方面军在反攻当天就突破了德军的防御前沿，越过结冰的伏尔加河上游之后，德军开始还顽强抵抗，之后抵抗越来越弱。这支部队经过奋勇的苦战，终于插进到了德军第9集团军右翼，进抵德军后方大约20公里的图尔吉诺沃。

12 月 6 日，朱可夫也从莫斯科西北发起了反击，第 29、第 31 集团军在反攻第一天就渡过了伏尔加河，对加里宁附近的德军第 9 集团军交通线构成严重威胁。而列柳申科带领的第 30 集团军则迅速打破了德军的抵抗，挺进克林。

西南方面军的主要反突击任务是粉碎叶列茨集团并前出到莫斯科南方广大区域。瓦伊采霍夫斯基上校的右翼近卫步兵第 4 团迅速肃清了几个村子的德军，左翼团在阿普赫季诺村以北进展有所放缓。鲁西亚诺夫的近卫军攻占了古辛卡村、杜博韦茨村，肃清了博加特耶普洛特、奥利沙内、达维多沃的德军，战斗打得很艰苦。而这时残酷的法西斯分子在败走村庄时血腥地大肆杀害妇女、老头儿和孩子，他们用机枪疯狂地扫射平民避难的地窖，死伤无数。

从 12 月 7 日到 11 日，克留琼金的骑兵军解放了 180 个居民点，又先后夺占了罗索什诺耶和沙季洛沃。到 12 月 13 日，克留琼金的骑兵军和鲁西亚诺夫的近卫军与第 13 集团军会合，将德军围困在了伊兹马尔科沃、罗索什诺耶、乌斯片斯科耶三角地带。12 月 15 日，被围部队被分割成了几个孤立的部分，之后叶列茨集团就此被消灭。

在莫斯科前沿，北起加里宁南至叶列茨，长达 1000 多公里长的战线上，苏军出动了 7 个军团和 2 个骑兵军全面反击。步兵、炮兵、坦克兵、骑兵、空军组成的 100 个师的强大兵力黑压压地扑向德军。反攻的前 3 天，苏军越战越勇，向前推进了 30~50 公里，势如破竹，打得德军措手不及。

兵贵神速，为了不给敌人喘息的时间，朱可夫下令：不要同敌人的后卫部队纠缠，不要被他们牵制，要尽可能绕过他们、尽可能深入到德军的后方。将部队分成几个部分，轮流休息，不分昼夜、连环追击。苏军西方面军右翼的反攻得到方面军航空兵、国土防空军航空兵和戈诺瓦洛夫将军指挥的远程航空兵的大力支援。苏军利用空中优势对德军的指挥所、炮兵阵地以及坦克部队等实施了高密度的轰炸。

12 月 8 日，第 16 集团军解放了克留科沃，并向伊斯特拉水库发起进攻。戈沃罗夫将军指挥的第 5 集团军右翼也在向前推进，并有力地配合了第 16 集团军的攻势。

到 12 月 9 日天黑，英勇的第 20 集团军成功粉碎了德军的顽强抵抗，逼近索尔涅奇诺戈尔斯克，并终于在 12 月 12 日将德军驱逐出了那里。

12 月 13 日，列柳申科带领的第 1 突击集团军和第 30 集团军从四面包围了克林，在激烈的巷战之后，于 12 月 14 日晚，彻底肃清了克林城内的德军。

（二）不许后撤

12 月 5 日，包克元帅照例每天给德国陆军参谋长哈尔德打电话汇报前线战况，情况一天比一天糟。"将军，我们中路的第4集团军的进攻没有成功，两翼也无法跟上去，如果继续这样打下去，我们已经到了山穷水尽的地步了！"此时，清醒的包克已经意识到大势已去。

"最后再加一把劲，莫斯科就在眼前了，我们不能在这个时候放弃，元首每天都在等待你们的好消息。"

"这里的气温已经到了零下30摄氏度，我们的很多武器都被冻住，战士们的身体已经到了极限，冻伤的人数急剧增加。不得已，我已经转攻为守，我们实在没有力量再向前了。"

第2坦克集团军指挥官古德里安的报告此时被送到了哈尔德的办公桌上，同样没有什么好消息："我集团军从南面攻占莫斯科的努力已被制止。我没办法，这里的气温已下降到零下30摄氏度以下，坦克差不多动弹不得了。由于我的侧翼威胁日增，因此很可能还得后退。最后说一句，我感觉，我们以前的牺牲和煎熬很有可能归于徒劳了。对此，我很痛心。古德里安。"这个充满个性的古德里安报告写得准确明了，哈尔德越来越没精神了。

当第4坦克集团军参谋长布鲁门特里特的电话打来时，汇报的情况也是同样的基调，前方失利。一切的情况似乎都在预示着，德军即将重演拿破仑的悲剧。

哈尔德无奈地陷入沉思，最后迈着稍带沉重的步子来到了陆军总司令布劳希奇的办公室。此时的布劳希奇整个身体都堆在沙发里，微闭着眼睛，一只胳膊支在沙发的扶手上托着腮。听到声响，布劳希奇缓缓地睁开眼睛，也换了个姿势，一看见哈尔德愁眉不展的样子也大概猜出了他的来意。

哈尔德如实向布劳希奇报告了包克、古德里安和布鲁门特里特方面的情况，布劳希奇面如平湖，静默地点着头。等哈尔德汇报完毕，这位陆军最高统帅说："他们是对的，现在除了转入防御之外，看不到有什么能使德军摆脱绝境的办法。"一边说着，他一边吃力地从沙发上站起来，慢慢走到写字台前，拿起早已摆在那里的一张纸，给哈尔德看："最近我的心脏病一再复发，体力明显不支，看来无法完成元首交给陆军的伟大而艰巨的任务了，我已决定向元首递交辞呈。"

哈尔德在走进希特勒的办公室之前，已经做足了充分的心理准备，他知道今天免不了最高统帅的一顿咆哮，其实，这也是家常便饭了。坐在办公桌前的这位最高统帅，听到前线不堪的战报，又看到布劳希奇辞职的报告怒火中烧，整个脸都变了形，当然不可避免歇斯底里一番。

"只有一步之遥了，我们付出了这么多努力，几个月的战争，优势一直在我们这里。我们仅仅损失了50万人，而俄国人的损失是我们的10倍，怎么能在这个时候告诉我要停下、要防御、要后撤。再有一仗就能拿下莫斯科了，我们已经打到了莫斯科城下，优势怎么可能不在我们手里。"他重重地捶着拳头，嘴上的小胡子由于激动而不停地抽搐。他来回踱着步，"包克、古德里安的脑子里塞的全是稻草，难道你也是个木头人吗？去告诉他们，不许撤退，一步都不许退。"

12月13日，德国陆军总司令布劳希奇来到了设在斯摩棱斯克的中央集群司令部，听着眼前的形势报告，他确信，部队已经不可能守得住阵地了，如果继续坚守，也不过是自取灭亡。他秘密给指挥官们下达了一道命令，要他们向后撤退100千米以占领另一条新的防线。然而就在第2天，希特勒的命令到达，撤销了前一天的命令。

指挥层的反复无常，也不可避免地影响到了部队的军心和士气。工兵在一天之内3次接到命令要他们放好炸药准备炸桥，之后又3次接到命令要他们撤出现场。

希特勒无论如何也不相信他的部队会输。12月16日，他亲自打电话给古德里安，表示尽快就会增派补充部队，要古德里安不得继续后退。在第2天哈尔德又一次见到希特勒的时候，希特勒说："关于修筑后方阵地的主张，完全是胡说八道。现在前线唯一的困难是苏军的士兵在人数上已经超过了我们，但他们的炮兵一点儿也不比我们多，而且他们的士兵与我们英勇的士兵相比还差得多。"

随着形势的不断恶化，希特勒对他的陆军总参谋部的不满也越发加深，12月19日，他免去布劳希奇的陆军总司令的职务并亲自兼任；由于罗斯托夫失守，南线部队司令龙德施奈特被解除了职务；由于陆军元帅包克的胃病转重，他的职务也被免除了，改由第4集团军司令卢格元帅接任；就连革新了现代战争的名将古德里安也由于擅自下达了撤退的命令在圣诞节当天被解除职务；同样擅自下达了撤退命令的第4集团军司令赫普纳被免职；而曾经获得过骑士十字勋章的斯波纳克将军，由于在12月29日苏军从海上登陆时下令将一个师撤了出来，也被判死刑。

希特勒说："担任作战指挥算不得什么，谁都干得了。陆军总司令的任务就是按照国家的方式训练陆军。我不知道哪位将军能按照我的要求做到这一点，因此我决定亲自接任陆军统帅的职务。"然而，当希特勒兼任陆军总司令后，形势并未有所好转，他的独裁和傲慢让他听不进其他人的想法。"我是领导者，所有人都要无条件服从我，我要彻底铲除其他人任何的见解。"发展到后来，希特勒对陆军的各级指挥都要亲自过问，甚至是最无关紧要的细节都不放过。他最信任的人，是他自己，而他过高地估计了自己。于是，在作战的各个细节中，各部队的自主权越来越小，德军的将领们都成了这位最高统帅的传话筒。

尽管希特勒使尽了全力，强硬命令各部队不得后退，但德军此时已经无法抵挡住红军的步伐了。中央集团军群67个师的防线多处被苏军攻破；莫斯科以北的第4坦克集群中鲁奥大的第5军官兵在零下30摄氏度的酷寒中前进了3个星期，没有住处，不知道在哪里会突然遭遇敌军，这一切都使得德军中沮丧情绪开始蔓延；12月29日，第4集团军和第9集团军陷入了前所未有的困境，苏联军队突破了马洛亚罗斯拉韦茨北面的阵地，这条防线被撕开了一个大口子。

克鲁格请求撤出敌后的阵地，撤到勒热夫后面，但希特勒显然不允许这么做，依然固执地要求坚持死守，保持现有阵地。到 1 月 3 日，马洛亚罗斯拉韦茨和博罗夫斯克之间的防线已被苏军突破。气急败坏的希特勒面对下属强烈要求部队撤出阵地的请求大吼：“我将亲自来决定是否有必要继续撤退！”然而，此时德军撤退与否或许他还可以左右，但阵地失守与否却不是他能控制的了。他的法西斯大军已经不能阻挡苏联军队了。

（三）红色大反击

德军的全线败退，使苏军此时完全掌握了战争的主动权，斯大林认为，现在已经到了发起总攻的最好时机，完全可以发起全线反攻，并一举将德军赶出国境。1942 年 1 月 5 日，斯大林召集所有国防委员和最高统帅部成员包括各方面军总指挥到克里姆林宫开会，商讨总攻方案。总参谋长沙波什尼科夫介绍了现在战场的基本情况和实施反攻的初步计划：

“这次总反攻的计划是向敌人中央集团军群实施主要突击。以西方正面为主攻方向，西北方面军左翼部队、加里宁方面军和西方面军从两面迂回并随后围歼勒热夫、维亚济马和斯摩棱斯克地区的敌人主力，夺回这些城市。进攻路线是，科涅夫带领的加里宁方面军从加里宁和托尔若克地区向斯摩棱斯克方向发起突击；朱可夫的西方面军的左翼与已紧逼古德里安的切列维琴科带领的布良斯克方面军一起从南面走一条弧线向北推进，即从斯大林诺戈尔斯克到苏希尼契，然后再向维亚济马和斯摩棱斯克推进。”整个计划似乎在重演德军当初包围苏军的铁钳合围，用两路大军将德军中央集团军群包同在从莫斯科附近到斯摩棱斯克纵深大约为 200 公里的巨大口袋里。

沙波什尼科夫稍加停顿，环视了一下四周，只见众人都在聚精会神地听着他的讲述，便继续说道：“同时，最高统帅部要求为配合主攻方向的有效进击，库罗奇金的西北方面军必须在科涅夫的西面实施辅助性的但更为深远的突击，牵制并力求歼灭敌北方集团军群；西南方面军和南方方面军的任务是粉碎敌人的南方集团军群，解放顿巴斯；而高加索方面军和黑海舰队的任务是解放克里木。”

沙波什尼科夫讲解完毕以后，斯大林说：“大家可以就这个方案谈谈意见。”

朱可夫首先发言：“在西线，这里反攻的条件比较有利，敌人还未来得及恢复部队的战斗力，应当继续进攻，但为了取得决定性胜利，必须补充人员和技术兵器，增加预备队，尤其是要补充坦克部队。如果我们在这里的部队得不到补充加强，进攻就不可能胜利。至于列宁格勒方向，我军将遇到敌人顽强的防御，没有强大的炮兵支持，我们很难突破德军的防线，反而会遭受不应该有的损失。我主张加强西线各方面军，集中力量在这里实施强大的进攻。"

苏联人民委员会副主席、国防委员会委员沃兹涅先斯基赞成朱可夫的观点："我们目前没有足够的兵力和作战物资来保障各个方面军同时反攻开展。"

但斯大林其实早已决定了全线反攻，他请这些人来大本营开会，与其说是商讨，不如说是通知，事情已经决定。散会的时候，沙波什尼科夫对朱可夫说："你说了也没有用，最高统帅已经决定了。"

"那为什么还要征求我们的意见呢？"朱可夫说。沙波什尼科夫无奈地摇摇头。

1942年1月8日，苏军的大反攻按计划开始。斯大林出动了9个方面军及波罗的海和黑海舰队，在100余万军队1000架飞机的支援下，先后投入7652门火炮、774辆坦克，在从南到北的纵贯线上发动了一场全线反击战。

加里宁方面军的5个集团军和1个骑兵军在勒热夫—维亚济马一线率先发起进攻，该方面军下辖的第39集团军在进攻第一天就在勒热夫以西方向突破了德军战线。到1月21日，第39集团军已经向前挺进了近90公里，继而前出到了德军第9集团军勒热夫集团的后方。26日，方面军第22、第29集团军将德军的7个师包围在了奥列尼诺。骑兵第11军从北面突至维亚济马，并切断了维亚济马到斯摩棱斯克的公路。遭到包抄的德军顽强抵抗遭到重大损失后退至斯摩棱斯克以西地区。

西北方面军则以3个集团军的兵力，于1942年1月9日发动了对托罗佩茨—霍尔姆的进攻，配合了西方面军和加里宁方面军的进攻。1月21日，西北方面军下辖的第4突击集团军收复托罗佩茨。

西方面军的9个集团军和2个骑兵军也在1月10日参加了勒热夫—维亚济马进攻战役。其中右翼的第1突击集团军和第16、第20集团军一路突破了德军的沃洛科拉姆斯克防线，并在17日成功切断了莫斯科到勒热夫的铁路线。中路的第5、第33集团军于1月20日成功解放了莫扎伊斯克。第43集团军则向尤赫诺夫方向进攻。左翼第49、第50集团军以及近卫骑兵第1军和第10集团军则从北面迂回包抄了德军第9集团军。这样苏军第33集团军和近卫骑兵第1军得以分别从尤赫诺夫北面和南面深入德军后方，并扑向维亚济马。

面对危急的局势，德军紧急从西欧调来了12个师和2个旅，快速机动到维亚济马一线，不断对苏军实施反突击。苏军则继续在这一带加码，从1月中旬到2月中旬在维亚济马西南空降了第8、第201旅和第4军主力1万余人。然而，没有绝对优势的苏军并没有完成预期任务，战斗一直持续到了4月20日左右的春季。

苏军强大有力的总攻，来势汹汹，使德国法西斯的前线部队甚至远在后方的大本营，都惶惶不可终日。希特勒一面调兵一面向前线的各个部队下达死守的命令，战到最后一颗子弹、最后一个人也不可以撤退。

尽管德军全力以赴试图稳定战线，但仍难以抵挡苏军的脚步。经过3个月的战斗，到1942年4月中旬，在各条战线上，苏联红军先后把德军击退了150公里到400公里，先后击溃了德军的50个师，83万人。遭到重创的德军不得不紧急从后方抽调39个师又6个旅投入战场以稳定局势。但到最后，朱可夫担心的事情还是发生了，西方向的主要突击没能围歼德军中央集团军群的主力；西北方向的反攻虽然给德军以沉重打击使他们遭受了巨大损失，但是并没能完全解放列宁格勒；而在西南方向，苏军试图解放顿巴斯和克里木的计划最终也没能完成。事实证明，刚刚经受了大战的苏联，在人力物力上都遭受了巨大的损失，还没有绝对的优势使敌我力量差距根本改变。斯大林想毕其功于一役的愿望，终究没能实现。

莫斯科保卫战的胜利，不仅使希特勒的闪击战计划破产，也是德国东线走向灭亡的开始。尽管在战争初期，苏联人民经历了极其艰难的战斗，一度节节败退，但凭借着顽强的斗争精神和万众一心的民族力量，他们成功打破了法西斯侵略者"不可战胜"的神话，保卫了家园，在严酷的斗争中红色政权岿然不动。

十七、国际反法西斯力量结盟

（一）丘吉尔主动援助苏联

1941年6月22日凌晨3点德军大规模突袭苏联的消息震撼了整个世界。上午8时，英国首相温斯顿·丘吉尔便获悉了这一消息。这时，他深深感到，在苏联参战以后，英国就"再也不是孤立的了"。他立即把军事内阁中的亲信——艾登、军需供应部长比威布鲁克勋爵以及英国驻莫斯科大使斯坦福德·克里普斯召集到来，请他们着手草拟首相将于晚9时通过电台宣读的支持苏联的声明。

在草拟声明稿的过程中，他们对苏维埃国家击退法西斯侵略的能力产生了分歧。直至丘吉尔开始发表演说前20分钟，声明文本才获得通过。由于丘吉尔擅长辞令，他不是以浮华的辞藻，而是靠逻辑性、说理性和鲜明性打动和征服听众。他对"残酷的""贪婪的"法西斯制度及其所追求的种族统治进行了猛烈的抨击。他说，"我看到了守卫在自己国土大门和保卫自古以来他们父辈耕耘过的田园的俄国士兵……我看到了成千上万个俄罗斯庄稼汉正蒙受罪恶的纳粹军事机器的蹂躏。"

丘吉尔不仅知道法西斯德国对苏联的威胁程度，而且也了解德国对英国和美国的威胁程度。在一次小范围的会议上，丘吉尔沉稳而冷静，极富号召力地说："苏联面临的危险就是我国面临的危险，也是美国面临的危险。为保卫自己的家园而战的苏联人的事业，也就是地球上每个角落的自由人和自由民族的事业……希特勒对俄国的进攻，仅仅是尝试进攻英伦三岛的前奏而已。"

丘吉尔反对法西斯德国和给予苏联以援助的立场得到了本国国会议员和各阶层人民的广泛支持。6月24日，英国议会就"德国侵犯苏联"问题举行了专门辩论。外交大臣艾登在宣布辩论开始后，以政府名义声明说："对苏联的阴险进攻以及三番五次地破坏庄严的承诺无非是向人类证明……确实存在着一个夺取世界统治的纳粹计划……大家应当懂得……只要纳粹主义存在，就会对本国安全构成最大和最直接的威胁。"

政治上的现实主义者丘吉尔深深懂得，没有苏联的决定性支持，英国不可能取胜。毋庸置疑，英国、欧洲乃至全世界的命运都取决于苏联同法西斯国家的斗争结局。1941年6月23日的《泰晤士报》写道："对苏联的进攻，是准备对英国实施决定性打击的进一步措施，德国入侵苏联是朝着建立希特勒法西斯的全球统治迈出的新的一步。"苏联对英国和美国不构成威胁，而法西斯国家德国、意大利和日本却在威胁着英、美等国。因此，英国应当率先援助苏联，击溃德国法西斯。

1941年7月12日，根据苏联政府的倡议，苏英两国在莫斯科签署了《关于苏联和英国政府在对德战争中联合行动协定》。该协定规定，两国政府在目前反对希特勒法西斯德国的战争中相互承担互相帮助和给予各种支持的义务。双方庄严承诺，未经双方同意，不得擅自举行谈判，不得签订停战协定或和约。这个协定使得苏联和英国在反对希特勒德国的斗争中结成战斗的同盟。

（二）罗斯福认为德国法西斯是美国最主要的危险和敌人

苏德战争爆发的当天，美国的参议员佩佩尔宣称："我们应当消灭希特勒，否则，他就会消灭我们。"美国陆军部长史汀生提醒政府说，在法西斯德国进攻苏联以后，美国面临的危险正与日俱增。富兰克林·罗斯福承认，"保卫苏联……对保卫美国来说至关重要"。还在法西斯德国进攻苏联的前几天，罗斯福即通过威南特大使告诉丘吉尔说，他想"对苏联表示盟友般的敬意"。美国支持苏联的声明是由履行国务卿职务的威廉斯宣读的。声明重申"今日的希特勒法西斯军队对美洲大陆是一个主要危险"。6月24日，罗斯福总统紧随丘吉尔和威廉斯之后发表声明说，在反对德国的斗争中，将向苏联提供援助。

同英国一样，美国也把德国扩大侵略看成对美国自身利益的最大威胁，并迅速调整对英、对苏政策。6月23日，美国政府发表声明，指出"任何防御希特勒主义的办法，任何集中力量——不论这种力量来自何方——的行动都将加速德国现在的领袖逃不掉的失败，并因而有利于我们自身的国防安全。在今天，对美洲各地的主要危险是希特勒的军队"。次日，罗斯福在记者招待会上宣布："凡是抵抗法西斯轴心国的国家，其中包括苏联在内，都将得到美国的帮助。"

但是，由于苏联战争初期的失利，使英美国家中许多军事家和政治家对与苏联进行合作的前景持有怀疑态度，甚至做出了种种悲观的估计。罗斯福总统虽然不太赞成种种悲观预测，但为了掌握有关苏联实际情况的第一手材料以及苏联在军事援助方面的具体要求，决定派遣他的亲密顾问、负责美国租借事务的哈里·霍普金斯作为总统的私人代表前往莫斯科。当时，霍普金斯正在伦敦同丘吉尔首相会谈。接到罗斯福的指示后，他

富兰克林·罗斯福

立即乘飞机从苏格兰飞抵阿尔汉格尔斯克，1941 年 7 月底抵达莫斯科。

霍普金斯也同样认为有必要深入了解苏联的局势。正如霍普金斯的断言，如果不是考虑到苏德战场上的形势，那么任何一个稍微重要一点的问题都不可能跟英国人达成协议。战争已经进行了 4 个星期，许多英国人士预言纳粹德国击溃苏联的最短期限已经过去了，但希特勒一伙的胜利根本谈不上。而且，英国首脑们还指望，"也许苏联人还能坚持到冬季到来之前……"所有这一切，使霍普金斯确信，为了制定下一步作战计划，必须更深入地了解苏联的局势，判明苏德战场形势的真实情况。

（三）斯大林希望美国参加对德战争

霍普金斯抵达莫斯科后，立即受到了斯大林的亲自接见。他转告斯大林：罗斯福总统认为，希特勒是人类公敌，因此，他愿意在苏联对德作战中提供援助。斯大林向他谈了苏德战场的形势，并且表示苏联完全能够守住莫斯科和列宁格勒。斯大林提出：苏军迫切需要高射机枪、重型机枪和步枪，尤其是飞机、坦克和高射炮。霍普金斯表示，只要天气情况允许，在今后几周将尽一切可能向苏联运送物资。但是，关于重武器的问题并没有得到最后解决。霍普金斯提出了执行长期供应计划的条件，表示美国政府不但要对苏联的军事形势，而且也要对他们的军用武器的型号、数量和质量都有全面了解。此外，对原料和工厂的生产能力也要有充分了解。斯大林当即答应了霍普金斯对苏进行实地考察的要求，让他深入到战斗前沿、兵工

厂等地进行访问。通过这次访问，霍普金斯亲眼看到苏联拥有的强大军事潜力，掌握了苏军在许多地方进行反攻的较详细的情况，也了解到苏联领导人对击败德国法西斯满怀信心。他由此得出结论：苏联不仅能经受住敌人的攻击，而且还能给敌人以沉重的回击。他在莫斯科向罗斯福汇报说："我对这条战线深深信赖，这里士气特别旺盛，对胜利充满了坚定的信心。"

霍普金斯带着苏联人民对战争的必胜信念以及一份斯大林最急需的武器和军需品的清单回到华盛顿。霍普金斯莫斯科之行，使他对苏联的抵抗能力和作战前途有了新的认识。霍普金斯作了客观介绍，并且打消了美英两国许多政治家和军人指望苏联很快就要垮台的幻想。他使罗斯福深信，把可以匀出的尽可能多的军用物资运往苏联去是明智之举，从而使美国政府最后确定了援苏抗德的实际措施，坚定了美国参加国际反法西斯联盟的决心和信心。因此，这次访问成了战时美苏关系合作的开始。

霍普金斯访苏后不久，罗斯福便下令将大批援助物资运往苏联，并且宣布解除苏芬战争期间对苏联4000万美元存款的冻结，允许苏联利用这笔存款在美国购买所需要的战略物资。8月2日，美国政府通知苏联政府，决定给予一切可能的经济援助，并将美苏贸易条约规定的有效期延长一年。10天以后，美国向苏联派出了第一支船队。美国虽尚未正式参战，但美苏两国的合作已成为世界反法西斯联盟形成的主要基石之一。

（四）罗斯福、丘吉尔签署《大西洋宪章》

为了适应形势的发展，美国决心加强与英国的军事战略合作。1941年8月9日，罗斯福总统与丘吉尔首相在拉普森夏湾美国战列舰"奥古斯塔"号和英国最新式的战列舰"威尔士亲王"号上，秘密举行了自第二次世界大战以来的首次两国首脑会谈。8月14日，英美两国发表了联合声明，即《大西洋宪章》，共八条，其主要内容是：

1. 两国并不追求领土或其他方面的扩张。

2. 凡未经有关民族自由意志所同意的领土改变，两国不愿其实现。

3. 尊重各民族自由选择其赖以生存的政府形式和权利。各民族中的主权和自治权有横遭剥夺者，两国俱欲设法予以恢复。

……

6. 待纳粹势力被最后毁灭后，两国希望可以重建和平，使各国俱能在其疆土以内安居乐业，并使全世界人类悉有自由生活，无所恐惧，亦不虞匮乏的保证。

……

8. 两国相信世界各国，无论为实际上或精神上的原因，必须放弃使用武力。同时，两国当赞助与鼓励其他一切实际可行的措施，以减轻爱好和平人民对于军备的沉重负担。

在制定《大西洋宪章》的过程中，美英双方就各自的殖民地利益问题进行了激烈的争论。美国把"机会均等，海上自由"（第四、七条）等原则加进了宪章。美国还指责英帝国关税限制制度和过去英德操纵世界贸易的状况，主张在大战以后，将英国殖民地问题拿出来讨论。这使丘吉尔十分不满，尽管双方为了各自的利益存在诸多分歧，但在大敌当前的情况下，双方能求同存异，取得基本一致。这些原则对于动员和鼓舞全世界人民组成国际反法西斯联盟，打败德意日法西斯侵略者，无疑起了积极的推动作用。

当然，《大西洋宪章》也存有严重缺点，它未能提出动员一切力量反对法西斯，也没有谈到以何种方式消灭法西斯，恢复各个国家、各个民族的独立和主权。尤其是关于殖民地的民族独立和主权问题，宪章避而不谈。然而，从总体上看，《大西洋宪章》仍是一份值得肯定的历史文献，它标志着英美两国合作的加强。它提出的许多原则后来被许多国家所承认，对国际反法西斯联盟的建立起了积极促进作用。

（五）苏、美、英莫斯科三国会议

为了解决苏联的困境，1941 年 9 月 29 日至 10 月 1 日，苏、美、英三国在莫斯科召开了紧急会议。苏联代表团团长是外交人民委员莫洛托夫，美国代表团团长是罗斯福总统特使哈里曼，英国代表团团长是军需大臣比弗·布鲁克。斯大林也参加了这次会议。

这次会议主要是讨论美英向苏联提供武器装备和战略物资问题。在之前的时候，斯大林和丘吉尔曾通话要求英国能在 1941 年内于巴尔干或法国开辟第二战场，以迫使德国从东线调走 30 到 40 个师。但英国当时自身难保，便无法实行。这时美英即使在提供武器装备方面也各有困难。由于美国还没有直接参战，它的强大工业还没有转入战时轨道。英国既要保卫本土，又要维护庞大的殖民帝国，兵力和武器装备都感到不足。

但尽管如此，美英两国还是尽力满足了苏联提出的一些要求，以支持它把反法西斯战争坚持下去。经过谈判，于 1941 年 10 月 1 日签订了苏、美、英三国第一个议定书。议定书规定，从 1941 年 10 月 1 日到 1942 年 6 月 30 日，英美两国每月向苏联提供 400 架飞机、500 辆坦克以及其他各种武器和军用物资。苏联向英美提供原料。

莫斯科会议使得苏联取得了很大的成果。10 月 30 日，罗斯福代表美国政府写信给斯大林，宣布给苏联 10 亿美元无息贷款。11 月 7 日，美国把租借法扩大到苏联，这样就为向苏联提供军事援助创造了更加有利的条件。到 1941 年底，美国援助苏联 204 架飞机、182 辆坦克；英国供给苏联 669 架飞机、487 辆坦克、301 支反坦克枪。除了飞机、坦克、卡车、吉普车这些项目以外，英、美还给苏联送去了一些较小的作战装备，但有三项东西是很重要的。第一项是野外电话设备和电话线，共送去了 18.9 万部战地电话，108 万千米长的电话线，足够围绕地球 27 周；第二项是送去 4.5 万吨带刺铁丝；第三项是红军最喜欢的作战物资机关枪。

莫斯科三国会议进一步加强了苏、美、英三国合作，从而也加强了整个反法西斯同盟。它在反法西斯战争中，在苏联伟大的卫国战争中，都起了积极的作用。

（六）奠定联合国基础的二十六国《联合国家宣言》

1941 年底，苏联红军在莫斯科保卫战中取得了伟大胜利，希特勒三个月消灭苏联的计划遭到彻底破产，这极大地振奋了世界各反法西斯人民的信心。

同年 12 月 7 日，日本偷袭珍珠港，进攻英、美、荷在东南亚的属地，发动了太平洋战争。太平洋战争爆发后 4 天，德、意、日签订了对美英共同作战协定。英国对日宣战，德美也互相宣战。

从此，美国正式参加了第二次世界大战。接着，澳大利亚、荷兰、加拿大、新西兰、南非联邦、哥斯达黎加、古巴、尼加拉瓜、巴拿马、萨尔瓦多、"自由法国"民族委员会和波兰政府也相继对日宣战。中国也向德、意、日宣战。战争席卷和波及了世界 4/5 的人口。德、意、日法西斯不断扩大侵略战争，进一步促进了反法西斯力量的壮大和发展，加强了国际反法西斯同盟。

为了对付德国，1941 年 12 月 22 日，美英两国首脑在华盛顿集会，商讨两国整个作战计划。会议期间，美国倡议由所有对轴心国作战的同盟国家签署一项共同宣言，即《联合国家宣言》。美国提出的宣言草案经与英国和苏联政府磋商并加以修改后，用急电发给各同盟国政府。12 月 27 日，罗斯福和丘吉尔分批会见了各同盟国驻华盛顿大使，并告知他们关于这个宣言的内容。

1942 年 1 月 1 日，26 个国家的《联合国家宣言》开始签字。1 月 1 日，美、英、苏、中四国代表罗斯福、丘吉尔、李维诺夫、宋子文（新任外长）先在白宫罗斯福的书房里签了字。1 月 2 日，宣言放到国务院，其余二十二国大使按英文字母顺序依次签了字。

对于 1941 年 8 月 14 日美利坚合众国总统与大不列颠及北爱尔兰联合王国首相所作联合宣言称为《大西洋宪章》内所载宗旨与原则的共同方案业已表示赞同，深信完全战胜它们的敌国对于保卫生命、自由、独立和宗教自由并对于保全其本国和其他各国的人权和正义非常重要，同时，它们现在正对力图征服世界的野蛮和残暴的力量进行共同的斗争，兹宣告：

1. 每一政府各自保证对与该政府作战的三国同盟成员国及其附从者使用其全部资源，不论军事的或经济的。

2. 每一政府各自保证与本宣言签字国合作，并不与敌人缔结单独停战协定或和约。现在或可能在战胜希特勒主义的斗争中给予物质上援助和贡献的其他国家得加入上述宣言。

1942 年 1 月 1 日签字于华盛顿。

《联合国家宣言》的签订，表明世界人民反法西斯同盟又发展到了一个新的阶段。它标志着这个同盟的进一步壮大和加强，同时也为联合国组织的建立奠定了初步基础。美国国务卿热烈欢呼这个宣言的发表。他说："联合国家的宣言在历史上最大的共同作战努力中，把代表绝大多数居民的 26 个自由国家的决心和意志联合起来了。这是一个活生生的证据，说明遵守法律、爱好和平的国家到了必要的时候能够团结起来使用武力去维护自由、正义和人类的基本准则。"

当然，在同盟国内部也是充满着矛盾和斗争的，但这并没有妨碍它们在反对法西斯侵略的斗争中采取一定程度的联合行动。

斯大林曾指出："否认参加英苏美同盟的国家在意识形态上和社会制度上的差别那是可笑的。但是，这是否排斥这个同盟中的成员采取共同行动，去反对使它们受奴役威胁的共同敌人的可能性和合理性呢？绝对不排斥。"

问题在于德意日法西斯把战争和奴役的威胁强加于各国爱好和平的人民，这是促使反法西斯同盟形成的决定性因素；而德国进攻苏联和日本发动太平洋战争又进一步壮大和加强了这个同盟。

二战蔓延：血染太平洋

一、狼子野心

（一）"欲征服世界，必先征服中国"——日本大陆政策的内幕

日本对中国侵略野心蓄谋已久，1931 年日本对中国东北发动了"九一八"事变，即后又在 1937 年在中国卢沟桥发动了"七七"事变。大举侵略中国的阴谋步步得逞，使得日本帝国主义者的侵略野心快速膨胀。随后，日本又将矛头指向了美国、英国、荷兰等国，妄图吞并西南太平洋、中部太平洋、北太平洋的全部区域。

日本侵略中国，是为了实现蚕食鲸吞中国的"大陆政策"；日本对美国、英国、荷兰等二十余国正式宣战的阶段，是为了实现其称霸世界的"南进政策"。太平洋战争正处于中日战争的延长线上，是日本军国主义者侵占中国东北、华北、华东、华中、华南的继续。

大陆政策也称大陆经略政策，是日本自明治维新后，作为岛国的日本向中国和朝鲜等大陆国家进行武力扩张，梦想称霸亚洲，征服全世界的侵略总方针。这个方针一共分为六步：

1. 吞并台湾
2. 吞并朝鲜
3. 吞并中国东北
4. 吞并中国
5. 称霸亚洲
6. 称霸世界

早在丰臣秀吉（1536~1598）初步统一日本后，就曾于 1592 年、1597 年两度发动侵略朝鲜的战争。德川幕府末期则出现了"海外雄飞论"。所谓"海外雄飞论"是当时日本儒学家、国学家和洋学家从不同角度集中论述的对外扩张主义思想，矛头指向朝鲜和中国。

1927 年 7 月 25 日，田中义一提出了世界历史上罕见的极其露骨的侵略计划，世称《田中奏折》。这个秘密文件的主要内容是阐述侵略中国的方针政策。

《田中奏折》提出日本"应开拓富源，以培养帝国恒久的繁荣"。为此，日本必须千方百计地取得中国东北的土地商租权、铁路建筑权、矿权、林权、对外贸易权、海运权、金融权等；日本人自由出入东北；设置日本政治、财政、军事顾问和教官；大力奖励朝鲜移民；派遣军人潜入蒙古，控制旧王公等。为了管理东北的事务，日本政府要设置拓殖省即殖民部。《田中奏折》认为："日本除采用'铁血'政策而外，而能排去东亚的困难。""将来欲制中国，必以摧毁美国势力为先决条件"，"不得不与美一战"；"最近将来，在北满地方必与赤俄冲突"。因此，日本计划"以军事为目的"，迅速修建几条具有战略价值的铁路，把东北与朝鲜连成一体，加强对我国东北的经济掠夺。

1929年，世界经济危机爆发，美国和欧洲的经济一下倒退几十年，日本经济也受到了很大的打击。从1929年到1932年，全球都处在一片凄风苦雨中。而中国经济由于主要是小农经济，受的影响小一些。出于经济和领土的需要，日本悍然入侵了中国东三省。他们曾一度寄望于东北军阀张作霖为其效劳，后来发现张作霖不受他们使唤，关东军便制订了杀害张作霖、占领东北的阴谋计划，1928年在奉天沈阳附近的皇姑屯炸死了张作霖。其后，从1928年到1931年间，日本关东军积极策划，蓄积力量，决定用武力一举强占东北。到1931年9月18日终于制造了震惊世界的"九一八"事变。

"九一八事变"大大刺激了日本渴望已久的野心，开始了迅速、大规模的军事扩充。在1931年至1936年期间，日本官方军事订货金额达70亿日元，

"九一八"事变

三菱、川崎、浦贺船渠、日产、日氮等十大民营军需企业利润平均增长48%，日本称其为"军需景气"。但这表面化的"军需景气"背后是饮鸩止渴的危险，因为军事工业虽然刺激了生产，但其产品只能消耗于战争，而不是人民生活。当时东京一般市民维持最低生活水平的开支是每人每年109.2日元。农村生活水平较之则更加贫困。

由于日本的国家战略就是用军事实力征服占领，养着庞大的帝国陆军和帝国舰队，以及海陆各属的空军，经济上很难持久。尽管日本逼国民党政府在华北五省自治上做出了辱失主权的让步，但是它的目标不仅仅是华北，而是整个中国和亚洲。加上对中国军事力量的轻视，日本挑起了"卢沟桥事变"，妄图在几个月内征服中国。

（二） 美日矛盾在绥靖主义中逐渐升级

在 19 世纪的亚洲，日本处于最后一个幕府——德川幕府时代，掌握大权的德川幕府实行的苛政，激起了大量农民的起义。同时，在日本一些经济比较发达的地区，开始出现了资本主义的萌芽。在商品经济的推动下，商人特别是金融高利贷商人的力量逐渐增强，商人们感觉到旧有制度在制约着他们的发展，开始呼吁改革政治体制。1853 年，美国殖民主义者率领舰队来到日本近海，要求与德川幕府谈判。这是日本与美国第一次建交。1854 年，日本与美国签订了神奈川《日美亲善条约》，同意向美国开放下田和箱馆（函馆）两个港口，而不仅局限于长崎，给予美国最惠国待遇等。由于接踵而来的一系列不平等条约的签订，德川幕府再度成为日本社会斗争的目标。

于是，在地方上具有维新思想的藩主们开始结成军事联盟，以对抗幕府军队的讨伐，并尝试与天皇接触，寻求倒幕行动的"大义"。1868 年底，明治天皇颁布"王政复古大号令"，宣布废除幕府，将一切权力重新归于天皇。经过明治维新，日本开始走上了富强之路，并利用强盛的国力，逐步废除了与西方各国签订的不平等条约，收回国家主权，摆脱了沦为殖民地的危机；在 1895 年、1904 年分别在甲午战争、日俄战争中击败昔日清帝国与俄罗斯，成为称雄一时的亚洲强国。

1895~1899 年，西方列强掀起瓜分中国狂潮，姗姗来迟的美国当然想分得一杯羹。正如美国驻华公使田贝所说：如果美国容忍列强瓜分中国的势头蔓延，"我们就会失去世界上最大的市场"。在 1904~1905 年的日俄战争中，美国原本是站在日本一边的，如果没有美国和英国的援助，日本很可能是战败国。但这个时候美国也开始注意到，日本海军实力原来是靠甲午战争之后中国的赔款壮大起来的，美国开始担心有朝一日等日本掌握了西太平洋制海权之后，会和美国抗衡。

于是，在日俄战争爆发两个月之后，美国国防当局根据参谋总长阿多纳·R.霞飞将军的倡议，着手制定叫作"色彩计划"的军事作战计划：将预定的假想敌用颜色暗号代替，英国为红色、德国为黑色、墨西哥为绿色、日本为橙色。日美矛盾的焦点，便是争夺中国市场。

同样，日本扩张海军的假想敌也是美国。他们从 1907 年就认为："美国作为我国友邦虽应继续维持，唯从地理、经济、人种、宗教等方面观察，他日不能保证不惹起剧烈的冲突。"为此，日本开始以战胜美国为目标大肆扩张军备。

除了军事，日本垄断资本迅速向东南亚和南亚渗透，扩张势力直逼整个西太平洋。这引起了美国和英国的极大恐慌。为了争夺海上霸权，日本、美国、英国开始不约而同地拖长海军。但是美国和英国在发展海军方面存在着一定的困难，因为英国在第一次世界大战后已经非常疲敝，别说是参加军备竞赛了，就连维持原有 5 艘战舰的费用也很紧张。美国在战后也人心厌战，许多人对建舰计划都提出了批评意见。而这个时候的日本，除了拥有金刚、比睿、榛名、雾岛 4 艘当时世界上最新最优的重巡洋舰，还正在积极着手新建 4 艘 4.3 万吨至 4.8 万吨级的超级巡洋舰。美国即使建造了这样的超级战舰，也因为巴拿马河道深度不够无法通过，等于不起作用。

为了调整对美国的不利局面，在美国的提议下，美国、英国、日本、中国、法国、意大利、比利时、荷兰、葡萄牙 9 个国家，在 1921 年 11 月至 1922 年 2 月在华盛顿召开了会议，签订了《关于限制海军军备条约》，将美国、英国、日本、法国、意大利 5 个国家的海军比例规定为 5∶5∶3∶1.75∶1.75，并限制主力舰的排水量吨位不得超过 3.5 万吨。这个刚好为能够通过巴拿马运河的限度。日本很不甘心。

华盛顿会议还通过了关于中国问题的《九国公约》，提出尊重中国国家主权独立和领土完整，规定维持各国在中国的工商机会均等，不得谋取特权，妨害友邦在中国的权利，企图打消日本独占中国的野心，使中国回到几个帝国主义国家共同瓜分支配的局面。这让日本很愤怒，美日之间的矛盾进一步加剧。

1931 年，日本发动"九一八"事变，悍然出兵侵占中国东北三省大片领土，这种赤裸裸的侵略行为以及破坏《九国公约》的可耻行径举世震惊。美国和英国虽然很不甘心眼前的肥肉被日本瓜分，但他们希望日本把中国东北作为进攻苏联的跳板，让日本和苏联在战争中两败俱伤，他们坐收渔翁之利。

美国和英国的纵容姑息极大地助长了日本的侵略胃口。1937 年，日本挑起了"七七"事变，发动了全面的侵华战争。虽然美国的在华利益受到了侵犯，但是他们依然打着自己的小算盘：扶持日本成为远东防共的有效堡垒，企图与日本共同分赃，共霸远东；另一方面又接济中国，让中国进行一定的抵抗，等待时机出面干涉，准备在既保持自己在远东的利益，又不伤害日本反苏实力的条件下结束中日战争。

1937 年 12 月 12 日，就在南京被占领的前一天，日本公然炸沉了飘扬着美国国旗、载着美国使馆逃离人员的炮艇。但是美国罗斯福总统坚持绥靖主义，命令各地将当时在甲板上的新闻记者诺曼·艾利当场拍摄的日本飞行员特写镜头删掉，使美国人相信日本人的狡辩，最后以赔偿草草了事。

但是，史无前例的"珀内"号被炸沉和南京大屠杀的第一手报道严重刺激了美国人的神经，激发了美国人民对中国的同情和对日军丧尽天良行径的谴责。当时的美国国务卿赫尔谴责这是一群野蛮的半疯狂的陆海军官干的，主张武力干涉。海军作战部长威廉·李海也向罗斯福总统递交了亚洲舰队军事行动方案，建议同英国皇家海军联合进行一场"绞死日本的海战"。但是在美国海军和英国海军的国际会议

二战通史

中，英国首相张伯伦要求罗斯福总统暂时不要动手，使这些军事计划毫无结果。

1938年9月，欧洲战争爆发，由于欧洲各国忙于应付欧洲大陆的战争，东南亚方面已经没有了保卫力量。美国海军预计到日本如果向安南（指现在的越南、老挝和柬埔寨）等地入侵，可能引起日美战争，在惶恐的担忧中编制了对日战争的《虹计划第二号》，以防不测。并且，随着日本在中国大肆吞并领土，美国的在华利益受到了进一步的侵犯，这使得美国的舆论猛烈转向反日排日的一方。美国开始逐渐禁止向日本输出战略物资。1940年7月26日，美国总统罗斯福不顾国务院担心在日本脖子上套上经济绳索可能迫使日本夺取荷属印度尼西亚的顾虑，毅然限制出口飞机燃料、润滑油和废铁废钢，美国对日本的经济制裁逐步升级，矛盾终于开始露出了冰山一角。

（三）英美对中国的"远东慕尼黑阴谋"

1939年，英国首相张伯伦、法国总理达拉底和德国的希特勒、意大利的墨索里尼在德国慕尼黑签订了《关于捷克斯洛伐克割让苏台德领土的协定》，即慕尼黑协定。英国和法国企图以出卖捷克斯洛伐克为代价，换得希特勒东进侵略苏联。

同年10～11月，德军占领苏台德区。在英国、法国绥靖政策的纵容下，希特勒于次年3月又出兵侵占捷克斯洛伐克全境。9月1日，希特勒明目张胆进攻波兰，挑起了第二次世界大战。这就是历史上著名的"慕尼黑阴谋"。

日本侵华时期，英美等国对日本采取绥靖政策，牺牲中国的国际阴谋，因袭用牺牲捷克斯洛伐克的慕尼黑会议方式，史称"远东慕尼黑"。促成"远东慕尼黑阴谋"的主要因素是：英国、美国的东方绥靖政策，德国、意大利一度进行的劝和调停，日本的诱降和中国国民党当局的妥协。

日军占领武汉以后，把主要精力放在进攻八路军、新四军方面，对国民党则采取诱降的方式。日本政府迫切希望通过"和平"的方式，引诱国民党政府投降，以早日解决"中国事变"。果然，汪精卫带了一批人离开重庆，在日军的羽翼下，在沦陷区成了伪政权。武汉战役期间，英法两国和德国签订的慕尼黑协定使日本人受到了极大的鼓舞。当时几乎所有的日本报刊都吹捧出卖捷克领土的协定，宣传"中国事变"的解决对于世界"和平"比解决捷克问题更加重要。

德国在慕尼黑取得的"胜利"，英法等国对捷克的出卖，使日本意识到，它可以利用在中国所掌握的对英国施加压力的手段，让英美等国在中国再来一个慕尼黑协定。而这个时候的英国、法国和美国，由于欧洲局势的牵制，无力东顾。于是他们策划召开了太平洋国际会议，想让中国国民党政府与日本"议和"。1939年7月24日，英国与日本签订《有田克莱奇协定》，承认日本侵华为"合法"。第二次世界大战全面爆发之后，英国由于法西斯德国在欧洲发动进攻，急于对日妥协。1940年8月8日，英国外交部拟定《对日总协议》的备忘录，力图达成对日本的全面妥协。当时的美国也不愿意卷入对日战争，表示准备参加对它有利的谈判，以解决中日战争。

欧洲战争爆发后，英国和美国企图利用德国、意大利和日本三国同盟的内部矛盾，拆散东京柏林轴心，贿买日本，把日本拉到自己的阵营里来。虽然美国已经在1940年1月废止了日美通商航海条约，但是大量的军事物资，特别是石油和废铁，仍然通过私人企业之手运往日本。1940年7月，英国和日本签订了封闭滇缅公路的协定，3个月内，禁止武器、弹药及铁道材料经缅甸运往中国；同时禁止这些物资从香港运往大陆。之后，英国又在上海公共租借的问题上做出了让步，撤离了大部分驻在中国的军队。法国和英国采取同一步调。英法的妥协鼓舞了日本，日军于9月下旬入侵越南，切断了中国的又一条国际交通线，并为进一步南侵做准备；还派出重兵侵占襄阳、宜昌，摆出全面进攻重庆的架势。

1941年3~12月，美国和日本进行秘密谈判。当时的美国面临西线告急、东线吃紧的严峻局势，为了援英反德，确保欧洲重点，力求避免或推迟在远东与日冲突。谈判中美国承认伪满，同意日本延缓从中国撤军等，出卖中国换取日本同意恢复"门户开放"，以维护美国在中国和太平洋地区的既得利益。

1941年5月19日，毛泽东在延安紧急写了《揭破远东慕尼黑的阴谋》，坚决表示：

1. 日美妥协，牺牲中国，造成反共、反苏局面的东方慕尼黑的新阴谋，正在日美蒋之间酝酿着。我们必须揭穿它，反对它。

2. 日本帝国主义以迫蒋投降为目的的军事进攻，现已告一段落，继之而来的必然是诱降活动。这是敌人一打一拉、又打又拉的老政策的重演。我们必须揭穿它，反对它。

3. 日本和军事进攻同时发动了谣言攻势，例如所谓"八路军不愿和国民党中央军配合作战""八路军乘机扩大地盘""打通国际路线""另立中央政府"等等。这是日本挑拨国共关系以利诱降的诡计。国民党中央社和国民党报纸照抄散布，不惜和日本的反共宣传互相呼应，其用意所在，甚为可疑。我们也应揭穿它，反对它。

4. 新四军虽被宣布为"叛变"，八路军虽没有领到一颗弹一文饷，然无一刻不与敌军搏斗。此次晋南战役，八路军自动配合国民党军队作战，两周以来在华北各线做全面出击，至今犹在酣战中。共产党领导的武力和民众已成了抗日战争中的中流砥柱。一切对于共产党的污蔑，其目的都在使抗战失败，以利投降。我们应发扬八路军新四军的战绩，反对一切失败主义者和投降主义者。

1940 年 8 月 20 日，八路军发动了百团大战，同日本侵略者进行浴血奋战，付出了伤亡 1.7 万余人的代价！同时也毙伤日军 2 万余人、伪军 5000 余人，俘日军 280 余人、伪军 1.8 万余人。这是抗日战争中八路军在华北地区发动的规模最大、持续时间最长的带战略性的进攻战役。日军在遭受打击后惊呼："对华北应再认识！"

由于中国共产党坚持抗战，坚决反对"远东慕尼黑阴谋"，加之后来日本偷袭美国珍珠港发动太平洋战争等因素，近代苦难重重的泱泱中华终于扭转了危机，避免了亡国的危险。

（四）东条英机上台，日本对美开战

东条英机，1884 年 12 月 30 日生于日本东京一个军阀家庭，自幼受到军国主义思想和武士道精神的熏陶，日本征战建立功勋的"训示"对他影响很大。1905 年，他从陆军士官学校毕业前夕带领着第 17 期 300 名学员在皇宫振天府前宣誓："要为天皇而死……粉身碎骨心甘情愿。"

1941 年 10 月 16 日，日本近卫内阁总辞职。18 日，战争狂热分子东条英机任首相的内阁正式成立。东条英机上台后坚决主张，如果美国不按他的意图办事就立即开战！

11 月 7 日，在美国例行的国务会议上，全体参会人员对远东形势都非常担心，因为危机已经逼近。国务卿赫尔明确指出："形势十分严峻。我们不知道日本军事攻击会在什么时间什么地点开始，一定要经常警戒。"全体参会人员顿时鸦雀无声，他们都在认真思考战争的现实可能性。然而，当时绝大多数美国人不用说在亚洲和日本开战，甚至在欧洲也不同意参战，一直主张袖手旁观，"坐视狂热的、堕落的欧洲人自相残杀"。罗斯福总统处于进退两难的境地。

与美国的犹豫不决刚好相反，在裕仁天皇召集历届首相元老讨论是否对美英开战的会席上，东条英机坚决主张不能同意美国在中美外交谈判中要日本从中国撤军的提案，认为陆海军已经达成一致意见，做好了战争的准备。一旦战争爆发，首先占领东南亚资源丰富地带，以此为据点击败敌军。在战争进行中间，预计英国不久即将向德国投降，苏联也将被德军征服，美国将完全陷入孤军作战的状态，结果自然是在有利条件下建成"大东亚共荣圈"。

尽管众多元老反对对英美开战，海军军部所有高层领导也都认为在长期持久的战争中，日本不可能战胜美国。但是由于裕仁天皇赞同东条英机的意见，也顾及面子，不愿意在陆军面前示弱，只能硬着头皮一再表示："对美英不辞——战。"正如海军大将丰田副武在战后所说："海军积年累月动用大量军备预算，一旦遇到机会就自我炫耀，说什么海上防卫是铜墙铁壁，西部太平洋防守我们已包下等大话。事到临头要开战了，再说没有把握没有自信的话，是无论如何也张不开口的。"

由于日本培养军国主义侵略分子已经有数十年的历史，日本陆军和海军军令部都由主战的少壮派掌权，让他们放下屠刀是绝对没有可能的。加上东条英机力排众议、天皇对东条英机的赞赏与支持，日本最终决定对美国开战。

（五）日本的"最后提案"和美国的"最后通牒"

日本早已经有对美英作战的企图，但在很长一段时期里，都在表面上继续跟美国进行外交谈判，企图用欺骗手段麻痹敌人，捞取好处。

其实对于这个，美国也早已有所察觉。早在 1940 年 9 月 25 日的时候，美国就已经能够破译出日本的机密电报。日本外务省使用的紫色密码机，是最高机密用的密码电报。日本自以为别人根本就不可能解读出来，但却被一个叫弗里德曼的天才破译出来。当时德国的秘密工作也做得很出色，觉察出日本的密码可能已经被美国破译，因为松冈和希特勒的会谈情况泄露出去就是很明显的迹象。德国向日本提出了忠告，可日本外务省却认为那是绝对不可能的事情，没有重视。

美国破译出日本给德国的密电："我们不向苏联出兵，决定要和美英打仗，去占领越南、泰国、马来西亚、新加坡、印度尼西亚等地，我们坚决不能答应美国的要求，从中国撤出占领军。"美国还破译了日本内部密码电报："日本方面已经用了各种手段说明了意见，阐明了立场，除了促使美国再研究以外，已经到了没有其他积极手段的地步了……可通过英国委婉告诉美国，再不需要多长时间搞交涉了。"但是，破译这些情报的美国依然按兵不动，想尽量避免战争爆发。

1941 年 11 月 2 日~5 日，在日美谈判几近失败的情况下，日本通过了《日本国策实行要领》和《对美交涉要领》两个决定。这个决定的大体内容是，日本对美国发动武力进攻的时期定在 12 月初。如果对美国的交涉成功了，方可停止动用武力。

在提案里，日本对美国的交涉分为甲乙两个方案，如果甲方案美国不同意时再提出乙方案。并且，这是日本对美国的最后一次提案。如果被拒绝，日本势必要发动对美国的战争。但是由于甲方案里有要求"美国从太平洋撤出大部分舰队"等过分要求，野村大使估计这只能引起美国人的愤怒，所以没有提出，只提出了乙方案：

1. 只要美国能够保证日本在法属印度支那的利益，并解除对日本资产的冻结以及恢复对日本石油的输送，日本将立即从南部法属印度支那撤军。

2. 等到中日战争解决之后，日本将从法属印度支那全线撤军。

实际上，美国早已从破译的密电中知道了这是日本对美国的最后通牒。但是罗斯福依然告诉国务卿赫尔"要进行富于同情的研究"。美国国会也仍然希望能保留会谈的余地。美国对待日本，一直保持着博弈的态度。

日本侵略中国，需要大量的石油资源，而到1941年为止，这些石油几乎全部是美国提供的。美国一直希望和日本修好，只为了不要在太平洋上面对一个不算太弱的对手，所以事实上美国一直在对蒋介石政权施加压力，在提供经济援助和武器的同时，要求蒋承认伪"满洲国"的独立，和汪精卫政权合并，以换取美日交好。可是1941年，日本占领了印度支那，美国人一方面为了维护法国人的利益，一方面唯恐日本在太平洋坐大，于是在8月份开始实施对日本的石油禁运。

美国总统罗斯福虽然不能够接受日本的提案，但依然不想和日本开战，所以决定妥协。他要求国务卿赫尔以日本的乙案为基础制作一个妥协案。11月22日，《赫尔备忘录》就出台了。内容主要是：只要日本不再向南方推进，美国将缓和对日本的经济制裁，并不干涉中日之间的战争。但是，此议案的有效期为3个月，期限过后要进行重新协商。之所以加上3个月的期限，是因为美国尚看不清欧洲战局，无法决定对日政策。

11月22日当天，中国驻美国大使得到了这个妥协案的内容。值得一提的是，当时的中国驻美大使正是鼎鼎大名的胡适。中国当时正为美国对日本禁运石油而缓了一口气，现在得到这个消息当然是晴天霹雳。胡适立刻发电报给蒋介石，得到蒋的指示：决不能让美国对日本妥协，否则就意味着中国完了！

一方面，蒋介石如洪水般地向美国发送电报反对此事，另一方面，胡适也在11月24日和赫尔的单独会面中严正抗议。他这样说："美国打算向日本卖石油吗！你每向日本卖出一滴石油，中国的将士们就将流一加仑的鲜血！"

然而美国人根本不买账。11月25日，赫尔和阁僚开会，确定了将宣布这个妥协案，同时也向蒋介石发了不少回电进行解释，希望蒋也能对日本妥协。

日本方面同样通过解读密码了解到了这一切，于是他们心中大喜，不再进行多余的外交交涉，坐等好结局。蒋介石几乎已经绝望了，他给从来没有见过面的丘吉尔发了电报，电报里说："如果美国和日本结成妥协案，那么中国的军民抵抗也将会因为失望而崩溃。以后即使再有更多的援助也不会有用，中国人民将对你们所说的国际信义失去信心。"

这个时候的英国正在德国的攻击下苦苦挣扎，对于英国来说，美国如果和德国的盟友日本决裂，那么和德国决裂的可能性也将大增，所以在11月25日的晚上，丘吉尔给罗斯福发了一封电报："如果中国被摧毁，那么我们所面临的威胁也将大增。英国希望美国能收回这个草案。"

于是，在11月26日，赫尔接见了日本的驻美大使野村吉三郎和来栖三郎，交给了他们一份和 24 小时前的妥协案截然相反的文件，这就是《赫尔备忘录》，美国有学者称之为《11 月 26 日美国案》，这个备忘录要求日本必须从中国和印度支那无条件撤军，美国和日本必须只承认中国的重庆政府。这相当于是美国对日本的最后通牒。

（六）罗斯福给日本天皇的信——美国为和平所做的最后一次努力

对于日本会对美国发动攻击的可能性，美国其实早已通过破译的情报知道得一清二楚。1941 年 11 月 25 日，罗斯福总统曾对部下告诫说："下星期一，即 12 月 1 日左右最危险，日本惯用奇袭伎俩，你们要加紧研究对策。"

国务卿赫尔等人也提出了不能消极等待被动挨打的局面。但是当时的国际形势太过于微妙，德国的希特勒认为，要想摧毁苏联，打垮英国，必须得有一个"条件"——美国不要介入。所以希特勒最怕的就是美国参战。为了不招惹美国，他对德国海军下了最严格的命令：任何德国潜艇都不许在大西洋攻击美国舰队。

美国舆论界也看透了这一点，当时很多美国人都主张坚持中立。美国的决策层担心主动参战会引起国内政治上和道德上的分裂，太过于冒险。虽然按照战争的常规，先发制人可以占据主动位置，可是为了统一全国舆论，美国只能在遭到侵犯以后才能参战，即使被动挨打是划不来的，但是也不能先发第一枪。这是美国没有积极准备作战的主要原因。

为了阻止日本的疯狂行动，美国总统罗斯福给日本裕仁天皇写了一封十分谦和的亲笔信：

我对陛下只是在对两国都处在特殊重大的时刻才送交亲笔信的。鉴于目前正在酝酿形成的深刻而广泛的非常紧急状态，我认为有发这封信的必要。

现在，在太平洋地区正要发生危及美日两国国民和全人类幸福和和平的事态，这个形势正孕育着悲剧的发生。

美国人民爱好和平，维护各个国家共存的权利。过去几个月来，我们热切关注美日外交谈判。我们希望结束中日战争。我们希望太平洋各个国家互不侵犯，和平共存，免去不能忍耐的沉重军备负担，各国人民不遭受任何国家的排挤，恢复无差别的通商。

我相信陛下一定和我一样，为达到上述各项重要目的，同意消除美日两国之间任何形式的军事冲突，这一点非常重要。

约一年以前，陛下的政府和法国维希政府缔结协定。根据这份协定，为了保护在北方与中国军队对峙的日本军，允许五六千人的日军进驻越南北部。今年春天和夏天，维希政府为了共同防卫越南，承认日军进驻越南南部。这就是说，日军并没有对越南实行攻击，也没有攻击的企图。

最近数星期内，日本陆海空军部队明显急剧增兵。在越南集结这么多的军队，肯定会使其他国家认为它的性质不是防御性的，产生疑虑也是合理的。

在越南集结的庞大日军势力已经到达印度支那半岛的东南端和西南端。对此，当然会引起菲律宾、印度尼西亚、马来西亚和泰国居民的怀疑，认为是否在准备或企图进攻。

我相信，这些居民感受到的恐怖，关系到和平和他们国家的安危，是理所当然的反映。这一点，陛下一定了解。而且，美国多数国民也用恐惧的目光注视着日本陆海军及空军基地用于攻击手段的人员和装备。这一点，陛下也是了解的。

我认为，不能让上述各国国民长期坐在装满炸药的火药桶上。

假如日本全面从越南撤军，美国丝毫也没有侵入该地区的意图。

对此我可以保证。同样，印度尼西亚、马来西亚、泰国等国也保证。我正打算商请中国政府提供上述保证。只要日本军队从越南撤退，便可保证太平洋全域的和平。

我给陛下写这封信，就是因为我希望在此危急关头，您也能和我一样考虑扫除乌云的方法。我相信，我和陛下一样，都担负着不仅使美日两国国民，还要使邻近各国人民都能恢复传统友好、阻止死亡和破坏的神圣任务。

1941 年 12 月 6 日于华盛顿

富兰克林·D. 罗斯福

这封加急电报本来是 12 月 7 日中午传送到日本电报局的，但是日本军部故意拖延到晚上 10 点才将电报发至美国驻日本大使馆。美国的格鲁大使接到电报后立即打电话给日本东乡外务大臣的秘书，要求夜间紧急会见天皇。但是一直到 12 月 8 日上午七点半，东乡大使才交给格鲁大使一份文件，说他已经拜见了天皇，这份文件就是天皇陛下对总统急电的回答。而实际上，这份文件与日本驻美大使野村交给赫尔国务卿那份"日本方面的最后通牒"是同一个文件。

当格鲁大使再次要求拜见天皇的时候，东京市内大街小巷关于日本奇袭美国珍珠港的消息已经到处传开了。

二、偷袭珍珠港

（一）利用谈判为战争作掩护

1940 年，德国在西欧屡屡得手，英国、法国和荷兰在东南亚的殖民势力严重削弱。日本开始妄想夺取英国、法国和荷兰在亚洲的殖民地，解决石油等能源危机，保证长期战争的需求。

美国当然不乐意日本独占太平洋地区，但是美国奉行"先欧后亚"的战略方针，在太平洋地区没有做好战争准备，不想立即向日本开战。这时的日本也早就想发动太平洋战争，只是时机还没有到，于是就用谈判的方式作为掩护来迷惑美国人，暗地里进行战争准备。

1940 年 9 月，《德意日三国同盟条约》签订，条约的矛盾直接指向美国。日本签订这个条约主要是为南进打开道路，同时要求德国出面斡旋，调整日苏关系，松冈外相甚至幻想将苏联也拉入这同盟。1941 年 3 月，他亲自访问莫斯科，与斯大林签署了《日苏中立条约》，这个条约的签订彻底解除了日本南进的后顾之忧。

三国同盟条约签订后，日本与美国的关系急剧恶化，但是双方都避免彻底摊牌，不愿意公开发生冲突。

1941 年 6 月，希特勒终于发动了蓄谋已久的侵苏战争。日本也不甘落后，1941 年 7 月 2 日，日本不顾美国反对，登陆东南亚南部，美国中断了与日本的谈判。

7 月 24 日，美国总统罗斯福告诉日本人：如果日本继续向荷属东印度推进，那就是远东的全面战争，希望以石油换取美国在东南亚的中立，维持太平洋地区的和平。

日本不顾美国的反对，仍然派兵攻占了法属印度支那南部。

7 月 26 日，罗斯福总统宣布冻结日本在美国的一切资产，防止日本利用美国的财政金融设备以及日美间的贸易损害美国的利益。

7 月 26 日，日本对美国进行报复，冻结了美国在日本的一切资产。

8 月 1 日，美国宣布对日本实施石油禁运。

8 月 15 日，美国宣布禁止所有货物出口日本。

这个时候，日美谈判再次陷入僵局。美国对日本的全面禁运，对于资源匮乏的日本是很致命的打击。为了得到荷兰的东印度群岛年产量 800 万吨石油的油田，以及东南亚的丰富资源，日本加紧了通过战争掠夺资源的步伐。

但是针对美国的制裁，近卫内阁仍主张进行谈判，以麻痹美国，以谈判来掩护日本的军事行动，日方甚至假惺惺地提出八九月间近卫首相与罗斯福总统在夏威夷举行首脑会议，遭到美国拒绝。

1941年10月18日，战争狂魔东条英机出任日本新首相，加快了战争准备的步伐，同时继续玩弄谈判手法，掩护其战争意图的烟雾和争取时间的缓兵之计。

1941年11月5日，日本已经决定向美国、英国和荷兰开战，时间定在12月初。但是，他们对美国的谈判依然雷打不动地进行着，让美国人对和平还抱有幻想。

就在日本海上编队已经出发去偷袭珍珠港的时候，日美的谈判行动还在进行中。

回顾日本近代外交史，我们可以清楚地看到，从明治维新初期要求打破不平等条约时起，日本的外交一直贯穿着一条侵略扩张的路线，尤其是在发动甲午战争、日俄战争后，更是一发不可收拾；先吞并朝鲜，继又挑起"九一八"事变侵占中国华北，后又偷袭珍珠港，南侵东南亚各国，日本自始至终借外交

东条英机

手段来推行侵略战争，或是借外交来掩盖侵略战争。到了后来，战争逐步升级，规模越来越大，以致发展到国力难以支撑，当局无法驾驭的地步，最终自取灭亡。

（二）山本五十六的突袭计划秘密出台

山本五十六是日本新潟县长冈市武士高野的第6个儿子。因为他出生这一年其父高野贞吉56岁，所以给儿子取名为"高野五十六"。他自幼受到了武士道和军事熏陶，17岁那年他以第二名的成绩考入江田岛海军学校32期，1904年以第7名毕业后任"日进"号装甲巡洋舰上的少尉见习枪炮官，参加了1904～1905年的日俄战争，1908年，进入海军炮术学校学习，1914年，以上尉军衔进入海军大学深造，1915年晋升为少佐。

1916年，他从江田岛海军学校毕业后，经牧野忠笃子爵介绍，过继到旧长冈藩家老山本家，成为山本带刀的义子，由"高野五十六"改名为"山本五十六"。

1940 年 11 月，山本五十六晋升为海军大将。这个时候，发生了一件事情：英国海军奇袭意大利塔兰托军港，从航空母舰"伊拉斯特里亚"号上飞出 24 架旧式双翅轰炸机，一举击沉了 3 艘意大利战列舰，塔兰托战役的成功震撼了整个世界。人们第一次知道，原来海上霸王的战列舰居然可以被从一架小飞机上扔下来的鱼雷葬入海底。以前人们一直以为从空中投放的鱼雷至少需要大约 30 米的深度，可是英国皇家海军在水深只有 12 米的塔兰托港内使用改良后的低空鱼雷照样取得了辉煌的战绩。这给山本五十六很大的启发。

1941 年美国向日本全面禁运之后，日本政府更加坚定了与美国决一死战的想法，山本五十六开始全身心投入研究怎样打败美国的计划中。

当时日本海军的普遍观点是，当美国舰队远渡重洋而来的时候，日本先用潜艇和路基飞机不断消耗它，等到它的实力消耗到与日本海军力量相等的时候，日本海军再抓住有利时机，在马绍尔群岛以北、马里亚纳群岛以西与美军太平洋舰队进行决战，以战列舰对战列舰的传统战列炮击战法将美国海军全部消灭。

但是精通海战的山本五十六敏锐地指出，这种计划即使是在日本自己的兵棋推演中也从未成功过，很不现实。如果美国舰队躲开了日本飞机的轰炸，并且出动机群轰炸日本舰队呢？这种打法很难歼灭美国海军舰队，还很容易形成消耗战。无论是国力还是军力，日本都不能跟美国长期对抗。如果打消耗战，日本除了战败，没有别的出路。如果想在战争中打败美国，唯一正确的选择就是："开战之初，就立即击沉美国太平洋主力舰队，挫伤美国海军及美国人的士气！"继而，在没有美国海军阻挠的情况下进攻荷属东印度的资源产地。

山本五十六是日本海军航空兵专家，他自然想到的是出动航空兵偷袭美国太平洋舰队的驻地珍珠港。根据山本五十六酝酿已久的一号作战计划，分为以下几种情况执行：

在美国太平洋舰队主力舰大部分停泊在珍珠港内时，用飞机彻底将其击沉，封锁珍珠港。

在美国太平洋舰队主力舰停泊在珍珠港外时，同上处理。

在美国太平洋舰队主力舰从夏威夷出发并发起攻击时，派决战部队迎击，将其一举歼灭。

日本是一个非常讲究细节的民族，所以偷袭珍珠港的计划把所有细节都考虑得十分周密。为了使兵力编组既有强大的突击能力，又能避免编队太大被美军发现，山本五十六将编队定为：6 艘航空母舰、2 艘战列舰、2 艘重巡洋舰、1 艘轻巡洋舰、11 艘驱逐舰、3 艘潜艇、3 艘油船，共 33 艘舰只，舰载机一共 432 架，其中 354 架担负突击任务，其他 69 架飞机负责保护整个编队的安全。

当时可以选择的航线一共有三条：1. 经过阿留申群岛的北航线；2. 途经中途

岛的中航线；3. 途经马绍尔群岛的南航线。这三条航线各有利弊。中、南航线的气候便于航行，但是往来的商船太多，距离夏威夷群岛很近，容易被美军发现。北航道虽然离美军岸基航空兵飞机巡逻范围较远，但是气候比较恶劣，风大浪急海上加油十分困难。但是出于保密方面考虑，山本五十六决定走北航线。

除此之外，突击机群起飞海域的距离，也是经过精心算计的。太近了容易被美军发现，太远了会使飞行员疲劳，影响战斗。经过多次研究，山本五十六将起飞的海域确定为瓦胡岛以北 200 海里的海域。

攻击时间定在星期天。因为根据美军的活动规律，出海军舰往往是在星期六返回，星期天在珍珠港内停泊的军舰最多，星期天美军休假也最多，防备松懈。

由于参战的第 5 航空舰队两艘航母上的飞行员没参加过夜间飞行训练，所以山本五十六把突击的时间定为：东京时间 12 月 8 日早晨 6 点（起飞），8 点（发动攻击）。

（三）偷袭前的夏威夷绝密 "潜伏"

为了配合突击美国的军事行动万无一失，日本在搜集美国情报上面费了很大的工夫，特别是 1941 年 5 月以后，派往珍珠港的间谍多达两百多人。他们利用各种方法收集珍珠港的天气、水文、地形和美军基地、飞机、舰艇的部署等情况。

这些 "潜伏" 在珍珠港的日本间谍中，最有影响的是吉川猛夫。作为日本派往珍珠港情报站的主角，吉川猛夫并不是职业间谍，而是偶然成了间谍。吉川猛夫原先是日本预备役海军少尉，就在事业如日中天时，这名狂热的法西斯分子却患上严重胃病，被迫退役回家疗养。刚好一个日本海军高官在回家时遇到了吉川猛夫，吉川猛夫很怀念在军中的日子，还穿着旧军装。海军高官随便问他愿不愿意回到海军，吉川猛夫高兴地答应了。

于是，吉川猛夫就被编入了专门搜集美国军事情报的军令部第 3 部第 5 科。1941 年 3 月，化名森村正的吉川以领事馆书记官的身份来到珍珠港。这名 23 岁的书记官一到，就遭到中情局的严密监视。中情局下令，"注意他的行踪，尽快查清背景"。但中情局很快发现，他是一个花花公子，常去的地方竟然是在珍珠港后面的阿莱瓦山坡上、一家日本人开的 "春潮楼"。在几个被称作 "尼赛女郎" 的美籍日本艺妓陪伴下，这位 "浪荡公子" 常调情笑闹、酩酊大醉。

一次，美国情报人员窃听他的电话，竟发现他和一个艺妓在电话里调情。中情局人员听烦了，拔掉了窃听插头，对他的调查到此结束。

美国人的麻痹为吉川的情报活动提供了便利。吉川所去的春潮楼，是一个很特殊的地方。因为打开酒馆二楼的窗户，就可以看到美军在珍珠港内的各种舰艇、军事人员的活动情况。每次到春潮楼，在喝酒聊天之余，吉川总是秘密注意美国军舰的活动规律，默记在心，回去后再用密码记录下来。他从来不用望远镜和照相机，所以很少引起美国情报部门的怀疑。

夏季，日美间的关系越来越紧张，美国联邦调查局加紧对住在夏威夷的日本人的调查，反间谍力度越来越大。吉川也收到加速搜集美国海军情报的密令。为了掌握更准确的情报，吉川不断地变换着身份。

白天，吉川乔装成甘蔗田的佣工，以破衣烂衫的形象作为掩护接近珍珠港，观察美军军舰的情况。吉川的水性很好，通过潜水精确地掌握了远海水中障碍物、潮流、海岸坡度等情报。

深夜归来，吉川阅读夏威夷的报纸，仔细研究哪些军事基地要招工，哪些美军军舰停在港内的消息。一天，吉川从报纸上发现一条消息：一位小姐将于某月某日与战列舰"弗吉尼亚"号上的一位军官举行婚礼。到了婚礼的那天，吉川果然发现一艘军舰停在港内，那就是"弗吉尼亚"号。

通过这些方式，吉川摸清了停在珍珠港的舰船名称，掌握了美国太平洋舰队的兵力部署和军事设施的基本情况。

1941年11月1日早晨，日本海军部派遣海军军官中岛前往檀香山，奉命把军部的一份重要命令转交给吉川猛夫。吉川得到命令，被要求搞清楚97个问题，包括在珍珠港停泊的舰船总数、不同类型舰船的艘数和舰名、战列舰和航空母舰的停泊位置、希卡姆和惠勒机场的飞机机种及数量等等。吉川迅速把这些问题都详细写了下来，并把问题答案转交到了中岛手上。

1941年12月初，吉川按照海军要求，每天都报告珍珠港美国舰队的动向。日本情报部门根据间谍提供的情报，绘制了一幅详尽的美军军情水文图，上面用日语标出珍珠港的军事目标，日军准备根据这幅地图行动。12月7日（日本时间），即日军偷袭珍珠港的前一天夜晚，吉川还给东京发去特急电报，报告珍珠港停泊了战列舰9艘、轻巡洋舰7艘、驱逐舰9艘，3艘航空母舰和巡洋舰出港未归。日本军部依靠这些情报，坚定了袭击珍珠港的决心。

12月8日，当可怕的爆炸声传来的时候，吉川刚吃过早饭。他激动地跑到院子中，看到头顶上掠过的飞机机翼上的"太阳"，立即跑去向喜多总领事报喜。他们十分激动，战争爆发了，他们的末日也快要到来了。吉川和喜多总领事从收音机中听见"东风，雨"的隐语后，马上烧毁了密码和文件。日本使馆冒出的白烟引来了警察，想跳楼的吉川被捕，4个月后吉川等日本外交人员被美国政府驱逐出境。

（四）南云舰队出征太平洋

对于山本五十六攻击珍珠港的决定，南云忠一是激烈反对的。但还是被任命为这一行动的总指挥。虽然山本五十六是战略决策者，但是作为一线指挥官的南云忠一的表现直接影响着这场战斗的胜败。

这位从未亲自指挥过航空母舰的航空母舰舰队司令官是传统的海军军人，他从战列舰见习军官，炮艇艇长一步一步晋升为战列舰舰长，舰队司令，对大炮巨舰的传统思想情有独钟。为了弥补南云航空专业上的弱点，海军部派草鹿龙之介海军少将当他的参谋长。这是一个非常巧妙的安排。草鹿虽说不是一位飞行员，但他有着一系列在航空兵中任职的良好履历，其中包括就任小型航空母舰"凤翔"号和大型航空母舰"赤城"号的指挥职务。在即将到来的作战中，不仅草鹿的知识弥补了南云在航空专业方面的缺陷，而且他的平衡能力也减轻了困扰南云的许多问题：南云常常过多地看事情的阴暗面，而草鹿的乐观主义可以帮助南云摆脱不必要的烦恼。因此，草鹿成了南云不可缺少的臂膀。

但是，南云也有南云的长处，水雷战专家就是航海的专家，正当大家为了如何隐秘远航 3000 海里而头疼的时候，南云却表示航海的事情大家就不要犯愁了。只要你们能飞得起来，扔得下去炸弹，炸得掉美国船，南云肯定能带你们到你们指定的地方，而且后来的事实证明南云确实做到了这一点。

1941 年 11 月 26 日，日本海军一支由 6 艘航空母舰为主力的舰队在海军中将南云忠一的指挥下离开日本开往珍珠港。途中舰队保持彻底的电波静默。

但华盛顿的日美谈判还在装模作样地进行。日军还派出大量舰机在日本本土活动，并模拟航空母舰编队，频繁进行无线电联络，以给美国造成"其主力舰队仍在本土活动"的错觉。而珍珠港的美军则疏于防范，周末照常放假，港内一派和平景象。

南云机动部队一直保持着无线电静默，只收不发，沿预定的北航线向东迂回前进，以避开美国的巡逻飞机和商船。航行出人预料地顺利，连日来浓云密布，如一个天然的帷幕将庞大舰队的行动遮蔽了起来。海面也没有出现冬季常常掀起的巨浪。

12 月 2 日，正当南云机动部队刚刚越过东西经日期变更线，进入中途岛以北的西经海域时，山本用新密码给南云发出来密令："攀登新高峰一二〇八。"即按原计划 12 月 8 日（夏威夷时间 12 月 7 日）发起攻击。南云随即下令各舰长熄灯行驶，并把"Z 作战"行动向全体官兵传达，随时做好战斗准备。

（五）隐没在单冠湾的庞大舰队

在偷袭珍珠港的整个过程中，甚至每一个细节都非常诡秘，不漏一点风声。不仅美国军部不知道，连日本本国的高层人物，包括东乡外交大臣都完全不知道。

为了不让美国情报部门获悉机动舰队的动向，在1941年11月22日以前，日本联合舰队秘密集结在北海道北面的单冠湾。单冠湾经常笼罩在浓雾之中，只有一些岛民生活在那里，非常偏僻，几乎不为外界注意。历史上最强的航空母舰舰队在此地下锚，等待一道发出进攻的命令，这是当时任何人都想象不到的事情。舰队一进港，就切断了同岛外的一切联系。全岛如同装在

偷袭珍珠港

闷葫芦里一般，不仅断绝了交通，通信联系也断绝了。由海军派出专门的补给船，给岛民运来粮食和其他生活必需品。日本当局规定，机动部队从这里出发后，这些补给船仍将继续留在单冠湾，与岛民一样不能向外通讯。直到12月8日日本当局宣布开战时才可以与外界联系。

不只是岛内居民，连联合舰队内部也严密封锁消息，知道集结的目的和任务的人为数甚少。南云忠一本人也不知道哪一天出发。

11月23日，在机动部队的旗舰"赤城"号上，召开了两个会议。会议关注的焦点是，能否在到达目的地以前不让美方发现日本机动部队的行踪。太平洋虽然辽阔，但要使这支具有30多艘舰船的庞大舰队在航程中保持绝对秘密，是非常困难的。如果一不当心进入了美国人的巡逻圈，袭击作战就会全盘垮台。况且，此时美国也已经感到日美关系濒于危机，大大加强了戒备。这次会议从早晨一直开到深夜，对航道选择、海上加油等问题进行了缜密的研究和部署。

为了从空中准确识别美国舰艇，日军机动部队的飞行员事先不厌其烦地进行了不计其数的训练。各飞行队都备有美国各种军舰模型，飞行员利用训练间隙，从纵横面、自上而下以及斜角进行反反复复的观察。譬如，哪一艘军舰有几个烟囱，舰桥在左舷还是右舷，是笼式桅还是三角桅等，飞行员甚至连做梦也在琢磨。他们对本国舰船的识别能力很差，但识别美国舰船，特别是航空母舰和战列舰，则万无一失。

12月4日，强风暴雨，机动舰队先头部队按既定计划，向北纬23度、西经157度的夏威夷群岛驶去。其他舰队依次拔锚出发，奔向波涛汹涌的海洋。全舰队一路上完全处于电波管制之下。为了避免无线电被截收，无线电收发报机一律锁闭，各舰队之间改用手旗信号和灯光信号联络。从日本本土打来的短波高周波信号，只由大型舰艇接收，然后改成低周波发给小型舰艇。

当日本舰队步步逼近珍珠港时，美国人也闻到了从日本方面发出的越来越浓厚的战争气息。

12月6日，由美国海军情报翻译班和陆军通讯情报处联合组成的"魔术"室正在紧张地工作着，负责"魔术"室的情报主任克雷默少校看到破译出来的电文后，当即电告所有有关上级等候收信，随后他立即赶到了白宫。

当克雷默在白宫门口按电铃时，已是12月6日晚9时30分了。当时罗斯福总统正在椭圆形书房里同他的那位前几天刚出院的密友霍普金斯轻松地漫谈着准备在佛罗里达州以钓鱼度过自己晚年的问题。

罗斯福一口气看完后，随即把文件递给了霍普金斯，并对霍普金斯说："这就是说要爆发战争了。"

霍普金斯看完译电后说："战争无疑将在有利于日本的情况下爆发，但遗憾的是，我们不能先放第一枪，以制止日本人的突然袭击。"

罗斯福点点头说："不能，我们不能这样做。"

接着，两人对何时何地可能爆发战争进行了一番分析，都感到情况难以预料。

（六）"虎虎虎！"

当地时间1941年12月7日，太平洋洋面上秘密行驶的一列庞大舰队，正在悄悄地接近珍珠港。旗舰"赤诚"号航空母舰的桅杆上高高悬挂着Z字旗，意思是："帝国兴亡在此一战，即令粉身碎骨，也要努力奋斗。"

而这个时候的珍珠港，依然是风和日丽，安静祥和的星期天。6时45分，美国驱逐舰在港外击沉了一艘袖珍潜艇，稍稍惊破了早晨的宁静，但并没有发出警报。许多军官正在吃早饭，准备换班。

7时35分，渊田的飞机第一个到达珍珠港时，港中仍洋溢着周日早晨的平静。渊田打出了一发信号弹，命令机群按照奇袭队形开始展开，同时发出"虎、虎、虎"的信号，通知母舰奇袭成功。8000公里外的"长门"号战列舰上，一名兴高采烈的文书将电报递给山本，山本无动于衷地继续和参谋长下着棋。

按奇袭计划，将按鱼雷机、水平轰炸机和俯冲轰炸机的顺序进入攻击，首先袭击舰只。由于云层遮挡，部分飞机没有看到信号，于是渊田又打了一发信号弹。俯冲轰炸机见发出了两发信号弹，认为是强攻命令，这是针对敌人有所防范时的强攻战术，按制空队、俯冲轰炸机、水平轰炸机和鱼雷机进入。

7时55分，美军"内华达"号战列舰上的水兵们正要升国旗，奏美国国歌。

忽然，从东南方闪现一大批俯冲轰炸机，闪电般贴在海面上，来了个急转弯，冲到机场上空。

为了保持精确的轰炸，许多轰炸机飞到距地面仅几百米时才投弹。机场上炸弹如雨，一架架美军重型轰炸机被炸碎。几架美军战斗机趁乱刚刚起飞，就被居高临下的日军"零"式战斗机击落。

最初的几分钟内，太平洋舰队中没有人意识到发生了什么事情，等逐渐清醒后，停在舰队最外侧的"西弗吉尼亚"号和"俄克拉荷马"号已各中了两条鱼雷，后者又中了 5 枚炸弹后，带着 400 多名官兵倾覆。前者由于及时打开注水阀，慢慢地沉入了水下。"亚利桑纳"号由穿甲弹在舱内爆炸引发了大火，"加利福尼亚"号中了两条鱼雷后舰上重油库腾起烈焰，并且逐渐下沉。5 分钟后，零星的高炮开始响起，但也是杯水车薪。

8 时 10 分，一封明码电报——"珍珠港遭空袭，这不是演习"转到美国海军部，海军部长诺克斯惊道："这不是真的，这一定是指菲律宾。"国务卿赫尔得到这一消息时，衣冠楚楚的野村大使正在接待室中等待着将部分电文交给赫尔。

8 时 40 分，在第一次攻击持续了约 1 小时之后，岛崎少校率领的第二攻击波抵达瓦胡岛，经 4 分钟后展开，开始了攻击。他们轮番攻击了卡内欧里机场、希开姆机场和福特岛机场，俯冲攻击机队又攻击了珍珠港的舰艇。日机专找用舰炮对空射击的军舰攻击，只到舰炮停止射击才罢手。太平洋舰队司令金梅尔上将的旗舰"宾夕法尼亚"号停靠在舰坞，也被日机发现，遭到攻击。

9 时 40 分，第二攻击波大摇大摆地撤离后，渊田又在珍珠港上空盘旋，拍摄着他的胜利成果，而后飞往集结地率领机队返航。渊田的飞机最后一批降落。他强烈要求实施第三次空袭，轰炸油罐场和修理设施。南云认为基本任务已超额完成，不愿再冒更大的风险，而后舰队返航。

由于美国太平洋舰队的绝大部分战舰都停泊在珍珠港里，大多数飞机又都集结在机场上，所以日军一举将驻屯在珍珠港的美国海军、空军基本摧毁，珍珠港军港陷于瘫痪，阵亡海军将士 2300 多名。日军获得了使美军胆战心寒的大胜利。

（七）"不要忘记珍珠港"——美国对日宣战

日本偷袭珍珠港成功后，经过一个半小时后，日本宣布对美英两国进入交战状态，并把最后通牒交给了美国驻日大使格鲁。

格鲁大使在同一天，还来东乡外向办公室要求面见裕仁天皇。相隔仅 7 小时后，谈的却不是面见天皇的事，给他的竟是交涉终止的通知。

而珍珠港遭受奇袭的特急电报到了当天中午才到达华盛顿。正在白宫椭圆形办公室里与霍普金斯一起看邮票册的罗斯福得到消息后，立即给赫尔国务卿打电话。

下午 2 时 5 分，野村吉三郎大使和来栖三郎特使来到了美国国务院，将日本外务省给美国的最后通牒交给了赫尔国务卿：

敦睦万邦，确保东亚安定，贡献世界和平，乃帝国矢志不移之志。曩者，中华民国不解帝国真意，不幸进而目睹中日战争之发生。帝国为寻求和平，防止战争扩大，始终尽最大之努力。然美利坚合众国，动辄拘泥于理论，忽视现实，固执其不切实际之原则，故意拖延谈判，实力为帝国政府难以谅解也。

美国政府处处声称为了世界和平，但却坚持对自己有利之各项原则，并逼迫帝国政府采纳。如果立足于现实世界和平，理应善自理解对方之立场，寻求妥善的互惠方案，以期能够实现。而今竟忽视现实，将一国独善之主张强令对方国家接受，如此态度，殊难促进谈判之成立。

帝国政府兹鉴于美国政府之态度，今后之谈判难望继续维持或达成协议。特此通告美国政府，表示遗憾。

赫尔国务卿读完这份最后通牒，立即露出十分激怒的神色："我在过去9个月的谈判中间，一直和你们说真心话。这些，只要看一看记录就会明白了。我在50年之久的公职生涯中，从来没有见过这样没有廉耻、充满虚伪和公然歪曲事实的文件，连做梦都不能想象地球上竟有这样牵强附会能说出这么多谎言的国家！"

当天下午，因行动不便而一向深居简出的罗斯福总统，做出了异乎寻常的举动，亲自前往美国国会，而且没有坐轮椅，而由他的长子扶着走进大厅，向美国参、众两院发表了为时6分钟的讲演。罗斯福开门见山地说："昨天，1941年12月7日，美国遭到了蓄意的猛烈攻击，这个日子将永远是我们的国耻日！——美利坚合众国受到了日本帝国海空部队的蓄意进攻……"

罗斯福沉痛地宣布——

"昨天，日本政府已发动了对马来西亚的进攻。

"昨夜，日本军队进攻了香港。

"昨夜，日本军队进攻了关岛。

"昨夜，日本军队进攻了菲律宾群岛。

"今晨，日本军队进攻了中途岛

……"

"他们说我们是胆小的国家，他们说我们是纨绔子弟的国家，让他们去对麦克阿瑟和他的士兵们说吧，让他们去对坚持抵抗的同盟国家说吧……"

罗斯福的讲话频频被雷鸣般的掌声所打断。

最后他要求国会宣布："自1941年12月7日星期日日本发动无端的、卑鄙的进攻时起，美国和日本之间已经处于战争状态……"

罗斯福在如雷的掌声和欢呼声中合上了记事本。这是他自担任总统以来第一次代表全体美国人民讲话。参议院随即以82票对0票、众议院以388票对1票的压倒性优势批准了罗斯福的宣战要求，美国走进了第二次世界大战。

英国首相丘吉尔听到这个消息后高兴得老泪纵横，他在得知日本偷袭珍珠港的消息之后的第一句话就是"好了！我们总算赢了"。曾几何时，为了把美国拖进战争，他费了九牛二虎之力，也只搞到一个《租借法》，而日本人的行动却使美国人不得不痛下决心投入一场全球战争。当天，英国宣布同日本处于战争状态。

在中国重庆。12月9日，蒋介石在中日战争爆发4年之后，正式向日本宣战，他向全国宣布与日本断绝一切外交往来，直到用武力将日本军队完全驱逐出中国。蒋介石致电罗斯福说："在我们新的共同战斗中，我们将竭尽全力，与你们站在一起，直到太平洋地区和世界从野蛮势力的祸殃中以及无止境的背叛中解脱出来。"全国沉浸在欢乐的海洋中。

（八）希特勒和墨索里尼大惊失色

正当东条英机笑逐颜开的时候，德国的希特勒却暴跳如雷，在场的人被吓得目瞪口呆。希特勒认为，德国征服欧洲、摧毁苏联，最后制服英国的目标是可以实现的，但必须有一个条件：美国不介入。但珍珠港事件使美国人终于找到了参战的借口，希特勒的世界性战略可能要功亏一篑。

1941年6月21日之前，几乎全部西欧和中欧国家都已被法西斯德国和意大利占领或沦为它们的附庸。6月22日凌晨4时，德国进攻苏联的闪电战开始。但德军未能像入侵计划所规定的那样攻占列宁格勒，而是被阻于莫斯科附近。特别是11月中下旬，德军加强了进攻，苏军进行了英勇抵抗，终于粉碎了德军的迷梦，并耗尽了德军的预备队。

日本轰炸珍珠港的时候，正好是德军在苏联即将大溃败的时候。这让希特勒十分绝望，按照他的设想，日本应该出兵西伯利亚，从东西两方夹击苏联，而不是去招惹美国。珍珠港事件在顷刻之间解除了苏联唯恐东面受敌的后顾之忧，现在斯大林几乎可以把他在亚洲的全部力量用来对付德国了。

并且，对世界战争局势有着神经质般观察力的希特勒，他跟日本的狭隘完全不同，日本忽略了美军的整体实力，对美军参战的后果缺乏清醒的认识，他深知美军的战争潜力。他很清醒地明白，偷袭珍珠港的小胜，无疑为日军走向彻底的覆灭提前敲响了丧钟，同时也把自己打造第三帝国的如意算盘给砸得粉碎！

这个时候，外交部长里宾特洛甫告诉希特勒，东条首相要求德国立刻对美宣战。他同时提醒"元首"，根据三国条约，只有在日本直接遭到进攻时，德国才有义务援助日本。

"如果我们不站在日本一边，这个条约在政治上就死亡了。"希特勒说。

希特勒面临着严重的现实问题。经过两三天的考虑，他转念一想，又觉得这未必完全是坏事，他认为日本在亚洲牵制住一部分英美的兵力也是可取的。希特勒对部下说："日本选择的时间事实上正是苏联寒冬的意外困难使我军士气遭到严重压力的时候，也正是德国人都十分担心美国早晚要参加冲突的时候，因此从我们的立场看，日本的参战再及时也没用了。"于是，12月11日，德国宣布对美开战。

墨索里尼在清晨还没有起床的时候，听到日本偷袭珍珠港的消息，很惶恐地跟他的女婿齐亚诺外相说："这下子可完蛋了。"他周围的工作人员也开始恐慌起来。但是经过一天的反复权衡，他也跟希特勒一样，开始觉得也许坏事可以变成好事。美英付出大量兵力在亚太地区和日本打，他在欧洲的压力就小得多了，可以重温他的"非洲大帝国旧梦"了。于是，12月11日墨索里尼也宣布对美开战。

也是在这一天，东条英机和希特勒、墨索里尼签订了一个三国军事协定，宣布德、意、日三国"在对美、英联合作战取得胜利以前，绝不放下武器"以及在任何情况下都决不单独媾和的"决心"；同时规定了瓜分世界的范围，商定在胜利结束战争之后，缔约国应根据三国同盟的精神，在建立"世界新秩序"的事业中进行合作。

三、狂飙突进

（一）武力攻占马泰港缅

日军的实际战略目标是盛产石油的荷属东印度群岛，袭击珍珠港也只是战略支援任务。为了这个目标，日本实际上经过了一年多的充足准备。

日本陆军统帅部从1940年末就开始制定对美国、英国、荷兰的进攻计划。经过10个多月的研究，1941年8月，海军陆军的协同作战计划大体上已经完成。

陆军第一阶段的计划是占领重要资源地带，摧毁敌军在东南亚的主要根据地。进攻的步骤是：首先攻占马来半岛、新加坡、菲律宾、泰国，并攻占缅甸，切断美英运送援华物资的滇缅公路并威吓印度；占领香港、关岛、威克岛、新加坡、婆罗洲（今加里曼丹）、西里伯斯（今苏拉威西）、爪哇、苏门答腊、俾斯麦群岛、吉尔贝特群岛。各作战部队的进攻目标都有明确分工，有进度日程表。陆海军的协同作战计划也有具体的详细安排，力求一丝不乱。

在偷袭珍珠港前，日本大本营参谋本部就已经接到来自马来湾的军机电报："8日1时30分在哥打巴鲁登陆成功。"实际上，在12月8日这一天，日本侵略者同时对泰国、马来亚、菲律宾、关岛、威克岛、吉尔伯特群岛以及香港发动了进攻。

为取得荷属东印度，必须经过英属的马来半岛。日军对马来半岛的进攻兵分两路：一路是陆路在太平洋战争爆发之前已经进占印支南部的近卫师团，从陆上进入泰国，占领曼谷后，沿马来半岛南下；另一路是山下奉文中将率领的第 5 和第 18 师团，分批从海上登陆。为了支援登陆行动，日本海军以小泽治三郎海军中将指挥的南遣马来舰队负责掩护，辖有重巡洋舰 5 艘、轻巡洋舰 4 艘以及护卫舰只。

日本舰队从海南三亚起航，向马来半岛进发。12 月 6 日登陆舰队转向西北，佯装开往曼谷，声称要切断印度与中国之间的运输线。12 月 7 日上午，英军侦察机发现日军舰船，英军判断日军将先在泰国登陆。其实，这支登陆输送队于 7 日 12 时已突然转向，分兵数路，驶往马来半岛北部的哥打巴鲁、泰国的北大年和宋卡。1941 年 12 月 8 日凌晨 1 时 45 分，入侵舰队的南路 5000 多名日军在 4 艘驱逐舰交叉火力的掩护下在哥打巴鲁登陆。这时 4500 海里以外的珍珠港以北，突袭机群正在准备起飞。两个小时后，日本登陆部分击退了哥打巴鲁的守军，控制了日本新帝国的第一个滩头堡，珍珠港的突袭机群也飞临美太平洋舰队上空。

日本的整盘计划非常周密，早在 12 月 7 日正午，日本驻泰国大使就已经向泰国政府交涉和平进驻，限定在 8 日零时之前给予答复。摆出不论结果如何，日军都要按计划进入的架势。一个主权国家当然不愿意接受这种要求，犹疑到 8 日上午 3 时还没有答复。3 时 30 分，日本南方军司令官寺内寿命令日军进入泰国，日本近卫师团立即越过越泰边境进入泰国。与此同时，近卫师团的吉田大队从海上登陆，两股部队在 9 日天亮时就占领了曼谷。一个弱小的国家在一天之内就被日军占领。

12 月 8 日黎明，另一股日军进攻香港，他们先对九龙进行轰炸，遭到反击后，便集中力量对九龙进行攻打。由于香港是不设防城市，1936 年修筑的防御工事尚未完成，所以日本很快就在 13 日占领了九龙，并切断水源。英军退守香港本岛。日军两次要求香港总督马克·扬爵士投降，均遭到拒绝。12 月 18 日，日军分三路在香港登陆，英军不支，25 日被迫宣布投降，香港被日军占领。

日本第 5 军入侵泰国之后，很快就开始进行进攻缅甸的准备，因为截断供应重庆政府的国际交通线——滇缅公路，就可以开展使印度脱离英国的工作，保障日本侵略军北翼的安全。12 月 13 日，日本对缅甸采取空中攻势，掩护日军在田拿沙里姆省远海登陆。在缅甸境内，日本利用恐怖的战略轰炸和第 5 纵队的活动及泰国傀儡部队的配合，急欲切断中国抗战大动脉的滇缅公路。

日本在缅甸投入的兵力，远比攻占新加坡和菲律宾多得多。但是，他们并没有享受到胜利的快感。从大本营到南方军令部，一直到战地指挥官，都感到进不能，退又不得，只有蛮干下去。在雨季到来的时候，一直进行你死我活的持久战。

从 1941 年 12 月 7 日到 1942 年 5 月上旬，日本侵略者一举强占了泰国、香港、马来亚、菲律宾、荷属东印度、缅甸以及太平洋上的一些小岛。

（二）麦克阿瑟饮恨菲律宾

菲律宾是太平洋和南中国海、印度洋交通要冲。其境内的吕宋岛是菲律宾最大的岛，岛上建有美国在远东地区最大的军事基地克拉克和甲米地。

日军企图控制本土至东南亚间的海上交通线，决定攻占菲律宾群岛，把美军赶出远东地区。日军派本间雅晴率领第14集团军，下辖第16、第48师和第65旅，共5.7万人。配属部队有海、陆、空三方的精良部队，南方军的部分部队也给予了支援。

美国对坚守菲律宾缺乏信心，希望远东军司令麦克阿瑟指挥驻菲美军能够阻挡日军，拖延几个月，这样美国就有时间增兵了。事实上菲律宾军队是仓促组建的，缺乏训练，装备很差。大多数菲军官兵抵抗日军的态度并不积极。

相反，日军的第16师团和第48师团，由作战经验丰富的老兵组成。再加上庞大的舰队支援，况且日军还可以利用台湾的陆基飞机攻击菲律宾守军。

1941年12月7日，美军陆军部作战处处长伦纳德·杰罗将军告诉麦克阿瑟，珍珠港已经遭到袭击，还未来得及说出美军的损失情况，麦克阿瑟就大叫道："珍珠港！可是美军最强大的基地呀！"杰罗说："你那里也将遭到进攻，那是肯定的。"麦克阿瑟说："告诉马歇尔将军别担心，这里没事。"

麦克阿瑟并不知道，美太平洋舰队已经遭受重创，夏威夷群岛海空军基地与菲律宾相距4000海里，很难支援菲律宾。他的菲律宾群岛注定要沦陷的。

麦克阿瑟看不起绑腿不整、军衣宽大、裤管松弛、短短的罗圈腿的"日本鬼子"。他以为日军在珍珠港肯定遭受了重创，并且坚持认为，受到重创的日军是不敢再举进攻菲律宾的。

1941年12月8日9时，日军出动500架飞机多次发动攻击，几乎歼灭了麦克阿瑟的空中力量，炸沉美舰艇4艘，炸毁了海军巡逻机的四分之一。

远东空军被日军摧毁以后，罗斯福总统还亲自发来电报，告诉麦克阿瑟美国最大的潜艇部队前来增援，正在途中。可是，麦克阿瑟的期待落了空。12月中旬，海军上将金听说日本在菲律宾海域部署了强大舰队以后，命令将援兵撤到澳大利亚。事后，麦克阿瑟在发给华盛顿的电报中，强烈指责海军的逃跑行为。对海军的"背信弃义"，麦克阿瑟一直无法原谅。

12月20日，日军占领了菲律宾第二大岛棉兰老岛。22日，日军登陆部队兵分两路在拉蒙湾和吕宋岛的仁牙因湾登陆。25日，日军在和乐岛登陆。在短短的17天内，日军在9处登陆成功。

在日军的突然攻击下，麦克阿瑟被动应战。日军主力部队在吕宋岛上的林加延湾一带发动进攻。麦克阿瑟认为美菲军队是日军的 2 倍多，完全可以守住吕宋岛。

于是，麦克阿瑟重新制定了作战计划，决定在海滩上迎击日军。结果，战线过长的两个菲律宾师在林加延湾的海滩上与两个身经百战的日军师团遭遇了。交战结果可想而知，菲律宾军受到日军陆海空的立体攻击，全线溃退。守军在打回巴丹半岛的路上，扔掉了大部分军需品。这时，本间命令日军马上攻占马尼拉，他以为美军一定会在马尼拉进行最后的决战。

1942 年 1 月 10 日，日军向巴丹半岛的美菲军队发起总攻。这时，麦克阿瑟已经在纳蒂布山布置了防线。但部队的军需给养严重缺乏，粮食与药品严重匮乏，疾病蔓延全军。

1 月初，一支日军大队通过纳蒂布山最陡峭的山崖出现在纳蒂布山防线背后。美菲军面临被全歼的危险，麦克阿瑟下令向南撤退。26 日，麦克阿瑟在巴加克—奥里翁一带部署了新防线。8 万名守军和 26 万名难民挤在面积为 16 平方公里的狭小阵地上。军民都沿着巴加克—奥里翁防线住着。

同样，日军的处境也不妙。日军进攻时伤亡惨重，再加上疾病流行，减员较大。日军被迫停止进攻。由于日本海军不能拥有制海权，军需给养无法到达被围困的巴丹守军那里，守军得不到任何补给。

相对于战争初期美军的大溃退来说，麦克阿瑟指挥美菲部队抵抗日军成为当时唯一的亮点。一些国会议员把他捧上了天，企图把他调回国内担任陆军统帅。麦克阿瑟也因此成了美国在第二次世界大战中的第一位英雄。

尽管菲律宾守不住了，但罗斯福认为，美国太需要麦克阿瑟这样的英雄了，不能死在巴丹半岛。3 月 12 日，麦克阿瑟奉命离开巴丹半岛，赴澳大利亚组建西南太平洋美军司令部。麦克阿瑟难过地向留下来的部队发誓："我一定会回来的！"

4 月 9 日，巴丹半岛的守军 7.5 万人全部投降。不足 2 万人的日军驱赶着刚刚抓来的战俘开始了新征程。

饥病交加的战俘队伍在烈日下步行，途中许多人倒毙，日军对战俘任意杀害。在集中营，定量配给的食物很少，战俘们处于饥饿状态，只得把时间和精力主要花在跟踪和捕捉臭虫和虱子上。

1944 年 10 月 17 日，麦克阿瑟指挥着由 20 多艘航空母舰、12 艘战列舰和近百艘巡洋舰、驱逐舰以及上千架飞机，拥有 17.4 万人的盟军部队向莱特湾开进。

10 月 20 日，盟军舰队驶入莱特湾。

1945 年 2 月 4 日，美军先头部队占领了老比利比德监狱，1500 名战俘获救，那里有 800 名巴丹老兵，正迎接麦克阿瑟将军。巴丹老兵们对他说："您回来了。"麦克阿瑟愧疚地说："我回来晚了……"

（三）席卷荷属印尼和太平洋诸岛

荷属东印度群岛位于亚洲大陆、澳洲大陆、太平洋和印度洋之间，拥有丰富的石油、橡胶、锡、生铁、煤等物资，是澳大利亚的天然屏障。

由于澳大利亚的军队都在欧洲作战。分散的美英荷澳盟军拼凑了一支盟军来防御日军。

1942年1月10日，英国人阿奇巴尔德·韦维尔将军负责指挥联军。联军的指挥体系庞大、混乱，官兵人员素质不一，武器装备极差，各国部队接受双重领导，无法统一指挥。

东印度群岛的盟国陆军有9.2万人，包括东印度军7.5万人，舰只146艘，飞机300架。1941年12月16日，日军攻占婆罗洲北部的米里和斯里亚，25日攻占古晋。

从1942年1月10日起，扎拉根的联军就开始破坏油井、港口设施和航空基地。

1月11日，日军进攻打拉根，双方发生了激战，联军伤亡惨重。

从1942年1月11日到2月20日，日军依次占领了打拉根、巴厘巴板、马辰、苏拉威西岛、根达里、安汶岛、帝汶岛。这时，联军失去了后方。

2月14~15日，日军伞兵部队在巨港着陆。同时，日军约1万人在巨港登陆成功。

2月15日，日军占领巨港，联军炸毁炼油设施后退守爪哇岛。

2月19日，日军派出舰载机200架，轰炸澳大利亚的达尔文港，炸沉11艘舰艇，击毁23架飞机。西路日军第38师一部的任务是攻占苏门答腊岛上重要石油资源地。

这时，日军从东、西、北三个方向对爪哇形成了包围。

在第一阶段的作战中，盟军的兵力过于分散，飞机损失较重，接连失利。2月25日，韦维尔将军被迫下令撤销盟军司令部，爪哇岛的防御由荷兰人指挥。

第二阶段是爪哇海战。

1942年2月下旬，美英荷澳的太平洋舰队多次进攻日军的登陆运输舰队。

2月23日，日军第48师分乘48艘运输船，在第4水雷战队和第2、第9驱逐舰战队的护送下，由巴厘巴板港起航，驶向泗水。

27日，联军舰队总指挥弗里德里克·杜尔曼率领联军舰队主力离开泗水，驶向爪哇海。

杜尔曼于1889年4月23日出生在荷兰的乌得勒支城。从1938年8月17日到1940年5月16日，杜尔曼在东印度群岛担任荷兰皇家海军航空兵指挥官。

1942 年 2 月 27 日夜间，联军舰队从马都拉北海岸驶往萨普迪海峡一带，然后回到图班，没有找到日登陆舰队。

杜尔曼得到侦察机的报告：在马威安附近发现了日运输舰队，连忙率领舰艇向日舰队冲去。杜尔曼的联合舰队由 5 艘巡洋舰和 9 艘驱逐舰组成。

联合舰队的通讯能力很差，无权指挥飞机进行侦察，海军舰员都十分疲惫。

日军占有明显的优势，拥有一种新武器——93 型鱼雷，射程很大，而且航迹很小。日舰动用了穿甲弹，重创联军的巡洋舰"埃克塞特"号。杜尔曼将军为了保护"埃克塞特"号，指挥舰队撤退。日本驱逐舰紧追不舍，发射鱼雷击沉 1 艘联军的驱逐舰"科顿纳尔"号。

联军舰队撤出了战斗，杜尔曼派大部分驱逐舰返航加油。杜尔曼率 4 艘巡洋舰和 1 艘驱逐舰继续寻找日舰队。

晚上 10 时 30 分，杜尔曼的舰队找到日舰队。日舰队在距联军舰队 7315 米处发射鱼雷，击沉了两艘巡洋舰。杜尔曼将军葬身大海。联军的巡洋舰"休斯敦"号和"珀斯"号都逃跑了，第二天晚上，日舰队追上这两艘巡洋舰，后击沉。至此爪哇海战结束了，联合舰队推迟了日军进攻爪哇一天。

第三阶段是爪哇登陆战。日军对爪哇岛发动了大规模的连续轰炸。

3 月 1 日，日军在爪哇岛的东部和西部登陆，切断了爪哇北部的铁路线，同时包抄了东印度群岛的海军基地泗水港。爪哇首府雅加达、联军总司令部所在地万隆和海军基地泗水港都被日军孤立。

3 月 5 日，雅加达沦陷。7 日，万隆沦陷。8 日，日军占领泗水港。

3 月 9 日，荷属东印度群岛代总督逃往澳大利亚，联军向日军投降。

随着荷属东印度群岛的投降，日本人发现大量的油田被放火焚烧，便向白人发泄愤怒。很多白人被流放。在马卡萨关押着大量的白人战俘，多数被活活打死。东南亚人经常被日本人辱骂毒打，承受着死亡的威胁。

日本人在当地还掠夺大量的粮食和原材料，致使当地农业经济瘫痪。日本人对当地居民采取蛮横的态度，以至于当西方殖民者组成的盟军发动反攻时，日本人惊奇地发现东南亚人站在盟军一方作战。

（四）染指澳大利亚

日军在开战初期，以不到 6 个月的时间呈扇形向东南方向推进，共强占了 380 万平方公里的土地，控制了一亿五千万人口。

尤其是在占领了拉包尔以后，日本陆军和海军侵略集团的指挥官和作战参谋们猖狂已达到极点。被胜利冲昏头脑的日军，变得更加穷凶极恶。

对下一步作战计划，日本陆军和海军的主要领导人激烈讨论了 1 个多月，双方各持己见，争执不下。

远在东京大本营的参谋本部就有两种意见：一些人认为，应该到此为止，不再向前进攻，以确实保住南方占领地域，形成长期持久战的状态；还有些人认为，日本应该乘欧洲德苏战争之机，越过中苏国境线，夹击苏联，迫使苏联投降。如果中国和英国、苏联都被打败，美国被孤立，便能消灭它对日本作战的意志。

海军认为这两种意见需要时间太长，没有物质基础，是完全办不到的，并提出先进攻澳大利亚，要求陆军增援 8 个师团，被陆军断然拒绝；陆军则打算把南方派遣军中的五分之一兵力调到中国大陆和日本本土去，也遭到海军的否定。

日本陆、海军战略思想各不相同，经过激烈争论，最后，陆、海军之间以妥协形式决定了下一步的进攻计划。具体顺序：第一步是进攻新几内亚东南端莫尔兹比港和所罗门群岛，第二步是进攻中途岛和美国阿拉斯加西面的阿留申群岛，第三步是进攻斐济和萨摩亚群岛。

第一步主要目的是切断美国和澳大利亚的补给线，使盟军不能用所罗门群岛、澳大利亚、斐济等地做反攻的基地。

日本海军的总意图在于侵占美国海上基地，把控制地区扩展到美英两国在夏威夷和澳大利亚之间的那些基地。日本陆军最重要的任务是完成对新几内亚岛的占领。其中，主要目标是占领新几内亚东南岸东部的莫尔兹比港。

日军占领了澳大利亚领土新不列颠岛等地区后，直接威胁位于新几内亚东南方的莫尔兹比港，它是澳军的前哨基地。盟军感到形势十分严峻，在这种情况下，盟军的决策集团也有各种不同的意见，澳大利亚决策人打算在日本进攻时不再抵抗，把澳大利亚北半部拱手让给侵略者。

罗斯福和丘吉尔早已决定，必须拯救澳大利亚，以便把它作为反攻日本的跳板。

美英双方同意，把一直在北非作战的澳大利亚 3 个师中的两个精锐师调回澳大利亚，美国陆军参谋长马歇尔将军还下令把美国陆军第 32、第 41 师运往澳大利亚，还有防空分队、工兵分队和支援部队，总共达 10 万人。他还下令建立以澳大利亚为基地的空军，决心保住莫尔兹比港。

为了挽回劣势，美英联合参谋部决定把太平洋分为两个独立战区：一个是中部太平洋战区，由驻珍珠港的切斯特·W. 尼米兹海军上将指挥。另一个是西南太平洋战区，由驻墨尔本的麦克阿瑟陆军上将指挥；下定决心要扭转战局，转败为胜。

盟军反攻作战的战略计划，是以所罗门群岛作为战区的分界线，从所罗门群岛向东，尼米兹率领部队，经过拉包尔、马绍尔群岛、加罗林群岛、马里亚那群岛向日本本土进攻；麦克阿瑟则率领部队由所罗门群岛向西，在席卷新几内亚岛以后，

向菲律宾进攻，最后指向日本本土。这个计划简称望楼计划，亦称瞭望塔行动。

1942年5月初，在美军的作战会议上，对望楼计划又做了修改，缩小了尼米兹担任的中部太平洋战区，在中部和西南战区之间增加一个战区，由葛姆里中将负责指挥（10月以后改由哈尔西中将指挥）。

7月2日，美国参谋长联席会议颁布一项命令，开始了美国对日本第一阶段的进攻目标，尼米兹海军上将指挥部队攻占圣克努思群岛，为进攻图拉吉岛做准备；麦克阿瑟陆军上将指挥所属部队发动平行攻势，把日军逐出新几内亚；为执行第三个任务做准备，即收复拉包尔。

随后，太平洋作战情报处破译日本海军秘密电报，发现日军正在图拉吉岛南方20海里的瓜达尔卡纳尔岛上紧急修筑飞机场。针对这一情况，英美盟军考虑到这个机场一旦完工，直接威胁着战争的局势，于是再次修改了作战计划，暂时放弃在圣克鲁斯群岛上修建基地的打算，把攻击图拉吉岛和瓜达尔卡纳尔岛放在第一步。

在以后的5个月时间里，日军便连战连败，从而宣布太平洋战争的第一阶段已经完全结束。

四、扭转战局

（一）天皇的隐忧

1942年元旦，日本全国各地，大街小巷，每户人家都悬挂国旗，欢庆之声此起彼伏，洋溢着节日的快乐。各大报纸趁机扩大版面，刊登奇袭珍珠港等战地的巨幅照片，宣传自1941年12月8日开战以来，日军仅用短短二十几天的时间，以超出想象的速度取得辉煌战果的事情。某报纸还大肆报道裕仁天皇及其家属的平安和健康，祝愿"天机煦丽""武运长久"。

但这份报纸的另一个版面，却这样写道："去年12月8日，宣战大诏颁发之日，实乃以皇国兴废为赌注的大事。天皇陛下在此日之后，深虑之余，饭不能进，寝不能安，只管祈求神灵庇护。"只此几句话，真实地道出了裕仁天皇当时的真实心理状态。

日本裕仁天皇自去年偷袭珍珠港、对美英宣战那天起，心里无比兴奋，但究竟能否取得最后的胜利，却也没有十足的把握。其实从那天起，他便如坐针毡，坐卧不宁。

当忐忑不安的裕仁天皇在听到前方频传捷报时，比如：击沉敌军舰多少啦、大

破敌军多少啦，这里登陆成功啦、那里敌军投降啦，又占领什么地方啦，等等，精神马上为之大振，胸中的隐忧一扫而光。

1942年元旦，是日本天皇最高兴的一天。日本人民在军国主义宣传的鼓动下，纷纷手举国旗庆祝胜利，全国上下"万岁"的呼喊声连绵不断。

1月8日上午举行陆军阅兵式。裕仁天皇骑着"白雪"号坐骑，由各皇族、内阁各部大臣、外国驻日武官陪同，检阅步兵、装甲兵、炮兵、骑兵。各军种列队通过时，天皇在马上举手答礼。当机械化部队通过时，500架陆军飞机飞越皇宫上空，阅兵式达到最高潮，可谓盛况空前。

2月18日，新加坡被攻陷，日本全国上下举行祝捷祝贺会。每个家庭都配给3合（约300毫升）白酒，每一个小孩都配给一角钱的糖果，以示共庆胜利。11时55分，裕仁天皇乘"白雪"号坐骑，出现在皇宫门前二重桥上，接受聚集在广场上的国民的祝贺。皇宫内外大摆筵席，群臣穿着节日盛装，连以前极力反对开战的元老重臣也参加了。

曾发动"七七"事变、三次担任内阁总理大臣的近卫文麿也参加了庆贺会。他不相信日本最终能取得太平洋战争的胜利。祝贺会结束后，原内阁书记官长富田健治说："太不愉快了！这样下去能挺到最后吗？我倒想着明年这个时候会出现什么情况。"

日本许多有识之士也都在担心，认为这是继"九一八"事变后，日本又吞下了一颗特大炸弹。

2月21日，正在沉溺于欢庆攻占新加坡的东京都警视厅接到一封匿名信，信上写道："战争是野蛮的行为，打倒日本。天皇是什么？杀掉东条！消灭骄傲自大的日本人，拆掉或烧掉靖国神社，取消天皇的名义，那都是无用的东西！不要像皇军那样混蛋！"

2月22日，东京新闻社校对记者接到一封请转交给警视总监留冈幸男的信，信中写道："我觉得这次攻占新加坡不是日本的大胜，而是大败的开始。看一看今天日本的国情，没有米，没有食品，国民在涂炭中喘息……天皇陛下住那么多那么好的住宅，还要到外地去避暑避寒……把那些食品拿出来优待国民吧！"

2月23日，东京市谷的墓地里，有一个公共厕所的墙上写着："赶快停止战争！最后一定打败，国民太受苦了。"

4月25日，东京市荒川区一位裁缝师，堂堂正正在自己家的窗户上贴了一张纸，上面写道：反省！啊！错了，日本！

真正的爱国者现在在哪里？

一亿总进军，全都是谎话。

知道日本弊病的人一个也没有，

只用武力不能使世界屈服！

军人政治是错误的。

过度打仗即使胜利了也要沦落成劣等国，

因为那毕竟是变了形式的败仗。

不打到美英首都去算什么胜利？

只说南进，拿下一些无人岛屿算什么胜利？

在胜利的美名下不断凋落的日本，

前途危险！

类似这样的匿名信、公开信，大字报，小字报，厕所文学，警视厅出版的《思想月报》《特高月报》中登载了许多。日本人民中反战反军反对天皇的意识越来越明显，裕仁天皇再次陷入担忧与不安之中。

（二）东京遭到第一次空袭

1942 年 1 月 14 日，由美国总统罗斯福和英国首相丘吉尔、中国驻美大使宋子文、苏联驻美大使等二十六国签字发表了反轴心联合国宣言。正陶醉在"胜利"中的日本一时间成为众矢之的。

美国为了挽回太平洋战争初期的不利战局，牵制日军进攻，对日本偷袭珍珠港进行报复，组织召开了阿卡迪亚会议。会议从 1941 年 12 月 23 日开始，到 1942 年 1 月 14 日结束，共 20 余天。

阿卡迪亚会议进行期间，日本正在进攻马来半岛等地。虽然太平洋战局非常紧迫，美英元首把基本战略的第一步放在北非和地中海的反击上，对日本的进攻坚持守势，待机反攻，但不是挺着挨打。

会议决定在华盛顿设立英美联合参谋本部，建立起在战争中协商、研究、制定、实施所有战略战术的体制；将缅甸、泰国、法属越南同盟军和中国战区合并，称为中缅印战区，由蒋介石任最高总司令，中国远征军从此开赴缅甸最前线。

为了防止日军侵略印度和斯里兰卡，在阿卡迪亚会议上还制定了一个空袭日本的大胆作战计划。要想从太平洋上的航空母舰起飞，对相隔 1000 公里之遥的东京进行轰炸，这在当时来说，是战争史上未曾有过的冒险，经研究决定把这个任务交给航空队第一流飞行员、飞行速度世界纪录保持者詹姆士·杜立特中校来率领。

1942 年 4 月 18 日早晨，美国第 20 机动部队司令官威廉·P. 哈尔西中将率领两艘航空母舰"大黄蜂"号和"企业"号，由 5 艘重型巡洋舰、7 艘驱逐舰、2 艘油船护卫，全速向日本本土方向驶去，去完成一项震惊世界的空袭任务。这是一次绝密的军事行动，除很少人外，连各舰上的工作人员都不知道详细任务。

上午 6 时 30 分，日本太平洋沿岸担任警戒任务的渔船发现向西南方向飞去的美国侦察机，便立即给国内发电报。同时，日本海军军令部和联合舰队司令部也接到从其他舰艇上发来的电报。在这些舰艇的视野内，都在水平线上看到了黑色集团的形影正在移动中。

"肯定是美军的航空母舰！"日本防空指挥部下了结论。

美国机动部队知道已经被日军发现了，非常着急，一时空气十分紧张。海军飞行队中校杜立特当机立断，把原定于夜间空袭日本的计划改在白昼进行。

上午 7 时 25 分，杜立特中校驾驶的第 1 号飞机，首先从距离东京约 500 公里的地方起飞，随后，16 架飞机陆续全部飞离海面，超低空飞行，驶向日本的东京、横滨、名古屋、神户等重要城市。

日本海军部接到急电后，反应迟钝，判断空袭可能在 19 日早晨，没有发出警报。担负本土防卫任务的防卫总司令部也和海军部一样，没有发出防空警报。

上午九时半距东京东部 600 公里的地方曾发现 500 米低空有一架 B-25 型飞机向西飞行，打算追击，但目标迅即消逝。由于美机是超低空飞行，没有被联合舰队的高空警戒发现。

这一天，东京正和平常一样进行防空演习，发出了数次警报。人们已习以为常，并不在意。

12 时刚过，日本防空监视哨向东部军司令部传来报告，说是发现敌大型飞机 1 架。可是，东部军司令部盲目受原来的判断所支配，将信将疑，还打算确认一下这个情报是否错误。

刹那间，12 时 15 分，东京上空突然出现了美国大型轰炸机，第一颗 500 磅的炸弹已经投下来。此轰炸机全长近 17 米，翼展 20 多米，总重量 13 吨，时速 500 多公里，续航能力 2000 多公里，能载两吨炸弹。

轰炸是在中午工作人员下班的时候进行的。500 磅的炸弹一枚接一枚呼啸着直坠而下，按既定计划击中了主要目标。钢铁厂内顿时黑烟滚滚，东京南面的海军造船厂内，船坞中的潜水舰"大鲸"号被炸毁，一艘还未建好的巡洋舰被炸毁。

日本的截击机和高射炮火力使美机受到很大威胁，但由于美机几乎是擦着树梢低空飞行，高射炮很难瞄准。日本第 17 飞行团的飞机仓皇起飞迎击，却一架美机也未击中。美机在下午三时后，已经平安离开了。

名古屋也和东京一样，飞机制造厂、坦克制造厂、船坞、钢铁厂、炼油厂、武器制造厂、军需仓库都遭到轰炸。四日市、神户和歌山等地，美机也都按计划投下炸弹和燃烧弹。全部飞机在下午 3 时半飞离日本上空。

这次空袭，使日本朝野极度恐慌，但仍不忘虚伪宣传。18 日下午 3 时，东部军司令部发布战报，说："下午零时左右，敌机从数个方向来袭京滨地方，受我空地两防部队反击，逐次退散。到现在为止，已判明击落敌机9架，我方损失轻微，皇宫安泰。"

这次空袭，日本遭受的人员伤亡和物质损失并不太大，但政治影响、心理影响和战略方面的影响却大得无法估计。日本军国主义者受到当头一棒，开始恐慌和担忧起来，日本国民的反战情绪从此更加滋长。

美机空袭日本这个爆炸性新闻立即传遍了全世界，全世界爱好和平反对侵略战争的人们一片欢欣，受到巨大鼓舞。他们从失败主义和忧伤中振奋起来，从而加强了反攻必胜的信心。

（三）所罗门海海战

贪得无厌的日本占领了新不列颠东端的拉包尔以后，还希望控制所罗门海这片海域，尤其是对巴布亚半岛南端的莫尔兹比港，日军早已垂涎三尺。

莫尔兹比港是澳大利亚北方海域的唯一战略要地，是空海交通要冲。日本占领莫尔兹比港的目的是，切断美国和澳大利亚之间的联系，进而占领斐济、新加里得尼亚、萨摩亚，这样拉包尔可以不受威胁，在战略上处于主动地位。

对美澳方面来说，所罗门海也是战略防御重要地区，只有以此作为反攻日本的起点，牢牢控制所罗门海，才能通过丹比尔海峡北上，向东京进攻。因此，所罗门海域成为两军必争之地。

从1942年4月到1943年4月之间，所罗门海域发生了大小共一百来次海空争夺战，盟军在激战后取得胜利，从而扭转了战局，奠定了反攻取得决定性胜利的基础。

所罗门海海战开始前，3月8日，日军占领了新几内亚岛东部北岸的莱城和萨拉莫阿地区，以后，又占领了肖特兰德岛和布纳。4月初，日本海军军令部决定深入所罗门群岛，夺取图拉吉岛，最终目标是夺取新几内亚东南的莫尔兹比港。

4月下旬，由第4舰队司令官井上成美海军中将指挥率领日军进攻舰队集结在特鲁克军港待命出发。

盟军的防卫力量共有两支特混舰队：一支由奥布里·菲奇海军少将率领，是以"列克星敦"号航空母舰为中心的特混舰队；另一支由弗莱彻海军少将率领，是以"约克城"号航空母舰为中心的混合舰队。

盟国海军为了防止日军进一步向南太平洋扩张，在4月初就采取了准备。计划在收回图拉吉岛，在美国和澳大利亚的航线上增加一个堡垒以后，沿所罗门群岛进攻拉包尔。

5月3日，日本志摩部队占领了图拉吉岛。5月4日晨，40架美舰载机从"约克城"号上起飞，两次轰炸图拉吉岛近海，击沉日驱逐舰"菊月"号和3艘登陆船舶，击伤5架飞机和2艘舰船。

这一天，日军梶冈少将率领4000名官兵分乘14艘运输舰驶往莫尔兹比港。轻航空母舰"祥风"号、4艘重巡洋舰、4艘驱逐舰掩护这次作战行动。

5月5日，从新喀里多尼亚海军基地和澳大利亚火速赶来支援的

"列克星敦"号航空母舰

英国"芝加哥"号、"澳大利亚"号、"霍巴特"号巡洋舰，与盟军两支特混舰队合编为美第17特混舰队，由弗莱彻海军少将指挥，进入决战状态。

在日军进攻莫尔兹比港前，盟军从被击沉的日本潜水舰中捞到日军电报密码本，破译后获得一份重要情报。这是一份日军预定在5月动用大部分兵力去攻占莫尔兹比港的作战命令。

5月6日，美侦察机果然发现了日本进攻部队，美机大编队开始向日军猛烈空袭。美航空母舰"列克星敦"号上起飞的战斗机和轰炸机轮番进攻，集中轰炸日军的航空母舰"祥风"号。

5月7日上午11时，"祥风"号沉入海底；舰上900名官兵中近3/4死在舰内。美军赢得第一轮所罗门海海战的胜利。

5月7日下午，日本舰队在袭击美国航空母舰时被击落10架飞机，另有11架在返航时坠入海中，只有6架安全回到母舰上。

5月8日上午9时，日本侦察机发现美机动舰队，立即出动战斗机18架、轰炸机18架、鱼雷轰炸机32架强袭美军的2艘航空母舰。"列克星敦"号命中2发鱼雷和2颗炸弹，被击破；12时47分，各处泄漏燃料，汽化后引火发生大爆炸，又延及弹药库，爆炸强烈。

美军这2艘航空母舰遭受日机空袭以前，"列克星敦"号上起飞的43架飞机和"约克城"号上起飞的39架飞机也正在强袭日本航空母舰，"翔鹤"号命中3发弹，受到严重破坏，被迫退出战场。"瑞鹤"号急忙逃遁，幸免被炸。井上中将发出"停止攻击北上"的命令，日军撤离战场。

海战的结果，表面上看，双方互有损失，日本海军损失较小。但美国的造船和抢修速度较日本快很多，这样美军就占了优势。而且在战略上，盟军挫败了日军从海上进攻莫尔兹比港的企图，并且把原定于5月进攻的日期推迟到8月。日本在战

略上失败了。

所罗门海海战是日本海军自发动战争以来第一次受挫。太平洋战争从此进入日本和美国及其盟国的战略相持阶段。美国战史学家认为这次战役在太平洋战争史上谱写了新的篇章。

珍珠港、马来海战以后连续败北的盟军，通过这次海战，极大地提高了士气，对击败日军舰队充满了自信。

这次海战后，对日本来说，不仅没敲起警钟，他们反而更加骄傲轻敌，把"击沉" 2 艘美航空母舰的消息向东京报告，国内顿时欢声一片。实际上，被"击沉"的航空母舰，只用 3 天就修复完毕，并立即参加到以后的中途岛反击战中去了。

日军的麻痹大意，自我陶醉，又不能掌握真实情况，给美军帮了大忙，这是以后日军在中途岛海战中战败的原因之一。

（四）山本设计新赌局

1941 年 12 月 28 日，在日舰队旗舰"长门"号战列舰上，联合舰队的司令长官山本五十六正在观看由日本情报人员参照美军公布的损失整理出来的偷袭珍珠港的战果报告。

山本五十六逐行审对着报告上的数字，高兴得满面笑容。一方面，美军公布的损失，比日军参加突袭行动的部队上报的战果大了很多。由此看来，日军突袭珍珠港获得了意想不到的战果。另一方面，山本五十六没有料到美海军有说实话的勇气。美海军遭受那么大的损失，竟然都公布出来了。山本五十六认为，美海军敢于说出实际损失，是因为美国的实力太强大了。

在日本海军中，山本五十六是个指挥天才，以具有大胆甚至冒险决策的能力而著称。如很多日本人一样，山本五十六具有浓厚的樱花情结，宁可在短时间内凋谢，也想开放得十分灿烂。

号称"赌徒"的山本五十六，突袭夏威夷群岛的珍珠港是他发起的一次大赌博。突袭珍珠港的大获全胜，不但使山本五十六名声大噪，而且使他对自己的策划能力更有信心了。

珍珠港的战斗结束了，山本五十六又想攻占美国的一个小岛屿——中途岛。

中途岛地处太平洋中部，面积很小，但岛内建有海港和美军机场。美军可以从岛上的机场出动飞机，警戒半径达 60 海里的海域；岛上的港口能够作为美航空母舰编队的补给和前进基地。可见，中途岛具有攻防两大功能，成了美军在太平洋上最佳的前沿阵地。

山本五十六以他过人的军事视觉，发现了中途岛的重要战略价值。山本五十六决定早日攻占中途岛，尽快结束太平洋战争。

对日海军来讲，一旦占领了中途岛，就能把中部太平洋的防御圈快速向东推进，利用中途岛上的海空军基地，监视和警戒美国太平洋舰队一切活动。日军攻占中途岛，能够在美国中部太平洋防御圈上冲开一个巨大的缺口，对夏威夷群岛的美舰队构成巨大的威胁，并把中途岛作为以后进攻夏威夷群岛的前沿基地。

可是，当山本五十六向日本军部提出攻打中途岛的计划后，日本军界要员们纷纷表示反对。日本陆海空三军要员们认为攻占位于夏威夷群岛正前面的中途岛是不行的，哪怕占领了，也无法坚守。

他们提出很多理由反对山本五十六的计划，不相信中途岛的战略价值。有些人说山本五十六是被珍珠港的胜利冲昏了头；还有些人说，山本五十六虽然胆子很大，但没有指挥这么大规模海战的经历。

山本五十六是个有自信、有韧劲的人。为了宣传自己的作战计划，山本五十六来到军部找到永野。他说："日军夺取太平洋地区的最大障碍就是美太平洋舰队。开战两年内若日本无法获得决定性的胜利，美国就会凭借强大的实力取得军事上的绝对优势。目前解决这个问题唯一的方法是迅速战胜美舰队，早日摧毁美太平洋舰队的主力。若我们攻打中途岛，尼米兹会派出太平洋舰队的主力前来支援，那时我们就跟美太平洋舰队一决雌雄。"

听完山本五十六的发言，永野不禁摇了摇头，指出攻占中途岛的计划是错误的。军令部也说山本五十六的看法太天真了，就算有了中途岛，也无法威胁美国大陆。

就在他们争论不休，各执己见的时候，发生了一件让日本国民非常震惊的重大事件。

1942 年 4 月 18 日，美军 16 架陆基轰炸机空袭了日本东京等中心城市。原来，在珍珠港被袭以后，罗斯福总统要求轰炸日本，对日本偷袭珍珠港进行报复。

太平洋战争爆发以前，日本天皇曾得到过军人们的保证：决不能让敌军的炸弹落在神圣的大日本帝国的国土上。这次轰炸虽然对日本造成的物质破坏很小，但日本国民的士气极大地降低了，对日本国民的自尊心造成巨大的震动。

军部为没有保住东京的安全而悔恨，那些反对攻占中途岛的声音听不见了。一心想进攻中途岛的山本五十六，借助美国航空队空袭东京这一事实，再次力排众议。马上与参谋们制定进攻中途岛的具体军事计划。

此次作战计划，主要包括三项独立的但协同作战的军事行动：

第一，攻占西阿留申群岛；

第二，攻占中途岛；

第三，与美太平洋舰队决一雌雄。海战的主要意图是通过攻占中途岛给日本海

军和空军夺取基地，继续朝太平洋和西南太平洋进军，与美太平洋舰队决一死战。

为了成功地完成计划，山本五十六动用了日本海军所有的主力，并把这些兵力编成了先遣部队、第10机动部队、进攻中途岛部队、主力部队、北方部队、岸基航空部队等6支部队。

在攻打中途岛的计划中，山本五十六共调动了水面舰艇206艘、舰载飞机约470架、岸基飞机214架、登陆部队和建立基地的部队1.68万人，几乎包括了日本海军的全部精锐。

山本五十六计划于6月6日发动中途岛海战，作战计划以6月6日为中心，精心制定了各参战部队的行动时间表。

山本五十六精心设计着赌局，坚信在新的一局中还能像珍珠港海战那样，再获全胜。

（五）庞大的联合舰队

山本五十六与参谋们制定了详细的攻占中途岛计划后，为保证计划的成功实施，又调动了日本海军精锐部队组成庞大的日本联合舰队。

1942年5月20日，山本五十六下达了各参战部队作战行动的最后命令。联合舰队将于7天后出海，为了确保计划的万无一失，山本五十六利用中间这几天的时间，又组织了为期两天的大规模演习。

5月25日，在演习中，美军投下9枚炸弹，击沉了日军2艘航母。可日军无法容忍失败，高木武雄海军中将向参加演习的军官和参谋们汇报的情况是1艘航空母舰都没有损失。

1942年5月27日早晨，庞大的日本联合舰队在日本濑户内海西部的军港驻岛待命，每艘军舰都完成了出海的所有准备，加足了燃油、弹药以及补给品，整个联合舰队弥漫着必胜的氛围。

5月27日是日本的海军节，联合舰队士气旺盛，官兵们都认为，此次出海会给日本海军增添更大的战绩。

8时，"赤城"号航空母舰起航信号发出，第10驱逐舰战队、第8巡洋舰战队、第3战列舰战队第2小队、第1航空母舰战队和第2航空母舰战队纷纷拔锚，驶向中途岛。

联合舰队在中午前后通过了丰后水道，傍晚时分驶入太平洋深处，采用环形巡航队形朝东南驶去。

不久，"赤城"号飞行长，偷袭珍珠港时的空中总指挥渊田美津雄因为急性阑尾炎，被送往医务室。几天后，第1航空舰队作战参谋源田也由于肺炎被送往医务室。

他们两个无法参战，对于南云来说，等于没有了左膀右臂。紧接着，山本五十六遭受胃病的日夜煎熬，也病倒了。

5月28日，阿留申群岛牵制舰队由日本九州岛北端的港口出征。在南面，运载着500名登陆部队的日军运输舰从马里亚纳群岛中的塞班岛驶向中途岛。

5月29日晨，联合舰队的其他舰只从日本濑户内海起航。近藤信竹率领的中途岛攻击编队驶在整个舰队的最前面，后面是包括山本五十六的旗舰"大和"号的主力舰队，由34艘军舰组成。

山本五十六选定6月7日为进攻中途岛的日子。因为7日的月光对夜晚登陆有好处。

6月2日，由于南云航空母舰舰队没有雷达，在浓雾中朝中途岛方向驶去。再加上能见度很差，不能飞出弹射侦察机，结果南云舰队无法了解自己的处境。

6月3日黎明，雾更大了。为了避免互相碰撞，南云被迫动用保持沉默的无线电，向各舰艇下令。

随后，一队美军鱼雷轰炸机发动突然袭击，虽然只击中了日军护航舰队后边的一艘油船，然而山本五十六仍然感到担忧——日舰队的行动已经暴露了。

6月3日上午10时，天终于晴朗了，南云舰队以24节的航速快速前进，组成一支巨大的环形队伍，炮筒林立的战列舰护卫在外围；大型航空母舰"赤城"号"加贺"号"飞龙"号和"苍龙"号，正行驶在中央。

6月3日傍晚，日舰队快速由西北方向向中途岛靠拢，4日拂晓以前就能到达距离中途岛320公里的起飞海域了。这时，弗莱彻和斯普鲁恩斯指挥两支特混编队，正在中途岛东北面500公里的海面躲藏。

这两支特混编队的总指挥弗莱彻少将认为，日军的南云航空母舰舰队正在附近海域。6月3日晚7时50分，弗莱彻率领特混舰队向西南方向追去。

6月4日拂晓，特混舰队将到达中途岛北面，正好偷袭南云的航空母舰舰队。这是个很正确的判断，当天晚上美国的航空母舰距离南云舰队仅为160公里。

1942年6月4日凌晨2时45分，日军"赤城"号航空母舰发起了猛烈的进攻。

黎明来临之时，南云舰队航空母舰上的探照灯早已照亮了巨大的飞行甲板。4艘航空母舰正在中途岛西北240海里处，迎风全速驶向中途岛，航空部队已经做好了向中途岛发起第一轮空袭的准备。

4时30分，南云中将下令进攻。8架战斗机相继起飞，18架舰载俯冲轰炸机相继起飞。

15分钟内，108架飞机都从4艘航空母舰上成功地起飞了。它们编成壮观的环形队列绕行舰队一圈，朝东南方的中途岛飞去。

（六）南云发动第一波空袭

1942 年 6 月 4 日，中途岛上的美军早就等候多时了，正准备迎战南云舰队的第一轮空袭飞机。5 时 50 分，中途岛上的雷达发现了前来空袭的日军机群，防空警报全部响了起来。这时，尼米兹命令中途岛上的所有飞机立即起飞。

守岛部队的 6 架"复仇者"鱼雷轰炸机、4 架装有鱼雷的陆基轰炸机、19 架轰炸机和 37 架"无畏""守护者"俯冲轰炸机，起飞后向北面的南云航空母舰方向扑去；还有 20 架"水牛"式战斗机和 6 架"野猫"式战斗机向西北方飞去，迎战扑面而来的日本攻击机群。

6 时 16 分，美国战斗机与日本机群遭遇了。

负责护航的日军"零"式战斗机队首先向美军飞机开火，双方的飞机不断翻飞、俯冲，相互攻击。日军的战斗机在数量和性能上都远远超过迎击的守岛部队的飞机。很快，17 架美军战斗机被日军战斗机击落，7 架美军战斗机被击伤。

摧毁了美军飞机的截击，日本攻击机群迅速进攻中途岛。轰炸机冒着守岛部队的高射炮火不断俯冲，轰炸了 20 分钟，炸毁了油库和一个空的飞机库。

日本轰炸机想在中途岛歼灭航空力量的计划失败了。它们能够找到的轰炸目标，只是飞行跑道和几座空机库，岛上飞机都已经飞走了。

当南云航空母舰舰队向中途岛发起第一轮空袭时，美军特混舰队正在积极准备发起对日军航空母舰舰队的偷袭。

6 月 4 日黎明，美海军第 16、第 17 特混编队总指挥弗莱彻，从"约克城"号航空母舰上出动 10 架侦察机去寻找南云舰队。5 时 25 分，水上侦察机在靠近南云舰队航行的海域，看到一大批灰色的日军战舰时，连忙用无线电向基地报告。

接到情报后，弗莱彻于 6 时 7 分向"企业"号航空母舰上的斯普鲁恩斯少将发报，命令第 16 特混编队向南云航空母舰发动空袭，第 17 特混编队随后空袭。

斯普鲁恩斯命令两艘航空母舰上的大部分飞机参加空袭，把"底牌"一次全部抛出。当时，斯普鲁恩斯特混编队拥有两艘航空母舰，飞机数量分别为"企业"号 79 架，"大黄蜂"号 79 架。

7 时 2 分，14 架鱼雷攻击机，32 架俯冲轰炸机在 10 架战斗机的护送下，从"企业"号航空母舰上出发了。15 架鱼雷机、35 架俯冲轰炸机在 10 架战斗机的护送下从"大黄蜂"号航空母舰上出发了。

与此同时，南云舰队的 4 艘航空母舰的飞行甲板上已经停满了飞机。停在航空母舰上等待起飞的第二轮飞机，绝大部分是鱼雷轰炸机。这些飞行员是日本海军航空兵的精锐。

南云为了以防万一，仍然把他最优秀的飞行员留在了航空母舰上，准备击沉美国航空母舰。

南云舰队的鱼雷轰炸机是当时世界上性能最好的舰载轰炸机，时速达378公里，载弹800千克。不仅能够投掷鱼雷，进攻航空母舰或者其他战舰，还可以投掷炸弹，轰炸机场等目标。

早在6时，南云的旗舰"赤城"号发现了空中的美军水上侦察机在活动。南云感到担忧，怕遭到美国航空部队的空袭。

7时，美军6架鱼雷攻击机和4架俯冲轰炸机飞到"赤城"号右舷上空。他们是从中途岛起飞的。日军护卫战舰重炮齐射，在高射炮的连发炮火的封锁下，20多架日军"零"式战斗机起飞迎击。

美战机不顾密集的炮火，向"赤城"号冲来。日军"零"式战斗机已经击落了3架美机，其他7架美机继续向南云航空母舰扑去。

瞬间，美飞机投掷鱼雷，又升上高空。在没有战斗机的护航下，美机再次袭击日航空母舰，但只有1架鱼雷攻击机和2架俯冲轰炸机回到了中途岛。

遭到美机的空袭后，南云认为这些美国飞机肯定是从中途岛飞来的。他认为必须早点把中途岛的空军歼灭掉，于是下令再次空袭中途岛。

7时30分，由"利根"号航空母舰起飞的侦察机报告说，距离南云舰队200海里处有10艘美舰。南云命令侦察机查清美舰中是否有航空母舰。

7时45分，南云下令暂停卸下鱼雷，等待侦察机的下一次报告。

7时55分，中途岛美军的轰炸机群飞来了。由于飞行员都是刚从学校毕业的，没有俯冲投弹的经验，很快就被击落了8架，重创了6架，投下的炸弹没有一发击中日舰。

接着，诺里斯带领11架轰炸机到达日舰队上空，在日军战斗机的打击和战舰高射炮的封锁下，被打落5架，只有4架投掷了炸弹，但没有一颗击中。

8时20分，日军侦察机报告，在美军舰队好像有1艘航空母舰。南云听说舰队后面有航空母舰，连忙命令停止挂炸弹，重新挂上鱼雷。

南云下达的一连串的换炸弹挂鱼雷的紧急命令，使航空母舰的甲板上和机库里十分混乱，卸下的炸弹和鱼雷被迫堆在一起，没有放进弹药舱，日军的机械兵并不知道这样做是自寻死路。

8时30分，日军空袭中途岛的第一轮空袭机群飞到航空母舰上空，请求降落。这时，"赤城"号和"加贺"号航空母舰攻击机正在换弹，无法起飞，"苍龙"号和"飞龙"号战斗机急需加油和补充弹药，无法立即出动替攻击机护航。

参谋长草鹿和作战参谋源田都主张先清理甲板，叫第一轮飞机降落，再发动第二轮空袭。"飞龙"号航空母舰上的第2航母战队司令山口多闻看到南云犹豫不决，

通过灯光信号向南云转达建议："我认为必须命令第二轮空袭飞机起飞！"

山口多闻是日本海军界的少壮派将领，头脑冷静而且刚强果断，历任日本驻美大使馆海军武官、联合舰队首席参谋、海军大学教官、军令部课长和战列舰舰长等。在多年的海军生涯中，山口多闻富有远见，以能当机立断而著称。

山口多闻的建议是比较正确的，但是南云知道山口多闻才干超群，很可能成为山本五十六的继任者。这一点引起了他的嫉恨，南云不肯接受山口多闻的建议，命令把在甲板上的第二轮攻击机降入机库，清理甲板，命令第一轮空袭飞机和在舰队上空快耗光燃料的战斗机降落。

8时37分，航空母舰开始回收飞机。15分钟后，飞机全部着舰，机库里的机械兵放下还没有完成的换弹任务，立即为甲板上的飞机加油、装弹。

9时18分，负责警戒的战斗机全部降落，机库里一片混乱。50架战斗机加油装弹完毕后马上起飞，在南云舰队上空护航。

南云本来想做好充足的准备，再给美舰队以重创，可是这样慢吞吞的出击，失去了最佳的战机！

这时，美军航母舰载机群开始了攻击。"大黄蜂"号的15架鱼雷机，由沃尔德伦带领，由低空飞行，于9时20分找到了南云舰队，马上发动攻击。可是鱼雷机的速度太慢，又没有战斗机护航，在日军50架战斗机的截击下全部坠落。

9时30分，"企业"号的14架鱼雷机飞到南云舰队上空，朝"赤城"号航空母舰两舷发动攻击。在日军战斗机的疯狂拦截下，有9架被击落，剩下的5架投下的鱼雷准确性太差，反被击落1架。返航中，3架鱼雷机由于伤势太重而坠海，只有1架回到航空母舰。

"约克城"号的攻击机群比前两艘航母起飞时间晚很多，但在途中得到了日舰的新位置的情报，立即改正了航线。它们只比"企业"号的鱼雷机晚发起攻击几分钟，5分钟之内，所有日机就能够腾空起飞。只需5分钟！然而，美机已经开始攻击了！

（七）航母大决战

1942年6月4日10时24分，日本"赤城"号下令立即起飞，正在这时，瞭望哨呼叫："美军俯冲轰炸机！"日舰的机关炮立即开炮，但已经来不及了。3架美机向"赤城"号俯冲下来，美机大肆攻击，日战斗机来不及拦截，因为刚刚拦截美军的鱼雷机，正在舰上补给。空中没有一架担任警戒的战斗机！

"赤城"号航空母舰被击中两枚450千克的炸弹，两枚炸弹对巨大的航空母舰无法造成重伤，然而却使甲板上的飞机全部爆炸，火势快速蔓延，航空母舰失去了作战能力，通讯联系中断。

南云的指挥失控后，他知道无法在"赤城"号上指挥了，只好跟青木舰长辞别，爬到舰桥的窗口，拽着绳子爬到甲板上，然后离开。

与此同时，小麦克拉斯的机群还攻击了"加贺"号航空母舰。9架美机朝"加贺"号俯冲，各投掷了1枚炸弹。接下来的6颗炸弹中有4颗命中"加贺"号飞行甲板，使舰桥和四周的甲板燃起大火，很多舰员伤亡。舰长冈田次作和其他军官当场死亡，幸免于难的飞行长天谷孝久立即接过指挥权。

舰上燃起了熊熊大火，舰员们努力制止火势，可是整个军舰都被大火包围，很难找到躲藏的地方。天谷等大部分舰员被迫撤到小艇甲板上躲藏。天谷命令弃舰。

"加贺"号航空母舰的大火越来越大。"苍龙"号上的机械兵们看到"加贺"号燃起熊熊大火时，知道"加贺"号在劫难逃，不约而同地观望天空，13架美军俯冲轰炸机正向他们俯冲下来，几分钟内，"苍龙"号连中3弹。

第1颗炸弹击中舰身前面的飞行甲板，后2颗炸弹命中中部升降机。烈火引爆了油库和弹药库。

10时30分，"苍龙"号变成了火场，爆炸声不断响起。舰上的炸弹和鱼雷全都爆炸了。

10时40分，"苍龙"号丧失了行动能力，轮舵和消防系统彻底炸毁。因为火势太猛，舰员被迫逃到甲板上，连续不断的大爆炸把很多舰员炸到了海面上。

10时45分，柳本柳作舰长下令弃舰。一时间，很多士兵为了躲避大火纷纷跳海。"滨风"号驱逐舰和"矶风"号驱逐舰赶来营救，但效果甚微。

当"赤城"号"加贺"号和"苍龙"号传来巨大的爆炸声时，"飞龙"号航空母舰的山口舰长正在向飞行员们训话："你们已经是南云舰队的最后一批飞行员了……"

上午10时40分，日军18架俯冲轰炸机，在6架战斗机的掩护下，从"飞龙"号航空母舰上启程，前去寻找美军的航空母舰。他们紧紧跟在莱斯利率领的返航机群后面。美军轰炸机把日军飞机带到了弗莱彻将军的"约克城"号航空母舰上空。

在高空警戒的12架美军战斗机，冲进日本机群进行拦截，击落了6架日机。日本轰炸机立即向下俯冲，但有更多的日机被密集的防空炮击碎。有3颗炸弹击中"约克城"号。炸弹在"约克城"号舰舱内引爆，炸死许多美军舰员。

返航的日军机群马上向山口多闻报告：击中了"约克城"号。"约克城"号航空母舰上的舰员们拼命抢救，使舰上的大火被扑灭了。"约克城"号继续航行，飞行甲板上的飞机仍能起飞。

不久，日军10架鱼雷攻击机在6架战斗机的掩护下再次从"飞龙"号航空母舰上起飞。对"约克城"号再次发动攻击。鱼雷机发射的鱼雷命中了"约克城"

号，摧毁了舰上的动力、照明和通讯设备。

"约克城"号向左侧倾斜浮在海面上。后来，舰长伊利奥特·巴克马斯特下令弃舰。

6月6日早晨，日军潜艇发现了浮在海面上的"约克城"号，朝它发射了两枚鱼雷。7日早晨"约克城"号突然倾覆，沉入海底。这样，美舰队只剩斯普鲁恩斯少将的两艘航空母舰了。

6月4日下午2时，一架美国侦察机发现一支日舰队正朝西面航行。"企业"号航空母舰上的斯普鲁恩斯将军，立即出动所有还能参战的24架美军俯冲轰炸机向"飞龙"号飞去。

下午5时，"飞龙"号航空母舰上的水兵们发现在西南方飞来一长串飞机，6架"零"式战斗机飞过去进行拦截，击毁2架美机。其他的美机俯冲下来了。

美机从耀眼的太阳方向钻出，冲向"飞龙"号航空母舰。随后落下的4枚重磅炸弹，穿透了飞行甲板，相继爆炸。

"飞龙"号上的日军舰员拼命救火时，从中途岛飞来的轰炸机群也赶来了，它们扔下了很多炸弹，无一命中。

又有更多的轰炸机，从夏威夷赶来。结果，"飞龙"号难逃沉没厄运。中途岛西北的海面，变成了火场。

6月4日21时23分，海水大量涌进，"飞龙"号开始倾斜，很快丧失了行动能力。6月5日凌晨"飞龙"号沉没。

当南云舰队遭受灭顶之灾时，山本五十六正指挥着主力舰队，在南云舰队后边450海里的洋面上航行。

6月4日上午10时30分，"'赤城号'着火"的电报突然打破了山本五十六的计划。

6月5日零时15分，山本五十六命令近藤和南云停止进攻美舰队和炮击中途岛的军事行动，与主力舰队会师。

对于山本五十六的决定，心急如焚的参谋们无法接受，他们要求攻下中途岛。首席参谋黑岛叫道："长官，'赤城'号还没有沉没。若被美国拖去当成了战利品，那真是奇耻大辱呀！我们不能用陛下的鱼雷来击沉陛下的战舰呀！"

6月5日晚上11时55分，山本正式下达撤退命令。

这时，栗田的第7巡洋舰战队的4艘重巡洋舰以及第8驱逐舰分队的2艘驱逐舰正在执行炮击中途岛的任务。

栗田距离中途岛比估算的远很多，参谋们认为炮击任务是无法按时执行的，于是午夜时分命令栗田撤退。

栗田接到命令时，离中途岛只有90海里。日舰"熊野"号发现右舷有艘美军潜艇，栗田下令向左转舵。同时，"熊野"号用信号灯向二号舰"铃谷"号发出紧急转向警报信号，"铃谷"号接到信号后，也向"三隈"号发出警报信号，并立即转向。结果后面的"最上号"撞上了"三隈"号左舷。

栗田指挥"熊野"号"铃谷"号继续向加油地点驶去，与山本五十六率领的主力舰队会师。

6月5日天亮后，中途岛出动12架俯冲轰炸机前往轰炸，弗雷明驾驶的飞机撞向"三隈"号，使"三隈"号受到重创。下午，12架美军轰炸机再次攻击，投下的80颗炸弹都没有击中。

美军航母舰队的兵力不足，只能选择一个目标攻击。当美军舰载机追到时，"飞龙"号航空母舰早已沉没，只好攻击护航的驱逐舰。

斯普鲁恩斯认为飞行员已经疲惫不堪，况且附近海域又有日军潜艇出没，再加上距离威克岛太近，岛上的日军拥有陆基飞机，于是于6月6日黄昏下令返航。这一决定挽救了美航母舰队。

根据双方航线推算，若美航母舰队继续驶向威克岛，将在夜间与日舰队相遇。结果，斯普鲁恩斯下令撤退，中途岛海战结束了。

中途岛海战惨败后，日本再也没有力量发动大规模的海空作战。日军掌握的太平洋战区的战略主动权，也被美军夺走了。

五、喋血瓜岛

（一）美国攻占瓜岛

瓜达尔卡纳尔岛（以下简称"瓜岛"）位于南太平洋所罗门群岛的东南，与马莱塔岛隔着萨沃岛、图拉吉岛和佛罗里达岛呈合围之势。长约150公里，宽约48公里，面积5000余平方公里，岛上住着人数不足1万的土著居民。是一个千百年来无人问津的热带岛屿，直到第二次世界大战爆发。

珍珠港事件之后，太平洋上的战争正在如火如荼地进行。为了继续推进日本在南太平洋诸岛的战线，日军决定进攻位于巴布亚新几内亚的莫尔兹比港。随后继续南进，剑指澳大利亚，妄图切断美国和澳大利亚的海上生命线。为了掩护莫尔兹比港的进攻，日军迫切需要在所罗门群岛上修建一个空军基地，以保之后计划顺利实施。起初，日军只是泛泛地锁定了所罗门群岛区域，并不知道有一个瓜岛。

1942年5月，日军占领了图拉吉岛。该岛正好位于日军停驻在拉包尔（西南太平洋新不列颠岛的港口城市，南太平洋日军重要的基地之一）基地的战斗机的作战半径边缘。南面瓜岛，北靠佛罗里达岛，是一个十分险要的海空交通枢纽。日军原本计划将机场修在图拉吉岛上，然而经过实地考察，发现瓜岛北岸的隆加河冲积平原更适合修建航空基地。1942 年 6 月 16 日，门前鼎大佐率领第 11 工兵队共计 250 余人登上瓜岛，7 月 1 日，冈村德长率领第 13 工兵队登陆瓜岛，以确保工程在 8 月 5 日前完工。

美军方面，早在 1942 年初日军占领拉包尔后，美国海军作战部长厄内斯特·金上将就提出占领图拉吉岛，阻止日本人继续推进，保护美国与澳大利亚海上交通线的提议。为了实现这一战略目的，美军成立了南太平洋部队，由戈姆利中将任司令官，进驻了埃法特岛，并随后攻占了圣埃斯皮里图岛，修建了机场，将美国海军第 1 陆战师调往新西兰。5 月 17 日，戈姆利中将从华盛顿飞抵美军南太平洋地区司令部努美阿（新喀里多尼亚的首府和主要港口城市，美军在西南太平洋战场的总指挥部），积极备战。6 月，美军在中途岛战役中大败日军，聪明的美军意识到战略局势正在慢慢地向自己倾斜，要想取得太平洋战争的最终胜利，必须攻下日军在南太平洋的核心——拉包尔。

战略层面达成统一后，在具体战术上，太平洋战区总司令尼米兹将军和西南太平洋战区司令麦克阿瑟将军对于如何进攻拉包尔却有争议：海军出身的尼米兹认为，拉包尔基地已经被日军打造成非常成熟的海空基地，易守难攻，美军应该步步为营，在所罗门群岛南端登陆，修建机场，在航空兵的配合下，逐步向拉包尔进攻；而陆军出身的麦克阿瑟坚持认为应该尽最大努力集中一切兵力资源，以两栖登陆战的方式，一举攻下拉包尔。不仅如此，关于整场战役的总指挥人选，陆军和海军方面也无法达成统一意见，陆军参谋长马歇尔支持由麦克阿瑟将军指挥，而海军作战部长金上将则认为这次作战是在多岛礁的所罗门群岛海域，如果由不懂海军作战的人来指挥风险较大，应该由久经沙场的尼米兹指挥。双方的立场无法达成一致，最终在罗斯福总统出面协调下，陆军海军达成作战指挥共识，参谋长联席会议在 7 月 2 日正式出台了代号为"瞭望台"的作战计划：

第一阶段由尼米兹指挥攻占圣克鲁斯群岛和图拉吉岛。

第二阶段由麦克阿瑟指挥攻占所罗门群岛的其余岛屿，并清剿巴布亚新几内亚东北部的日军。

第三阶段仍由麦克阿瑟继续指挥，攻占新不列颠岛和新爱尔兰岛，然后形成合围之势，剑指拉包尔，并初步定于 8 月 1 日发起总攻。

然而，7 月 4 日，美军侦察机意外地发现日军正在瓜岛上行动，太平洋舰队总司令尼米兹上将和东南太平洋战区司令官戈姆利中将得到消息后，感到了空前的威胁。如果日本将瓜岛变成日军的航空基地，从瓜岛起飞的日军战斗机就能够直接攻击圣克鲁斯群岛、埃法特岛以及位于新喀里多尼亚北部的库马克飞机场，不但美军现有的东南太平洋防线将会受到重创，而且美军花了数月时间制订的"瞭望台"计划和为此做出的一系列准备，将瞬间付于东流。情况已经十分危急，一定要立即采取行动，决不能让这样的事情发生。经过商讨，美军决定将"瞭望台"计划第一阶段的目标做出调整，推迟对圣克鲁斯群岛的进攻，将目标定为瓜岛和图拉吉岛。这样，美日双方同时将目光投向了瓜岛。

切斯特·威廉·尼米兹

7月10日，尼米兹将军给戈姆利中将下达了新的作战计划，但戈姆利中将对新的作战计划存有疑虑：对手非常强大，自己势单力薄不说，战前的准备工作还远远没有到位，更何况还要将登陆地点前移，困难是非常大的。尼米兹只好反复开导戈姆利，最终戈姆利勉强答应将总攻时间改为8月7日。之后，戈姆利中将立即任命美国海军第1陆战师师长范德格里夫特少将为瓜岛登陆作战的指挥官，命其务必在5个星期内拿下瓜岛。直到接到命令，范德格里夫特这位即将叱咤风云的美军将领还从未听说过这个名不见经传的小岛。更具戏剧性的是，不仅美军不知道这个海岛，就连管理它的澳大利亚海军对它的情况也不十分了解，甚至连一张地图都没有。整个盟军的高级将领找了半天只找到一幅已经发黄磨损的航海图和几张模糊不清的旧照片，还有美国小说家杰克·伦敦34年前写的探险小说《纯洁无邪充满原始风味的处女地——瓜达尔卡纳尔》。美军有规定，凡是作战物资必须按照特定的"战斗装载"标准来执行装载，即将在战争中应用到的物资按照战士应用的顺序由上向下装运，也就是说，最先用到的需要最后装载，放在最上面，最后用到的物资则正好相反。可是港口小，物资多，还必须按照标准装载，这使得港口的美军秩序混乱，疲惫不堪，怨声载道。此时，范德格里夫特已经顾不上这些了，司令部刚刚成立，参谋的数量非常少。这么一个烂摊子，上级给他收拾的时间却只有几个星期。

最致命的问题是兵力严重不足，登陆战中士兵的人数是最关键的决定因素，而美国海军第1陆战师只有两个团到达战区，其余的人员都在遥远的萨摩亚，根本不能在短期内赶来。怎么办呢？在戈姆利中将和范德格里夫特少将的强烈要求下，尼米兹勉强地将美国海军第2陆战师第2团和其他部队的3个营编入美国海军第1陆战师，勉强凑成了一个加强师。数量算是暂时达到要求了，可是这支加强师几乎都是新兵——之前美国海军第1陆战师中大批经历过登陆战专项训练的人员已经被调往新成立的美国海军第2陆战师和第3陆战师。本来范德格里夫特少将被告知绝不会让他们在半年内参加登陆战斗，然而6月他们刚刚到达新西兰，就被告知要参加预计8月开始的登陆战。难怪范德格里夫特看到计划后，直呼这是"瘟疫行动"。

7月26日，美军开始在斐济群岛海域集结，由于时间太紧了，直到7月28日，他们才抽出时间进行演习，结果一片混乱，惨不忍睹：不仅登陆艇搁浅、打转，找不到正确的登陆地点，而且士兵也和军官难以交流。军官声嘶力竭地传递命令却不知道该传递给谁，士兵茫然地在水中乱成一团，完全找不到接下来的战斗目标。

范德格里夫特少将一言不发，紧绷的脸让本就非常有棱角的五官显得更加严峻。作为指挥官，他的郁闷是显而易见的，纵观人类以往的所有战争，还有比这次自己指挥的瓜岛战役更具戏剧性的吗！一个从未听说过战场名字的指挥官，于数周前，风尘仆仆地带领他刚刚入伍的士兵从北半球的炎热夏天，赶到了南半球阴冷的冬天，并且即将于几天之后，带领这些演习结果糟糕透顶的士兵去与凶猛的日军交手，最幽默的还是这位指挥官不得不依靠一本洋洋洒洒、引人入胜的小说来指挥战斗！如果这要是编成剧本拍成电影，一定是叫好又叫座。难怪演习结束后，范德格里夫特少将安慰自己："好莱坞的惯例是糟糕的彩排预示着成功的公演。"

尽管准备严重不足，演习一塌糊涂，范德格里夫特师长还是按照原计划于8月6日傍晚，在南太平洋舰队的护航下，率领着1.8万名士兵乘坐23艘运输船出发了。美军的整个舰队由三部分组成：核心的运输船队由特纳少将指挥，目的是将美国海军第1陆战师和必要的物资送到瓜岛上去；第二部分是由英国海军少将克拉奇利指挥的负责为登陆部队护航的护航编队，编有8艘巡洋舰和1艘驱逐舰，范德格里夫特少将也在这个编队里；第三部分是空中支援编队，由弗莱彻中将率领，编制为"萨拉托加"号、"黄蜂"号和"企业"号3艘航空母舰，还有"北卡罗来纳"号战列舰、5艘重巡洋舰、1艘轻巡洋舰、16艘驱逐舰和3艘油轮。

牛毛细雨，雾气迷蒙，眼前的一切就像他们的未来一样无法看清。范德格里夫特少将站在甲板上，望着远处的海面，眉头紧锁，内心充满隐忧。

穿过浓重的大雾，远处的黑影越来越大，那就是他们的目的地了，士兵们几乎可以看见瓜岛上的波波马纳林火山像个黑影巨人，凶神恶煞般地等待着自己。舰队继续航行，穿过埃斯帕恩斯角和萨沃岛之间的海峡，离瓜岛已经越来越近了，舰队也做好了进攻图拉吉岛和瓜岛的准备。萨沃岛是瓜岛的前线哨地，过了萨沃岛，就驶入了铁底湾，美军舰队就在这里兵分两路，一路由范德格里夫特少将率领，代号为"X射线"的美国海军第1陆战师第1团和第5团舰队驶向瓜岛方向；另一路由副师长普鲁斯塔斯准将指挥代号为"Y射线"的4个营直逼图拉吉岛。好在恶劣的天气掩护了美军舰队，直到与两个岛屿近在咫尺，仍没有被日军侦察机发现。

8月7日，天空刚刚露出鱼肚白，蔚蓝的海面像以往一样漾起微澜，滩头的椰子树依旧伸展着优美的弧度，叶子谦垂，温柔地迎风摆动。徐徐的海风吹着舰艇上列队待命的美军，每个人的脸上都是肃然的表情，看不出有什么过分激动的情绪，其实美国大兵正强忍着翻江倒海想要作呕的冲动——这个热带岛屿阳光充足，雨量充沛，各种植物茂密茁壮，在千百年无人问津间自生自灭，各种腐烂气味混合在一起使得岛周围的空气非常难闻。

太阳刚刚露出地平线，美军炮火就打破了这里恒久的宁静，从航空母舰上起飞的美军飞机呼啸着开始了对瓜岛的狂轰滥炸。进攻图拉吉岛的美军也很快投入了战斗，巡洋舰和驱逐舰猛烈开火。但他们在上岛后一路上都没有遇见有效的抵抗，好像进入了一座无人岛，这种情况实在令人意外。8时50分，图拉吉岛的美军率先发出信号"登陆暂未遇抵抗"。

与此同时，瓜岛美军也抵达了预设的登陆滩头。美国海军第1陆战师第5团第1营和第3营分别从左右两个方向率先登陆，他们列起战斗队形，警惕岛上日军的攻击，确保后续部队顺利登陆。长长的美军队伍开始一批接一批地上岸，登陆十分顺利，同样也没有看见日军的影子。范德格里夫特少将如释重负，紧锁的眉头终于舒展开，对身边的克拉奇利将军及参谋说："我们一定是交到了好运，谢天谢地，上帝保佑！"滩头的物资堆积如山，更多的补给还没有从船上卸载下来。范德格里夫特命令第1团第1营和第5团第1营分别从左右两个方向向隆加角机场行进，第3营则留下来保护滩头和后续的物资运送。

展现在美军面前的是一派恐怖的热带风光，岛上到处是半人高的杂草和不知名的阔叶植物，参天蔽日，充满着野蛮的生命力，不似夏威夷的椰风海韵与碧浪白沙。各种又肥又壮的昆虫、毒蛇……在它们的家园中物竞天择、弱肉强食，仿佛回到了史前社会。空气中到处是腐烂的味道，美军士兵蹚过河流，越过山峰，穿过沼泽，涉过险滩，总算到达了日军机场的外围。

真正的战斗开始了，在飞机和大炮的支援下，美军向机场发起了进攻。日军根本没有料到美军会突然登陆，只做了仓促的抵抗，就四散逃向密林深处。其实，岛上根本没有日军的主力驻扎，只有250人的守备队和其余2500多名劳工。这些劳工大多是日军从朝鲜等殖民地强抓过来修建机场的俘虏，根本没有任何战斗力和武器。美军飞机也只是遇到了日军高射炮的零星还击，丝毫没有见到日军航空兵。就这样，美军顺利地接手了瓜岛快要竣工的日本机场，一条长1200米、宽50余米的跑道已经基本修建完成。机场里还有日军留下的步枪、卡车、大量食品和弹药。附近还有两座竣工的大型发电厂、一座机械修理厂、一座组装鱼雷的空气压缩机厂和一个制冰厂。可能是日军走得匆忙，也可能是认为大本营的日军将很快进行支援夺回瓜岛。总之，日军没有炸毁机场和附近的这些工厂，也没有烧毁粮食等物资，而将它们统统地留给了美军。8月7日，瓜岛登陆当夜，全体美军都顺利地完成了登陆。为了纪念在中途岛战役中英勇牺牲的亨德森中将，范德格里夫特少将将日军机场命名为"亨德森"机场。

和攻占瓜岛相比，美军在图拉吉岛还是遇到了一些日军的抵抗。图拉吉岛本身是一个优良的避风港，并且日军又在此地建有机场并有轰炸机守卫。旁边还有两个小岛——加武图岛和塔那姆勃戈岛，就像图拉吉岛的门户，易守难攻。直到范德格里夫特将后备兵力全部派往图拉吉岛，又派出轰炸机和迫击炮，连夜发起了四次冲锋，才于8月8日黄昏基本占领了图拉吉岛。日军绝大部分士兵阵亡，极少人被俘虏，没有一个人投降，让美国大兵初次领教到了武士道精神。

瓜岛的成功登陆是美国海军自1898年以来第一次成功的两栖登陆。谁也不承想即将开始的腥风血雨将会在太平洋战场上掀起多么猛烈的巨浪，太平洋战场，乃至世界反法西斯战场都将被改写。这个名不见经传的小岛将在接下来的7个月里，血流成河，白骨铺地，举世闻名。

其实，早在美军登陆瓜岛前两周左右，拉包尔布纳尔诺基地第1联合通信队的日军就发现，截获自盟军的信息越来越多。但是，自中途岛战役后，日军指挥部门一直坚信，短期内美军不会有大规模的行动，并且美军的战略反攻会在1943年之后开始，所以日军要在这之前尽最大努力推进太平洋战线，以抵抗盟军1943年后的反攻，这也是日军接连发动中途岛战役，进攻莫尔兹比港，占领图拉吉岛，在瓜岛修建机场的原因。所以，对于这些情报，日军高层并没有予以足够的重视。

8月1日，日军情报部门用无线电测向器发现了来自新喀里多尼亚努美阿和澳大利亚墨尔本的两处美军电台，并且认定盟军将会在所罗门群岛或新几内亚发动进攻，通信队立即将这一情报通知了特鲁克岛（第二次世界大战期间，日本联合舰队的司令部，位于拉包尔基地的正东方）和拉包尔的日军，但是日军指挥官仍然抱着原来的想法，根本置若罔闻。

8月7日驻扎在图拉吉岛的日军情报部门发现了更为严重的情况，大批美军舰队开始集结，并向瓜岛和拉包尔基地方向前进。但是，日军的指挥机构仍然对于错误的分析深信不疑，他们认为这只是美军的一次袭扰，他们一定打完就跑。驻扎在拉包尔的第25航空战队司令官山田守义少将还派出了2架侦察机前去侦察，以确保万无一失。然而，就在侦察机跨过辽阔的海域向瓜岛方向飞去时，离瓜岛海域最近的第8舰队司令三川军一中将已经收到了瓜岛上日军的告急电报："瓜岛日军正遭到美军的登陆袭击，机场失守，我军正退向丛林。"随后，告急电报像雪片般飞来，一封比一封情况危急。

去瓜岛方向侦察的2架侦察机也返航报告了瓜岛上的战况，司令官山田守义大惊，立刻派出了 51 架轰炸机紧急起飞，赶往瓜岛。由于美军航空母舰舰载机顽强抵抗，再加上日军轰炸机受制于航程限制，只能在瓜岛上空停留 15—20 分钟，就必须得返航，所以没有取得什么战果。这是美军进攻瓜岛后，日军的第一次袭击。

美军登陆的消息震惊了东京大本营，甚至惊动了日本天皇，天皇立刻要返回东京，问责相关人员。当时陆军参谋部很多人连瓜岛的名字和位置都不清楚。一来是瓜岛的确名不见经传，还有一个更重要的原因是，日本海军根本没有将在瓜岛上修机场的消息告诉陆军，日本陆军根本不知道瓜岛上有日军，更别提在瓜岛上驻军保卫了。这就是为什么美军能够顺利地在瓜岛登陆，如入无人之境，没怎么费力就拿下了"亨德森"机场的原因。在大本营会议上，首相东条英机大骂海军军令部总长永野修身，批评他只顾着抢功，完全没有通知陆军就私自行动。日本的海军和陆军是两个平行的独立部门，关于战场上到底是谁指挥谁，并没有明确的界定。同样的问题在美军中也一样普遍，这个问题在战争中给双方都带来了无法估量的损失。

最后，经大本营会议达成以下几点共识：第一，综合最近美军的频繁行动，美军有可能在东南太平洋海域展开反攻，但是，目前从美军的战备和航空母舰等势力来看，反攻应该没有超出侦察登陆的范围；第二，如果这次登陆是最坏的情况，即美军正式的登陆，就美军目前还没有做好反攻的各项准备来看，日军想夺回瓜岛并不困难；第三，目前最危急的是瓜岛上的机场几近完工，如果美军很好地利用了这个机场，就能掌握该地区的制空权，在空中力量的掩护下，就可以轻易地获得制海权，日军今后的作战将会受到严重影响。因此，务必要迅速组织力量，重新夺回瓜岛。

会后，永野修身立刻驱车赶往日光离宫，将会议的结果报告了裕仁天皇，以稳住天皇。之后，他气急败坏地命令日本联合舰队司令山本五十六将其他行动都往后拖，目前最重要的是要重新夺回瓜岛。中途岛战败，山本五十六本来就羞愤难当，接到命令后，就急忙调兵遣将，认为与美军进行决战，一雪前耻的机会来了。

如果说美军因为成功占领了瓜岛机场而高兴，显然还高兴得太早，瓜岛是美军在南太平洋战线的最前端，随时面临着日军航空母舰、潜艇和舰队的袭击。同时，瓜岛四面环海，日军如果切断补给线，不用一兵一卒也能够将美军收拾干净。事实上，仅仅在美国占领瓜岛几小时后，由第 8 舰队司令三川军一中将率领的日军突袭舰队就给疲惫不堪的美军还以了颜色。就在美军登陆瓜岛的当晚，借着夜色的掩护，一支由 5 艘重巡洋舰、2 艘轻巡洋舰、1 艘驱逐舰组成的突袭舰队悄悄地驶出了拉包尔日军基地。

一场耗时 7 个月的血腥争夺战即将在这个寂静的夜晚拉开序幕。美日两军经历了大小 30 余场海战，大规模的就有 6 次，还有 3 次大规模的陆地遭遇战。因此而形成的"血岭"和"铁底湾"军舰墓地都将作为这场战争永久的见证。

（二）萨沃岛海战

8月7日白天，美军的一架B-17"空中堡垒"式轰炸机发现了正在向拉包尔集结的4艘日军军舰。因为拉包尔距离瓜岛还有相当的距离，所以这条情报并没有引起美军的注意。夜里，三川军一中将的舰队刚刚驶出拉包尔基地，美军潜艇便第二次发现了日军。此时，日军离瓜岛还有900多公里，同样因为距离远而没有引起美军的注意。借着黑夜的掩护，直到8月8日清晨，澳大利亚侦察机第三次发现了日军舰队，但是出于无线电沉默（指为了防止敌人发现自己，而关闭无线电通信，只接收信息而不主动发出信息）的考虑也没有马上报告。返回基地吃过饭后，该侦察员才将信息报告上级，不但足足耽误了6小时，而且还将编制误报成2艘水上飞机母舰、3艘巡洋舰、3艘驱逐舰。

因为他报错了编制，所以运输编队的司令特纳少将做出了错误的判断：这样的编制不可能是来进行海战的，可能是日军执行其他的任务。而且，此时的美军也没有时间来进行侦察确认了。

特纳少将知道自己率领的运输船是日军的首要攻击目标，于是，8月8日当天，他派出了侦察机沿着瓜岛至拉包尔间的海槽（由平行的岛屿纵向排列形成的狭窄海上航道）去侦察。之前美军可以顺利地抵达瓜岛登陆地点就是多亏了大雾的天气，这次恶劣的天气也帮了日军一个忙，由于天气的原因，美军侦察机不得不中途返航，并且也未向特纳通报返航一事。所以整个美军对即将到来的危险一点也没有发觉。

下午时分，日军舰队已经逼近萨沃岛。残阳如血，一场血的洗礼即将开始。16时，三川军一中将派出了两架舰载侦察机对瓜岛海域的美军情况进行全面侦察。很快，飞行员报告，美军正在滩头卸载物资，同时有3艘航空母舰和其他舰艇在瓜岛海域护航。三川军一中将见美军掌握制空权，并且兵力占优，于是决定避其锋芒，开展日军最擅长的夜战，出其不意地打击美军。

天黑之前，三川军一中将又派出了第2批和第3批侦察机。经过反复侦察，三川军一中将已经全面地掌握了美军的情况，并制定了详细的计划：由萨沃岛南边驶进瓜岛进行突袭，先消灭巡洋舰，再消灭运输船，随后转向图拉吉岛进攻，最终环绕萨沃岛，从其北面海域撤出战斗。

三川军一中将的心始终提着，他知道，越接近瓜岛被美军发现的概率就越大，同时，在这种狭小的航道里如果遇到了美军轰炸机，周旋余地会很小，日军很难躲开轰炸。好在此时天渐渐地黑了下来。当天18时，日军舰队在争分夺秒地为即将进行的袭击做准备。他们将甲板上所有的易燃物都丢入水中，将弹药和舰艇都检查了一遍，一切准备就绪后，船上的人安静下来，等待着天完全黑下来。

此时的美军，由于担心舰队会受到日军的空袭，正好此时执行任务的舰载机也都相继返航。于是，弗莱彻中将就给总司令戈姆利中将发电报，要求尽快撤走。其实，在开始制订进攻瓜岛计划时，戈姆利本来决定让航空母舰在瓜岛停留5天，但是弗莱彻中将舍不得他的"宝贝"航空母舰去冒被日军轰炸的危险，只同意在瓜岛驻扎2天。由于美军陆海军各自独立行事，戈姆利又没有办法命令弗莱彻，最后干脆把临场指挥权交给了弗莱彻。在没有等到回电的前提下，弗莱彻就迫不及待地指挥他的航空母舰从圣克鲁斯群岛向东南方向撤退。天黑时分，已经远离了瓜岛。这样，特纳的运输船队就将完全暴露在日军的攻击下，所以他立即打电话通知范德格里夫特少将和掩护部队司令克拉奇利将军到"麦考利"号运输船上紧急商讨办法。

22时30分，天色已经完全暗了下来，日军以三川军一中将的"鸟海"号重巡洋舰为首，排成间隔1200米的单列纵队疾驰而行。负责在萨沃岛南北海峡担任警戒的是克拉奇利将军率领的掩护编队。由于谁也没想到日军的反应会如此之快，所以克拉奇利事先也没有进行详细的作战部署，只是命令一旦战事发生，北线舰队独立作战，同时配合他率领的南线舰队。接到特纳的通知后，克拉奇利匆匆地将指挥权交给"芝加哥"号重巡洋舰的舰长包德上校，自己则乘坐"澳大利亚"号重巡洋舰沿着瓜岛海岸寻找"麦考利"号运输船。

直到凌晨1时，会议才正式开始，特纳少将指出："舰队不能冒着白天被日军飞机轰炸的危险继续卸载补给，只能趁着黑夜，尽可能地多卸一些。天亮前，他们就得返航。"如果在天亮之前撤退，大批的物资就来不及卸下。范德格里夫特少将大为光火，他认为这完全就是对待傻瓜的方式，大声咆哮道："瓜岛作战的物资还远远不够，现在又要把没有卸完的运输船全部撤走，这简直是愚蠢的笑话，我们就像地地道道的傻瓜，被自己人骗到岛上！"特纳少将不肯屈服，依然坚持天一亮就撤走。双方争得面红耳赤，最后不欢而散。而就在范德格里夫特和克拉奇利各自乘船往回赶的时候，战斗已经打响了。

在美军开会的时候，日军舰队正劈波斩浪全速前进，待会议结束，日军已经兵临城下了。美军最外围的防守是"布卢"号和"拉尔夫"号驱逐舰，他们正在以来回相对游弋的方式巡逻警戒。"准备战斗！"三川军一中将沉着地命令道。

所有日军舰艇都减速慢行，待2艘美军军舰相对而过，中间留下了巨大的空子，日军舰队便排成一列，神不知鬼不觉地通过了美军的第一道防线。

凌晨1时33分，日军真正的进攻开始了，所有舰艇的鱼雷同时向美军发射。美军"芝加哥"号重巡洋舰和澳大利亚皇家海军"堪培拉"号重巡洋舰首当其冲。日军飞机投下的照明弹将整个海面照得通明，"堪培拉"号重巡洋舰正好身陷3艘日军军舰的包围圈中，一阵隆隆的射击声过后，"堪培拉"号重巡洋舰燃起熊熊大火，舰长和炮手都被炸死，火光映红了整个夜空。不到5分钟，"堪培拉"号重巡洋舰就失去了战斗力。

进攻持续了10分钟，在前面担任警戒的"帕特森"号和"巴格利"号驱逐舰才先后发现了日军舰队。仅仅几分钟，"帕特森"号驱逐舰就遭到了密集的射击，和"堪培拉"号重巡洋舰一样失去了战斗力。惊慌的"巴格利"号驱逐舰立即调转船头，攻击日军，可惜慌乱应战中漏洞百出，不是没有装好鱼雷底火，就是准备好了刚要点火却发现没有雷管。最后竟然一弹未发地让日军军舰消失在黑夜中。日军军舰离"巴格利"号驱逐舰最近的时候仅有1800多米，但是并没有开火，因为有更大的目标在前面等待着日军。

美军"芝加哥"号重巡洋舰的观察哨发现了鱼雷航迹。此时，接替克拉奇利将军的"芝加哥"号重巡洋舰舰长正在睡觉，接到消息后立即起身指挥舰艇躲避。可惜，面对早有准备的日军军舰，"芝加哥"号重巡洋舰连中两弹。尽管其也奋力还击，却几乎连日军的影子都没看清，只命中了日军舰队最后面的"夕风"号驱逐舰，就再也找不到目标了。所有过程仅用时6分钟，美军舰队的南部防御就彻底瘫痪了。

雷电交加的天气，掩盖了南面的炮声和火光。"芝加哥"号重巡洋舰向西边退出战斗时，并没有将日军来袭的消息及时通知北面的美军舰队。因此，尽管"帕特森"号驱逐舰的警报和日军投下的照明弹已经表明敌情的存在，但并没有引起北区美军指挥官足够的重视。虽然北区的美军并不是毫无察觉——日军侦察机在美军上空盘旋了一个半小时之久却都以为是友机或者指挥官已经知道敌机来犯的消息，而没有及时通报。

直到1时45分，北区美军"阿斯托利亚"号重巡洋舰的管制官感觉到舰体颤动并随即发现后方日军飞机投下的照明弹，整个北区美军才醒过神来准备应战。日军"鸟海"号重巡洋舰很快地锁定了"阿斯托利亚"号重巡洋舰的位置，连续齐射，击中了美军军舰的炮塔和甲板。燃起的大火很快使它成为暴露的目标，招来了所有日军军舰的攻击。数分钟后，"阿斯托利亚"号重巡洋舰沉没了。

日军"青叶"号重巡洋舰早就秘密地接近美军"昆西"号重巡洋舰，突然发起了进攻。日军用探照灯将"昆西"号重巡洋舰照得无所遁形，连续的炮击使得"昆西"号重巡洋舰很快就燃起了大火，成了明晃晃的靶子，在漆黑的太平洋上分外显眼。其他日军军舰立刻调头集中向"昆西"号重巡洋舰射击，遭受重创的"昆西"号重巡洋舰拖着残体，坚持到凌晨，最终还是葬身太平洋。

美军"文森斯"号重巡洋舰舰长利弗科尔上校非常警觉，但是他也不知道情况，以为是其他美军军舰发现了日军飞机，便迅速下令做好防空准备，没有想到日军却从海上迅速接近。突然"文森斯"号重巡洋舰被远处射来的巨大光柱照住。紧接着，密集的炮弹就像雨点一样砸下来。利弗科尔还以为是友军误伤，立刻用报话机向日军军舰喊话，向对方表明身份，要求对方立刻将探照灯关闭，并升起了美军军旗。不料，此举招致了更猛烈的炮击。舰长利弗科尔这才恍然大悟，迅速下令还击，可惜还是晚了一步。美军"文森斯"号重巡洋舰上的舰载机被日军炮火击中，熊熊燃烧起来，又成了明显的目标。

担任前哨警戒的美军"布卢"号和"拉尔夫"号驱逐舰，万万没想到日军军舰能钻自己的空子，深入美军舰队并造成了致命的打击。在日军返航的途中，向西航行的"古鹰"号重巡洋舰、"夕风"号驱逐舰又顺路袭击了美军"拉尔夫"号驱逐舰。"拉尔夫"号驱逐舰很快就被命中，情急之下，舰长加纳罕少校打开了识别灯，并且用无线电仓皇求救。歪打正着，此举正好击中了日军的软肋。日军担心遭到美军航空母舰的攻击，立刻迅速离开了。

出于对美军航空母舰的忌惮，三川军一中将不敢恋战，就没有耽误时间去攻击已失去保护的美军运输船队。返回基地后，日军联合舰队总司令山本五十六在得知此事后生气地指责了三川军一。三川军一的确犯了一个非常致命的错误，如果他按照计划击沉了美军的运输船队，瓜岛战争的结果很可能就会被改写。其实，三川军一也很想攻击美军的运输船队，但是刚刚经过夜战，舰队比较分散，队形也比较混乱，集合队伍就需要一定的时间。如果再去攻击运输船队，很可能就会遭遇美军航空母舰，就算成功地避开美军航空母舰执行了任务，舰队也会在接近凌晨时才能起航返回拉包尔。这样，日军军舰很可能在天亮后受到美军航空母舰舰载轰炸机的报复。权衡再三，三川军一还是打消了继续攻击美军运输船队的想法，决定返港。其实，三川军一不知道，美军航空母舰已经离开了。战后，史学家伊藤正德曾在他的著作《日本帝国海军的末日》一书中写道："如果三川军一能在瓜达尔卡纳尔岛消灭盟军的运输船队，即使牺牲了他的整个舰队也是值得的。"

这就是著名的萨沃岛海战全过程，日军称为第一次所罗门群岛海战。仅仅持续半个小时的海战，美军遭受了严重的损失：4艘巡洋舰沉没，2艘驱逐舰受损，1270名士兵壮烈牺牲。被击中的军舰在大海上熊熊燃烧，数日不灭，还有很多落水的士兵因为来不及被救起而最终被大海吞噬。日军方面则雀跃不已，日本本土报纸大肆地报道和鼓吹日军大胜盟军的消息。东京、大阪等日本主要的城市都举行了彻夜的提灯晚会，裕仁天皇更是在赤坂离宫举行御前酒会，为前线的日军庆功，鼓舞士气。

萨沃岛的战败使美军上下都痛心疾首，更有人形容这次失败几乎就是"珍珠港事件"的重演。南线指挥官包德上校因为羞愤难当，在这次战斗结束后不久，便自杀身亡，北线指挥官利弗科尔舰长被免职后患上了精神病。

岛上的美军对发生在咫尺之间的战斗毫无察觉，尽管他们听见了隆隆的枪炮声，看见了照亮天际的火光，但是谁也没有料到日军会来偷袭而且损失如此惨重。直到第二天清晨，范德格里夫特少将率领美军赶到登陆的滩头准备继续搬运补给物资，而眼前的一切，惊得他们说不出话来——盟军的运输船连同未卸完的物资都不见了，只有特纳少将的运输船在不远处一片靠近滩头的椰林下隐蔽地停靠着，依稀可以看见船的一角。

原来，昨晚日军来袭，美军的护航舰队受到重创，停在滩头的运输船为了躲避攻击，连夜返回了基地。美军运输船队指挥官特纳少将非常明白这些补给对于岛上的美军意味着什么，那是生的希望。这位勇敢的少将沉着地将船队带到不远的椰林下，希望借助高大茂密的椰林躲过日军的袭击，一直坚持到周围的一切又重新隐藏在寂静的黑暗中。特纳少将认为经过晚上的偷袭，日军白天不会再来，就冒险在白天继续卸载，争分夺秒地完成任务，直到黄昏才离开瓜岛，返回基地。

此时，范德格里夫特少将心情非常沉重，目前美军的境况可谓举步维艰。没有足够的补给，1.8万人在毫无准备的情况下被派到这个荒芜的小岛，等待他们的是残酷的生存环境和血腥的战争，这里是连上帝也遗忘的角落，这些大兵将和这岛上的一切，如一只鸟、一棵树甚至是一只小蚂蚁一样，等待着自生自灭。

在海岛的争夺战中，如果没有制空权和制海权，那么等待他们的不是成为活靶和炮灰，还能是什么呢？为了获得足够的供给，"亨德森"机场是唯一的生命线，所以范德格里夫特从一开始就下令抢修"亨德森"机场，修缮防御工事。同时，集中火力保卫机场区域，严防日军的进攻。他让美军以最快的速度将这些来之不易的战斗补给运到岛上隐藏好，自己则紧急向上级求援，要求更多的部队和补给。8月15日，第一批冒险增援的美军将各种飞机零件、汽油还有地勤人员等送到了岛上。8月17日，"亨德森"机场抢修完毕。8月20日，通过"亨德森"机场，美国海军陆战队航空兵第223中队的19架F4F"野猫"式战斗机和第232中队的12架"无畏"式俯冲轰炸机，也顺利地降落在瓜岛上。8月22日，美国陆军航空兵第67中队的15架P-39"飞蛇"式战斗机降落在"亨德森"机场。8月24日，机场又迎来了新伙伴——13架舰载俯冲轰炸机。这些力量构成了瓜岛最初的美军防空力量，并且因为机场周围遍布仙人掌，这支部队又有了一个响亮的名字——"仙人掌"航空队。这支航空队为瓜岛战役的胜利立下了汗马功劳，战史留名。

（三）日军第一次陆上行动

美军在瓜岛登陆后，威胁到了日军俾斯麦群岛一线的防线，所以日军决定务必在美军立足未稳之时，夺回瓜岛。萨沃岛海战的胜利，使日军高层兴奋不已。8月13日，日军大本营针对当时的战局形势制定了《新几内亚、所罗门群岛方面陆海军作战中央协定》，明确指出按既定计划夺取莫尔兹比港。同时分出部分兵力从陆上进攻夺取瓜岛。

第17军军长百武晴吉中将接到本部的命令后，立刻做了仔细的研究。据百武晴吉判断，岛上的美军不过2000人，预计派出6000日军就能够顺利夺回瓜岛，由于战时兵力不足，百武晴吉决定：8月16日，由曾经参与挑起卢沟桥抗战的一木清直大佐率领不到1000名日军的先遣队，从特鲁克岛起航率先向瓜岛前进；随后再调集其他的兵力上岛，会合后一同向"亨德森"机场进发。

8月18日，一木清直带领部队顺利登岛，然而蛮横自大的他却并没有按照计划等待后续部队到达，就留下100人看守滩头，带领其余900人，向"亨德森"机场扑去。等待他们的是1.6万名的美国海军陆战队的将士，夜郎自大的日军已经大祸临头了。

一木支队在丛林里抓住了一个叫沃查的美军哨兵，对其进行严刑拷打后，始终没有获得有价值的情报。这名士兵咬断绳子连夜逃回美军驻地，报告了日军增援部队登陆的情况。由于美军将守卫重点放在了"亨德森"机场，将兵力绝大部分布置在机场四周，所以一木支队一路上如入无人之境，骄傲自大的他更加得意洋洋。8月20日，日军派出的侦察小队在丛林里与美军侦察队不期而遇，发生了战斗，当场被击毙31人，只有3人侥幸脱逃。美军发现这批日军与岛上残余的日军有很多不同，他们不仅军装整齐，而且胡子刮得干干净净，结合沃查的报告，这些应该就是新登陆的日军。从缴获的地图等物品中，范德格里夫特少将准确地发现了日军的进攻企图，于是立即召开了作战会议。

令范德格里夫特百思不得其解的是，尽管日军的战斗力很强，但是也不至于仅用这样一支小队就进攻美军的两个加强团吧？范德格里夫特判断一定还有其他的主力部队，这只是一个前锋营。于是，美军派出了约翰·史密斯上尉的战斗机中队，沿岛搜寻日军的主力部队。并且事先按照缴获的地图在关键地点加强工事，做好防御，守株待兔。

21日凌晨，一木支队来到了距"亨德森"机场外围2公里远的特纳鲁河边，河水湍急，河上只有一座大约45米宽的沙坝，这条河是天然的防御，所以一木清直断定对岸一定有美军驻扎。一木清直用望远镜向对面看去，发现除了美军架起的铁丝网外并没有其他动静。他以为美国人放松了警惕，没有派人在这里守卫，于是留下了炮兵，也没有通知海军支援掩护，仅带了500余名日军向"亨德森"机场发起冲锋。伴着惊天动地的喊杀声，刺刀在月光照射下放射出明晃晃的寒光，日军与美军的第一次瓜岛遭遇战打响了。

这发生的一切，美国海军第1陆战师第1团团长波罗克上校都看在眼里，他命令士兵们要沉住气，等日军靠近之后再开枪。日军争先恐后地冲上去，厮杀声响彻山谷。日军看前进没有受到阻碍，就加快了后面部队的进攻步伐，呼啦啦一下都拥向河口上的沙坝。随着波罗克上校的命令，美军也不甘示弱，借着地形的掩护，将冲在最前面的日军齐刷刷地射倒在地。一木清直见对面阵地突然冒出美军，立刻下令岸上的士兵火力掩护，冲锋的日军踏着同伴的尸体，毫不犹豫地杀向美军。一时间两岸的机枪炮火你来我往，美军的阵地也成了肉搏竞技场。手榴弹不停地在双方阵地上爆炸，双方的火舌几乎将特纳鲁河周围照得宛如白昼。

眼看久攻不下，一木清直命令部下神源率领一队人马悄悄移动到河的上游，找机会横渡到对岸，然后迂回到美军后方袭击美军。不料，对面的美军有所察觉，也派出了一个小队和日军平行移动，这样不管日军在哪里渡河，美军都可以直接在对岸以逸待劳地阻击日军。果然，神源小队渡河时遭到了美军的疯狂射击，密集的炮火压得他们根本抬不起头，白白损伤了很多日军士兵。一木清直见上游强渡无效，只得发起强攻，命令奋力冲到对岸的日军集中捣毁美军的火力点。巨响过后，日军炸开了美军的铁丝防护网，日军步兵鱼贯而入。然而，无论日军士兵如何疯狂进攻，都无法突破美军炽热的火力网。激战至 21 日拂晓，一木清直不但没能拿下"亨德森"机场，反而被美军压得全线后退，日军死伤无数，剩下的也狼狈不堪。

直到天大亮，一木清直也没能扭转局势，不得不修筑工事坚守。范德格里夫特少将命令"亨德森"机场的美军飞机升空，对丛林里的日军展开了大规模的空袭。日军纷纷四下逃窜，乱成一团。为了彻底消灭日军，范德格里夫特还给波罗克上校派出了 5 辆 M3"斯图亚特"式轻型坦克。这些坦克将倒在地上的日军士兵碾轧得血肉模糊。这时候，约翰·史密斯上尉的战斗机中队飞回来报告：经过仔细侦察，发现日军的确没有后援主力部队。范德格里夫特少将当即果断下令，让克雷斯韦尔中校率领部分美军绕到日军后方，两面夹击。日军则死守阵地，神源拿起手榴弹，就地滚到一辆美军的坦克边上，拉响引线，塞进了坦克的履带中。"轰"的一声，一侧履带被炸开，坦克瘫痪在地。

日军殊死的抵抗，竟然迫使有着飞机坦克的美军在前后两个方向都停止了进攻，渐渐退了下来。前线美军要求范德格里夫特少将赶快派轰炸机支援，12 架美军"无畏"式俯冲轰炸机再次对日军阵地进行了空袭。与此同时，范德格里夫特也给波罗克和克雷斯韦尔下了"黄昏前务必拿下阵地"的死命令。借助飞机和坦克，美军逐渐占据了压倒性的优势，一木清直只好边打边退，带着残余的日军退到了滩头。眼看美军即将赶来，一木清直脱下了残破的军装，对着军旗长跪不起，泪流满面，羞愤难当，切腹自尽。其余的残部只好逃往丛林深处。

日军第一次的陆上行动就此以完败告终。

（四）东所罗门群岛海战

随着美军岸基轰炸机数量的增加，瓜岛战役的局势有所转变，美日两军各有优势，平分秋色。美军拥有"亨德森"机场和"仙人掌"航空队，所以握有制空权和白天瓜岛海域的控制权；日军有强大的海军基地和航空母舰，并且士兵夜战素质相当优秀，所以拥有制海权和黑夜瓜岛海域的控制权。白天美军可以在制空权的掩护下，运送补给物资和驻岛军队。日军相比就要艰难一些，只能借着暗夜的掩护，采用驱逐舰秘密地向岛上运输。后来由于战况的实际需要，这种运输方式渐渐变成日军一种常规的补给方式。日军形象地叫它"东京快车"，而美军则嘲笑地叫它"老鼠运输"。

东所罗门群岛海战

日本联合舰队司令长官山本五十六，在日本享有"军神"的称号。因其父56岁时才得子，故取名五十六。日军偷袭珍珠港，就是山本五十六一手策划并指挥的，对于中途岛的战败，山本五十六一直耿耿于怀，自接到"将全部精力率先放在夺回瓜岛上"的命令后，他一直在积极准备，这次更是主动请缨，护送增援部队登陆瓜岛，调集所有可以参战的力量同美军在南太平洋决战，准备一雪前耻。

这次行动的代号为"KA"计划，山本五十六几乎动用了全部的家底。他将舰队分成五部分：

第一部分是先遣群，辖有主力舰1艘——载有22架水上飞机的"千岁"号航空母舰、6艘巡洋舰、8艘巡洋舰，负责对美军的侦察和将美军核心力量引向日军主力，同时在美日两军交火时，提供积极的支援掩护。

第二部分是牵制群，配有"龙骧"号航空母舰，载有战斗机16架和鱼雷轰炸机1架、巡洋舰1艘、驱逐舰2艘，负责设法吸引美军的航空母舰舰载飞机，为主力攻击航空母舰做准备。

第三部分是主力群，由南云忠一中将直接率领，主要负责攻击美军航空母舰，编制为"祥鹤"号和"瑞鹤"号航空母舰，载有战斗机53架、轰炸机41架、鱼雷轰炸机36架、战列舰2艘、巡洋舰4艘、驱逐舰12艘。

第四部分是对岸射击群，由近藤信竹少将指挥，编有巡洋舰4艘，炮击"亨德森"机场和岛上的美军，负责增援行动的掩护和火力支持。

第五部分是增援群，由田中赖三少将率领。由三川军一中将率第8舰队的1艘巡洋舰和8艘驱逐舰为其护航，负责趁机将1500名的增援部队送上瓜岛。

此次战役，山本五十六亲临所罗门群岛以北海域坐镇"大和"号战列舰指挥全局战斗。山本五十六的打算是：希望牵制群能够率先吸引美军航空母舰舰载机的注意，将其引向主力群相反方向，这样主力群就有绝佳的机会和足够的时间去攻击失去航空保护的美军航空母舰。再同时配合对岸射击群，摧毁"亨德森"机场和美军的岛上力量，而当美军轰炸机返航时，就会因为航空母舰和"亨德森"机场均被毁坏而无法着陆，最后油尽炸毁。增援群趁机迅速上岛，一举荡平岛上的美军。夺回瓜岛的同时，消灭美军海上和空中力量。

为了这个计划，8月17日，山本五十六亲自从本土赶到了拉包尔，准备与第17军军长百武晴吉商量护送增援部队的计划。早在美军登陆之初，日军大本营召开的第一次会议上，百武晴吉便表示日军可以轻易地夺回瓜岛，最后这个错误的判断被与会的日军将领普遍认同。一木清直战败的消息传来，如给百武晴吉当头棒喝，日军指挥官才意识到瓜岛的美军不可小觑，应该立刻派舰队向瓜岛增援。8月20日，山本五十六率领联合舰队驶抵拉包尔，立刻会见百武晴吉，正好与百武晴吉的想法不谋而合。最终海陆军决定联合派出战舰80艘，官兵8000名。

清晨，舰队迎着海风，山本五十六也亲自乘坐"大和"号战列舰从特鲁克军港出发，驶破微澜的海面，直奔所罗门群岛北边海域。8月23日，整装待发的日军舰队到达了所罗门群岛既定海域，等候山本五十六的命令。然而，日军的一切行动并没有逃脱美军侦察机的眼睛。日军大规模地在南太平洋海域活动，很有可能是冲着瓜岛美军来的，这不仅仅是一次战斗的成败，而且是关乎着整个美军为反攻而制订的"瞭望台"计划成败与否。为了争夺制海权，同时阻止日军此次大规模集结的军事意图，总司令戈姆利中将立即派弗莱彻中将率领第61特混舰队增援瓜岛，同时海军作战部长弗兰克·诺克斯上将也决定从美国本土及珍珠港等地紧急抽调"大黄蜂"号航空母舰、"南达科他"号和"华盛顿"号战列舰，以及其他护航舰队，穿过巴拿马运河，昼夜不停地赶赴瓜岛，增援弗莱彻并作为常驻舰队加强南太平洋海军的力量。岛上的美军航空队也24小时严密巡逻，工兵队不断地修筑完善"亨德森"机场，不断加强防卫工事。

整个瓜岛笼罩在一种恐怖到令人无法喘息的氛围中，大战在即。

8月23日清晨，第61特混舰队以及其他美军海上力量终于赶到了瓜岛海域，筑起了阻击日军的第一道屏障。分别是由弗莱彻中将指挥的第11特混舰队，辖有主力"萨拉托加"号航空母舰、"明尼阿波利斯"号和"新奥尔良"号重巡洋舰以及5艘驱逐舰；由金凯德少将指挥的第16特混舰队，编制为"企业"号航空母舰，

"波特兰"号和"奥特兰塔"号重巡洋舰，以及 6 艘驱逐舰；由诺伊斯少将指挥的以航空母舰"大黄蜂"号为主的第 18 特混舰队。美军摆开战斗的架势，严密地注视着海面的一举一动，气氛紧张得容不下一丝懈怠。

美军刚刚驶抵瓜岛海域，日军的潜艇就发现了美军舰队的行踪，并迅速报告给了山本五十六。山本五十六得知美军航空母舰已经被日军的行动引诱出动，立即通知了主力舰群南云忠一中将。南云忠一确定了该消息后，立即命令舰队由航行序列变成战斗序列，全速南下，做好战斗准备。

9 时 50 分，美军侦察机发现了日军增援部队。弗莱彻接到报告后，于 14 时 45 分派出 31 架轰炸机和 6 架鱼雷轰炸机前去截击日军，结果美军飞机连日军的影子也没有见到。16 时 15 分，美军"仙人掌"航空队也起飞了 23 架战斗机前去攻击日军，结果还是无功而返。夜里美军又派出了 5 架水上飞机前去搜寻目标，但是海面上平静得连一丝风都没有，偌大的日军舰队神奇地在太平洋上消失了。

正在美军上下非常纳闷的时候，弗莱彻又接到情报说日军航空母舰在特鲁克岛附近活动。于是，他认为日军所有的舰队仍然待在特鲁克岛附近，近期不会有大规模的袭击，便下令第 18 特混舰队返回南方美军基地加油，其余的军舰就在马莱塔岛海域继续巡游。殊不知真正的危险正在悄然来临……

上一次弗莱彻私自撤离瓜岛，致使美军遭到日军偷袭。这次，弗莱彻又做出了错误的决定。那么苍茫的海面上，日军庞大的运输船队到底去哪了呢？原来，精明的日本海军少将田中赖三也发现了美军侦察机。他知道舰队的行踪已经暴露，为了确保安全，他下令转向西北，将舰队带出美军飞机的活动范围。为了迷惑美军，日本海军中将近藤信竹指挥的对岸攻击舰队也没有继续南下，同样转向西北方向。所以，偌大的日军舰队才能在一望无际的海面上神奇地消失在美军侦察机的视线中。

24 日清晨，日军的"诱饵"——以"龙骧"号航空母舰为首的牵制群首先调转航行，转向东南，紧接着其他舰群也依次地转向东南，重新航向瓜岛。同日上午，美军"萨拉托加"号航空母舰的雷达首先发现了在大雾中时隐时现的日军侦察机，美军派出飞机将其击落。同时，美军的另一架水上飞机发现了日军最前面的"诱饵"——"龙骧"号航空母舰带领的牵制群，立刻回报给了弗莱彻少将。接到电报后，弗莱彻中将非常疑惑：昨天，美军飞机连日军军舰的影子都没看到，这些带有航空母舰的日军舰队难道是从大海中冒出来的？他立即下令"企业"号航空母舰派出侦察机前去侦察。并且命令 23 架战斗机和轰炸机在瓜岛海域巡逻警戒。

13 时，美军雷达突然闪个不停，屏幕上出现了大片的"不明飞行物"。接着，弗莱彻收到了瓜岛机场遭到日军"龙骧"号航空母舰舰载轰炸机空袭的消息。这时，他才恍然大悟，日军飞机就在眼前，并不是还在特鲁克岛。"萨拉托加"号航空母舰上的 30 架轰炸机和 8 架鱼雷轰炸机迅速升空，呼啸着直扑日军"龙骧"号航空母舰。

不一会儿，一个个更加令人不安的消息接连传到弗莱彻的耳中。从 14 时起，美军侦察机接连在不同方位上发现了日军舰队和航空母舰。特别是由"企业"号航空母舰派出的侦察机发现了日军的主力舰队，就在距瓜岛 367 公里的地方。弗莱彻心想：不好，中计了。他赶紧联系已经出发的轰炸机迅速转向，碰巧的是无线电通信故障，无法连接。弗莱彻只好让剩下的 14 架轰炸机和 12 架鱼雷轰炸机全部做好准备，严密巡逻，空中待命。

15 时 15 分，美军侦察机首先发现了日军"祥鹤"号航空母舰，并进行了攻击。与此同时，弗莱彻派出的轰炸机也悄然来到"龙骧"号航空母舰上空。美军轰炸机一拨接一拨地从 1000 多米高空向"龙骧"号航空母舰俯冲，炸弹一颗接一颗地在"龙骧"号周围爆炸，很快"龙骧"号航空母舰就失去了反抗能力，只能束手就擒。猛烈的爆炸夹杂着浓密的黑烟不断地从"龙骧"号航空母舰的船体中冒出，这个可怜的"诱饵"当天晚上就沉没了。

率领主力群的南云忠一收到"龙骧"号航空母舰遭到攻击的消息后，非常得意，认为美军已经中计。随后，他便派出了 80 架飞机对美军航空母舰进行打击。不多时，美军军舰的雷达屏上显示出大群日军飞机快速接近的身影。弗莱彻命令"萨拉托加"号航空母舰上全部的 53 架 F4F "野猫"式战斗机紧急升空，前去阻拦日军飞机；同时，"企业"号航空母舰的 11 架俯冲轰炸机和 7 架鱼雷轰炸机也呼啸着升空，前去拦截日机；"萨拉托加"号航空母舰上仅剩的 2 架俯冲轰炸机和 5 架鱼雷轰炸机也弹射起飞。至此，弗莱彻赌上了整个舰队全部的家当。

美军飞行员深知他们是保护航空母舰的最后屏障。尽管势单力薄，仍然全力冲击日军飞机，美日两国的飞机在云层中周旋、翻滚。战斗机、轰炸机、鱼雷轰炸机，水面舰艇部队的防空炮火，争相在空中迸射出刺眼的火光，产生遮天蔽日的黑色爆炸烟雾。四周都是轰隆隆的炮火声，仿佛这个世界除了眼前的火光和不绝于耳的巨大声响，就什么也不剩了。残阳如血，将整个瓜岛笼罩在血色的余晖中。

第一批突破封锁的日军轰炸机已经逼近"企业"号航空母舰，美军飞机赶紧进行拦截，但是由于双方力量过于悬殊，美军处在下风，无法有效阻止日军的强行突围。幸好，前去攻击"龙骧"号航空母舰返航的"无畏"式俯冲轰炸机和"复仇者"式鱼雷轰炸机及时地赶来参加了战斗。

尽管美军飞行员殊死搏斗，视死如归，仍然有日军的轰炸机拼死地冲破了美军飞机的封锁，疯狂地向美军航空母舰扑去。日军突破了美军航空母舰的火力网，疯狂地俯冲下来。"企业"号航空母舰身中数弹，到处是火光。不断有爆炸声从"企业"号航空母舰的船舱内传来，舰体的多处位置出现裂痕。美军水兵极迅速地扑灭了大火，使得"企业"号航空母舰幸免沉没。弗莱彻不得不赶紧命令"受伤"的

"企业"号航空母舰在1艘巡洋舰和4艘驱逐舰的护航下，退出战斗，直接返回珍珠港。

16时55分，日军又派出了第二批次的轰炸机。这18架轰炸机、9架鱼雷轰炸机和3架战斗机气势汹汹地飞向美军"萨拉托加"号航空母舰。怎料到，日军飞机刚飞临"萨拉托加"号航空母舰上空，就燃料不足，不得不返航。遭受重创的美军航空母舰侥幸地逃过一劫，拖着歪斜的舰体，撤出了海战。先后从美军"萨拉托加"号航空母舰、"企业"号航空母舰上起飞的美军战斗机、轰炸机和鱼雷轰炸机并没有找到日军的主力舰队，只是发现了日军的先遣群，并且受制于攻击力量，只攻击了日军的"千岁"号航空母舰。当这些飞机都还算顺利地返回航空母舰上时，天色已经暗了下来。刚刚遭受日军重创，惊魂未定的美军更加不敢与夜战素质优秀的日军进行夜战，只得迅速地向南撤退。

日军虽然重创了美军，却并没有实现其一举全歼美军海空力量，夺取瓜岛的战略目的。并且自身也是损失惨重，没占到什么便宜。山本五十六不得不在午夜12时，下令撤出了战斗。

日军此次会战的战略目的是要掩护田中赖三少将率领的陆军增援群上岛，那么现在田中赖三那边的情况又如何呢？

23日12时，也就是整场海战几近结束的时候，日军的增援群重新折返南下，准备向瓜岛增援。8月24日上午9时35分，增援部队已经到达了马莱塔岛以北海域，准备伺机登陆。美军侦察机很快便发现了田中赖三的舰队，从瓜岛"亨德森"机场起飞的"仙人掌"航空队迅速飞抵日军军舰上空，将日军增援群"金龙丸"号运输船击沉，"神通"号轻巡洋舰和1艘驱逐舰被炸伤。后来，从圣埃斯皮里图岛赶来的美军B-17"空中堡垒"式轰炸机也参加了战斗，击沉了日军"睦月"号驱逐舰。日军增援部队付出了惨痛的代价也找不到机会送增援群上岛。就在这时，田中赖三收到了来自拉包尔的命令：立即取消原定的增援行动，迅速返回肖特兰（西南太平洋所罗门群岛中的肖特兰群岛的主要岛屿之一，第二次世界大战时期，是日军的一个军事基地，田中赖三少将的运输船队就驻扎在此）基地。这时田中赖三少将和护航的三川军一中将才知道海军大部队已经撤离，没有空中力量压制美军火力，增援部队是没有办法大规模登陆的。随着海军掩护的撤退，日军派增援部队上岛的计划也流产了，东所罗门群岛海战一无所获。

东所罗门群岛海战后，为了持续作战，美军和日军都在尽最大努力为岛上军队提供补给，双方内部陆军和海军之间的矛盾也越来越尖锐。美军，特别是日军期望速战速决地结束瓜岛战役的想法彻底破灭了，这场战役也不可避免地被拖成了旷日持久的消耗战。

（五）日军誓死夺回瓜岛

8月29日上午，运输船队指挥官田中赖三少将遇见了风风火火赶到肖特兰基地的川口清健少将。川口清健一见到田中赖三，立刻要求海军派出运输船队，尽快将3500人的增援部队统一送上瓜岛。

田中赖三刚刚率领遭受美军飞机重创的日军增援部队返回肖特兰基地，饱尝了被轰炸的苦头，于是他力劝川口清健打消单独依靠运输船队大规模登陆的危险想法，建议改乘驱逐舰登陆。尽管驱逐舰运输能力有限，不能运输大批的人员和重武器装备，但是它的攻击和防卫能力相当出色，可以最大限度地保证增援部队的安全。

开始川口清健不以为然，并用轻蔑的口吻对田中赖三说："你知道为什么一木支队被歼吗？就是因为他们乘坐的是驱逐舰，没有带上足够的装备和粮食。"双方各持己见，互不相让，争得面红耳赤。川口清健认为田中赖三过于谨慎，贻误战机，田中赖三则力陈在没有空中掩护的条件下，乘坐运输船增援简直就是白白送死。经过激烈的争论，最终川口清健妥协了，同意乘坐驱逐舰增援瓜岛。

初步统一意见后，川口清健连夜集合手下的军官，与他们讨论具体增援瓜岛的方案。没想到联队长冈明之助大佐更加谨慎，对于乘坐驱逐舰增援瓜岛仍然觉得不稳妥，建议改成小汽艇，这样速度快，隐蔽性好，机动性也强，并说道："我们可以秘密地在岛间做迂回行动。"大家你一言我一语，谁也无法说服谁。为了尽快行动，不耽误时间，川口清健再次做了妥协，提议他本人亲率主力部队乘坐驱逐舰上岛，冈明大佐率领第一大队和其他的司令部人员乘汽艇前往瓜岛。

统一意见后，川口清健下达了正式的作战命令：他本人率领2400人乘坐驱逐舰率先出发，在一木支队曾经登陆的塔伊乌角率先登陆；冈明大佐率领其余1100人在"亨德森"机场西面16公里处的卡库姆波纳登陆；成功登陆后，两队联合包抄到机场后方，袭击"亨德森"机场。

肖特兰基地人头攒动，忙碌异常，一切准备就绪后。8月30日，川口清健率领的主力增援日军即将整装待发。很显然，此时日军对美军驻瓜岛的具体情况仍然没有正确的了解，否则就不会贸然地派出只有3500人的增援部队登陆驻有2万美军的瓜岛了。

出发前，川口清健照例站在全体士兵面前做战前动员，他拔出腰间佩戴的武士军刀，说道："自东亚圣战以来，我们的陆军还没有战败的记录，这说明我们有天照大神的庇护，是不可战胜的。没有什么比天皇陛下更值得我们用生命去尽忠，更没有什么比我们帝国军人的尊严更值得我们用生命去捍卫。我们要为大日本皇军的

荣誉而战。现在，我们英勇的帝国军人，请尽情地欢乐畅饮吧，我们的壮士即将出征，愿我军武运长久，你们不能够指望活着再见彼此，因为我们誓死夺回瓜岛！"

"誓死夺回瓜岛！"全体日军齐声应和着，严肃的脸上，看不出一丁点表情。

一番畅饮欢闹后，当天午夜，川口清健带着2400名日军士兵出发了。一路上8艘驱逐舰排成一字形横队风驰电掣般地赶往瓜岛。夜里海风奇大，船在高速航行下左右摇晃，海浪涌起又哗地落下，不时有海浪涌上船舷，猛烈地拍打着甲板。船舱里，每个人都干着自己的事，忙着度过这最后的宁静时光。

舰队终于抵达了登陆地点，冰凉的海风中夹杂着浓烈的腐臭气味，甚至因为连日的激战，还掺着一丝血腥、火药和土地烧焦的味道。这令本就颠簸得晕头转向的日军士兵涌起阵阵作呕的强烈感觉。日军一批接一批地登上了瓜岛的沙滩，借着依稀的月光，瓜岛神秘危险的面孔正在一点点地暴露在日军面前。海岛的夜空万里无云，夜色逼人，月亮也皎洁明亮，寒气凛然。借着月光，士兵们只能看见热带植物高大的黑影和迎风摇摆的阔叶。偶尔有鸟兽的长啸和惊叫，划破宁静，增添了无限的恐怖。周围的陆地上一片漆黑，士兵们只能勉强地看到前方几米内的距离。

全体日军士兵都拔下了刺刀，斩断拦路的荆棘杂草，深一脚浅一脚地向丛林深处行进。热带丛林到处是咬人的蚊虫，士兵需要不时地用手驱赶这些趁火打劫的"吸血鬼"。然而，这种"生物袭击"总是不断地出现，令人无可奈何。日军奋力地向丛林中深入，开始还有月色伴随着刺刀的冷光，但随着逐渐深入，热带丛林越来越密集，植物盘根错节，枝干相互交错，一丁点的月光也透不进来了。川口支队只好完全摸黑行进，不时地停下来整顿队伍，后面的人不得不将手搭在前面的人的肩膀上，以保证不会有人掉队。

令日军振奋的是，黝黑的森林中突然传出了一句日语："见到你们真是太好了，我们是一木支队的。"紧接着，数个黑影从树林中闪现出来，"你们是不是电报中提到的川口支队，我们是来接应你们上岛的。"又一个声音惊喜无比地说道。此时，川口支队的士兵也渐渐适应了黑暗的环境，可以依稀看到面前站着的人各个衣衫褴褛、面黄肌瘦。见到川口支队，他们兴奋得不得了，立刻要了些食物，狼吞虎咽起来。他们边吃边向川口支队详细地说明丛林里美军的一些情况，以及如何隐蔽自己，消灭行迹。

此时仍有后续部队在继续登上滩头，但是天空开始阴云密布，一会儿便暴雨倾盆。恶劣的天气、荆棘密布的丛林和海上的狂风大浪使日军的前进举步维艰。拂晓时分，依然有1000名日军被海上的风浪所阻，无法上岸，巡视侦察的美军飞机很快便发现了日军舰队，那些未上岛的日军遭到了攻击。

整整一个上午，美军飞机投下了大量的曳光弹和炸弹。不时有日军士兵被炸身亡，横尸林中。夜里，川口支队在林中驻扎休息，突然丛林里发生异常情况，川口清健命令日军准备战斗反击。零星的枪声在丛林中响起，突然对面有人受伤了，用日语大叫了一声。川口清健立即下令停止射击，随即用日语向对方喊话，原来对面丛林里的是一木支队的其余士兵，他们也是来接应川口支队上岛的。这样，一木支队和川口支队顺利会合了。

零星的枪声惊动了美军，美军立刻派出飞机对枪声所在区域进行轰炸，因为这个驻扎地点就是之前和冈明大佐约定好的进攻地点。所以，日军只得继续抵抗、不肯撤退。以后的几天，尽管美军的飞机天天来袭，但是川口清健依然率领日军死守阵地，等待冈明大佐的登陆。因为害怕升起的炊烟招致美军的轰炸，所以日军不敢生火做饭，只能吃一些冷食和杂果，甚至是生米勉强度日。

9月4日夜，日军冲破美军的阻拦，用"东京快车"的方式又运送了一批增援部队上岛。9月5日和9月6日，冈明大佐率领的1100人也陆续成功登陆。此时，瓜岛上日军的数量已经增加到8400人了。川口清健等指挥官也都积极行动起来，为即将到来的战斗做准备。9月8日，川口清健率部抵达了瓜岛科利角附近，开始做进攻前的最后准备。按照原定计划，日军将兵分三路直捣"亨德森"机场：一路是由川口清健亲自率兵沿伊鲁河而上，从正面进攻"亨德森"机场；另一路由炮兵和一木支队从"亨德森"机场后面进攻美军；最后一路由冈明大佐带领，从西面进攻"亨德森"机场。总攻时间就定在9月12日21时整。

看似完美的计划，终究百密一疏。打算率兵沿河而上的川口清健没有预料到热带丛林中行军的艰难，他们披荆斩棘，绕过纵横交错的树根野藤，翻过崎岖险峻的山脊，提心吊胆地躲过美军的袭击，终于在9月10日到达了伊鲁河。此时，日军已经因为连日疲惫的行军、水土不服、饥饿等原因战斗力大减。川口清健留下了炮兵和一木支队，自己则率主力继续沿伊鲁河上行，绕到"亨德森"机场的正面，准备进攻。

到达预定地点后，川口清健拿着望远镜仔细地观察着对面的美军高地，心里暗自庆幸，美军并没有在对面的山脊上修筑起工事，这会大大降低日军拿下机场的难度。随后，川口清健对集结好的日军指挥官们说道："我想你们应该知道美军的实力已经得到很大的增强，但是身为帝国军人，我们要为荣誉而战，为天皇陛下而战，为大和民族而战，为此，我们甘愿流血，直至付出生命。"

各个指挥官回到所在部队，做最后的战前检查和准备，开始烧毁一些重要的文件资料。士兵们也都做着最后的准备：刺刀上膛、步枪检查，和其他战友话别，把自己未了的心愿尽可能地告诉更多的战友，这样才有更大的机会让战后的幸存者替自己完成心愿。

川口清健并没有沉浸在战前的忙乱中，他拿出地图，仔细观察着，对随军的记者说道："在夜袭中拿下'亨德森'机场是相当困难的。据我所知，这样的围歼战，最后取得胜利的例子，不外乎日俄战争中的几个小规模的战斗。如果今天，在瓜岛赢了，我们就创造了世界军事史上的奇迹。这将是载入史册、彪炳千古的功绩。"

自从美军飞机歼灭了未来得及上岛的部分日军后，美军也知道有数量不详的日军已经登陆瓜岛。从那天起，美军的飞机就开始加强警戒，严密注视瓜岛及其海域的一举一动。范德格里夫特少将一直在研究"亨德森"机场的战略地图。他不止一次地说过："我们要死守'亨德森'机场，因为这关系到我军的重要补给和瓜岛海域的制空权。但是如果实在不行，我们也不要害怕，大不了把队伍拉到山里去打游击。"范德格里夫特少将清楚地记得日军敢于决死的冲锋场面，尽管此时自己手中握有1.6万余名海军陆战队员，却依然觉得准备不够。

9月12日，范德格里夫特少将又一次视察了"亨德森"机场，并且在机场地图上标出了日军可能的进攻点，对这些进攻点加强了戒备。机场东翼的伊鲁河被确定为重点防范区域，范德格里夫特将美国海军第1陆战师第1团第3营调到那里去加强警戒；在机场西边，范德格里夫特也加补了2个营的兵力；在隆加河和东翼之间的防线空隙，他也布置了炮兵和工兵。现在只剩下"亨德森"机场的南边了，南边是一道山岭，突出的山脊形成了一片山地，站在这里居高临下，可以强有力地守卫"亨德森"机场。但是山岭两侧是两块平地，敌人不仅可以从此便利地进攻机场，同时平地上茂密的树林还可以为来犯的日军提供极好的掩护，范德格里夫特决定派埃德森上校去占领这片高地，修筑坚固的工事。这块高地正是川口清健之前暗自庆幸美军没有占领的那片高地。

当日下午，日军的侦察兵向川口清健回报，对面的高地上发现了新进驻的美军，并且正在修筑工事。川口清健听了十分后悔，现在美军构筑了坚固的工事，占据有利地形，居高临下，日军很难进攻了。不过，既然已经来到这里，无论前面是刀山还是火海，川口清健都决心率领日军拼死硬闯！现在唯一能亡羊补牢的办法就是给拉包尔日军基地发电，请求航空兵的增援，先拿下那片高地，再进攻"亨德森"机场。

战斗开始了，整个下午，一波接一波的日军飞机飞抵瓜岛"亨德森"机场上空，投掷了大量的炸弹，将"亨德森"机场和南面的山岭炸得面目全非。美军只好一面派出航空部队与日军决战，一面冒险反复抢修机场和高地上的工事。黄昏时分，日军飞机渐渐退去，因为更大的进攻即将展开。

沸腾的瓜岛随着黑夜的来临渐渐陷入了死一般的寂静，一轮冷月高高地挂在天幕上，一丝风也没有。日军开始在丛林里向"亨德森"机场行进，指挥官走在最前面，身上挂着白色的十字布条，这是为了在冲锋的时候，后面的士兵可以清楚地看见并跟上他们的指挥官。没有一个人说话，这种冰点般的寂静让人有种蚀骨的恐惧。

1942 年 9 月 12 日晚 8 时 50 分，驻守在伊鲁河附近的日军炮兵和一木支队率先发起了佯攻，海上停泊的日军军舰也随即疯狂地投入了战斗。一颗颗炮弹划过天际，坠落在"亨德森"机场，掀起耀眼的火光和浓烈的黑烟。紧接着日军的飞机也赶来参战，在"亨德森"机场上空呼啸盘旋，不停歇地投掷炸弹。

丛林里的日军基本进入了预定的战斗位置，有条不紊地向美军的阵地开火。一时间，瓜岛变成了恐怖的死亡地带。美军完全压制不了日军密集的海陆空立体火力，东南西北各线都只能躲进掩体，或者利用有利的地形进行死守。就在这时，南面高地上的天空被一颗颗挂在降落伞上的照明弹照得宛如白昼，美军因为距离这些照明弹太近，被晃得无法睁开眼睛，对面丛林里的日军冲出丛林，高喊着"万岁"杀向高地。隆隆的炮声伴着日军惊天动地的喊杀声，一时间震耳欲聋，即使并肩作战也必须拼命地喊话，这样对方才能够勉强听见。时空仿佛在这一刻定格，只有炮声，只有喊声，每个人的脸上都写满了愤怒，挂着狰狞的表情。

高地上的美军虽然对日军的火力疲于应付，但是毕竟占据着有利地形。美军居高临下，又占有重要的火力据点，只需要闭着眼睛射击就可能对日军的进攻造成有效的阻碍。但是，日军仿佛不知道害怕一样如潮水般冲了上来。甚至有些身上挂着白色十字布条的日军军官，在土堆上高举着武士刀指挥冲锋，无视美军机枪的扫射。

冒着美军密集的火力，先头的日军已经冲到了美军阵地的铁丝防护网前。美军立刻集中火力疯狂地扫射这些日军敢死队，日军敢死队也猛烈地还击，并且迅速地炸开了铁丝网。后面的日军鱼贯而入，接着又有好几处防护网被日军炸开，双方近在咫尺，肉搏战已经不可避免了。

毕竟美军人数占优，所以日军冲在前面的小股力量很快就陷入美军包围中。还有一些日军士兵疯狂地冲到了美军火力点的死角，用手榴弹炸掉了多处美军火力点，没有关键火力点的火力压制，后面的日军更加疯狂快速地冲锋登岭。

托格森上尉防守着机场左翼高地；杜里埃上尉负责防卫右边的高地。日军猛烈的炮火切断了两个连队之间的联系，惨烈的肉搏随处可见，美军的第一道防线眼见要被撕开。有力的射击声震得枪托有节奏地发出突突的声音，空气中弥漫着浓重的火药和烧焦味，到处可以看见血腥的场景。

托格森上尉性格火暴，面对气势汹汹的日军早已按捺不住，率领部队直接冲到日军的阵营中。没想到，此举正好将身后的左翼阵地空给了日军，日军迅速地拥进左翼阵地，对杜里埃上尉防守的右翼形成夹击之势。杜里埃上尉只得边打边退。托格森上尉也不得不立刻带领左翼美军迅速回撤，重新守住阵地。

日军完全占了上风，美军则阵脚大乱，慌不择路地退向由麦肯农少校率兵驻守的第二道防线。见到美军溃不成军，麦肯农少校气得连续对天空鸣了数枪，一下镇住了后撤的美军。麦肯农少校破口大骂道："不许后退，该死的日军不贪生，你们就怕死吗？给我滚回各自的防线去，还愣着干什么，赶快给我滚回去顶住！"麦肯农少校的恐吓起到了作用，溃败的美军又重新向日军冲去。麦肯农少校也立刻派出了一个排前去支援。托格森也发现了自己身后的美军在大面积地溃退，连忙端起冲锋枪，对天空突突突地放了一梭子子弹，然后大跨步地跑过去揪住后撤士兵的衣领，直接将几个士兵推到了阵前，大声咒骂道："你们这帮孬种，快去给我守住阵地，叫那帮狗娘养的日本人也尝尝我们的子弹！"说着连推带搡，连踢带打地将身边的几个美军士兵推向第一道防线。

疯狂的日军陆续地冲上高地，黑压压的一片，美军死守防线，不断向压境的日军投掷手榴弹。手榴弹在日军的队伍里到处开花，却仍然不能阻止日军的进攻。幸好麦肯农少校派出的增援排冒着炮火及时赶到，美军一鼓作气地发起了反击。日军兵力少的缺点渐渐凸显，尽管前排阵亡的日军士兵不能吓退后面日军士兵的前进。但是，当牺牲到达一定程度时，日本人已经无能为力了。他们终于顶不住美军的火力，败下阵来，留下了遍地的日军尸首和伤兵。

左翼阵地被重新夺回，右翼阵地却在冲天的炮火和浓烟中陷落了，火光冲天，浓烟滚滚，根本看不清阵地上的具体情况，南面战场的总指挥埃德森上校抓起了电话，试图和右翼指挥官杜里埃上尉联络，却根本联络不上，埃德森上校顿时明白了：右翼阵地已经失守。

埃德森上校立刻通知各部美军收缩战线，先集中力量保卫"亨德森"机场，再伺机反扑。美军士兵纷纷跳出战壕向后撤退，日军则一批接一批地冲入战壕，凶猛地向美军开火，不给美军任何喘息的机会，直到将美军逼到距离"亨德森"机场不到1公里的地方，日军仍然没有减弱火力的趋势，眼见"亨德森"机场的南面高地就要失守。

冲入美军阵地的日军发现了大量的牛肉、面包和少量的烟酒。饥饿的日军士兵立刻大吃起来，一个日本兵找到了一瓶酒，拔掉盖子，仰头便灌了起来，喝尽之后将瓶子一扔，借着酒劲继续冲锋。

危难之际，范德格里夫特少将派出的预备师从机场赶来增援了，并且机场的大炮也调转炮口，不顾日军海上舰艇对机场的狂轰滥炸，直接对准南面杀红眼的日军。南面的美军抓住时机，迅速反攻，重新占领了失守的高地，一鼓作气地击退了日军。

这场激战一直持续到后半夜，直到13日凌晨2时，埃德森兴奋地向范德格里夫特报告："感谢炮兵的火力支持，我军已经重新夺回所有阵地，并且筑起了坚固的防线！"

至此，日军与美军第二次陆地遭遇战以日军的再次失败而告终。此一役，双方都付出了极其惨重的代价：整个战场到处是阵亡士兵的尸体，尤以日军居多，整个山头被炮火削低了一截，有些低矮的土包，完全被削平。大片的热带乔木被烧成焦炭或被劈成数半，挺着光秃秃的树干，散发着黑色的焦烟。空气中到处是烧焦和火药的味道，眼前一片血染的土地。从此以后日军和美军不约而同地将这道山岭称为"血岭"。

　　再说机场西面战场的情况，负责在此守卫的是亨特上校率领的一个营，日军的炮弹在美军阵地上到处开花，冈明大佐就是按兵不动。这一招迷惑了驻守的美军，亨特上校十分纳闷，光有猛烈的炮火，怎么不见日军的冲锋部队？对面到底有没有日军？亨特上校退也不是，守也不是，于是命令炮兵发射几颗照明弹看看对面的情况。

　　几发照明弹依次升上天空，将日军的阵地照得通亮，所有美军都睁大眼睛密切地搜寻着日军的身影。突然，一名美军士兵在照明弹即将熄灭前的一瞬间发现了悄悄摸上来、已经近在咫尺的日军。这名士兵惊恐地大叫："日军摸上来了！"顷刻间，日军几乎就要和美军混战在一起了。经过一番激战，日军寡不敌众，亨特上校一举歼灭了冈明大佐小队，守住了西面防线。冈明大佐仍想死战到底，被仅剩的几个部下硬拖了下去，向丛林深处撤退。

　　再说说担任佯攻牵制美军力量的日军炮兵队和一木支队，由于指挥官看错了时间，所以并没有按照原计划一起发起冲击，只是用大炮攻击美军阵地，防守此线的美国海军陆战队第3营也和亨特上校一样摸不着头脑，退也不是，攻也不是，就这样僵持着。直到接近天明，日军才发现错过了进攻时间，懊悔不已，决心拼死发起冲锋。

　　眼看着天就要亮了，美军刚想长舒一口气，日军就发起了冲锋，美军吓了一跳，日军怎么一反常态，白天进攻，岂不是要沦为活靶？美军飞机毫不客气地向日军投下了炸弹，底下的日军仍然凶猛地冲向美军，对美军的炸弹视而不见，对阵亡的战友也全然不顾，就是拿着军旗向前冲。

　　美军受到了极大震撼，这根本不是为了胜负而进行的战争，完全变成了一边倒的屠杀，只有血腥的杀戮，不存在任何牺牲的意义。美军飞机投下的炸弹腾起了巨大的烟雾，烟雾过后，炮弹的落点上只剩下一片片的日军尸体，美军的飞机就这样抹去了一片又一片的日军，直到对面阵地上的美军都不敢再看，连连在胸前画着十字，口中念道："哦，我的上帝啊！"

　　9月13日，川口清健得知其他两路进攻也都失败的消息后，沉默不语，他知道战败的局面很难扭转，只是日本陆军未尝败绩，他不能就这么丢掉荣誉。与其被美军发觉日军兵力不足，坐以待毙，不如主动出击，以死相拼，说不定还能有回旋的余地。

打定主意后，川口清健将全部日军集结起来，一共 800 多人，准备进行第二次、很可能也是川口清健军人生涯的最后一次进攻。日落时分，日军舰队又对美军发起了猛烈的进攻，激起的烟尘遮天蔽日，晚霞尽染。

日落西山，星月高垂，一切都渐渐地隐匿在黑色的天幕中。在丛林中，川口清健做着最后的动员准备。他脱掉了军装上衣，头上绑着画有红日的白色绷带，跪坐在地上。其他军官也排成一排跪坐在地，后面整齐列队的士兵也都席地跪坐。川口清健压低声音说道："敌人的火力非常强大，尽管诸位浴血奋战，但是在昨天的战斗中我们依旧失败了。身为帝国的军人，就算长眠于此，我们也要打败美军，夺回瓜岛机场，我们的任务是光荣的，我们的献身是神圣的！我们在这里隐蔽、挨饿、历尽艰辛，都是暂时的。等我们拿下了'亨德森'机场，将美国佬杀死，敌人充足的补给就是对我们最好的犒赏。就在'亨德森'机场，有成堆的牛肉、饼干、压缩蔬菜、啤酒，甚至是香烟、巧克力。我们只要今晚竭尽忠诚，拿下机场，就能够全面清剿美军，让他们也尝尝饥肠辘辘的滋味。我会为你们在天皇陛下和首相面前邀功请赏的。祝我军武运长久。"

"祝我军武运长久！"全体日军发出低沉的宣誓声，他们纷纷将画有红日的白色绷带系在脑后。

天色完全暗下来后，日军开始悄悄地迂回向美军靠近。一批接一批的日军钻出丛林，向美军进攻。美军也早已做好了准备，枪炮手猛烈地还击。但是美军没有料到日军会在如此近的距离内发起冲锋，以至于美军的大炮由于目标太近而无法开火。这次日军聪明了，不再枉作牺牲。他们充分地利用美军火力受限、自己机动性强的特点，藏在美军火力的死角，趁机包抄到火力点上方，炸毁火力点。尽管日军人数比之前锐减，却收到了极好的进攻效果，美军猛烈的炮火毫无用处。

托格森上尉驻守的左翼防线又受到了日军的巨大冲击，小股的日军出其不意地从各个方向给美军以沉重的打击。关键时刻，埃德森上校果断地命令托格森后撤，拉开与日军的距离，这样美军的大炮就有足够的用武之地了。激战到拂晓，托格森上尉的队伍仅剩下 60 名美军士兵，几乎就要守不住了，在顶住了又一次决死的日军冲锋后，境况终于稍稍缓和，日军暂时无力组织大规模的进攻，只能架起火力在对面扫射。天一亮，"仙人掌"航空队轻而易举地歼灭了残余的日军火力点。

美军也在航空兵的配合下，开始了反击，高喊着冲下山坡，势如破竹，不可抵挡，狼狈不堪的日军残余部队已经无力再战。看美军势如破竹，日军则已丧失斗志，几个部下拼死将川口清健架离了前线，躲进丛林深处。稍稍冷静下，川口清健知道日军再无反攻能力，硬拼下去也是白白牺牲，只好暂时避走丛林深处。留下铺满山岭的日军尸体，川口清健唏嘘不已，不禁泪水盈眶。

走了很久，估计美军是不会追来了，川口清健率部席地而坐，看着排成一字的士兵个个狼狈不堪，还有的士兵身受重伤，即使是坐着也需要别人的搀扶，川口清健哽咽地说道："我作为指挥官，将你们带来，却不能带你们凯旋，享受英雄般的待遇，我丢掉了军人的荣誉，我应该自裁于此，只是我既然带你们来了，我就要将你们带回去，哪怕只剩一个人。我死不足惜，只是不能给帝国军人带来耻辱，我必须要在这里继续战斗，直到胜利。我会在天皇陛下面前请罪，请天皇赐予我身为日本武士的最高荣誉——切腹，而你等一定要活着回去，为帝国圣战继续奋斗，拜托了！"

接下来的几天，川口清健一直高烧不退，勉强支起身体，电告第17军司令部：瓜岛美军数量远超我军之前的估计，敌人至少有1万的兵力，我军进攻失利，速派大部队增援，一举再战。

日军接到电报后，整个司令部立刻都动起来，就像要大祸临头了。

而尼米兹上将在得知了美军又一次挫败敌人的进攻后，欢欣鼓舞，当下就给驻瓜岛的美军发去嘉奖电报，向前线人员表达感谢和祝福。

（六）埃斯帕恩斯角海战

战争的阴影又一次笼罩在南太平洋上空，整个海域沉浸在一种死亡将至的恐怖氛围中。此时，之前在瓜岛"血岭"惨败的川口清健少将已经辗转回到了日军基地，此次出征，他也在登陆指挥官的名单中。按照百武晴吉的作战计划，丸山政男中将的第2步兵师团将率先被调往肖特兰岛集结。丸山师团是日军的精锐部队，战斗力极强，本来驻守在婆罗门岛，因为该师团是在仙台地区组建的队伍，所以也有"仙台师团"之称。

9月22日，丸山政男中将接到了百武晴吉的命令，率队从婆罗门岛起航，赶往肖特兰岛与住吉炮兵队会合，并且就任此次战役的前线指挥官，统领第2步兵师团和住吉炮兵队。丸山政男深知此行的重要和战斗的艰难，临行前对所有将士发表了战斗动员："我们是日军最精锐的部队之一，前期我军在瓜岛接连败北，作为总司令，我有必要提醒大家，瓜岛上的美军绝对不是个小数目，战斗力也一定是极强的，我们要抱定必死的决心，这样才有可能活着回来，我们必须抛开一切向前冲，不是美军横尸战场，就是我们陈尸瓜岛。你们要谨记着帝国军人的尊严和荣誉。"

盟军的情报人员接二连三地发出电报，通告日军的情况。整个南太平洋的美军都知道日军正在酝酿着大规模的进攻，正在紧张备战着。范德格里夫特忧心忡忡，他必须得到更加强有力的海陆空立体增援，才能够顶住日军即将发起的进攻。尼米兹上将也心急如焚，紧急致电金上将，要求紧急抽调瓦胡岛的美国陆军第25步兵师，以及中太平洋地区的飞机，归南太平洋部队统一指挥。并且任命刚刚病愈归来的美国海军哈尔西中将接替受伤的弗莱彻海军中将，出任南太平洋航空母舰编队指挥官，这位哈尔西中将因为剽悍的战场作风而享有绰号"蛮牛"，这个改变了瓜岛战役、改变了太平洋战场走向，甚至对世界反法西斯战争的胜利做出巨大贡献的将军，正式登上了瓜岛战役的舞台。

10月7日，第2步兵师团抵达肖特兰岛。8日凌晨，在由三川军一亲自坐镇的"鸟海"号重巡洋舰护送下，百武晴吉和他的第17军直赴瓜岛，准备寻找机会在塔萨法隆格角登陆。担任运输船队队长的是第11航空母舰支队司令定岛少将。负责护航任务的是由后藤存知少将指挥的以"青叶"号、"衣笠"号、"古鹰"号重巡洋舰和2艘驱逐舰合编而成的第6巡洋舰支队。这支巡洋舰队除了负责护航外，还负责10月11日从海上毁灭性炮击"亨德森"机场。10月9日，日军舰队兵分两路，借着弥漫雾气的掩护，迅速安然地通过了所罗门群岛海槽。

同一天，编有2艘大型运输船和8艘驱逐舰的美军增援部队从努美阿拔锚起航，急速向瓜岛驶来。这支增援部队载有美军第25步兵师先遣队3000余名士兵，为其护航的是由斯考特海军少将率领的第64特混舰队。编制为"旧金山"号和"盐湖城"号重巡洋舰，"波伊斯"号和"海伦娜"号轻巡洋舰，以及5艘驱逐舰。斯考特将军参加过第一次世界大战，战功卓著。他仔细研究过日军的夜战特点，较早地便对自己的部队进行了针对性的强化训练，取得了显著的进步，斯考特正想找机会与日军一较高下。与日军相比，美军舰队还有一个巨大的优势：雷达优势，特别是"海伦娜"号轻巡洋舰装备的还是最新型雷达。而日军的雷达技术直到第二次世界大战结束与美军相比也还是非常原始的，所以日军在夜战中几乎就是依靠肉眼在茫茫的海面上搜索目标。戈姆利中将对斯考特寄予了极高的希望，希望斯考特能够为屡次在夜战中败北的美军夺回一些面子。此次斯考特的任务是以进攻的姿态保护运输船队上岛，对搜索到的日军军舰和其他登陆舰艇，实行坚决打击。

美军另外的两支支援力量是以"大黄蜂"号航空母舰为核心的航空母舰特混舰队和以"华盛顿"号战列舰为核心的战列舰特混舰队。它们也同时驶向各自的作战区域：航空母舰特混舰队驻守在"亨德森"机场以西180海里处，负责随时为斯考特少将的护航编队提供空中支援；战列舰特混舰队则游弋在瑞卡塔岛以东的海域，提前出动截击可能出现的日军舰队。

9日上午11时45分，在瓜岛西北海域389公里处，美军远程侦察机发现了正在高速行驶的日军运输船队，立刻发回了警报。尼米兹接到报告后，立刻命斯考特率领第64特混舰队前去阻击。直到18时10分，美军侦察机报告日军已经到达距萨沃岛不到185公里的海域。斯考特令舰队全速前进，争取在日军赶到之前进入萨沃岛海域，抢占有利地势，严阵以待。

21 时，天已经完全黑了，美军舰队也已经距埃斯帕恩斯角只有咫尺之遥了。斯考特决定派出 4 架侦察机升空侦察日军舰队的情况和位置，突然一架正要起飞的侦察机燃起了大火，明亮的火光将黑夜照亮，很远就可以看到。在漆黑的海面，如此暴露目标会迅速招来杀身之祸，斯考特大为震惊，立刻询问是怎么回事。原来是"盐湖城"号重巡洋舰的舰载机发生了照明弹事故，斯考特急忙下令紧急抢救，其他舰只都尽量退到远离"盐湖城"号重巡洋舰的不同海域内，否则被日军发现，整个舰队都将陷入危险的境地中。美军"海伦娜"号轻巡洋舰看见"盐湖城"号重巡洋舰发生的事故，害怕重蹈覆辙，还未接到起飞的命令就将舰载机推到了海里。这样，实际上只有两架飞机成功升空前去执行侦察任务。

在如此宁静漆黑的海面上，斯考特的抢救还是来不及了，日军舰队正在兵分两路从瓜岛北面和西北面海域风驰电掣地逼近，其中后藤存知少将率领的火力支援群已经到达了埃斯帕恩斯角西北海域，距斯考特舰队大约 93 公里的地方，日军发现了远处隐约的火光。凑巧

"海伦娜"号轻巡洋舰

的是，日军出发前约定的登陆信号是在海滩上点起篝火，后藤存知便以为这团隐约的火光是第 2 步兵师团的登陆信号。于是他马上下令用闪光灯联络，却迟迟不见对方回答，有人提出可能不是日军第 2 步兵师团，但是后藤存知坚信美军不敢在黑夜挑衅擅长夜战的日军。即使在这一区域有美军军舰也没有关系，用信号灯将他们引出来，这样更可以在夜战中将他们解决掉，所以后藤存知并没有下令让日军军舰停止用信号灯联络。可能是上帝和美日两军开了一个玩笑，由于日军的联络灯光线太弱，加上夜里海面雾大，美军也没有发现日军舰队的联络灯光。双方都在海面上摸索着前进，越来越接近，却都没有察觉到危险的来临。

22 时 50 分，斯考特乘坐的"旧金山"号重巡洋舰的舰载侦察机发回报告，在萨沃岛以北 30 公里处发现了日军的 3 艘军舰。其实，这就是日军的增援部队。但是由于侦察机报错了编制，斯考特认为这不是尼米兹命令中提到的大规模增援部队，很可能只是执行其他任务的日军，便决定继续搜寻命令中的日军舰队。虽然规模报错了，但是方位却是正确的，美军错过了阻击日军增援的机会。

接到"旧金山"号重巡洋舰的报告后，斯考特断定在这一海域中有两组日军舰队，于是决定向萨沃岛和埃斯帕恩斯角之间行进，封锁这片海域，这样既可以阻击日军的增援部队，又可以堵住侦察机发现的日军退路。

斯考特下令所有美军军舰立刻从左向后转230度鱼贯进入萨沃岛与埃斯帕恩斯角之间的海峡，这无意的转向，使美军占据了海战中绝对有利的"T"形字母横头阵位，并且在调头转弯时，发现了近在咫尺的日军军舰。但是斯考特以为这是前面率先转向的美军驱逐舰，因为转弯的角度过小才被落在了队伍的后面。

直到两军相聚11公里时，装有新型雷达的"海伦娜"号轻巡洋舰首先发现了日军军舰，并立刻报告了斯考特少将。斯考特心里一惊，他并不是害怕日军军舰，而是担心先头的驱逐舰已经转向脱离了队伍，漆黑一片的海面根本找不到他们的踪影，很可能被日军攻击或者被美军误击而发生危险，所以迟迟没有下令攻击。日军舰队像海上的幽灵一样，直到距离美军不足5000米时，那些双眼锐利的日军士兵也没有发现对面的火光来自美军军舰，对即将来临的危险浑然不觉。这正是斯考特舰队千载难逢的进攻机会。

23时46分，"海伦娜"号轻巡洋舰首先开火，其他的美军军舰也相继射击。海面霎时失去了平静，猛烈的炮火照亮了近处的天际。一直以为对面是日军第2步兵师团的日军被突如其来的照明弹晃得睁不开眼睛，密集的炮弹炸得他们慌作一团，不知道发生了什么情况。后藤存知乘坐的"青叶"号重巡洋舰带队驶在最前面，首先被一发炮弹击中了船头，后藤存知冲进舰桥下令所有舰只后撤，拉开距离，对于己方的误击，后藤存知愤怒不已。"青叶"号重巡洋舰还来不及转向，一发炮弹就在舰桥附近爆炸，巨大的热浪将日军推倒，将"青叶"号重巡洋舰的玻璃震碎。后藤存知也被从侧面飞来的弹片击中，埋在了玻璃下，直到死去，后藤存知还愤恨不已地认为袭击自己的是日军舰队。

日军"古鹰"号重巡洋舰在"青叶"号重巡洋舰不远处，接到了后退的命令后，尾随"青叶"号重巡洋舰紧急转向，美军的炮弹不时地落在"古鹰"号重巡洋舰四周的海里，震得"古鹰"号重巡洋舰左右摇摆，差点倾斜到海里，突然一枚炮弹几乎是贴着"古鹰"号重巡洋舰的船舷落到海里，掀起的巨浪直接淹没了"古鹰"号重巡洋舰，好不容易"古鹰"号重巡洋舰重新冲出巨浪掌握了平衡，舰身就被美军的炮弹击中，整个舰体从中间爆炸，燃烧起来，美军"邓肯"号驱逐舰更是一马当先地冲在前面，近距离攻击"古鹰"号重巡洋舰，日军慌忙地抢救并奋力还击，一时炮声、喊声、爆炸声响彻天际。

日军军舰被这场突如其来的袭击搞得不知所措，惊慌中根本辨不清方向，也找不到美军军舰，胡乱地发射了一通炮火，无一命中。日军"青叶"号和"古鹰"号重巡洋舰早已燃起大火，受损严重，成为明显的活靶，密集的炮弹不停地在它们周围掀起巨浪，只有"衣笠"号重巡洋舰和"吹雪"号驱逐舰由于没有习惯性地从右调头，而是以相反方向从左面向后转，逃过了美军军舰疯狂的打击。

斯考特乘坐的"旧金山"号重巡洋舰雷达过于陈旧，无法分清敌我，加上美军

"邓肯"号驱逐舰已经深入了日军军舰的包围圈，斯考特害怕误伤己舰，遂下令停火。而装有新型雷达的"海伦娜"号轻巡洋舰和附近几艘美军军舰仍在奋力射击，斯考特亲自督促停火，"海伦娜"号轻巡洋舰才不甘心地停止了战斗。斯考特拿起报话机询问先前的驱逐舰是否受到巡洋舰的攻击，得到否定的答案后仍不放心，命令所有美军军舰打开识别灯，这才放下心来，下令继续进攻。就在这几分钟内，日军军舰已经完成了转向。

此时，日军仍然认为附近有其他日军舰队。23 时 51 分，美军"旧金山"号重巡洋舰发现在西北 1000 米外，有一艘"神秘舰只"和自己平行行驶。斯考特无法判断敌我，正在犹豫的空当儿，这艘军舰向"旧金山"号重巡洋舰接连发出了红白两色的信号光，美军"旧金山"号重巡洋舰立刻来了精神，打开探照灯，一下照住并认出这就是被美军军舰重创的日军"吹雪"号驱逐舰。一瞬间，附近所有的美军军舰都向"吹雪"号驱逐舰疯狂射击，连续的爆炸在"吹雪"号驱逐舰上发生，一团一团的烈焰腾到空中，军舰上的日军被炸得四散开来，有的被卷起抛到空中，有的直接被掀下船舷落到海里，一片凄惨景象。爆炸持续不断，到后来，美军干脆就不再向"吹雪"号驱逐舰射击了，仅仅 2 分钟，"吹雪"号驱逐舰就在接连的爆炸中沉没了。

在这场海战中，美军取得了一边倒的优势，日军军舰被炸得晕头转向，而美军只有"邓肯"号驱逐舰因为太过深入日军舰队中，所以被敌舰和友舰双重击伤，不久便退出战斗，午夜时分沉没了。同时，"法伦霍尔特"号驱逐舰受到了日军的重创。如果斯考特乘胜追击，全歼日军舰队如囊中取物。但是经过仓促的连续激战，斯考特认为在继续追击日军军舰之前应该整理一下队形，于是命令美军军舰都打开识别灯，发现除了"邓肯"号和"法伦霍尔特"号驱逐舰未到外，其余舰队都完好，便下令排成纵队向西北方向追去。日军利用这点时间得到了充分的喘息，开始猛烈地向美军军舰射击。突然，所有日军军舰全部停止射击，原来是日军发现后藤存知阵亡了，于是载着他们的指挥官迅速地撤退了。

日军撤退的途中，后藤存知乘坐的"青叶"号重巡洋舰再次被美军"波伊斯"号轻巡洋舰雷达发现。"波伊斯"号轻巡洋舰立刻用探照灯照住"青叶"号重巡洋舰并向它开火。"青叶"号重巡洋舰也立即还击，两艘军舰都受到了不同的损失。日军"衣笠"号重巡洋舰发现"青叶"号重巡洋舰遭到美军攻击后，立刻调转炮口，支援"青叶"号重巡洋舰。美军"盐湖城"号重巡洋舰也几乎在同一时间赶来参战，掩护受到重创的"波伊斯"号轻巡洋舰撤出战斗。美军"盐湖城"号重巡洋舰和日军"衣笠"号重巡洋舰发生了激烈的战斗，直到美军"旧金山"号重巡洋舰在火控雷达的指引下，远距离猛烈地炮击日军军舰，才迫使日军军舰率先退出战斗。

激战一直持续到 10 月 10 日凌晨 28 分，斯考特害怕后面的美军"旧金山"号重巡洋舰误伤己舰，便第三次下令停火，打开探照灯，整理队形，当美军军舰准备重新投入战斗时，日军早已消失得无影无踪了。斯考特也没有下令继续追击，转向西南退出了战斗。

10 月 9 日当夜，百武晴吉的日军增援部队顺利地在瓜岛上岸。趁着夜色和浓雾的掩护，日军从容不迫地将各种物资搬运上岛，进入丛林向预定作战地点进军。天亮以后，日军早已躲入了丛林。海上的日军舰队虽然遭到了美军"仙人掌"航空队的空袭，但是仍然成功地于 10 月 12 日上午返回了肖特兰岛。

经此一战，日军夜战不败的神话被打破了，但是百武晴吉率领的增援群成功上岛。美军在此次海战中虽然一直占据优势，但美中不足的是，斯考特三次下令停止射击，使美军贻误了大好战机，错失了全歼日军的机会，但是无论如何，斯考特将军将作为日军夜战神话的终结者而青史留名。

（七）残酷的机场争夺战

1942 年 10 月，日军和美军都不断地为瓜岛战役增添砝码。埃斯帕恩斯角海战当夜，借着黑夜和大雾的掩护，辻政信中佐率领百武晴吉增援部队的先头部队首先登上了瓜岛，随后百武晴吉中将、川口少将、住吉少将依次走下了登陆舰艇的舷梯，展现在他们面前的是一派未经雕琢的原始风貌。高大的热带阔叶植物在风中抖擞着叶子，风从叶隙间吹来，发出哭一样的呜呜声。借着仅有的一些光亮，百武晴吉只能看见热带植物的影子，但是就是这些影子，也足以向百武晴吉展现瓜岛狂野的气质。百武晴吉迎风而立，左手轻轻地搭在了腰间的指挥刀鞘上，倒吸了一口冷气，对身边的副官说道："这简直是另一个世界，一个从未被文明光顾过的世界。"

"哈哈！"辻政信中佐不知什么时候站在了百武晴吉的身后，两眼放光地说道，"那就让我们像原始人一样去战斗吧！"

日军秩序井然地按照计划，一步步地将物资卸载在沙滩头，再搬进丛林深处。突然丛林里蹿出了一些衣衫褴褛、形容枯槁的人，日军被突然蹿出的黑影吓了一跳，本能地举起了步枪，甚至有几个日军士兵以为是美军的突袭，匆忙中扣动了扳机。川口立刻循着枪声跑了过去，生气地问道："谁擅自开的枪？不怕暴露目标吗？"黑暗处的人突然开口道："将军，我们是您支队的幸存者，我叫毛利正一……"

川口向百武晴吉中将报告了刚才发出枪声的原因，并将日军在岛上的困境做了详细的报告。百武晴吉一直默默地听着，直到川口说完才开口道："赶快把岛上先期的日军统一收治在帐篷医院里，一定要给他们尽可能好的治疗。"

第二天黎明，百武晴吉在塔辛姆波科村建起新的司令部，岛上的情况比原先估计的要严峻艰苦得多。天刚大亮，还未吃早饭，百武晴吉就对身边的副官说道："将川口少将、丸山少将和住吉少将给我叫进来。"

"是，中将！"副官领命转身就要往外走。

"等等，将辻政信中佐和其他参谋部的人也一并叫来。"百武晴吉叫住副官补充说道。

然后，百武晴吉转身走到电话旁边，抓起电话道："请给我接拉包尔海军基地——我是百武晴吉中将，瓜岛上的情况比之前想象的要严峻得多，美军的力量非常强大，请紧急增援新的部队和其他战斗补给，特别是重型火炮和医疗物资。我军将于近期发动总攻，请务必尽快增援。同时提供飞机舰艇的联合掩护。"放下电话，百武晴吉坐到椅子上，又沉静下来。

等所有的人员到齐后，百武晴吉指着桌上的战略地图说："这次把大家召集来，是想研究一下作战的方案，岛上的情况非常棘手，远比我们之前预想的要困难，大家来看看我们之前设想的方案是否依然可行。"于是众人开始激烈讨论。

会议一直持续到当天中午时分，瓜岛司令部才制定了基本统一的作战方案：先从外围逐步清除美军的据点，将他们的力量压缩到机场附近一个相对较小的区域，然后仍然像之前计划的那样分二三路围歼美军，再配合海空军的进攻，一举拿下瓜岛。

会议结束后，日军的高级指挥官和参谋都依次离开了司令部。百武晴吉简单地吃了些食物，也走出了临时搭起的司令部。百武晴吉看着眼前凶险的原始森林，臆想着战事的走向，他希望从此美军就能够永远地葬身在这片原始之地，成为这些植物的给养和昆虫鸟兽的美食。

山本五十六得知百武晴吉成功登陆，欣喜若狂，认为与美军决战的时机成熟了。他认为驻守在"亨德森"机场的美军已经精疲力竭，只要联合舰队全力出动，和岛上的陆军发起联合进攻，美军就会全线崩溃，这正是日军夺回瓜岛的大好时机。于是在大本营的支持下，山本五十六精心地制定了一个进攻瓜岛的海陆空作战计划：日本联合舰队将倾巢出动，组成"瓜达尔卡纳尔支援群"，从海上打击美军，同时一举拿下"亨德森"机场。然后，近藤信竹少将率领的先遣队冲进海峡，炮击瓜岛，扫清残余美军。最后，在夺取了"亨德森"机场后，日军的舰载飞机立刻进驻机场。这样日军将海陆空立体化地扩大作战区域，歼灭所罗门群岛海域的美军舰队和增援兵力。总攻时间就初定在10月20日这一天。

"瓜达尔卡纳尔支援群"主要包括近藤信竹中将指挥的先遣部队和南云忠一中将指挥的航空母舰部队，共拥有"翔鹤"号、"瑞鹤"号、"瑞凤"号、"隼鹰"号、"飞鹰"号5艘航空母舰，舰载机260余架；"金刚"号、"榛名"号、"比睿"

号、"雾岛"号4艘战列舰，以及大量的巡洋舰和驱逐舰。

10月11日，日军水面舰队雄赳赳、气昂昂地挺进美军的势力范围，主动争夺制空权和制海权。2天后，一支由2艘战列舰、1艘巡洋舰和9艘驱逐舰组成的炮击编队也抵达了既定海域，率先开始了对"亨德森"机场的头轮打击，仅在10分钟的时间里，日军就投下了918发356毫米的大口径炮弹，"亨德森"机场瞬间化为焦土。

14日夜，第8舰队在三川军一中将的带领下，再次成功突围进入铁底湾，又一次沉重地打击了美军。15日夜，日军第三次使"亨德森"机场瘫痪了。三次密集的炮击过后，美军驻守在瓜岛"亨德森"机场的"仙人掌"航空队只剩下8架B-17"空中堡垒"式轰炸机、10架"无畏"式俯冲轰炸机和24架F4F"野猫"式战斗机。"亨德森"机场的跑道被毁，燃料几乎全被焚光。美军飞行员不得不用吸管吸取已炸毁的飞机机箱中残存的油滴，集合起来，才尽可能地让一些飞机起航。

趁着"亨德森"机场被毁，美军失去制空权的时候，日军连续组织运输船队增援瓜岛，仅14日和15日，日军就将5500人和数门150毫米重型榴弹炮送上瓜岛。10月17日，日军在瓜岛的兵力已达到了自开战以来创纪录的2万人，并配备25辆坦克和各种火炮100余门，而百武晴吉也开始带领岛上部队逐一清剿美军外围驻点，向"亨德森"机场逼近。

美军如热锅上的蚂蚁，急得团团转，就是找不到好的反击办法，经过连日的打击，甚至对瓜岛的去留问题也重新成了争论焦点。这个南太平洋小岛的命运不仅惊动了美国罗斯福总统，而且吸引了所有美国民众的目光。

由于"亨德森"机场几近瘫痪，制空权与制海权已经瞬间易手，岛上的美军面临着被日军围困致死的危险。就连一向雷厉风行的硬汉范德格里夫特少将也忧心忡忡，不断地致电总司令尼米兹上将："我军目前情况危急，日军不断地有新的增援上岸，我们也需要至少一个师的增援部队和大量的补给，特别是我们需要海军能够控制住瓜岛附近的海域，为陆军赢得时间修缮'亨德森'机场，否则，战局对我们极其不利。"

此时，尼米兹上将也焦头烂额，美国国会对于是否增援瓜岛，产生了严重的分歧，美军太平洋司令部也是撤军的意愿占了上风，但是倔强的尼米兹深信局势并没有到了不可挽回的地步，美军目前的状况并不是必须甚至应该撤退的时候，目前最重要的是尽快夺回制空权和制海权，否则其他都是闲扯。

10月15日晚，美军位于珍珠港的司令部气氛严肃紧张到了顶点，尼米兹上将召开了一次特别会议，与会的主要是随他去过南太平洋的参谋人员。每个人包括尼米兹上将都神情落寞，疲态尽显。是啊，两个多月来，美军经历了太多艰苦的战役和生死攸关的考验，但这次是最为糟糕的一次。会议一开始，尼米兹就直截了当地表达了不同意撤军的观点，"瓜岛的情况非常危急，数万美军士兵的生命危在旦夕，这场战争如此耗时，是我们之前没有想到的，但是我想提醒大家，日军也面临着和我们一样的困境，关键就在于谁能够最终挺住，我不相信，我们是那个率先倒下的一方。"大家本来就对是否增援瓜岛存在犹豫，见到总司令如此坚决表态，也就渐渐地向如何扭转战局方向热烈地讨论开了，而不再纠结于瓜岛美军的撤留问题。

大家一致认为，想要扭转美军的不利局面，必须重新进行部署安排，首先要换掉的就是瓜岛战役的总司令——戈姆利中将。戈姆利中将是一位资历深厚的舰队指挥官，参加过第一次世界大战，作战经验丰富。但是越是这种从枪林弹雨中摸爬滚打过来的将军，越是算计到骨子里，越是对战争抱有特别现实的考虑，可是打仗的事谁又能每次都说得准呢？所以此刻，戈姆利的老谋深算就变成了患得患失、没有足够的魄力与胆识来力挽狂澜。

"戈姆利中将是一位不可多得的指挥官，但是问题的本身是他从一开始就对瓜岛战役抱着怀疑的态度，可以这么说，从开始到现在，他从没有坚定地相信过我们会赢得这场战争。"一位参谋说道。

"我一点也不否认戈姆利中将在战役初期的战略安排和兵力部署是相当出色的，但是现在战事已经不可避免地被拖成了消耗战，在如此相持的局面下，一个对战争前景犹豫悲观的指挥官是不可取的。至少他缺乏最高指挥官应有的感召力和号召力，以及敢于硬拼、死守的精神。"又一位少将怒气冲冲地补充说道。

尼米兹沉默不语，这些人发现的问题，其实他早在会前就反复地思考过了，他知道戈姆利是一位不可多得的指挥天才，远的不说，就挑新近发生的中途岛战役、珊瑚海战役，就是最充分的证明，但是眼下尼米兹也觉得戈姆利对于瓜岛战役的指挥是有问题的。

尼米兹开口道："前方吃紧，各位和我一样着急，无法心平气和，但我们是军人，冷静是任何时候都必须尽力保持的品质。"尼米兹顿了顿，从椅子上站了起来，接着说道，"既然大家都认为戈姆利将军不适合指挥这样的消耗战，我也和诸位的意见一样，那么我们究竟该派谁来完成这个重要的任务呢？"

大家纷纷提议新的指挥官人选，最后合适的人选逐渐集中在两个人身上：一位是头发花白，敢打敢冲的特纳海军少将，就是在萨沃岛海战后，仍然坚持卸载物资直到第二天黄昏的美军运输船队指挥官。另一个是高大魁梧、目光锐利、冲劲十足的哈尔西海军中将。

哈尔西中将生于 1883 年，第一次世界大战前，他已经是驱逐舰舰长。第一次世界大战期间，作为驱逐舰编队的指挥官，哈尔西获得了一枚海军十字勋章。

珍珠港事件爆发前，美日间已经有了危险的迹象。哈尔西奉命去威克岛运送飞机，临行前他向海军总司令金上将请示："如果遭遇日军舰队，我该怎么办？"金也不知道该怎么办，于是模棱两可地说："你酌情处理就行了。"出发后，哈尔西直接下令："若遇日军军舰，立即将其击沉。"参谋长提醒他说："你知道这意味着战争的开始吗？"哈尔西坚决地说："如果发现敌人就必须先发制人，任何争端以后再说。"这生动地表现出哈尔西威武霸气的大将之风。

日军偷袭珍珠港，全歼美军亚洲舰队，整个国会弥漫着惊恐的情绪。骁勇善战的哈尔西临危受命，出任美军太平洋舰队航空母舰编队司令。他勇敢地率领珍珠港仅存的3艘航空母舰先后两次成功地进行了对日海空反击战，尤其是对马尔丘斯岛的奇袭，简直是虎口拔牙。更能彰显这位大将气魄的是，1942年4月，他率领第16特混舰队，摸到距日本首都仅1296公里处，直接参与指挥了空袭东京的行动。这就是传奇的哈尔西。

大家还在为新指挥官选特纳还是哈尔西而争论不休，这两人不但都极具尚武精神，而且威望极高，特纳的绰号叫"怪物"，哈尔西的绰号叫"蛮牛"。尼米兹静静地听着两方的观点，心里盘算着最佳的人选。特纳的确是果敢无畏，但是美中不足的是他脾气过于暴躁，不够冷静，难免会让人有些担心。同时在萨沃岛海战当夜，特纳和范德格里夫特少将发生过争执，与陆军的关系不是很好。为了海陆军能够精诚有效地配合，尼米兹认为一个级别比较高的，并且有着丰富航空母舰作战指挥经验的人更适合担此重任，毫无疑问，哈尔西是尼米兹心中的最佳人选。

会议结束后，当天晚上，尼米兹就给哈尔西打了电话，通知他火速赶往美军基地努美阿，上面有新的任务交给他。第二天一早，尼米兹就把自己换将的想法，电话告知了海军作战部长金上将。很快，尼米兹就接到了海军部"同意"的答复。此时，哈尔西正在准备出发到努美阿的路上。

10月18日下午2时，哈尔西将军乘坐"科罗拉多"号水上飞机抵达了努美阿港，迎接他的是戈姆利中将的副官。这位副官向哈尔西敬了一个标准的军礼，然后将一份密封的信函交给了哈尔西。哈尔西本能地觉察到事情的严重性，当着这位副官的面将信函拆开。信封里装着尼米兹上将发来的一封电报，只有短短的一句话：你抵达努美阿后，即接替戈姆利中将出任南太平洋地区兼南太平洋部队司令。哈尔西简直惊讶得不敢相信自己的眼睛，不自觉地又读了一遍，才惊呼道："上帝啊，这真是个让人又爱又恨的决定！"

瓜岛上的美军士兵听到将由深受爱戴的哈尔西中将接替戈姆利指挥战斗，都异常振奋。从此一个改变瓜岛战役命运的军神走上了历史舞台，这位传奇将军的履历上又增添了一道传奇。

哈尔西接手太平洋的工作后，积极地向戈姆利和他的参谋人员询问瓜岛的情况。但是很快哈尔西就发现他们根本不能向自己提供瓜岛局势的第一手资料，哈尔西不得不立刻致电范德格里夫特少将，命令他一旦条件允许，速来努美阿汇报情况。

10 月 23 日，范德格里夫特少将同正在瓜岛视察的海军陆战队司令霍尔库姆中将一起抵达努美阿。当天晚上，哈尔西就召开了海陆军联合会议。会上，范德格里夫特少将首先介绍了瓜岛目前的实际情况和以往的作战经验。并表达了对扭转局面的看法："制空权对于瓜岛战役非常重要，以往我们在海战和陆战中获胜都极大地依赖了'亨德森'机场，现在'亨德森'机场已经瘫痪，'仙人掌'航空队也损失殆尽，所有美军都在日夜反复地抢修'亨德森'机场，我们需要补给，不仅仅是维持生命和战斗力的食物，还必须有足够的燃料、零件以及新的飞机和大炮。简言之，我们需要更多的飞机和舰队能够突破瓜岛海域，掌握制空权和制海权。"

哈尔西一言不发，沉思良久，直视范德格里夫特的双眼问道："少将，你能守住瓜岛吗？"

"当然，将军！"范德格里夫特用军人的坚定毫不犹豫地回答道，"只要得到足够的支援，我可以保证日军无法从陆上夺取瓜岛。至于海上的问题……"

范德格里夫特无奈而又不满地看向哈尔西，四目相对，哈尔西说道："范德格里夫特，你放心好了，我把我的一切都给你，我向你保证海军一定会尽最大努力保证陆军的作战需要。"

范德格里夫特得到了哈尔西的保证后，信心满满地赶回了瓜岛。在尼米兹和哈尔西的努力下，截止到 10 月 22 日，美军在瓜岛的驻扎兵力已经重新达到了 2.3 万人，大致与日军兵力相等。

范德格里夫特得到了保证，可是哈尔西也不是神，不可能立刻创造出足够的战舰和增援，于是他在尽最大努力调动南太平洋舰队的同时，紧急向尼米兹求援。面对日军密集的压迫进攻，尼米兹也感到力量不足，于是从珍珠港发出的求援电报一封接一封地落在了华盛顿白宫罗斯福总统的办公桌上。海军作战部长诺克斯、陆军参谋长马歇尔、陆军航空兵司令阿诺德都认为瓜岛的战斗可以消耗日军的武装力量，极大地牵制了日军在其他战场的精力，应该继续增援并且牢牢守住瓜岛。但是此时恰逢欧洲战场的战事吃紧，所以美军参谋长联席会议对是否要抽调兵力去增援瓜岛举棋不定，毕竟美军同时在欧洲、太平洋双线作战。罗斯福总统听过了关于瓜岛战况的报告后，也认为情况比较危急，但是远没到失去控制的程度，于是 10 月 24 日，罗斯福总统亲自给参谋长联席会议的每个人发了一份措辞严厉的通知，命令他们迅速地、毫无保留地持续向瓜岛派去尽可能需要的增援。要保证尽可能地把各种武器、弹药、飞机、必要的技术人员等安全地送上瓜岛。同时参谋长联席会议还批准尼米兹可以随时从太平洋其他地区抽调飞机、军舰增援瓜岛。美国海军还派出 1 艘战列舰和 25 艘潜艇，美国陆军派出 1 个步兵师，美国陆军航空兵派出 70 余架飞机，归太平洋舰队指挥。

尼米兹终于可以放开手脚全力支援瓜岛美军了，接到命令后，他立刻就抽调了"南达科他"号战列舰、24艘潜艇、80架各种飞机和美国陆军第25步兵师赶往瓜岛。在8月24日东所罗门群岛海战中受伤的"企业"号航空母舰已于10月初修复参战，也被尼米兹重新派往瓜岛海域。同时尼米兹任命了更加骁勇无畏的英里布·菲奇少将接替了原南太平洋空军司令约翰·麦克思中将的职位，并一股脑儿地拨出50架战斗机、24架轰炸机，直接飞往"亨德森"机场。

就在美军一层一层向上求援，汇报战况的时候，日军也同样有条不紊地按照计划加紧军事行动和后期增援。按照计划，日军要在10月20日前迁回到"亨德森"机场后面，从那里发动进攻。10月16日，丸山政男中将率日军第2步兵师团主力向奥斯腾山进军，想要到达预定的作战地点，日军必须绕过奥斯腾山，首日的行军是穿过荒芜的高地和高大稀疏的椰林，日军显得比较轻松。但是第二天他们就被奥斯腾山上茂密的原始森林阻挡，举步维艰了。丸山举着白色手杖走在队伍的最前面，那须弓雄少将由于患了疟疾跟在丸山后面艰难地走着。其余日军士兵不得不排成单列纵队穿过狭窄的林间空隙，登过山包、涉过河流、攀过峭壁、翻过悬崖……最困难的是完全依靠人力搬运各种重型装备。由于做饭升起的炊烟很容易暴露目标，所以日军士兵只能吃事先准备好的冷食物。就这样折腾了一天，到第三天除了一些身强力壮者，其余的人都再也走不动了，更糟糕的是日军的一门门大炮等重型装备不得不被弃置在丛林的小路边。万般无奈下，丸山不得不电告百武晴吉推迟首次进攻时间至22日。

10月20日这天下午，丸山一行终于绕过了奥斯腾山，第2步兵师团兵分两路，由那须弓雄少将率领的一部分日军继续沿小道直奔"亨德森"机场，准备从机场的左翼进攻美军。由川口清健少将率领3个步兵大队、3个机枪大队和迫击炮大队折向东南，从机场右翼发起进攻。

由于川口曾经在"血岭"与美军激战过，对那里的地形比较熟悉，行军途中，川口一直在默默地思索着右翼进攻计划能不能改得更好。半路上，川口遇到了辻政信，"见到你真是太好了，我正在担心原来的计划是否能够行得通，我在'血岭'和美国人交过手，那一带地形崎岖复杂，地势西高东低，易守难攻，我们处在地势的下游，美军从西面阵地发动攻击，可以说是势如破竹。我仔细地想过，如果我们微调一下进攻路线，由正东方向进攻改为东南方向进攻，我军不仅可以避开崎岖复杂的行军路况还能避免敌高我低的环境劣势。不知侦察机拍摄的照片你看了没有，我发现美军加强了正东方向的防御工事，这样我们从这里进攻获胜的机会就更加渺茫"。

川口掏心掏肺地侃侃而谈，却不知道辻政信心中对这个曾经的败军之将非常鄙夷，甚至对他战前发表如此言论感到非常反感，根本没有思考就开口道："我不需要看那些照片，对于你刚才的观点，我完全赞同。"川口非常高兴，想要立即致电丸山，让政信制止了他说道："没这个必要，时间紧急，你放心吧，我会亲自向丸山中将解释，祝你再建殊功。"

川口信以为真，当下便率部改变了行军路线。10月22日上午，预定的攻击时间马上就要到了，而日军依然无法赶到既定地点，没有办法，丸山只好下令将进攻时间推迟到第二日午夜。川口带领着部队刚刚越过光秃秃的小山，就接到了23日午夜发动进攻的命令，而此时，他至少需要一天半的时间才能赶到预定地点。川口立刻给丸山打去电话，说他的部队不能够在规定时间内赶到预定地点。电话那头的丸山根本没有给川口解释的机会，直接冰冷而简短地回答："必须按原计划准时赶到。"这时川口才明白，原来善于耍弄权术的辻政信根本没有将他要改变进攻路线的决定告诉丸山。

川口气得不行，强压怒火说道："要是这样的话，我就只能派先遣队参加预定时间的总攻了。"没想到电话那边的丸山率先发起火来："不管你有什么困难，你都必须不折不扣地执行命令。"说完，丸山啪地撂下了电话。丸山越想越气，这次起用川口，多少人反对，认为他不是一个合格的指挥官。片刻，丸山重新拿起电话，"川口将军，"他尽量心平气和地说，"你立刻回司令部报到，至于你的职务，由东海林俊茂大佐接替。"

很明显，川口在开战前被丸山撤职了。日军里唯一了解地形和环境的指挥官也被换掉了。同时，日军不得不将总攻的时间再推迟一天。

23日傍晚，由于没有收到最后一次推迟进攻时间的命令，住吉率领的佯攻炮击队已经准备进攻了。天色暗了下来，突然一声巨响，拉开了日军进攻的序幕。美军料到"亨德森"机场瘫痪后，日军一定会从陆上进行大规模的强攻，驻守在此处的第1陆战团早已事先对绝大部分打击目标做好了测量，美军的炮火几乎是弹无虚发，战斗仅仅持续了半个小时，日军的伤亡就达到了600人，不得不败退下来。

此次失败的佯攻不仅令日军损兵折将，更使美军警觉起来，连夜加强了防御工事，新增了四周的潜伏侦察哨，在阵地前的防护铁丝网上挂了很多金属片，这样日军一旦接近就会被发现，并且美军将阵地前影响视线和射击的杂草全部清除，方方面面地做好了防守准备。

第二天下午，美军哨兵率先发现"亨德森"机场后方出现了大量日军士兵身影，他们似乎在试图越过奥斯腾山。又过了一段时间，又有美军士兵无意中发现了一名日本军官正在用望远镜观察对面的高地。临近傍晚，美国海军陆战队的狙击手发现高地南面3公里处的丛林中升起了许多炊烟。此时，日军已经近在咫尺了。负责守卫这块高地的美军指挥官是有些鸡胸的刘易斯·普勒。这个外表上并不威武的将军可是名副其实的身经百战的将军。他早已命令士兵们加深战壕，提高掩体沙包，修缮防御工事，可谓是万事俱备，就等日军这股东风自己吹上山来。

因为总攻时间被一次次地推后，早已集结好的日军舰队已经在海上巡航快两个星期了，山本五十六心急如焚，再也不能耗下去了，他决定立刻致电百武晴吉：如果陆军不立即攻占机场，舰队将会因燃料不足而撤退。在夺取机场前，海军不能冒险深入进行任何战斗。接到电告的百武晴吉没有办法，只好硬着头皮下令日军发动拼死总攻，并且信誓旦旦地向山本五十六保证："机场当天夜晚即可占领！"双方还约定陆军占领"亨德森"机场后，便发射绿、白、绿三颗信号弹，海军见到后，立刻全速驶入战斗区，配合陆军战斗，第二天天一亮，日军"隼鹰"号航空母舰马上袭击瓜岛美军军舰。

看似非常周密的计划，却在执行的最开始就出现了重大问题。那须一部已经抵达了机场左翼预定地点，而川口一部——虽然川口已经被撤职了，但是为方便起见还是这么称呼这支部队吧——却还在陡峭的山谷和不见天日的原始丛林中奋力前行，直到天快黑下来的时候，川口支队才抵达了预定地点。

夜幕降临后，第2步兵师团的总攻也开始了。日军冲出泥泞的草丛和树林，从东西两面夹击"亨德森"机场。杀气腾腾的日军在重炮的掩护下疯狂地朝美军冲了过去。早就严阵以待的美军士兵也毫不示弱，冒着日军的炮火不停地还击。日军士兵冲得起劲，美军也杀得兴奋，最后干脆直接跳出战壕，站在阵地上用机枪冲着蜂拥而来的日军扫射，大有一夫当关万夫莫开之势。一批又一批的日军士兵爬过同伴的尸体，拾起同伴的步枪，高喊着"万岁"的口号，冲向美军驻守的高地，简直就是"血岭"之战的重演。美军借着激战的火光，清楚地看见黑压压的一片日军拥上高地。

"这就是天生的炮灰！"美军士兵愤愤地骂道，继续开足火力向日军射击。

刚刚下过大雨，丸山政男及辻政信等随行参谋都被淋了个透心凉，大家坐在一块巨大的岩石上，把丸山围在中间，使他可以暖和一些。到处是冲天的火光和不绝于耳的爆炸声。每一声枪响都像石锤直接敲击在丸山的心上，令他忐忑不已：这是东海林大佐获胜了还是美军胜利了呢？

事实上，战场上的日军已经陷入了疯狂的肉搏战，日军一次次发起自杀式冲锋，终于将美军的防线一点点攻陷。美军也豁出去了，见到日军就冲过去和他们扭打在一起。双方用刺刀、枪托、手臂、拳头甚至是牙齿和指甲来拼杀。美军和日军士兵的尸体横七竖八地混杂在高地上，有的甚至至死还扭打在一起，不肯分开。

驻守在左翼前线的是美军第164步兵团，该团装备了最新式的M1"伽兰德"式半自动步枪，火力非比寻常。一个小时过去了，各种爆炸声、射击声依旧此起彼伏，完全没有接近尾声的意思。那须率领的部队在左翼经过了拼死厮杀最终硬生生地将左翼防线撕开了个大口子。

右翼也传来消息：已攻进机场，夜袭成功。丸山觉得大功告成，迫不及待地向海军发出了已经攻占机场的电文。海军闻风而动，在1艘巡洋舰的护卫下，5艘满载日军的驱逐舰立刻起航向瓜岛进发。一直对战事信心十足的辻政信却突然有种不祥的预感，他甚至感觉阴沉的天气要将自己吞灭。他后来回忆说："连骨头都觉得发冷。"

美军的左翼防线虽然被日军洞穿了，但是并没有被击垮，随着日军的深入，美军被迫压缩防线，渐渐在兵力密度上占了上风，日军越深入就发现身边的美军越多。为了守住阵地，美军又紧急地调来了预备力量，随着新力量的加入，美军终于顶住了日军的攻势，守住了机场左翼防线。而本来报告已经从右翼攻进机场的东海林大佐也紧急致电丸山，原来刚才部队经过一块开阔地带，没有遇到有效阻击，以为是"亨德森"机场。

那须弓雄身患疟疾，高烧不退。他强撑着继续指挥战斗，好几次，他都觉得自己快要死了。美军重新夺回了阵地，筑起防线后，那须并没有认输，他一次一次地发起冲锋，但是都没有见效。激战一直持续到第二天黎明。那须的队伍已经损兵折将超过一半，其中第2步兵师团的王牌——第29步兵联队，几乎全军覆没。丸山无计可施，只好硬着头皮重新给百武晴吉发电："占领机场尚有困难。"

可是日本海军已经倾巢出动，天一亮，"仙人掌"航空队、圣埃斯皮里图岛的美军岸基飞机和航空母舰舰载机对出动的日军舰队实施了攻击，击沉了"由良"号轻巡洋舰，击伤"秋月"号和"五月雨"号驱逐舰，日军无奈只好返航。日军也出动了大量的飞机空袭美军，但是美国海军工兵营在日军炮击"亨德森"机场的间隙抢修机场跑道，使战斗机能随时起飞参战。激战过后，美军战斗机击落22架日军飞机，美军高射炮击落5架日军飞机，日军共损失了27架飞机，而美军仅损失了3架飞机。

参谋长劝说丸山退出战斗，丸山不听，执意要与美军再次决战。他立刻致电那须，表示要那须将手中剩余的兵力借调给他，他要再次发起总攻。那须非常支持丸山这个决定，尽管刚刚进行了一场恶仗，还发着高烧，仍然可以从那须的语气中听出一丝兴奋。10月25日晚上，丸山孤注一掷地发动了最后的决死总攻，这次丸山亲自指挥，那须也披挂冲锋陷阵，日军如潮水般地涌进美军的阵地，各种火器的声音夹杂着两军士兵的骂战，这片岛屿完全陷入了无比的疯狂和血腥中。子弹在头顶、耳边嗖嗖地穿过，对士兵来说这就像乘坐电车在头顶划过的电缆一样平常，两军都失控到了极点，甚至死亡都已经不能让他们感到恐惧，杀敌是唯一的信仰——不是你死，就是我亡，反正我们中一定会有个人见不到明天早晨的太阳。

那须强忍着由疟疾引起的40度高烧，冲到了美军的防护网前，用手榴弹将铁丝网炸出了一个大窟窿，后续日军一个接一个鱼贯而入。突然一排子弹掀起阵阵尘土，那须胸口中了一弹，挣扎着倒了下去……一整个晚上，日军连续发动了六次冲锋，美军一直死守不退，面对日军疯狂的冲锋，美军的防线好几次被日军洞穿，但是随后深入的日军又被美军纵深火力所消灭。就这样反复激战了一夜，双方伤亡惨重，却没有取得什么进展。第二天清晨，日军准备进行第七次冲锋，美军经过一晚上的激战，已经有些吃不消了，大量的日军从炸开的铁丝网拥入美军阵地，这次美军没有坚守而是迅速地撤出阵地，占领美军阵地的日军还来不及修筑工事，就被美军空前的交叉火炮炸得血肉横飞，伤亡惨重，这个区域瞬间变成了死亡陷阱。冲锋的日军阵脚大乱，拔腿往回跑，只有一小部分钻出铁丝防护网，活了下来，其余大部分都死在了美军的交叉火炮下。

战斗从夜里一直打到第二天上午，最后只有零星的枪声，丸山拼死一搏，也没有改变战局，不得不带着残余日军灰头土脸地退下来。此一役，日军横尸 2500 具以上，精锐的日军第 2 步兵师团士兵阵亡约三分之一，军官阵亡近一半，这是第 2 步兵师团历史上的首次败绩。

随后的几天，丸山率领残余的日军在瓜岛的原始丛林里昼夜行军。日军士兵又一次饱尝了饥饿的滋味，有的干脆就半路和战友告别，因为再也走不动了，就躺在了旁边的林地上等死。经过 5 天的艰难行军，丸山一行人终于回到了司令部。清点人数后发现，仅仅 5 天的行军，部队的死亡率高达 50%，日军高呼："这真是名副其实的死亡行军。"日军的第三次陆上进攻也被美军挫败了。

（八）圣克鲁斯海战

因为百武晴吉错误地向山本五十六发出已攻占机场的信号，所以 24 日夜里，游弋在南太平洋海面的日军舰队倾巢出动，直扑瓜岛。直到 25 日早上，百武晴吉无奈地打电话通知山本五十六：占领机场尚有困难，山本五十六这才知道，"亨德森"机场仍然在美军手中，不禁气得暴跳如雷，严肃的脸上隐隐有肌肉在抽动着。来不及想其他的事情，山本五十六立刻电告联合舰队停止炮击瓜岛的行动。此时，庞大的日军舰队已经行驶到距瓜岛北面 555 公里的地方，接到山本五十六的命令，舰队立刻停了下来，游弋在原

圣克鲁斯海战

地，静观战事的发展，等候山本将军新的命令。

山本五十六被百武晴吉弄得骑虎难下，如此大规模的舰队在海面上已经集结了近2个星期，如果放弃袭击瓜岛，简直就是白忙一场；如果贸然地袭击瓜岛，很有可能招致美军飞机的打击。是撤退还是战斗？山本五十六想了片刻，箭在弦上，不得不发，于是下令游弋在瓜岛海域的日军舰队立刻南下，直捣瓜岛。山本五十六还下了死命令：美军舰队一旦在所罗门群岛海域出现，联合舰队务必要将其消灭。无论天气和美军飞机活动的情况如何，日机都必须继续追踪侦察，务必查明美军军舰的数量和类型。

山本五十六决心已下，准备破釜沉舟背水一战。而前线的南云忠一中将却非常反对在没有获得制空权的条件下，强行派海军出击。所以接到命令后，南云并没有立刻直扑瓜岛，而是命令舰队缓慢前进至美军航空力量的打击半径边缘，便不再前进。南云派出了侦察机飞往瓜岛海域，侦察美军航空母舰的位置。看着远去的侦察机，南云的心里七上八下的，于是他叫来了草鹿任一中将。

一见到草鹿，南云就立刻支走了屋里的所有人，急切地说道："草鹿君，瓜岛陆军进攻受挫，我认为海军也应该立刻撤退。但是这里是山本将军的电报，你拿去看看吧。"南云指着桌子上的海洋地图继续说道，"现在舰队就徘徊在这片海域，再往前就进入美军的打击范围了，我不知道该做什么决定，我想听听你的意见。"

"难道中途岛的失败还不足以让我们清醒吗？与美军作战，在没有准备充分的前提下，贸然交手是疯狂且不可理喻的。您不觉得到现在为止，一切迹象表明，这场海战和中途岛战役前的情况出奇地相似吗？我不认为在相同的条件下，我们能占到什么便宜。在同一个地方跌倒两次，是相当愚蠢的。"草鹿直截了当地表明了自己鲜明的立场。

南云本来就非常抵触这次进攻，认为这完全是一场疯狂的赌博，筹码就是这些军舰和士兵的生命，听草鹿这么一说，更加无心应战，皱起眉头显出了踟蹰的表情，草鹿见南云如此纠结，便接着开口道："您是司令长官，最后的决定必然是要由您做，无论您做什么样的决定，我都将坚定不移地执行。"南云轻轻地叹了口气道："现在的事情，已经不是我能够左右的了，山本司令的命令已下，我们恐怕回天乏术，只能硬着头皮上了，你先回指挥室吧，我再想想其他方法。""南云君，恕我直言，我们必须尽快做出决定，如果您决定执行命令，我们就必须立刻全速起航，我们现在肯定已被美军侦察机发现，我不想在我军尚未侦察到美航空母舰的位置前，就被敌人歼灭。"草鹿临走前无奈地说道。山本五十六见南云的舰队迟迟徘徊，没有行动，就不断地来电催促，不得已，南云中将只好通知草鹿率队南下。

为了应付激烈的战斗，美军司令哈尔西将军紧急将手下所有的兵力都派给了范德格里夫特少将。10月24日黎明，美军金凯德少将指挥第16特混舰队，下辖"企业"号航空母舰、"南达科他"号战列舰、"波特兰"号和"圣胡安"号巡洋舰，还有 8 艘驱逐舰，航行到了距瓜岛东南的海面上。同时莫雷尔少将指挥第 17 特混舰队，下辖"大黄蜂"号航空母舰、4 艘巡洋舰和 6 艘驱逐舰，也在向同一方向行驶。这两支特混舰队奉命在圣埃斯皮里图岛东北偏东 506 公里处会合，共同在圣克鲁斯群岛以北海区巡航，随时准备截击可能出现的日军舰队。

10 月 26 日凌晨，日军舰队首次被美军发现，此时的南云和草鹿都在"翔鹤"号航空母舰的舰桥上不安地来回踱步，如果被美军的侦察机发现，那么在这片漆黑的海域上，他们就很难摆脱灭顶的厄运。就在这时，日军通信员报告说："前方海域上空，发现一架不明身份的飞机，极有可能是美军轰炸机。"草鹿听后，脑袋嗡的一下，看向对面的南云。南云则两眼发直、面无表情地站在那里。草鹿气愤地吼道："我就知道会是这种结果！"说罢，他赶紧指挥日军军舰防御。南云好像被吓傻了，仍然没有什么表示。时间一分一秒地过去，草鹿指挥着日军匆忙地做着躲避的准备，突然一声巨响，"翔鹤"号航空母舰左舷边的海域涌起了几十米高的巨浪，将日军军舰震得猛烈摇晃。南云似乎也被惊醒了，立刻喊道："转向、全速、快！"

其实攻击日军的并不是轰炸机，它们只是两架挂了炸弹和鱼雷的美军侦察机，分别由斯托克顿·斯特朗中尉和查尔斯·欧文少尉驾驶。他们在圣克鲁斯群岛附近海域搜寻日军军舰，南云的舰队闯入了他们的视线。于是，侦察机飞行员立刻发回相关情报，并攻击了日军军舰。这是一份非常重要的情报，如果美军立刻派出飞机发动空袭，南云舰队就插翅难逃了。但不幸的是，金凯德少将并没有收到这条情报，错过了重创日军的机会，日军趁机加速逃离，转危为安。

直到 26 日零时 30 分，金凯德少将才派出了 16 架侦察机和全部的战斗机，分三组在距离 370 公里的扇面内进行搜索。

此时，天空刚刚泛白，海面上雾气缭绕、潮湿冰冷，在时浓时淡的海雾中，美军庞大的舰队森严地在海面巡航，航空母舰庞大的身躯和棱角分明的造型让周围的一切变得不安起来，仿佛屠杀随时就将开始，这片阴冷的海域也散发着冰霜般的寒气。

出发不久，美军的一个双机组就在距离"企业"号航空母舰 157 公里处与一架搜寻美军航空母舰的日军侦察机相遇，由于双方都记挂着更重要的任务——搜寻敌军的航空母舰战斗群——所以都不肯在对方身上浪费时间，谁也没有理睬谁。直到 26 日 6 时 17 分，美军的第一个双机组发现了南云舰队主力的前卫群。发回报告后，该机组就继续前进，向前搜寻日军其他海上力量。搜寻无果后，这个机组便决定返航，在返航途中，遭到了日军高射炮的射击。就在这个机组九死一生成功地逃脱，即将抵达"企业"号航空母舰时，又与之前那架日军侦察机相遇。很明显，日军侦察机也已经找到了美军的航空母舰特混舰队。

第二个双人机组在稍晚的 6 时 50 分，也发现了日军的舰队，这次是由日将南云忠一直接指挥的"翔鹤"号航空母舰，并且此时，日军"翔鹤"号航空母舰就在美军"企业"号航空母舰西北方向 370 公里处。舰桥上的南云已经辨认出了前方的美军飞机是航空母舰舰载机，这说明，美军的航空母舰就在附近，激战即将上场。

南云中将立刻在"翔鹤"号、"瑞鹤"号和"瑞凤"号航空母舰的甲板上部署了 65 架飞机，准备随时进行战斗。美军飞机发现日军航空母舰后，立刻向司令部发回报告，并向日军军舰俯冲而去。美军轰炸机向日军军舰空投炸弹，"瑞凤"号航空母舰立刻释放烟幕弹，撤退躲避，紧急升空的 8 架日军"零"式战斗机拼命拦截，美军被击落 3 架飞机，其余飞机匆忙逃走。

美军飞机刚刚撤退，南云忠一就接到了发现美军航空母舰的报告，日军已经藏了几天，现在距离如此之近，再也没有躲避的必要了。于是，南云中将毫不犹豫地派出了日军的第一波轰炸机队。舰桥上的草鹿紧张得不得了，第一批战斗机还没有全部升空，他就迫不及待地指挥第二批日军轰炸机升空。

此时，美军的第三个双机组在接到第二机组的报告后，也已经隐蔽地飞抵了日军航空母舰战斗群附近。7 时 40 分，美军斯特朗中尉和欧文少尉驾机冲向"瑞凤"号航空母舰。"瑞凤"号航空母舰也放出浓浓的烟幕做掩护，迅速调头规避。但是，它还是闪躲不及被两枚炸弹命中，冲天的火光立刻在舰尾腾起，轰炸机的甲板跑道也被洞穿。不过，让南云和草鹿备感幸运的是，"瑞凤"号航空母舰上的舰载飞机大多数已经出发执行战斗任务，损失较小，只是这艘航空母舰暂时已经无力投入战斗了。

与日军相比，美军轰炸机起飞的时间要稍稍晚一些，"大黄蜂"号航空母舰上的 15 架轰炸机、6 架鱼雷轰炸机和 8 架战斗机率先出发。8 时整，"企业"号航空母舰上的 3 架轰炸机、8 架鱼雷轰炸机和 8 架战斗机组成了美军第二批攻击波。8 时 15 分，"大黄蜂"号航空母舰上又有 9 架轰炸机、9 架鱼雷轰炸机和 7 架战斗机咆哮升空，组成第三次攻击阵营。这些美军飞机都是在匆忙之中起飞的，甚至根本来不及排好队形，就成片地向日军航空母舰所在方向飞去。双方的飞机都在疯狂地扑向对方，谁也没有料到，他们竟会在中途不期而遇。气氛异常紧张，但仍然不见什么动静，因为大家都在寻找更大的目标——对方的航空母舰舰队。突然，12 架日军战斗机主动出列，迅速占据制高点，其余日军飞机则仍然按照原来的航向行驶。美军看见俯冲过来的 12 架日军战斗机，立即全部冲了上去，与日军飞机周旋。美军的飞机数量占据优势，但是疯狂的日军飞行员并不退缩，一番冲天恶斗，美军损失了 6 架飞机、重伤 1 架。而日军也有 4 架飞机被击落。双方激战至此，继续恋战也毫无意义，于是各自飞向原定的航空母舰目标。

由于日军飞机起飞较早，所以率先到达了美军航空母舰的上空，8时40分，美军的舰载雷达屏幕上出现了大批的移动目标，由于美军轰炸机和战斗机也在这个方向上，所以，雷达兵一时无法分辨是敌是友。等到最终确定后，日军飞机已经飞到距"企业"号航空母舰93公里的范围内了。美军金凯德少将立即派出了F4F"野猫"式战斗机前去拦截。"企业"号航空母舰也赶紧躲避，钻进了雷雨云底下。可怜了停在无云海面的"大黄蜂"号航空母舰，日军找不到"企业"号航空母舰，就立刻直奔"大黄蜂"号航空母舰而去。

"大黄蜂"号航空母舰的上空有38架战斗机在负责巡逻警戒，这些战斗机都由美军"企业"号航空母舰负责引导进入战位。"企业"号航空母舰的引导官是位新手，手忙脚乱地将美军战斗机都布置在了距离航空母舰非常近的空域。日军转瞬之间就飞临了"大黄蜂"号航空母舰，美军战斗机刚刚进入阵位，日军轰炸机群已经开始从高空俯冲了。"大黄蜂"号航空母舰上的美军匆忙扬起高射炮，疯狂地射击，在空中形成了密集的火力网，日军轰炸机不断地被击中，冒着黑烟坠入海中。日军见无法突破美军密集的火力网，干脆集合在一起进行强攻，密集的炮弹在"大黄蜂"号航空母舰旁边海域爆炸，不断溅起的巨浪一次次地冲上"大黄蜂"号航空母舰的甲板，甚至将甲板边上的飞机、设备以及人员卷入海中。一颗炸弹擦着"大黄蜂"号航空母舰的舰尾掉入水中，美军水兵还没有回过神来，又是一声巨响，一颗炸弹不偏不倚地击中了甲板中央，整个舰体在海面上下前后剧烈地晃动了几下才最终停住。

幸好，美军的高射炮大显神威，将日军飞机群打得七零八落，一架日军战斗机被高射炮击中尾部，冒着黑烟垂直向下栽去。没想到，这个日军飞行员奋力驾驶着摇摇晃晃的飞机，向"大黄蜂"号航空母舰发起自杀性攻击，甲板上的美军急忙四散开去。日军战斗机就面对面地撞在了航空母舰的飞机跑道上，剧烈的爆炸接踵而至，腾起的热浪和爆炸的冲击波直接将高射炮和附近的飞机掀到海中，"大黄蜂"号航空母舰彻底失去了战斗力。

日军飞机乘胜追击，又连续投出炸弹，美军整个舰面完全被火光笼罩，爆炸声此起彼伏，无路可逃的美军不得不跳下几十米高的航空母舰甲板，场面惨不忍睹。日军知道这艘航空母舰就是轰炸东京时运载美军轰炸机的航空母舰，打得更是起劲，再说海面上也找不到其他航空母舰目标。日军飞机轮流向"大黄蜂"号航空母舰投掷炸弹，也完全不顾及是否还有继续打击的意义。"北安普敦"号重巡洋舰立即快速驶来，冒着密集的炸弹，拖着遭到重创的"大黄蜂"号航空母舰迅速地退出了战斗。

在截听到的美军通信中，日军知道还有一艘航空母舰就在附近海域，于是便继续搜寻，其实信息中指的就是"企业"号航空母舰。当海风将浓重的雨云吹散，

"企业"号航空母舰也失去了最后的屏障，成了日军明晃晃的攻击目标。

为"企业"号航空母舰担任护航的是"波特"号驱逐舰，该舰首先被日军的潜艇发现，继而被潜艇发射的鱼雷击中。在它附近的另一艘美军驱逐舰急忙赶去营救，在接走了舰上的水兵后，发现"波特"号驱逐舰实在无法拖拽，只好将它击沉。就在这两艘驱逐舰都在忙于其他任务时，日军飞机发现了"企业"号航空母舰。这是美军在太平洋海面上游弋的最后一艘航空母舰，悲剧的是，他即将遭遇与"大黄蜂"号航空母舰一样的厄运。

发现目标后，日军飞机随即疯狂地冲过去，美军也发现了日军飞机，为"企业"号航空母舰护航的"南达科他"号战列舰一马当先，奋力向日军飞机射击，挡在"企业"号航空母舰前面，用高射炮组成密集的防空网。很多日军战斗机都还没有靠近"企业"号航空母舰，就被击中，凌空爆炸，只剩下一些未烧尽的残片和金属碎末飘落下来。后继的日军飞机拼死命地向"企业"号航空母舰扑去，仿佛那是一块巨大的吸铁磁石，令他们身不由己。"企业"号航空母舰像受惊的老鼠，前突后跳，在海面左右急驰，躲避日军的炸弹。但是日军的攻势太过迅猛，数枚炸弹落在了"企业"号航空母舰的舰体上，爆炸声接连响起，将"企业"号航空母舰上的美军炸得人仰马翻，更将这艘航空母舰变成一个燃烧的庞然大物。幸好"企业"号航空母舰有非常优秀的舰载消防员，仅仅用了10分钟就扑灭了"企业"号航空母舰上的大火，并且将炸坏的地方进行了抢修，基本控制住了局势。不料，又有14架鱼雷轰炸机冲破美军的飞机拦截……

这是一次前赴后继的自杀式进攻，不管牺牲、不管损失，只要结果。

日军很快重新集合好了被打得零散的飞机，分成两面，从美军"企业"号航空母舰的侧身进攻，一枚接一枚的鱼雷蹿入水中，执着地奔向"企业"号航空母舰。多亏了"企业"号航空母舰经验丰富的舰长哈迪森，见数发鱼雷来袭，哈迪森熟练地操作着"企业"号航空母舰，竟然奇迹般地躲过了全部鱼雷，美军只有"守门人"号护卫舰被击中，没有逃脱下沉的命运。

当日军飞机疯狂地攻击美军航空母舰时，美军派出的轰炸机也气势汹汹地飞临日军"翔鹤"号和"瑞凤"号航空母舰上空。日军的战斗机立刻升空拼命地拦截美军的飞机，击落了2架美军轰炸机后，仍然不能减弱美军的进攻势头。本来日军的这两艘航空母舰就都受了伤，"翔鹤"号航空母舰又被美军空投的炸弹击中，舰身立刻失去平衡，剧烈地摇晃，将舰上的草鹿任一中将晃倒在地，草鹿随手抓住了旁边的船舵，才不至于在地上滚起来。他扶着船舵刚要站起来，又是一声巨响，又是一阵晃动。这回草鹿干脆就紧紧地抓着船舵，蹲在地上，想等攻击过去，舰体重新平衡的时候再站起来。爆炸声不绝于耳，舰体也在不住地晃动，中途岛战役噩梦般的记忆再一次涌上心头，草鹿几乎要无法呼吸。就在草鹿思绪不受控制的时候，一声更加巨大的响声传来，随之而来的是火焰夹杂着滚滚的气浪，直接将驾驶室的前窗玻璃冲破。幸好草鹿蹲在船舵的底下，被指挥操作台挡住，否则，他一定会被飞溅的玻璃碎片和热火击伤。

日军"翔鹤"号航空母舰装有先进的损管系统，所以除了通信联络系统被炸坏，没有造成更严重的损失。草鹿扶着船舵站了起来，命令舵手赶快撤退，全速驶离危险区，这样他们就有足够的时间将司令部搬到另外一艘航空母舰上。这次攻击也的确惨烈，"翔鹤"号航空母舰整整在日军的船坞里躺了9个月才重新投入战斗。

碧波万里的海面上，硝烟弥漫，日军和美军都打得发了疯。激战过后，海面上暂时恢复了平静，一种悲哀的气氛笼罩在太平洋上。然而这还远不是结束，在距"企业"号航空母舰仅仅185公里外，一批由"隼鹰"号航空母舰上起飞的轰炸机和战斗机攻击队正在迅速地逼近受伤的"企业"号航空母舰。这支日军的攻击队由17架俯冲轰炸机，以及在袭击珍珠港建立功勋的志贺淑雄大尉率领的12架战斗机组成。

倒霉的"企业"号航空母舰恐怕是在劫难逃了。突然，地平线方向飞来黑压压的一批飞机，"企业"号航空母舰以及其他护航舰只上的美军立刻慌了手脚，汗毛直竖，凉气顺着背后就冲了上来。转眼间，日军飞机已经近在眼前，美军只得慌忙迎战，他们架起了高射炮，对着日军轰炸机和战斗机胡乱地射击，不断有炮弹落在水里。

"企业"号航空母舰的舰长真是一位好手，竟然再一次左躲右闪地避开了日军飞机的炸弹，仅仅被击中一处。日军飞机又蜂拥地扑向"南达科他"号战列舰和"圣胡安"号巡洋舰，两艘美军军舰各中一弹，"企业"号航空母舰幸运地再一次趁机成功逃脱了。

激战过后，美军遭到重创，日军也好不到哪儿去，"翔鹤"号与"瑞凤"号航空母舰中弹较多，已经基本失去了战斗力。"隼鹰"号和"瑞鹤"号航空母舰也被美军击伤。中午时分，近藤信竹命令没有受伤的日军航空母舰"隼鹰"号和"瑞鹤"号继续南下，追击美军军舰。随后"隼鹰"号航空母舰上起飞的15架飞机正好遇到了美军"北安普敦"号重巡洋舰拖着"大黄蜂"号航空母舰在慢悠悠地撤退。日军立刻降低飞行高度，准备进攻，"北安普敦"号重巡洋舰的舰长在情急之下将绳索砍断，至此战功赫赫的"大黄蜂"号航空母舰被孤单地留在了海面，几乎待在原地，无法移动一步。日军飞机疯扑过去，将大量的炸弹倾泻在了"大黄蜂"号航空母舰上。"大黄蜂"号航空母舰的舰体被炸裂，不断地有海水涌进舰体，舰体很快就倾斜了。舰长看"大黄蜂"号航空母舰已经没有办法抢救了，只好下令弃舰。然而，日军并没有放过"大黄蜂"号航空母舰的意思，继续追着它打。

美军见"大黄蜂"号航空母舰已经无法挽救，遂派"麦斯廷"号和"安德森"号驱逐舰向它发射了 16 枚鱼雷，以加速其沉没。16 枚鱼雷中共有 9 枚命中，但"大黄蜂"号航空母舰仍然骄傲倔强地漂浮在水面上，不肯轻易退出战斗。日军的"瑞鹤"号和"隼鹰"号航空母舰正迅速逼近，形势万分危急，美军军舰只好匆忙地向"大黄蜂"号航空母舰开炮。很快"大黄蜂"号航空母舰威武庞大的舰体变得千疮百孔，但它仍然像个无畏的勇士那样傲立不屈，不肯沉没，美军只好迅速撤离。40 分钟后，日军航空母舰的前卫群到达，见"大黄蜂"号航空母舰已无法拖带，只好又加射了 4 枚鱼雷。10 月 27 日凌晨 35 分，这艘曾经轰炸东京的航空母舰沉入海底，结束了它光荣而又神圣的海军服役生涯。

当天下午，山本五十六就发来电报，命令舰队全部撤回到特鲁克岛。日军击沉击伤了美军的数艘航空母舰和其他军舰，一举夺回了瓜岛海域的制海权。联合舰队司令山本五十六获知战果后，兴奋异常，终于为中途岛战役的失败雪耻了，山本五十六长长地舒了一口气。日本举国欢庆这次胜利，裕仁天皇也特意给山本五十六发来贺令，表彰联合舰队的"骁勇善战"。

实际上，日军是用战略失败换来了战术胜利，这场胜利就是一次死亡夜前的狂欢，史称圣克鲁斯海战。日军付出的代价是非常沉重的，因为优秀的飞行员是短时间内难以补充的，而那些没有经验的飞行员，飞到天上简直就是美军的活靶子。最重要的是，日军大本营精心制定的陆海空联合进攻并占领瓜岛的计划再次流产了。

美军虽然在海战受到巨大损失，但是尼米兹仍然感到一些安慰，毕竟瓜岛上的海军陆战队员挫败了日军的进攻。"亨德森"机场仍在美军手中，美军最后到底守住了瓜岛。为此，尼米兹上将特意给范德格里夫特发去一封嘉奖电报。

（九）埃斯帕恩斯角再起烽烟

太平洋就像没有边际一样，看不到尽头，目光所及都是海水。在这样的条件下，天空似乎离你很近很近，天边的北斗星也变得很低很低，仿佛伸手就能够摘下其中的一两颗星星。阴冷的月亮挂在天幕上，不时地有云层在月亮面前穿过。如果在平时，斯考特少将会觉得这是无限美好的彩云穿月，但是此刻，天空阴郁低沉得可怕。斯考特站在甲板上，任凭海风胡乱地吹着他的头发，他低头静默，想起了远在大洋彼岸的家人，想起那些皎洁月光下度过的温馨时光。

日军指挥官阿部弘毅并不知道他们接近瓜岛的消息已经被美军知晓，正率领着"比睿"号和"雾岛"号战列舰、"长良"号轻巡洋舰以及 14 艘驱逐舰乘风破浪地穿过萨沃岛海域。值得一提的是，"比睿"号和"雾岛"号战列舰非同一般，它们舰体巨大，排水量也达到空前的水平，这也是阿部胸有成竹的原因之一。

双方的舰队正在高速接近，并且都知道附近海域就有敌军舰队，只是不能确定对方的具体方位。由于阿部认为美军舰队一定会在天黑就撤出铁底湾，于是命令"比睿"号和"雾岛"号战列舰以单纵列鱼贯而行，"长良"号巡洋舰和"雪风"号、"天津风"号、"照月"号、"晓"号、"雷"号、"电"号驱逐舰在战列舰前方排成半圆形警戒圈，在警戒圈前方"时雨"号、"朝云"号和"五月雨"号驱逐舰为左前卫；"夕风"号和"春雨"号驱逐舰为右前卫，以防备美军鱼雷艇可能的攻击。其他3艘驱逐舰则在萨沃岛以西海域巡逻警戒。这样的阵形对于迅速反击是非常不利的，因为炮火强大的战列舰被围在了中央，完全发挥不了威力。

临近13日午夜的时候，美军"海伦娜"号轻巡洋舰率先发现了远在26公里外的日军，立刻报告了卡拉汉少将，但是因为还有一些舰只没有进入预定"T"形战位，所以卡拉汉并没有立刻下令射击，而是下令迅速地调整阵位。此时，日军对近在咫尺的危险毫无察觉，再加上瓜岛上的日军侦察哨也发来了"我处未发现美军舰队"的报告，于是阿部放心地让舰队前进，黑夜中，瓜岛的身影已经近在眼前，越来越清晰了。

13日凌晨1时42分，处于舰队最外侧的美军"库欣"号驱逐舰瞭望哨突然发现前面驶来两艘日军军舰，转眼间已经近在咫尺，几乎要撞上了。情急之下，美军"库欣"号驱逐舰立刻向右调转船头，抢占发射鱼雷的有利位置。因为美军军舰都是密集地排成"一"字形纵队，所以为了躲避"库欣"号驱逐舰，第二艘美军军舰也紧急地向右转，就像多米诺骨牌一样，排成一行的美军军舰依次向右转头。载有卡拉汉的"旧金山"号重巡洋舰的左边是斯考特少将乘坐的"亚特兰大"号轻巡洋舰。"亚特兰大"号轻巡洋舰突然右转，吓了卡拉汉一跳，卡拉汉抓起对讲机问道："你在干什么？"

"我在躲避己舰，少将。"斯考特回答。这样的一阵连续转向，互相匆忙地躲避，使美军舰队的阵形完全被打乱了，乱糟糟地挤在一起。

日军军舰仍然没有感到死亡的迫近，阿部从容地指挥日军炮手做战前最后一次检查。等舰队再靠近一点，天上的日军飞机投下照明弹就发起进攻……按照约定好的时间，日军的飞机投下了大量的照明弹，阿部的舰队正准备炮击"亨德森"机场。一个日军哨兵从照亮的海域一角发现了美军军舰的身影，大惊道："美军军舰就在眼前。"霎时，紧急警报传遍了整个日军舰队。阿部吓了一跳，立刻下令将装好的和堆在甲板上的高爆炸弹和燃烧弹送回弹药库房，换上穿甲弹，准备射击美军军舰。阿部惊出了一头冷汗，如果甲板上的高爆炸弹或燃烧弹随便掉落一枚，整艘军舰就将完全报废。这是留给美国人的，他们自己可不想尝尝这个滋味。

卡拉汉乘坐的"旧金山"号重巡洋舰装配的雷达比较陈旧，所以卡拉汉必须依靠其他装有新型雷达的舰艇来发现目标。美军军舰一阵混乱后，卡拉汉终于从"库欣"号驱逐舰那里明白了发生的事情，于是立刻下令攻击日军军舰。此时距"海伦娜"号轻巡洋舰首次发现日军军舰已经过去了8分钟。"库欣"号驱逐舰在发现日军军舰的时候，由于通信联络的干扰，错过了战机，现在已经找不到目标了。

双方都在措手不及的状态下、无比接近的距离上，投入了战斗。美军"亚特兰大"号轻巡洋舰的舰体高出其他舰只一大截，首先被日军的探照灯发现。惊慌之中，"亚特兰大"号轻巡洋舰对日军军舰进行反照射，并且打掉了日军军舰的探照灯，但是自己的位置也暴露了。数艘日军军舰早就瞄准好了目标，一连串的炮弹像钢珠掉到玻璃板上一样落在"亚特兰大"号轻巡洋舰上。"亚特兰大"号轻巡洋舰甲板上瞬间腾起的火球，几乎将舰桥完全吞没。在漆黑的海面上，"亚特兰大"号轻巡洋舰已经变成最明显的目标。突然，又一枚大口径炮弹落在"亚特兰大"号轻巡洋舰旁边，差点击中"亚特兰大"号轻巡洋舰的船舷，巨大的爆炸声过后，"亚特兰大"号轻巡洋舰几乎被掀出海面，右侧高高腾起的巨浪，将"亚特兰大"号轻巡洋舰直接平行地推出数十米。

随着日军军舰和美军军舰相继开火，海面上顿时炮声大震，海浪翻腾，鱼雷也密集地在海中欢跃，所有的阵形都被打乱。卡拉汉少将对双方军舰混杂在一起的情况非常头疼，因为混战中无法分清敌友，所以几乎每艘美军军舰都是看见舰艇就射击。卡拉汉看见美军舰队的左侧和右侧都有日军舰队，情急之下，下令道："奇数舰向右侧射击，偶数舰向左侧射击。"

这个奇怪的命令看似既可以抵御左边的日军，又可以攻击右边的日军。但实际情况却并不是这样。本来与日军混战在一起的美军军舰听到命令后，立刻停止射击，开始转向，这不但放跑了处在防御状态中的日军军舰，并且还将自己置身于对方打击的目标上。其次，很多美军军舰在规定的射击方向上根本没有炮口，无法射击，或者完全在射击方向上找不到目标。第三就是混乱的集体调整射击方向，不但使美军阵形一时间变得更加的混乱，而且匆忙中还造成了误伤己舰的情况。

整个场面混乱无比，双方的舰队纠缠在一起，在狭窄的铁底湾中尽力周旋。几乎大家都是在完全摸不清状况的情形下，胡乱发射炮弹和鱼雷。"亚特兰大"号轻巡洋舰首当其冲，被日军的炮弹和鱼雷打得毫无还手之力，主机和其他驾驶设备都已经失灵，完全待在原地打转。混战中，站在舰桥指挥的斯考特少将被弹片击中，当场身亡。其他的随行参谋人员也被炸死，几乎舰上的美军都壮烈牺牲了，"亚特兰大"号轻巡洋舰也开始不断下沉。

美军"库欣"号驱逐舰处在奇数的阵位，按照卡拉汉的命令，应该向右侧的日军军舰射击。看到"亚特兰大"号轻巡洋舰的紧急状况后，想赶去支援，这时，黑暗中不知从哪儿射来的炮弹，正好击穿了"库欣"号驱逐舰的甲板，"库欣"号驱逐舰的航速立刻就降了下来。

正当"库欣"号驱逐舰拖着残躯继续奋战的时候，迎面发现了日军的"比睿"号战列舰，"库欣"号驱逐舰向其发起了进攻，立刻转向将鱼雷发射管对准迎面而来的"比睿"号战列舰，发射了6颗鱼雷，均没有命中。正当"库欣"号驱逐舰准备硬冲上去的时候，却不幸被探照灯照住。顿时，所有日军军舰向"库欣"号驱逐舰开炮，不到1分钟的时间，"库欣"号驱逐舰就变得千疮百孔。紧跟在"库欣"号驱逐舰身后的是美军"拉菲"号驱逐舰，见"库欣"号驱逐舰已经无力进攻，立刻加速前进，想靠近日军的"比睿"号战列舰，再行射击。由于战斗过于激烈，气氛过于紧张，美军"拉菲"号驱逐舰冲的速度过快，没有打开发射鱼雷的保险杠，就一头撞在了日军"比睿"号战列舰的巨大舰体上，发出巨大撞击声。"比睿"号战列舰几乎丝毫没有减速的迹象，而"拉菲"号驱逐舰却被推开很远，日军趁机向"拉菲"号驱逐舰射击，仅用了几秒钟，就将"拉菲"号驱逐舰击沉了。"斯特雷特"号驱逐舰也是处在奇数阵位的美军军舰，它也匆忙地向右面射击，对面的日军军舰立刻还击，3分钟后，"斯特雷特"号驱逐舰就被连续命中，彻底瘫痪了。

美军"奥班农"号驱逐舰选择了向打开探照灯的日军军舰射击，接着又毫不示弱地挑衅日军"比睿"号战列舰，直到受伤的"斯特雷特"号驱逐舰完全失灵，"奥班农"号驱逐舰为了躲避它，才转向攻击身边其他的日军军舰。正当小有成绩之时，对讲机里却传来指挥官卡拉汉少将"停止向自己的军舰开火"的命令。起初"奥班农"号驱逐舰摸不清状况，以为自己攻击了美军军舰，便立刻停火，查看情况。其实，这是日军军舰，等到"奥班农"号驱逐舰确定无误后，才开始重新射击，可惜没有命中。

卡拉汉也在混战中命令自己的"旧金山"号重巡洋舰停止射击，等待确认无误后，再恢复射击。"我们要向大的舰艇射击，那一定不是我们的。"卡拉汉声嘶力竭地喊道。日军"比睿"号战列舰立即成为众矢之的，在"比睿"号战列舰附近的美军军舰利用日军"比睿"号战列舰炮口的俯角限制，疯狂对其进行进攻。美军的"奥班农"号驱逐舰也想绕过"拉菲"号驱逐舰，近距离地向"比睿"号战列舰开火，就在"奥班农"号驱逐舰的船头刚刚绕过"拉菲"号驱逐舰时，飞驰的数枚鱼雷映入了"奥班农"号驱逐舰舵手的眼中。只听一声声的接连巨响和舰身一阵阵的震动，"奥班农"号驱逐舰也被迫退出了战斗。

卡拉汉乘坐的美军"旧金山"号重巡洋舰，陷在一群军舰中，根本分不清敌我，没办法，卡拉汉只好命令"旧金山"号重巡洋舰冲出军舰的包围圈。一路上，卡拉汉乘坐的驱逐舰冒着密集的炮火向外疾驰。由于舰艇之间距离过近，当"旧金山"号重巡洋舰被数艘日军军舰的探照灯捕捉到的时候，指挥官卡拉汉少将甚至看到了对面舰艇上正向自己射击的日本炮兵。在日军的齐射之下，卡拉汉少将也不幸中弹殉职。成排的炮弹依然在"旧金山"号重巡洋舰上疯狂地坠落。

在"旧金山"号重巡洋舰后面的是"波特兰"号重巡洋舰，它也在与日军军舰的混战中，被炸成重伤，但舰上的美军仍然继续奋战。直到"波特兰"号重巡洋舰的舰桥几乎被夷为平地，各种机动设备都被摧毁，最后在第二天被另一艘美军军舰拖拽回了图拉吉岛。

美军"朱诺"号轻巡洋舰夹在日军的军舰中央，在激烈的混战中，被鱼雷击中，连忙趁乱逃出战斗。"艾伦沃德"号驱逐舰发现了打开探照灯的日军"夕风"号驱逐舰，于是立刻连续射击，将日军军舰炸沉。美军"巴顿"号驱逐舰就没有"艾伦沃德"号驱逐舰的好运气，它几乎与一艘日军军舰同时发现了彼此，双方互相射击，"巴顿"号驱逐舰发射了4枚鱼雷，可惜都没有命中，自己倒是被一枚不知是从哪里冒出来的鱼雷结实地击中了舰体中部，海水不断地涌了进来，"巴顿"号驱逐舰渐渐开始沉入水中。美军"蒙森"号驱逐舰一马当先，将日军"晓"号驱逐舰击沉，但是随即它打开探照灯寻找其他日军军舰，暴露了自己，被日军军舰连续击中，滚滚的大火在舰体上肆意地蔓延，"蒙森"号驱逐舰坚强地支撑到天明，最终还是开始下沉。

而在此次海战中，装有先进雷达的美军"海伦娜"号轻巡洋舰和"弗莱彻"号驱逐舰，不仅全身而退，还重创了日军军舰。其中"海伦娜"号轻巡洋舰借助先进的雷达，明确地发现和辨别敌舰，对战场的形势非常清楚，以猛烈的射击追着撤离的日军军舰，重伤敌舰。"弗莱彻"号驱逐舰也利用其先进的雷达率先发现目标，将美军其他舰艇的火力引向目标。然后迅速地撤出战斗，寻找下一个目标。直到日军仓皇撤退，"弗莱彻"号驱逐舰也没有受到任何损伤，是唯一全身而退的美军军舰。

坐镇日军"比睿"号战列舰的阿部中将被混乱的海战弄得发蒙，根本搞不清状况，也不知道究竟是日军占了上风还是美军占了上风。漆黑的夜里，经过如此激烈的战斗，阿部开始胆战心惊，不敢继续深入铁底湾。于是打光了所有的鱼雷后，他便急忙地调头，下令日军军舰放弃炮击"亨德森"机场的计划，撤出战斗。这正是美军最乐意看到的情况。阿部的撤退，激怒了总司令山本五十六，山本五十六怒不可遏地在电话中大骂阿部。因为阿部突击群的进攻失败，山本五十六不得不急电田中赖三少将率增援部队返航，撤回肖特兰岛待命。

这场战役空前惨烈，仅仅在开战最初的几分钟内，漆黑一片的海面就被照得宛若白昼，甚至连军舰倒映在海面上的影子都看得一清二楚。10分钟过后，日军"比睿"号战列舰就将全部的鱼雷发射一空。仅仅才十几分钟，两位久经沙场的美军舰队指挥官就不幸殉职，与自己的战舰一同长眠南太平洋海底。混乱的恶战只进行了20多分钟，就将铁底湾海峡变成火海，使双方的军舰瘫痪在原地，变成一堆废铁，浮尸海面的士兵更是不计其数，还有很多士兵在战火中变成灰烬，除了他们远在北半球的家人外，不会有人知道他们的存在与牺牲。

在双方撤退的过程中，日军"比睿"号战列舰成了美军主要的攻击目标，所以受损严重，通信装置完全失灵。于是，阿部弘毅临时让"雪风"号驱逐舰担负旗舰任务，率领部队向北撤去。电话中，气愤的山本五十六指示阿部用"雾岛"号战列舰拖拽受重伤的"比睿"号战列舰。但是阿部考虑到，在白天里，日军很容易遭到岛上美军飞机的空袭，于是并没有执行山本五十六的命令，只留下了"长良"号轻巡洋舰负责"比睿"号战列舰的护航工作，其余舰只都加速返港。正如阿部担心的那样，天亮后，美军战斗机和轰炸机一波接一波地从四面八方飞临"比睿"号战列舰上空，一顿狂轰滥炸，千疮百孔的"比睿"号战列舰已经根本无法继续返航了，阿部便下令将天皇的照片移到"长良"号轻巡洋舰上，然后让水兵将船凿沉。后来知道消息的山本五十六认为阿部弘毅中将没有资格再指挥军舰，将后来整个瓜岛以北海战的失败都归咎到阿部的身上，并将其撤职，这些处分仍然不能平息山本五十六心中的不满，第二年干脆将阿部做了退休处理。

而美军方面，只受到一些轻伤的"海伦娜"号轻巡洋舰带着受伤较重的"朱诺"号轻巡洋舰和"旧金山"号重巡洋舰，以及3艘驱逐舰，退往圣埃斯皮里图岛。然而，厄运接踵而至。13日上午11时左右，美军"朱诺"号轻巡洋舰刚刚驶出印迪斯彭萨布尔海峡，就遇上了日军伊-26号潜艇。随即，日军潜艇向"朱诺"号轻巡洋舰发射鱼雷，躲闪不及的"朱诺"号轻巡洋舰被一枚鱼雷击中，舰上顿时发出了巨大的爆炸声，船舷两侧也掀起了滔天巨浪，腾起的巨浪拍打在甲板上。舰上700多人，除了极少数生还外，其余全部壮烈牺牲。其中包括衣阿华州滑铁卢镇托马斯·沙利文夫妇的5个儿子。战争一瞬间夺走了他们全部的儿子，毁掉了他们所有的幸福。为了避免再次发生这样的人间惨剧，美国海军特意颁布条令，规定同一家族的直系亲属不得在同一艘军舰上服役。其他美军军舰不敢过久地停留，仓皇地救起了一些"朱诺"号轻巡洋舰上的落水士兵便加速向南撤退。至此瓜岛以北海战的第一阶段才算暂时告一段落。

尽管美军也付出了相当惨痛的代价，但是毕竟阻止了日军对"亨德森"机场可能的致命打击，并迫使日军的增援部队中途返航，为最终的胜利埋下了伏笔。

（十）夜袭"亨德森"机场

尽管阿部出师不利，令山本五十六怒火中烧，但是冷静下来后，山本五十六仍然认为原定的计划还有极大的可行性，再说岛上的日军急等补给，战况已经容不得山本放弃计划，从长计议。就在阿部急忙撤回之际，山本五十六便马不停蹄地重新组织了一支增援部队。这支舰队包括 2 艘重巡洋舰和 1 艘轻巡洋舰以及 9 艘驱逐舰，同时吸纳了阿部突击群中没有受伤的"雾岛"号战列舰、"长良"号轻巡洋舰。并且派出了"隼鹰"号和"飞鹰"号航空母舰"金刚"号和"榛名"号战列舰、"利根"号重巡洋舰组成的舰队，为田中的增援部队提供掩护。

为了能够赶在 14 日夜间将增援补给物资运上瓜岛，刚刚于 13 日 11 时返回的田中赖三少将不得不在当日 15 时 30 分再次折返赶往瓜岛。同时派出了由海军中将三川率领的另一支机场炮击编队，共计 12 艘军舰。太阳渐渐西沉，13 日下午 4 时过后，三川率队从肖特兰岛出发，前往炮击"亨德森"机场。

三川将所辖的 12 艘军舰分为两队：一队是第 7 战队司令西村指挥的由 2 艘重巡洋舰、1 艘轻巡洋舰和 4 艘驱逐舰组成的炮击分队。主要任务是冲进铁底湾，直扑瓜岛，炮击"亨德森"机场；另一队则是自己指挥的由 2 艘重巡洋舰、I 艘轻巡洋舰和 2 艘驱逐舰组成的主力分队，在萨沃岛以西警戒，为炮击分队的行动提供掩护。

日军连日来的激烈进攻，让瓜岛的局势变得万分紧张。哈尔西将军得知在 12 日夜的海战中，美军舰队损失殆尽，立即在 13 日黄昏电令金凯德，要他火速派出由威利斯·李海军少将指挥的第 64 特混舰队赶赴瓜岛，阻截日军舰队。此刻李少将的舰队距离瓜岛还有 642 公里的距离。最快也得在 14 日天亮后才能赶到，根本来不及阻截三川舰队。

13 日午夜 11 时 30 分，三川舰率先驶抵了隆加角海域。准备就绪后，三川命令水上飞机起飞，在瓜岛机场上空投下了大量的照明弹，所有日军军舰向机场开火。在 30 分钟内，日军将 1000 多发炮弹全部倾泻在"亨德森"机场这块弹丸之地上。日军撤退后，美军工兵连夜将被炸毁的机场抢修完毕，14 日天明，美军飞机又可以勉强地在"亨德森"机场起飞了。而三川的炮击分队也在凌晨时分，与在萨沃岛以西巡航警戒的主力分队成功会合，一起返回了肖特兰岛。正在途中的田中赖三，听说三川成功地夜袭了"亨德森"机场，非常兴奋。于是命令增援部队加速向瓜岛海域进发，但不久便被美军侦察机发现。

接连两日，美军损失惨重。12 日夜的海战，美国海军的力量遭到了极大削弱。2 艘巡洋舰和 4 艘驱逐舰被日军击沉，2 艘巡洋舰和 2 艘驱逐舰被日军击伤，两位指挥官卡拉汉少将和斯考特少将以及近千名美军士兵被炸身亡。美军在南太平洋上的海军力量又一次遭遇灭顶之灾。紧接着 13 日夜，日军又炮击了"亨德森"机场，几乎将美军的机场夷为平地，击毁的飞机和大炮就更不用提了。

消息传回美国，震惊了整个国会，所有议员的目光都聚焦到瓜岛，全美国人民的心都系在了前线作战的美军身上。国会爆发了激烈的争论，众多议员言辞激烈地力荐从瓜岛撤军。罗斯福总统一言不发地听着议员们一个接一个义愤填膺地发表自己的看法，激烈的争论没完没了，直到会议结束，仍然没有任何结果。美国政府的高级首脑们都非常惊慌，因为暂时抛开12日和13日与日军突击群交战的损失，现在就有一支日军的增援部队和编有航空母舰的护航舰队驶向瓜岛，而此刻的瓜岛却没有一艘美军舰艇可以用来迎战。

晚些时候，罗斯福总统认真地听取了瓜岛的情况报告。这个一生目标坚定、始终不屈的伟人决定将瓜岛战役坚持到底，直到将日本人彻底赶出瓜岛。这位极具前瞻性的美军最高领导人做出了一个在以后看来，极具战略眼光、至关重要、完全扭转战局的决定。

（十一） 复仇之战

瓜岛战场这边，14日拂晓，从"亨德森"机场起飞的一架美军侦察机发现了归航途中的三川炮击编队。飞行员立刻激动地将消息传回瓜岛基地。群情激奋的美军瓜岛航空队即刻出发，报仇雪恨。旋即，美军6架鱼雷轰炸机、7架俯冲轰炸机和7架战斗机从弹坑遍地的机场艰难起飞，气势汹汹地飞临三川舰队上空，一股脑儿地投下了大批炸弹。三川舰队本来因为昨夜成功的偷袭兴奋不已，顷刻间，就在美军密集的炮火下，如丧家之犬，四处逃窜。美军飞机不顾一切地向日军俯冲，投弹，再俯冲，投弹……一口气轰炸了两个多小时。美军撤去的时候，三川舰队的1艘重巡洋舰被击伤。

美军不会这么轻易地放过三川舰队，第一波打击刚刚退去，从"企业"号航空母舰、"亨德森"机场、圣埃斯皮里图岛起飞的美军飞机又先后对三川舰队实施了数次空袭。美军的空袭效果显著，日军"衣笠"号重巡洋舰被炸沉，"摩耶"号和"鸟海"号重巡洋舰以及"五十铃"号轻巡洋舰被炸伤。

美军的好运和复仇远没有停止。美军的侦察机又在海面上发现了田中赖三率领的增援部队，兴奋的美军振臂高呼并迅速发回了发现日军军舰增援部队的讯息。谁都知道，在日军军舰的打击半径内，贸然进攻是非常危险的。但是为了阻止日军的增援，同时也是为了保护瓜岛"亨德森"机场的安全，为昨夜的打击雪耻，美军无论如何也不会放过这个机会。

上午11时，首批美军航空队飞临田中增援群的上方。美军这次一共出动了18架轰炸机、12架战斗机以及7架鱼雷轰炸机。田中的护航编队立刻拉响了防空警报。刺耳的警报响彻整个日军舰群。真正的战斗开始了，美军的航空战斗队排着整齐的阵形，呼啸着接近日军舰队。美军灵活地在日军军舰密集的火力网间穿梭，一次又一次地上升，俯冲，攻击日军。素以顽强著称的田中，仍然命令部队向瓜岛既定地点挺进。天空中到处是炮火发出的黑烟，美军飞机被日军军舰击落，拖着长长的黑烟，一头栽进太平洋中。

12时45分，战斗刚刚平息一些，地平线方向又出现了一批美军飞机的身影。田中心中叫苦不迭，只有硬着头皮往上冲。由于日军军舰的防空火炮威力巨大，美军的进攻并没有取得太大的进展，只是击伤了一艘日军的运输船。但是美军航空兵的疯狂进攻，却极大地阻碍了田中舰队的增援行动。田中必须一边抵御美军的空袭，一边强行向瓜岛地区突围，舰队在不断腾起冲天巨浪的海面上艰难地前行。

厄运远没有停止，下午1时45分，美军20架B-26"掠夺者"式轰炸机再次飞临了日军军舰上空。日军的防空炮火非常猛烈，美军轰炸机投掷的炸弹像冰雹一样砸下来。又有两艘载满日军士兵的运输船被炸沉，海面上到处漂浮着日军士兵的尸体。

14时30分，从圣埃斯皮里图岛起飞的15架美军B-17"空中堡垒"式轰炸机，对日增援群进行了第四波攻击。在4500米的高空，美军轰炸机投下了15吨炸弹，再次重创了两艘日军运输船。

第四拨攻击刚刚退去，第五拨空袭便接踵而至，从"亨德森"机场返回的美军战斗机，再一次飞临田中舰队上方，顽强地和日军军舰纠缠在一起，并且一举击落6架日机。

第六拨轰炸开始于15时30分，天边突然冒出一批画有星条旗标志的飞机，这些是从"企业"号航空母舰起飞的7架"无畏"式俯冲轰炸机。经过殊死搏斗，又击沉了2艘日运输船，美军的空袭在持续进行中，一波又一波的美机飞抵日军军舰上空投下炸弹……

整整10个小时，美军的轰炸机和战斗机一直在日军增援部队和"亨德森"机场之间来回地匆忙穿梭，连着对日军的增援群进行了8轮的空袭。整个海域被搅得沸腾不止。而日军的增援群也一直在劈波斩浪、剧烈摇晃着向瓜岛方向强行挺进。接近黄昏的时候，日军军舰已经在美军轮番的空袭下，损失大半，但是倔强的田中接到了山本五十六的"今夜必须送增援部队上岛"的命令，至死不退。

海面上漂浮着大量的日军士兵的尸体，日军的鲜血几乎将那片海域染成红色，空气中到处是火药、烧焦和血腥的味道。此时，田中也顾不得其他了，忙着搭救落水的日军士兵。据事后统计，仅从被击沉的6艘运输船上救起的日军士兵就将近5000人。血染的海面被残阳照得更加通红，海面上田中率领着增援部队拖着波光粼粼的浪花，向瓜岛疾驰而去。夜色渐渐袭来，田中的舰队也得到了一丝喘息，好在舰队的行踪可以掩映在黑夜下。美军一共炸沉了日军6艘运输船、炸瘫1艘，最后到达瓜岛滩头的日军增援部队已经不足原来的一半了。

（十二）瓜达尔卡纳尔海战

　　清晨接到田中遇袭电报的山本五十六，立即急匆匆地命令正在南太平洋活动的联合舰队之前进部队抽调兵力，尽快赶赴瓜岛。当下最重要的任务就是第三次组织舰队炮轰机场，务必要使其彻底瘫痪。近藤信竹中将紧急从各地抽调了1艘战列舰、2艘重巡洋舰和2艘轻巡洋舰，以及另外9艘驱逐舰。约定在瓜岛以北250海里的地方会合。近藤信竹将所率领的14艘军舰分为三个分队：由桥本少将指挥1艘轻巡洋舰和3艘驱逐舰的桥本分队，负责远距离警戒；由木村少将指挥1艘轻巡洋舰和6艘驱逐舰组成的木村分队，负责直接掩护；近藤则以"爱宕"号重巡洋舰为旗舰，亲自指挥余下的1艘战列舰和2艘重巡洋舰为本队，担负炮击任务。此时，美海军少将威利斯·李率领的第64特混舰队也已经抵达瓜岛海域。一场日美双方大规模的海战正在酝酿。

　　当天14时许，行至圣伊莎贝尔岛以北的日军近藤舰队，率先收到侦察机报告：在瓜岛以南发现美军2艘巡洋舰和4艘驱逐舰。近藤认为，美军主力舰队是不敢在夜间进入瓜岛海域的，最多派巡洋舰和驱逐舰进行袭扰。所以近藤决定，如果遭遇美军军舰，先将其歼灭，再执行炮击任务。这支被发现的舰队正是李少将率领的美军第64特混舰队。侦察兵报错了美军舰队的编制，实际情况是2艘战列舰和4艘驱逐舰。

　　李少将率领的第64特混舰队本来是奉哈尔西将军的命令，赶去阻击三川舰队的。但是，由于距离太远，而没有及时赶到，14日的白天才刚刚抵达瓜岛以南海域，才被日军的侦察机发现。而此时李还没有发现日军又一波的舰队正在赶来。直到黄昏时分，李收到了报告：日军舰队正在驶入萨沃岛海域，向瓜岛方向靠拢。李是美国海军的"智囊"中最聪明的，还是雷达专家。他知道，保护瓜岛最好的方式就是将日军阻击在可以炮轰机场的海域之外。为此，李少将制定了非常审慎的作战方案：为了避免像12日夜间那样的混战发生，使战列舰具有更广阔的回旋余地，李计划在埃斯帕恩斯角附近比较开阔的海域展开战斗。

　　李少将率领舰队在铁底湾海峡游弋了一阵，可是日军的舰队却连个影子也没有。天黑后，李少将率领舰队驶过了铁底湾，前往埃斯帕恩斯角地区，当军舰通过铁底湾海面的时候，由于铁底湾的海底沉没着大量日美战争的军舰残骸，发出了巨大的电磁干扰，李少将的舰队罗盘指针都不断地来回抖动。其实这片海峡原来并不叫铁底湾，直到后来，日军和美军激烈的海战，使得大量的军舰在此海域沉没，这些沉默的军舰发出强大的电磁干扰，改变了这一海域的地球磁场，遂改名为"铁底湾"。经过萨沃岛的时候，李少将仔细地搜寻了附近的海面，仍然没有发现日军军舰的踪影。

19时许，近藤舰队各分队都已进入了萨沃岛海域。就在李少将因为找不到日军军舰急得如坐针毡的时候，近藤舰队已经距离他很近了，并且近藤手下的桥本分队率先发现了李少将的舰队。于是，桥本将舰队分成两队，准备采用东西两面夹击的办法对付美军：一队是"川内"号轻巡洋舰和"敷波"号驱逐舰，从萨沃岛东面进攻；另一队是"绫波"号和"浦波"号驱逐舰，从萨沃岛西面发动偷袭。美军还在拼命地搜索日军军舰，竟不知日军军舰就在眼前。午夜11时，"华盛顿"号战列舰的雷达首先映射出了日军"川内"号轻巡洋舰的身影。美军"华盛顿"号和"南达科他"号战列舰随即向日军开炮。

此时，桥本仍然以为对方只不过是巡洋舰和驱逐舰，根本没有把美军军舰放在眼里，直到美军战列舰406毫米口径的炮弹落在日军"川内"号轻巡洋舰旁边的海域，桥本才知道遇上的哪里是巡洋舰，分明就是火力威猛的战列舰。日军"川内"号轻巡洋舰知道无法抵御战列舰的火力，便立即施放了烟幕弹，与"敷波"号驱逐舰一起调头逃去。撤退途中，桥本立即电报近藤。此时，近藤中将正领着本队和另外两艘驱逐舰在萨沃岛的西北处巡航，准备伺机进入铁底湾炮击"亨德森"机场。近藤本以为桥本和木村两个分队对付美军应该绰绰有余，直到收到桥本"发现美军战列舰"的消息，近藤才恍然大悟，急急忙忙地赶去助战。

近藤把14艘军舰分成四路，迅速缩小对美军军舰的包围圈。大约5分钟后，领头的美军"沃尔克"号驱逐舰率先发现了从南面接近的2艘日军驱逐舰，然后立刻对后面的美军军舰发出通报预警。依次排在"沃尔克"号驱逐舰后面的"本哈姆"号和"普雷斯顿"号驱逐舰也随即发现了目标并且都迅速开火。从南面进攻过来的是日军"绫波"号和"浦波"号驱逐舰。本来，这两艘驱逐舰想摸到美军军舰的近身处，打美军一个措手不及。没想到，自己却首先被美军发现，密集的美军火力随即便对他们劈头盖脸地砸来。慌乱之中，日军"绫波"号和"浦波"号驱逐舰也奋力还击。3艘美军驱逐舰猛烈地向这两艘被发现的日军驱逐舰射击，特别是"绫波"号驱逐舰，它遭到了重创，已经燃起熊熊大火。

好在它们的牺牲还是换回了一些成果，美军军舰都被面前的这两艘日军军舰吸引住了，这样，后面的日军舰队轻而易举地就偷袭成功了。美军军舰后方的木村率领着他的5艘军舰并没有迅速地冲上前去救援深陷险境的"绫波"号驱逐舰，而是默默地一字排开，驶进萨沃岛投在海面的阴影中，借着阴影的掩护，迅速地向3艘美军军舰靠拢。日军舰队紧贴着萨沃岛的海岸线行驶，这样就可以把自己很好地掩藏在萨沃岛的雷达回波中，使美军军舰的雷达不能轻易地发现舰队的身影。就在木村即将向美军军舰开火的时候，美军舰队中的"格温"号驱逐舰发现了躲在阴影中的日军军舰，它立刻单刀插入，横亘在木村舰队的前方，并率先向日军的"长良"

号轻巡洋舰射击，这样4艘美军军舰便都处在日军"绫波"号和"浦波"号驱逐舰以及其他5艘日军军舰的中间。局势一下发生了逆转，变成7艘日军军舰围攻4艘美军军舰。炮弹在漆黑的夜空中划过，巨大的炮声不绝于耳。日军"长良"号轻巡洋舰一马当先，连续地向拼命冲上来的美军"格温"号驱逐舰射击。一阵惊天动地的爆炸声过后，美军"格温"号驱逐舰中弹2处，其中一处击中舵机，整个驱逐舰立刻瘫在原地，其甲板上也连续地发生爆炸，巨大的火球腾空而起，渐渐地将"格温"号驱逐舰吞灭。

日军"长良"号轻巡洋舰击退了美军"格温"号驱逐舰后，骄傲地调转炮口，准备用鱼雷攻击其他美军军舰。美军"沃尔克"号驱逐舰正准备给日军"绫波"号驱逐舰致命一击。突然，"沃尔克"号驱逐舰自己发生了剧烈的震动，紧接着不断有炮弹从身后射来。缓过神的日军"浦波"号驱逐舰也立即重新校准目标，猛烈地向美军军舰开火。这下轮到美军吃不消了，"沃尔克"号驱逐舰率先向左转向，脱离了美军纵队，却在调头之际被日军射来的一枚鱼雷击中，舰体瞬间从中间发生爆炸解体，支离破碎地沉入了海底。日军"绫波"号驱逐舰也因为受损严重，在"沃尔克"号驱逐舰沉没之前，首先没入海中。

美军"普雷斯顿"号驱逐舰也没有好到哪里去。当日军的鱼雷从黑暗处射来的时候，舵手紧急转向，及时地躲过了日军的鱼雷。舰长下令调整"普雷斯顿"号驱逐舰的炮口，准备发射鱼雷还击，可惜还是晚了一步，日军军舰已经率先将密集的炮弹射向了"普雷斯顿"号驱逐舰，一眨眼的工夫，"普雷斯顿"号驱逐舰便接连中弹，连舰艇上的烟筒也被炸塌，径直地倒了下来。爆炸激起的碎片，击中了"普雷斯顿"号驱逐舰舰长的头部，舰长当场阵亡，失去舰长的"普雷斯顿"号驱逐舰，逐渐也就失去了战斗力。日军的炮火和鱼雷从四面八方射来，混乱的美军根本无法确定日军在什么地方，甚至有些美军士兵还认为这些炮弹都是瓜岛上日军大炮射来的。

眼前发生的一切，美军"华盛顿"号战列舰上的指挥官李少将看得清清楚楚。他紧急下令美军军舰群中火力强大的两艘战列舰加速向前，支援与日军交火的美军驱逐舰。但是前方受伤的美军"本哈姆"号和"格温"号驱逐舰都已经无法制动，所以冲上来的两艘美军战列舰就必须转向绕过他们。"华盛顿"号战列舰首先向左转向，紧随其后的"南达科他"号战列舰向右转向。这样一来，美军军舰就不得不各自为战，处于不利的位置。

美军"南达科他"号战列舰首先陷入被动，被日军军舰的探照灯照住了。顿时，海面上散落的日军军舰都将炮口对准了"南达科他"号战列舰。日军的炮弹从四面八方飞来，落在"南达科他"号战列舰附近的海域。"南达科他"号战列舰立即还击，偏偏此时"南达科他"号战列舰的电路发生了故障，雷达显示屏上的目标混乱不堪，美军完全分不清敌我，不敢贸然开炮，所以"南达科他"号战列舰上的大炮突然完全哑了下来。舰上的雷达指挥官急得火烧眉毛，不停地向故障排除员高喊："再不快点我们就都要见上帝啦！"日军密集的炮火从四面八方射过来，美军上好膛的大炮却只能隐忍不发，欧文舰长只好下令撤出战斗。

美军李少将在指挥"华盛顿"号战列舰作战的过程中，注意到了"南达科他"号战列舰正一弹不发地迅速撤退。李急了，抓起无线电对讲机喊道："欧文舰长，你为什么不开炮！你在想什么！"

"将军，电路发生故障，雷达无法正常显示，我怕误伤己舰！"欧文舰长无奈地答道。

"少啰唆，打仗就是你不杀他，他就会置你于死地，我要你给我开炮，听懂了没有？！"李少将生气地骂道。

"可是将军，没有雷达我真的无法辨别敌友啊！"欧文舰长对于要他盲目地开炮，担心地说道。

"华盛顿"号战列舰

"日本人也没有雷达，他们能找到我们，为什么我们就不能没有那该死的雷达？给我开炮，听见没有，我命令你开炮！"李几乎是喊着说，恨不得自己也向"南达科他"号战列舰开火。

美军"南达科他"号战列舰的撤退，使得"华盛顿"号战列舰陷入了孤军奋战的境地。面对从四面八方包抄而来的众多日军军舰，李少将指挥的"华盛顿"号战列舰毫不畏惧，奋勇还击。激战至15日凌晨左右，李少将下令美军军舰打开识别灯，发现只剩下2艘弹痕累累的驱逐舰和2艘战列舰。李少将果断下令2艘驱逐舰撤出战斗，自己则指挥着"华盛顿"号和"南达科他"号战列舰继续与日军军舰周旋。

被骂过的"南达科他"号战列舰舰长欧文求胜心切，希望可以将功折罪，于是下令全舰美军士兵都立刻向日军军舰开火。自己则驾驶着"南达科他"号战列舰迅速往前冲。由于冲得过猛，并且无法用雷达分清敌友，等到从四面八方射来的日军军舰炮弹落在"南达科他"号战列舰上时，欧文舰长才反应过来"南达科他"号战列舰已经要冲入日军的舰群中。"轰隆——"又是一声巨响，"南达科他"号战列舰被腾起的巨浪挡住了视线，炮弹接连不断地落下，掀起一阵排山倒海的巨浪。等到巨浪落下，"南达科他"号战列舰发现，它已经被5艘日军军舰包围，情况危急。

突然哨兵大喊道："右后方发现鱼雷航迹！正南面、东北面也有鱼雷痕迹，注意躲避！"几乎和哨兵惊慌的喊声同时响起的便是响彻美军军舰的鱼雷警报。惊慌不已的美军几乎要达到情绪的极限了。此时"南达科他"号战列舰的舵手默默地注视着面前仪器屏幕上闪现的鱼雷，双眼圆睁，嘴唇紧咬，紧紧地抓着船舵疯狂地来回转舵：先向左满舵，再向右转舵至一半，再转……

一枚枚的鱼雷从"南达科他"号战列舰舰体的外围穿了出去，在舵手灵活的驾驶下，竟然都扑了空。但是日军的炮弹却几乎全都命中，"南达科他"号战列舰的舰桥，甚至是甲板上层暴露的一切，几乎都被炸飞了，很多舰面上的美军水兵都被日军的炮火炸得粉身碎骨。"南达科他"号战列舰的舰面上不断地爆炸，不断地腾起火光和黑烟。日军的炮弹将"南达科他"号战列舰炸得剧烈摇晃，以至于美军舵手不得不拼尽全力才能够控制住船舵。突然又有一批鱼雷在漆黑与火光相交的海中冲向"南达科他"号战列舰，美军军舰舵手的眼珠几乎都要瞪出来了，疯狂地向左面满舵。

美军"华盛顿"号战列舰装有先进的雷达，可以非常准确地找出日军军舰的位置。李少将就在雷达的指引下，从容不迫地指挥作战，一颗颗炮弹精准地击中日军军舰，打得日军军舰毫无还手之力。为了支援"南达科他"号战列舰，"华盛顿"号战列舰将全部的406毫米主炮炮弹一股脑地射向日军"雾岛"号战列舰，同时还用127毫米副炮疯狂地开火。仅仅7分钟，日军"雾岛"号战列舰就燃起了熊熊大火，成为漆黑海面上名副其实的"火炬"，舰上的舵机也遭到了重创，完全丧失了战斗能力。近藤信竹完全弄不清刚才的炮弹是从哪里射来的，于是立刻叫来了同样正在进攻"南达科他"号战列舰的"爱宕"号重巡洋舰，掩护旗舰"雾岛"号战列舰，并将指挥室临时搬到了"爱宕"号重巡洋舰上。日军"高雄"号重巡洋舰看见"雾岛"号战列舰受到重创，也立刻放弃继续攻击，紧急转向保护"雾岛"号战列舰。欧文舰长急忙驾驶"南达科他"号战列舰趁机消失在日军的视线中。

在全力攻击日军"雾岛"号战列舰的同时，美军"华盛顿"号战列舰也并没有放过日军"爱宕"号和"高雄"号重巡洋舰，127毫米炮弹毫不留情地射向它们。接连的爆炸声在舰上响起，大火球夹着黑烟一团接一团地腾向甲板的上空。日军军舰炸起的碎片不断地被抛起又落下，舰上的日军像棉絮一样被轻飘地抛向空中，巨大的爆炸声和各种嘈杂的声音将日军的喊声轻易地湮灭。呈现在李少将面前的景象就像是一部淹没在熊熊战火中的默片，残忍骄横的日军就像没有生命的玩偶在上演着一出罪有应得的丑剧。这些肆意践踏其他民族的屠杀者，尽管对他们的惩罚就在面前，但是没有世人会对他们付出怜悯之心。

此时田中赖三少将率领的日军运输船队早已经驶抵了萨沃岛以北海域，就一直隐藏在黑暗笼罩的海面上，静静地注视着远处海面上军舰攒动、火光跳跃。田中非常希望近藤能够击溃美军舰队，然后炮轰"亨德森"机场，掩护自己的运输编队上岛。整个过程中，田中的心几次提到了嗓子眼，仿佛要跳出喉咙。当他看见了日军舰队不可扭转的败局后，立刻就明白了自己此行也必败无疑。

为了不放弃最后一丝希望，田中赖三立刻派出了运输船队的 3 艘日军军舰赶去增援焦头烂额的近藤信竹。激烈的思想冲突使田中赖三一时无法决定到底是撤退还是继续冒险向瓜岛逼近，他深知这次增援和补给的重要性。可问题是，如果日军舰队无法压制来自美军"亨德森"机场的火力，那么只要天一亮，他的运输船队就将沦为活靶。但是，要在天亮之前，将所有的增援部队和物资补给运上瓜岛是根本不可能的。此刻，田中好像被两面墙壁紧紧地挤在中间，无论他转向哪边，都将撞得头破血流。焦虑不安的田中赖三在舰桥上反反复复地走来走去，留给他的时间已经不多了，日军和美军的海战已经接近尾声。

李少将指挥着"华盛顿"号战列舰与多艘日军军舰展开了殊死战斗。尽管在数量上日军占优，但是在气势上，他们并没有占到多少便宜，反倒是唯一的"华盛顿"号战列舰独领风骚，笑傲群雄。15 日凌晨 1 时 22 分，田中赖三派来的 3 艘支援舰赶到，迅速地加入了战斗。刚刚加入战斗的 3 艘日军军舰立刻引起了美军李少将的极高警惕，"华盛顿"号战列舰迅速地调头，向西北疾驰出去，准备将 3 艘日军军舰挡在"南达科他"号战列舰之外。其实，李少将完全不知道在西北方向隐藏着日军的增援部队，只是想阻击这 3 艘很有可能袭击"南达科他"号战列舰的日军军舰。但是近藤信竹却正好想反了，他以为美军军舰发现了隐藏的日军运输船队，于是立刻下令加速向美军"华盛顿"号战列舰追了出去，务必要在美军军舰攻击日军运输船队前，将其截获。

数艘日军军舰接到命令后，都立刻转向，全速向"华盛顿"号战列舰驶去。李少将也一直指挥着疾速行驶的美军"华盛顿"号战列舰猛烈还击。虽然近藤信竹率领的日军军舰很快驶向西北方向，与新赶来的 3 艘日军军舰会合在一起，但是李少将依旧单枪匹马地紧追日军不放。日军驱逐舰回过头来向其发射鱼雷，直到这时，早已没有驱逐舰掩护的李少将才下令"华盛顿"号战列舰返航，与"南达科他"号战列舰会合，掩护其扑灭大火、抢修破损、安全撤退。近藤根本无暇顾及与身后向自己拼命开火的"华盛顿"号战列舰，只是一心要尽快赶到运输船队外围进行保护。当近藤火急火燎地赶到日军增援部队外围的时候，回头发现美军军舰早已不知去向。近藤带领着日军军舰在海面搜寻了半天，也没有发现美军军舰，以为美军军舰撤退了，碍于美军军舰的炮火和天亮后被空袭的危险，近藤决定放弃炮击"亨德森"机场。

美军的确是首先撤出了战斗，但是并不是日军想的那样。事实是，在美军"华盛顿"号战列舰为了掩护"南达科他"号战列舰而向新赶来的 3 艘日军军舰追去的时候，发现其他的日军军舰也都拼命地调头往西北方向赶，并且很快就将首先调头的"华盛顿"号战列舰远远地甩在了后方，美军并不知道日军的运输船队在西北方向，日军是为在美军军舰到达之前赶回去护航，还以为雷达上显示的日军军舰疾速驶向西北是因为承受不了美军军舰的炮火，正在撤退。所以，在掩护了"南达科他"号战列舰撤退又追了一段时间后，李少将决定也撤出战斗，返回美军基地。以至于最后，日军列好了战队，虎视眈眈地将炮口对准身后的美军时，发现连美军的影子都没了，还以为是美军军舰先撤了。

最后时刻，田中赖三无愧于"最顽强"的称号，决定继续执行原计划，尽全力送补给上岛。由于用小型的登陆艇无法在天亮之前将日军的增援部队和补给物资都运上滩头，于是田中赖三想了一个折中的办法，即用大型的运输船采用抢滩搁浅的方式送增援部队和补给物资上岛，但是这样一来日军的运输船就会在天明之后完全成为美军的炮灰。于是，田中赖三给司令官山本五十六发了请示的电报，此时山本五十六还不知道近藤信竹已经放弃了炮击"亨德森"机场的计划，于是断然地拒绝了田中赖三少将的请求。

15日凌晨2时，田中赖三率增援部队到达了既定的登陆地点，违背了山本五十六的命令，直接抢滩登陆瓜岛。此时天空已经稍微变亮，为了防备美军的空中打击，田中赖三下令护航舰队中的航空母舰舰载机迅速升空，阻击随时可能出现的美军飞机。日军运输船队正一刻不停地卸载，田中不住地瞄着地平线，同时迅速地指挥着日军登陆。经过紧张的忙碌，天亮时日军共有2000名士兵登陆成功，260箱弹药还有1500袋的大米被成功运上瓜岛。

随着日出的到来，厄运也跟着到来了，6架美军飞机出现在田中赖三登陆地点的上空，密集的炮弹噼里啪啦地落在了运输船的周围，日军只好被迫停止了卸载。田中赖三率领着唯一的1艘驱逐舰与美军飞机周旋，争取时间强行卸载。一批又一批的美军飞机赶来助战，目标不仅是日军的舰队，还有日军拼死拼活送上滩头的物资补给。还有1艘美军军舰从图拉吉岛赶来，向田中赖三的舰队连连发射鱼雷。田中率领着日军军舰在海面上慌不择路地奔逃，甲板被美军飞机投下的炸弹击中，燃起冲天的大火，日军再也无力回天……最终，田中下令释放烟雾，抛下了运输船以及舰上的日军增援部队和补给物资，如惊弓之鸟般逃回日军基地。

被丢下的日军增援部队陷入了绝望的哀号中，他们拼命地往滩头跑去，一波接一波推搡着跳下运输船。美军的飞机在天上不断地盘旋、投弹。好多来不及下水的日军士兵就这样被炸死在船上。海面上和滩头上的日军如没头苍蝇一般，向四面八方乱窜。有的日军士兵彻底被吓坏了，完全分不清方向，竟然向深海中跑，直到完全没了进去。大部分的日军还是争先恐后地向滩头上跑，以为那就是唯一活下去的机会。

美军丝毫没有给日本人留任何机会，数发炸弹先后在滩头的不同位置爆炸，日军奋力卸载到滩头的补给物资也被美军的炮弹点燃，一片连一片地将滩头化为火海。成吨的物资在滩头剧烈地燃烧，冒出的黑烟几乎封锁了一片海域。

美军又是一阵连续攻击，海面上、滩头上以及附近的丛林中，硝烟弥漫。后面的日军根本无法上岸，上了岸的日军也没有藏身之所，只能被美军炸死或者被大火吞灭。极度恐慌的日军像小蚂蚁一样，乱哄哄地瞎转。开始，美军飞行员还觉得非常解气，拼命地进攻。到后来，下面的情况完全就是一幅惨绝人寰的画面，以至于美军的飞行员都不忍心再往下看。大火持续地烧了很久，日军士兵烧焦的尸体摆出各种狰狞的姿势。漫天的烟尘，久久地笼罩在这片海域的上空，然后渐渐地随风散落……这场海战，是日军开战以来的一场巨大浩劫，对于一心想要侵略的日军，上帝最终还是站在美国人这边的。

至此，美日双方持续激战了三天三夜的大海战，才算正式告一段落，双方的主要目标都是要将己方的增援部队和补给物资送上瓜岛，同时尽力阻截对方的增援部队和补给物资。美军比较成功地完成了任务，而日军最终送到岛上的物资只是不足17%的增援部队和不足0.05%的补给物资，这场海战惨烈异常，史称瓜达尔卡纳尔海战。

由于美国海军李少将率领着第64特混舰队巧妙而又顽强地击败了日军舰队，使得这次海战以美军的大获全胜而告终，连瓜岛战役之初就一直对海军多有不满的范德格里夫特少将也一反常态地向哈尔西司令发去了一封热情洋溢的感谢信，表达他对海军最深切的敬意。

胜利的消息像插上了翅膀一样，很快传回了华盛顿，参谋长联席会议的情绪为之一振，整个美国政府的高层都觉得大快人心，欢欣鼓舞。美国海军部长诺克斯上将在接受报界采访时激动地说道："尽管我们遭受了严重损失，但是瓜岛战役是我们的一个决定性的胜利。可以这样说，从今天开始，我军在所罗门群岛南部诸岛的阵地都免除了日军的威胁，我们胜利的日子就要到了。"罗斯福总统也感到了极大的欢欣与难得的轻松，连月来的瓜岛激战，已经使这位在第二次世界大战史上居功至伟的老人感到莫大的压力。但是，这位意志坚定的指挥官是决不会被压垮的。后来，在卡拉汉和斯考特两位将领的追悼会上，罗斯福总统深沉而又坚定地宣称道："这次战争的转折点终于来到了！"

（十三）塔萨法隆格海战

瓜达尔卡纳尔海战后，日军不断地调集兵力和各种物资集结在南太平洋，准备接下来的困战。大本营经过讨论，制定了新的作战方针：想要重新夺回瓜岛，制空权是最重要的争夺目标。日军应该陆海军联合出击，压制美军的航空火力，至少在战争初期要暂时取得制空权。待增援部队与补给物资成功地被运上瓜岛后，再伺机组织海陆空全方位地联合反攻，一举夺回瓜岛。

为了实现这一战略目标，日军迅速进行了以下的调整部署：

首先，组建第8方面军，下辖从中国战场调来的第18军，以及瓜岛百武晴吉指挥的第17军。其中第18军负责接替在新几内亚岛的第17军防务，第17军则从这里撤出，增援瓜岛。

塔萨法隆格海战

其次，海军要以第2、第5、第8舰队主力及第11航空舰队协助陆军作战。

最后，但却是非常重要的，日军为整个计划大致规定了一个时间表：12月下旬之前完成一系列航空基地的建设，然后先以大规模的空战夺取制空权，大约在1943年1月中旬，完成对瓜岛的大规模兵员与作战物资的输送。如果上述作战准备都顺利完成，就可以在1月下旬开始发动总攻。

新组建的第8方面军急需一位指挥官，该选谁好呢？在日本陆军参谋总长杉山元将军的推荐下，今村均陆军中将被委以此任。这个今村中将可是大有来头，他在日军内部享有"儒将"的美誉，不仅足智多谋，而且为人斯文有礼，一点也不像那些崇尚血腥暴力的日军将领。他曾经率领日军征服了荷属东印度公司，在日军内部有着几乎和山本五十六一样的威望，甚至也享有"军神"的美誉。

今村接到命令，急忙从爪哇赶到了东京，在起程去日军基地拉包尔之前，天皇要亲自接见他，以示最高礼遇和殷切的鼓励。1942年11月22日，今村硬着头皮飞抵拉包尔走马上任。他知道日本海军在11月份的海战中损失惨重，一定时期内是无法指望的。但是当他飞抵拉包尔基地，详细了解了情况后，不禁心情一沉：实际情况要比之前在东京了解的更糟。于是，上任后，今村做的第一件事就是给瓜岛第17军司令百武晴吉中将发电：尔等一定要忍辱负重，以图东山再起，我等积极准备，尽快予之补给。天皇陛下万岁，吾等武运长久。

接到电报的百武晴吉悲喜交加。喜的是，大本营并没有放弃瓜岛，还在积极地备战。悲的是，目前岛上的日军缺乏补给，要如何挨到日军的增援部队赶到，并且守住日军目前的阵地！最近，岛上的美军并没有什么大的举动，甚至每天例行的丛林空袭也越来越少。美军暂时已经不是日军的当务之急，饥饿已经成为横亘在日军面前不可逾越的鸿沟。岛上的日军由于美军的严密封锁，只能每晚依靠运载能力有限的"东京快车"进行补给。所以补给非常紧张，每个士兵的口粮已经下降到只有原来的五分之一至三分之一。众多日军士兵因为长期营养不良，已经骨瘦如柴、脸色蜡黄、双颊凹陷、毛发稀疏。白天，他们只能躲在茂密的原始森林中，幽灵般地来回穿梭寻找食物；晚上，他们更是得与各种可怕的热带昆虫共枕而眠。由于长期在遮天蔽日的丛林中活动，绝大部分日军士兵都因为缺乏阳光的照射，而变得免疫力极弱，各种疾病在队伍中间流行。甚至小小的感冒，也能够要很多日军士兵的性命。更惨的是那些在战斗中负伤的士兵，由于缺乏足够的医疗药物，只能用海水不停地在伤口处消毒。即使是这样，小片的擦伤也演化成大面积的溃烂。这还不是全部的困难，体力严重下降的日军士兵还不得不不断地行军，因为在一个地方驻扎几天，附近可以吃的椰子、野果和其他食物就被日军采摘一空。为了尽可能有足够的食物，日军就必须不断地迁徙。还要在任何时候都保持警惕，以便随时进入战斗状态，抵抗美军的空袭和路上袭击。

战局基本上可以说是一边倒地倾向美军这边，但是日军并没有轻易认输的意思，大本营还在迅速地调兵遣将，为即将的总攻做着基础的准备。相较于陆军的紧张忙碌，海军倒显得非常低调。由于舰队在上个月的瓜达尔卡纳尔海战中元气大伤，总司令山本五十六对于增援瓜岛的计划显得无精打采。其实山本五十六也不是不想协助陆军，实在是有心无力。首先，刚刚经过白热化的激烈海战，日军舰艇急需时间休整。其次，日军所有的航空母舰都撤回本土进行大修去了，仅凭手中的战列舰，根本无法和美军相持。如果贸然出动海军，根本对美军构不成任何有分量的威胁，只能是充当炮灰，白白牺牲。山本五十六始终不同意派出大规模的舰队运输物资，只同意每晚采用"东京快车"的方式运送补给。直到最后山本五十六决定，连"东京快车"也停止了运输。

岛上的日军士兵连这最后的一丁点儿补给也没有了，大家留下来的唯一目的就是等死，后来居然发展到连瓜岛的日军司令部也开始断粮了。忧心如焚的百武晴吉不断地将求援电报派往拉包尔今村司令部。今村司令部就像一个中转站一样将所有的求援电报，雪片般地转往联合舰队司令部山本五十六面前，但是这些电报最终都如泥牛入海。直到发往拉包尔今村司令部的电报变成了百武晴吉气急败坏的连续咒骂。

处在生理极限的日军士兵士气低落，百武晴吉只好安慰大家说："我已经接到了今村将军的电报，他们很快就会派出大批军舰炮击'亨德森'机场，我们借机会冲进机场，那里有美军堆得像小山一样高的食物！"

底下的日军士兵一个个东倒西歪地坐在地上，有的甚至已经连坐起来的力气都没有了，半倚在树上，或者完全躺在地上。他们都在认真而痴迷地听着，无精打采的脸上都僵硬地闪现着如痴如醉的神色，似乎由于饥饿而逐渐发黄的眼睛也闪现出了异样的光芒。

今村对于山本五十六高挂"免战牌"的行为，毫无办法，陆军不可能直接指挥海军出动运输补给。万般无奈下，今村只好向大本营求助，参谋部提出征用民船进行运输，但是大本营考虑到实际情况的制约而驳回了参谋部的请求，这样又惹得参谋部不痛快：不给他们增援部队和补给物资，岛上的日军怎么去和美国佬战斗？就这样争来争去，补给的问题很长时间都没有得到解决。

直到 11 月中旬，日军发明了一种新的运输方式——铁桶运输。把补给物资装入铁桶，但是不要装满，使其能在水中浮起，同时四周密封后，用绳索连接起来，固定在舰艇的甲板上，等载到指定水域后，砍断绳索，将长长的铁桶链投入海中，利用潮汐的力量送到瓜岛，再由岛上的部队派出汽艇，钩住绳索将其拖到岸边即可。果然，这个方法屡试不爽。

11 月 25—30 日，日本海军部队每天都会派出军舰进行这种补给，但是这种方式的运载能力有限，所以瓜岛的日军仍然处在饥饿与死亡的边缘。目前，如何确保补给物资能够安全迅速地运上瓜岛是摆在日军面前最头疼的事情。11 月 28 日，日军的指挥部决定，集中抽调大规模的舰队进行较大规模的增援和补给。这支增援部队由"长波"号和"高波"号驱逐舰担任警戒，以"亲潮"号、"黑潮"号、"阳炎"号、"卷波"号、"江风"号和"凉风"号驱逐舰担任运输，共载运 1100 个铁桶和少量部队上岛。仍然是田中赖三少将负责指挥从肖特兰岛起航。

进入了 11 月，美军掌握了瓜岛方面的制空权和制海权，所以美军不仅补给充足，兵强马壮，而且"亨德森"机场也已经有了 2 条战斗机跑道、1 条轰炸机跑道。美军 B-17"空中堡垒"式轰炸机，可以直接在瓜岛降落。气势正盛的美军时不时就会派飞机空袭肖特兰岛。

为了使美军军舰的打击更具威慑力，哈尔西决定对海上部队的编制与部署进行调整，将现有战舰组建成 3 支特混编队。一是由"企业"号和"萨拉托加"号航空母舰等组成的航空母舰编队；二是由"华盛顿"号、"印第安纳"号和"北卡罗来纳"号战列舰等组成的战列舰编队；三是由"彭萨科拉"号、"诺斯安普敦"号和"新奥尔良"号重巡洋舰，"檀香山"号和"海伦娜"号轻巡洋舰等组成的巡洋舰编队。三支特混舰队互相保持着相对的机动性，一旦发现日军联合舰队新的动向，便立刻投入战斗，目标是切断敌人的海上运输线。另由 5 艘巡洋舰和 6 艘驱逐舰组成第 67 特混舰队，先由金凯德将军指挥，后由赖特海军少将接替，这支舰队的基本任务是阻止日军增援。

日军在肖特兰岛大规模的集结，引起了美军的注意。哈尔西中将根据侦察截获的情报也估计到，日军近期很有可能进行一次大规模的增援行动，遂命令赖特海军少将率领第 67 特混舰队，于 29 日晚出航，前往瓜岛海域阻击来犯之敌。接到命令后，赖特将第 67 特混舰队分成两支舰队：一支为驱逐舰群，另一支为巡洋舰群。并且约定：一旦与敌舰相遇，担负警戒任务的驱逐舰，可凭新式雷达最先发现目标，发起鱼雷攻击。待水上飞机投下照明弹，为巡洋舰群指示射击目标后，驱逐舰群要立即闪开，让巡洋舰群的火力有用武之地。

11 月 29 日夜里，田中率领着舰队从肖特兰港出发了，事前，田中精心制定了一个计划，每一个细节都反复斟酌，最后还是觉得不太放心。为了规避危险，田中精选了一条迷惑性的道路：出海后率先向爪哇岛方向前进，进至该岛东南再转向南行，由圣伊莎贝尔岛以东驶入瓜岛。已经数次率领增援部队赶赴瓜岛的田中深知此航线的危险性。他们必须要非常小心，才有可能全身而退。

据美军的情报，这支日军的"东京快车"会在 30 日的夜晚抵达铁底湾。赖特少将急了，因为从赖特出发的圣埃斯皮里图岛距瓜岛尚有 1259 公里的距离，正常行驶他根本无法在日军之前到达瓜岛海域阻击来犯之敌。于是赖特选择了一条"近路"：经印迪斯彭萨布尔海峡直奔铁底湾。

田中坐镇"长波"号驱逐舰，一共率领着 8 艘驱逐舰，驶进了苍茫的夜色中。这 8 艘驱逐舰尾部都拖着一条长千余米的铁桶链，在广阔的海面上，显得非常滑稽。田中按照既定计划，一直在走迷惑性路线，其实他在心里已经暗暗地做好了打算：如果舰队在进入铁底湾海峡的时候遭遇美军军舰，那么其中的 4 支驱逐舰便立刻割断绳索，调头迎接敌人。剩余的 4 艘日军军舰继续强行向原定海域突破。

接二连三地在瓜岛这片海域涉险拼命，田中赖三在这次航行中，整整一夜没敢合眼，时刻警惕着周围的动静。但是直到第二天上午 10 点，海面上还是风平浪静，一点风吹草动都没有，田中赖三紧张的心情渐渐平复下来。突然，前方的地平线上出现了一个黑点，逐渐变大，直到日军的瞭望哨发现了这是一架美军侦察机，慌忙地拉响了警报。

接到报告的田中赖三并没有急于下命令，而是拿着望远镜密切地注视着天边的情况，和美军侦察机一起来袭的还有大片大片的黑云。突然，天空变脸，原本平静的海面立刻波涛汹涌，紧接着划亮天际的闪电和轰隆的雷声也从远处的天空传来，猛烈的暴雨接踵而至。田中赖三立刻下令改变航向躲入雨中，希望能够迷惑住敌人。

天气的骤变，使美军飞行员顾不得袭击日军舰队，就匆忙地发回了"发现日军军舰"的报告，调头直线飞回基地图拉吉岛。由于雷电的干扰，第 67 特混舰队的无线电台根本就没有收到这条重要的情报。美军赖特少将知道，如果天气持续这样，那么他们根本就指不上舰载无线电台，唯一可以依靠的就只有潜伏在布干维尔岛布纳港的情报人员了。果然，30 日的早晨，一名潜伏的美军情报人员在数日军军舰桅杆数目时，发现大约 7 艘驱逐舰不知去向，他立即将有关情况发给了美军舰队。

日军在大雨中躲避了一会儿，未发现再有其他的美军飞机赶来，时间紧迫，于是田中率部调转航向，继续驶向铁底湾。当日夜晚 10 时 25 分，海面像锅底一样漆黑，前方几十米外，基本上什么也看不见。美军第 67 特混舰队驶过隆格水道，由萨沃岛北面进入了"铁底湾"。赖特采用的是 4 艘驱逐舰担任前卫、5 艘巡洋舰居中、2 艘驱逐舰断后的阵形。按原定计划，前卫群应该进行早期预警发现目标，然后中间的巡洋舰负责阻击日军，最后的 2 艘驱逐舰负责警戒巡洋舰的后方，以防止敌军绕道偷袭。

20 分钟后，田中赖三率领的日军增援部队也由萨沃岛西面驶入了铁底湾，为了安全起见，田中采用了一字形纵队鱼贯而入的方式进入海峡。打头的是负责警戒的"高波"号驱逐舰，田中赖三坐镇的"长波"号驱逐舰紧随着"高波"号驱逐舰，驶入它的右后方。其他驱逐舰依次鱼贯而入。田中舰队一行人排着紧密的队形，小心翼翼地驶到塔萨法隆格角附近后，发现海面上确实没有什么敌情，田中赖三才放心地下令让所有日军军舰都分散开来，准备向岸上接应的日军士兵发信号，等看到对岸日军点起的篝火时，再开始投放铁桶。

11 时 6 分，美军"明尼阿波利斯"号重巡洋舰的雷达率先捕捉到日军军舰的踪迹，拉响了战斗警报。指挥官赖特也立刻紧张起来，他大踏步地来到了雷达监视屏前面，发现一支舰队正在向东南方向驶来，这一定就是日军的"东京快车"了。赖特毫不犹豫地下令，前方的美军驱逐舰用鱼雷向日军军舰猛烈地射击。

就在美军军舰发现日军军舰的同时，日军舰队中打头警戒的"高波"号驱逐舰，也发现了美军的身影，于是立刻打亮信号灯，发出警报。可是因为天色太暗，日军"长波"号驱逐舰并没有看到这一信号。直到又沟通了几分钟，田中赖三才得到确切的消息，知道美军军舰就在眼前，慌忙迎战。

11 时 16 分，美军"弗莱彻"号驱逐舰发现了日军军舰，舰长科尔中校清楚地看见了日军军舰信号灯的闪光，请求发射鱼雷。但是美军"明尼阿波利斯"号重巡洋舰上的雷达显示的日军军舰位置模糊不清，赖特少将害怕距离过远，把握不大，所以迟迟不肯下命令。眼看与日军军舰的距离越来越近，美军"弗莱彻"号驱逐舰上的鱼雷官急得直跺脚，科尔舰长也坐不住了，他率先打破了无线电沉默，对赖特少将说："'弗莱彻'号驱逐舰正处在发射鱼雷的最佳位置上，再过一会儿，我们就要撞上了。"然而赖特还是犹豫不决，他立刻询问了其他 3 艘驱逐舰的位置后，才对 4 艘驱逐舰组成的美军前卫群下达了攻击命令。

就在这耽搁的几分钟内，日军"高波"号驱逐舰已经和美军"弗莱彻"号驱逐舰平行相对地驶过，甚至双方舰上的士兵都能看到对方，而日军军舰也没有得到开火的命令，就这样双方的炮手都瞪大着眼睛看着对方相向而过，日军"高波"号驱逐舰已经处在了美军"弗莱彻"号驱逐舰的左前方，现在的射击位置，变得对日军军舰有利了。

等到美军指挥官赖特下达了命令，日军军舰早已经飞快地驶过美军军舰，急速赶往瓜岛方向了。美军军舰立刻调转方向，美军"弗莱彻"号驱逐舰首先发射出10枚鱼雷，紧跟其后的"帕金斯"号驱逐舰发射出8枚鱼雷，"莫利"号驱逐舰在混乱的情况下，没有找到目标，"普雷斯顿"号驱逐舰发射了2枚鱼雷。但是，日军早已飞快地将美军甩在身后，美军失去了目标。

早在出发前，田中赖三便对所有的日军士兵说道："此次行动，我们的目的是运送补给上岛，所以如非必要，尽量不要用炮击，这样容易暴露目标，要依靠鱼雷攻击对方。"所以，日军军舰在面对美军军舰的攻击时，都尽量不去迎战，而是抓紧时间投放浮桶。日军舰队始终没有反应，使得赖特少将非常抓狂，他立即抓起话筒，大喊"开始炮击！开始炮击！"赖特所在的"明尼阿波利斯"号重巡洋舰第一个打开了照明灯，其他驱逐舰纷纷发射照明弹，整个铁底湾被照得大亮。此时日军的舰队正忙着往海中投放浮桶，根本无暇顾及其他。直到一名日军的瞭望哨士兵惊恐地喊道："鱼雷，前方有鱼雷！"田中赖三这才将注意力从登陆的事情上暂时转移了下来。

有3枚鱼雷已经蹿到日军"长波"号驱逐舰的面前，眼看就要与日军"长波"号驱逐舰"亲密"接触了。舰上的士兵们乱作一团，都惊恐地紧闭双眼。突然有一个水兵兴奋地叫了起来："哈哈，快看！敌人的鱼雷自动沉没啦！"其他日军士兵也都纷纷爆发出巨大的欢呼："万岁！"

劫后余生的田中立刻抓起对讲机，询问其他日军军舰的情况，得到的答复是：7艘日军军舰都毫发无损。田中喜不自禁，立刻下令所有日军军舰都高速接近美军军舰，然后用鱼雷进行攻击。美军军舰的开火，不但没有伤害到日军军舰，反而向日军军舰暴露了自己，日军的观察哨立刻报告道："发现敌方4艘驱逐舰、5艘巡洋舰。"这正是美军舰队正确的编制。

担任警戒的日军"高波"号驱逐舰距离美军最近，最早暴露了目标，遭到美军的密集轰击，迫不得已全力还击。这下，美军军舰不用雷达就能够准确地锁定它的位置了。"高波"号驱逐舰连连中弹，整个舰面都腾起了巨大的火球，目标已经完全暴露了。但是日军的夜战素养非常好，使得"高波"号驱逐舰在中弹70余发的条件下，仍能坚守作战。关键时刻，赖特指挥着美军旗舰"明尼阿波利斯"号重巡洋舰一马当先，连连用重火力进攻日军"高波"号驱逐舰，"高波"号驱逐舰终于吃不住，舰体都被打得倾斜，连忙撤出了战斗，最终在撤退的途中沉没了。

美军驱逐舰已经左右分开向两边散去，将主战场让给巡洋舰，自己则在左右的侧翼进攻。"新奥尔良"号、"彭萨科拉"号和"北安普敦"号重巡洋舰，"檀香山"号和"海伦娜"号轻巡洋舰，都集中最强的火力向日军开火，但是对面的日军似乎没有一点反应，到目前为止，仅有已经逃离的日军"高波"号驱逐舰拼命地向美军射击过，甚至美军军舰指挥官赖特以为对面潜伏的是日军的运输船队。

其实，对面的日军舰队一直在不断地机动着、不断地变化方位，灵巧地穿行于美军密集的火力网中，只有队首的"高波"号驱逐舰被击伤，其他的日军军舰都安然无恙。日军的举动果然迷惑住了赖特少将，他认为对面的日军舰队是一支根本没有打击能力的运输船队，无论如何也不能让这些到手的战利品跑掉。于是，赖特直接大胆地命令后卫的 2 艘驱逐舰立刻直接插上，所有 11 艘美军军舰一起拥向前方的日军，决不能放掉一艘日军的运输船。

美军争先恐后蜂拥而上，进入了日军舰队发射鱼雷的扇形打击圈，这一举动正好中了田中赖三的下怀。田中大喜过望，立刻下令所有日军准备撤退，并且在撤退前向对面的美军发射鱼雷。日军"长波"号驱逐舰率先调头，在撤退前，一口气发射出了所有的鱼雷。"卷波"号、"亲潮"号、"黑潮"号、"江风"号和"凉风"号驱逐舰紧随其后，在放完了浮桶后，立刻转向，抓住有利机会向美军发射鱼雷。只有"阳炎"号驱逐舰出了些小插曲，没有及时地断开浮桶的绳子，错过了发射鱼雷的最好时机。

美军"新奥尔良"号重巡洋舰在雷达屏上率先发现了其他日军军舰的位置，连续地多次齐射，对方的阵地一点反应也没有。"彭萨科拉"号重巡洋舰的雷达性能不好，搜寻了好半天，费了九牛二虎之力，才寻找到日军目标。可是，当它准备射击时，日军舰队已经飞快地和它拉开了距离，完全在它的射程之外了。最有意思的是刚刚奉命插上来的美军"拉姆森"号驱逐舰，完全弄不清状况也找不到目标，只看见所有美军军舰疯狂地向一片平静的黑暗海面开火，于是也跟着向同一方向疯狂开火。

美军根本不知道，真正的危险正在悄然来临。几十枚 93 式"长矛"型鱼雷乘风破浪地冲了过来。11 时 27 分，2 枚近在咫尺的鱼雷映入了美军"明尼阿波利斯"号重巡洋舰瞭望哨士兵的眼帘。瞭望哨士兵几乎不敢相信地瞪圆了惊恐的眼睛，大声呼喊道："鱼雷，两枚鱼雷，要爆炸了……"他根本来不及报告方位，直接喊出了爆炸，果然，说话的空当儿，就是一阵可怕的爆炸。

一声声接连的巨响，紧接着一阵剧烈的摇晃，"明尼阿波利斯"号重巡洋舰的舰面立刻燃起了熊熊大火，舰桥的玻璃和桅杆都被炸毁，正在舰桥上指挥战斗的赖特少将也被击伤，于是将指挥权交给了"檀香山"号轻巡洋舰的舰长提斯德尔海军少将。但是，美军"明尼阿波利斯"号重巡洋舰始终坚持战斗，即使舰身已经着起了大火，也仍然频频射击不肯后退。

　　紧随其后的美军"新奥尔良"号重巡洋舰见"明尼阿波利斯"号重巡洋舰着起了大火，于是立刻右满舵试图避免碰撞。但是，舰上的美军没有看到擦着"明尼阿波利斯"号重巡洋舰船舷射来的鱼雷，"新奥尔良"号重巡洋舰忙于向右转向时，正好把弹药舱所在的舰首左舷暴露给了日军的鱼雷。日军的鱼雷正好就击中了2个弹药舱的中间位置，一下引爆了弹药舱。爆炸一声接一声地传来，整个甲板很快就被炸毁，完全陷入了冲天的大火中。"新奥尔良"号重巡洋舰的航速迅速下降，没几分钟就完全丧失了战斗力。

　　遭到重创的"新奥尔良"号重巡洋舰几乎是横在"彭萨科拉"号重巡洋舰的前面。"彭萨科拉"号重巡洋舰的舰长立刻下令向左转向，避免碰撞，结果直接冲到了美军"明尼阿波利斯"号重巡洋舰的前方。将它巨大的舰体暴露在黑暗处游动的日军舰队面前。刚刚切断补给绳的日军"阳炎"号驱逐舰这次没有浪费发射机会，它瞅准时机，一股脑儿地发射了所有的鱼雷。其中一枚命中了"彭萨科拉"号左舷机舱，汹涌的海水立刻涌进了美军军舰，"彭萨科拉"号重巡洋舰立刻下降了一大截水位，航速也骤然降低，几乎是漂浮在海面上。

　　美军"檀香山"号轻巡洋舰，因为与"彭萨科拉"号重巡洋舰拉开的距离比较远，所以在看见前面的3艘友舰接连受到攻击后，舰长提斯德尔海军少将亲自掌舵，成功地躲避了日军射来的鱼雷。情况紧急，提斯德尔海军少将顾不得集结后面的全部美军军舰，便以30节的高航速向日军的舰群冲去，发疯般地向日军舰群开火，为后面的美军军舰营救陷于水深火热中的3艘美军军舰创造机会。后来，美军"檀香山"号轻巡洋舰干脆就用身体挡住受伤的美军军舰，完全横在日军舰炮面前，战斗已经趋于白热化。

　　最不幸的莫过于排在最后的美军"北安普敦"号重巡洋舰，它看见了前面的3艘友舰着起了大火。情急之下，"北安普敦"号重巡洋舰想要躲避，但是看见前方友舰相继在不同的方位受到攻击，身陷火海，一时不知道该往哪里行驶，接连地来回转舵，左躲右闪。此时，海面已经被大火照得通亮，日军很快就从火光的掩映中发现了"北安普敦"号重巡洋舰的踪迹。日军"亲潮"号驱逐舰很快校准了目标，连续发射2枚鱼雷击中美军军舰的左船舷，爆炸接踵而来，浓密的黑烟中，美军"北安普敦"号重巡洋舰的舰体上出现了巨大的空洞，大量的海水迅速疯狂地涌进舱内。爆炸和海水的巨大冲击将军舰上的美军震得人仰马翻，乱糟糟地忙成一团。"北安普敦"号重巡洋舰不断地下沉，整个右面舰体高高地倾斜，所有舰上的美军都奋力地堵住舰上的漏水点，但是炸开的大洞过于庞大，美军的努力根本不起任何作用。眼看从舰体左侧的大洞不断有海水打着漩涡涌进，"北安普敦"号重巡洋舰的舰长痛苦地宣布了弃舰的决定，一直坚持奋战的美军流着眼泪，纷纷跳下海中……

美军"檀香山"号轻巡洋舰上的士兵看着眼前的景象几乎是一边流着眼泪，一边放下救生艇搭救落水的美军士兵……一时间美军狼狈极了。"檀香山"号轻巡洋舰的舰长提斯德尔海军少将的情绪也在这样的场景前达到了顶点，放下救生艇后，这位英勇无畏的舰长立刻单枪匹马地率舰向瓜岛海域的日军舰队追去。

在激烈的交战中，美军面对着眼前战友被日军鱼雷夺取生命的场景，都打红了眼。不管是水下的鱼雷还是舰面上的大炮都是一刻不停地射击，美军疯狂地叫喊着，但是炮火声和爆炸声轻而易举地湮灭了这些愤怒的声音。就像一出哑剧，观众们只能从美军夸张的表情和挥舞的动作中读出他们此刻激烈的情绪。

由于一直行进在阵队的最前方，美军"拉姆森"号和"拉德森"号驱逐舰早已把美军巡洋舰群甩得老远，一直跟在撤退的日军后面不停地追击。由于位置过于接近日军军舰，致使受损严重、急于报仇的"明尼阿波利斯"号、"新奥尔良"号和"彭萨科拉"号重巡洋舰想也没想就认为是日军军舰，劈头盖脸就是一顿炮轰。正在全力攻击日军军舰的美军"拉姆森"号驱逐舰，忽然"后门着火"，舰长立刻跑过去查看情况，弄清是己方误射后，"拉姆森"号驱逐舰的舰长立刻跑回指挥室，抓起对讲机喊道："看清楚再打，不要误射己舰！"但是对面的美军舰队似乎完全没有反应，疯狂的炮弹照样狂射不止。正在与日军军舰作战的美军"拉德森"号驱逐舰已经中了自己人一发炮弹，这个时候，2艘驱逐舰上的美军才明白过来，旗舰已经被日军重创，根本收不到电波了。于是，2艘美军驱逐舰立刻打开了识别灯，同时飞快地驶出3艘美军巡洋舰的火力范围。

就在"拉姆森"号和"拉德森"号驱逐舰匆忙地向前飞驰的时候，"拉姆森"号驱逐舰的瞭望哨突然报告说："前方发现日军布下的铁桶。"

当美军发现里面装的是补给时，立刻明白了，原来这就是"东京快车"新的补给方式。美军当下就将这些铁桶击沉。

此时，大部分日军军舰都早已甩掉了美军的追击，于是田中不慌不忙地派了"阳炎"号和"黑潮"号驱逐舰返回去，救援已经受伤的"高波"号驱逐舰返航，其他还没有来得及投放补给铁桶的日军军舰也继续返回去投放补给。返回途中，两艘前去接应"高波"号驱逐舰的日军军舰意外地遇见了受伤严重、还在熊熊燃烧的美军"明尼阿波利斯"号重巡洋舰。两艘日军军舰交换了一下意见，决定悄悄地接近"明尼阿波利斯"号重巡洋舰，彻底将其击沉。

就在这时，刚刚大显神威的美军"檀香山"号轻巡洋舰发现了接近的两艘日军军舰，于是风驰电掣地赶了过去，再一次将身体横在美军"明尼阿波利斯"号重巡洋舰面前，猛烈地向日军军舰射击。日军只好留下了不断下沉的"高波"号驱逐舰，灰溜溜地逃走。其他返回瓜岛的日军继续投放完了所有的物资，田中才率领舰队返回肖特兰岛。提斯德尔少将乘着"檀香山"号轻巡洋舰绕着萨沃岛巡视，没有发现日军，就率领美军离去。这场海战最终以日军的胜利而告终。

这是日本屈指可数的几次将战略目标放在第一位，没有因为注重攻击美军的舰艇飞机而舍本逐末。尽管遭到了美军的阻击，但是日军指挥官田中赖三少将还是果断应战，在战略不利的条件下，打了一场战术上的胜仗。

而美军则不然，赖特少将在与日军交火前，曾经先后三次发现了日军的踪迹，但都没有果断出击，抓住有利的时机，完全将美军舰队装有先进的雷达这项优势消耗殆尽。同时，指挥上也出现了问题，将主力巡洋舰队放在前卫驱逐舰队的后面，的确更有利于美军依靠驱逐舰的照明弹更好地发现日军，但是他忽略了被围在中间的阵形限制了巡洋舰的强大火力，而把火力相对弱小的驱逐舰推到了日军炮火的第一线，甚至后来竟然发生了巡洋舰攻击己方驱逐舰的情况。

这是瓜岛战役最后一次较大规模的海战，也是整个战争中日军屈指可数的在损失不大的情况下"百分之百"地完成了战略任务的军事行动，史称塔萨法隆格海战。

虽然田中赖三成功地将铁桶卸载到了既定海域，但是随后美军就出动军舰将其悉数炸毁。天亮后，"亨德森"机场的航空队大规模出动，轻松地击毁了日军投放的绝大部分补给物资，事实上，最后落到岛上日军手中的补给只是很小很小的一部分。

就在岛上的日军像野人一样在原始的热带丛林中与严酷的自然环境抗争的时候，美军却过着"极其幸福快乐的日子"。各种补给被源源不断地运上瓜岛，堆积如山；就在日军为了填饱肚子，在阴暗的原始丛林中像鬼魂一样游荡的时候，美军却正在吃着从澳大利亚运来的奶酪和脱水蔬菜；当日军为了一只蚂蚱，争作一团时，美军却在"亨德森"机场内，品尝着威士忌，互相吹嘘着自己的光荣战绩，甚至偶尔还能够得到一两支墨西哥雪茄烟。这对前线的战士们来说，可是极大的享受，甚至可以用来充当赌资。整个美军队伍都士气高昂，无比坚信战争的胜负已经确定，胜利女神就站在自己的背后。

鉴于胜负已定，尼米兹上将就认为美国海军第1陆战师已完成使命，是该换防休息的时候了。在和麦克阿瑟将军商量后，尼米兹决定派出由师长帕奇陆军少将率领的陆军第25步兵师进驻瓜岛，接替换防的第1陆战师。1942年12月9日，战绩辉煌的海军第1陆战师，在经过了浴血奋战的4个月后，终于可以撤至澳大利亚进行休整。临行前，载誉而归的第1陆战师师长范德格里夫特少将激动地说道："虽然瓜岛战役的最后胜利不是在我们手中直接取得的，但是瓜岛战役的胜利，首推第1陆战师。"

正如范德格里夫特少将说的那样，第二次世界大战结束后，罗斯福总统在表彰"优异部队"时，第1陆战师是第一个获得这一称号的队伍。而范德格里夫特也在日后被晋升为海军中将，后来任美国海军陆战队总指挥官。经过此战，第1陆战师将瓜岛的名字刻在他们的师徽上，以纪念瓜岛血战的辉煌胜利和战士前仆后继的英勇捐躯。瓜岛这一个鲜为人知的南太平洋小岛，竟然逐渐成了聚焦世界目光的战争分水岭，第1陆战师也因为瓜岛战役而名垂青史。

接替美军第1陆战师上岛的第25步兵师师长帕奇，严密地视察岛上日军的行动和情况后，被百武晴吉的虚张声势所迷惑，向哈尔西发出如下报告：日军极有可能在近期发动一次决死反攻，我军应该以攻代守将日军推到防御的位置。哈尔西同意了帕奇的请求，并且提醒他逐步拿下直接威胁机场的敌军阵地即可，要适可而止，千万不能造成"亨德森"机场的防御力量过于稀疏，令日军有机可乘，占领或摧毁机场。只要"亨德森"机场在美军手中，瓜岛也就不会轻易地易手。于是帕奇开始酝酿夺取奥斯腾山等目标的作战计划。

塔萨法隆格海战之后，日军的海上运输线彻底地被美军截断了。瓜岛上的日军陷入了完全孤立无援的境地，他们每天都在盼着日军能够突破海上封锁，尽快增援。而日军大本营也忧心如焚，绞尽脑汁想办法增援瓜岛。

12月3日，日军田中赖三少将再次坐镇"长波"号驱逐舰，率领着10艘驱逐舰，拖拽着1500个浮桶静静地驶出了肖特兰港。不料，舰队刚刚离开，就被美军的情报人员发现，随即报告了瓜岛的美军司令部，"仙人掌"航空队立刻奉命起飞前去拦截。田中率领着舰队在所罗门群岛的海槽内高速行驶着，一直没有发生任何异样。直到下午时分，田中发现有一架美军的侦察机跟在日军军舰后面，此时日军舰队还没有驶入瓜岛海域。美军侦察机也并不急于向日军军舰发动进攻，一直保持着一定的距离，尾随日军军舰。田中猜测大批的美军飞机一会儿就会飞临舰队上空，疯狂地空袭日军，于是他下令加速行驶，力争天黑前撤出瓜岛海域。

田中率领着舰队全速南下，直到即将驶出海槽，也没有遇见来袭的美军飞机。尽管田中疑窦丛生，但还是大喜不已。原来，那艘一直尾随着日军军舰的美军飞行员报错了舰队的方位，致使赶来的美军航空队飞到更远的海域，直到发现出错，才重新返回扑向日军舰队。此时，美军的燃料基本都快耗尽了，但是他们丝毫没有退去的意思，还是拼了命地向日军的舰队俯冲过去。见到美军飞机来袭，日军军舰立刻四下散开，并派出战斗机升空拦截。

美军战斗机紧紧地咬住日军战斗机，眼见日军的护航战斗机忙于和美军的战斗机群周旋，无暇顾及四散而逃的运输船队，美军轰炸机就在天空中划了一个漂亮的弧线，俯冲下来。日军军舰吓了一跳，连忙操作转舵，快速躲闪。美军轰炸机投下的炸弹不断地在日军军舰周围的海域爆炸，激起巨大的水柱。原本平静的海面，立刻狂潮汹涌，冲天的水柱，急速搅动的海面，将日军的舰队拍打得直摇晃。然而在海槽的出口海域，海面十分辽阔，日军舰队就充分地利用了这一优势，躲过了美军的轰炸，并且用高射炮对俯冲而下的美军轰炸机疯狂反击。田中赖三看见日军的驱逐舰拖着长长的补给，战斗起来非常吃力。于是，他立刻命令正在与美军战斗机群纠缠的日军战斗机赶来护航支援。日军4架战斗机冒死冲破了美军飞机的拦截，呼啸着扑向天空中的美军轰炸机。经过一番眼花缭乱的殊死搏斗，最终击落了美军的两架轰炸机。而美军轰炸机投下的炸弹却并没有击中日军军舰。夜幕降临，美军航空队看继续纠缠下去也不会有什么进展，于是就纷纷没入云层中撤退了。

而田中也无心恋战，趁着这个机会，命令舰队加速南下。直奔预定的接应地点——塔萨法隆格角。夜幕高垂，岛上的日军早已等在岸上多时了。入夜后，他们就冲出了隐蔽的树林，来到海滩上，急切地注视着海面上的动静，有的实在是等得心急了，干脆走到靠近海滩的浅海中，伸着脖子张望。

漆黑的海面上，突然亮起了日军的信号灯，岛上所有的日军都迅速地各就各位，准备卸载。悄无声息，没有一点喜悦，也没有过多的其他表情，仿佛这些是与他们毫不相干的事情。其实，日军士兵只是经过长久的艰苦战斗和人体极限的考验，已经疲于应付，完全快接近绝望的崩溃边缘了。

岛上的日军也在海滩点起篝火，示意日军舰队可以靠近。日军士兵争先恐后地划着小船，向驱逐舰队靠去。等所有的浮桶绳索都被砍断后，田中赖三不敢过多耽误，立刻用信号灯向对岸的日军发出信息："我们的任务已经完成，祝我军武运长久！"说完调头就飞快地驶进了黑夜中。直到这时，还有很多的日军小船拖着补给没有返回到岸边。

田中舰队刚刚调头，天空就传来了轰炸机的声音，美军的飞机果然出现了。海面上顿时巨浪汹涌、波涛翻滚，几十米的水柱不断在日军小船的旁边腾空而起。本就惊恐的日军更加如惊弓之鸟，纷纷跌入水中，海面顿时像下饺子一样沸腾了。10余架美军飞机随心所欲地向日军投掷炸弹，不但日军拖拽的补给和小船被炸飞，而且好多日军士兵也再没上岸。日军铁桶中的大米漂满海面，只要随便喝几口海水，就会有米粒流进嘴里。很多被淹死、被炸死的日军士兵，临死前都拼命地喝着海水，因为他们认为死也要当"饱死鬼"。

海中的日军不住地挣扎，岸上的士兵也不住地救人和抢救补给。凶猛的海浪声和遍地的哀号声不绝于耳。当夜，田中赖三的舰队一共投放了1500个浮桶，岛上的日军，拼尽全力，付出了300多条生命的代价，只打捞起了310桶补给。

经过了数次的拦截，瓜岛上的美军也逐渐找到了对付"东京快车"的方法：美军战斗机先行堵住日军战斗机，与之在远离日军舰队的空中纠缠，少量的美军轰炸机轻而易举地就能对拖着长长"尾巴"的日军舰队进行空袭，当日军舰队转向撤退之际，美军的轰炸机就能够对留在海面的浮桶进行毁灭性打击，这样补给就很少有可能落入岛上日军的手里。

而日军也不停地想办法增援补给，12月7日，田中赖三少将又率领一批新的"东京快车"出其不意地在埃斯帕恩斯角进行投放。此次补给，田中少将坐镇2500吨级的"照月"号驱逐舰，率领8艘驱逐舰拖带了1200个浮桶。正好当夜天气不好，阴云密布，美军的飞机没有办法进行拦截，田中在午夜的时候投完了所有的浮桶，迅速地指挥舰队调头返航。就在这时，不知道从哪里冒出了美军鱼雷艇发现了"照月"号驱逐舰，美军鱼雷艇发射的鱼雷不偏不倚地击中了"照月"号驱逐舰，其中1枚鱼雷正好击中了"照月"号驱逐舰的弹药舱。连续的爆炸把"照月"号驱逐舰震得上下颠簸，直接把田中赖三和其他日军参谋以及水兵甩出了军舰。田中重重地跌入水中，受了伤，但有其他参谋发现了他，架着他大声呼救，其他日军军舰立刻赶过去将指挥官打捞上船，并抢救了一些其他的落水士兵，仓皇地逃跑了。美国人打开了探照灯，当着日本人的面，毫不留情地击碎了那些漂在海面上的浮桶。

12月21日，田中赖三又一次率队前去瓜岛增援，这次他带去了1200个浮桶，投放在了埃斯帕恩斯角附近的海面上，但是美军很快就发现了，并且迅速地向浮桶投弹。岛上的日军拼死抢救，才打捞起了100个铁桶，其余悉数尽毁。

这样，经过美军3个星期的疯狂阻截，日军增援瓜岛的补给绝大部分都被击毁，日军付出了惨痛的代价，也只得到了其中极小的一部分。

瓜岛的日军陷入了无法解围的困境，整个日本都非常震惊，天皇只好在元旦祝词中委婉地说："日军在瓜岛的行动遇见了巨大的困难……"1943年的元旦，所有的日本人是在极度不安与压抑中度过的。这个在日本人心中极其重要的节日，对瓜岛的日军来说也是终生难忘的，因为很有可能，这将是他们度过的最后一个元旦。

（十四）摧毁蒙达机场

瓜达尔卡纳尔海战之后，日军彻底丧失了瓜岛海域的制海权，渐渐感到对于瓜岛的战争越来越力不从心。山本五十六也一度愁眉不展，经过深思熟虑，山本五十六做了一个大胆的决定：重建一个机场。山本五十六的考虑是掌握制空权，瓜岛战役进行了这么久，美军之所以能够掌握战役的主动权，就是因为他们一直牢牢地掌握着"亨德森"机场，牢牢握有制空权。而日军则有很大不同，日军离瓜岛最近的航空基地，也在遥远的拉包尔。如果日军也能够在瓜岛附近找一个合适的岛屿，秘密地修建一个空军基地，进驻一批飞机，这样日军就有足够的力量与美军在空中对抗，才有希望打破美军的海上封锁，甚至可以夺下制海权和制空权。

打定主意后，山本五十六将目光锁定在了蒙达岛。蒙达岛位于新几内亚岛中，是个人迹罕至的小岛。不但离瓜岛不远，而且日军在前几天的时间，已经实际占有了这个小岛，并驻有相当的留守部队。美军的海上封锁越来越严密，岛上的日军已经深陷困境，时间对于日军来说是极其重要的，于是山本五十六决定尽一切力量，尽快地将这个机场建起来。山本五十六派了一支运输船队驶向蒙达岛，运去了大量的机械设备和工兵队伍，开始日夜赶工迅速地修建蒙达岛的简易机场。

日军非常小心，施工进行得极其隐秘。首先，日军选择了一片茂密的树林作为航空基地的选址，这样，遮天蔽日的树林，很容易掩护日军的行动。其次，在施工的过程中，日本人每移走一棵树，就在原地拉起一片伪装网，上面铺满了椰子、棕榈等植物的叶子。美军的侦察机若不仔细观察，是很难发现的。

尽管日军的行动一直进行得很隐秘，但是在开工不久后，日军的秘密还是被美军的侦察机意外地发现了。12月3日这天，一架美军的侦察机照例执行高空侦察任务路过蒙达岛，无意间发现了小岛的海岸边停泊着很多运输船，于是飞行员降低高度试图仔细侦察。就在这时，猛烈的高射炮炮弹穿过遮天蔽日的阔叶，向美军飞机射来。美军飞行员没有防备，吓了一跳，立刻拉起操纵杆，调头飞了回去，并且立刻将情况反映给了地区司令部和南太平洋部队。岛上的日军也猜到情况可能会暴露，于是立刻向拉包尔海军基地求援，要求派出航空部队，应付美军接下来可能的行动。果然不出日军所料，不多时，一个美军轰炸机中队再次飞临了蒙达岛上空，直接俯冲投弹。林子里的日军也用高射炮猛烈地射击，试图拦截美军的飞机。美军的轰炸机冒险突破了日军的高射炮火力网，强行俯冲投弹，炸毁了机场上空的伪装网，日军新建的房屋和未竣工的跑道赫然出现在美军面前。美军轰炸机中队迅速进行了高空拍照，然后调头返航，不再恋战。这个时候，日军从拉包尔基地赶来增援的航空队，还在遥远的海面上飞速驰骋。

日军在蒙达岛修建机场的消息让哈尔西中将十分震惊，如果日本人的计划得逞，那对于美军来说就是个无休止的噩梦。"亨德森"机场很可能易手不说，美军的海上运输线也可能被切断，美军在岛上的兵力可是日军的2倍多，给养将会更加困难。所以无论如何，也必须阻止日军的行动，决不能让蒙达岛成为第二个瓜岛。

12月6日清早，天空像是要下雨一般，阴沉沉的，海面上很大一片区域内都是雾气迷蒙的。这样的天气，能见度极低，不利于美军轰炸机精确打击目标。但是"仙人掌"航空队还是决定趁着浓雾的掩护，从"亨德森"机场起飞，气势汹汹地杀向蒙达岛。岛上的日军仍然用高射炮组成密集的火力网，试图将美军的飞机拦在一定区域外。但是美军仍然强行俯冲投弹。因为能见度很低，日军的高射炮火力又很猛，所以美军冒险强行投下的炸弹基本都没有命中目标，对日军的打击没有取得什么成效，岛上的日军还在抓紧时间进行修建机场，只有炮手在操作高射炮组织防御。

12月8日，美军又从圣埃斯皮里图岛派出了18架B-17"空中堡垒"式轰炸机，前往蒙达岛进行第二次空中打击。美军轰炸机携带的重型炸弹取得了比较满意的效果。日军刚修建的跑道基本被美军摧毁了，疲惫不堪的日军不得不在晚上突击施工，以保证工程进度。

美军非常了解日军工兵的素养，于是从 12 月 13 日开始，美军加强了进攻火力。白天派轰炸机，晚上派水上飞机，24 小时连续不停地轰炸日军的跑道，扫射日军的营房，扰得日军不得安宁。但是日军没有轻易放弃，他们派出了大批飞机去蒙达岛掩护工兵队施工，到 12 月中旬左右的时候，日军硬是将蒙达岛机场的主体工程修建完成。随即便进驻了大批的飞机。局势开始发生转折，日军飞机不断地从蒙达岛起飞前往"亨德森"机场进行轰炸，与此同时，美军的海上舰队也开始受到日军经常性的骚扰。

在半个月的时间内，日军就开始同时在制空权和制海权两方面与美国人对话了，一个新的威胁出现了。哈尔西将军为此紧急召开专门会议，会上哈尔西表示，情况非常危急，美军必须迅速地正视蒙达岛问题，发动正规的、大规模的、坚决的打击，以确保蒙达岛不会成为第二个瓜岛。

自从有日军飞机进驻蒙达岛后，一向谨慎的日军也开始放松警惕。他们没想到，美军凶猛如潮的进攻即将到来。12 月 20 日黎明，美军派出了由战斗机护航的 40 余架 B-26 "掠夺者"式轰炸机，对蒙达机场进行了第一波猛烈打击。正在梦中的日军被打了个措手不及。连日来一直相安无事，谁也没有想到，美军竟会突然来袭。

等到瞭望哨拉响警报的时候，美军的飞机已经从云雾中探出头来，几乎就近在眼前了。惊慌的日军赶紧投入战斗，可惜还是晚了。日军高射炮还没有进入阵地，美军轰炸机就低空俯冲了过来，轻而易举地穿过了日军的火力网。然后肆无忌惮地向日军的机场投掷炸弹。突袭的效果果然显著，不仅日军的机场受到了严重的毁坏，而且跑道两边停放的 22 架日军飞机也先后被炸毁，金属碎片飞向四面八方，噼里啪啦地落在地上，成了一堆没用又碍眼的垃圾。只有 4 架日军战斗机冒着美军密集的炮火成功起飞，但是寡不敌众的日机还来不及施展威力，就被美军战斗机围而歼掉。

好不容易美军的飞机退去，日军赶紧清理现场，损失相当惨重，仅有 8 架战斗机因为被伪装网挡住，而没有被炸毁。日军的地勤人员赶紧将跑道清理干净，准备让这仅有的 8 架飞机顺利升空。就在这时，轰鸣声又从海岛上空传来，日军循声望去，在云层间，美军的轰炸机和战斗机的身影若隐若现，美军的第二拨飞机又"如约而至"。日军赶紧将伪装网再次铺好，把来不及升空的 8 架战斗机隐蔽起来，然后飞快地躲进了防空洞，任凭外面的美军飞机狂轰滥炸。美军的第二拨轰炸机看见机场已经变成一片火海，地面上的目标也都已经被消灭，盘旋了一圈后，决定攻击停在海岸上的驳船队。驳船哪里是轰炸机的对手，连忙四散逃开，美军击沉了10艘驳船后，从拉包尔基地起飞的日军战斗机才出现，救下了其余的驳船。

太阳马上就要落山了，西边的天空红彤彤的，海面上铺满了霞光，蒙达岛上的日军颓废而又疲惫地做着各自的工作。工兵队还在不停地抢修被严重破坏的机场。就在这时，就在这么美丽的景致面前，美军的第三次空袭突然而至。尽管第三拨美军没有找到什么攻击目标，但是也不能白来一趟，于是将蒙达岛的机场跑道又轰炸了一遍，才扬长而去。

12月26日，美军的1艘潜艇悄悄来到蒙达岛海域收集情报。它小心翼翼地浮出海面，发现仍然不时有飞机在蒙达机场起飞和降落，于是立刻将这个消息告诉了美军南太平洋司令部。哈尔西将军闻讯后，斩钉截铁地说："这说明，我们的空袭还不够，我们还需要更彻底、更猛烈的进攻。我想，我们需要派舰艇部队去执行轰炸任务。"

"请等一下，将军。我们的军舰只要稍微靠近蒙达岛，就已经进入了岛上日军飞机的作战半径，而此刻蒙达岛的飞机场还远在我们大炮火力的射程外，这么做，风险比较大，很可能造成重大的损失。"参谋长布朗宁担心地说道。

"恐怕日军的指挥官不会相信，美军军舰敢在日军战斗机活动半径之内出现吧！"哈尔西不以为意，"我们也来一次'华盛顿快车'，在夜间出其不意地打了就跑呢？"

"将军，我想到了一个两全其美的办法，"布朗宁仍然怀着谨慎的态度说，"10天后，我们要运送增援部队去瓜岛，我们可以派护航舰队在返航途中驶往蒙达岛，执行炮击机场的任务。即使日军侦察机白天发现了我们的舰队，也不一定猜测出我们准备在夜里用护航舰队执行任务。我想这样效果会更好。"

"哈哈，好，就按你说的办！"哈尔西当即同意道。这个任务随后被交给了第67特混舰队来执行。接下来的几天里，哈尔西不断地派出小规模的轰炸机和水上飞机骚扰着日军，使日军习以为常，放松警惕。

蒙达岛上的日军第25航空战队司令长官山田觉察出了美军空袭的变化，只是袭扰，不再是大批的接连进攻，他深感不妙。他猜测美军很有可能是在释放烟幕弹，最终目的是，派出舰队来袭击蒙达岛。想到这里，山田立刻给司令部打电话，要求尽快派出舰队做好准备，一旦海域上有美军舰队的大规模行动，立刻将其阻截。但是参谋却认为美国人不会傻到把军舰放在日军战斗机的面前，自取灭亡，再说从海军掌握的情况来看，美军军舰最近都没有什么大规模的行动。况且，所有的主力战舰都拉到日本大修去了，根本就没有多余的兵力支援蒙达岛。

1943年1月4日，美军第67特混舰队从圣埃斯皮里图岛出发，护送运输船队驶抵铁底湾卸载。然后并没有调头返航，直接转向西北，驶入隆格水道，长驱直入新乔治亚岛。这晚，太平洋上空阴云密布，时浓时淡，美军舰队很容易隐藏自己的行踪。

美军舰队司令安斯乌舍命令水上飞机从巡洋舰的甲板上起飞，执行侦察蒙达机场的任务。随后安斯乌舍将自己的舰队分成两部分：一部分是由提斯德尔指挥的支援群留在附近进行反潜巡逻；另一部分则是炮击分队，负责直接进攻机场。

1月5日凌晨1时，美军投下了大量的照明弹，把面前的小岛大致看清楚。第67特混舰队三次齐射都精准无比地击中目标。不到一小时，美军发射了3000枚152毫米炮弹、1500枚127毫米炮弹。蒙达岛变成一片火海，不仅飞机都被炸毁，营地也在大火中被烧毁。岛上的飞机场不存在了、安营的房屋不存在了，日军战斗机和高射炮不存在了，一些日军士兵的性命不存在了，日军挽救瓜岛战役的打算也不存在了。

（十五） 美军大反攻

1942年底，瓜岛上的美军开始了对残余日军的大反攻，持续数月的瓜岛争夺战也迎来了关键的转折点，美军胜利的条件，正在悄然成熟。日本人大势已去，而美军的情况却正如万木逢春，欣欣向荣。1943年1月，美军在瓜岛上的陆军兵力已经达到5万人之多，而日军满打满算只有2万左右。

美军正空前地振奋团结，所以指挥官帕奇少将准备以摧枯拉朽之势，风卷残云般地彻底肃清岛上的日军。帕奇将美军反攻的首战定在了"亨德森"机场西南20公里处的奥斯腾山。奥斯腾山是一个非常险要的战略遏制点，站在山上不仅能够俯瞰"亨德森"机场的全貌，就连铁底湾的一切动向也能尽收眼底。日军牢牢地驻守这个据点，美军在瓜岛上的一切活动都瞒不过日军的监察哨。

驻扎在这里的是冈明之助大佐率领的一个日军连队和一个炮兵中队。他们是在川口组织发起第二次总攻的时候，败退到这里的。此时，这里的日军已经处在濒临死亡的境地，战斗力大不如前，但是冈明之助大佐还在苦苦地坚持，等待着大本营的增援。

12月17日，美军对奥斯腾山发动了攻势。美军用大炮进行首轮火力压制，掩护一个营的兵力进攻奥斯腾山。一路上美军如入无人之境，只遇到了一些一触即溃的日军防守，于是放心大胆地向丛林深处挺进。

美军忽略了日本人极其崇尚的武士道精神，日军的战斗意志是非常顽强的，同时随着包围圈的缩小，日军的火力和兵力密度都是增加的，战斗力自然也趋于增强。最重要的是，日军面对的是生死存亡的战斗，没有撤退的余地，所以必然会全力还击。

日军在冈明之助大佐的指挥下，充分地利用地理优势，灵活地在丛林中穿梭，出其不意地打击着美军。美军根本找不到日军的影子，只能像无头苍蝇般东躲西藏。战战兢兢的美军，绷紧每一根神经，密切注视着周围的一切，哪怕一丁点儿的风吹草动，也会使得美军惶恐不已。就在丛林中的美军如惊弓之鸟一般的时候，日军却依靠丛林地势的掩护悄悄地绕到了美军的后方，完全截断了美军的退路，并且截断了补给线。日军前后夹击，向美军发动了疯狂的进攻。美军士兵在营长的指挥下，在一处小山坡构筑了临时防线，勉强死守等待救援。

几乎就是转眼间，刚才还是只听枪响，不见日军的美军就和四面八方冒出的日军扭打在了一起，日军将美军队伍分割成块，然后各自为战，将其歼灭。为了食物，日军几乎杀红了眼。每打倒一个美军士兵，日军士兵就立刻搜刮他身上的食物，然后直接吞下去，有的甚至干脆就是来抢食物的。美军不断地后退，后来，冈明大佐干脆重新集结起分散的日军，用强大的火力攻势将残余美军压制在一个山沟里。

接到告急消息的帕奇少将感到无比震惊，火速派出了"亨德森"机场上的"仙人掌"航空队进行支援。美军飞机居高临下的空袭，迫使原本占据优势的日军队伍不得不退了下来，掩蔽在四周的丛林深处。美军飞机空投了大量的炸药，将山沟周围的丛林几乎夷为平地，剧烈的大火，在多处爆炸点燃烧了起来。紧接着赶来的是美军的12架"无畏"式俯冲轰炸机，在山沟附近又空投了一个营的兵力。这样才救出了被围困的第1营，此时，第1营的兵力仅剩下不足一半。

美军重新集结好队伍，夺取了山坡上的日军观察站。然后继续向奥斯腾山上的日军驻地发动进攻，疯狂的日军寸土不让，用大炮阻击前进的美军。美军伤亡越来越惨重，无奈，他们只好退出了丛林，暂时结束了战斗。

12月25日，正是西方的圣诞节，美军的两艘驱逐舰也赶来参加对奥斯腾山的第二次进攻。美军的海陆空联合进攻仍然没有奏效，日军早就躲进了山洞中，悠然地吃着上次从美军那里抢来的饼干。等美军的飞机返航了、大炮哑火了、炮弹用光了，日军再从山洞中钻出来，居高临下地投出大批的手榴弹，甚至是石块。日军守株待兔、不费吹灰之力地将美军的进攻拒于日军阵地之外。看着美军狼狈撤退，冈明之助大佐得意洋洋地说："你敢来，我就要你有去无回！"随后又恶狠狠地补充了一句，"该死的美国佬！"

1943年1月2日黎明，美军向奥斯腾山发起更加大规模的猛攻。美军指挥官帕奇充分吸取了上次的教训，决定采取后方突袭的方式尽快结束战斗。开战前，他率先派出了第132步兵团的第2营秘密地包抄到岐阜高地东南方向，等待时机，配合其他方面的美军一起发起进攻。正面战场，帕奇同时派出了2个营的兵力从东面和北面疯狂地进攻日军驻地。冈明之助大佐忙着指挥应对同时逼近的美军，正焦头烂额，根本没有想到还会有一路美军爬过山脊，从东南面袭来。突然，一些日军士兵从冈明之助大佐后方的东南方向溃退而来，跑在最前面的日军士兵正好跑到冈明之助的面前，还未等说话，就被冈明之助拦住了去路。见到指挥官，这名目军士兵上气不接下气地说道："美军，美军从后面杀过来了，很多人……"愤怒的冈明之助对满脸污泥和汗水的日军士兵说道："混蛋！谁让你们退下来的。给我滚回去。""大佐，敌军人数太多，我们根本阻挡不了！"士兵哆嗦地说道，眼睛里好像已经流出了眼泪。"混蛋！给我滚回去死守！"冈明之助挥舞着武士刀，回过头来，对正在溃退的日军喊道，"死守！"

喝退了溃败的士兵，冈明之助大佐立刻调来了2门大炮，支援东南战线。美军黑压压地从东南方向进攻而来，日军的防线很快就要散了，因为距离太近了，日军大炮无法产生太大的作用。直到日军的援军赶到，这部分日军才化险为夷。

战事进行到这里，可谓是波澜壮阔，一波三折。冈明之助立刻集合好军队，发起了对东南线美军的反冲锋，硬是将美军疯狂的进攻势头给压了下去。危急关头，美军20架"无畏"式俯冲轰炸机又成为力挽狂澜的英雄，在日军的进攻面前，铸成了密集的火力拦截网，死死地将日军阻拦在美军防线以外。在现代航空力量的大力支持下，战局很快发生了戏剧性的反转，日军被美军飞机猛烈的炮火炸得人仰马翻，趴在地上不敢动弹，几乎每落地一枚炸弹，就会有人在腾起的黑烟中被抛到空中。美军飞机迅速地向日军阵地方向平行推进，大部分的日军士兵都悲惨地沦为了炮灰，而美军士兵却在航空兵的支援下，逐步地清理日军的阵地。美军东南线的士兵与北线和东线正面进攻的部队会合后，开始构筑工事，安营扎寨。

美军的意图已经再明显不过了，他们知道，面对日军破釜沉舟的垂死挣扎，美军想面对面地洞穿日军防线是非常困难的。即使美军成功地消灭了日军，也将付出极其沉重的代价。目前来看，最聪明、最省事的办法就是围而不打，困死日军。

1月9日，美军第25步兵师开上了奥斯腾山换防，同时大量的物资也被运上了阵地。山中的日军弹尽粮绝，不得不想尽各种办法求生，终于他们派出一小队人马冒险下山来抢夺美军的粮食。美国人哪里肯放过他们，持续用炮火将他们逼退，彻底阻断了日军最后的念想。

陷入绝境的日军，在丛林里过着野人般的生活，吃各种平时谈之色变的老鼠、青蛙、蜥蜴等只要能够填饱肚子的东西。很快，这些在这个岛上生存进化了数千万年，甚至数亿万年的活物，也似乎突然间绝迹了。无比绝望的日军还在苦苦盼望着日军大本营的增援，还想着可以发起第四次总攻，抢夺美军堆积如山的补给物资。甚至还有日军士兵舔着嘴唇回忆道："美军的香槟酒真好喝！"，另一个口水都快流出来的日军士兵，眼巴巴地接着说："他们的饼干也香得很啊！"

其实，1942年的圣诞节日本大本营召开御前会议，虽然没有明说，但是撤军的意思已经暗潮涌动了。死亡是他们唯一的归宿，也是唯一的选择。

（十六）日本的丧钟敲响

战争的结局已经再明显不过了，每天都有日军士兵倒下再也爬不起来，谁也不知道增援什么时候会来，还会不会来。最后竟然连火种也快要用完了，一切已经失控了。

日军大本营也像热锅上的蚂蚁，每个人都加倍地忙碌着，来去匆匆。大家都明白瓜岛前线吃紧，每个人都在为此神伤。大本营的那些高级指挥官心里已经对战争走向看得很清楚了，每个人都知道撤退是日军唯一的选择，但是每个人都不能最先说出来。和底下的人相比，与其说这些高级指挥官担心的是前线的胜负，倒不如说是如何可以不被责罚地撤军。

1942 年底，在瓜岛视察前线战况的辻政信辗转返回东京大本营，向参谋本部汇报瓜岛的战况和战局走势。辻政信对战争怀有无限的狂热，他认为日军可以重新攻占瓜岛，关键是必须大规模增援。但是参谋本部对于瓜岛数月来的相持，已经感到非常疲惫，再说日本国内的后勤力量已经接近极限，对于大规模增援瓜岛显然已经力不从心。思前想后，参谋本部最终决定派出作战科的井本熊男中佐，作为前线特派观察员，再次到瓜岛前线了解情况。

井本毕业于日本陆军大学，是位颇有才华的指挥官。接到命令后，他立刻仔细地研究了瓜岛的情况，得出的结论正好与辻政信相反，他认为根本没有必要继续增援，更没有继续增援的办法，日军其实应该在更早的时候撤离。

心中有了主意后，井本中佐在飞往拉包尔的途中，首先拜访了陆军大学时的教官，时任联合舰队参谋长的宇垣缠，想听听他的意见。作为瓜岛战役日军的高级军官，宇垣缠早已被瓜岛战役搞得焦头烂额。但是也不好明确表示自己赞同撤军的态度，因为这个问题在现在这个时候过于敏感，谁也不想往自己身上揽责任，所以宇垣缠只是委婉地表示：目前海军拿不出更多的战舰与美军硬拼，美军掌握了制空权，想要突破海上的封锁线是十分困难的。井本当下心领神会：海军是同意撤军的，但是不想主动承担战败的责任。

井本话别了宇垣缠，又马不停蹄地飞往特鲁克岛拜见了第 8 方面军司令今村均。瓜岛对于今村来说就像一个烫手的山芋，他时刻都想将其丢掉。但是他也明白这个时候这个话题的敏感，所以干脆沉默不语。井本在察言观色中，也洞悉了今村的倾向。

接下来，海陆两军又积极地研究详细的撤军计划，经过几天广泛讨论和周密计划，日军于 1943 年 1 月 4 日下达了新一年的第一个作战计划——瓜岛陆军撤退计划，行动代号为"K号作战"。

计划的核心是在总攻的掩护下，做撤退的准备。计划共分6个主要部分：

首先，继续迅速做好正在进行的进攻瓜岛的作战准备，借以隐蔽日军真实的撤退企图。

然后，调整岛上日军第17军的战线，使其收缩到后方容易撤离的地方。

其次，在撤退之前，一定要想尽办法，继续加强岛上日军的补给，保持驻扎部队的战斗力。并且，在运输补给时，同时接走岛上的伤病人员。这个艰巨的任务，主要交由海军负责。

再次，陆海军要协同整合所罗门群岛的航空基地，随时准备推进航空兵力，加强对瓜岛空中力量的打击，为撤军做好掩护。

接下来，日军就要充分地利用航空兵创造的火力压制优势，派出尽可能多的舰艇和其他船只，用各种手段，接应岛上的日军撤退。这个计划的执行日期初步定在1943年1月下旬至2月中旬之间。

最后，却是最重要的，要特别注意相关作战计划的机密保护。

日军撤退的命令发布了，作战计划也制定了，但是还有很多实施细节有待商榷，并且整个计划实施起来，可谓是困难重重。摆在日军面前的首要问题是：如何通过海上美军严密的封锁。司令山本五十六经过慎重的考虑，将这个重要的任务交给了第8舰队，并且集中了南太平洋战区的航空部队、潜艇部队作为掩护编队，负责掩护第8舰队的行动，日军第2舰队则保持高度的机动性，随时准备出动打击可能出现的美军舰队。

1月10日，日军的8艘驱逐舰穿过海峡，驶向东南方向。驻守在新乔治亚岛的澳大利亚海岸观察哨很快发现了这一情况，然后立即向美军发去了报告。美军获得情报后，立刻派出了8艘鱼雷艇抢先进入攻击阵位。其中4艘鱼雷艇在萨沃岛与埃斯帕恩斯角以西构成第一条拦击线；另外2艘鱼雷艇负责在埃斯帕恩斯角与瑞卡塔湾之间巡逻；最后2艘鱼雷艇负责在多玛湾与隆加角之间巡逻。直到1月11日凌晨37分，美军的1艘鱼雷艇率先发现了4艘日军的驱逐舰正在向东南方向行进，距海岸不到2000米。其中1艘日军驱逐舰脱队向萨沃岛方向驶去，其他3艘日军军舰继续按照原来的方向行进。美军的鱼雷艇一刻也不敢耽误，立刻发射鱼雷，但是都打偏了。更倒霉的是，美军鱼雷艇发射鱼雷的闪光暴露了自己的位置。日军立刻开炮还击，2次齐射就将它报废。美军其他的鱼雷艇也闻讯赶来，共发射了16枚鱼雷，击伤了1艘日军的驱逐舰，双方结束了战斗。

1月13日下午，10艘载满补给物资和1000名士兵的日军驱逐舰就悄悄地离开了肖特兰港。这支舰队的任务就是接应岛上的日军撤离。同时，日军参谋本部的井本也在这支队伍中，他的任务是亲自向百武晴吉传达撤退命令。

直到 1 月 15 日的黄昏，美军才发现了这支日军的驱逐舰队。但是因为发现的时间太晚了，美军已经来不及派出飞机前去轰炸，所以紧急地派出了图拉吉岛的 13 艘鱼雷艇前去截击。

是夜，天气非常阴沉，十分不利于飞行。但是，日军还是强行派出了飞机对美军的鱼雷艇进行疯狂打击。美军的 2 艘的鱼雷艇立即用机枪疯狂向俯冲而来的日军飞机射击。就在电闪雷鸣中，这 2 艘美军的鱼雷艇意外地发现了 5 艘日军的驱逐舰。美军位于萨沃岛和埃斯帕恩斯角之间的 2 艘鱼雷艇立即对日军驱逐舰发射鱼雷，可惜仍没有命中。美军的鱼雷艇发射完鱼雷后，准备从东面撤离战斗，日军的驱逐舰立刻插到了萨沃岛的南面，横在美军的鱼雷艇面前，截断了它的退路。另外 1 艘最先发现日军军舰的美军鱼雷艇在慌忙地逃跑中触礁，其他的美军鱼雷艇也没能完成截击任务。日军的这次增援顺利地完成了。

井本在埃斯帕恩斯角成功登陆后，眼前的景象让他不敢相信。自己十多天前还来过瓜岛，仅仅这么短的时间，岛上的情况就迅速恶化，完全超过了他的预期。海岸上到处是等待准备运走的日军伤员，有些已经在等待中死亡，有些似乎只有微弱的生命体征，不知到底是死是活。最悲惨的是那些重伤的病人，他们有很多都是缺胳膊断腿，有的甚至完全没有包扎好，直接露出血淋淋的感染创面。他们无力地躺在滩头，等待日军的救援。因为巨大的病痛，他们不停地发出异样的呻吟声，此起彼伏，有高有低，听起来让人觉得毛骨悚然。但是对于刚刚上岛的井本来说，这样的伤员是极好的，至少可以让救援的日军轻易地发现他们是死是活，节约救援时间。滩头的伤兵遍地都是，根本得不到任何外界的帮助，只能躺在那里自生自灭，他们微微张开的嘴，饥渴地需要食物和淡水的滋润。此刻，哪怕是一只偶然爬进嘴里的小昆虫，甚至是突然降临的雨水，都能够使得这些日军士兵的舌头和嘴唇得到莫大的享受，就是立即死去，也知足了。

这些岛上的日军伤兵都像龟裂的大地一样，干涸不已。和井本一起上岛的日军增援部队也被眼前的景象吓傻，哆哆嗦嗦、机械地跟着井本向丛林深处走去，他们必须首先和百武晴吉会合。丛林里的情景更加惨不忍睹，日军士兵的尸体倒在路旁，各种各样的姿势都有，平日里杀人不眨眼的日军才知道原来人的身体可以在极度条件下，做出如此多的恐怖姿势。他们有的歪歪斜斜，有的屈膝跪地，有的完全在烈火中烧成了黑漆漆的颜色，摆着各种巨大痛苦下的扭曲姿势，甚至还张着嘴，依稀可以看见口中黑黑的炭化痕迹。这些人很明显不是在一场战役中阵亡的，也没有人知道他们死了多久，叫什么名字，承受过多大的痛苦。由于有大量日军死亡，所以这一带的蛆虫和食肉猛禽非常多。空气中无法形容的恶臭涌动着……几乎是踏着同伴的尸体，井本率领众日军来到了瓜岛日军的临时指挥部。原先的茅草屋早被毁，日军的所谓司令部只是一些破烂不堪的帐篷。

从 1 月 15 日起，日军就策划了一系列声东击西的牵制行动：原忠一中将指挥了数次无线电佯攻，以及密集的飞机侦察，并且派出飞机分两次炸沉了美军"芝加哥"号重巡洋舰。这一切的行动都造成了日军即将再次大规模进攻的假象。

在整个太平洋战役中，美军的情报都非常灵敏与正确，但是这次却偏偏出现了状况，日军决定撤军这么大的情报，美军的情报部门竟然丝毫没有察觉。一方面是日军佯攻计划做得天衣无缝，另一方面也是美军的情报部门出现了纰漏。总之，就在日军紧锣密鼓准备撤退的时候，美军还在不断地向瓜岛持续增兵，做着继续战斗的准备，甚至繁忙地准备着抵御日军的第四次总攻。

1943 年 1 月 22 日，美军太平洋战区总司令尼米兹上将和南太平洋舰队司令哈尔西中将一起陪同美海军部长诺克斯抵达瓜岛视察、鼓舞士气，争取在新一年的开始一鼓作气地拿下瓜岛。就连这些赫赫有名的军事家也没有看出任何日军准备撤退的端倪。甚至，一起陪同首长们视察的瓜岛指挥官帕奇还深思熟虑地表示："我们最早也得在 4 月 1 日前才能彻底消灭日军。"

几天之后，2 月 2 日清晨，第一批执行撤退任务的 19 艘日军驱逐舰顺利地返回了瓜岛，尽管在途中遭到美军飞机疯狂的轰炸，但是并没有受到任何实质性的损失，算是成功地完成了任务。

仅仅 2 天之后，即 2 月 4 日，日军便进行了第二批次撤退任务。1 艘巡洋舰和 22 艘驱逐舰强行突击撤退。

2 月 7 日，在大雨的掩映下，日军派出了由 18 艘驱逐舰组成的第三批舰队，他们没费一枪一弹，再次顺利地完成任务。百武晴吉、川口、辻政信等日军的高级指挥官就在这一批次的撤退队伍中。对于日军短时间内接二连三地在瓜岛海域成功突破，

小威廉·弗雷德里克·哈尔西

美军都没有想到是日军在执行撤退任务，而是以为日军在持续地增派援兵。

2 月 2 日至 7 日几天的时间里，日军共出动了 300 架飞机掩护，20 艘驱逐舰接应，将 9 800 名陆军士兵和 830 名海军士兵成功地撤出瓜岛。

1943 年 2 月 9 日 16 时 25 分，美军完全占领瓜岛，取得了瓜岛战役的彻底胜利。

日军成功地将岛上的部队撤回了基地，这些日军在以后的战斗中给美军带来了不小的麻烦。但是并不是所有的日军都被成功地救离了瓜岛，还有一些零星的日军

或是因为和部队失散，或是因为进入丛林过深。总之，他们都没能被接应的日军发现并带回日军基地。

瓜岛战役是太平洋战争中一场空前残酷而激烈的大搏斗，日美双方为此都付出了沉重的代价。对于瓜岛那些血雨腥风的日子，一位美军战地记者感慨万千地写道：

对于我们这些身临其境的人来说，瓜岛不是一个地名，而是一种感觉。这种感觉使人回想起那些殊死的战斗，夜晚激烈的海战，为修建机场所做的狂热的努力，在潮湿的丛林中进行的残酷厮杀，划破夜空的炸弹，以及军舰炮轰时震耳欲聋的爆炸声。就连范德格里夫特也说："瓜岛是我生命中不可抹去的记忆。"

瓜岛战役，实际上是美国和日本在国力、人力、物力、生产力、运输力以及战略战术思想的一次综合较量。美军依托其强大的战争潜力，不断有雷达、声呐、无线电技术、流水线造船等新的生产力发展，美军几乎有无穷无尽的后勤保障和战争水平的提升。和这样的对手较量，日军的惨败只是时间的问题。随着美国全国转入到战时的临时经济体制，太平洋战场上的形势很快发生了根本的变化，此消彼长的军力对比，终于结束了太平洋战场上双方战略相持的阶段。

瓜岛战役结束后，盟军敲开了日军所罗门群岛防线的大门，日军在太平洋战场被迫转入了战略防御。另外，美军无线电特种部队成功破译了日军 NTF—131755 号绝密电报。获知海军大将山本五十六将亲临布干维尔岛巡视，鼓舞所罗门群岛防线上的日军将士。1943 年 4 月 18 日，美军 18 架 P-38 "闪电"式战斗机从瓜岛"亨德森"机场起飞，在米切尔少校和兰菲亚少校的指挥下，成功地伏击了山本五十六一行。自幼从戎，精通炮术、航海和航空战术，谋划了多次大会战，包括偷袭珍珠港，时年 59 岁的山本五十六机毁人亡，在所罗门群岛结束了生命。

随着日本"军神"的陨落，日军也节节败退。随着盟军在欧洲、北非和亚洲战场的高歌猛进，法西斯主义已经是强弩之末了。日军在亚洲战场的势力，随着太平洋战场的溃败和中国战场进入战略反攻，而迅速瓦解，直至战败。太平洋的海水依旧平静光亮，只有那些永远长眠在海底、在荒岛上的人们，才是这场罪恶战争最无辜的殉葬品。

二战转折：决战斯大林格勒

一、过于乐观的斯大林

1942 年早春时节，来自西伯利亚的阵阵冷风使得莫斯科街头依然寒冷异常。尽管仍处于战时状态，但莫斯科保卫战的胜利还是让苏联人民看到了胜利的曙光。他们坚信最困难的时期已经过去，事态正在朝着好的方向发展着。

在当时的苏联国内，这种乐观的情绪是全民性的。在一些报纸上，甚至还出现了在 1943 年以前结束战争的说法。就连苏联国防委员会主席斯大林也对局势抱以最大的期待，他甚至在 1942 年 2 月 23 日，也就是红军成立 24 周年的纪念日上发表声明，自信满满地宣布苏联红军在不久的将来就会击垮敌人，届时在苏联全境内将会重新飘扬起胜利的红旗。当然，这也就是个声明而已，因为后来的事实证明此时距离德军被彻底打败还有足足 3 年之久。

客观地讲，苏联对于局势的错误估计并不能完全归罪于斯大林。因为在当时的历史背景下，要清醒地洞察诡谲多变的战局发展其实是极为困难的。用今天的眼光来看待这段历史就会发现，斯大林的乐观并非毫无根据——1942 年 1 月 1 日，包括美、英、苏、中等 26 个国家的代表在美国白宫签署了用以共同反对轴心国的《联合国家宣言》，形成了声势浩大的国际反法西斯统一阵线，这使得苏联在一夜之间拥有了众多同盟者。随后由美、英签订的"亚欧战略原则"，也基本解除了日本在亚洲范围内造成的后顾之忧，从而增强了斯大林对于战争必胜的信心。

回过头来再看苏德战场上的形势变化。在莫斯科保卫战全面获胜后，苏联红军乘胜追击，使本来就缺少防御准备的德军更加惊慌失措，甚至一度出现了崩溃的预兆。苏军的浴血苦战，也赢得了全世界各国人民的敬重与支持，甚至就连一贯挑剔的西方记者也对红军赞誉有加。在这样的大环境大背景下，开战初期的失望、沮丧已经一扫而空，苏联上下洋溢着胜利的喜悦。无论是主观上的推测还是客观上的战局，整个局势看起来对苏联极为有利。这也正是斯大林之所以会在 1942 年初做出"胜利快要来临"这一判断的主要依据。

3 月的一天早晨，斯大林还像往常一样早早就出现在办公室里。因为习惯去翻阅过去一天里繁琐庞杂的世界战况，所以他总是觉得时间十分紧迫。看着看着，原本还自信满满的斯大林猛然发现盟国们最近的处境似乎都不是很妙。在大西洋神出鬼没的德军潜艇不断袭击英、美等国的船只，而东线的日本人在面对美国的宣战时不仅毫不畏惧，还在最近占领了巴丹。实际上，自从"珍珠港事件"爆发以来，日军就迅速取得了一连串震惊世界的胜利，3个月间先后攻占了泰国、马来西亚、新加坡、印度尼西亚等国家和地区，甚至把装备精良的美、英联军打得苦不堪言。看到盟国如此不堪一击，斯大林一方面感到沮丧不已，另一方面也多少有些庆幸。这庆幸来源于此时的日、苏之间至少还保持着中立关系。假设日本选择在这个时候调过头来进攻苏联的话，那么斯大林将不得不面临两线作战的危机。

尽管盟国的战局不容乐观，但毕竟那都是别人的事。当斯大林开始阅读起国内战报时，他的心情也渐渐由沮丧转向愉悦。摆在他面前的是一份来自总参谋部对于冬季战役的总结性报告。其中重点陈述了在苏军这一次的冬季作战中已先后击溃50余万德军，攻陷了200多公里的阵地，并有多封缴获的德军文件表明其最高统帅曾数次对德军的士气问题感到担忧。怀着十分愉快的心情仔细阅读过这份报告后，斯大林从桌旁站起身，拿着烟斗在屋内来回地踱着步。在他看来，这份报告说明德国士兵对第三帝国不可战胜的信心已经出现了动摇，而且还在抱怨前线指挥官的错误决定使他们陷入到了战争的泥沼当中。这也从侧面证明战争将进入到一个全新的阶段，苏军要赶快制定出夏季战役方案。想到这里，激动不已的斯大林拨通了总参谋长沙波什尼科夫元帅的电话……

在接到斯大林的电话前，苏军的总参谋长沙波什尼科夫元帅正在斟酌着两份让他极为头疼的报告。其中一份是国家安全机关在3月23日向国防委员会提交的报告，上面主要阐明德军方面的重要突击行动将在南段展开，任务是突破罗斯托夫，随后向斯大林格勒和高加索地区推进。再由此向里海方向进军。德国人此举的目的是要抢夺高加索油田的石油资源。而另一份报告是由情报部门历经千辛万苦才弄到手的德国中央集团军群制定的"克里姆林宫"战役计划。在这份由司令官克鲁格元帅和参谋长韦勒将军签署的"进攻莫斯科的命令"中，给中央集团军群下达的任务是歼灭苏军首都西南、南面的主要兵力，进而包围莫斯科，在牢固控制莫斯科城周边地区的基础上，迫使苏军最终失去在战役上利用该地区的任何可能性。为达到这一目的，该命令中还详细规划了德军各参战部队的具体任务。

向来就以善于估计和预测军事事态的发展而著称的沙波什尼科夫，是一个有着丰富经验、惯于透过层层迷雾看清战争走向的战略高手。望着墙上的挂图，沙波什尼科夫意识到这两份报告所预示的情况非同小可。毕竟自3月份以来，苏德战场上始终都处在一种不正常的平静状态中。此时苏军的突击力量已经几乎用尽，而德军也熬过了使他们猝不及防的寒冷冬天。双方的战线均呈现出犬牙交错的态势，从列宁格勒沿沃尔霍夫河经旧鲁萨东，再折向杰米扬斯克地域东部，然后经霍尔姆、韦利日、杰米多夫，在勒热夫—维亚济马形成冲出苏方的突击部，往下经基洛夫后绕过诺沃西利一带，再经古比雪沃后沿米乌斯河向南延伸。而这种不同寻常的寂静，往往预示着一个更加可怕的结果，那就是双方都在积蓄力量，以便掀起一场更大规模的血腥厮杀。

尽管德军在莫斯科遭遇挫折后已经没有力量再去发动全线进攻，但就目前搜集到的所有迹象而言，均表明希特勒一定会在近期内有所行动。虽然目前还无法预知德军将在何时何地以多少兵力进攻，但是一场大规模的作战行动已经不可避免。虽然对自己的推测有着很大的把握，但此时真正让沙波什尼科夫感到头疼的却是情报的来源问题。如果这些都是假情报，那么据此做出的判断当然也就毫无意义可言。早在 1941 年 6 月德军进攻苏联前，柏林方面就炮制了大量的假情报，导致苏军被德国人的突然袭击打了个猝不及防。不仅如此，前线送来的报告还常常存在着彼此矛盾的问题。这就给准确的判断造成了极大的困难。无奈的沙波什尼科夫只好把前些日子收到的一份案卷翻出来做个参考。

面对着这两份不确定其真实性的报告，身为总参谋长的沙波什尼科夫竟突然有种投鼠忌器的怯懦感，完全失去了以往对于战局的总体把握和深入观察的能力。就在他无力地瘫倒在座椅上的时候，桌上的电话铃声急骤地响了起来……

两天后，斯大林召开最高防务会议，商讨夏季战役方案。参加会议的苏军高级将领有沙波什尼科夫、伏罗希洛夫、铁木辛哥元帅、朱可夫大将和总参谋部作战处长华西列夫斯基上将。

会议上，沙波什尼科夫首先报告了冬季作战的战况及成果，接着又将两天前与斯大林仔细研究后得出的结论告知给在座的所有人："在去年的冬季攻势中，我军取得了巨大的成就，不但粉碎了德军攻占莫斯科的阴谋，而且将战线向前推进了200 多公里。如今，根据各种情报分析，我们有理由相信在今年夏季的作战中，德军将在中央战线莫斯科方向发起攻击。"

因为从探得的情报可知，德军已经在靠近莫斯科的中央阵地集结了约 70 个师的庞大兵力，且近来又一直在频繁调动大量的物资储备，所以沙波什尼科夫的一席话得到了各方面军司令员的一致认可。在战局预测得到广泛认可的基础上，接下来摆在大家面前的问题就是苏军在夏季战役中的战略部署究竟是防守为主，还是改为以攻代守更为有效了。

首先发言的是主张防守的西方面军司令员朱可夫大将："最近这段时期，德军已从之前的挫折中恢复过来。而我军的兵力和武器在刚刚结束的冬季攻势中损耗过大，亟须补充大量的人员和技术装备。加上天气转热，道路变干了，有利于德军最大限度发挥机动作战优势，所以下一阶段我军应该采取战略防御态势，以静待变，以静制动。"

但是斯大林显然不这样认为。他先是打断了朱可夫的发言，然后斩钉截铁地表示苏军在确定夏季作战方案时切忌太过消极和保守，而应该在防御的基础上主动出击，去破坏德国人的进攻部署，直至全面夺取主动权。因为觉得有必要让将军们从宏观上去把握这场战争，所以斯大林接着又说："苏德战争现在已经进入关键时期。尽管在战争第一阶段里敌人利用突然袭击和机动作战占领了我们的许多土地，表面上看是我们处于劣势当中，但如果着眼于整个战局，那么我们还没有败！毕竟通过我们在辽阔的国土上与德国人展开的这场苦战，已经使希特勒速战速决、3 个月内打败苏联的阴谋落空了。"

在略微停顿了一下后，斯大林的脸上又浮现出了一丝笑容："毫无疑问，莫斯科会战正是整个战争的转折点。我军在冬季作战中已经给敌人造成了很大的打击，不仅使一贯轻视我军的希特勒大为震惊，也让如今的德国人感到兵力不足、补充困难。在这样的情况下，他们已经无法展开全线进攻了，而我军要进行积极的防御而不是消极等待，同时积蓄力量，在适当的时机、场合采取主动出击的战略，打乱敌人的部署，夺得战场上的主动权。"

由于苏联的军事战略一直由最高统帅部所掌握，所以斯大林在该问题上有着绝对的决定权，也没有人会对这位最终裁定者提出任何质疑。这也就意味着他的决策势必会在当天的会议上得到批准。而这一进攻方案也很简单，就是"在全线转入战略防御的同时，在一些方向实施局部性进攻战役，改善战役态势；在另一些方向要先敌发动进攻作战，尤其在克里米亚和哈尔科夫地区"。

怀揣着强烈希望的众位与会将军，都坚信苏军将会在不久的将来就把德国人彻底打回老家。但他们都没料到的是，斯大林在这个时候犯了一个极其严重的错误——他完全低估了德军的战术水平和弹性应变能力。当这一先发制人的作战指导思想只是建立在敌情不明、自我陶醉的基础之上，随着夏季的来临，苏军的灾难也就真的为期不远了。

二、克里米亚的灾难

苏军的灾难是从一个叫作克里米亚的地方开始的。

位于黑海之滨的克里米亚半岛是高加索和顿河的南部屏障，由于其重要的地理位置，自 1941 年秋天起便成了苏德争夺的战略要地。在整整半年的时间里，双方先后展开多次战争。先是德军稍占上风，曼施坦因指挥的德第 11 军团凭着优势的装备冲破了苏军防御。但是在攻打塞瓦斯托波尔要塞时，却遇到了苏军的顽强阻击。苏军依仗要塞严密的防御阵地，击退了德军的一拨又一拨进攻。随着冬季的来临，由守转攻的苏军彻底把德军赶出了刻赤半岛。战争在此后出现了胶着状态。克里米亚方面军从 1942 年 2 月到 4 月接连发动了 3 次攻势，都没有突破德军的防御工事。

现在，又轮到德国人发起进攻了。曼施坦因是个风度优雅的日耳曼人，作为德军杰出的指挥官，他指挥作战不靠勇猛取胜，而是以谋略见长。德军能够在 1940 年出人意料地越过固若金汤的马其诺防线，从而导致巴黎屈膝投降，靠的就是"曼施坦因计划"。1941 年夏天，曼施坦因指挥的装甲部队从东普鲁士出发，4 天之内挺进 200 公里，并因此成为苏军最可怕的对手。

5 月的克里米亚海畔风景如画，气候宜人。但曼施坦因却无暇欣赏这些美丽的景色。他乘着一艘巡逻舰一边沿着海岸视察前沿阵地，一边将攻占刻赤半岛的方案在脑中酝酿成熟。

曼施坦因计划的这个名为"鸨"的方案走的是一着声东击西的好棋。它需要德军首先在阵线北部频繁调动部队，设置虚假的炮兵阵地以造成假象，诱骗苏军预备队留在其北翼后方。然后再沿着黑海海岸从南部登陆，用摩托化部队快速向纵深发展……在方案拟定之后，德军很快就在 5 月 8 日向克里米亚半岛发起了猛烈的进攻。在轰炸机的掩护下，德军坦克蜂拥而入，很快冲破了苏军的防线。仅仅一周之后的 5 月 16 日，德军就占领了刻赤半岛，不仅被俘的苏军达到 17 万之

曼施坦因

众，战后的海滩上也到处堆满了苏军的各种车辆和大炮。

当时，苏联守军的人数是德军的 3 倍，共有 3 个集团军、17 个步兵师、3 个步兵旅、2 个骑兵旅、2 个骑兵师和 4 个独立装甲旅。而这样雄厚的兵力之所以也吃了败仗，原因很简单，因为部队是按照进攻态势部署战略战术的，他们根本就没有想到过防御的事儿。

负责驻守此地的苏军大将科兹洛夫完全贯彻了统帅斯大林制定的"防御中进攻"的作战方案，不但完全忘记了做必要的防御准备，甚至在德军进攻的前一天还在召开军事会议讨论夺取科伊—阿桑的进攻计划。事后，科兹洛夫为自己辩护说部队按照进攻态势布置是为了随时发动进攻。然而他却犯了兵家大忌，那就是攻守之间必须根据战场态势而随时转换，单纯只想着进攻而忘掉防御的军队是不可能有胜

算的。

攻陷刻赤后，曼施坦因又集中了 20 多万人马，把塞瓦斯托波尔要塞围得水泄不通。据守要塞的苏军一下子陷入了绝望的困境之中。经过一个多月的激战，德军终于用大炮轰塌了要塞，克里米亚全境落入到德军的手中。

闻听此讯，斯大林十分震怒，立即将统帅部代表梅赫利斯、方面军司令员科兹洛夫中将撤职降衔。在随后的 6 月 4 日，他又发出训令，要求各方面军务必吸取教训，要懂得现代战争的性质，同时也要懂得必须把部队作纵深梯次配置和建立预备队。亡羊补牢，临阵斩将，斯大林的悲愤心情可想而知。面对战场上的态势开始朝着不利于苏军的方向发展，在总结失败的教训时，斯大林认为这就是进攻不够果断的结果，所以必须对逃避责任、指挥无能的将领进行严厉的处置。在得出上述结论后，他又把希望寄托在即将要在哈尔科夫发起一次"像样的进攻"的铁木辛哥身上。

身为苏西南方面军司令员的铁木辛哥，是一员善打硬仗的虎将。战争初期，斯大林曾让他担任苏联军事委员会主席一职，可见对其有多么欣赏和信赖。1941 年秋，铁木辛哥组织了基辅保卫战，为苏军赢得了最宝贵的时间——德军对于莫斯科的围攻因此被拖延了至关重要的一个多月之久。在随后的罗斯托夫战役中，他又让德军尝到了失败的滋味。随着德军在之后的厄运临头，他们在莫斯科城下和冬季作战中接连遭遇败绩。可以毫不夸张地说，尽管事实上的苏军总司令是斯大林，但铁木辛哥在苏军中的地位绝对是举足轻重的。然而，都说世上没有常胜将军，打了胜仗本应保持头脑清醒，这样才能维持住来之不易的优势。但后来的事实证明，铁木辛哥显然没有按照这些颠扑不破的真理去做。

当曼施坦因在克里米亚频频得手时，铁木辛哥正挥师向哈尔科夫的德军发起猛攻。这次战役是这位战功卓著的元帅用脑袋担保争取来的。虽然铁木辛哥在指挥作战上一向勇猛顽强，但有时也不免蛮干。在 1942 年的这个春天里，对战争形势同样过于乐观的他不仅完全赞同斯大林先发制人的战略思想，也很快制定出了在哈尔科夫方向的作战方案，并以急件的形式呈送到大本营。

1942 年 3 月底，斯大林电召铁木辛哥飞赴莫斯科参加国防委员会召开的紧急会议，以讨论西南方面军提出的进攻计划。就在这次的会议上，尽管总参谋长沙波什尼科夫元帅和朱可夫大将对计划依然怀有疑虑，但斯大林还是积极支持铁木辛哥的作战方案。得到了最高统帅的肯定，铁木辛哥更是信心十足，满脑子想的都是打一场大胜仗给所有人瞧瞧。

根据铁木辛哥的进攻计划，格罗德恩扬斯基中将指挥下的第 6 集团军和博布金集群将在哈尔科夫东南部向西北方向推进，担当钳形攻势中的楔子部队。而里亚贝舍夫中将指挥下的第 28 集团军将在戈尔多夫的第 21 集团军以及莫斯卡连科的第 38

集团军提供侧翼支援的情况下，在北部向西南方向挺进，先是与哈尔科夫西部的第6集团军会合，然后再包围德军的第6集团军。马利诺夫斯基中将的南方面军也领受了作战任务，具体由波德拉斯指挥第57集团军和哈里托诺夫指挥第9集团军合力攻占西南方面军侧翼的德军阵地。总之，铁木辛哥共动用了64万多人的军队、万门火炮、1200辆坦克和926架飞机。

然而，苏联最高统帅部并不知道的是，德军也在这个时候准备着自己的"弗里德里库斯"行动，企图包围并消灭苏军，从而为"蓝色"行动夺取出发点。德军的进攻计划更为简单有效，只需要陆军上将保卢斯亲自指挥的第6集团军从北部出发向南推进，然后再与向北推进的克莱斯特的第1装甲集团军会合，就能形成一股更强有力的作战部队。

1942年5月12日，铁木辛哥终于按照预定计划率先发起了大规模的攻势。在战役初期，这种先发制人的进攻确实打了德军一个措手不及，敌人的作战计划也因此被全盘打乱。在这场规模宏大、攻势猛烈的进攻下，德军第6集团军被迫进行拼死抵抗，而处在进攻态势中的苏军则取得了一连串的胜利。其北部的第28集团军向前推进了32公里，南部的第6集团军也先后夺回了24公里的德军管辖区。截至5月14日，如果铁木辛哥的装甲预备队能够将这种战术成功转化为战役上的胜利，那么苏军无疑将取得一次大规模的胜利。但遗憾的是，铁木辛哥没能抓住这个最有利的时机，没能将第21坦克军团及时地投入到战斗当中。与此同时，缓过神来的德军也开始对苏军发起了猛烈的反击。

按照原本的计划，德军的"弗里德里库斯"行动最初是打算在5月18日才具体实施的。而保卢斯的第6集团军当时已经根本无法实现预期的目标了。5月17日，博克命令第1装甲集团军向苏军突击部队的南翼发起进攻。在空军第4军团的大规模空中支援下，第1装甲集团军向实力薄弱、毫无准备的苏军第9集团军和第57集团军发起了猛烈的攻势。到第一天结束的时候，德军已经推进到苏军突击部队后方整整40公里的距离。这使得苏军通信与物资供应在这个时候面临着明显的威胁，部队也随时面临着被包围甚至全歼的危险。千钧一发之际，华西列夫斯基强烈要求斯大林立即下令停止进攻。但因为得到了铁木辛哥有关苏军已经采取相应防御措施的保证，斯大林竟然拒绝了这一要求。仅仅两天之后的5月19日，哈里托诺夫指挥的苏军第9集团军已然全线崩溃，苏军左翼被德军突入了80公里之深。为了应对这种致命的威胁，格罗德恩扬斯基指挥苏军第6集团军同保卢斯的德军第6集团军进行了殊死一战。可是随着德军第6集团军与第1装甲集团军在5月23日完成会师，苏军第6集团军、第57集团军、第9集团军以及第38集团军都受到了德军的重重包围。

在这场令人绝望的殊死搏斗中，双方不时出现短兵相接和肉搏战的惨烈战况。

由于经常遭到德国空军的空中打击，所以苏军针对德军前沿发动的进攻只会造成自身的更大伤亡。到了5月28日的时候，在被德军分割、包围后的苏军已经渐渐失去了最后的抵抗能力。虽然他们曾经距离胜利只有咫尺之遥，但最终却败得一塌糊涂。德军用伤亡人数仅仅2万有余的微小代价，就换得了苏军损失数十万人的惨重结果，这一残酷结果不仅表明苏军在战术能力、空中支援和军事指挥等方面确实与德军之间还存在着巨大的差距，也充分证实了斯大林手中的权力过度集中后可能带来的重大失误和严重后果。

在战役后期，从失利中清醒过来的铁木辛哥及时采用了且战且退的战术，总算是勉强把突围部队带到了顿河一带。随着西南方面军在不久后的撤销，铁木辛哥又担任起新成立的斯大林格勒方面军的司令员。但他在这个职位上只工作了10天就被彻底免去了职务，此后也再没有被斯大林委以任何重任。这一次的惨败不仅成了铁木辛哥一生当中最大的耻辱，也使苏联红军在西南战区的元气受到了巨大的伤害。噩耗传来，举国震惊。

正所谓：一子落错，满盘皆输。在接下来的战局发展中，苏军在克里米亚、哈尔科夫又相继失利，在列宁格勒、沃尔霍夫方向的进攻也受到了重挫。当希特勒的军队开始步步进逼，当德国人的装甲部队浩浩荡荡地穿过南方草原，此时的苏联人已经没有什么力量去阻挡这样的一股钢铁巨流了。

唯一值得庆幸的是，在一系列如此惨烈的失败过后，斯大林终于清醒过来。在意识到不能与德军在不利于自己的时间、地点展开正面战斗这一事实之后，斯大林终于在7月6日同意对苏军战略进行根本性的调整，并允许苏军战略性地放弃阵地以便争取更有利的时机。在此后的一个月内，苏军为了摆脱德军的围追堵截，陆续后撤了400多公里直至退到了伏尔加河畔。

与此形成鲜明对比的是，捷报频传的利好态势终于让希特勒的脸上露出了久违的笑容。他甚至开始考虑要将大本营从"狼穴"迁至乌克兰境内的文尼察的一个代号为"狼人"的暗堡内，以方便自己就近指挥攻打斯大林格勒的关键战役。

三、伏尔加河畔的战火

1942年7月，熊熊的战火终于烧到了苏联人的母亲河——伏尔加河的河畔。

一个月来，成千上万的德军坦克轰鸣着奔驰在广袤的平原上，如同一股旋风从哈尔科夫经罗斯托夫、沃罗涅什向顿河弯曲部刮来。但凡坦克途经的村镇、田野都好像末日来临，熊熊烈焰吞没了房屋、财产、人群，横尸遍野，瘟疫肆行，整个空间布满了鲜血、死亡、痛苦和仇恨。

　　势如破竹的德军坦克如同决堤的江河，冲垮了苏西南战区的层层防线，在一片辽阔无际的草原上恣意横行。这片平原上没有高山峻岭，也没有莫斯科周围黑黑的森林，这给铁木辛哥的部队带来了极为不利的防御难度，他们甚至根本无法阻挡德军在逼向沃罗涅什两侧的顿河河岸后，再向斯大林格勒扑来。环绕着这座城市的奔腾不息的伏尔加河，此时似乎也在叹息、呻吟着。惴惴不安的它似乎是在为斯大林格勒担忧着，更为俄罗斯的未来命运担忧着。

　　不设防的斯大林格勒，一夜间就成了前线城市。

　　同一时刻，在莫斯科的克里姆林宫中，华西列夫斯基上将正坐在斯大林的办公室里，在他的桌前摊着一张大幅地图。接替因健康状况不佳而无法继续任职的沙波什尼科夫元帅的这位新任总参谋长，正急匆匆地向斯大林汇报着战局的进展情况。他困乏而清癯的面容上挂着一副愁眉不展的表情，一双眼睛也因为睡眠不足而变得黯淡无光。斯大林一边铁青着脸听汇报，一边拿着烟斗在屋内缓缓踱步。前方的战报让他感到压抑、沮丧甚至是惊愕。仅仅 3 个月前，这位最高统帅还对战局充满乐观、自信。怎料战场形势急转直下，冬季期间节节败退的德军突然如潮水般涌来，而苏军则出现了从克里米亚直到哈尔科夫的节节溃退。斯大林还没来得及好好思考一下，德军的坦克就已经冲到了伏尔加河畔。

　　此时的华西列夫斯基认为，红军在战术方面弱于德军，如果仍然像 1941 年那样继续坚守阵地、顽强抵抗，那无异于是在自取灭亡。另外苏军也缺乏足够的人员参与到南部的战斗和保护莫斯科的战斗中来。听着这样的战局推断，斯大林连连摇头。他后悔自己居然没有判断出希特勒夏季攻势的主要方向，而更让他痛心的则是哈尔科夫的惨败。当然，随着斯大林格勒陷入危在旦夕的险境当中，再后悔这些事情已经为时太晚。如果德军占领了斯大林格勒，那么他们将一举切断苏联中部同南方的联系，在夺取粮食和石油资源的同时，还有可能北取莫斯科、南出波斯湾。这样的结果，斯大林想都不敢再想下去。他斩钉截铁地强调无论如何都要守住斯大林格勒，不惜一切代价阻止德军的继续前进。

　　在当时的斯大林格勒方向，苏军只有第 62、第 63 两个集团军约 16 万人的兵力，以及 2000 门大炮、400 辆坦克和 454 架飞机的军事力量。而主攻这里的德国第 6 军团则拥有 6 个主力军、2 个坦克军以及 30 多万人的庞大兵力，并配有 3000 门大炮、500 辆坦克的雄厚装备，另外还能得到德国第 4 航空队 1200 架飞机的空中支援。面对着这样一支来势汹汹的德军部队，如此寒碜的布防对于斯大林格勒的命运而言显然是极其危险的。这也迫使斯大林最终做出了组建斯大林格勒方面军、将驻守莫斯科的预备队调去增援的决定。他必须这样做，因为他必须不惜一切代价保住斯大林格勒，否则后果将是整个苏联都承受不起的。

　　就这样，在 7 月刚一到来，一道道命令就从克里姆林宫发往各地——

7月4日令第5预备集团军主力部队火速进抵顿河东岸，不惜一切代价阻击德军渡过顿河。

7月9日令驻扎在图拉的后备军改编为第64集团军，代司令员瓦西里·崔可夫中将率部前往斯大林格勒加强防御。

7月11日令第62集团军指挥官B. R. 科尔帕克奇火速在克列茨卡亚至苏罗维基诺设置足够坚固的防线。

7月12日令组建斯大林格勒方面军，统辖第62、第63、第64集团军及原属西南方面军的第21集团军、第8航空兵集团军。原西南方面军司令员铁木辛哥元帅担任司令员，赫鲁晓夫任军事委员，博金任参谋长。固守顿河沿岸从巴甫洛夫斯克到上库尔莫亚斯卡亚之间500公里长的防线。

战争爆发以来，斯大林格勒由于地处后方而一直远离战场。那里的工人们都在加紧制造坦克、大炮等武器以支援前线。直到1942年4月22日夜晚，德军的飞机才第一次大规模空袭了这座城市。可是现在，随着夏季的来临，前线不时传来令人不安的消息，满载疏散居民的列车也源源不断地开进城市，斯大林格勒终于全民动员起来。苏联当局发现这里的防御状况极为糟糕。原本就没有系统地修筑过什么城防工事的这座城市，已经修筑好的防坦克战壕和火力点也被春天的雨水淹没、冲垮。针对这些情况，斯大林格勒的城防委员会在1942年5月3日收到上级的一份文件，其中明确要求务必对城市内的防御地区和工事进行大修，而且防御地区的走向也必须重新审查，某些地区要进行大的变动，要从四面处在开阔地的地区迁移出来。收到这一指令后，斯大林格勒开始在6月沿城修筑环形野战工事，成千上万的工人甚至刚一下班就跑到城外去挖掘战壕。在这种全民皆兵的大格局下，截至7月中旬，斯大林格勒已经挖掘了简易战壕2750公里以及接近1900公里的防坦克战壕。然而，就在城防委员会打算在城郊构筑第4道防御战壕的时候，战斗突然打响了。

危如累卵的时刻终于来临了。

7月14日，苏联最高苏维埃主席团通过决议，宣布斯大林格勒进入战争状态。而苏军新组建的斯大林格勒方面军也开始在各级指挥员的努力下向指定地域开拔。在通向这座城市的大路小径上，出现了一支支由军队、汽车、坦克、炮车汇聚而成的急流，它们昼夜不停地向伏尔加河奔去，向顿河草原奔去。在开阔的地带，每当天空出现德军飞机，这一股股车流、人流或就地待命、养精蓄锐，或跑步急行、加速前进。而一旦走近伏尔加河畔，他们就按照既定指令消失在茫茫的顿河草原里了。

首先进入防御阵地的，是科尔帕克奇少将指挥下的苏第62集团军。这支集团军下辖6个步兵师、4个团和6个独立团，负责防守着从顿河大弯曲部的克列茨卡亚至苏罗维基诺约 90 公里的绵长防线。作为主将的科尔帕克奇将军是一位有着多年战争经验的著名将领。部队刚一到达指定地点，他就马上组织防御工事和搭建火力网，同时对阵地实施观察。当他站在一座小山岗上，通过望远镜观察着周围的地形时，很快就发现了一个问题——由于战线过长，苏军的大部分阵地都设置在光秃秃的草原上，没有来得及利用周围河流沟谷等天然屏障。而这一地形对于防守而言极为不利，反倒是有利于德军发挥空中和坦克优势，这一情况使得他不免开始担忧起来。

　　然而，科尔帕克奇所不知道的是，其他兄弟部队的战备其实更糟。第 64 集团军还在由图拉向斯大林格勒进军的途中。更要命的是整个 64 集团军都是由众多兵力严重不足的师级单位拼凑而成的，其中的许多师团兵力甚至不足 2500 人。

　　7 月 17 日拂晓时刻，苏第 62 集团军、第 192 师以及第 676 团在位于顿河草原的普罗宁村与德军第 6 军团的先遣部队狭路相逢。两军刚一交火，德国人的坦克就很快围了上来。第 676 团的战士依仗着地形的优势进行着顽强的抵抗。但德军又相继投入了一些增援部队，甚至连飞机都赶来助阵。眼看有被包围的危险，苏军只好向后撤退，而潮水般的德军则借由这一机会向顿河大弯曲部拥来。

　　这场规模不大的遭遇战，拉开了整个斯大林格勒会战的序幕，并因此受到了全世界的瞩目。而斯大林格勒保卫战也由两个国家在一个地区展开的区域性战役，逐渐演变成了影响第二次世界大战整个进程的一次转折性战役。就是从这一天起，斯大林和希特勒这两位最高统帅开始把各自越来越多的部队投入到这场旷日持久的血战之中，并最终决定了双方天壤之别的未来命运。

　　近一个月以来，德军第 6 军团司令官保卢斯上将一直处于极度的兴奋状态中。由于战事顺利，他那原本谦逊的脸上也开始露出得意的笑容了。

　　出身于教师家庭的保卢斯没有德国将军惯有的骄横与狂妄。他的身材并不高大，而且面容也显得有点消瘦。因为早年在军营中的各方面表现都很一般，所以他只获得了一个上尉的军衔。但是在坚持不懈的勤奋努力下，他还是很快脱颖而出，直至最终成了陆军参谋长哈尔德的首席助手。在第二次世界大战初期，他亲自拟定了进攻苏联的"巴巴罗萨"计划，不仅因此受到了希特勒的青睐，还在 1942 年 1 月被提拔为德军精锐之师第 6 军团的司令官。作为苏德战场上最大的一个集团军，第 6 军团编内有 5 个军、共 18 个师的庞大兵力，其中甚至还包含了 2 个装甲师和 1 个摩托化步兵师。在保卢斯之前至少有 10 位更有经验也更资深的将军担任过这一职务，而刚刚被提拔为少将的他却因为受益于希特勒的刻意提拔而成了该集团军的最新一任总司令官。

　　这样的"知遇之恩"，使得性格原本就很温顺的保卢斯对于希特勒更加言听计从。再加上刚刚上任不久便在哈尔科夫一战中取得了巨大的成功，更是使他获得了德国最年轻的著名将领的显赫声誉。哈尔科夫战役结束后，第 6 军团的士气变得更加旺盛。他们以摧枯拉朽之势接连攻城拔寨，只用了不到一个月的时间就打到了伏尔加河畔。尽管这支王牌之师在 7 月 17 日与苏军展开交火后，也曾因为兵力不足耽搁了两天的进程，但是随着主力部队的及时赶到，苏军的溃退又给了他们继续执行作战计划的可能性。在此后的一周之内，第 6 军团已经将顿河弯曲部的苏第 62 集团军团团包围，并且顺利进抵离斯大林格勒市区只剩 150 公里的卡拉奇地区。想到也许再有几天就可以结束这场战斗，想到自己在战后佩戴着金光灿灿的元帅肩牌，心花怒放的保卢斯突然发觉顿河草原的夏日风光要比普鲁士的那些森林景色更为迷人。

7 月 22 日晚上 8 点钟，德国第 6 集团军各军司令官准时走进挂有大幅作战地图的会议室。随着一声"立正"口令的传来，保卢斯在军官们两腿并拢的撞击声中走进来，他的身后紧跟着阿图尔·施密特少将和集团军首席副官 B. 亚当。

在示意大家坐下后，保卢斯声音洪亮地说："先生们，刚刚收到元首签署的第 45 号作战命令，进攻斯大林格勒会战开始了！"看着军官们兴奋的神色，保卢斯继续说道："元首命令我们 B 集团军群的任务是，在向斯大林格勒推进的过程中建立起顿河防线，击溃正在组建的敌兵力集团，占领该城，封锁顿河和伏尔加河之间的陆桥以及河流。"

保卢斯说完后，施密特少将又开始布置具体的作战任务："为了抢在苏军后备军赶来之前夺占该城，我集团军分成两个突击集群。北部集群由第 14 坦克军团、第 8 步兵军团（后来还有第 17 军团）组成，位于佩烈拉佐夫斯基；南部集群由第 51 步兵军团、第 24 坦克军团编成，位于奥勃利夫斯卡亚地区。7 月 23 日，两集团军在顿河大弯曲部内沿顿河河岸向卡拉奇推进，在该地区会师，强渡顿河，夺占斯大林格勒。"

布置完任务后，施密特少将指着地图上面的箭头，告诫大家此时的苏军正在朝着斯大林格勒地区集结重兵，司令官也由戈尔多夫接替了原来的铁木辛哥。按照已经得到的情报，苏军将在巴甫洛夫斯克到库尔莫亚尔斯卡亚一带设置防线，整个防线正面 530 公里、纵深 120 公里，而兵力配备则由第 21、第 62、第 63、第 64 集团军作为第一梯队，第 57、第 28、第 38 集团军作为预备队。别看苏军有这么多的集团军编号，但其中一些只是由原西南战区溃退下来的散兵收容组成的，有的则是刚从后方调集而来的，不仅缺少作战经验，武器装备也严重不足。再加上苏军的外围防线也只是一些普通的野战沟壕，对于德军来说不会构成什么真正的威胁，等到战役的真正打响以后，德军未必就会处于下风。何况届时意大利第 8 军团以及罗马尼亚第 3 军团也将赶来参战，所以这也许正是德军痛击敌军、一战成功的绝佳机遇。

听着施密特的这一番话，在座的德军军官个个都跃跃欲试。保卢斯也在这个时候做了最后的总结性讲话。他强调攻打斯大林格勒无疑将是第 6 军团历史上最大的一次攻坚作战。所以大家必须齐心协力，动作要快、要猛，务必在苏联人已经危在旦夕的这个关键时刻再给对方一次强有力的冲击，使其彻底垮掉。

第二天清晨，随着上布津诺夫卡、马诺伊林和卡缅斯基一带响起的一阵激烈的枪炮声，德军北部集群以其优势兵力向苏第 62 集团军的右翼阵地猛扑而来。而苏军也随即做出应急反应，第 62 集团军第 33 近卫步兵师、第 192 步兵师以及第 184师很快就投入到这场战斗当中。

这一天，巴尔拉季扬中校指挥下的近卫第 33 师第 84 团的阵地上硝烟弥漫。德军以第 14 坦克军团、第 113 师以及第 16 坦克师团的几股兵力一起冲击该团阵地。在空中战机的协同作战下，地面上数百辆坦克同时朝苏军阵地冲杀而来。

值得一提的是，在苏军阵地一侧的高岗上，4 位英勇的战士架起两支反坦克枪，在那里拼死抵挡着德军的攻势。在这 4 人当中，有个满脸络腮胡子、名叫博洛托的战士表现得最为神勇。他蹲在反坦克枪前，一边观察着敌情，一边告诫圆圆胖胖的战友萨莫伊洛夫不必着急，可以先喂饱肚子再继续战斗。于是这 4 个人先是隐蔽在阵地前吃完了干粮，又等到远处的德军坦克慢慢接近高岗后才发动反击。眼看着坦克受到了意想不到的偷袭，德国人只好先行退了回去。直到重新集结成更有利的队形后才再次发动了更猛烈的一轮攻势。

德军轰炸机也在这个时候开始对这一高岗进行轮番轰炸。只是片刻的工夫，这里就被炸得树黑土焦。等到轰炸一停，阵地前又冒出了德国人的坦克。可是这 4 位战士一点都不慌张，而是继续沉着应战。令人难以置信的是，他们就凭着自己区区4 人的战斗力量，竟在这一天里数次打退了德国人的坦克攻势，而且整整击毁了 15辆坦克！这 4 位战士的英雄事迹很快就传遍了整个前线，并在苏军阵营中掀起了一股杀敌竞赛的热潮。

在这天过后，苏军第 84 团共击毁德军坦克 45 辆，打退了敌人的数十次进攻。

次日，进一步加强了攻势的德军终于突破了苏军的阵地。这场战斗打得异常惨烈。德军以一个营的兵力出现在苏第 192 步兵师司令部附近。师长扎哈尔琴科上校一边立即组织参谋人员予以反击，一边率领 20 多位师部参谋向后撤退。就在这时，空中又出现了德军的战机。扎哈尔琴科操起机枪对着空中一通扫射，一架德机在被击中油箱后坠落下来。可就在苏军战士齐声喝彩之际，一颗飞来的炮弹却准确地击中了这位上校。

到了这一天结束的时候，苏军遭受到了严重的打击，第 192 步兵师伤亡大半。

在接下来的深夜里，第 62 集团军各兵团又同突入防御纵深的德军发生了激战。德军飞机对集团军阵地进行了狂轰滥炸，第 62 集团军的第 184 师和第 192 师，第33 近卫步兵师、第 40 坦克旅、第 644 营以及第 30 炮兵团纷纷陷入德军的重重包围之中。万分危急之下，集团军司令部作战处处长茹拉廖夫上校只好冒着随时被德军炮火击中的危险，乘飞机抵达被围阵地，组织剩下的 500 名士兵进行顽强的抵抗。在当天午夜斯大林格勒方面军收到的来自集团军司令员科尔帕克奇少将的报告中，这位指挥官详细罗列了本部在这一天内遭受到的巨大损失："敌人向集团军中央和左翼的步兵发起攻击，并继续调摩托化机械部队在右翼实施战斗，同时突入的集群仍梦想在瘫痪我指挥后向卡拉奇推进；步兵第 184 师和第 192 师的情况不明，目前已派出一个坦克通信分队恢复联系。综上所述，我决定继续坚守已占领地区，消灭突入防御纵深的敌军集团。"

不难看出，在写完该报告并呈交给斯大林格勒方面军之后，科尔帕克奇少将已决定进行最后的背水一战，誓与阵地共存亡。而此刻苏第 62 集团军的右翼阵地也已经陷入极度的困境当中。崔可夫中将指挥的 64 集团军在 7 月上旬才奉命由图拉南下。当 7 月 17 日顿河战役打响之际，刚下火车的第 64 集团军只能是连夜奔袭，这才赶在 21 日进入主战阵地。但由于敌军在集团军辎重尚未完全到位的情况下就已开始冲锋，这就导致第 64 集团军只能选择在光秃秃的阵地上筑起"血肉长城"，以阻击重兵来犯的德国人。尽管勇气可嘉，但毕竟是寡不敌众，第 229、第 214 师的阵地相继失守。眼看着战局已经变得岌岌可危，崔可夫立即下令将被围困的第 214 师、第 154 海军旅撤退到顿河左岸地区，这才避免了全军覆没的厄运。但顿河右岸的奥勃利夫斯卡、上阿克先诺夫斯卡亚一带还是没能逃脱被德军占领的结局。

7 月 23 日，在德国人在顿河大弯曲部发动猛烈攻势的当天，一架从莫斯科机场起飞的专机降落到斯大林格勒。以统帅部代表身份赶来这里的华西列夫斯基上将刚一走下飞机，就看到了前来迎接的新任方面军司令员戈尔多夫那张阴沉的脸。很显然，前线的形势肯定出现了严重的问题。尤其是在次日深夜见到科尔帕克奇少将的那份报告后，华西列夫斯基已经彻底明白了一件事情，那就是如果再不采取果断措施的话，苏军的整个防线将彻底崩溃。

赶来斯大林格勒收拾烂摊子的华西列夫斯基，刚到前线司令部就被眼前的混乱搞得焦头烂额。为了应对眼下的危急形势，他想尽办法去调兵遣将，目的只为了设法堵住顿河弯曲部正在溃退的苏军防线。对于第 62 集团军的不堪一击，华西列夫斯基表示出了极大的不满，甚至直截了当地责备戈尔多夫对部下的指挥不力才导致了斯大林格勒远接近地防线受到了如此严重的威胁。早在登机出发前，斯大林就曾告诫他德军把一些部队调到齐姆拉河的目的就是为了吸引苏军的注意力，以便于他们将主力部队调集到第 62 集团军的右翼。如果德军采用的这一声东击西的战术导致顿河弯曲部出现危机进而影响到整个全局，那么苏军在前线的指挥官就必须想办法使态势恢复到原来的样子。直到华西列夫斯基真的赶到了斯大林格勒后，才发现要执行最高统帅的这一命令是多么困难的一件事。

根据斯大林格勒方面军的最新战报可知，当前与第 62、第 64 集团军对峙的德第 6 集团军在士兵数量上占有着绝对的优势。其步兵为苏军的 1.5 倍，炮兵为苏军的 2.6 倍，坦克数量也达到了苏军的 2 倍还要多。再加上苏军的阵地工事十分简陋，刚刚进入阵地就已经投入战斗的第 64 集团军还存在着弹药不足、缺乏经验等种种不利状况，这都会给最终的战局发展造成极大的隐患。想到这里，华西列夫斯基深吸了一口气，几乎瘫倒在地图上。此时的他终于深刻地意识到保卢斯集中力量攻击第 62、第 64 集团军的用意何在了。一旦德军采用两翼突破、纵深包围的战术围歼第 62 集团军，同时在进抵卡拉奇的基础上强渡顿河，那么就完全有可能在行进间实现他们占领斯大林格勒的最终目的。

从当前的战局发展来看，很显然德国人的第一目标已经实现了。那么在接下来的战斗进程中，不论付出怎样的代价都必须阻缓德军的进攻势头才行。然而此时的华西列夫斯基已经没有更多的选择了。因为第 21、第 62、第 63、第 64 集团军正在与敌交战，所以唯一可供支配的只有尚在组建中的第 1 坦克军团和第 4 集团军了。要把一支这样的部队投入到战火连天的前线上，无疑是犯了兵家大忌。可是不这样的话又有什么别的办法呢？

7 月 24 日，第 38 集团军的司令员莫斯卡连科少将接到指令，将其部队改编为第 1 坦克集团军，下辖第 13、第 28 坦克军团以及第 131 步兵师、2 个防空炮兵团、1 个反坦克炮兵团和第 168 坦克旅。也许从番号上来看这确实是一支庞大的部队，但实际上的坦克数量总共才有 100 多辆。更要命的是，由于时间确实仓促，这些部队只能是分批投入战斗。

次日，莫斯卡连科又接到了一道指令，要求他在两天后向德军发起反突击行动。由于时间紧促，莫斯卡连科只好立即将司令部人员组织起来后就率队出发了。至于拟订计划、进行战斗准备的一系列工作，则只能在行军的过程中逐一落实完成。

7 月 25 日这一天，注定要成为斯大林格勒会战中一个最为重要的日子。

当天清晨，德第 6 集团军的北方集群坦克部队已经逼近卡拉奇渡口，且距离渡口只剩下最后两三公里的路程了。如果德军真的占领了这一渡口，城内苏军的补给线就会被彻底切断，而德军则会源源不断地渡过顿河。情况似乎到了最危险的时刻。

幸好莫斯卡连科的坦克部队及时赶到了这里。于是，双方的坦克随即展开了遭遇战。

在一片坑坑洼洼的荒坡上，两股坦克流在全速前进中狭路相逢。很快，空中又传来了引擎刺耳的轰鸣声，那是德军的"梅塞施密特"轰炸机正在赶来参战。此时，双方互相射击的炮火，迎头碰撞的重型坦克，以及不时出现的由爆炸引起的火光和浓烟，整个渡口地带的地面似乎都在旋转，那些末日般的场面在每个亲历者的眼中如幻灯片般快速闪过。

仅仅几分钟后，莫斯卡连科接通了第 28 军军长罗金的电话，要求其尽快组织突击队从侧翼进攻。这一指令的下达很快取得了显著的成效。当苏军的 10 多辆坦克突然出现在阵地后方时，措手不及的德军开始全面撤退。苏军的坦克终于占领了这一阵地。

刚松了一口气的莫斯卡连科又接到报告，称友邻部队的第 4 坦克集团军在顿河西岸与德军陷入了血战，申请立刻予以增援。开辟了新战场的苏军坦克在一阵激烈的交火后，不仅挡住了德军沿顿河右岸向南、向东挺进的势头，还一举冲破了德军对于第 62 集团军的合围。

这一役，虽然华西列夫斯基取得了一些胜绩，但同时也付出了不小的代价。好在最终苏军总算是阻止了德军对卡拉奇的占领。但是就在他还没有来得及为之高兴的时候，第 64 集团军阵地上的新变化又让他马上感到紧张起来——德军在 7 月 25 日以 2 个步兵师和 1 个坦克师的优势兵力猛攻第 64 集团军下辖的第 229 师。这支苏联部队的防御工事正面绵长近 15 公里，却只有区区 5 个营的兵力把守在这里。面对着数倍于己的德军坦克部队，阵地上的苏军在弹尽粮绝后死伤大半，阵地也随即失守。其指挥所由于也受到了德军的重创，师长在被迫撤离后甚至与部队失去了联系。在接下来的第二天，密密麻麻的德军坦克全面碾过了苏第 229 师的防线，向着顿河的右岸继续推进。

接到这一报告后，华西列夫斯基急调海军陆战第 66 旅的 1 个炮兵营前去阻击敌人。站在前沿掩蔽部，他一只手拿着望远镜，另一只手拿着电话筒，扯着沙哑的嗓门大喊：“中尉同志，无论如何得挡住坦克！你的后方已没有预备队。”

在把部队拉向前方的过程中，炮兵营长达特里耶夫中尉看到德军的 40 多辆坦克正在一边开炮一边冲杀过来，立刻命令战士在裸露的地形上摆开阵势，冒着炮火，等德军坦克抵进炮兵阵地 400 米处才下令开火。

一时间，德军的坦克阵形出现了混乱，滚滚浓烟遮蔽了一切，好几辆坦克也烧了起来。以为苏军早有防范的德军只好选择撤退，而这也为苏军的增援部队赢得了宝贵的时间。

华西列夫斯基在战后回忆起这场战斗的情景时，仍然心有余悸：“如果那天没有炮兵营及时赶到，行进中的德军就会在占领下奇尔斯卡亚后渡过奇尔河，进而先于我军抵达旧马克莫夫斯基、奇尔火车站和雷奇科夫斯基地区。如果他们从南面逼近我第 62 集团军的翼侧和后方的话，我们的坦克集群在反突击中所取得的战果就真要丧失殆尽了！”

这一战最终以苏军的险胜而告终。一般来说，战争本该是实力的较量，战场上的胜利天平往往都会倒向占有优势兵力的一方。但有时候弱者视死如归的精神也会打破胜负之间的平衡。正义者的血肉之躯会比烈火和钢铁更有力量。可以说，这一次的胜利靠的正是苏军敢于牺牲、不屈不挠的坚韧精神。在7月末的最后几天里，苏军就是靠着这样的血肉之躯筑起了一道钢铁长城，直至终于打破了德国人在行进间抢占顿河渡口、夺占斯大林格勒的最初意图。

四、顿河拉锯战

看着保卢斯送来的进攻受挫的密报，怒气冲天的希特勒用拳头狠狠捶打着桌面，嘴里大骂着"一群废物"。由华西列夫斯基在7月25日组织起的这次反突击行动，对于希特勒来说简直就像是一个晴天霹雳。他没有想到自己的将军们会如此的愚笨无能，更让他没有想到的，是本该溃不成军的苏军竟然还能有力量进行如此凶狠的反攻。

按照原定的计划和部署，被希特勒当作决战来打的这场夏季攻势本来一直进展得顺风顺水。德军在6月底的时候甚至已经足够逼近斯大林格勒和高加索地区。一切迹象都似乎是在表明，苏联军队真的就要全线崩溃，就要即将垮台了。为了彻底击溃敌人的最后挣扎，希特勒已经决定将他在腊斯登堡的大本营迁往更靠近前线的俄国境内乌克兰行营了。

就在1942年7月16日的上午，也就是保卢斯军团向斯大林格勒发起进攻的前一天，希特勒带着自己的随从兴致勃勃地登上迁场的飞机，并在3个小时后到达了文尼察。对于新的代号为"狼人"的暗堡，希特勒显然还不适应。他觉得这里的环境过于潮湿，且蚊虫太多。幸亏前线的好消息大大缓解了这个纳粹头子因休息不好而导致的情绪沮丧。收到保卢斯的军队进攻顺利的消息后，希特勒甚至得意忘形地告诉他的秘书："用不了多久，我们就可以离开这个鬼地方了。"

在接下来的7月23日，希特勒召集他的军事将领开了一次"意义重大的会议"。会上，在仔细研究了前线形势后，他做出了加快进攻节奏的决定，让霍特指挥的第4装甲集团军帮助A集团军群进攻高加索地区。而攻打斯大林格勒的任务就交给保卢斯军团去执行。在希特勒看来，此时的苏联人已经处在穷途末路、挣扎无望的最后阶段，用他自己的话说就是"只要给上最后的一击，我们就扼住了斯大林的喉咙"。

在希特勒原本的计划部署中，高加索的战略地位显然要优于斯大林格勒。尽管后者是苏联重要的工业城市和交通要地，但高加索油田则是战时的苏联能够保证正常运转的经济基础。一旦高加索被德国人占领，就等于是切除了苏军的战争资源，而德军坦克则会得到它一直迫切需要的燃料。更重要的是，德军一旦越过了高加索，德、意两军就能够轻易地携手占领英国统治下的中东地区，并迫使摇摆不定的土耳其对苏作战。这样看来，高加索的重要意义，已经关系到整个轴心国的全球战略了。英国军事历史学家富勒在战后分析这一问题时也曾一针见血地指出："德军在1942年的夏天只有一条路可走，那就是摧毁俄国的经济力量，破坏俄军的物质基础。为了达到这一目的，他们就必须夺取俄国的顿巴斯工业区、库班粮田和高加索的石油。"而一旦石油储备消耗殆尽，苏联将毫无疑问地面临灭顶之灾。

正因如此，在希特勒于1942年4月5日发出的第41号令中，已经明确规定德军夏季作战的首要目标就是夺占高加索："要把现有的兵力全部集中到南线去进行主要战役，以便将敌人消灭在顿河以西，而后夺取高加索的油田并翻过高加索山脉。"相比之下，斯大林格勒就成了"将它置于我重武器的杀伤范围之内，使之成为被摧毁的又一个军备和交通中心"的一个辅助性的战略目标了。只是由于苏军在战略部署上的重大失误，使得德军在夏季作战初期取得了意料之外的顺利进展，也由此让希特勒在认为德军可以同时实现这两个目标后做出了兵分两路展开进攻的决定。直到这个时候，高加索和斯大林格勒才由最初的主、次战线关系变为了同样重要、并行不悖的两大作战行动。

然而，包括希特勒在内的所有德军最高指挥官显然都没有料到夏季作战初期的失利并没有真正伤及苏军的核心力量。当希特勒在东线情报处长盖伦上校发自8月份的一份情报中了解到斯大林在7月这一个月内就重新组建了54个步兵师和56个装甲师，且整个苏军还拥有593个师的庞大兵力的消息后，这位元首显然被气糊涂了！他怎么也不能相信一件事情，那就是苏联人怎么可能会越打越多呢？等到在战场上真切地感受到这一点时，一切都已为时太晚。此时的德军身陷高加索和斯大林格勒两条战线之上，早已首尾难顾了。

当然，这些都是后话。

接到保卢斯的密报后吃惊不小的希特勒，立刻把参谋总长哈尔德召来。两人在分析了前线形势后，确认苏联人正在向斯大林格勒集结重兵。在一致认为这一变化正是击溃苏军的难得机会后，希特勒决定果断地改变整个作战计划，以便将苏军的主力部队歼灭在伏尔加河畔。

几小时后，正在向高加索全速前进的德国第4装甲集团军收到了元首发出的密电，随即调转头来向顿河以南推进，越过卡尔穆克草原，配合第6军团从南面进攻斯大林格勒。

就这样，原本只是作为辅助战略目标的斯大林格勒，现在却成了德军的主要作战方向。对于这一战略上的重大调整，希特勒显然是充满信心的。在下达了该命令后，得意洋洋的他甚至在女秘书的陪伴下饮茶休息去了。可是他哪里会料到，就是自己的这个决定，导致了众多的德国军团最终陷入一场旷日持久的血战当中，再也无法抽身而出了。

霍特的德国第 4 装甲集团军，自夏季作战以来连战连捷。士气正旺的他们在接到元首的调令后即刻南下，只用了 3 天的时间就驰驱数百公里，在没有受到任何抵抗的情况下于 7 月 29 日渡过顿河，出现在了斯大林格勒的南部地区。

驻守该地区的苏第 51 集团军只有 4 个步兵师、2 个骑兵师的可怜兵力，再加上长达 200 公里的防线严重降低了本就缺少坚固工事的防御强度，在德国人的坦克、火炮和飞机的联合攻击下，只用了几个回合的工夫，便已经全线失守。

此后，第 4 集团军又开始配合西南方向保卢斯军团的攻势长驱直入，先是在 8 月 3 日进至阿克赛河地区，接着又在 8 月 5 日向阿勃加涅罗沃、普洛多维托那地区推进。到了 8 月 7 日的时候，这些入侵者已经朝着第 74 公里会让站、京古塔车站冲杀而来。

眼看着形势已经万分危急，苏军最高统帅部也很快做出反应。在指令第 62 集团军加强顿河以西的阵地防御、挡住保卢斯军团的同时，调集第 64 集团军在霍特军团突破方向（格罗莫斯拉夫卡、京古塔一带）设置纵深防御，另外单独下令给第 64 集团军副司令员崔可夫中将（7 月 28 日舒米洛夫少将任该集团军司令员），要求他率领独立战役集群（步兵第 29、第 138、第 157 师，坦克第 6 旅、第 154 海军陆战旅和 2 个炮团）奔赴阿克赛河一带，堵住南部缺口。

在一番调兵遣将之后，交战双方终于在顿河大弯曲部展开了一场异常激烈的较量。包围与反包围、冲击与反冲击，冲上去、打下来，阵地前的每一个掩体、堑沟以及弹坑都成了争夺的焦点，可以利用的每一种坦克、大炮和飞机都成了杀敌的武器。你来我往、无休无止的拉锯战，使得整个顿河上浮着一层殷红，炮弹爆炸后溅起的水花在阳光下艳红如血。

8 月 5 日，在阿克赛河一带，霍特指挥下的第 4 军团开始朝着柳德尼科夫指挥下的第 138 师和库罗帕坚科指挥下的第 157 师猛扑而来。趁着苏军立足未稳，德国人沿用了他们一贯的战术打法，先是飞机轰炸，而后火炮射击，继之是步兵和坦克进攻。在一天之内就遭受到了 10 多次的强大攻势后，苏军原本坚韧、顽强的防守终于被德军冲垮，第 138 师和第 157 师之间的接合部也被深深地打开了数公里长的缺口。

在一整天的战斗终于告一段落后，崔可夫在当天晚上找来了这两位疲惫的师长，先是告诉他们德军已经在前面的山谷集结了大批坦克的消息，接着又下达了自己的命令，那就是务必要在敌人凌晨发动进攻前用炮火把这群无耻的侵略者揍趴下。

次日破晓前，受命采取行动的第 138 师和第 157 师调集全部的 400 多门大炮开始朝着山谷里的德军坦克发动猛轰。尽管那些毫无防备的德国人确实因此遭到了重创，但这也只是让德国人发起的疯狂进攻向后推迟了几个小时而已。战场上的态势依然没有任何的改观。

这一天，斯大林根据形势的新变化调整了苏军的指挥系统。他将原斯大林格勒方面军分为了两个独立方面军，其中东南方面军由戈尔多夫中将担任司令员，负责指挥第64、第57、第51、第1近卫集团军，第3装甲集团军以及第8航空兵集团军，而斯大林格勒方面军则由叶廖缅科上将担任指挥官，下辖第21、第62、第63集团军，第4装甲集团军，第8军以及第16航空兵集团军。在给两位方面军司令员的训令中，斯大林明确要求他们要不惜一切代价去粉碎德军从南、西两个方向进攻斯大林格勒的企图。

而此时更要命的问题则是，霍特军团在南面的冲锋部队已经凭着优势兵力冲破了崔可夫指挥下的集群防御阵地，开始朝着苏第64集团军左翼所在的阿勃加涅罗沃和京古塔区域进发。在经过两天的激战后，势单力薄的苏军再度被彻底击溃。等到德军占领了第74公里会让站之后，那里距离斯大林格勒市区只有区区30公里之遥了。

霍特军团的疯狂进攻态势，让叶廖缅科上将感到极为不安。他在8月7日好不容易搜罗到了方面军所有的预备队和装备（包括4个师以及1个坦克旅），随后赶到74公里会让站去阻击那里的德军。此时，第133坦克旅指挥官布勃诺夫少校正在对全旅官兵训话，告诫大家现在已经没有任何的退路，因为在他们的身后已经是伏尔加河和自己的祖国了。为了表达自己誓死报效国家的强大决心，身先士卒的他驾驶着一辆KV式坦克向德国人猛冲过去。在他的带领下，第133坦克旅终于将敌人赶出第74公里会让站，但也付出了伤亡1200多人的沉重代价。对于这位富有牺牲精神并获得过列宁勋章的基层指挥官，曾担任东南方面军副司令的戈利科夫元帅有过极高的评价："他是一位才能出众的指挥员，能在迅速判断敌情的基础上合理调配兵力。他出众的地方不只是像许多人那样勤勉、可靠和勇敢，同时他还具有令人羡慕的主动精神。他的部队总是能够做到行动神速，且战果显著。"

在8月9日展开的争夺第74公里会让站的战斗中，布勃诺夫指挥下的第133坦克旅总共只有25辆KV式坦克，但却凭着勇猛作战迫使德军一再败退。曾经参加过那次战役的德国士兵罗尔夫·格拉姆斯在其战后回忆录中详细地描述了当时的战斗经过："8月9日那一天，我们同往常一样，第14坦克师还是以第64摩托车营为前卫队，从烈蒙特纳亚地域出发作最后的一次长途行军。此事完成后，我们就可直接兵临斯大林格勒城下了。一望无际的草原上热浪翻滚且烟尘四起，在那样的环境里人和车辆都很难承受这样的折磨。那几天是坦克兵和炮兵最不好过的日子。可就是在这个时候，苏军的重坦克却如入无人之境一样，疯狂地冲撞过来。说实话，这样

二战

的阵势真的让人心生畏惧。一战下来，第14坦克师第36团的200多辆坦克就只剩下了区区的24辆了。那样的惨败，我一辈子都忘不了！"

并不甘于就此失败的德军，很快又源源不断地投入了新的兵力。那里的坦克大混战一直持续到8月17日，这给双方都造成了巨大的损失。

趁着霍特军团的节节推进，西面的保卢斯军团也乘机发动了新一轮的攻势。他们在8月7日的清晨起就以两个军的兵力向苏第62集团军南、北两翼发起了猛烈的攻击。

在第62集团军因为无力抵抗而撤至顿河左岸后，华西列夫斯基将军在8月12日再次飞抵斯大林格勒亲自督战。在他的要求下，疲惫不堪的苏军只能在缺少树木的顿河草原上仓促挖掘更多的战壕，组织起新的防线。

到了8月15日的清晨，妄图一举击垮苏军抵抗的保卢斯以16个师的庞大兵力彻底包围、切割了苏军的第62集团军。战斗从凌晨5点钟打起，连绵不绝的枪炮声，震耳欲聋的马达轰鸣声，子弹划过空气时发出的尖锐声响，炮弹飞过天空时划出的闪亮弧线，彻底打破了草原上的寂静。在德军的坦克摩肩接踵地冲杀过来时，空中也密密麻麻地布满了赶来轰炸苏军阵地的无数飞机。

面对着如此大规模的进攻，苏第192师进行了殊死的抵抗，也因此付出了极为惨痛的代价。除了师长茹拉廖夫上校身负重伤后处于昏迷状态外，其参谋长塔兰采夫以及政治部主任谢列布里亚尼科夫都在战斗中先后阵亡。全师3000多人只有几百人在突围后保住了自己的性命，其余将士全部阵亡。而位于顿河右岸的苏第184、第205师也同样伤亡惨重。整个前沿阵地几乎全部被作战双方一层层叠加起来的士兵尸体所掩盖。

8月17日，付出了惨重代价的德军终于占领了顿河左岸。至此，历时1个月之久的顿河弯曲部拉锯战总算是拉下了帷幕。由于苏军在这一个月中的顽强抵御，德国人总共才向前推进了不到100公里的距离。这也迫使希特勒不得不放弃了行进间占领斯大林格勒的计划。

仅仅两天之后的19日下午6时45分，保卢斯在他的司令部下达了"进攻斯大林格勒"的命令。尽管在他看来苏联人已经没有力量进行更进一步的抵抗了，大获全胜也成了指日可待的事情，可他完全没有想到的是，一旦发动新一轮的战斗，他将引领第6军团走向一个前所未有的巨大陷阱，直至最终把自己的军队彻底带入毁灭的深渊。

此时此刻，伏尔加河畔的决战终于进入了白热化阶段。

自苏德战争爆发以后，希特勒就把大部分的兵力都投入到东方战场上了。而在此时的欧洲，他只留下了区区的30个师而已。基于这一情况，斯大林在1941年7月后就一直致函他的同盟国伙伴，反复敦促对方尽快在欧洲开辟第二战场，以迫使德军在两条战线作战，进而减轻苏军面临着的巨大压力和风险。对于这一请求，一向狡黠、沉稳的丘吉尔却始终不为所动。他给出的理由很简单：目前在西欧登陆，只能"意味着流血与失败"。

随着珍珠港事件的爆发，英、美、苏三国终于结成了战时同盟关系。而美国参谋总部的那些将军也发现，如果盟军能够横渡英吉利海峡并在法国登陆，那么从战略部署上看，这将是"直捣德国心脏的一条捷径"。他们随即制定了在欧洲大规模登陆的作战方案，并一直试图鼓动丘吉尔同意这一代号为"铁锤"的反攻计划。

1942年5月20日，应美、英两国政府的邀请，外交人民委员莫洛托夫和伊萨伊夫少将先后访问了伦敦和华盛顿，并与美、英两国签署了互相援助议定书和同盟条约。应苏方的要求，美、英、苏三国在公报中宣布会谈已经就1942年在欧洲开辟第二战场这个刻不容缓的任务达成了圆满协议。消息一经传出，不仅举世震惊，一直饱受战争困扰的苏联人也从自己的西方盟友身上看到了赢得战争的一丝曙光。当莫洛托夫结束此次访问返回苏联时，他在莫斯科机场受到了人们如同凯旋英雄般的热烈欢迎。从中不难看出，绝大多数的苏联人都已经把赢得这场战争的最后希望寄托在盟国将于1942年在欧洲开辟第二战场这件事情上了。

正是在这样的大背景下，丘吉尔在8月12日抵达苏联进行访问。因为清楚地知道自己此行的目的正是为了告知斯大林乃至全体苏联人一个噩耗，那就是英、美等国还没有做好在1942年开辟欧洲战场的准备，所以越是离此行的目的地苏联越近，丘吉尔的心里也就越是感到惴惴不安。这位足以堪称20世纪最能言善辩的政治家，在评价此次访问的时候打了一个自认为十分生动的比喻——"搬一大块冰到北极去"。

事实上，在1942年的这个夏天，作为同处于黑暗深渊中的盟国伙伴，英、美、苏三国各有各的难处，也都面临着迫切需要各自去解决的难题。

在东方的苏联境内，德国元帅克莱斯特指挥下的高加索军群已经占领了迈科普附近的第一个苏联油田，曼施坦因奉命调动的大炮和最新式的火箭炮也已朝着布尔什维克的堡垒列宁格勒挺进，至于整个B集团军群则正在日夜围攻着伏尔加河畔的斯大林格勒。

在西方的英、美两国军队，此时也处在不断受挫的尴尬境地。德军出现在了挪威的马格尔岛和位于地中海的克里特岛，出现在了芬兰的北部和英吉利海峡的岸边。当陆军元帅隆美尔在距离亚历山大港80公里处的地方升起印有纳粹党徽的旗帜时，意大利的头号独裁者墨索里尼正在制订他进军开罗的作战计划。至于日本海军，则依旧活跃在太平洋地区。

就在丘吉尔启程前往莫斯科之前的日子里，大英帝国刚刚在中东地区遭受到了一次灾难性的重大失败。已经在托布鲁克要塞坚守了33周的25000名英军，竟然出人意料地向隆美尔的部队投降了！消息传来后，本来就对"铁锤"计划心怀二意的丘吉尔更加坚定了自己的信念。在他的多次督促下，罗斯福同意取消了这一计划，代之以在北非登陆的"火炬"计划。

在安全抵达莫斯科后，急不可待的丘吉尔当晚就和美国总统代表哈里曼一起去克里姆林宫拜会斯大林。而后者则带着拘谨的微笑，在会客室内接见了昔日作为宿敌、如今作为战时盟友的这些重要来宾。

会谈刚一开始，丘吉尔就开诚布公地说起了自己此行的目的。他一脸严肃地正式告知斯大林，英、美两国政府将无法在1942年完成在法国沿岸登陆的原定计划，因为无论是从时间还是军事力量上说，在这个时候采取行动都是不够明智甚至完全错误的做法。而这样的结果对于一直期待

克莱斯特

着好消息的苏联人来说，无疑是一个难以接受的噩耗。所以斯大林几乎是毫不犹豫地当即表示了对这一决定的强烈反对，甚至不无威胁性地强调英、美两国如果只是想推诿责任或是袖手旁观，那就休想赢得这场战争的最终胜利。

对于斯大林的这种激动情绪，丘吉尔似乎早就有所准备。身为外交高手的他既不想冒险在欧洲开辟什么"第二战场"，也不希望会谈就此陷入僵局。于是，他很快就提出了英、美之间早已商定好的另一项计划，也就是在北非发动攻势的所谓"火炬"计划。在他的讲解下，该计划无疑是针对轴心国实施的风险更小且效果也许更好的一个上上之选。

然而，不管丘吉尔怎样口沫横飞地渲染着未来的蓝图，都无法消除斯大林对于英、美两国这种明显的背信弃义而产生的愤怒情绪。也正因如此，在接下来的第二天会谈中，斯大林很快就向丘吉尔和美国总统代表哈里曼特使递交了一份措辞强硬的备忘录，其中的不满情绪和激愤态度在字里行间中可以说是随处可见。而这样的结果也让丘吉尔不得不再次为英、美政府的决定耐心辩解了一番。

一阵唇枪舌剑之后，两位巨人级别的政治家最终还是以大局为重，握手言和了。如此"美满的结果"让丘吉尔在16日清晨飞离莫斯科的时候大有一种如释重负的畅快感觉。毕竟英、美的毁约之举没有衍变成同盟国之间的一场灾难，而是让三者之间的战时关系达到了一个更加密切的全新阶段。

政治这东西，就是这么神奇的一种存在。大家可以表面上笑逐颜开，甚至给人如沐春风的错觉，可是各自在内心世界里又打着怎样的算盘就绝非外人可以猜中的了。送走了丘吉尔之后，斯大林的心里可谓是五味杂陈。丘吉尔的来访，让苏联人最初的热切期待变成了如今的愤怒和失望，而他还要听着那些毫无意义的外交辞令，去咽下这位英国政客带给自己的苦果。更重要的一点就是，盟国的见死不救会让希特勒肆无忌惮地加快侵略的步伐，而1942年的苏德战场上，无论结果怎样都只能是苏联自己的事情了，不要指望还有谁来帮忙，也根本就不可能有人来帮忙。孤立无援的斯大林，势必要承受更多更大的压力。至于眼下，除了咬紧牙关、背水一战，去顶住希特勒的疯狂攻势，已经再无任何出路可言。

有了这个决定性的因素在内，也就不难理解当斯大林在丘吉尔刚刚离去后接到华西列夫斯基关于战况不妙的最新报告时，竟会有点失态地对着高频电话大声喊叫着"给我顶住！不准后退！谁敢违抗军令，就按第227号命令处置"这一番话的原因了。

斯大林口中的第227号令，正是他以苏联国防委员会主席的名义在1942年7月28日颁发的。而那时刚好就是变更部署后的希特勒调集霍特指挥下的第4集团军去攻打斯大林格勒、进而造成双方战局急转直下的关键时刻。在后世的历史学家们看来，这一命令的颁布意义重大，甚至直接影响到了整个斯大林格勒会战在此后的走向和进程。

就在酝酿第227号令的那段日子里，斯大林仿佛随时都处在一种万分焦虑的状态当中，长时间的精神高度集中，导致他的脾气也变得更加暴躁起来。

为了彻底整顿战场纪律，重塑苏联红军钢铁般的意志，思前想后的他最终还是颁发了这个在战争史上十分著名的第227号令，其中没有矫饰和闪烁其词，而是直截了当地指明局势的严重与危险："德国占领军正冲向斯大林格勒，冲向伏尔加河，企图不惜任何代价攫取拥有丰富石油资源和粮食的北高加索和库班河流域。我们的领土大大缩小了，人口、粮食、金属、厂矿也减少了许多。我们失去了7千多万人口、年产8亿多普特粮食的产粮区以及年产1千多万吨钢材的生产能力。"

要缓解直至清除这样的危难局面，斯大林在指令中明白无误地要求全体苏联军队乃至民众："我们每放弃一寸土地都将极大地加强敌人的优势，极大地削弱我们的防御，削弱我们的祖国……是停止退却的时候了。'不准后退一步'，这应成为我们当前的主要口号。必须顽强地坚守每一个阵地，坚守每一寸苏联领土，尽最大力量去保卫它，直至流尽最后一滴血。惊慌失措者和胆小鬼应该就地枪决。从今以后，每个指挥员、红军战士、政工人员都应遵守这个铁的纪律：没有最高统帅的命令绝不后退一步。"

可以想见的是，在第227号令颁布之前，夏季作战进程中的接连受挫已经在苏军当中产生了普遍意义上的怯战心理以及临阵溃退的现象。如果不是这样，身为最高统帅的斯大林完全没必要这样事必躬亲地计较于这些细节之上。而其他苏军高级将领在战后的回忆录中所记述的一些细节也恰好印证了这一点。比如曾任第64集团军副司令、第62集团军司令的崔可夫元帅，就曾在其回忆录中列举了这样一个例子。那是他在进行某次前沿视察时发生的事情。当他亲眼看见德军正在发起进攻，而阵地上的苏军却在此时按兵不动时，就立即责问该炮团团长为什么不开炮。得到的回答是"炮弹快没了"。可是经过进一步的检查后，崔可夫却惊讶地发现并非弹药有什么不足的现象，而只是前线的指挥员在准备后撤时随意编造、用于搪塞上级领导问责的理由而已。毫无疑问，这种在战场上毫无秩序的撤退现象就像是某种瘟疫，是会传染的。一旦有人因为惊慌失措而率先逃离阵地，其他坚守着的人也会随之恐慌起来。渐渐地，这种个别逃兵的出现会最终衍变成一场全面的大溃败。任何军队出现了这一不利态势而又不能及时地予以遏止，都将毫无获胜的可能性。

如今，第227号令一经下达，就意味着那些习惯于撤退和逃跑的胆小鬼的好日子彻底结束了。从现在起，所有人都必须拧成一股绳，不仅为祖国而战，也为自己的生存而战。

在谈到严厉的命令是如何激发全体苏军将士投身战争的巨大勇气时，曾任第64集团军司令员的舒米洛夫做出了这样的描述："命令一到，我们马上向全体指挥员做了传达。以后集团军所属部队再未发生过未接到命令便放弃哪怕是一寸土地的情况。"

舒米洛夫的话说得或许有些夸张，但这一命令却实实在在地让苏军的士气得到了极大的改观。就连作为对手的德国人也都感到不可思议，为什么第一天已经落荒而逃的苏军战士，会在第二天又莫名其妙地开始了最疯狂的抵抗呢？当保家卫国的信念真正深植于每个苏联军人的内心当中后，丢掉一切幻想去直面现实的他们终于彻底地觉醒过来。

复仇的火焰一经点燃，斯大林"不准后退一步"的命令也就成了全体苏军将士必须去自觉履行的一种准则。

于是，从8月下旬起，伏尔加河畔的决战再一次变得激烈起来。苏军发动的抵抗也明显得到了加强。背水一战、哀兵必胜的军事准则，似乎再次拯救了绝望中的斯大林格勒。

五、第一次反攻

就在斯大林和丘吉尔进行会晤期间，德国人又一次发动了新的攻势。对此次行动寄予了厚望的希特勒，将德军分成了南、北两支作战集群。其中南部集群以霍特指挥下的第4装甲集团军为核心，除原有编制外又增加了第24坦克师和第297步兵师，其计划是从普洛多维托耶、阿勃加涅罗沃出发，在占领京古塔车站后沿铁路线再向北突击。而北部集群则是由保卢斯指挥下的第6军团担负主攻任务，其计划是在佩斯科瓦特卡和特烈霍斯特罗斯卡亚之间强渡顿河，在雷诺克方向突击斯大林格勒北部，最后直抵伏尔加河。这两个集团军共有18个师、21万人的兵力，同时配备了2100门大炮以及1100架飞机的优势资源。除此之外，在进攻中还有意大利第8集团军和来自罗马尼亚的2个师团掩护其侧翼，真的可以说是兵强马壮，志在必得了。在进攻命令下达后，得意的希特勒甚至直接告诉身边的女秘书随时做好准备，因为要不了多久，德国人的铁蹄就会踏进斯大林格勒。

可是，战斗一旦打响，苏军的顽强抵抗就让希特勒的美好愿望泡了汤。在一番惨烈的厮杀后，保卢斯指挥下的北部作战集群总算是取得了一些进展。担任先遣部队的冯·维特斯海姆指挥下的第14坦克军团先行攻占了顿河小弯曲部的登陆场。到了22日傍晚的时候，德军已经把突破口扩大到45公里的距离了。与此同时，不甘落后的南部作战集群也在最初遭受到一些挫折后调整了自己的进攻方向，由阿勃加涅罗沃向东推移，终于在21日傍晚前突破了苏第57集团军的右翼防御。左右受敌的苏军只剩下了最后一道防线。一旦德军的坦克冲过了这里，敌人的铁蹄就将长驱直入，饮马伏尔加河了。

8月23日，星期天。这是让所有亲身经历者最为难忘的一天，因为它是自保卫这座城市而展开战斗以来最为悲壮和惨烈的一天。

整整这一天，都是在激烈的枪炮声中度过的。

清晨时分，德第14坦克军团就朝着雷诺克方向的苏第62集团军和第4装甲集团军接合部发起了猛攻。因为这支军团一直是保卢斯手中的王牌之师，所以每逢重要战事都由它来打头阵。而作为该军团指挥官的维特尔斯盖伊姆，此次进攻行动中也照例还是先部署飞机和大炮狂轰苏军阵地，之后才让自己的坦克部队向苏军阵地发起冲锋。

守在这里狙击德军的是苏62集团军下辖的第87步兵师。因为这支部队直到22日傍晚才接到换防任务的通知，且在行军途中又遭到了德军飞机的集中轰炸，所以拂晓前还没完全进入阵地的他们根本来不及做好任何的防御准备，就不得不面对德军坦克的冲杀了。这样一来，战斗的结果自然可想而知。随着整个师团被分割成了一个个零星小股，即使他们也曾浴血奋战直至弹尽粮绝，但最终还是落得个几乎全军覆没的可怜结局。极其惨重的伤亡情况已经无须再做任何描述，整个阵地上甚至连一门完好的迫击炮都没有剩下。

冲垮了这一阵地后的德军开始长驱直入，在切断了苏联城北守军（斯大林格勒方面军）与市区守军（东南方面军）之间的联系后，他们在下午 4 点钟的时候已经进入了拉托善卡、阿卡托夫卡以及雷诺克一带，在拥向伏尔加河的同时，直接威胁到北郊的拖拉机厂了。

也是从这一天的清晨开始，在斯大林格勒的城西南一带，德军的南部作战集群同样发动了猛烈的攻势，截至中午 12 点钟左右也已经占领了第 74 公里会让站和京古塔车站。在入侵者掀起的这一轮疯狂进攻下，陷入重围当中的苏第 38 步兵师随时面临着被"吃掉"的危险。

作为前线的最高指挥官，华西列夫斯基以及其他方面军司令员是在稍晚的时候才获悉防线被突破这一噩耗的。在这一天的上午 9 点钟，查里查河左岸坑道内的东南方面军指挥所收到的只是来自第 8 空军集团军参谋长谢列兹涅夫上校的报告。在电话中，这位上校告知指挥部小罗索什卡地域正在发生激烈的交战。德军的 200 辆坦克正兵分两路向斯大林格勒市区逼进，在坦克纵队的后面还密密麻麻地跟着满载步兵的汽车纵队。而且敌人的空军现在也正在轮番轰炸着苏军的前沿阵地。

尽管叶廖缅科将军在接到这一消息后马上下令第 8 集团军的所有飞机全部赶去增援，但德军能够突然出现在小罗索什卡一带已经表明他们在苏军阵形中至少纵深穿插了 60 公里的距离。而如此大的一个缺口又该抽调哪些部队去尽快加以封堵，这才是最重要也最让人感到头疼的事情。为此，华西列夫斯基和叶廖缅科不得不下令炸掉了刚刚修建完成的一座横跨伏尔加河的浮桥，因为那里的拖拉机厂距离小罗索什卡只有短短的 5 公里之遥了。

迫于这一严酷的危急形势，华西列夫斯基又紧急发出新的指令，要求守在拖拉机厂的苏军必须马上把工人狙击营、军政学校学员营组织起来，加强那里的防御强度，以消除德军走廊的威胁。

就在苏军方面想尽一切办法试图阻止形势进一步恶化的同时，德国人却在这一天的下午 4 点钟过后发动了大规模的空袭行动，目标直指斯大林格勒。

8 月的天气，本来就已酷热难当。德军选择在这个时候展开空中轰炸，刚好就是为了利用狂风增强空袭的破坏效果。当雨点般落下的炸弹借助风势将城市变成了一个更大的火海后，一座座房屋以及一条条街道都在冲天的火光中燃烧起来。成千上万的建筑物纷纷倒塌，无处可逃的众多平民只能葬身于大火当中。

更要命的，是德军的轰炸点燃了伏尔加河畔的那些储油库。当石油不断地从油库里涌出后，随即又在遇到明火后变成了更大的一片火海。它贪婪地吞食着周围的一切，甚至就连被石油浸润了的土地也开始冒起烟来。石油流到伏尔加河内，整个河面上也立刻滚动起熊熊火焰，很快就把停泊在河上的船只也烧了个干净。无边无际的大火中还会不时传来炮弹和炸药的暴烈声，那样的情景足以让每个目睹这一切的人感到毛骨悚然。德军的空袭持续了数个小时之久，这使得斯大林格勒即便是在

夜里也被火光照得如同白昼一样。

空袭还破坏了苏军的通讯线路，许多部队都因为与指挥所失去了联系而陷入更大的混乱之中。也是因为通讯的中断，坐镇莫斯科总指挥部的最高统帅斯大林失去了来自前线的任何消息。这让他整夜都显得坐卧不宁，甚至怀疑过斯大林格勒是否已经陷落于德军之手。

当然，这样的担心显然是多余的——斯大林格勒是受到了前所未有的巨大威胁，但绝没有失守。在震耳欲聋的爆炸声中，守在这里的每一位将士都在捍卫着自己的阵地。而他们并不是孤军奋战，因为城里的工人也纷纷拿起武器冲上了前线，和他们并肩作战。

就在这一天的晚上，拖拉机厂经受住了战火的考验。除了守军之外，一支由工人临时组成的作战营也在当晚进入了麦切特卡河一带的前沿阵地。没有任何经验的他们，硬是凭着一股子至死方休的无畏精神，打退了数倍于己的入侵者。而他们也得到了"红十月"厂、"街垒"厂工人营以及来自捷尔任斯基、伏罗希洛夫、叶尔曼区的民兵队伍的有力增援。

同样是在这一天的白天，发生在小罗索什卡地区的战斗也进行得异常激烈。驻守在无名高地上的苏第62集团军第87师的33名战士竟然在一天之内奇迹般地打退了德军的10多次进攻。在交战初期，德军就出动了70辆坦克外加1个营的步兵力量将这一高地团团围住。可是身为初级政治指导员的叶夫季费耶夫在面对险境时却表现得极为沉着勇敢。他告诫自己带领的士兵要沉住气，先放敌人靠近阵地后再狠狠予以痛击。这一方法果然奏效。仗恃人多势众的德军刚一冲杀过来，就成了叶夫季费耶夫等守军的活靶子。等到击毁了冲在前面的数辆坦克后，以上士谢苗·卡利塔为首的苏军战士又纷纷将燃烧瓶投向后面冲上来的德军坦克。一天下来，守在这里的33名勇士不仅打死了150多名德军士兵，还成功击毁了27辆坦克。而他们付出的代价，只是1个战士负了点轻伤而已。

当天晚上，苏军终于在斯大林格勒方面军副司令科瓦连科少将的亲自指挥下发动了第一轮大规模反击，其目标就是针对德第14坦克军团在前进过程中形成的一条长60公里、宽8公里的走廊地带。因为这条走廊的出现，已经切断了苏军两个方面军之间的联系。如果任其存在下去，将对苏军接下来的战略部署造成极大的不利影响。

在这场战斗打响之前，华西列夫斯基就对科瓦连科少将阐述过此次战斗的性质——这不是一场歼灭战，而是比拼双方耐性的消耗战。"目的就是要挫一挫德国人的锐气。"

而战斗的最终结果也确实如苏军所愿。由于德第14坦克军团的穿插速度过快，导致其两翼步兵未能及时跟上，所以在苏军最初的猛烈冲击下，德国人的阵形确实

二战全程

一度出现了混乱的局面。但这支队伍不愧是德国人的王牌之师，很快就恢复过来的他们迅速稳住了自己的阵脚。双方在大罗索什卡地域进行了一番你来我往的小型拉锯战，最终结果是双方的损失都很惨重。但能够给不可一世的德国王牌军造成如此重创，苏联人已经达到了自己的目的。

直到这一天的午夜时分，斯大林格勒才恢复了与莫斯科之间的通讯联系。华西列夫斯基在电话中汇报了德军在城南占领京古塔车站、第 74 公里会让站等战略要塞以及城北地区也有德军进抵郊外的情况，并且重点强调了敌人在维尔加契田庄、佩斯特瓦特卡车站地域突破苏军左翼防御后又从拉托申卡地域向东突击，目前已经出现了将苏军分割为两个部分的危险状况。另外德军的空中轰炸也使整个斯大林格勒的军用设施遭受到了极为严重的破坏。

出于安抚的目的，在汇报结束、即将挂线前，华西列夫斯基特意强调了一句话："形势确实是万分危急，但请放心，斯大林格勒仍然在我的手中！"

话是这样说，可是形势却真的不容乐观。此时的德军，已经突破了顿河沿岸的苏军防御，并成功地将那里的守军切割成了两个孤立的部分。城南的德军先后攻占了阿勃加涅罗沃、京古塔车站和通杜托沃镇，而城北的德军则已经进逼到阿卡托夫卡至雷诺克一线的伏尔加河边。渡过顿河后的德军主力正向市区全力推进。在这种不断恶化的形势下，从斯大林格勒外同回撤的苏军只能守在一条狭长的地带。

8 月 24 日午夜过后，整个斯大林格勒城进入一级戒严状态。短短两天过后，城防委员会在 8 月 26 日向全体市民号召，要求大家都必须投入到修筑街垒的工作中去，因为此时的斯大林格勒已经进入了最严峻的临战状态，所以刻不容缓。

到了 8 月 27 日的时候，一向以擅打硬仗而著称的格奥尔吉·朱可夫大将接到斯大林的紧急调令，通知他马上从西方面军前线飞赴莫斯科，商议重大事宜。

晚上 9 点钟，面色忧郁的斯大林在克里姆林宫的办公室内接见了刚刚赶来的朱可夫。"我们碰上真正的难关了。国防委员会刚做出决定，任命你为最高副统帅，全权负责斯大林格勒的防御工作。我们绝不能丢掉这座城市。"说到这里，斯大林稍作停顿，接着又郑重其事地告诉朱可夫："你已经被授予全权去调动城内的两个方面军、空军及其他部队了，你还拥有机动集结兵力的权力。"

这是斯大林对朱可夫的最后交代。因为他深知更多的话是不必说的。作为一位真正在战火中经受过重重考验的名将来说，他显然才是这方面的专家和天才人物。而每当战局危急，斯大林最先想到的也总是让朱可夫去承担那些在其他人看来根本就无法忍受的重压。先是到列宁格勒接替伏罗希洛夫元帅，接着是赶往危难中的莫斯科组织防御反击，现在又换成了去拯救岌岌可危的斯大林格勒。也许在旁人眼里，这已经足够成为一名军人能够享有的最高荣誉了，但这份荣耀背后所要承担的巨大压力，也绝非常人可以想象得到的。

两天之后，赶来救火的朱可夫飞抵斯大林格勒。这位宁可战死沙场也不愿平庸度过一生的将军刚一走下飞机，就马上向迎接自己的华西列夫斯基询问最新的战况。毕竟时不我待，错过了任何一点的有利战机，都将导致整个战局最终朝着自己不想看到的方向去发展。

朱可夫到达斯大林格勒后组织的第一次反攻，于 9 月 5 日拂晓在城北地区展开。进攻前，由于总是觉得兵力太少而显得信心不足的朱可夫，最终还是迫于最高统帅斯大林的压力勉强发动了此次反击。但战斗刚一打响，问题就出现了。正如他所担心的那样，苏军的 3 个集团军并没有达到战前的预期目的。苏第 24 集团军、第 1 近卫集团军以及第 66 集团军很快就遭到了德军强有力的回击。等到第一天的战斗结束时，苏军总共才推进了不到 5 公里的距离，而第 24 集团军仍旧待在原地，没能向前迈进一步。

在接下来的战斗中，苏军航空兵也大规模参战，尽管最初确实取得了一定的成效，但是随着德军从斯大林格勒地域不断调集来新的部队进行增援，此后的几天内战局又呈现出胶着的状态。唯一的收获就是在一定程度上延阻了德军进攻的势头而已。在朱可夫看来，此次反击战与 1 个多月前华西列夫斯基组织的那次反突击行动极为相似，唯一值得夸耀的只有苏军战士表现出的那种大无畏的牺牲精神。而这次反击战带给朱可夫的启示，则是让他彻底意识到要凭现有的兵力是无法彻底扭转战局的，要消灭敌人就必须另外寻找出路。

如果说朱可夫确实有什么比他人更加高明的地方，那就是他对于战局的判断以及对于战机的捕捉总是要比别人准确和及时得多。面对着军事地图时的他总是目光炯炯，那些红、蓝线条在他的眼里就是一个活生生的真实世界。他能从中找到自己的部队，也能捕捉到敌人在想些什么或是做些什么。他曾经在 1941 年 7 月准确地预料到敌人的计划，并且提出了放弃基辅这样的天才想法。然而他的意见没有被当时的斯大林采纳。直到莫斯科危机真的出现后，身为最高统帅的斯大林才第一次见识到朱可夫准确的判断力和洞察力。于是，当这一次朱可夫又向最高统帅汇报他对于目前战局的判断时，斯大林在认真听取了他对于形势的分析后没有再去轻率地做出否定，而是要求朱可夫尽快飞回莫斯科，以便当面陈述其看法和主张。

两天后，朱可夫火速回到了莫斯科。而同样是在这一天里，他的对手、负责攻陷斯大林格勒的德军最高指挥官保卢斯将军也乘飞机赶往希特勒的战时大本营——乌克兰境内代号为"狼人"的暗堡。

事实上，苏军在 9 月 5 日发起的这次反击，已经足以使保卢斯大吃一惊了。他没有料到苏军的抵抗不仅没有随着战事的推进而逐渐减弱，反而是变得越来越激烈。这样的实际情况折磨着他的心情，对此感触最深的就要数第 14 坦克军的军长冯·维特斯海姆了。

这位王牌之师的指挥官，一向就以作战勇猛而著称。每逢重大行动，他总是积极请战。即便是在 8 月 23 日的这次大型战斗中，他指挥下的坦克军团也担任起了在北部作战的先头部队的重要角色。只是由于推进的速度过快，而两翼的步兵师又没有及时跟上，最终导致了这支王牌之师陷入前所未有的困境当中。尽管此后第 8 和第 51 步兵军团总算是在克服重重困难后赶来增援了，但此时的第 14 坦克军团已经遭受到了苏军的致命打击。

当天晚上，维特斯海姆失魂落魄地出现在第 6 军团司令部的时候，保卢斯几乎没能在第一时间里认出这位自己最得意的爱将。在汇报完战况后，目光呆滞、情绪低落的维特斯海姆并未马上离开，而是鼓足勇气说出了自己的真实心声："报告司令，这是一座巨人般的城市，我们攻不下来。我知道元首要攻下它的全部意义，但是俄国人太可怕了。与我们作战的不仅仅是军队，还有成千上万的老百姓。他们像野兽一样哇哇叫着冲上来，一批又一批，这些穿着工作服的敌人作战勇猛，战死后僵硬的手中还握着步枪，简直太可怕了！所以我建议第 6 军团最好还是迅速撤出伏尔加河，否则……"

从未想到维特斯海姆会说出这么一番话来的保卢斯再也沉不住气了，他大声喝断了这位爱将的话："住嘴！你是帝国的将军，别忘了保留军人的荣誉！"

望着维特斯海姆垂头丧气地走出房间的样子，保卢斯知道这位曾经的爱将已经彻底完蛋了，他被苏联人吓破了胆，而且显然已经无药可救。

两天后，维特斯海姆被解除了职务。

经过这一事件后，刚刚在苏军阵地上站稳脚跟的德军也开始有意识地减缓其进攻节奏，同时把市区的部分兵力抽调到郊外用于应急。但保卢斯的内心是十分焦急的，因为他担心再这样拖延下去的话，会对德军的士气有所影响，并且有可能诞生出更多的像维特斯海姆这类被吓破胆的军人。所以他在制定出新一轮的进攻计划后，就马上乘飞机赶往希特勒的"狼人"大本营，参加元首在 9 月 12 日中午召开的军事会议。

在这一新的作战计划中，作为主力去进攻斯大林格勒市中心的第 6 集团军被分为两路突击队：第一路由第 71、第 94、第 295 步兵师和第 24 坦克师组成，任务是从亚历山大罗夫卡向东突击。而第二路由第 291 摩托步兵师、第 141 坦克师以及罗马尼亚的第 20 步兵师组成，任务是从萨多瓦亚向东北突击。两路兵力应分割、围歼苏军负责正面防御的第 62 集团军，之后再迅速占领整个斯大林格勒市。至于在城南和城西北进行作战的德军，其任务则是钳制住与其对峙的苏军部队。

在此次会议行将结束之时，希特勒再次强调务必要在最短的时间内攻下斯大林格勒，不许再有任何拖延。用他的话说就是"把他们统统赶入伏尔加河"。

六、顽强的崔可夫

9月12日傍晚，接替洛帕京将军担任第62集团军司令官的瓦西里·伊万诺维奇·崔可夫，走进了第62集团军司令部设在城中制高点马马耶夫岗山脚下的简易指挥所。被叶廖缅科临时调任执行斯大林格勒市区保卫工作的他，深知这是个绝对烫手的山芋。但军人的天职还是让他在上级指挥官面前夸下海口——只要自己的部队还有一个人能够战斗，就绝不会把斯大林格勒交给敌人。要么守住这座城市，要么就战死在那里！

尽管誓言铮铮，但眼下的形势却来不得半点乐观。德国人在全面逼近伏尔加河后，已经开始从西南和西北两个方向冲入斯大林格勒市区。毫无疑问，在这样的危局之下，第62集团军已经成为这座城市危在旦夕间的最后一道屏障。

上任的第一天当夜，集团军参谋长克雷洛夫就立刻向崔可夫介绍了前线的紧张形势——在这里与苏军展开正面交锋的德国人约有9个加强师，另外还有近千架的飞机作为火力掩护。而此时的第62集团军则由于在郊外之战中损失了大半兵力，所以目前有的师团仅仅剩下了200多人，还有徒有其名的两个坦克旅已经连一辆坦克也没剩下了。

"预计明天在马马耶夫岗和中央车站会有一场激战。集团军快要顶不住了，而我却无能为力。"说完这句话，疲惫不堪的克雷洛夫满脸都是失落的神情，眼泪都涌了出来。

此情此景，让崔可夫也一阵心酸涌上心头。他好像瞬间就了解了这位

瓦西里·伊万诺维奇·崔可夫

才结识了一天的战斗伙伴。虽然也很动情，但他还是用一种不容置疑的语气告诉对方："就是整个阵地上只剩下我们两个，也一定要战斗到用尽最后一颗子弹。"

自9月13日，苏、德双方直接争夺斯大林格勒市的战斗终于打响了。

为了夺取马马耶夫岗和中央车站，德军先以一个精锐之师的兵力冲杀而来。随

着炮弹和炸弹如雨点般落在马马耶夫岗上，指挥所与前沿部队之间的通讯很快就被中断了。出于安全起见，崔可夫也被迫将指挥所迁移到察里察河谷的一个坑道内。

坏消息一个接一个地传来。先是第62集团军北面的奥尔洛夫卡防线被突破，126.3高地也随之失守。接着是左翼的一个混成团在德军的步步紧逼下被迫放弃了萨多瓦亚车站东边的拖拉机站。再然后是德军凭着优势兵力突破了苏军在马马耶夫岗和中央车站的防线。到了14日下午的时候，德军已经全面攻占了马马耶夫岗、中央车站和专家楼等战略要塞，之后沿着察里察河向东直奔伏尔加河扑来。

冲入市区后的德国兵，真的有点得意忘形了。以为苏军早已溃退的他们，甚至高兴得手舞足蹈起来。很多人都从汽车、坦克和装甲运兵车上跳下，有的像醉汉般狂呼大叫，有的还吹起了口琴。这群胆敢在大街上跳起欢庆舞蹈的入侵者，让那些隐蔽在地下室内的苏军战士气得咬牙切齿。随着一阵冷枪响过，很多德国人就这么稀里糊涂地倒了下去。

但这样的偷袭显然解决不了任何问题。随着德军后续部队如潮水般不断涌来，发现还有抵抗的他们很快就再次发动了更彻底的轰炸，更多的建筑物也随即燃烧起来。

截至9月14日下午2点钟，第62集团军司令部内的崔可夫接到了太多的告急电话。可是手头已无兵可派的他除了徒劳的焦虑外，再也没有什么解决问题的办法了。根据地图上的标志不难看出，只要德国人的坦克再向前推进10公里，斯大林格勒就真的要彻底沦陷了。

"第13近卫步兵师怎么还没赶到？"当克雷洛夫这样询问的时候，崔可夫真的无言以对。就在凌晨3点钟的时候，方面军司令员还在告诉崔可夫已经派遣第13近卫步兵师赶来增援了，可眼下10个小时都已过去，援兵却依旧不见踪影。如果再没有得到有效的补给，恐怕整条防线将有随时瓦解掉的极大危险。

就在这时，指挥所的门开了，一个身材高大、满身尘土的人闯了进来。那是第13近卫步兵师的师长亚历山大—伊里奇·罗季姆采夫少将。在经过了4个昼夜的急行军后，这支被临时调集过来的援军终于在最危急的时刻赶到了伏尔加河沿岸。

已经无暇寒暄的崔可夫直接向罗季姆采夫少将发号施令，命令其率领本部将士在当夜全线渡河，并于次日凌晨3点钟投入战斗。用1个团的兵力攻占马马耶夫岗，用2个团的兵力消灭市中心、专家大楼和车站一带的德军入侵者，再用1个步兵营作为随时增援的预备队。至于战时的指挥所就设在码头附近的伏尔加河岸上。"听清楚了！没有我的命令，不准后退一步！"在做完所有的战略部署后，崔可夫最后特意强调了这么一句。

"是！司令员同志。我是共产党员，我不准备离开这个地方，也绝不会离开这个地方！"罗季姆采夫语气坚定地回答，行了个礼，就转身离去了。

必须指出的是，自1941年11月起在原第3空降兵军团所属部队基础上组建起来的第13近卫步兵师一直就是一支以能打硬仗而著称的英雄部队。其组建之初正值德军深入苏联腹地、进逼莫斯科的关键时刻，受命前往沃罗涅夫阻击德军的这支队伍，在极其艰苦的防御作战中不仅重创了德军，还因此荣获了列宁勋章。1942年1月19日才正式更名为第13近卫步兵师的他们，终于又在斯大林格勒保卫战中得到了展现自己作战能力的绝佳机会。

接受命令后，罗季姆采夫率领部队在当晚9点悄悄进抵伏尔加河边。隔河相望的德军利用几座高大建筑物设置了远距离射击据点，并借助渡口上一艘燃烧着的驳船发出的火光，在不停地向河对岸的苏军开枪射击或是进行炮弹轰炸。

作为先遣队的第42团第1营的全体战士，就是在这样的情况下强行渡河了。他们乘坐着的两艘快艇在枪林弹雨中飞速前进，以便在付出最小代价的前提下尽快实现靠岸。曾经亲身参加过渡河作战的一位名叫萨姆丘光的第13近卫步兵师的老战士在其回忆录中这样描述了当时的情景："快艇离右岸越来越近时，敌人的炮火也变得越来越猛烈了。那些炮弹不时在快艇的周围爆炸，掀起一根根巨大的水柱，搞得伏尔加河水也像开了锅似的……那个时候真的不允许你有任何迟疑。随着营长费多谢耶夫上尉的一声令下，还没等到船靠稳，我们这些战士就纷纷跳入水中，并在涉过浅水登岸后就马上投入到战斗中去了。"

由于情况紧急，第13近卫步兵师的官兵们刚一上岸，就马上以营为单位消失在市中心的各条大街小巷中。这种分散式的、独立作战的打法，使德军的进攻很快就受到了有效的阻击。一天的血战下来，这支苏军的王牌之师在消灭了2000多名德军后，又直接扑向位于城西和市中心的两个主要据点——中央火车站和马马耶夫岗，并与那里的德国人展开了一场更加激烈的生死较量。

作为市内交通枢纽的中央火车站，无疑是通向伏尔加河河岸最主要的通道之一，而第62集团军的防线也由此穿插而过。当崔可夫在这天晚上亲临街头指挥作战时，发现已被德军占领的火车站刚好将苏军的防线一分为二，这就使被分割的部队处于随时可能被围歼的危险境地当中。正当崔可夫为此而焦急不已之时，第42团第1营第1连的连长安东·库兹米奇·德拉甘上尉刚好赶来报到。于是崔可夫急命这位连长火速带队前去占领这一战略要塞。

几分钟后，密集的枪炮声从车站上空骤然响起。

由于车站周围的建筑物已被德军控制，所以处在有利位置上的他们只需要躲在厚墙和掩体的后面，就可以在苏军前进的道路上织成一道道火力射击网了。在他们居高临下、向四面八方射出的密集枪弹中，无法展开正面突击的德拉甘只能采用迂回战术，抄后路攻占车站大楼。他先是将战士分成若干小组，命令他们借着断壁残垣悄悄绕到楼后。接着又让战士们每人准备好三四枚手榴弹，并在听到统一指令后一起朝德军投射。当浓重的硝烟升起后，德拉甘亲自率领着战士们冲杀进去。由于不知道进攻的苏军底细，德国人仓促间选择了放弃阵地。顺利地拿下车站大楼后，苏军终于在德军进攻的主要方向上也筑起了一座坚强的堡垒。这对于之前一直处在反攻角色上的他们来说，无疑已经是一大进步。

然而，这只是整场大血战的一个前奏而已。

中央火车站的失守，让德军大为惊慌。但是随着他们很快查明了占领车站的苏军只有区区一个连的兵力后，更大规模的反攻很快就如暴风骤雨般展开了。

9月16日拂晓时分，猛烈的枪炮声又一次重新响起。

在发起地面攻势之前，德军的俯冲轰炸机几乎是以擦着对面工厂烟囱的高度，从车站上空不断呼啸而过。在疯狂扫射的过程中，这些入侵者甚至一口气投下了数百枚的炸弹。在一番轰炸后，猛烈的炮击又接着上演。大火把火车站的大楼烧得房倒屋塌，连其中的钢筋都扭曲变形了。经过这么一番折腾后，以为火车站里的苏联守军被已炸得所幸无几的德军再次蜂拥而上。可是让这帮入侵者做梦也想不到的是，等到他们刚一接近火车站的时候，立即就有无数的手榴弹和密集的子弹从断壁残垣的废墟中飞了出来。由于距离太近，根本来不及躲避的德国人一下子就成了挨打的活靶子，之后一拨拨地倒了下去。

就这样，当战斗整整持续了一天后，火车站大楼仍然还在苏军的掌握之中。

正当围绕着争夺中央火车站而展开的战斗进行得日趋激烈之时，由叶林指挥下的第42团的两个营与第112步兵师第416混成团的余部也对马马耶夫岗发起了勇猛的进攻。

位于斯大林格勒市中心西侧的马马耶夫岗，是一处可以居高临下俯瞰整个市区的战略要地。一旦站在这里的山岗上，包括"红十月"厂、"街垒"厂和拖拉机厂在内的大型工矿企业，以及城北的码头和城东宛如一条宽宽的飘带的伏尔加河就都可以尽收眼底了。也正是因为这一阵地的得失对于整个市区内展开的战斗是胜是负有着十分关键的战略意义，所以苏、德双方都不敢有丝毫的怠慢，而是投入了大量的兵力来展开争夺。

同样是在9月16日的拂晓，第42团的团长叶林带领着两个营的兵力潜伏在马马耶夫岗山脚下的枯草丛中。炮声刚一响起，看到空中划过红色信号弹的这些战士们就蜂拥而起、杀奔敌人的阵地了。冲在最前面的，是身为政治指导员的帕坚科。他向敌人的机枪阵地扔出了几颗手榴弹，但自己也在同时中弹倒了下去。看到自己的长官都能用生命作为代价去勇猛杀敌，士兵们更是奋不顾身地冲锋向前。在终于突入德军的堑壕后，双方随即展开了残酷的白刃搏斗。刺刀、枪托，成了这个时候最有力的杀敌武器。混战随处可见。

一个名叫皮沃瓦罗夫的战士，原本是一直跟在帕坚科身后向前冲杀的。在自己的长官中弹倒下后，他就成了冲在最前面的人，同时还用枪不断向山顶扫射。当他冲进德军的阵地后，很快又接连杀死了4个德国鬼子。就在他正杀得兴起之时，躲在石头后面的德国鬼子向他射出了冷枪。应声中弹的他只是倒下了片刻的工夫，却又凭着惊人的意志力站了起来，用负伤的手艰难地托着枪继续战斗。

有了这样的勇士，苏军占领马马耶夫岗就是很正常的事情了。只是还没等他们喘过气来的时候，德国人的轰炸机又一次呼啸而来。发现情况不妙的叶林团长马上命令战士们撤退，但一切已经为时太晚。随着整个高地都被德军的炸弹翻了个个儿，苏军费尽千辛万苦才占领下来的阵地实际上已经是名存实亡了。

9月17日，中央火车站大楼前的枪炮声渐渐变得稀落下来。原先一阵紧似一阵的枪炮声突然间出现了明显的减弱。这让身为连长的德拉甘感到十分意外。德国人显然是不可能放弃这一战略要塞的，更何况此时的火车站已经成了汪洋大海中的一座孤岛，势必成为敌人必欲除之而后快的首要目标。那么战事为何会突然出现这样的转变呢？在经过侦察之后，德甘拉终于发现原来是德国人改变了进攻的策略，此刻这群入侵者正在朝着车站后楼的制钉厂不断转移、集结。

位于广场右边靠近车站大楼的这个制钉厂，是一栋两层高的楼房，且与车站大楼刚好形成了一个90度角。思考片刻后，德甘拉终于意识到了德国人的最新作战计划，并为其险恶的用心惊出了一身冷汗——原来狡猾的敌人是想在占据这个制钉厂后从侧面向大楼发动突击，或是在打通各房间的隔断墙后迂回到整个大楼的后面，这样他们就能形成对于大楼的前后夹击之势了。不论这帮德国鬼子的计划能否得逞，死守大楼都已经是行不通的事情了，必须主动出击才能为自己谋取唯一的求生之道。想到这里，德甘拉马上带领着一个排的战士冲进制钉厂的一个车间，并以最快的速度歼灭了那里的德国人。但是这样一来，这支苏军队伍与依旧占据着相邻车间和楼上其他房间的德国人之间的短兵相接就不可避免地爆发了。片刻间，到处都是弥漫着的硝烟，而人和人在扭打过程中发出的喘气声、叫骂声以及哀叫声也混作乱糟糟的一团。

凭着一股子视死如归的坚定信念，德甘拉和他的战士们先后数次击退了德国人的进攻。这些缺水断粮的勇士们整整坚持了两天，才等来了第42团第1营第3连派来增援的救兵。可是让人感到绝望的是，由于在赶来的路上遭遇到德军的多次围攻，等这支援兵到达这里时，已经只剩下区区20个战士了。甚至就连代理连长科列加诺夫少尉本人也已身负重伤。

要凭借这么可怜的战斗力去打退德国人越加猛烈的攻势，显然是不可能完成的任务了。于是，当敌人在9月18日再次发动新一轮攻势时，当车间与其他建筑物的围墙被彻底炸开后，德甘拉一部只能被迫放弃中央火车站以及制钉厂这一阵地，朝着伏尔加河岸边后撤了。值得钦佩的是，即使是在撤退的路上，他们依旧在利用那些残存的建筑物拼死抵挡着德国人向前挺进的步伐。

就在中央火车站已经失守的时候，马马耶夫岗的拉锯战仍在激烈地进行着。事实上，这场殊死的搏斗一直持续到 1943 年的 1 月底才算最终结束。即便精明强干如叶林上校这样的人物，在当时也绝不可能预见到这一点。此时的他依旧在坚决执行着崔可夫的命令，无论如何也要守住这一战略制高点。

在当时，整个第 62 集团军只剩下 80 辆坦克可用于战事了。这就意味着在这场旷日持久的拉锯战中，第 42 团不可能得到任何的坦克支援。而身为指挥官的团长叶林，只能是用仅有的几门反坦克炮去打击德国人的重型武器。这对于一场针对战略要地展开的惨烈厮杀来说，显然有点蚍蜉撼树的荒唐意味。即使炮手们早已把生死置于度外，甚至敢于把德军的坦克放到 100 米以内的距离才开火予以痛击，但这又能给整个的战局发展带来多少根本性的改变呢？现实的情况就是，身为反坦克炮手的普罗托季亚科诺夫在 9 月 17 日一天的激战中仅凭个人能力就让德军的 10 多辆坦克成了废铁，可到最后整个阵地上却只剩下他一个人还能坚持作战了。当他沉着冷静地操纵着一门 45 毫米炮单独战斗的时候，谁知道他的心中除了一份杀敌的豪情之外，又有着怎样悲苦的另一番心境呢？

在向伏尔加河撤退的途中，德拉甘上尉及其余部又占领了红色彼得堡街和共青团街交叉道上的一座 3 层楼房。这座楼房有效地控制着所有接近的道路，并因此成了第 1 营赖以支撑的最后一道防线。在第 1 营的营长费多谢耶夫阵亡后，德拉甘上尉自告奋勇地接过了他的指挥权。面对着全营仅剩下 40 个人还能继续战斗的惨状，德拉甘只能下令在所有的出口构筑防栅，并在窗口和墙洞裂口处架起机关枪。在每一次打退德国人的进攻后，他都在心里暗自以为下一次再也无法顶住对方的猛烈攻势了。可一旦战事再次开始，那些疲惫不堪的、伤痕累累的战士却又都奇迹般地扮演起击退来犯者的英雄角色。直到五天五夜之后，直到能够继续投入战斗的只有 19 个人。没有水，除了一点早已被大火烤焦的干饼外再也没有任何的食物，有的只是区区 10 多个在动辄以军或师作为计数单位的庞大军队中甚至可以忽略不计的伤兵败将，但就是这样一道看似不堪一击的防线，德国人却始终无法越雷池一步。

就在德国人调集兵力准备发动一场更猛烈的进攻之际，德拉甘也意识到最后的时刻即将到来。他让大家把各自的党证和团证放在地下室的某个角落里，又脱下一位重伤员血迹斑斑的白衬衫绑在铁管上，做成一面迎风招展的红旗。

当恼羞成怒的德军又一次发起进攻后，试图冲垮苏军防线的他们依旧被子弹、石块和最后一批手榴弹所重创。直到德国人改变了他们的策略，设法将坦克绕到防线的后方时，局势才开始出现转变。是的，最后的悲剧时刻终于还是到来了。只剩下 3 颗子弹的反坦克枪手别尔德舍夫，本打算从暗道去拐角处偷袭一辆坦克，然而刚刚冲到那里的他却被一个德国兵撞个正着。在被枪杀之前的那一刹那，他还扣动手中的那支反坦克枪击毁了德国人的一辆坦克。就在通讯兵科茹什科用刺刀在墙上刚刚刻下"罗季姆采夫的近卫军军人在此地为祖国战斗、献身"这一行字后，德军的大炮瞬间轰塌了整座大楼，德甘拉和他率领的勇士们就这样全部被压在了3层楼的废墟之下。

经过7天的激战后，火车站附近的枪声终于算是平息下去了。而崔可夫随后得到的关于第42团第1营全部阵亡的消息，让他无论如何都不愿相信这是真的（15年后，崔可夫的这一预感被证实是正确的。被压在地下室内的德拉甘等人最后竟然奇迹般地苏醒过来。在用双手拼命挖掘废墟的覆土长达数个小时后，他们中的6个人终于从废墟中爬了出来。在费尽千辛万苦回到苏军的队伍中后，这些幸运者直到1958年才再次见到了一直都在寻找着他们的崔可夫元帅。也是从那以后，他们的英雄事迹才在苏军中广泛传扬开来）。

即便是彻夜不眠地关注着前线战事的最新变化，崔可夫还是被不断传来的坏消息搞得身心俱疲。中央防线上的马马耶夫岗和火车站已经濒临失守的状态，而左翼防线上的巴特拉科夫第42独立坦克旅在德军4个师兵力的进攻下，已经被迫退向察里察河北岸一线。相比之下，似乎只有右翼防线上的形势还算稳定，至少已经先后数次击退了德军的猛烈攻势。

眼看着德军还在不断调集越来越多的兵力投入到这场战斗中来，可是崔可夫的手中却已经没有什么预备兵力可供使用了。如果不是方面军火速调集了第137坦克旅和第92步兵旅分别赶往第13近卫步兵师的两翼予以增援，德军沿察里察河扑向伏尔加河的进度恐怕还会提前。尤其是在察里察河以南设立了数个据点的第92步兵旅，更是在交战过程中重创了企图占领这里的德军，总算是让焦头烂额的崔可夫得到了片刻的休养之机。

但这一切只是暂时的平静而已。保卢斯正以整团甚至整师的规格在调集更多的部队投入战斗，不顾一切的德国人正在朝着市中心和城南地区蜂拥而来。面对着如此严峻的形势，身为前线最高统帅的朱可夫与总参谋长华西列夫斯基以及叶廖缅科、戈尔多夫等人共同商议如何减轻斯大林格勒守军特别是第62集团军所面临着的巨大压力。所有与会者一致认为应该实施反突击战术，把德军兵力从斯大林格勒引开，以此来遏制不断恶化的战局形势。

在这份获得了斯大林批准的反突击计划中，苏军方面计划从9月18日起指令斯大林格勒方面军中的第1、第24近卫军以及第60集团军在古姆拉克、戈罗季谢方向对敌人实施反突击行动，迫使保卢斯从斯大林格勒市内抽调兵力前去增援。与此同时，再指令第62集团军在马马耶夫岗和城市西北郊地区组织反击行动，以彻底打乱德军的战略部署。

突击行动在9月19日中午12时全面展开。尽管战斗初期确实达到了苏军原定计划中的一些目标，但是到了当天下午 5 点钟的时候，随着城内德军力量的进一步增强，双方还是进入到苏军不愿意投入其中的遭遇战阶段。

仅仅一天之后，罗季姆采夫的部队就不得不面临进一步恶化的战局形势。第 35 近卫师也因为严重受损而无法组织起更加有效的攻击行动了。而负责争夺马马耶夫岗的第 95 师也因为进展缓慢而陷入岌岌可危的境地。

随着德军在 9 月 20 日午后再次对第 13 近卫步兵师发起了新一轮的进攻，已经有小股的德军部队悄悄渗入苏军一些稀疏的防线当中。当他们出现在伏尔加河中心渡口一带后，罗季姆采夫只能赶紧派叶林团前去增援。但是由于在途中遭到了德军战机的狂轰滥炸，导致这支援军部队迟迟没能在指定时间内到达该危险地域。

到了 21 日后半夜 2 点钟的时候，崔可夫接到了方面军司令员的电话通知，说是斯大林格勒方面军的一个坦克旅已经从北面冲过了德军的阵地，即将与第 62 集团军胜利会师。本来这个利好消息已经让崔可夫狂喜不已，可是到了第二天情况却出现了完全相反的变化——希德贾耶夫上校指挥下的第 67 坦克旅在敌军防线纵深处陷入了重围当中，再加上中央火车站的失守以及第 13 近卫师第 42 团第 1 营的全军覆没，一下子就让将要拥向中央码头渡口的德军将第 62 集团军切成了两半。这显然是苏军最不愿意看到的那个结果。

当然，即使是在形势最危急的时刻，崔可夫也没想到要采取撤退的措施。为了稳定全体将士的情绪，他甚至经常离开指挥所到前沿部队去巡视一番，目的就是为了让战士们看到集团军的首长时刻都将和他们同生共死、患难与共。

在大批人马纷纷突破了第 13 近卫师的防线后，德军终于第一次在进抵伏尔加河沿岸后得以向中心码头挺进了。这一形势的变化让崔可夫立刻意识到战势的危急。如果敌人占领了中心码头，那么就会进而控制整个伏尔加河。在切断第 62 集团军可提供增援和补给的生命线后，直接威胁到城北的所有工厂区。为了不让这一情况发生，崔可夫当即命令巴秋科师沿伏尔加河向中心码头反攻，同时罗季姆采夫师也得到了 2000 人的兵员补充。

在激战持续了整整两个昼夜后，苏军终于挡住了德国人的进攻势头。对于第 62 集团军来说，危机只能算是暂时过去了。虽说苏军为此付出了极大的代价，但是在德军前进的每一寸道路上，也趴着几十辆还在燃烧中的坦克，以及数以千计的德国士兵的尸体。

七、燃烧的斯大林格勒

转眼间，已是秋天。

在希特勒的大本营周围，到处都是一派深秋的美景。漂亮的橡树散发着浓郁的香气，成熟的罂粟发出乌黑的光泽，谷穗也都是黄灿灿的，还有地头堆满的圆鼓鼓的西瓜……然而，此时的希特勒却根本没有心情去欣赏这些丰收的景象。战局的最新进展，早已让他的情绪因为极度的失望而变得糟糕透顶。

就在一个月前，东线的胜利似乎还是大局已定的事情：在高加索地区，李斯特的部队已经在占领了迈科普的油田后，打算继续穿过山岭向图阿普谢和苏呼米港进军；而陆军元帅冯·克鲁格指挥下的军团则在中央战线上刮起了一股"旋风行动"，这使得德军的挺进就像一把锋利的尖刀般直接插入到苏希尼契的心脏部位，一次哈尔科夫式的大捷几乎唾手可得。至于北方的列宁格勒，此时也已经陷入德军的重重包围当中。曼施坦因这位塞瓦斯托波尔的征服者似乎是想故技重演。当他在城外集结了超过 1000 门大炮后，一次自凡尔登以来再未曾出现过的大炮重奏曲将势必给苏军带去地狱般的沉重打击。唯一的难题，只出现在伏尔加河畔展开的那些战役里。不过在付出了一些必要的代价后，那里也已取得了不小的进展。随着苏军防线的日益缩小，斯大林格勒的沦陷也只是早晚的事情。这些战局的进展情况，让希特勒的心情变得格外愉悦。他甚至已经开始讨论起"俄国被解决后"的相关话题了。

可就是在这种看似大好的形势下，谁也没想到接下来的战局还会出现戏剧性的变化。

先是在高加索地区，李斯特的军队在穿越崇山峻岭的途中遭到了苏军的顽强抵抗。南于那里的山路只有一条且狭窄险要，这就导致德军的装甲车无法作大范围的迂回、穿插，只能眼睁睁看着庞大的军团被阻挡在一道道山谷隘口间难以动弹。而一向缺少军事补给的苏军却在这时动用了超过 3000 架的飞机对李斯特的部队进行集中轰炸。当时间进入到 8 月末的时候，李斯特的部队已经彻底被不可逾越的山路、毁坏的吊桥、浓雾暴雨以及苏联人的沉重打击折磨垮了。而这位一向以剽悍、蛮横而著称的日耳曼元帅也完全失去了往日的威风。

无独有偶，冯·克鲁格的"旋风行动"也遇到了前所未有的大麻烦。当他的军队面对的是一片沼泽地和雷区的时候，该部队所遭受的惨重伤亡简直可以用难以想象来形容。

再来说说可怜的曼施坦因。这位本想用大炮就把一座城市夷为平地的元帅，却被苏军识破了他的如意算盘。早有防备的几十万红军战士只要一听到炮响，就立刻藏身到战壕的工事中去了。尽管大炮的轰炸几乎摧毁了城市中的绝大多数建筑，但是想要占领它就必须要求德军在斗折蛇行的街道和杂乱的瓦砾间展开巷战。面对着数十万的城市保卫者，仅靠一个军团的力量又怎么可能办到呢？无奈之下，曼施坦因只好推迟了针对列宁格勒展开的进攻。

相比之下，倒是之前战役开展得最不顺利的伏尔加河一带出现了一线曙光，经过两个多月的血战后，保卢斯终于在撕开苏军防线后冲向了斯大林格勒市区。再加上里希特霍芬的第4航空大队每天都要把超过1000吨的炸弹扔向这座城市，所以要是有谁在这个时候从高空俯瞰整个斯大林格勒的话，一定会被地面上的景象所惊呆——到处都是熊熊燃烧的大火，整个城市上空弥漫着的灰尘遮云蔽日。在了解到所有这些情况后，希特勒自然把今后的全部希望都寄托在保卢斯的身上了。在他看来，只要占领了斯大林格勒，那么其他战线上的僵局也都会随之而打破。到了那个时候，"战争也就百分之百打赢了"。

让希特勒再次感到失望的事情还是在9月中旬发生了。当德军的坦克在这一时期驶入斯大林格勒市区后，却遭到了苏第62集团军的顽强阻击。如果说德军坦克的威力在辽阔的平原上能够全面展现出来的话，那么当他们进入机动性更强的巷战阶段后，其作战优势就受到了极大的限制和削弱。一旦坦克进入到两边都是残破建筑物的狭窄街道，就很容易遭到在其头顶上发射出的反坦克枪和手榴弹的袭击。鉴于这一不利因素的存在，保卢斯只能改变战术，把部队分成零星小股，以整营为单位向四面八方投入兵力，以便去争夺每一条街、每一个坍塌的建筑物甚至是每一寸已经被毁坏的城市。

而苏军的战术也在此时变得高明起来。为了避开德军的优势兵力，苏联人开始以2~3人作为基本的作战单位，甚至还有独自作战的情况出现。已经彻底个体化的他们，或是隐蔽在地下室、被炸毁的瓦砾里，或是藏在弹坑中出其不意地向德军射击。这使得德军一旦试图摆开阵势展开围攻，就会遇到两种基本情况——要么久攻不下，要么对手还没开战就不见了踪影。而这又会随之形成另一种格局，那就是德军可以凭借优势兵力去占领一个大的区域，但在此区域中总是会有几座建筑物被苏军的士兵牢牢占据着。想要实现彻底的全面占领，德军往往就要付出更大的代价才行。尽管进入巷战阶段的斯大林格勒已经无任何传统意义上的战线可言，但城市内的每一条街、每一栋楼甚至每一个楼层或每一间屋子都可能成为两军交战的场所。整个斯大林格勒城内的60万老百姓和苏军，让几十万德军的精锐之师陷入到了一场彻头彻尾的大混战之中。

这样的情况，让原本以为能够很快结束战斗的希特勒变得烦躁不堪。对于苏联人为什么能够一次次地延阻第三帝国的胜利之师，他总是百思不得其解。在一种深深的怀疑当中，他把目光投向了自己周围的那些将军。在他看来，应该就是这帮家伙的背叛或至少是无能，才让自己那些天才般的伟大战略一次次落了空。除了保卢斯是绝对值得信任的以外，那些总参谋部的军官显然都是难辞其咎的。

希特勒对于总参谋部的不信任，是有其历史渊源的。早在战争初期，一心要改变世界的他就曾经有过很多的战略部署被其军事顾问们一次次地予以否定。在这帮缺乏创造力又过分保守的家伙看来，1939 年进攻波兰的决定是不切实际的，1940 年开始的法国战争是过于冒险的，1941 年出兵苏联的行动也是绝对不可取的……可事实上呢？事实就是希特勒的这些所谓的疯子一样的计划一次又一次地取得了成功。也就是从那个时候开始，希特勒对于自己身边的这些将军有种骨子里的藐视。当他登上能够让自己实现独断专行的最高权位后，他开始清除那些敢于反对自己军事决策的将军，而将那些愿意执行命令的将军留在身边。

眼下，又有人站出来反对希特勒了，那就是身为总参谋长的哈尔德上将。在希特勒的眼中，这是一个外表威严、反应灵敏且军事素养也很过硬的家伙，其唯一的缺点就是少了一点作战的勇气而已。在以往的战务会议上，这个专家出身的家伙就总是会和希特勒发生争执，有时他们甚至会吵得面红耳赤而让彼此下不来台。

尤其是在 8 月末召开的那次关于德军在高加索和中央战线上的下一步进攻应该作何打算的研讨会上，两个人又一次因为是否收缩战线的问题发生了激烈的争吵。大发雷霆的希特勒指责哈尔德总是这样建议撤退是种懦夫的表现，这让一向显得唯唯诺诺的后者也变得怒不可遏。在他直言部队的伤亡惨重正是由于指挥官拒绝更加合理的战略部署后，希特勒终于开始用肆无忌惮的方式嘲笑对方在第一次世界大战爆发时还只是个坐在办公室里的书呆子，所以根本不配对战争发表任何的见解。

弗朗茨·哈尔德

“你这个甚至在军服上连一道弯杠都没有得到过的人！”当希特勒一边敲打着自己胸前的黑色杠杠，一边对哈尔德进行冷嘲热讽的时候，两个人的关系实际上已经完全破裂了。

随着希特勒对于总参谋部尤其是作为其首要人物的哈尔德将军的反感与日俱增，他开始在私下里抱怨像哈尔德这类的“专家”只会成为第三帝国在未来发展道路上的障碍。当对方在斯大林格勒争夺战上再次提出“从军事战略上看占领这座已经成为废墟的城市价值不大”的观点后，忍无可忍的希特勒终于免除了哈尔德担任的职务，改由 47 岁的库尔特·蔡茨勒接替其成为新的总参谋部头号人物。

在向新任总参谋长下达了自己的最新指示后，希特勒马上乘飞机返回了柏林，并于 9 月 30 日在国会大厦公开露面。面对着狂热的议员们，自信满满的希特勒做出公开保证：“你们可以相信，我们将会进攻斯大林格勒直至全面占领它。而一旦我们占领了某个地方，那么谁也别想把我们从那里再赶出来！"元首的这一番话，让整个柏林都开始相信斯大林格勒一定会成为第三帝国的囊中之物。而它的陷落，也只不过是早一天或是晚一天的事情而已。

接到希特勒尽快结束整个战局的指令，保卢斯明白眼下已经到了攻城的最后关头。

自从德军在 9 月 13 日进入斯大林格勒城区后，战斗就变得异常激烈。为了争夺每一座房屋、车间、水塔，甚至是每一堵墙、地下室乃至瓦砾，都需要双方展开激烈的交战。在经过 13 天的殊死血战后，德军终于占领了该城城南和市中心的大部分区域。本来保卢斯还打算让参战部队休整一下，在补充弹药和人员后再投入到新的作战当中，结果希特勒的一再催促彻底搅乱了这样的计划。尤其是在希特勒免除了对于攻城持不同看法的总参谋长哈尔德上将后，保卢斯自然也就清楚地意识到元首对于这座城市志在必得的坚定意志了。

要发动新一轮的攻势，就必须补充更多的兵力与军资。为此，希特勒又从其他战线陆续抽调了一些部队赴援斯大林格勒，同时将霍特指挥下的第 4 坦克集团军下辖的 2 个师以及另外的 6 个师调拨给保卢斯。在电话中，希特勒这样鼓励这位自己最信任的爱将："带领你的集团军去战斗吧，你将所向无敌！"

元首的这份信任，让保卢斯的精神也亢奋起来。决心要大干一场的他立刻调兵遣将，对战线作了重大调整。除继续攻占马马耶夫岗外，他将进攻的重点转向了斯大林格勒的市北地区，目的是摧毁那里仍在不断生产着坦克、大炮的"红十月"厂、"街垒"厂和拖拉机厂等军工企业。在一次作战会议上，保卢斯毫不客气地直接告诫那些依旧心有疑虑的下属："考虑到战事首先要从第三帝国的整体利益出发，所以无论付出怎样的代价，我们都要攻占斯大林格勒，哪怕是第 6 军团战斗到只剩最后一兵一卒。"

从 9 月 27 日到 10 月上旬期间，德军精心准备的新一轮攻势终于全面打响了。

在拉兹古利亚耶夫卡和戈罗季谢一带，德军集结了大量的兵力。这样的举动也让崔可夫立刻觉察到保卢斯要将战斗重点转向城北的意图，并开始为马马耶夫岗的命运忧虑起来。那里目前只有一部分地区还掌控在苏军第 95 师的手中，但其南坡和西坡则已经被德军占领。眼看着德军在近日已经加强了在马马耶夫岗的兵力，不想坐以待毙的崔可夫决定抢先一步下手。9 月 27 日清晨，接到反击命令的第 95 师动用 150 门大炮和 3 个火箭炮团对马马耶夫岗南坡施行了猛烈的炮击，由于战斗进行得很顺利，所以戈里什内上校指挥下的第 95 师只用了一个小时就把德军赶出了山岗的西坡和南坡。

事实上，保卢斯也在那天早晨下达了展开进攻的相关指令。只是因为比苏军反击的时间晚了两个小时，所以才让德军显得相对被动了很多。在接下来的战斗中，早有准备的德军也派出 3 个师的兵力向马马耶夫岗发起了冲锋，同时还有数十架飞机在空中助战。在整个山岗顶部被这一阵狂轰滥炸削掉了几乎半米多的高度后，德军的坦克和士兵也开始蜂拥而上。截至傍晚时分，再也坚守不住的苏军终于从山岗西面和南面溃退下来。

与此同时，德军又开始冲向城北的"红十月"工人新村、"街垒"工人新村和拖拉机厂等地区，并很快占领了沙赫京斯基大街、热尔杰夫斯基大街和 107.5 高地。由于德军的轰炸机突袭使指挥部和前沿部队间失去了及时的联系，所以在德军发动如此疯狂的进攻时，崔可夫却没能做出任何的及时反应。无奈之下，他只得亲自奔赴前线，可是这样一来他又失去了对于战场全局的了解和掌握。可以毫不夸张地说，这是让崔可夫感到最为漫长的一天了。

当崔可夫直到深夜才拖着疲惫的身体回到指挥所时，却发现不少的战友在这一天的战斗过后不幸牺牲了。眼下的形势显然已经到了不能再糟糕的程度。用崔可夫自己的话说就是："再有一次这样的战斗，我们就掉进伏尔加河里了。"

在了解到崔可夫的艰难处境后，远在莫斯科的斯大林立即召集朱可夫、华西列夫斯基等高级将领商讨前线形势。在经过反复权衡后，他最终做出了足以影响整个战局的两项决策，一是迅速向被包围的第 62 集团军增派部队，二是马上改组斯大林格勒战区的指挥系统。

此后的日子，崔可夫都是在焦虑不安和期待中度过的。苏军的顽强抵抗，以及源源不断的增援部队的到来，使他渐渐对战局恢复了信心。从 9 月 27 日夜到 10 月 2 日的短短 5 天之间，最高统帅部先后派来了第 193 步兵师、第 39 近卫师、第 308 步兵师、第 37 近卫师以及拥有 12 个机炮营的第 159 师这 5 个师团的兵力。

与此同时，斯大林格勒的指挥系统也得到了显著的改善。最高统帅部在 9 月 28 日下令将正在保卫斯大林格勒的东南方面军更名为斯大林格勒方面军，由叶廖缅科上将继续担任方面军司令员，编成内有第 62、第 64、第 57、第 51 和第 28 集团军。原斯大林格勒方面军在改名为顿河方面军（含第 63、第 21、第 24、第 66 和第 1 近卫集团军）后，由罗科索夫斯基中将任其司令员。各方面军直接受大本营指挥，并指派最高副统帅朱可夫大将、总参谋长华西列夫斯基上将作为统帅部代表亲临前线指挥作战。正是这样一次大规模的改组，为苏军在一个月后发动的全面反攻打下了坚实的基础。

苏军的这一系列动作，让交战双方彻底陷入一场更大规模的混战当中。

由于守卫着奥尔洛夫卡地区的苏军直接威胁到德军的侧翼部队，为了消除这一隐患，保卢斯决定率先在这里打开缺口。9 月 29 日，德军的第 16 坦克师、第 389 步兵师和"施塔赫尔"突击集群向防守该地区突出部的苏第 115 步兵旅、第 149 旅和第 2 摩托步兵旅发起了猛攻。德军原以为凭借着如此强大的攻势，可以很快就结束战斗，没料到这一战竟然前前后后共打了整整 7 个昼夜。尤其是在奥尔洛夫卡的山谷之战中，已经陷入德军重围当中的苏军第 115 旅第 3 营，硬是在前 6 天的战斗中一次次地击退了德军的进攻。最后当他们在弹尽粮绝的情况下才被迫突围时，全营 400 多名战士只剩下 20 多个人了。

从亲身参与过那次战斗的德军上校 T. P. 丁勒在其回忆录中的描述，不难看出这支苏军队伍有着怎样顽强不屈的战斗精神："我们想一切办法把在沟里（指奥尔洛夫卡山谷，苏第 115 旅第 3 营防御阵地）的苏联人的反抗压下去，但这都是徒劳的。我们的轰炸机向山沟投下了许多炸弹，炮兵也对其进行了猛烈的炮击。甚至还派出一队队精锐分队对其进行冲击，使他们不得不丢盔卸甲地往后退。但苏联人的战壕却总是显得那么牢靠！最后，已经完全与外部世界断绝了联系的他们，再也指望不上空中能够供应什么东西了，因为我们的航空兵这时已完全掌握了空中的优势。但就算是这样，我们还是没能让他们投降……这个沟简直就是我们的眼中钉，阻碍着我们的前进。"

在 9 月末、10 月初的这段日子里，苏第 62 集团军的防线上到处都在进行着激烈的交战，类似于第 115 旅第 3 营这样的例子也不胜枚举。这让四处受制的德军变得越来越缺少耐心。在占领了奥尔洛夫卡后，他们马上就对靠近伏尔加河边的"红十月"厂、"街垒"厂和拖拉机厂等地区发起了攻势，目的就是在最短的时间内解决战斗。

负责守卫"红十月"厂的是古里耶夫少将指挥下的第 39 近卫师。在他们把这里的各个车间都变成一个个坚不可摧的堡垒后，工人们即便是在枪林弹雨中依旧坚持着生产工作。

这显然是入侵者最不愿看到的事情。进攻开始后，德国人用炮弹把工厂四周的围墙全部轰塌，可是当他们试图接近工厂区时还是立即遭到了苏军猛烈的炮火还击。

在接下来的几天当中，战斗一直呈胶着状态进行着。直到德军发现在"红十月"厂和"街垒"厂之间有一条从伏尔加河一直向西延伸的、堆满了炉灰渣的冲沟，就打算利用这条冲沟来发动一次奇袭式的进攻。而苏军早已发现了这条冲沟的秘密，所以由彼得·扎伊采夫中尉率领着的一个机枪排就守卫在其后面，等待着伏击赶到这里的德军。

眼看着偷袭不成，气急败坏的德军只好采用强攻的办法来解决问题。他们用猛烈的炮火压得阵地后的苏军根本抬不起头来，可是等到炮火一停、开始冲锋时，苏军的机枪就又一次响了起来。就这样循环往复了整整一天后，德国人的数十次攻击均以失败告终。接近黄昏时，那条沟里已经横七竖八地躺了 400 多具德军士兵的尸体。而苏军只是付出了很小的代价。在指挥作战的扎伊采夫受伤后，排长也倒在了机枪旁，最后由中士卡拉肖夫继续带队作战。

10月初的斯大林格勒，就像是一座熊熊燃烧的大火炉。

此时的城北地区，战斗依旧进行得异常激烈。尽管大多数的城市建筑在不停地轰炸过后已经所剩无几，但是行进在废墟瓦砾间的德军却依然不敢有丝毫的放松。因为他们根本无法预知什么时候会从什么方向射出一串子弹或是飞过来一颗手榴弹，而过往的现实就是他们每前进一步，往往都要付出血的代价。即使是那些已经被完全占领的区域，也总是会有几座楼房成为德军始终难以攻克的堡垒，依旧在消耗着这些胜利者的时间和精力。当然，身为统帅的保卢斯是不会被这些细节去分散自己的主要心思的，需要他去应对的，是来自四面八方的越来越多的苏军部队。这让德军的进攻从最初席卷一切的狂涛巨浪，渐渐变成了平缓无力的细水长流，直至最终完全走到了近乎枯竭的可怜境地。

在这场名垂世界军事史的伟大巷战中，"巴甫洛夫楼"绝对称得上是其中最具代表性的一个经典战例。即使是在今天，你还是能够在斯大林格勒（今伏尔加格勒）的列宁广场旁看到一座暗红色的4层楼房矗立在那里。这是由苏军第13近卫步兵师第42团第3营第7连的全体战士用生命和灵魂铸就的一座不朽的丰碑。

时间退回到1942年9月底的一个夜晚。当时的第7连战士巴甫洛夫中士奉连长的命令，带着3名战士前往"1月9日"广场旁的一座4层楼房进行侦察。身上挂满手榴弹的这4个人，在消灭了守卫那座楼房的几个德军士兵后，轻松地占领了这个制高点。事实上，这里的战略位置是很重要的。因为从这里往西1公里都在大楼的观察范围和射程之内，而且还能和附近的"扎鲍洛特诺伊楼"、面粉厂4号楼、铁路员工大楼的各个支撑点形成交叉火力。

也正因如此，失去这座大楼后的德军很快就意识到了自己的失误，并随即展开猛烈的反攻行动。在此后的整整两个昼夜里，不管德军是用飞机轰炸，还是用机枪扫射，这4位勇士都不为所惧，并先后多次击退了数倍于己的德国人。就在他们弹尽粮绝而大楼的围墙也被德军的炮火轰塌之际，增援部队终于及时赶到。那是一个机枪排和一个反坦克枪小组，再加上几天后又带着两门50毫米迫击炮赶来帮忙的4个人，苏军就是靠着这么一支实际上称不上是什么部队的所谓部队守卫着这一战略要塞。在此后50多个日日夜夜里，这些早已将生死置于度外的勇士沐浴着枪林弹雨，夜以继日地与围攻的德军展开殊死的搏斗。

某天夜里，趁着德军的空袭暂时停止的难得时机，一直保持在战斗状态中的这些勇士赶紧吃饭、休息。此时的他们并不知道，在不久之后将会有一场更残酷的战斗在等着他们。

就在这时，身为团长的叶林上校突然孤身一人来到了这里。望着眼前这些因为缺少睡眠而眼睛红肿的勇士，内心满是酸楚的叶林还是告诫他们要时刻提防穷凶极恶的德军可能会做出烧掉这幢大楼的举动。他还特别强调指出，重要的不是守住大楼本身，而是要守住这里有利的阵地，只要有一个人能够投入战斗也不能离开这里。

叶林离开后，大家经过商议决定在楼外修建起一个火力点。在距离大楼 20 多米的地方有一座废弃的钢筋水泥储油库，他们先是挖了一条通向那里的地下交通壕，然后设置了机枪阵地。接下来，他们先是按照第 3 营营长的指令开掘了另外一条通往面粉厂大楼的长达 100 米的交通壕，然后又对楼内的阵地进行了加固，还开凿了一些能够提供给射手在三四个地方轮流射击的枪眼。这样一来，当德军再次对阵地进行炮轰时，楼内除了留下观察敌情的单个战士外，其他人就都可以进入掩蔽所，等到炮击停止后再继续投入战斗了。

尽管整幢楼房已经被炮火炸得千疮百孔，甚至四壁也塌了下去，但是在坚守阵地的这 50 多天里，第 7 连的这些战士硬是没让德国人前进一步，从而彻底打破了敌人穿过列宁广场向伏尔加河推进的原定计划。直到苏军展开全面反击前，"巴甫洛夫楼"始终都是第 42 团的一个重要据点。这座无法攻克的坚强堡垒不仅本身有着极其重要的军事价值，同时还能体现出一种强大的精神力量。它甚至成了一种象征，代表着的是苏军英勇顽强的大无畏精神。也正是凭借着这样的一种精神，苏军才能在极其劣势的处境下挡住德军的疯狂进攻，直至最终将其彻底消灭。

在伏尔加河西岸绵延 25 公里的这一狭长地带上，第 62 集团军在 9 月底至 10 月初的这段日子里始终处于背河而战的艰难处境中。但就是依靠着如此不利的客观条件，苏联红军却一次次重创了德军的优势兵力，也一次次打碎了敌人试图把苏军赶下伏尔加河的美梦。苏联人在巷战中展示出的那种血战到底的决心和气概，正如前线阵地上流传最广的一首名为《献给守卫城市的英雄》的歌曲中所唱的那样：爆炸声震颤着大街小巷，马达声日夜不停地咆哮。坚如磐石般的红军战士，誓死保卫伏尔加河两岸。同志临牺牲时说：让敌人永远记住，第 62 集团军从不后退，哪怕是一步！

然而，进入 10 月之后，随着人多势众的德军逐渐掌握了战场上的主动权，坚守在斯大林格勒的苏军还是迎来了最艰苦的一段日子。

10 月上旬，已经陆续占领了城南和市中心地区的德军，其楔形攻势又开始朝着城北的叶尔曼区、捷尔任斯基区、"红十月"厂区、"街垒"厂区以及拖拉机厂区不断扩大。在他们的疯狂进攻下，几乎每个躲在战壕里的苏军战士的脑袋中都曾经闪现出一个令人想想就感到恐惧的念头，那就是眼下还掌握在苏军手里的这一条状防御地带究竟会不会被德军冲破。

同样的念头也在崔可夫的脑中闪现。因为他发现指挥所内的地图上标示出的战线位置几乎每天都在发生着变化。蓝色铅笔标着的德军战线在持续地向前推进，而红色铅笔标示着的苏军防线则在一点点后退，现在已经变得越来越窄了。

从10月3日起，德军就向"红十月"厂、"街垒"厂和拖拉机厂发起了猛烈的攻势。尽管守卫在这一地域的苏第37、第39近卫师和第308、第95、第195步兵师也进行了最顽强的反击，但德军轰炸机自9月底就开始进行的每天数百架次的狂轰滥炸还是让这里变成了一片火海。

迫于形势，第62集团军在10月5日做出决定，将斯大林格勒市各个工厂内的工人武装总队编入集团军，同时为他们派发武器和给养，以便协助士兵一起保卫自己的工厂。

虽说是第一次拿起武器，但这些工人在战斗中也表现得十分勇敢。自斯大林格勒保卫战开始以来，他们在这几个月里一直都是在密集的枪炮声中坚守在工作岗位上的。如今他们也拿起了武器，把自己的岗位变成了新的战场和堡垒，用更直接的方式打击着入侵者。

然而，尽管进展缓慢，但德国人还是一步步地向前推进着。

1942年10月14日，希特勒向全体身在苏联的德军下达命令，整个苏德战场全部转入战略防御阶段，只在斯大林格勒方向发动更猛烈的进攻行动。就在这一天，收到指令后的保卢斯立即调集了5个步兵师和两个装甲师的兵力，开始朝城北工厂区只有5公里深的狭长防线猛扑而来。在长达5个多小时的一番轰炸后，德军终于全面突破了拖拉机厂防线，直接冲向伏尔加河边。这种昏天黑地的轰炸也使苏军遭受到了前所未有的重大伤亡，仅崔可夫设在地下坑道的指挥所内就有61人牺牲。在事后的回忆录中，崔可夫这样描述灾难性的这一天："10月14日将作为整个斯大林格勒会战中最为血腥、最为残酷的一天而被载入史册。"

其实，早在这天的清晨时分，崔可夫就隐约预感到了危险的存在。当时德国人的轰炸机密密麻麻地出现在天空中，炸弹随后就如雨点般纷纷落下。那一天里的任何时候走出第62集团军指挥所的掩蔽部，都只能看到空中一个栗色的亮点在那里高悬着。常识会告诉你那是太阳，可是除了笼罩着整个城市的火光和烟雾外，却看不到任何一点阳光的存在。

通过德军在事后公布的数据可知，在这一天里，展开进攻的德军共有9万人之多，同时还有2300门大炮、约300辆坦克、1000多架飞机参与了此次行动。而苏军方面呢？负责主要防御任务的第62集团军只有55000人、1400门火炮、80辆坦克以及180多架飞机。

在清晨8点钟针对拖拉机厂和"街垒"厂发动的进攻中，德国人本来以为可以轻而易举地拿下目标。毕竟负责守卫该地域的第37近卫师以及第95、第308步兵师已经在10月初的战斗中出现了严重的伤亡情况，可是等到双方真的交手后，德军人先后3次发动的进攻却都被第37近卫师第109团一一击退了。战斗过后，阵地上丢下了德国人的 20 多辆坦克和 300 多具尸体。但这一暂时的胜利很快就被德国人更加猛烈的新一轮进攻打得烟消云散。到了上午 10 点钟的时候，这个阵地终于落到了德国人的手中。

就在德军以为战斗已经结束而开始大摇大摆地走在这些倒塌的建筑物间的时候，隐藏起来的苏军战士开始从瓦砾堆里纷纷伏击入侵者。最后德国人只好使用喷火器，烧毁一段攻占一段，这才算是在 4 小时后全面突破了第 37 近卫师的防线。

也是在这一天里，崔可夫的指挥所内简直忙乱到了极点。电话员们向各通信线路拼命呼叫着，通信参谋在向集团军参谋长报告不断收到的最新战况，打字机也在噼噼啪啪不停地响着……每当掩蔽所上空有炮弹爆炸的闷响声传来，棚屋上的尘土都会有一大片洒落下来。这样的情形，就连久经阵战的崔可夫也显得有些沉不住气了。他迫不及待地把电话打给空军集团军司令员赫留金将军，请求他设法让德国人的飞机安分一点。但得到的回答却只是一句简单的"爱莫能助"。因为此时的德军已经完全封锁了苏军的各个机场。

很快，一连串不幸的消息陆续传来——

上午 11 时，德军突破了第 37 近卫师和第 112 步兵师的左翼阵地；

上午 11 时 50 分，德军占领了拖拉机厂的体育场，第 37 近卫师第 114 团被德军包围；

中午 12 时，第 117 近卫团的指挥官安德烈耶夫团长不幸牺牲，整团被德军包围；

中午 12 时 30 分，第 37 近卫师指挥部被炸毁，全师大部分官兵已经阵亡；

下午 2 时，指挥所掩蔽部被德军炸毁，指挥部与各个部队之间的联系中断了。

对于被围困的第 95 步兵师某团第 3 炮兵连来说，这一天无疑是漫长而又可怕的。自从一大早就被一阵山崩地裂般的轰炸惊醒后，他们在这一天内的遭遇简直与置身地狱没什么区别。上百架德国人的飞机就在自己的脑袋上空盘旋着，到处都是炸弹和炮弹的爆炸声，稍不留神就可能随时被放倒且再也没有爬起来的机会……这样的事情，不管是谁遇到都不可能还像个没事人一样地处之泰然。但恐惧是没用的，眼泪也博不到谁的同情。当德国人在轰炸过后发起猛烈的进攻时，第 3 炮兵连的战士们甚至没有时间来为自己的处境怨天尤人。他们沉着地把一发发炮弹填入炮膛，然后听着号令再将其一发发地射向敌人。在这种机械式的重复当中，一天的战斗就这么趋于结束了。在这一天里，他们在连长雅西科的指挥下打退了德国人的无数次进攻，同时自己也遭受到了极其惨烈的伤亡。接近黄昏的时候，这支连队的每门大炮前只剩下 2 到 3 个能够继续战斗的人了。在所有的弹药全部打完后，剩下的 20 多个战士先是砸毁了大炮，然后才端起刺刀和手榴弹冲向了德军。最终除了 3 个人成功突围外，其余的这一连将士全部阵亡。

由于第62集团军的防线在这一天里被再次拦腰切断，终于得逞的德国人在拖拉机厂和"街垒"厂间打通了一条约105公里的走廊。可是在继续向纵深挺进的过程中，他们遇到了太多类似于第3炮兵连式的决绝反击。即便是将苏军阵地围得水泄不通，使他们弹尽粮绝，那些誓死不降的苏军士兵也要么会找机会展开白刃搏斗、要么会要求指挥所向阵地开炮以求与敌同归于尽。面对着这样一种视死如归的顽强意志，德国人的进攻势头也渐渐出现了减弱的势头。到了10月底的时候，进攻甚至完全停顿下来。在崔可夫向方面军司令员叶廖缅科将军汇报战况的时候，他坚信此后的德军"已无力组织像10月14日那样规模的大范围进攻了"。

八、强弩之末

就在1942年10月初的那段日子里，一位名叫崔尔特·萨尔夫的德国士兵在写给住在家乡莱比锡的亲人的信中这样描述了自己在这场战争中的感受："亲爱的露丝，我们正在进行着一场令人难以置信的巷战。命运宽恕和佑护了我，使我免遭人世间最可怕的苦难。可是在短短的10天内，我却失去了所有的同伴。我们连打得只剩下9个人时被解散了，现在的我一会儿被编到这个连队，一会儿又被安排去另一个连队。我还曾经在一个摩托车排里待了好几天；可现在这个排也已经不存在了。斯大林格勒城郊的那些阵地，成了我们许多人的坟墓。实话实说，斯大林格勒的确是一块只有铁牙才敢去啃的硬骨头，凡是在这里打过仗的人都会明白这一点。眼下，胜利对于我们来说，比以往任何时候都显得更加渺茫了。"

这位在斯大林格勒巷战中有幸存活下来的士兵，在面对苏军坚韧不拔、勇于牺牲的殊死一搏后，已经被震慑得有些魂不附体、胆战心惊了。更可怕的是，他的悲观乃至于绝望并非只是个别现象，而是此时已经普遍滋生于大多数德国军人心中的一个挥之不去的噩梦。

这样的结果，才是最让保卢斯及其指挥团队头疼不已的事情。

德国第6集团军司令部就设在顿河边的戈卢比茨卡亚。在这段日子里，军官们依旧出出进进地汇报着战场上的最新动态，而指挥部内不断响起的电话铃声、噼啪作响的打字声以及军官们的皮靴发出的吱吱嘎嘎的声响，当然还有保卢斯冷静沉着地发出的那一道道指令……表面上似乎一切如故，但这不过表面现象而已。在大家的内心最深处，其实已经发生了一些极其微妙的变化。

身为保卢斯的首席副官，上校亚当最早发现了司令官身上的这种变化。与交战初期相比，此时的保卢斯变得更加沉默了，有时在与人谈话的过程中还会出现突然走神的现象，似乎是在那个时候陷入了某种沉思。可是，他究竟在想些什么呢？

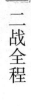

这个问题的谜底很快就有了答案。10月18日，就在亚当刚刚结束休假从国内赶回前线后，保卢斯立即把他召去打听一些国内的情况。在亚当汇报的整个过程中，保卢斯一直在静静地听着，没有插一句话。直到听说国内到处都在流传着第6集团军很快就能战胜苏联人结束战争的传闻时，这位司令官才第一次表现出了自己的反应。带着一丝倦意的他，只是略微地苦笑了一下，然后叹息着说："如果真是这样就好了，亚当先生。但我们现在离所谓胜利的那一天还遥遥无期呢！我们的军团在斯大林格勒付出了极大的代价。而陆军总部一方面不允许我停止对于这座城市的进攻，另一方面又不尽快派兵来增援。"

亚当没想到保卢斯竟会说出这样的一番话来。如果说当初他在慰问医院里的那些伤员时看到的悲观情绪还只是让他吃了一惊的话，那么现在从司令官口中说出的这番话简直就是当头一棒。在这一刻，除了内心受到极大的震动外，他的表情也因为极度的意外而显得有些目瞪口呆。情绪一落千丈的他，当然再也没兴趣说什么国内的见闻了。

事实上，保卢斯在那一段日子里确实越来越显得心神不宁。一种将要大祸临头的预感，正时不时地困扰着他。当然，这也只是一种预感而已，因为他确实不知道祸从何来。起先他认为攻占斯大林格勒不会遇到什么麻烦，因为苏联人在夏季作战中的惨败已经让他们没有力量再去组织什么有力的反击了。可是随着战事的不断推进，谁也不会料到这场战争反而是越打越激烈、越打越残酷，当然还包括越打越胶着。当战场从顿河草原上的开阔地转到被大大小小沟壑分割的、有许多小树林和山谷的伏尔加河沿岸，接着又转到斯大林格勒市内坑洼不平的工厂区后，在前后整整4个月的时间里，双方直杀得天昏地暗、血流成河，可事情却依旧没有一点明朗化。每一次进攻似乎都像是胜利已经到手了，但每一次又总是差了那么一点点。

元首一次次下命令规定好实现完全攻占的日期，可是在实际操作中却又一次次落空。一个马马耶夫岗外加一个"巴甫洛夫楼"，居然不论是炮轰还是火烧就是久攻不下。既然自己曾经有过那么辉煌的战绩，也对赢得这场焦点战役有着强大的意志和决心，甚至因此而毫不怜悯士兵们的流血牺牲，一次又一次把整师整师的兵力投入战斗，一回又一回把这座城市炸成废墟和焦土，可是为什么就攻不下、炸不垮这座苏联人的城市呢？

百思不得其解的保卢斯，只好重新在自己的身上查找问题。

他甚至仔细回顾了自己在军事部署上的所有细节。分析的结果是他采用的战术绝对符合作战的基本准则，楔形攻势、两翼包抄、纵深穿插这些战术的运用并没有任何的疏漏之处。而每次进攻只选择一个方向作为重点突破的对象，进行天上、地下相互交织的立体化作战，这些实际展开的作战模式其正确性和有效性也早已被之前的所有战役检验过了。

那么，问题到底出在哪里呢？

本来，此时的德军已经占领了这座城市的大部分区域。仗打到这种程度，抵抗应该已经失去了任何的意义。要是从以往的经验来看，执行防御任务的守军不是全线崩溃就是缴械投降了。可偏偏苏联人成了例外。他们的抵抗反而因此变得越来越猛烈。炮轰、射击、枪刺、刀劈，甚至是拳打脚踢、用手抓用牙咬，直到生命的最后一刻。

这是怎样的一场战斗啊！这样的战场别说普通的德国士兵们受不了，就是身为统帅的他也是闻所未闻。

每当在战场上遭受到挫折，保卢斯就会想起被他撤职的冯·维特斯海姆将军，想起这位将军说过的那些话。在经历了这些事情后，现在的他已经可以理解这位倒霉的将军了。但保卢斯不想步其后尘，因为他明白自己的命运并不掌控在自己手里，而是握在千里之外的元首手中。

想到这里，保卢斯终于有种恍然大悟的感觉，原来他所有的不安都是源于害怕元首追究自己的责任罢了。试想一下，当几十万德国大军从夏天打到秋天，却依旧没能占领这座城市，元首会怎么看待这样的事情？又会不会像对待哈尔德那样撤自己的职？虽说眼下看还不太可能出现这样的结果，可这场仗要是再这样拖延下去的话就很难说了。毕竟除了元首之外，最高指挥部还有那么多的其他人在看着自己呢。

是啊，冬天就要来临了，奔腾不息的伏尔加河上已经开始漂起大大小小的冰块。这对于河上运输来说正是最危险的时期。

苏军用以装载弹药的很多小船都是因为在夜间被冰块夹住或是撞在了冰块上而漏水沉没的，来往于两岸间的不少航道也在这时开始停航。保卢斯必须利用这一有利时机对苏军发起新一轮的进攻。这是个机会，而且很有可能是最后的机会。

然而，在开始新的进攻之前，保卢斯的心中还是有一些不安。因为他刚刚收到驻扎在顿河弯曲部的第44步兵师的报告，称那里发现了大批的苏军。而第376步兵师随后也反映了同样的情况。这意味着什么呢？难道是苏联人想以纵深包围的方式对第6集团军的翼侧实施突击？就在保卢斯犹豫不决的时候，却收到了希特勒再次发动进攻的命令。

希特勒对于形势的判断远没有自己的这位爱将那么悲观。就在11月9日出席在慕尼黑洛恩布伦凯勒举办的纳粹元老周年纪念大会时，这位第三帝国的最高统治者还在会上发表的演讲中充满自信地宣称："我要到伏尔加去——到一个特殊的地方，一座特殊的城市去。凑巧，这座城市有福气取了斯大林的名字。这的确是个重要的城市，因为在那儿可以截住3000万吨河运，包括900万吨石油，浩大的乌克兰和库班地区的粮食也是运到那里再向北方运输的，那里还有锰矿——它有一个巨大的装运企业。这就是我要夺得的！而且，你知道吗，尽管我们表现得足够谦虚，但我们已经把它夺到手了！仅剩下几小块孤立的地区了！现在，有人会说为什么不再打得快一点呢。因为我不想有第二个凡尔登，原因就在于此。"

两天之后，保卢斯发动了针对斯大林格勒守军的最后一次进攻。此刻，他在心中暗自祈祷但愿苏联人真的已经走到山穷水尽的地步了。那样的话，这一次他应该就能旗开得胜、大功告成了。

到了 10 月底的时候，斯大林格勒城内的枪炮声渐渐稀疏起来，紧张的局势终于暂时得到了缓解。自从 7

斯大林格勒保卫战

月份顿河草原上响起第一声枪响以来，这 3 个多月间一直都是机枪射击声和爆炸声一天比一天更响。大地在炸弹的撞击下不时发出抽搐一样的颤动，而空气中也满是血腥、焦煳的难闻味道。人们似乎已经习惯了在这种充斥着死亡气息的状态下生活，而且随着时间的推移而变得愈加麻木起来。现在，枪炮声突然就变得稀少了，这让每天依旧蹲在战壕里随时等待着继续战斗的苏军战士们变得无事可做。无聊的时候，他们甚至开始写信、刮胡子、谈笑或是干脆呼呼大睡一觉。那感觉，就像战争已经是很遥远的事情了。

其实，在此时的战场上，还是偶尔会有一些小规模的战斗发生。德军轰炸机也依旧坚持每天向这片土地上投射着炸弹。只不过，跟 10 月中旬发生的那些异常激烈甚至是残酷的战事比较起来，眼下的这一切真的已经不算什么了。

11 月 11 日清晨 6 点 30 分左右，马马耶夫岗和城北工厂区突然响起了激烈的枪炮声。随着大批的飞机以及更加猛烈的炮火开始对苏军阵地进行轮番的轰炸，德国人的新一轮进攻终于拉开了它的序幕。一心求胜的保卢斯在战斗刚刚开始的时候就一下子投入了 5 个步兵师、2 个坦克师的强大兵力，还特意从后方调来了善打巷战的工兵营作为辅助。

仅用了一个上午的时间，德军就击溃了苏戈里什内师的防线，同时包围了柳德尼科夫师。这样一来，第 62 集团军的整个防御体系就被切割成了 3 个各自孤立的部分：雷诺克至斯帕尔塔诺夫卡、"街垒"厂东部、"红十月"厂至码头。到了 5 天后的 11 月 16 日，第 62 集团军所面临的形势又进一步恶化，甚至已经被德军驱赶到了伏尔加河的岸边。

此时的苏军再次表现出顽强不屈的战斗精神。在他们的抵死相拼下，德军的进攻却开始呈现出衰退之势。尤其是从首次参战的德第 179 加强工兵营的身上，就很容易看出这一点。

在 11 日当天，第 179 加强工兵营的营长韦利茨大尉曾经接到第 79 师的师长冯·施韦林将军的命令，要求工兵营必须在当日夺取"红十月"厂内的平炉车间（即 4 号车间），并在此基础上向伏尔加河地区突破。接到这一指令后，作战经验丰富的韦利茨大尉立即组织了 4 支编制在 30 到 40 人的强击队，并为其配备了自动枪、喷火器、手榴弹、集束弹药和炸药块、烟幕弹等先进武器，计划是先炸开 4 号车间的一角，然后由强击队从此处冲进车间，再由第二梯队负责占领并防守已经夺取的阵地。

尽管计划确实周密，但等到行动开始后，却很快就遇到了出师不利的意外情况。原因是守卫在这里的苏军早就有所防备。他们用炮火在通向"红十月"厂的道路上设置了一道封锁网，这使得韦利茨率领的强击队在付出了很大的代价后才算到达了大楼的围墙下。在距离 4 号车间 50 米之外的地方，满脸尘土的韦利茨指着不远处耸立着的一座大楼和很多高大的烟囱，转身对匍匐在墙边的司务长费策尔下达任务，要求对方带上 150 公斤的炸药，把车间右边的那个角炸开。而且一定要在第二天清晨的时候引爆，以此作为总攻的信号。在费策尔领命而去后，韦利茨又命令霍尔瓦提营作为第二梯队悄悄进入攻击区域。

第二天一早，眼看着天就快要亮了，进攻也即将按照计划展开。可就在这时，突然有大炮一齐发射的火光在伏尔加河边升起。紧接着，苏军的几百发炮弹就像大雨一样倾泻在霍尔瓦提营埋伏着的区域了。进攻还没打响就遭到苏军炮兵的袭击，这是怎么一回事呢？

让韦利茨不可能想到的是，其实崔可夫早已料到德国人要重点进攻"红十月"厂的计划了，并在 12 日一早就向斯捷潘·萨韦利耶维奇·古里耶夫上校发去了一道命令："敌人企图在'红十月'厂东南部突破我正面，前出至伏尔加河，为加强近卫步兵第 39 师左翼，肃清工厂里的全部敌人，兹命令近卫步兵第 39 师师长，使用近卫步兵第 112 团抽调来的 1 个营，去加强你师中央和左翼的战斗队形。任务是全面恢复态势，肃清工厂之敌。"

苏军的炮火打得德军有些发蒙。但此时的德国人已经别无选择，只能不顾一切地发动进攻。身为带队者的费策尔也身先士卒，第一个接近了目标中的那栋大楼。随着一声巨响，车间右侧的墙终于被炸药轰塌了。而第一批强击队也就此冲了进去。

当烟幕消失后，韦利茨很快就通过望远镜看清了第一批冲入车间的德军的悲惨遭遇。因为整个车间已经被炸得支离破碎，一堆堆乱七八糟的钢筋横七竖八地躺在地面上，这使得冲进去的人只能沿着唯一的一条小道鱼贯而行。而苏联人只需要用一挺机枪瞄准那条小道疯狂扫射就足以解决一切问题了。这样的发现，让韦利茨顿时陷入极度的绝望当中。

很快，第一、第二批冲锋在前的德国人陆续倒了下去，就连韦利茨身边的上等兵也被流弹击中了。危急之下，他只好跳进弹坑匍匐在那里，同时大声告诫自己的属下用喷火器和集束手榴弹进行反击。

这场规模并不很大的战斗，却进行得异常紧张和激烈。苏军顽强的防守使韦利茨束手无策。等到夜幕降临时，一筹莫展的他只好停止进攻，撤出了这场无望的战斗。尽管如此，在经过了一天的攻防争夺后，全营190人还是伤亡了将近一半。这样的结果让韦利茨百思不得其解。即便是在战后出版的《被出卖的士兵》一书中，他在回忆起这件往事的时候依旧不免发出哀叹："我们这个营突破过多少坚固的正面防线和筑垒防线，克服过多少有工事构筑的江河障碍——河川和运河，夺取了多少精心构筑的火力点和抵抗基点，占领了多少城市和乡村……可是在这儿，在伏尔加河面前，我们甚至连一个工厂也夺不下来！包括我在内的每一个人都对一件事情心存疑惑：这些苏联人究竟从哪儿来的这股力量呢？"

远在文尼察的希特勒也时刻关注着在伏尔加河畔展开的这场激战。从地图上看，苏第62集团军已经被分割成了孤立的3块，这样的结果让4个月以来的这场血战好像总算是挨到了头。这位太注重面子问题的独裁者迫切需要一场胜利来给自己说过的那些大话打个圆场了。如果能够让第三帝国的旗帜插在这座以斯大林名字命名的城市上，这就等于向世人宣告他希特勒是比拿破仑更加伟大的军事家，而其征服世界的计划和目标也是任何人都无法阻挡的。在他的内心最深处，早已被这样一幅美妙的图景所吸引和陶醉了，这让他一早就迫不及待地向国人表示出斯大林格勒必将陷落的结局。只是让他怎么也没有想到的是，从前线传来的那些报告总是在闪烁其词地暗示战斗进行得怎样激烈、怎样残酷，可就是不说什么时候能够彻底拿下这座城市。为了达成自己的心愿，他已经在那里陆续投入了100多万的庞大兵力，本以为应该速战速决至少是捷报频传，可现在传来的却是德军在攻打"红十月"厂时再度受挫的报告。对于这样的结果，他除了感到不可思议外，当然也很难接受。他始终搞不明白一件事：眼下在斯大林格勒的苏联守军不就剩下那一点可怜的残兵败将了吗？可是就凭着这点微不足道的溃败之师，苏联人是怎么做到让英勇的帝国士兵难以越雷池一步的呢？不管是什么样的原因，反正苏军的顽强抵抗已经彻底激怒了希特勒，他甚至甘愿倾全国之力也一定要拿下斯大林格勒。所以他现在只有催促催促再催促，严令保卢斯必须不顾一切地进攻进攻再进攻。务必要用最猛烈的炮火让苏军防线连同那些抵抗者的生命一同消失。

11月17日，再也没有一点耐心可言的希特勒给保卢斯发去电文，其中明确要求马上发动一次更大规模的进攻行动，至少要冲到炮兵工厂和钢铁企业区附近的伏尔加河岸边，并全力夺取这一部分城区。

这一命令被规定要在第一时间内向身在前线的团以上指挥官进行口头传达。希特勒之所以要这样做，就是要让包括保卢斯在内的各级前线指挥官都意识到他对于此次进攻行动的高度重视。他甚至天真地以为自己这种极其坚决的态度会在部队中激发起更高的战斗热情。

然而，希特勒并不知道，在经过了4个多月的血战后，依然困在斯大林格勒的绝大多数德国人都已经再没有任何的热情和信心可言。在把崔可夫的部队赶到了伏尔加河沿岸后，他们就似乎用尽了自己的最后一点力量，已经很难再做出任何的努力和进取行为了。更要命的是，就在希特勒发布这一命令后仅仅两天的时间里，一场更大的风暴即将席卷整个斯大林格勒。因为在这段时间内，斯大林已经悄悄集结起一支数量在100多万人的部队，届时将从这座城市的北部和南部发起战略性的全面反攻。

那将是一场决定双方命运的大决战。在那之后，苏联会反败为胜，而第三帝国则会由此走向它最终的衰亡。

九、反攻的"天王星"计划

1942年11月18日午夜12点钟，苏第62集团军司令部与方面军司令部相连的电报线路一直处于忙碌状态中。"博多"电传打字机哒哒哒地响个不停，打满字迹的纸带也像白色长蛇般蜿蜒伸展。集团军司令员崔可夫、政治委员古罗夫、参谋长克雷洛夫等人则齐聚在电报机旁，望着一个个字母、一行行文字不断蹦出，脸上显现出同以往完全不一样的光芒。

此时的他们之所以如此激动，是因为方面军司令员叶廖缅科上将正在通过这种方式传达最高统帅部的关键命令，也就是所谓的"天王星计划"——

"西南方面军和顿河方面军于1942年11月19日，斯大林格勒方面军于1942年11月20日，向斯大林格勒地区的德国军队发动全面大反攻！"

直到亲眼见到这些文字，这些经年累月与德军缠斗血战的高级将领才第一次清醒地意识到一件事情，那就是围绕着斯大林格勒这座城市展开的这一场大型战役终于到了该了结的时候了。一想到再过7个小时全面反攻就要开始，大家高兴得不知道该说些什么，只是一再地互相击掌祝贺。遥望着城北地区被火光映红的夜空，所有人的感触几乎是一致的。"真是守够了！总算轮到我们复仇的时候了！"如果说之前第62集团军一直宣扬的战斗口号是"绝不后退一步"的话，那么从现在起，这句话就该被换成"让我们勇猛前进"了。

11月18日午夜过后，在斯大林格勒的城北地区，从顿河左岸巴甫洛夫斯克至那尔佐夫卡宽约 400 公里的地带上，苏西南、顿河两个方面军已经在森林和夜幕的掩护下全部进入最后的攻击阵地。这两个方面军是新近才组建起来的，其中西南方面军拥有 40 万人的兵力、火炮 5900 门以及坦克 700 多辆，司令员是瓦图京将军。他们要对付的是意大利第 8 集团军和罗马尼亚第 3 集团军。需要指出的是，虽然意大利人和罗马尼亚人的兵力与西南方面军相差无几，但在士兵素质与武器装备上则明显处于劣势。而罗科索夫斯基将军指挥下的顿河方面军则拥有 30 万人、4700 门火炮以及 280 辆坦克，与之对战的是德军第 6 集团军的 10 个师，但是无论是士兵数量还是武器装备也都不如苏军强大。

与此时此刻正在摩拳擦掌中的苏军不同的是，在阵地另一边的对手们却对自己的对手即将发动的大规模进攻全然不知。几个月来，斯大林从后方调集的大批部队都是沿着伏尔加河的左岸绕过荒无人烟的盐碱草原以及浓烟滚滚、炮声隆隆的斯大林格勒后，才在夜幕的掩护下秘密集结于这座城市的西北部和顿河中游一带的。尽管这样，苏军如此大规模的集结行动，还是多少引起了德国人的觉察，只是由于他们太过于自信，所以即便不清楚苏军的意图，也并没有过多在意。毕竟在历经了几个月的血战后，作为入侵者的他们已经占领了斯大林格勒的大部分地区，而且一直都处在战争双方的上风位置，所以根本不会想到苏联人也会在某个时候反转自己的被动角色，而且还是发动一场足以扭转整个战局走向的大规模的进攻行动。在他们看来，苏联人之所以调动部队，不过是为了弥补其百孔千疮的防御地带而已，哪曾想那却是为了包抄、围歼自己而做出的战略部署。直到苏军即将发动这场反攻之前的 11 月 18 日，不论是元首、将军或者哪怕是最普通的士兵，都对此缺乏戒备和警惕。等到他们一觉醒来的时候，才发现一切都已来不及了。

11 月 19 日，注定要成为整个斯大林格勒会战当中最重要的日子。

早晨 7 时 30 分起，西南方面军和顿河方面军两支反攻部队的 3000 多门大炮一起朝着德军阵营开始轰炸，整个炮击过程持续了足足 80 分钟，共向罗马尼亚第 3 集团军的阵地上倾泻了数百吨的炸弹。

炮轰刚一结束，步兵和坦克兵团就在 8 时 50 分投入到正面战斗当中。尽管强大的炮火严重破坏了罗马尼亚军团的防御阵线，但敌人并未因此失去最起码的抵抗能力。直到下午，苏军波浪式的进攻才让这支垂死挣扎中的敌军彻底溃败。与此同时，在顿河方面军进攻的方向，德军的防线也已经被全线突破，战斗随即在更广阔的地域上展开。激战过后，罗马尼亚集团军中的第 4 军团被彻底消灭，第 11 骑兵师也在被分割包围后失去了与第 3 集团军的联系。而苏第 5 坦克集团军则从谢拉菲宫维支西南 30 公里处的高地发起进攻，在突破了罗马尼亚方面军第 2 军团的阵地后迅速向南挺进，并在中午的时候占领了别列拉佐夫斯卡姬以北的高地。转向东南方向的苏军的坦克军团和骑兵军团于傍晚抵达了卡尔梅科夫，插入罗马尼亚第 3 集团军纵深达 60 公里的腹地。在经过了整整一个昼夜的攻防战斗后，苏军的这两个方面军均按照原定计划重创了敌人。到了 20 日拂晓的时候，集结于斯大林格勒南部卡尔梅草原的斯大林格勒方面军也已经全面转入进攻态势。

自这场大反攻开始的那一刻起，远在莫斯科克里姆林宫内的斯大林就一直焦急地等待着来自斯大林格勒方面的最新战况进展。1 小时前，他刚刚与罗科索夫斯基和瓦图京通了电话，获悉顿河和西南方面军的进展都很顺利，先头部队在进抵奇尔河上游后已经深入到敌军后方的茫茫草原上。这让此刻的斯大林再也没有了战争爆发初期以及 1942 年夏天时的那种震惊、失态、烦忧与不安，取而代之的则是一份极大的自豪感和自信心。依照眼前的态势来看，德国人已经进入了他和朱可夫、华西列夫斯基共同设下的陷阱内，再想翻身几乎是不可能的事情了。而这一战役不仅决定了苏联的命运，也必将导致整个第二次世界大战的最终走向发生完全不同的巨大改变。而这样的变化，是苏联带来的，这也就决定了这个社会主义国家在战后必将以更加强大的姿态出现在整个国际舞台上。

想到这里，作为一国领袖的他，又怎么可能不激动、不兴奋呢？

在接下来的几天内，战局还在以不可遏止的速度朝着有利于苏军的方向快速倾斜。

20 日清晨，苏第 51、第 57 和第 64 集团军分别从 3 个地段突破了敌军的防御阵线，像一把利刃似的对罗马尼亚的第 4 集团军进行了切割和包围。而第 51 集团军的坦克则在进入察察湖、巴尔曼察克湖之间的突破口后，迅速向西北方向的卡拉奇推进，以便同顿河和西南方面军的坦克兵团及骑兵部队实现会合。

21 日下午，从谢拉菲宫维支发起进攻的苏军部队在挺进到苏罗维吉诺以北地区后，直接对保卢斯集团军的交通线形成了巨大的威胁。他们在行进间占领了顿河大桥，切割了保卢斯集团的退路，并在进入卡拉奇地区后形成了对德第 6 集团军和第 4 坦克集团军的包围。而斯大林格勒方面军也在差不多相同的时刻击溃了德军的第 29 机械化师和罗马尼亚的第 6 步兵军，从契尔符林河与顿河皇后河之间向卡拉奇至斯大林格勒的铁路挺进。

22 日上午，进抵布齐诺夫卡的苏军成南北夹击之势会师于距离斯大林格勒以西仅 60 公里处的卡拉奇。而步兵军团的到来也进一步加强了突击集团的外翼。

到了 23 日的时候，苏军已经在卡拉奇地区对德军的第 6 集团军和第 4 坦克集团军形成了钳形包围之势，从而将其与德军的 B 集团军群彻底割裂开来。

从 19 日至 23 日的短短几天内，苏军就完成了全部的预定战略部署。而此时保卢斯指挥下的第 6 集团军，也完全沦为了苏军的囊中之物。

至此，"天王星"计划的第一步已经获得了全面的成功。它是苏军在卫国战争中实施的第一次大规模的战略反击，也是其扭转战争中的被动局面、全面由守转攻的制胜一举。而11月19日这一天也成为第二次世界大战中最重要的一个日子，并被永久地载入了史册。

毫无疑问，发生在1943年11月19日的这一次大反攻，是整个斯大林格勒保卫战的转折点和最高潮。而之所以会有这么一场足以改变整个战争走势的关键行动，还要从两个月前发生在苏军大本营内的一次高层会晤说起。

9月12日，朱可夫飞抵莫斯科后，与华西列夫斯基一起向最高统帅斯大林汇报前线的最新战况。在3人之间展开的这次会晤，照例还是由华西列夫斯基率先发言。而他带来的是一条足够令人感到不安的消息——希特勒正在向保卢斯一部调派新的部队予以增援。

"看来希特勒确实要不惜一切代价占领这座城市了。"斯大林面带忧郁地说出了自己的看法。随后他又转向朱可夫，询问苏军在9月5日发起的反突击为何没有取得预想的战果。

早有准备的朱可夫立即说明那主要是因为苏军力量不足造成的结果。再加上那里开阔的地势以及占领着制高点的德军可以向所有方向提供机动火力，所以才导致了苏军的失利。

接下来，在斯大林低头研究苏军预备队配置图的过程中，朱可夫和华西列夫斯基也在一旁悄悄议论着下一步的战局走向。在他们看来，除非"寻找别的解决办法"，否则这场战斗的结果将很难发生改变。斯大林听到了他们的这一番话，就约定3个人各自去想想具体的解决办法，一天后再碰头商量。而一场大规模的反攻计划，也就是从这个时候开始酝酿的。

第二天晚上，朱可夫和华西列夫斯基向斯大林做了一次很特别的报告，其中很详细地分析了战场上的形势变化。自夏天以来，德军因为在战场南翼展开攻势而掌握了战略主动权，如今更是已经推进到了沃罗涅日、斯大林格勒和高加索山脉的山前地带，这对于苏军无疑构成了严重的威胁。但希特勒却在这个时候犯了一个很严重的错误，那就是战线过长导致的兵力分散。因为同时从斯大林格勒和高加索两个方向展开进攻，这使得高加索方向上的德A集团军群（约27个师）被阻击在1000公里长的战线上，而在沃罗涅日、斯大林格勒方向上的B集团军群则是在1300公里的战线上作战。这样一来，虽然拥有70多个师的庞大兵力，但德国人依旧显得兵力不足，其中的第6集团军和第4坦克集团军甚至因此在斯大林格勒地区陷入了空前困难的苦战当中。基于这一情况，只要苏军能够在斯大林格勒继续以积极防御拖住敌人，再适时组织大规模的战役反攻，那么南方战线上的形势也将随之发生有利的变化。

朱可夫和华西列夫斯基还提交了一份草拟的进攻方案。在这份计划中，他们认为如果要在斯大林格勒地域发动一次扭转战局的进攻，那么其规模一定不能太小。

考虑到在斯大林格勒地域的德 B 集团军群大约有 100 万的兵力，而在这一地区的苏军才 60 多万，所以必须重新组建起一支更庞大的军队才行。另一个必须考虑的因素则是时间。大规模的反攻有大量的准备工作需要完成，这就意味着这样的一次进攻必须在 11 月之后才能展开。

在相继就一些细节问题做了仔细的探讨和分析后，斯大林基本上肯定了这一方案的可行性，并在之后的两个星期里又和二人对这一计划进行了不断的充实与完善。而这正是后来代号为"天王星"的反攻计划的雏形。出于保密起见，直到最后一刻斯大林才让各个方面军的司令员了解到这份计划的详尽内容。而各个方面军也没有提出什么原则性的不同看法，只是就进攻范围、规模上提出了一些自己的意见和建议。

为了保证计划的顺利实施，直到最后一刻，苏军统帅部还在对德国人实施着迷惑和欺骗行动。比如苏西方面军和加里宁方面军就在 10 月期间奉命组织了一次战略意义上的进攻，目标是德中央集团军。这是一次可以达到一箭双雕之效果的行动。它一方面阻止了德军从中央集团军中抽调部队增援斯大林格勒，另一方面也给希特勒造成了一种假象，那就是苏军将在战场的中央而不是南翼开展下一步的进攻行动。而事实证明，这一欺骗行动确实获得了极大的成功，希特勒对于苏军在斯大林格勒地域的频繁调动真的就视而不见了。

然而，10 月份的战事也曾差一点导致"天王星"行动胎死腹中。此时的希特勒，正在不断催促保卢斯尽快攻下斯大林格勒，并一直在向该地域调集精锐部队予以增援。自 10 月中旬开始，保卢斯的进攻越来越猛，并先后多次冲垮了苏第 62 集团军的防线。这使得斯大林也不得不面临着一个两难的问题，一方面他不能过早暴露集结的大部队和预定中的反攻，同时他又要让崔可夫尽可能地把德军主力拖在斯大林格勒城内。而一旦德军警觉过早撤离了那里，或是在苏军全面反攻前就拿下了那里，那么都会影响到"天王星"计划的顺利实施。无奈之下，斯大林只能是一方面源源不断地派出小股部队去增援城内的守军，同时给德国人造成苏军预备队已接近枯竭的错觉；另一方面又命令郊外的苏军反复实施反突击行动，以减轻城内守军的巨大压力。这样做的结果，使得德国人的胃口被空前地吊了起来，甚至把防守翼侧的德军也投入到城内的作战中去，只是让罗马尼亚军团去镇守第 6 集团军的两翼。

这样一来，从 7 月到 11 月之间，希特勒在顿河、伏尔加河和斯大林格勒地域已经逐渐丧失了 70 万兵力、1000 余辆坦克以及 2000 门大炮的固有优势。随着双方优劣态势的逐渐对换，反攻的条件也变得日益成熟。而随着"天王星"计划的不断临近，朱可夫和华西列夫斯基也开始逐渐把注意力集中在进攻部队的准备上。只是由于西南方面军和斯大林格勒方面军在弹药供应和航空兵集结上还没有完全做好准备，这才导致原定为 11 月 10 日的进攻日期不得不向后延期。此后，斯大林把最后日期的确定权限交给了更了解前线状况的朱可夫。而后者为了保证行动的全面成功，最终将进攻日期确定为 11 月 19 日由顿河、西南方面军发动进攻，而 11 月 20 日则由斯大林格勒方面军发动反攻行动。

1942 年 11 月 19 日拂晓，来自城北地区的隆隆炮声终于把保卢斯从沉睡中惊醒。睡眼朦胧的他还没起床，值班参谋已经冲了进来，惊慌之下甚至都忘了礼节性地事先敲门，一看就知道是出了大事。"报告司令，苏联人在城北顿河一带发动了大规模的进攻，罗马尼亚第 3 集团军遭到了炮火的猛烈袭击，目前阵地已经出现了严重的混乱！"

什么？进攻！保卢斯大惊之下，很快又稳住了情绪。他告诉值班参谋尽快通知参谋长到指挥部来，必须马上对罗马尼亚军团给予增援，否则后果将不堪设想。因为这些罗马尼亚人认为这场战争纯属德国人自己的事情所以根本不可能为此卖命，况且他们的装备也确实十分低劣，根本顶不住苏联人的猛攻。

事实也确实如此。此时城北那些简陋的防御工事已经在苏军 2000 多门大炮的轰击下被夷为平地了，这让随后跟上的苏军坦克很轻易就冲进了堑壕。尽管最初还有少数的罗马尼亚人在拼死抵抗，但仅仅 3 个小时后便全线溃败。保卢斯没想到事情会恶化得如此迅速，只好马上向 B 集团军群司令魏克斯汇报了这一情况。但这位一贯骄横傲慢的司令官显然没把这场进攻当作多么严重的事情，一心想要堵住败军缺口的他很快就调集第 48、第 14 坦克军团投入了战斗，可溃败的大军却像泄闸的湖水般把赶去增援的部队也给吞没了。

直到 19 日傍晚的时候，保卢斯和魏克斯才了解到，苏军在罗马尼亚第 3 集团军的阵地上总共倾泻了数千吨的炮弹，随后又有 2 个突击集团军从克列茨卡亚和谢拉茨莫维奇的登陆场对其发起了猛烈的冲击。经过一天的激战，苏军坦克在冰天雪地的顿河草原上彻底击溃了原本就斗志涣散的罗马尼亚人，并在毫无阻挡地向西挺进后，从后方对斯大林格勒地区的第 6 集团军构成了严重的威胁。晚上 10 点钟，魏克斯终于征得了希特勒的同意，通知保卢斯停止对斯大林格勒展开的所有进攻，只在原有阵地上加强防御。

19 日上午 10 时，远在东普鲁士元首大本营内的陆军总参谋长蔡茨勒上将接到了来自 B 集团军群司令魏克斯的报告，其中汇报的结果让他大吃一惊。过去怎么从来没发现顿河一线有什么苏军集结呢？现在一夜之间这么多的敌人又是从哪儿冒出来的呢？那一刻，蔡茨勒黯淡无光的双眼中竟然露出了一种悲凉的神色。因为他已经清醒地意识到总参谋部在针对苏军冬季攻势突击方向上的判断出现了严重的差错！原以为斯大林会选择对中央集团军实施打击，所以德军把预备队都调往了那一线，几乎完全忽视了斯大林格勒一线上存在的战线过长、兵力不足的问题。在这个倒霉的早晨，蔡茨勒甚至不敢指望罗马尼亚军团能够守住顿河北岸。可红军一旦突破了那里残缺不全的防线，汹涌而来的苏军坦克就会全线渡过顿河后向西挺进，这将给第6集团军带来难以想象的灾难性后果。失魂落魄的他由于根本想不到应该怎么办，只好急忙接通与伯格霍夫的电话线路，向希特勒报告。

事实上，罗马尼亚军团的溃败并没有立刻在第6集团军司令部引起过度的恐慌。尽管保卢斯还不清楚苏军突击的规模和意图，但他还是把希望寄托在了第48、第14坦克军的身上。直到城南的苏军在20日清晨也发起了猛烈的攻势时，他才真正意识到事情的严重性。

作战地图上原有的标记表明城北的几十万苏军已经推进至上布津诺夫卡一带，而新的标记则表明今天清晨城南的苏军也已冲垮了德军的第4坦克集团军和罗马尼亚第4集团军的防线。但任何一个有作战经验的人，此刻都能一眼就察觉到战场上出现这种变化的实质——苏军一旦形成南北夹击之势，斯大林格勒地域内的德军将面临被围歼的灭顶之灾。

想到这里，保卢斯的脊背上一阵发凉。在从参谋长施密特少将那里得知出师不利的第48坦克军没有堵住罗马尼亚人溃退的缺口、第14坦克军也没能顶住苏军的攻势后，他的脸色彻底黯淡了下来。此时的他，已经在为第6集团军的前景担忧了。

而这个时候的德军阵营中，也开始流言四起。谁都不清楚前线发生了什么事，只有从那些不断在北面和南面溃退下来的德国兵的口中得到一点点并不完全准确的消息。

前天晚上，就有溃逃到这里的士兵说苏军的坦克马上就会向这里逼近。为防万一，保卢斯指令参谋们将多余的资料和文件全部烧毁。顷刻间，每个房间内都是烟雾缭绕的景象。随着烟火地四处升起，司令部人员出现了更大的心理恐慌。就在这个时候，当一个上等兵惊慌失措地跑进楼里，嘴里大声喊着"苏军的坦克来了！再不走就晚了"的时候，整个司令部顿时发生了明显的骚动。参谋长施密特少将急忙大声强调这只是士兵们由于恐惧引起的幻觉而已。"什么事都可能发生，但苏军不会插上翅膀。"如果苏军能在戈卢宾斯基镇出现的话，那么就说明敌人已经深入德军防线有200多公里的距离了。这，怎么可能呢？

然而，被派出去的一支侦察分队很快就证实了一件事情：一小股苏军的坦克已经进抵距离顿河西岸戈卢宾斯基镇不超过20公里的地方。这让保卢斯再也不敢有任何的奢望。在果断地做出撤退的决定后，司令部全体人员分成5路纵队向下奇尔斯卡亚出发了。

此时的希特勒也像热锅上的蚂蚁一样，每隔数小时就要和参谋总部的大本营通话，从蔡茨勒将军那里得到最新的动态报告。截至21日中午，希特勒也终于意识到苏军的南北夹击之势一旦在斯大林格勒周围闭合，那么第6集团军将处在极度的危险之中。这样的结果显然让他有些惊诧，过去一向不被他放在眼里的苏联人怎么也能像德军那样发动大规模的进攻呢？这群"二等民族"的笨蛋又是怎么能和世界上最优秀的日耳曼人形成抗衡的呢？这些疑问一个接一个地困扰着他。不过眼下更让他感到棘手的是怎样才能帮助第6集团军摆脱困境。要解决这个问题，只有两条出路可行。一是让保卢斯率部往西南方向突围以避免被敌围歼的危险。但这么做就等于是放弃了斯大林格勒。德国人费了九牛二虎之力才拼杀到伏尔加河，可现在却要这么轻易地让出地盘，这对于希特勒来说实在是件于心不甘的事情。可是如果不这么做的话，那就只能采用第二种办法，那就是让保卢斯就地组织环形防御以拖住苏军，等待援军的尽快赶到。但这样做的话风险真的太大，万一救援不成肯定会一下子失去几十万人的部队。按照希特勒的性格和一贯做法，他当然更倾向于第二种办法。但这需要向被围困的部队空投大量的弹药和食物，在眼下的实际形势来看显然很难做到。举棋不定的希特勒很想听听空军司令戈林元帅的意见，所以他告诉蔡茨勒还是先让保卢斯原地待命就是了。

原地待命？这对于此时正从戈卢宾斯基镇逃往下奇尔斯卡亚的保卢斯来说简直是个天大的玩笑。在经历了亡命徒般难堪的一番混乱后，第6集团军司令部的各路纵队终于在22日抵达了下奇尔斯卡亚。可是还没等到他们安置妥当，就收到了希特勒发来的电报，命令第6集团军司令官连同司令部一起开赴斯大林格勒，在形成环形防御后等待下一步的行动指示。尽管有千万个不情愿，但元首的指令就是必须执行的铁律。无可奈何的保卢斯只好带领司令部人员匆匆上车，又沿原路返回了苏军正在合拢的大包围圈内。

这是一次自寻死路的回归吗？保卢斯根本不敢去想问题的答案。

意识到斯大林格勒战场上的形势正在不断恶化的希特勒，终于不得不提早结束休假，返回了东普鲁士的大本营。在与总参谋部作战处处长约德尔将军的不断探讨中，他越来越感觉到坐卧不安，似乎发生在斯大林格勒的血腥厮杀的气息已经从遥远的地方飘进了他的鼻孔，并由此令他联想起了去年冬天莫斯科城下的那场惨败。

可他是绝不甘心坐以待毙的，始终笃信克劳塞维茨的"进攻是最好的防御"这一名言的他，是绝对不能容忍任何的后退和投降的，哪怕是用成千上万德国人的生命去继续这一场豪赌，他也在所不惜。

正因为如此，当蔡茨勒又一次打来电话恳求让保卢斯军团向西突围以求自保的时候，希特勒予以了断然的拒绝："不行！我们找到了更好的出路，明天我会告诉你的。"

就在那一天的晚上，已经重返苏军包围圈的保卢斯把指挥所安置在了斯大林格勒近郊的古姆拉克一带。随后，他和自己的参谋长以及各军军长进行了紧急会晤，大家商定的最终结果还是撤退，因为只有这样才能让部队的下一步反击成为可能。可最新的报告显示此时苏军的坦克离卡拉奇只剩下几公里的距离了，而卡拉奇附近最具战略意义的顿河大桥则在数小时前刚刚失守。考虑到那里是苏西南方面军强渡顿河的唯一通道，保卢斯曾在苏军发动进攻的第二天就命令炸毁这座钢筋水泥桥，但结果却被苏联人抢先了一步。这样一来，当苏南、北突击集群在卡拉奇顺利会师后，第6集团军已经相当于是被装在一只大口袋里了。除了突围，眼下已经没有任何别的办法可想了。在保卢斯看来，元首显然还不清楚这里正在发生什么。鉴于形势已万分危急，他决定把前线的情况电告给魏克斯，以引起大本营的重视。

收到保卢斯发自22日下午6点钟的报告后，B集团军群的司令魏克斯也认为其撤军的主张是正确和明智的做法。在即刻电告大本营这一申请的时候，他也尽可能地为第6集团军的撤退摆出了充分的理由。一是给第6集团军下辖的20多个师空运补给是目前不可能办到的事情，二是该集团军在不能得到及时增援的情况下最多只能支撑几天后就会因为储备消耗过大而彻底丧失战斗力，这将对整个战局产生难以估量的不利影响。

11月24日凌晨2时，蔡茨勒电告魏克斯一个喜讯，那就是他终于说服了希特勒放弃斯大林格勒，而这一命令将于24日早晨的时候正式签发。闻听这一消息，魏克斯和保卢斯总算是松了一口气。

可是就在那天早晨他们焦急地等待着柏林的突围命令时，最终收到的却是一个让两个人无论如何不能相信的指示——希特勒并没有允许第6集团军突围，而是要求其继续坚守在斯大林格勒北郊、科特卢班、137高地、135高地、马里诺夫卡、齐边科以及南郊地区。而作为元首的他则会尽其所能地保障集团军的供应，并及时解除封锁。

在这一文件中，希特勒信誓旦旦地向自己的部属做出了保证。可是他的这个决定不仅没能在后来得到实现，而且还是把第6集团军推向了最终覆灭的深渊。

然而，元首的意志是任何人都不能违抗的。保卢斯深知这一点，所以就算是被打掉了牙齿，他也只能是狠狠心咽下去，不敢有任何一句的怨言说出口。

必须指出的另外一点是，在希特勒与蔡茨勒上将之间，始终存在着一种相当奇特的关系。两个月前，希特勒之所以会选中他来接替哈尔德，除了他确实有自己的能力外，还有一个重要原因就是47岁的蔡茨勒资历尚浅，所以一旦提拔他担任总参谋长，这样的礼遇无疑会导致这位陆军中最年轻的三星上将怀着一颗感激不尽的心去做任何事情。只是让希特勒没有想到的是，蔡茨勒也很快就变成了像哈尔德那样喜欢在元首面前陈述己见的讨厌家伙。

就在11月23日午夜前不久，也就是希特勒刚刚回到东普鲁士的大本营中的时候，迎接他的蔡茨勒将军在刚一见面就摆出了让保卢斯撤军的理由，并强调魏克斯的观点也和自己完全一致，那就是第6军团如果坚持死守的话则必将面临被围歼的悲惨结局。

对于这一问题早有打算的希特勒烦透了蔡茨勒的唠叨，他毫不犹豫地打断了后者的话，一脸阴沉地强调撤退是绝对不可能考虑的事情。否则德军在夏天的全部努力都将付于东流。为了表明自己的坚决态度，他甚至大喊起来："不，我们一步也不离开伏尔加河！"

面对着希特勒如此突然的大发雷霆，蔡茨勒在一时间还没弄清楚元首为何要大动肝火。考虑到绝不应当同元首顶撞，所以他还是耐着性子继续表达自己的观点。在承认了斯大林格勒极其重要的战略地位后，他又强调现在的保卢斯军团已经处在四面楚歌的艰难境地，再加上给养注定无法及时提供的现

蔡茨勒

实情况，所以还不如趁现在苏军立足未稳就让第6集团军尽早突围，否则一旦铸成大错将悔之晚矣。

可不管他怎么苦口婆心地进行劝说，主意已定的希特勒就是坚持用两个字作为答案——"不行"。眼看着蔡茨勒还不罢休，最后希特勒只能表示空军方面已经做出保证，会通过空运解决被围困部队的物资给养问题。

闻听此言，蔡茨勒再也控制不住自己的脾气了，火冒三丈的他要求马上找来空军司令戈林，以便当面质问后者是根据什么做出这样的保证的。

当睡眼惺忪的戈林被叫来后，很快就和蔡茨勒发生了激烈的争吵。为了证明戈林的保证只是毫无用处的大话，蔡茨勒甚至当着二人的面又把空运的具体数字详细计算了一遍，得出的结论是即使按照最低标准来计算，要给第6集团军提供起码的给养也要每天空运500吨的物资。可是以德军眼下的空中力量来看，这显然是根本不能完成的任务。

眼看着谎言已被揭穿，恼羞成怒的戈林又和蔡茨勒发生了更加激烈的争吵，甚至差点动起手来。而希特勒并非不知道戈林的保证中有着严重的掺假现象，他不过只是利用这一保证来堵住总参谋长的嘴而已。所以直到这时他才假装和事佬劝停了二人的争斗，同时顺水推舟地表示愿意相信空军元帅的保证，绝不修改已经发出的坚守决定。

为了保住所谓的面子，还有对于自己是个天才的那么一份狂妄的自负感，让希特勒宁愿相信一个空头支票般的保证，也不乐意去顾及一下第 6 集团军 30 多万人的生死存亡。

也正因如此，11 月 24 日早晨 8 时 38 分，保卢斯才会意外地收到从大本营传来的希特勒的命令——斯大林格勒和伏尔加河岸必须不顾一切代价地坚守下去。为了给这些随时挣扎在生死边缘的前线将士一个定心丸，在随后从陆军总部得到的指示里，第 6 集团军被告知一支强大的部队将在一周之后的 12 月初赶往斯大林格勒实施救援行动，而负责此项任务的指挥官是第 11 军团司令曼施坦因元帅。如今已被任命为新组建的顿河集团军群司令的他，必然会给第 6 集团军带去最强有力的支撑。

接到这一消息后，保卢斯的眼睛在"曼施坦因"这一名字上注视良久。在他的心里，仿佛一块巨石落了地般的安稳。曼施坦因，这是一个对于全体德军将士来说充满了象征意味的名字，以致此刻的保卢斯甚至开始对元首继续坚守的决定深信不疑了。

在他看来，元首之所以要求第 6 集团军在伏尔加河畔拖住苏军的主力部队，就是为了让曼施坦因指挥下的坦克军团能够以迅雷不及掩耳之势压将过来，在苏军阵地中打开一条走廊，这样就可以在来年春天的时候再发动一场更大规模的攻势了。所谓"塞翁失马，焉知非福"，说的应该就是这样的情况吧。至少，此刻的保卢斯是愿意去相信这一点的。

11 月 24 日，也就是希特勒向保卢斯下达命令继续坚守阵地的那一天，曼施坦因一身风尘地赶到了位于斯塔罗别尔斯克的 B 集团军群司令部。就在几天之前，他刚刚被委以重任——担任"顿河"集团军群司令，去解救被围困在斯大林格勒的第 6 集团军。在奔赴新司令部诺沃切尔卡斯克的途中，他先来到 B 集团军群司令部这里了解具体的战局形势。在魏克斯将军的口中，曼施坦因得知第 6 集团军现有 4 个军、1 个装甲军、14 个步兵师、3 个摩托化师、3 个装甲师、2 个罗马尼亚师团以及其他部队共 33 万人左右，可是已被重重包围的他们正随时面临着全军覆灭的危险。为了稳定住这支岌岌可危的部队官兵的情绪，曼施坦因又给保卢斯发去了一份电报，告知对方要不了多久自己就将竭尽全力前去解围。

在仔细分析了战局形势后，曼施坦因觉得一切还没到无法挽回的程度。只要救援得力，事情还是会有转机的。更何况顿河集团军群编成内约有 30 个师的兵力。如果再加上从 B 集团军群调来的霍特指挥下的 3 个步兵师、2 个空军野战师以及 1 个装甲军，还有从 A 集团军群抽调来的第 57 装甲军、第 4 坦克集团军和一些罗马尼亚军残部，那么就足以对苏军形成强有力的军事打击了。只不过，这些援军直到 12 月 1 日的时候还没到位而已。

然而，时间却不能再等下去了。苦于无兵可用的曼施坦因只好着手制订折中的救援计划，即命令第 4 坦克集团军作为救援主力从顿河以东的科捷利尼科沃地域发起进攻，向占据着斯大林格勒以南或以西方向的苏军后方和翼侧实施突击，并击溃那里的苏军。与此同时，"霍利特"战役集群内的第 14 坦克军由下奇尔斯卡亚车站一带的顿河和奇尔河上的登陆场向苏军后方实施突击。至于第 6 集团军则固守在伏尔加河和顿河间狭长地带的原有阵地上，一旦有救援德军靠近时，再由里向外突围出去。这一代号为"冬季风暴"的救援计划，在制订完毕的当天就下发到了参与此次行动的各个部队当中。

担负主攻任务的霍特将军在收到这份救援计划后就傻了眼——这个作战方案看似没什么惊人之处，似乎只要按照方案去加以执行就已经足够。但霍特心里总认为没那么简单，也不应该这么简单，久负盛名的曼施坦因元帅一定在这份计划中藏着什么玄机。在与作战参谋对照作战方案在地图上逐一画出箭头后，霍特终于找出了曼施坦因这份计划的精妙所在。

这次作战计划，表面上看来就是兵分两路这么简单的事情。其中一路由下奇尔斯卡亚附近的奇尔河一岸出击，另一路由科捷利尼科沃实施突击行动，但实际上确是一个佯攻，一个主攻。从地形上看，担任佯攻一线（下奇尔斯卡亚）的德军距离被围困的部队只有 40 公里远，而担任主攻一线（科捷利尼科沃）的德军则距离保卢斯军团长达 120 公里之遥。在一般人的判断中，距离近的方向应该是主要的突击方向，但曼施坦因偏偏要反其道而行之，舍近求远的他肯定是考虑到苏军在这一带会设下重兵，所以才故意只派遣少量的德军对其进行牵制。而主攻一线看似远离了目标，表面上是增加了很多的作战困难，但却能收到出其不意的效果，从而造成进攻的突然性。等到第 4 坦克集团军在冲破苏军防线后能够长驱直入的时候，必然会导致苏军陷于混乱当中，而被围困的第 6 集团军再在这个时候向外突围，形成里外夹击之势，就能达到最终的突围目标了。这就是"冬季风暴"最让人赞叹的秘密所在。

对曼施坦因寄予厚望的，远远不止霍特一个人。涉及这次行动乃至于这场战役中的每一个人，此时此刻都把目光集中在了这位传奇元帅的身上。其中，就包括第三帝国的元首希特勒。出于太看重这次救援行动的缘故，他甚至因此感到了寝食难安的煎熬。

在"冬季风暴"即将展开的前一晚，也就是 12 月 11 日的午夜时分，希特勒的失眠症又一次不可控制地复发了。已经几天几夜没怎么休息的他，只要躺在床上，脑子里就会清晰地浮现出那一张张作战图，整整一夜都折腾个没完。再过几个小时，曼施坦因的救援行动就要开始了。可是此时第 6 集团军的给养也差不多要消耗尽了。尽管没有食言的戈林整编了一组巨大的运输机群投入到空运当中，但无奈天气不帮忙，冰天雪地再加上浓雾弥漫的恶劣条件使 11 月 24 日开始的空运行动每日只能运去 50 多吨的物资，这和第 6 集团军每天至少需要的 500 吨物资给养实在是相差得太远了。在这样的情况下，被围困的第 6 集团军别说是继续作战了，就连维持生命都出现了很大的困难。据报告中传来的消息，过度的饥饿甚至已经让德军沦落到杀死战马后分食马肉的程度了，再撑下去恐怕真的要濒临崩溃的边缘了。

那一晚，希特勒反反复复思索着一个问题，那就是自己是不是 3 周之前就该放弃斯大林格勒。可是放弃了，就真的别想再拿回来了。事实上，德军的战局在 1942 年冬季就已经在走下坡路。作为掌握战局的最高元首，他太知道目前的处境了。就在斯大林发动攻势的前夜，在北非战场上蒙哥马利刚刚率领第 8 军团给隆美尔的军队造成了毁灭性的打击。而英、美联军又在 11 月 8 日顺利地登陆了摩洛哥和阿尔及利亚。虽然这些事情发生在欧洲以外的地区，但其造成的影响却是灾难性的。因为这样英、美军队就可以在绕过克里特后向巴尔干地区挺进了。一旦德军眼下从斯大林格勒撤军的话，那么这一重创将会给德国带来雪上加霜的不利影响，甚至会改变整场战争的最终走向。想到这里，希特勒更是辗转难眠，也只能寄希望于曼施坦因元帅这根最后的救命稻草，希望他能够挽救德军于水火之中。

第二天一早，一场"冬季风暴"即将拉开它的帷幕。它寄托了希特勒的全部希望，承载着整个第三帝国的前途和命运。当然，还有 30 多万人的生死存亡。

十、德军的"冬季风暴"

自 12 月 19 日以来的 5 个昼夜里，斯大林一直都是以万分欣喜的心情关注着苏军的 3 个方面军以南北夹击之势在卡拉奇胜利会师，并对德第 6 集团军形成合围的整个过程。而战场上的这些变化，也都是按照苏军最高指挥部的设想来逐一进行直至完成的。对于一场如此大规模的战役而言，能够让其进程与计划达到完全的一致，绝对是军事史上的一个奇迹。

23 日，当合围成功的消息传来时，斯大林渴盼已久的一场胜利终于变成了现实。而这次反攻行动的大获全胜，不仅会让长期困守在斯大林格勒地区的苏军转危为安，还会减轻苏军在其他战线上的巨大压力。更重要的是，在经过了这一役的成功后，长期压抑在苏军心头的那种焦虑不安的感觉开始渐渐消失了。现在轮到德国人尝尝被包围的滋味了，也终于到了该去乘胜追击、扩大战果的关键时刻。此时，正在西南方面军指挥作战的华西列夫斯基，一方面为苏军进攻的顺利开展踌躇满志，另一方面则在策划着下一步的作战方案。

就在 23 日的晚上，他在听取了 3 个方面军司令员的意见后，通过电话向最高统帅汇报了斯大林格勒地域内的德军防线已经全面溃散的结果。为了防止希特勒在稳住阵脚后再派重兵救援被围困的德第 6 集团军，所以他的建议是早打、快打、速战速决地打，要赶在敌人援兵到来前消灭被围困的德军。

而电话另一端的斯大林在基本赞同华西列夫斯基的这一判断的同时，又提醒自己的这位下属一定要保持头脑冷静，除了充分利用有利形势扩大战果外，还要组织沃罗涅日方面军和西南方面军在顿河中游发动一次切实有效的进攻，不让德军有任何的喘息机会。

经过一番长时间的讨论，两人在电话中基本确定了苏军下一步的作战计划将兵分两路进行。其中一路主要由斯大林格勒方面军和顿河方面军承担，任务是彻底围歼被围困的德军，而另一路则负责筹备"土星"行动，也就是由西南方面军和沃罗涅日方面军从南面以及西面向意大利第 8 集团军和德国"霍利特"战役集群发起进攻，而后再向罗斯托夫进军。这次战役预计将会紧随着"指环"行动之后，在 12 月中旬的时候全面展开。

时隔一天之后的 24 日午夜，华西列夫斯基向西南方面军、顿河方面军、斯大林格勒方面军发出了进行"指环"作战行动的动员令。几个小时后，在被围困的德第 6 集团军的四面八方，突然升起了代表着进攻寓意的红色信号弹。霎时间，随着震耳欲聋的炮声在顿河和斯大林格勒南郊响起，斯大林格勒保卫战终于掀开了它最为辉煌的篇章。

此时的第 6 集团军司令部内，正站在一幅巨大的军事地图前的保卢斯，满脑子都是乱七八糟的念头。苏联人终于开始动手了！尽管对这一刻的到来他早有预料，也明白一场血战甚至是生死之战即将展开，但他就是不知道此时的自己究竟该做些什么。

现在的第 6 集团军几十万人，就如同一只刺猬一样竖起了全部的刺。在方圆 1500 平方公里的地盘内，被团团包围的他们在东西长 70～80 公里、南北宽 30～40 公里的范围内修筑了大量的工事，明碉、暗堡甚至形成了一道密集的火力网。为了进一步确保有有效的阻击苏军，他们甚至还在阵地前沿设置了用以阻挡坦克的桩寨、障碍物以及大片的雷区。直到完成了这些防御工事后，保卢斯才稍稍感到一丝的安心。随后，他还不忘叮嘱施密特立即下令各部队要坚守阵地，任何惊慌失措者都将按照军法严惩。

事实上，从 11 月 24 日直至 30 日的这一周内，因为战斗进行得异常激烈，所以苏军的攻势并未如预期中的那样顺利。或许是预感到无路可退，所以被包围的第 6 集团军有种誓死也要守住阵地的架势。他们倚仗着阵地上的有利地形，拼死阻挡着敌人如潮水般涌来的进攻。这给急于求成的苏军造成了极为惨重的损失，一拨又一拨的苏军倒在了阵地之上。

从那尔佐夫卡往奥尔洛夫卡突击的苏军第66集团军，本打算与第62集团军会师，但由于受到了德军第16、第24坦克师的顽强阻击，所以没能达到预期的目标。与他们有着相同遭遇的还有斯大林格勒方面军。相比之下，倒是顿河方面军的第65集团军的情况稍好一些。他们从韦尔佳奇、佩斯科尔特卡发起进攻后，尽管也曾遇到德军的殊死抵抗，但是在他们的炮火轰炸下，敌军的阵地终于还是被彻底摧垮了。这样一来，要解决战场上已经出现的这些难题，就必须取得突破性的进展。而眼下的焦点，就集中在保卢斯的第6集团军身上了。

久攻不下的局面，让华西列夫斯基有如烈火攻心般备受煎熬。德军的疯狂抵抗，大大出乎了苏军大本营的预料。原先判断被围困的德军不过八九万人，可现在看来却远不止这个数目。这使得苏军越是向内挤压，遭遇到的德军反抗就会越是强烈。如今已经被迫龟缩在一块狭小地带内的德国人，就像摊开的手掌握成了一个拳头，既切不开，也割不断，最终形成的竟是一种本不该出现的胶着状态。几天以来，敌人的阵地是缩小了一些，但苏军的损失也非常惨重。不能一口吃掉对手，又不甘心这么拖下去，这该如何是好呢？

华西列夫斯基的进退两难，也让远在莫斯科的斯大林感到焦虑不安。为了改变眼前的不利局势，他在12月4日给华西列夫斯基发来了一份急电，其中明确要求对方尽快把叶廖缅科和罗科索夫斯基也拉进这场行动的行列内，不要再单独继续下面的战斗了。

华西列夫斯基接受了最高统帅的这一批评，但他同时还是认为以目前苏军的兵力投入还不足以一举消灭被围困的敌军。如果一直都在筹备当中的"土星"战役早日打响的话，那么或许就会把保卢斯军团彻底推入灭亡的深渊。因为按照这个在11月底就已形成初步方案的行动计划来看，一旦西南方面军和沃罗涅日方面军能够沉重打击分布在顿河中游的意大利第8集团军和奇尔河及托尔莫辛一带的德军"霍利特"战役集群，而后再向罗斯托夫发动总攻的话，那么情况一定会比现在要好上很多。

当时间到了12月上旬的时候，由于围歼保卢斯一部的作战行动依然进展缓慢，华西列夫斯基不得已改变了原来的作战计划——组建由波波夫中将指挥的第5突击集团军，分两个阶段去歼灭被围困的德军。其中第一阶段由顿河方面军在罗索什卡河、沃罗波诺沃歼灭敌军的西部和南部集群，而第二阶段则由顿河方面军和斯大林格勒方面军发起总攻，歼灭斯大林格勒西面和西北面的敌军主力。整个战役预计在12月18日开始。

虽然斯大林在12月11日零时20分的时候批准了经过修改后的"指环"计划，然而仅仅过了30小时后，这一作战计划却不得不被推迟了。因为就在这个千钧一发之际，曼施坦因指挥下的德军霍特集群突然在科捷利尼科沃一带发起了猛烈的进攻。

早在 12 月初，已经有越来越多的迹象表明希特勒打算派兵救援被围困当中的第 6 集团军。苏军的情报部门也获悉德国人组建了新的集团军群，并且从该集团军群的名称（顿河）上就察觉到希特勒此举的目的所在。再加上此时苏军对于保卢斯军团的进攻又出现了僵局，如果德军在这个当口形成了里外夹击的态势，那么更加复杂的局面就很有可能出现。在世界军事史上，这种由胜转败的战例并不少见。一场意想不到的大雨让拿破仑惨败于滑铁卢。而抢先渡过普比肯河的壮举则让原本处在绝境中的恺撒军团大获全胜。这样的事例，斯大林知道很多，所以他是绝对不会允许类似的事情发生在自己的身上的。

更何况，希特勒这一次是真的准备破釜沉舟、背水一战了。因为他亮出的是整个第三帝国的最后一张王牌——德军中最精通兵家韬略的曼施坦因元帅。所以包括斯大林在内的所有苏军高级将领都不敢有丝毫的怠慢。他们甚至不惜推迟"土星"和"指环"作战计划，以便于集中力量先击退这股前来救援的强敌。可眼下的问题就是，曼施坦因会选择哪里作为进攻的突破口呢？面对地图，斯大林和华西列夫斯基一致认为下奇尔斯卡亚一带是最为可能的。那里距离被围困的保卢斯军团只有区区 40 公里之遥。出于这样的考虑，他们把 15 个师的重兵布置在了这一带，而在顿河东南的科捷利尼科沃却只设置了 5 个师的单薄兵力。

属于斯大林格勒方面军防区内的科捷利尼科沃，确实没有成为斯大林重点考虑的防御区域。这让负责该地区作战部署指挥的司令员叶廖缅科上将的心情变得轻松了许多。当然，随着斯大林格勒的解困，现在的他在苏军反攻行动中反倒成了配角，这让自认为韬略在胸的叶廖缅科不免有一些失落感。尤其是在反攻的最初几天内，相比于西南方面军和顿河方面军的进展神速、战果辉煌，他的部队就要逊色很多了。而在此次阻击曼施坦因的行动计划中，他的部队却处在整个前线中最为平静的科捷利尼科沃，这样的安排对于一心为国尽忠的他来说，确实有点大材小用的意思了。

然而，时间一进入 12 月份，叶廖缅科上将渐渐发觉问题有一些不对头。德军部队在科捷利尼科沃一线上的调动十分频繁。这让他的脑子里突然闪过一个念头：一旦德军的攻势从这里开始的话，又会发生什么情况呢？可是这个想法只是一闪而过，因为他知道这里距离被围困的德军相距 120 公里之遥，如果曼施坦因真的从这里进攻，那么这对于救援的目标来说实在是鞭长莫及的事情。何况战役只要打响，最高统帅部就会很快派兵赶来增援的。

在接下来的几天内，最新的情况进展又一次让叶廖缅科变得不安起来。因为从战场上的形势来分析，下奇尔斯卡亚一带现在已经成为双方注目的焦点，德国"霍利特"战役集群也越来越多地受到了苏军重兵的牵制。如果敌人再从那一带进攻的

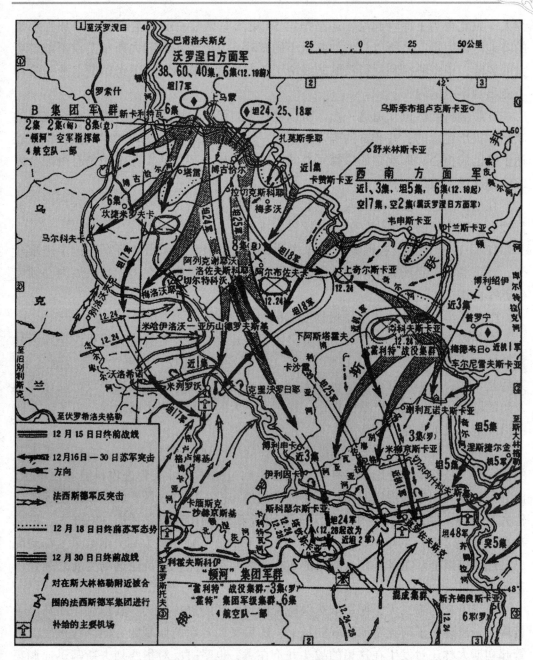

顿河中游进攻战役示意图 （1942 年 12 月 16—30 日）

话，就失去了战争中最难得的突然性因素，而如果选择在科捷利尼科沃发动进攻的话，却能收到出其不意的绝佳效果。想到这里，他赶紧和华西列夫斯基取得了联系，将自己的忧虑和不安告知给了对方。

叶廖缅科的担心也让华西列夫斯基陷入了难以取舍的困惑当中。权衡之下，两个人一致觉得为了保险起见，还是把第 51 集团军调往科捷利尼科沃，以加强那里的阵地防御力量。之所以只做如此微小的调动，是因为华西列夫斯基实在不敢冒更大的风险，毕竟科捷利尼科沃的防线垮了还有补救措施，而在下奇尔斯卡亚一带却不能出现半点的闪失。

叶廖缅科当然也知道这一点。所以他强调自己只是因为看到防线存在着这样的缺陷才提出建议的，并非真的确定德军就一定会在这一带发动攻势。当然，他也表达了自己的担心，那就是如果德军真的在这里冲破合围的话，苏军还是有可能会因此输掉这场会战的胜利。

在他说出这一番话的时候，他和华西列夫斯基都只是把它当作一句玩笑话，谁都没有想到事情的结果恰好就是被这样安排和加以设计的。

12 月 12 日凌晨，顿河集团军群总司令曼施坦因元帅向霍特将军下达了进攻命令，要求沿季霍烈茨克至斯大林格勒铁路成一狭窄地段实施突击，且一周内必须突破苏军合围。

酝酿了半个多月的"冬季风暴"，就这样打响了。

在一阵猛烈的炮火轰炸后，霍特集团军群开始对坚守着科捷利尼科沃至斯大林格勒铁路线的苏军第 302 步兵师以及第 126 师发起了猛攻。坦克从三面围逼过来，其后是步兵，空中还有德军战机作为掩护，一场立体化、全方位的进攻行动让猝不及防的苏军受到了极其严重的损伤。仅用了一天的时间，德军就全线突破了苏军的前沿阵地，进抵阿克赛河南岸。

当德军进攻开始后，身为前线总参谋长的华西列夫斯基上将确实有种措手不及的慌乱感。虽然他和叶廖缅科在事前也曾想到过德军有可能会进攻科捷利尼科沃，但等到事情真的变为现实时，德军在进攻规模和投入兵力数量上的巨大程度还是让他大吃一惊。镇守在科捷利尼科沃一带的苏第 51 集团军总共才有 34000 人、坦克 77 辆、火炮 147 门的单薄兵力，而他们面对着的德军则在兵力和火炮数量上都要高出自己 1 倍以上。尤其是投入战斗的 500 多辆德军坦克，更是让这场生死之战显得毫无悬念可言。

再接下来的第二天，德军依然保持着极其凶猛的进攻势头。其坦克军团甚至于黄昏时分出现在了阿克赛河的登陆场上，随后又朝着库姆斯基的方向继续进发。尽管起初斯大林还对发生在这里的战斗并不在意，也坚决反对华西列夫斯基迅速调集第 2 近卫集团军前往增援的建议，但是当他在第二天发现方面军确实已经到了山穷水尽的地步，再不增援有可能导致苏军包围圈被全线突破的巨大危机后，终于在 14 日晚 10 点 30 分下达了调集第 2 近卫集团军前往增援的指示，同时暂缓实施原定的"指环"作战计划。由于增援部队赶到科捷利尼科沃还需要 4 到 5 天的路程，所以斯大林要求叶廖缅科必须拿出守卫斯大林格勒的劲头，不管付出什么样的代价，都要在援兵到来前顶住德军的疯狂攻势。

同一时刻，在腊斯登堡的大本营内，希特勒也在等待着战局进展的最新消息。

在这些天内，"狼穴"里的希特勒经历了一次从悲到喜再到忧的情绪转换。就在"冬季风暴"展开行动前的那个晚上，他还是为曼施坦因一部存在着兵力不足的问题而担忧。原先设想的两路救援行动，由于斯大林在奇尔河一带集结重兵拖住了"霍利特"战役集群而告吹。枪未打响就出现了两路突击变为一路独进的局面，这让希特勒有了一种不祥的预感。

好在数小时后陆军总参谋长蔡茨勒将军带来了一个好消息，发动攻势后的曼施坦因已经顺利抵达阿克赛河，这一结果也大大削弱了苏军的作战力量。虽然取得了阶段性的胜利，但蔡茨勒还是悲观地认为曼施坦因的进攻会在几天后停顿下来。毕竟这位功勋元帅可以调配的兵力实在是太少了，13 个师、9 万多人的这支支援军一旦遇上了苏军的援兵，后果是难以想象的。已经从胜利中找回自信心的希特勒对此却不以为意。他相信只要从欧洲抽调的援兵能够及时赶到，且意大利军队的防线也不出现重大的纰漏，那么这场战斗的胜算还是很大的。唯一让他放心不下的，就是顿河中游由意大利军团负责镇守的防线。因为那里的守军不仅力量单薄，还缺少纵深的防御设置，这样的状况确实让他备感忧虑。

从 12 月 14 日起，双方在上库姆斯基地域展开的战斗就进行得异常激烈。因为这里是由南向北通往斯大林格勒的咽喉，所以自然成了双方争夺的焦点。在这里迎战德军的是沃尔斯基将军指挥下的第 4 机械化军团。而发生在这里的整整 3 天的殊死一战，也被后来的德国历史学家称为"第二次世界大战坦克会战中规模最大和最激烈的一次"。

尽管现在已经很难具体描述出当时的这次坦克大会战的情景，但可以想象的是，那一定会是一场响声震天、惨绝人寰的抵死相拼。抛开那些细节不说，其最终的结果就是德军在 16 日占领了这一地区。随后，德第 16 坦克师又立即向梅什科瓦河一带发起了冲击。而这时他们离被围困的保卢斯军团已经只剩下 48 公里的距离了。一旦霍特的装甲车队冲开了一条血路，其身后运载着 3000 吨军需物资的车队就会全速驶入斯大林格勒。届时得到给养后的第 6 集团军也将冲出重围，直至消失在顿河茫茫的草原上。

形势再一次到了千钧一发的时刻。

也就是在这个时候，依旧掌握着战局主动权的斯大林突然采取了一个全新的策略，转眼间就让曼施坦因连日来的努力全部付于东流了——就在霍特军团长驱直入的关键时刻，斯大林却突然决定动用重兵去攻打顿河中游的意大利军队，进而威胁到霍特军团的整个后方。这是他在 13 日夜间临时修改"土星"作战计划的结果。这一先行击溃意大利军团，然后再截断曼施坦因一部后路的作战计划，直接让德国人的最后一线希望变得灰飞烟灭了。

按照这一代号为"小土星"的作战计划，苏第 6 集团军和第 1 近卫集团军从 16 日起向顿河桥头两侧 48 公里长的意大利第 8 军团发起了攻击。在将近 500 辆苏制 T-34 坦克的冲击下，惊慌失措的意大利人几乎未做什么真正的抵抗就全线溃败下去了。这使得苏军的进攻像一个巨大的楔子般牢牢地插进了德军的后方。在沃罗涅日以及下奇尔斯卡亚等地区，德军的阵地被一个接一个地占领。随着他们在顿河和奇尔河上长达 340 公里的阵线全部沦陷后，苏西南方面军向前推进了近 200 公里的距离。为止住颓势，德国人不得不调动第 48 装甲军去堵住这一缺口，而原定让该军团协同霍特一部进攻斯大林格勒的计划也只能就此作罢。

实践证明，"小土星"计划的实施不仅击溃了意大利军团，而且实现了对于德顿河集团军群左翼纵深的成功包围。由于这一突发变故，曼施坦因不得不重新修改作战计划，并要求保卢斯军团必须在霍特部队在外围发起冲锋时予以必要的配合，否则解围将不可能成功。

可是这样的指令对于早已因为给养匮乏而举步维艰的保卢斯军团来说，简直就是痴人说梦。作为第 6 集团军的最高指挥官，他在 19 日收到这一指令后马上就向曼施坦因提出了异议。虽说后者完全理解保卢斯此时面临着的困境，但是根据目前的局势考虑，保卢斯军团是必须采取行动的，同时希特勒又明确要求不能放弃斯大林格勒，所以只能在遵照元首指令的前提下尽量求得自保。这就造成了如今这种"一边突围、一边坚守"的可笑决定。

在呈报给元首大本营的报告中，曼施坦因特意指出由于目前的形势确实严峻，所以应该考虑让第 6 集团军尽快实现突破，这样还有可能保存其基本兵力。

可是正如往常出现过的情况一样，希特勒的既定目标还是远远超出了战地指挥官们的想象。按照希特勒的计划，不仅要求曼施坦因要用这点可怜的兵力去成功解救保卢斯，而且还要求保卢斯继续坚守斯大林格勒地域，直至来年春天作为新一轮攻势的桥头堡。

希特勒的这种异想天开般的计划，注定了曼施坦因的救援行动会最终落得个毫无意义的结果。在救援行动最初展开的时候，曼施坦因还以为只要可以从科捷利尼科沃迅捷地插入苏军腹地，其他问题是可以暂时不予考虑的。但是随着苏军击垮了意大利军团并使霍特一部的后方受到严重威胁后，"冬季风暴"行动终于走到了必须做出最后抉择的生死关头。

在过去的几天里，身为斯大林格勒方面军司令员的叶廖缅科，一直都处在高度紧张和忙碌的状态当中。尽管 3 个月的斯大林格勒保卫战让他成了苏军高级将领中最擅长巷战的指挥官，但苦于手中兵力匮乏，他还是必须处处小心才能确保在援军到来前守住自己的阵地。

当付出了惨重代价后的德军终于在 17 日逼近了阿克赛和梅什科瓦河一带时，叶廖缅科做出了他极为高明的一个决定——及时将第 4 机械化军团顶了上去，以此拖住了急于求成的德国人。而时间对于眼下的德军来说无疑是至关重要的。当霍特指挥下的部队不顾一切地向梅什科瓦河一带挺进时，这位德军将领怎么也不会料到，就在那片一望无垠的茫茫雪地里，正有一支苏联人的机械化部队在溪谷沟壑中严阵以待。当行进间的德军遭到了苏军的迎头痛击后，霍特立刻下令部队扩散成战斗队形，随即向苏军发起了潮水般汹涌的冲击。

在经过了 3 个昼夜的连番恶战后，依旧坚守着阵地的苏军终于等到了援兵的到来。当第 2 近卫集团军在 19 日黄昏赶到这里时，最难熬的这 3 天总算是有了结果。

与此同时，尽管已经觉察到了战场形势的逆转，但曼施坦因还是没有放弃救援计划。他一方面敦促元首尽快做出同意第 6 集团军突围的决定，一方面命令霍特一部继续坚持进攻。

然而，这样的指令对于霍特军团来说，也已经没有多大的意义可言了。在突进到梅科什瓦河沿岸之后，尽管距离被围困的保卢斯军团只剩下区区 40 公里的路程，可是此时的德军已经出现了相当严重的伤亡情况。随着苏第 2 近卫集团军的到来，早已耗尽了全部力量的霍特军团突然出现了近乎崩溃的迹象，再也无法向前跨越一步了。尤其是在苏西南方面军击垮了意大利军团的消息传来后，这些精疲力竭的德国人突然得知自己的后路已经被苏军切断，由此带来的恐慌情绪也随即在整个部队中蔓延开来。

虽然希特勒在这时终于同意了保卢斯军团向西南突围的建议（条件依旧是不准放弃斯大林格勒已有的阵地），但是在保卢斯电告曼施坦因的时候，已经表示此时的第 6 集团军由于极度缺乏给养而只能选择待在包围圈里了。面对着这样的困局，纵是曼施坦因也已回天乏术，不得不痛苦地面对着一个残酷的现实，那就是曾被整个第三帝国给予厚望的"冬季风暴"行动，到这里已经被迫宣告终结了。

接下来的战局发展中，终于轮到第 2 近卫集团军大放异彩的时刻了。

在重创了曼施坦因的援救行动后，身为苏第 2 近卫集团军司令的罗季翁·雅科夫列维奇·马利诺夫斯基中将很快就接到了来自总参谋部的指令，要求在随后的 24 日对曼施坦因指挥下的顿河集团军群发动反攻行动。在叶廖缅科与马利诺夫斯基面谈的时候，这位斯大林格勒方面军的司令官是这样说的："在科捷利尼科沃方向，形势已朝着对我有利的方向发展。友军在顿河中游给了意大利人狠狠的一击，曼施坦因已经快沉不住气了。"

为了彻底击败德军阵营中最具名望和传奇色彩的这位功勋元帅，马利诺夫斯基不敢有丝毫的怠慢。根据最高统帅部的要求，他很快就制定出了新一轮的作战计划，那就是分两个阶段在科捷利尼科沃方向进行一次围歼霍特集团的焦点战役。其中第一个阶段是将德军挤压到阿克赛河沿岸一带，在消灭德军第17、第23坦克师的基础上顺利渡河；而第二个阶段则是从右面突击科捷利尼科沃，同时从西面和西南面将科捷利尼科沃一带的德军全部围歼。

就在马利诺夫斯基积极筹备着下一步的作战计划的同时，曼施坦因却还在三番五次地与保卢斯联系，并要求后者尽快向西南突围，甚至还专门派遣集团军群情报处长艾斯曼少校飞临包围圈内与保卢斯磋商。直到这个时候，他还在期待着奇迹的发生。

作为曼施坦因的全权代表，艾斯曼少校向保卢斯、施密特通报了突围计划，并建议缺乏信心的保卢斯一定不要放弃努力，可以试试利

罗季翁·雅科夫列维奇·马利诺夫斯基

用高炮平射的方式掩护整个突围行动，用人把高炮拖过草原，弹药也用人扛。但施密特担心此举可能会让德军重蹈当年拿破仑惨败的覆辙。至于已经无计可施的保卢斯，就更是认为突围是一次风险巨大的豪赌。成功了固然能够让第6集团军获救，但如果军队陷在半途之中，而已经无力前行的霍特军团又不能够及时予以救援的话，那么第6集团军必定会彻底掉进灭亡的深渊。相比之下，倒不如继续坚守在已经布置妥当的阵地内，等待更好的时机再作打算。

当苏联人的第2近卫集团军再一次发起攻势时，劝说保卢斯无果的曼施坦因断定第6集团军已经为自己的灭亡挖好了墓穴，这是一支再没有任何救援意义的无为之师。在苏军的强大攻势面前，德军的防线出现了全线溃退的局面。幸亏德国人的"容克"飞机向苏军阵地上投掷了大量的炸弹，才使得急于逃命的德军在其空中掩护下没有出现更加严重的伤亡情况。在后撤的过程中，他们一路上烧毁了阿克赛河上的各种桥梁，并在浅滩和岸边铺设了足够多的地雷，终于确保主力部队能够安全地向科捷利尼科沃地域靠拢。

在这些败军之将中，霍特无疑是其中最不甘心就此撤退的一个。在接到撤退命令的当天，一心想要冲进合围圈挽救第6集团军的他就曾向曼施坦因提出异议。而在从上库姆斯克、梅什科瓦河一带撤离的时候，他的内心也满是受挫后的一种强烈的耻辱感。当初曼施坦因召集他赶来为保卢斯军团解围的时候，二话没说的他一路上冲锋陷阵，心里只想着无论如何都要把重围中的战友解救出来。结果他费尽了所有的努力，却还是功亏一篑。他觉得这是军人的莫大耻辱。更何况为了这次解围行动，他的军团已经损失了近万名士兵，这让他感到回去后都没法向那些阵亡士兵的

亲属交代。与其这样，还不如战死沙场来得痛快。然而随着前线上的德军已经出现溃退的情况，战况的发展让他终于意识到再不撤退的话就真的要面临着全军覆没的结果了。所以即便再咽不下这口气，他也已经别无选择。

事实上，马利诺夫斯基发动的这次进攻，只不过是一场更大规模的攻势的前奏而已。当进攻进展到第四天的时候，第2近卫集团军第7坦克军已经从北面进逼科捷利尼科沃城了。在稍后的28日，随着苏军又占领了那里的一处机场，大势已去的德军终于弃城而去，连带着霍特军团的残部也向罗斯托夫地区撤去。在科捷利尼科沃被顺利攻克后，马利诺夫斯基又转换方向朝着被孤立在托尔莫辛地区的德军猛扑而去。那里一直是德军的重要基地，不仅供应着奇尔斯卡亚地区内德军的粮食和弹药，也直接威胁着苏军的交通补给线，尤其是它距离被围困的保卢斯军团只有40多公里的路程。在过去的交战过程中，双方在这一带都集结了大量的兵力，战斗也始终处在胶着的状态中。可如今科捷利尼科沃失守后，这里的德军已经处在三面被围的困境当中，随时都有被苏军吃掉的危险。

12月30日，决定性的时刻终于到了。第2近卫集团军在炮火的掩护下，对这里的德军发起了最后的进攻。在成千上万苏联士兵喊出的"乌拉"声中，苏军的攻势一拨又一拨地开始了。一时间，枪炮齐鸣，杀声震天。已经无力做出任何反抗的德军或是被击毙，或是乖乖举起双手投降。托尔莫辛在这一年的最后时刻里终于被苏军成功夺回。

远在莫斯科的斯大林，在这个辞旧迎新的夜晚也兴奋异常。先是曼施坦因的解围企图全面破产，接着是罗马尼亚第4集团军的全部被歼，再接下来是霍特指挥下的第4坦克集团军的惨遭重创……当顿河集团军群残部逃至马奇河沿岸的时候，此时的德国人已经离斯大林格勒越来越远。而进展得如此顺利的战局，刚好为围歼保卢斯军团提供了最佳的时机。

全新的1943年马上就要来临了。在这样的一个时刻里，满心喜悦的斯大林望着窗外的夜色，心中充满了对于未来的期待。在他看来，这真是一个再美妙不过的夜晚了。

十一、德军最后的挣扎

1942年12月31日午夜，在此刻的"狼穴"暗室内，阿道夫·希特勒正在党务秘书马丁·鲍曼的陪同下，等候着新一年的到来。

整个暗堡里，弥漫着死一般的寂静。没有鲜花、没有香槟，甚至没有了往年的喧闹。在这个辞旧迎新之日，很多将军都已悄悄离开了"狼穴"，返回家乡团聚去了。也有人在几天前提议应该举行一次小规模的迎新茶话会，但却被希特勒摇头婉拒了。在东线濒临崩溃的局势下，他根本没有这个雅兴。

晚饭后，希特勒把自己关在一间密室里。除了忠实的马丁·鲍曼，只有那条叫"贝尔"的法国名犬趴在他的脚旁。在此后的几个小时内，希特勒始终保持着同一个姿势坐在那里，那张茫然的、毫无表情的脸上，只有一双眼睛会偶尔眨上一下，证明这个人还在活着。

几天前的 12 月 27 日，希特勒召开了一次军事会议。戈林在会上为空运的失败百般辩解，曼施坦因则发来电报指责意大利人的溃退导致了"冬季风暴"行动的被迫夭折。至于那个讨厌的蔡茨勒将军，依旧还在没完没了地主张撤军。

而一直坐在会议室内沉默不语的希特勒，此时却失去了往日的飞扬跋扈。即便蔡茨勒已经把矛头从斯大林格勒转向了高加索，甚至说出了"再不撤军就会出现第二个斯大林格勒"这样刺耳的理论，希特勒也完全没有表示出强烈的反感。在蔡茨勒的一再催促下，他在又沉默了半天后才说出了一句话："好吧，你想怎么干就怎么干吧！"

此时此刻，昏暗的灯光把希特勒佝偻的身躯投射在墙上。随着天一点点地亮起来，疲惫的马丁·鲍曼早就趴在桌上睡去了，脚下的"贝尔"则变得烦躁不安。它在室内待得太久了，看来真的很想去户外活动一下。而希特勒呢？却依旧坐在那里纹丝不动。头痛以及眩晕症的老毛病正深深地困扰着他，可他现在显然对此不以为然，因为他眼下还有更重要的事情要做。在经过一整夜的冥思苦想后，他终于拿定了主意：眼下最要紧的是给保卢斯鼓劲和打气。

在古姆拉克的德第 6 集团军司令部内，六神无主的保卢斯正在办公室不停地走来走去。此刻的他就像是一只被关在笼子里的猛兽，昔日矜持自信、坚定沉着的风度早已荡然无存。

从 7 月中旬攻打斯大林格勒以来，至今才不过半年的光景，可是他和他的军团却沦落到如此可怜的下场，这是他无论如何也不会想到的结果。当初他挥师攻城之际，哪曾想到斯大林格勒会是如此可怕的一个大陷阱，几十万的兵马竟然就这么消失在那些残破不全的建筑物和废墟瓦砾之中了。等到进入 10 月以后，已呈疲惫之态的部队连最起码的一支预备队都被抽调一空，却还利令智昏地一再攻城，结果给了苏军可乘之机来反咬一口。这就使得本部将士在敌人于 11 月中旬展开的反攻中延误了更多的战机，直至最终落到了今天的地步。至于被迫坚守在斯大林格勒之后的事情，不论是修建工事还是用兵部署上，保卢斯自认为并未出现任何的差池，错就错在不该轻信戈林的保证，说什么一天最低限度能够供应 500 吨的物资给养，这样的承诺在事实面前简直就是一个天大的玩笑。随着苏军包围圈的越缩越小，德国飞机到斯大林格勒的飞行距离也变得越来越远。一旦运送给养的飞行彻底停止，也就意味着第6集团军的灭亡之日即将到来了。果真如此的话，又该怎么办呢？已经看不到任何出路的他，此时真的追悔莫及。早知道会有今天的这步田地，还不如当初听从了曼施坦因的突围建议呢。不过这样的事情，谁又能够说得准呢？关于突围的事情，他也不是没想过。可部队眼下缺少燃料、弹药和粮食，坦克也只够行驶几十公里，凭着这样的资本想要冲出苏军的包围圈，还要在茫茫草原上行军100多公里才能到达顿河，这无异于只是加速自己的灭亡而已。就是真的突围成功了，由于违背了元首的命令，到时候一样是难逃被撤职查办的结局。

这样看来，失败无疑已是成为定局的事情了。

正当保卢斯浮想联翩之际，施密特脸色铁青地走了进来，手里拿着一张纸。

保卢斯接过一看，不由得倒吸了一口凉气。隔了半晌后，他才回过神来，吩咐施密特马上通知各军的军长到总部开会。

作为第51步兵军第79师下辖的工兵营营长的韦尔茨，在听说各军军长被紧急召去开会的消息时，就立刻猜到这次的会议一定关系重大，说不定还与早晨苏军飞机散发的传单有关。

这又是怎么回事呢？

原来就在当天的清晨，忍着饥饿去查哨的韦尔茨上尉突然发现空中有苏军的飞机出没，于是立刻就地卧倒。可是飞机却在转了几圈后飞走了。正当他感到这件事十分蹊跷的时候，却又发现空中飘下了无数张各种颜色的纸片。他拾起一张落在脚边的纸片后才明白原来这些东西是苏军发放的传单，上面写着告知全体德军的最后通牒。他先是惊恐地看了看四周，在确定没人看到自己的举止后，才赶紧把那张传单塞进了怀里。

就在韦尔茨率领的工兵营在10月初被调往斯大林格勒攻打"红十月"厂时，他还是一个趾高气扬、盛气凌人的纳粹分子。作为希特勒最喜欢的那一类有着坚定意志的帝国军人，即便是在进攻受挫后，他也依旧对最终的胜利充满了信心。直到被苏军团团包围了几周后，他才第一次意识到局势的严重性。可是凭着一股子坚信元首一定会派来援军拯救自己的信念，他还是照常指挥士兵修筑工事，并期待着德军能够"变形式上的失败为辉煌的胜利"。

此后，在经历了曼施坦因及其"冬季风暴"带来的情绪上从喜到悲的大起大落后，韦尔茨终于也和其他的德军战士一样，开始变得越来越没斗志，越来越消沉下去。当听说集团军的主要基地塔钦斯卡亚也被苏军攻陷后，他终于预感到失败已经不可避免了。由于长时间与外界断绝了联系，各个分队的弹药和粮食补给实际上已经停止了供应，在每人每天只能领到100克面包片的情况下，饿得眼冒金星的士兵们已经沦落到杀马、杀狗、捉猫以及吃树皮草根的程度了。凡是能够产生热量的东西，现在似乎都成了宝贝，都成了能往肚子里塞的食物。可即便如此，还是不能够解决饥饿的问题，身边的每个人似乎都要被饿死了。

每天夜里，韦尔茨和士兵们都会一起围坐在土屋内。一听到空中有飞机的引擎声出现，就马上猜想着这一回能有多少食物送到这里。大家都想饱饱地吃上一顿，可每次这样的希望都最终落了空，连一次意外的惊喜都没出现过。

就在圣诞节的那一天，营里的士兵一早就盼望着能够在这个特别的日子里得到一些食物作为圣诞礼物。到了黄昏时，门口真的有人喊着"快来呀，元首送圣诞礼物来了"，可是就在所有人满怀希望地打开箱子的时候，却发现那根本不是什么能充饥的东西，只是一张张的贺卡而已。要是搁在以往的时候，能够拿到有元首亲笔签名的精致贺卡，无疑会是一件惊喜的事情，可是在眼下的这种情况下，大家却对这东西一点兴致都没有。晚上躺在屋子角落里的时候，很多又冷又饿的士兵都把这些没用的贺卡撕成了碎片。

近乎同样的感触，几乎在身处斯大林格勒的每个德国人的身上都出现过。因为要从德国返回前线而搭乘过一次给养运输飞机的第14坦克军军长胡贝中将，就曾在斯大林格勒以西的皮特姆尼克机场亲身经历了一些让他感到格外触目惊心的事情。

当时，他运送的物资给养刚刚到达皮特姆尼克，马上就有众多士兵像闻到了血腥味的苍蝇一样拥了上来。大家争抢着卸下各种物资，还有一些重伤员表情激动地待在一边，因为很快这些伤员就可以搭乘飞机被优先送回国内了。当然，对于胡贝来说，要不是因为有军务在身，他也真想找个理由或是机会留在柏林，再也不必回到这个人间地狱般的地方。

尽管机场上人来人往，可胡贝却没有找到一辆能够搭载他返回司令部的车。他知道这是保卢斯在近日下达的一道命令的结果：所有燃料全部归集团军参谋长施密特将军管理。这样一来，不仅士兵的打火机无法再点燃了，就连将军们的汽车用油也没了保障。

无奈之下，胡贝只好选择搭一辆邮车回去。开车的司机是一个年龄在20岁左右的上士。当汽车在高低不平的道路上飞驰而过的时候，空中还不时有炮弹呼啸而过以及落地爆炸的声音传来。可汽车丝毫没有因此而减速，看来这位上士对这一切已经是司空见惯了。

就在驶过一个交叉路口的时候，车子却突然停了下来。那位上士甚至连招呼都来不及打上一个，就跳下车朝着路边的一群人跑过去了。这让胡贝有种措手不及的感觉。等到他定过神来细细察看的时候，才发现人群中躺着一匹已经倒毙的马，而周围的人正用军刀、匕首在死马的身上割下一块块血淋淋的肉。由于冬季的气候着实寒冷，所以这匹死掉的马显然已经冻得有些僵硬了。但这些人还是不嫌费力地割下一块块肉，然后用铁丝串起来熟练地在篝火上烧烤着。挤进人群的上士也和大家做着一样的事情，这时他好像突然想起了车上还坐着一位将军，就大声招呼胡贝赶快下车来一起聚餐。

不难看出这些士兵显然是饿坏了。已经有几天没有好好进食的他们，还没等篝火上的冻马肉完全烤熟，就一个个把半生不熟的冻肉塞进嘴里狼吞虎咽地大嚼起来。那样子就像是在吃着什么山珍海味一样。这样的情景让胡贝觉得一阵恶心。

生活在国内的人们是无论如何也不会想到战场上的德军竟然会吃着这种血淋淋的冻马肉。这似乎只有在远古的蛮荒时代，人类的祖先们才会这样茹毛饮血吧？想到这里，胡贝突然从心里感到一阵由衷的悲哀。如果不是战局被逼到了这个地步，谁又能指望着这些忍冻挨饿的士兵去打仗呢？然而，元首的命令是绝对不能违抗的。包括胡贝本人，也是因为带着元首的嘱托才不得已回到这里来的。

那位上士在大嚼了一顿马肉后，总算心满意足地回到了车上。饱食之后的他似乎情绪也变得高涨起来，甚至还一边开车一边哼着小调。看着一脸困惑表情的胡贝，他甚至毫不隐讳地表示要是天天都能有这么一餐马肉吃，那么就算让他在包围圈里再待上几年，他也不会有什么情绪。这样的一番话让胡贝实在是无言以对，只能默默地看着车外。

就在胡贝终于心思重重地走进第6集团军指挥所的时候，参谋长施密特将军正在集合各位高级将领议论着苏军散发的最后通牒。胡贝拿出了元首的最新指示后，保卢斯随即向所有与会者宣读起希特勒关于如何解救被围困的第6集团军的新一轮部署。

不管文件中说到的那些安排能否最终变为现实，但它在眼下的作用却是十分明显的。已经变得绝望的保卢斯等人，又像是一群垂死的病人被注射了一剂强心针一样，一个个又重新振作了起来，纷纷表示要战斗到底，直至最后一人，绝不投降。

十二、苏军摧枯拉朽

1月10日晨，离最后的总攻还有一个小时的时间。

在第65集团军的指挥部内，最高统帅部代表沃罗诺夫上将、顿河方面军司令罗科索夫斯基齐聚在这里。而担负此次主攻任务的第65集团军司令员巴托夫将军则变得十分激动。已经好几次低下头来看表的他，在这一刻竟然有种时间是不是已经凝固了的错觉。

罗科索夫斯基很能理解巴托夫这会儿的心情，因为即便是身经百战的自己，此时也一样是双眼紧盯作战图、两手心微微出汗地处于紧张状态中。几个人都想知道同一个问题的答案，那就是以马利诺夫斯基突击部作为主攻方向，以齐边科和叶尔

佐夫卡西南地区至戈罗季谢为两翼的这一次三箭齐发式的进攻行动，能不能一下子穿透德军的防御阵地。

为了在此次进攻中拥有十成的胜利把握，罗科索夫斯基特意为担负主力任务的第65集团军调派了25个加强炮团、8个近卫迫击炮团和4个重炮旅，从而保证大炮在部队突击的正面密度达到每公里338门，这在1942年的所有战场上是极其少有的。

当时间到达8时零5分，巴托夫电告所有参战部队正式发动攻势。霎时间，大地被数千门大炮雷鸣般的轰击震得发颤。炮击闪射汇成的橙红弹幕，在空中织成了一片蔚为壮观的奇景。而德军的前沿阵地也随之升起了遮天蔽日的浓烟，连太阳都显得灰蒙蒙的。

上午9时整，随着炮火向德军阵地的纵深延伸，田野间响起了成千上万人一起叫喊着的"乌拉"声。步兵们开始冲锋了。

在这一天结束的时候，第65集团军已经深深楔入敌军防御阵地接近5公里的距离，其他集团军也陆续突破了德国人的主要防御带。

在接下来的11日、12日两天，苏军继续扩大着胜利的战果。第65、第21集团军已向前挺进至罗索什卡河西岸和卡尔波夫卡一带。而在南部作战的第57、第64集团军虽然遭到了德军的疯狂反扑，但也陆续进抵了卡拉瓦特卡山谷和切尔夫连纳亚河南岸。至于此前德国人用于提供物资给养的皮特姆尼克机场，如今也已陷入苏军的围困当中。

这样一连串的沉重打击，已经让保卢斯的第6集团军彻底没有了任何的还手之力。尽管他们也曾经试图用自己的血肉之躯去阻挡滚滚而来的苏制坦克，但奇迹并没有发生。

12日午后，当保卢斯惊讶地得知苏军已经出现在皮特姆尼克机场附近的时候，预感情况不妙的他却根本派不出任何一支预备队前去增援。绝望之中的他只能向大本营请示下一步应该作何打算。可是从东普鲁士传来的答案却让他陷入更深的绝望当中。其中不仅对是否提供救援行动只字未提，反倒是一再催促第6集团军务必要保住齐边科、卡尔波夫卡、罗索什卡以及皮特姆尼克。读着这么一份毫无意义的荒谬电文，保卢斯甚至气得当场就破口大骂。但是在眼下这种情况下，不遵照元首的命令去行事，就等于自动放弃了生存下去的任何可能。万不得已，他只能下令部队要不惜一切代价死守阵地，并尽力夺回已经丢失的阵地。

可是，对于那些依然苦守在阵地前沿的德军将士来说，保卢斯这一命令其实和一纸空文没什么区别。除了继续丢掉一个接一个的阵地之外，此时的第6集团军已经没有任何事情能够做到了。全军覆灭的命运，似乎在一开始就已注定。

当然，苏军的进攻也不是没有遇到过德军的殊死抵抗。毕竟对于一群已经注定难逃一死的人来说，做出什么样的疯狂举动都是有可能的。

就在接下来的 1 月 13 日这一天，苏第 15 近卫师第 44 团在向切尔夫连纳亚河东岸的德军展开进攻时，就遭到了敌人的顽强阻击。这些已经无路可退的德国人，依据着岸边的陡峭地形，用密集的机枪扫射完全封锁了苏军的前进通道。

为了扫除这一障碍，第 2 营的奥西波夫中尉和别雷赫少尉身先士卒，抢在全排人之前把一捆手榴弹绑在了自己的腰上，然后匍匐着向敌人的火力点爬去。在全排战士机枪扫射的掩护下，他们利用河岸边的石块迅速前行到德军的 2 个火力点前沿，举起手榴弹就扔了过去。爆炸声响过后，敌军的机枪终于哑了下来，但两个人也全部中弹牺牲了。

就在苏军战士正要向前冲锋的时候，德军的第三个火力点又喷出了凶猛的火焰。千钧一发之际，机枪手谢尔久科夫又勇敢地冲上前去，用最快捷的速度投出了两捆手榴弹。但德国人的机枪架在两块巨石的凹洼处，所以并未因此被毁掉。眼看着机枪还在肆无忌惮地扫射着，可是身后急于前进的苏军战士却是越聚越多，真的不能再有任何的犹豫了，英勇的谢尔久科夫猛然起身扑向了敌人的机枪，硬是用自己身负重伤的身体堵住了正在吞噬更多战友生命的机枪眼。而苏军则趁此机会发起了潮水般的冲锋，终于彻底清除了前进道路上的障碍。

有了这么勇敢无畏、视死如归的勇士，苏军的胜利已经是毋庸置疑的必然结果了。在此后的战局进程中，他们又先后占领了大罗索什卡、巴布尔金和阿列克谢耶夫斯基一线，以及对于德军来说比命根子还要重要的皮特姆尼克机场。而溃败的德军在丢下大批被毁坏的大炮、坦克、汽车以及货物的同时，却在撤退的时候洗劫了很多的商店和住宅。因为他们实在是太饥饿了，任何一点能够吃下去的东西在他们看来都是和生命一样重要的宝贝。

为了唬住士兵们不要投降，保卢斯在此前的一份命令中曾经告诫全体士兵一旦停止抵抗，那么等待着他们的结局无外乎只有两种，一种是被敌人的子弹击毙，另一种就是在西伯利亚的俘虏营中可耻地饿死、冻死或是被折磨死。但是只要自己还能够继续抵抗下去，就等于是给自己争取了最后的一线机会，那是可以回到家乡去和亲人团聚的机会。所以，他要求全体将士务必要在严寒和饥饿中打尽自己的最后一颗子弹，坚持战斗到最后一刻。

然而，就在这些人为了执行司令官的指令而浴血奋战的时候，极具讽刺意味的一件事是，没过多久，这位堂堂的司令官却主动当了俘虏，根本没能做到他要求别人做到的事情。

其实，从苏军发起总攻的那一刻起，保卢斯就明白他和他的部队将要面临着怎样的结果了。在他看来，德军在夏季攻势中取得胜利的那些条件，无论是战略、战术或心理状态，还是从武装装备或气象条件上说，都已经不复存在了。尽管起初他还存着一丝侥幸的心理，期望着自己的部队能够尽量拖到来年 2 月元首派来援兵的时候，然而仅仅过了 7 天之后，随着苏军的进攻变得越来越猛烈，他的这一点点希望也彻底落了空。

大罗索什卡丢了！

齐边科丢了！

卡尔波夫卡丢了！

皮特姆尼克机场也丢了！

不战自溃的德军，在短短 7 天的时间里已经丢失了一多半的阵地！

当第 6 集团军司令部被迫从古姆拉克撤往斯大林格勒城内的时候，他的部下在烧毁了全部的公文后，分乘几辆幸存下来的汽车仓皇出发了。而沿途之上，他们看到的是无处不在的一幅惨景：一群群饿得面黄肌瘦的德军士兵和伤员像幽灵般缓慢地往前移动着。随着苏军坦克的步步逼近，等待着他们的命运不是倒毙在途中就是成为苏军的俘虏。但是如今已经自顾不暇的这些高级将领根本没工夫去体恤和怜悯这些士兵了。因为包括保卢斯在内的这些军官都明白一件事情，那就是他们的命运比起这些战士来也不会好到哪里去。

就在皮特姆尼克机场失陷后，德国人的飞机曾经试图在古姆拉克的备用机场上临时着陆。可是那里很快也成了苏军重点打击的又一目标。在猛烈的炮火轰炸下，别说是飞机，就是德国人的一只小鸟也已经无法顺利着陆在这片土地上了。

闻听这一消息，如丧考妣的保卢斯只能是一边苦笑一边喃喃自语："飞机不能着陆，这就等于是宣判了第 6 集团军的死亡。当士兵们向我伸出手，乞求地说上一句'阁下，给我一片面包吧'的时候，身为集团军司令的我又该如何回答呢？当初空军为什么会担保空运没有问题呢？要是他们早说不行的话，当时还有突围的可能，可现在什么都晚了！"

说到这里，保卢斯的眼中竟然不自觉地流下了泪水："我是一个将要死的人了，好像是在另一个世界说话一样。我这个要死的人，对战争的结果已经没有任何的关心了。"

在意识到抵抗已经变得毫无意义后，对于活下去的渴望竟然让保卢斯鼓起勇气向大本营发出了投降的请求，理由是既然已经没有了继续抵抗下去的能力，还不如趁着现在就停止这场已经不可能再进行下去的战斗。

然而，他能得到的回复是可想而知的。没有丝毫怜悯之心的希特勒，根本不在乎第 6 集团军的死活。他的要求再简单不过，除了不许投降外，第 6 集团军还要抵抗到最后一刻，以便确保德军能够在罗斯托夫及其北面建立起新的战线，以及确保高加索集团军群的撤出。

1 月 22 日，当苏军再次动员保卢斯一部投降的建议被拒绝后，最后一轮的进攻

开始了。

随着 4000 多门大炮同时朝着被团团包围的德军进行最后的集中轰炸，天地间充斥着迫人心扉的隆隆巨响。瓦砾、铁丝网被掀到了半空中，德军的阵地也被炸得几乎翻了个个儿。当这样的进攻被一口气持续了整整 4 天之后，苏军已经先后占领了古姆拉克、亚历山大罗夫卡、戈罗季谢等地区。而德军则在死伤了 10 万人之多的兵力后，被分别围困在不足 100 平方公里内的两个狭小地带里。其南部一小撮人马被钳制在市中心一带，而北部的另外一些残兵败将则被压缩在"街垒"厂和拖拉机厂地区。

1 月 24 日，保卢斯向希特勒提出投降的请求再一次被无情驳回。看来远在东普鲁士的希特勒是真的打算让第 6 集团军为第三帝国殉葬了。而被切割成南、北两块的这支残破之师也确实正在如其所愿地加速走向最终的灭亡。随着肃清残敌之战的打响，此刻还能活着的德军已经放弃了最后的抵抗，开始成批成批地缴械投降了。

1 月 30 日，布尔马科夫上校指挥下的第 38 旅在向"阵亡战士"广场进军的过程中，从一个俘虏口中得知第 6 集团军的司令部就设在附近一座百货公司的地下室内。他们随即包围了这座大楼，并切断了通向第 6 集团军司令部的所有电话线。

此刻，在昏暗的地下室内，神情恍惚的保卢斯正坐在一张行军床上。在他隔壁的电报室里，传来了"哒哒哒"的键盘声。不一会儿，施密特走了过来，把一张纸条递给了保卢斯，同时轻声发出祝贺："祝贺你荣升为元帅，还获得了象征着最高荣誉的帝国勋章。"

很显然，这是希特勒赤裸裸的一种"行贿"。这位元首试图用一把德国军人梦寐以求的元帅节杖，来换取保卢斯的忠诚。之所以这样说，是因为在德国的历史上还没有任何一位陆军元帅会在战争中选择投降。而他现在这样做，就等于是把一支手枪塞到了保卢斯的手上，不是用来抵抗苏军，而是用来自杀报国的。

能在生命的最后时刻得到如此殊荣，保卢斯果然变得"英勇无比"起来。在其发往大本营的回电中，这位新晋元帅还信誓旦旦地表示为了元首和祖国的荣誉，他将"坚守自己的岗位，打到最后一兵一卒，一枪一弹"。

已经把保卢斯和几十万德军都当作了圣徒和殉难者的希特勒，为了鼓励这些将士尽快走向圣坛，竟然派遣远程战斗机抵达斯大林格勒上空，对濒临死亡的德军广播了自己在国内演讲中的内容："在这场战斗中，上帝在我们这边。我们不害怕流血，有朝一日，每一块新的土地将为倒下去的人而开满鲜花……"作为回报，保卢斯也在 1 月 31 日上午 7 时 30 分发出了最后一份电报："我们在掩体里聆听了元首的公告。我们向国歌敬礼，也许这是最后一次了……此时俄军就在门外，我们在歼灭敌人，请不要联络，我正在毁坏电台。"随之，电讯彻底中断。千里之外的元首大本营沉浸在一片悲伤的气氛当中。

但事实呢？真实发生的情况则是在最后的关头，并没有进行任何的抵抗和血战。当一群苏军出现在地下室门1∶3的时候，保卢斯竟然命令自己的下属举起了白旗。

这位第三帝国最新任命的元帅，竟然投降了！和之前发生的一切对照着来看，这真是一个天大的玩笑，同时更是德国军事史上的一项创举。

两天后，据守在北部工厂区内的最后一支德军也放下了武器。

1943年2月2日下午4点钟，斯大林收到来自前线的消息，发生在斯大林格勒城内及周边地区的战斗已全面终结。

胜利了！

当沃罗诺夫、罗科索夫斯基签署完最后一份呈报最高统帅斯大林的战况报告后，整个顿河方面军上下已经是一片欢腾。一群群战士在用各式各样的武器朝天上射击着，到处都是"胜利啦，胜利啦"的呼喊声……刚刚经历了枪林弹雨的军人们，此刻眼眶中竟满是泪水。

此刻，在"红十月"厂一座毁坏的大楼里，第62集团军司令部内的崔可夫也显得异常激动。望着眼前一张张洋溢着幸福神采的面孔，他甚至不敢相信这是真的。这座已经被战争夷为平地的城市，到处都是一片战争过后的破败景象。依然还在燃烧着的大火，被烧焦的、发黑的瓦砾和钢铁，纵情欢庆着的人群，还有那些不可能再被欢呼声唤醒过来的阵亡将士……想到这里，崔可夫眼睛不由得湿润了。低下头来的他不断念叨着一句话：

"6个月，180个白天和黑夜。"

在顿河草原上，在伏尔加河畔，在雪地里，在道路旁，到处停留着被击毁的德国坦克、火炮还有汽车，到处倒伏着德国兵和罗马尼亚人的尸体。死神和这里独有的严寒天气，在人们的眼睛里保留下这幅歼灭敌军的图画。至于一眼望不到头的俘虏队伍，此刻也正在缓慢地朝着他们一直想要突破的伏尔加河彼岸走去。此时此刻，他们蓬乱的胡须上还挂着冰碴，他们的头上和肩上还裹着毛毯，他们的大腿上还用铁丝缠着一些破布……这支曾经梦想着征服世界的钢铁之师，这群曾经是那样不可一世的战争狂人，在纵横驰骋了大半个欧洲之后，如今却只能亦步亦趋地走向苏联人设在西伯利亚的战俘营了。

而在莫斯科的克里姆林宫内，此时的斯大林正举起伏特加酒向周围的将军们一一道贺。朱可夫、华西列夫斯基、伏罗希洛夫，这些平日里神情严肃的高级指挥官，现在也都闪着激动的泪花在畅怀痛饮。一片欢声笑语中，斯大林发表了他关于这场战役的最后一次演说："今天，2月2日，顿河方面军部队已经彻底肃清了被包围在斯大林格勒北部的敌军的反抗，迫使其放下武器，最后一个抵抗基点也被粉碎了。这场具有历史意义的斯大林格勒会战，终于以我军的完全胜利而宣告结束。"

是的，历时 180 天的斯大林格勒会战，终于在这一时刻宣告结束了。

在这场举世瞩目的关键战役中，德军共损失兵力 150 万、坦克 3500 辆、火炮 12000 门以及飞机 3000 架。至于第 6 集团军残存的 9 万人，包括总司令保卢斯元帅以及 23 名将军在内，都成了这场战役中的俘虏。

从这一刻起，苏联由战略防守转入战略进攻，斯大林格勒会战成为苏德战争的转折点。

也正是从这一刻起，曾经不可一世的德国法西斯分子却一步步走向衰亡，这使得斯大林格勒会战由此也成了整个第二次世界大战的转折点。

十三、库尔斯克大会战

（一）"堡垒"战役

1943 年初，苏军在斯大林格勒战役中取得了决定性胜利后，乘胜进攻，收复大量失地，但德军在败退过城中，南方集团军群司令曼施坦因元帅也开始计划向苏军反扑。曼施坦因主动放弃了一些重要据点，诱使苏军深入。苏军的进攻战线越拉越长，而德军却趁机完成了兵力的集结。

2 月 19 日，曼施坦因指挥德国南方集团军群向苏联西南方面军发起反击，到 3 月 2 日，西南方面军遭受重创，其第 5 集团军被毁灭，3 月 6 日，德军开始向哈尔科夫进攻，没用几天就把一个月前丢失的哈尔科夫重新攻占。苏军被迫退守库尔斯克南面的奥博扬地区。为防止战线的彻底崩溃，斯大林把列宁格勒附近的第 1 坦克集团军南调，第 21 和第 64 集团军也被从斯大林格勒调过来，这样才使战线恢复稳定。

哈尔科夫战役的胜利让德军重新恢复了信心，曼施坦因希望通过一次主动进攻来歼灭苏军。苏军在库尔斯克地区的突出部位自然成为首选攻击目标。这个突出部位的形成，是曼施坦因上次反击造成的后果。苏联中央方面军和沃罗涅日方面军陷入突出部位内。在其南部，曼施坦因的南方集团军群控制了别尔哥罗德地区。在其北部，德国中央集团军群控制了奥廖尔一带。

这个突出部位正面长约 400 公里，而底部却不到 110 公里，就像一个拳头从苏军的战线中延伸出来。德军统帅部认为，这是一个非常好的进攻机会，他们可以在这里包围和歼灭进行防御的苏军。这次战役如果获得成功，将缩短德军的战线，使德军部队的机动性大大增强。

希特勒对这个作战计划是犹豫的，因为库尔斯克的进攻将使坦克遭受很大损失。4月15日，他终于下定最后决心，发出了第6号作战命令。命令指出，"中央"和"南方"两个集团军群从4月28日起即应做好准备，发起对库尔斯克突出部的进攻，作战代号为"堡垒"。

"堡垒"作战按计划应于5月4日发动，但后来一再延期，最后被确定在7月5日发动。希特勒对这次战役十分看重，他在作战命令中指出："这次进攻意义重大，必须速战取胜……有鉴于此，一切准备措施均须严密周全，全力以赴实现之。在各主要突击方向上应使用最精锐的兵团、最精良的武器、最优秀的指挥官和大量的弹药。每个指挥官、每个列兵都应深刻认识到这次进攻的决定性意义。库尔斯克之胜利应成为照亮全世界的一支火炬。"

为保证进攻的顺利进行，德军集中了强大的兵力：50个精锐师，其中有16个坦克师和摩托化师。被称为德军之"花"的"阿道夫·希特勒"坦克师、"骷髅"坦克师、"帝国"坦克师、"大日耳曼"摩托化师等都包括在内。

集中在库尔斯克方向上的德军共有90万人，1万门火炮和迫击炮、2700辆坦克和强击火炮、2000多架飞机、还有各种新式武器，如重约56吨的"虎"式和重约45吨的"豹"式坦克、"费迪南"式强击火炮等。

当德军为"堡垒"计划做准备时，苏军也在思考下一步的行动计划。沃罗涅什方面军司令瓦图京主张先发制人，发起进攻，打乱德军的进攻准备并夺回战略主动权。朱可夫、华西列夫斯基等人则认为苏军应先保持防御状态，利用坚强的防御摧毁德军的装甲兵力，然后再发起进攻。此时情报部门取得了大量材料，苏军统帅部根据情报判断敌人准备在库尔斯克地区发动强大攻势。于是朱可夫的计划被采纳，4月12日开始，苏军开始在库尔斯克转入了积极的防御准备。

苏军在库尔斯克地区集中了强大的兵力，修筑了坚固的防御工事，并准备了大部队进行反攻。

担负主要作战任务的是罗科索夫斯基指挥的中央方面军和瓦杜丁指挥的沃罗涅什方面军，两军共有133.6万人、1.9万门火炮和迫击炮、3400辆坦克和自行火炮、约2200架飞机。另外，科涅夫指挥的草原方面军布置在库尔斯克突出部的后方，作为战略预备队。

在前沿阵地，苏军精心地设计他们的防御，构筑了数道防线，防御纵深超过160公里，整个防御体系由大量互相紧密配合的战壕、铁丝网、反坦克火力点和反坦克沟壕以及雷区组成，在德军最可能的进攻方向上，聚集了大量的兵力和火力。

为夺取整个战线的制空权，根据苏军最高统帅部的命令，苏联空军在5月、6月两个月主动出击，炸毁敌军机场，使其遭受重大损失。

除此之外，最高统帅部下属的游击运动中央司令部，命令敌后游击队开展积极活动，破坏敌人的交通，使其后勤供应陷于瘫痪。

苏军在党的政治思想工作上也下了很大功夫。苏共中央的许多负责人都参加了苏军总政治部的宣传鼓动工作。他们用反法西斯战争的正义性和崇高的爱国主义精神鼓舞广大指战员的斗志和必胜的信心。

双方都在紧锣密鼓地备战，但两个月来前线一直显得十分平静，一个个被认为德军可能发动进攻的日子都平安地度过了。

7月份，恶战似乎临近了。7月2日，苏军最高统帅部通知各集团军和方面军司令部，德军有可能于近日内发起进攻。7月3日，德军投诚者称，敌人已在做最后的准备。暴风雨即将来临。

（二）大炮与战斗机齐鸣

7月4日夜，在突出部位南部的苏联近卫第6集团军捕获了德军第168步兵师的一个士兵，他供认德军即将在第二天开始进攻，7月5日凌晨，在突出部位北部的苏第13集团军俘虏了一个德军第6步兵师的中士，他也供认德军将在几小时之后发动进攻。苏联方面得知，德军确定于凌晨3时发起进攻。

为了打乱德军进攻步骤，朱可夫于5日2时20分下令，向德军阵地实施炮火反准备。苏联中央方面军和沃罗涅什方面军对德军的战斗队所进行的猛烈炮击，使敌人大为惊愕，造成了很大损失。

德军的进攻计划被迫向后推迟3个小时。6时整，在一阵猛烈的炮火急袭之后，德南方集团军群的第4装甲集团军根据预定计划发动进攻，在损失36辆坦克后，德军艰难地越过了苏军的反坦克雷区，猛攻苏第67近卫步兵师的防线。

面对敌人的疯狂进攻，苏联集团军的各部队发扬了集体英雄主义精神。加格卡耶夫上尉指挥的、由共青团员组成的反坦克炮兵连，在交战的最初几天就立下了不朽的功勋。他们一直战斗到最后一人，加格卡耶夫牺牲后，被追赠苏联英雄称号。一辆苏军坦克在激战中两次扑灭了车上的火焰，第3次被击燃时，已经无法灭火了，于是英勇的坦克手们就用燃烧的坦克去撞德军一辆重型坦克。

德军的进攻比预计的要猛烈得多。面对德军3个师的进攻，苏第67近卫步兵师被迫后退，瓦图京把方面军预备队调了过来，以期能把德军挡在第二道防线外。但德军还是撕开了苏军的第二道防线，并强渡了佩纳河。瓦图京被迫取消了原定于7月6日的反攻，而将计划用于反攻的第1坦克集团军的部分坦克布置在防线后方以支援步兵进行防守。

6日傍晚，瓦图京向华西列夫斯基请求增援，后者立即把草原方面军第5近卫集团军的第2和第10坦克军353辆坦克调往沃罗涅什方面军。斯大林亲自给瓦图京打来电话，要求他不惜一切代价，阻止德军在库尔斯克突出部南部的突破。

德军在 7 日的战斗中只向前推进了数公里，未能突破苏军防线。翌日，德军继续进行顽强的进攻。瓦图京则在计划反攻，为此他请求将草原方面军的第 5 近卫坦克集团军和第 5 近卫集团军调给他指挥，最高统帅部很快批准了他的请求，但部队要在几天之后才能到达。

7 月 9 日，瓦图京指挥部队继续在正面抵挡德军向奥博扬推进，同时在两翼连续发动反击，虽然反击每次都遭到失败，但却使德军无法全力攻击他们的主要目标。在奥博扬方向上，苏、德双方共投入 1400 辆坦克、2000 多门火炮、500 多架飞机。交战的规模超出了人们的想象。无数的坦克、火炮和飞机堆积成了废铁山。成千上万发炮弹、炸弹同时爆炸，烟尘迷漫，火焰冲天。

德第 4 装甲集团军司令霍斯将军见正面战场无法突破，决定先从右翼突破，他命令第 2 党卫装甲军转向东北的普罗霍罗夫卡。接下来的两天里，德军的进攻比较顺利，攻到了普罗霍罗夫卡城下。

7 月 12 日，库尔斯克会战的高潮——普罗霍罗夫卡坦克大战上演了。战斗在清晨打响，苏、德双方几乎同时发动进攻。开始时，由于德军"虎"式坦克的 88 毫米炮优势明显，而苏军 T-34 坦克的 76 毫米炮在同等距离下无法对德军造成威胁，于是苏军坦克开足马力以最快速度冲向德军。在冲锋中，苏军坦克付出了惨重代价。当双方接近后，战斗变得异常惨烈，一辆又一辆坦克被摧毁。在被毁的坦克旁，步兵仍在互相射击，甚至展开肉搏。战斗一直持续到傍晚，因双方都精疲力竭才停了下来。

当时任苏联近卫坦克第 5 集团军司令员的罗特米斯特罗夫回忆道："战场上，各种摩托不停地隆隆作响，履带声嘎嘎刺耳，炮弹飞鸣，直到深夜。数百辆坦克和自行火炮在燃烧。

尘土弥漫，烟雾蔽天……的确，1943 年 7 月 12 日是个历史性的日子。这一天苏联军人表现出空前的英雄主义，建立了不朽的功勋。在残酷的坦克战中，他们重创德国法西斯侵略军的突击集群，迫使其转入防御。"

在这天的坦克大战中，德军虽然以相对较小的损失，摧毁了更多的苏军坦克。但结果却是他们失败了，因为德军未能攻占普罗霍罗夫卡，随后源源赶到的苏军援兵建立起更加坚固的防线。7 月 12 日大战使德军损失了大量兵员和 400 辆坦克，这一战的失败意味着德军从南面攻入库尔斯克的企图已不可能。

（三）解放奥廖尔

在北线，7 月 5 日凌晨，苏军的炮击同样使德军的进攻比计划向后推迟了，两个半小时后，德第9集团军开始了进攻。

战斗从5日进行到8日，德军虽给苏军造成很大损失，但苏军依靠数量上的优势，坚守住了阵地。德军企图夺取交通枢纽波内里，战斗异常激烈，德军数次攻入市区，但都被顽强的苏军赶了出来，最后才以惨重的代价占领了大半个波内里，但苏军仍控制着市内一些重要据点，使德军无法继续推进。

7月9日，300辆德军坦克向苏军阵地发动了最后一次进攻，结果依旧是一无所获，此时德第9集团军的攻击能量已耗尽，被迫在10日转入防御。

7月13日，希特勒把中央集团军群司令克鲁格和南方集团军群司令曼施坦因召到设在东普鲁士的大本营。会上，中央集团军群司令克鲁格认为，由于遭受的损失和苏联人已经开始的反攻，他的军队已不能继续前进。

但曼施坦因坚持认为，现在若停止作战，那也许就意味着放弃胜利。他说："最近几天，敌人几乎把所有的战役预备队都投入了战斗，在顺利地打退敌人的进攻以后，胜利已经在望了。"

最后曼施坦因的观点占了上风。会议决定，南方集团军群的突击集群继续向库尔斯克进攻，中央集团军群转入防御，并在现已占有的阵地上挡住苏军的进攻。然而几天之后，曼施坦因继续进攻的计划没有顺利实现，他的军队被迫回到原来发动进攻的阵地上。

此时库尔斯克北部的局势日益恶化，这促使希特勒最终取消了进攻，德军于7月17日开始后撤，到23日，双方基本恢复了交战前的态势。

当德军的攻势被阻止后，苏军决定于12日发动进攻，并以打败拿破仑入侵的俄国元帅"库图佐夫"的名字作为战役的代号。苏军的进攻首先在库尔斯克北部发起。

在库尔斯克北面的奥廖尔方向上，德军转入防御的部队约有37个师，其中有8个坦克师和2个摩托化师，总共约近60万人，7000多门火炮和迫击炮，1200辆坦克和强击火炮，1100架飞机。

而发起反攻的苏联部队，有西方方面军左翼、布良斯克方面军和中央方面军，共128万多人，2.1万多门火炮和迫击炮，2400辆坦克和自行火炮，3000多架飞机。苏军在兵员和兵器方面全部占有优势。

12日凌晨，苏军向奥廖尔突出部的德军阵地实施了长达两个多小时的炮击，随后苏联西方方面军左翼部队和布良斯克方面军各部队在奥廖尔方向上发起进攻。德军则进行着顽强的抵抗，给苏军造成重大伤亡。

德军在奥廖尔地域广泛构筑了野战工事，并以工程障碍物和地雷场加以掩护。堑壕和交通壕四通八达，构成坚固的防御地带。为了守住奥廖尔地域，德军不惜一切代价不断调去新的增援部队。从7月12日至18日的7天内，共调去7个坦克师、

1个摩托化师和4个步兵师。

苏军最高统帅部根据发展攻势，决定将战略预备队投入作战，调遣第3、第4两个坦克集团军和第11集团军增援前线，战场从此发生了有利于苏军的变化。

在大战的最后阶段，苏联空军完全控制了制空权，法国"诺曼底"航空大队也在库尔斯克上空与苏联空军并肩作战。面对兵力和坦克都占优势的苏军，德国第9集团军司令莫德尔意识到失去奥廖尔只是时间问题。7月16日，莫德尔向希特勒请求放弃奥廖尔，将德军后撤至"哈根"防线，但被希特勒拒绝了。

1943年7月10日，美、英军队在西西里岛登陆。到了7月25日，墨索里尼下台，意大利退出战争的迹象已经十分明显。希特勒开始面临东西线作战，他需要从东线抽调兵力去意大利，而奥廖尔突出部位的德军也面临被苏军合围的危险。希特勒最终同意弃守奥廖尔，把第2党卫装甲军调去稳定意大利的局势。

西西里岛登陆

7月31日德军向布良斯克方向的"哈根"防线撤退，德军在撤退途中实行残酷的焦土政策，要把奥廖尔地区变成废墟，掳走居民，毁掉庄稼，运走所有的物资。

苏联航空兵不断猛烈袭击撤退的敌军纵队。8月1日至5日，苏联空军第15、第16集团军出动飞机9800架次，轰炸希特勒军队撤退路线上的铁路列车、道路交叉点、桥梁、渡口和运货的汽车队。苏联飞机空袭过后，路上布满了敌军官兵的尸体以及炸毁的汽车、坦克和各种技术兵器。

8月5日苏军攻克了奥廖尔。城内居民兴高采烈地欢迎解放者。同一天，南部的别尔哥罗德也获得解放。当天午夜12时，在苏联首都莫斯科，由最高统帅斯大林倡议，120门火炮齐鸣12响，庆祝苏军这一伟大的胜利。鸣放礼炮庆祝胜利从此成为一个传统。

苏军在奥廖尔方向上乘胜前进，至 16 日苏军的进攻基本结束，18 日进抵敌人预先准备好的防御地区，即所谓"哈根"防线，战线逐步稳定了下来。

从 7 月 12 日到 8 月 18 日，苏军对奥廖尔的反攻持续了 37 天，向西推进了 150 公里，击溃敌军 15 个师，歼敌 20 万人，坦克 1044 辆，火炮 2402 门，拉平了库尔斯克防线，但却未能完成战前制定的合围并歼灭德中央集团军群的计划，同时苏军的损失也是巨大的，伤亡 429890 人，损失坦克 2586 辆，火炮 892 门，飞机 1104 架。

（四）进军哈尔科夫

在南线，苏军的反攻确定在 8 月 3 日。以七年战争中俄国名将鲁缅采夫的名字为作战代号。进攻的苏军总计有 90 万人和 2800 多辆坦克和自行火炮。而这个方向上的德军只有 18 个师，其中有 4 个坦克师，总兵力约 30 万人。苏军拥有绝对优势。

8 月 3 日，沃罗涅什方面军和草原方面军，在西南方面军的协同下，对别尔哥罗德—哈尔科夫方向上的德军发起反攻。

凌晨 5 点，苏军近万门大炮齐鸣，炮弹如雨点般倾泻到德军阵地上，炮击持续了两个多小时，最后以一阵喀秋莎火箭炮的齐射作为结束。随后坦克和步兵开始发起攻击，在炮击中幸存的德国士兵无力阻挡苏军的坦克，第一道防线很快被突破。经过一天的战斗苏军各突击集团平均向德军纵深推进了 10~15 公里。

在随后几天里，德军的防守异常的顽强，苏军的坦克虽然继续向前突破，但步兵却被德军缠住，进展缓慢。至 8 月 5 日苏第 1 坦克集团军攻占鲍里索夫卡，切断了德第 255、第 332 步兵师和第 19 装甲师的退路。德军已面临被包围的危险，但仍然拼死抵抗，他们的顽强抵抗为曼斯坦因将德军主力从别尔哥罗德撤往哈尔科夫争取了时间。

8 月 5 日傍晚，苏军解放了别尔哥罗德。苏军继续进攻，目标是乌克兰第二大城市哈尔科夫。

在 6 日、7 日两日，苏军坦克队大踏步前进，跟随在后面的步兵忙于清除被包围的德军，两者逐渐脱节。曼施坦因希望抓住苏军这个弱点，开始在撤退中有计划地集结兵力，等苏军攻势结束时，实施反击。苏军方面对形势判断过于乐观，瓦图京认为德军已接近崩溃，命令前线坦克部队继续进攻，切断哈尔科夫至波尔塔瓦的铁路线，阻止德军逃脱。

8 月 11 日，德军的集结工作准备完毕，并补充了充足的弹药和燃料，开始反攻。由于苏军各部队之间分散很广，步兵和炮兵被落在后方，且弹药和燃料都已严重不足，苏军遭到近乎致命的打击。11 日晚苏第 1 坦克集团军的第 49 坦克旅和第 17 坦克团被德军围歼，只因第 5 近卫坦克集团军的及时赶到才避免了第 1 坦克集团军的全军覆灭。14 日，苏第 6 近卫集团军的第 6 坦克军被德军包围遭到惨败。在德军的进攻下，苏军被迫后退。

苏军在数量和规模上的优势起到了关键性的作用，他们虽然遭到重创，但很快又恢复了进攻。19 日苏军攻抵哈尔科夫西面的乌德河北岸，并于 20 日强渡乌德河，在南岸建立了桥头堡。

德军统帅部特别重视哈尔科夫工业区和城市本身的防御。希特勒要求"南方"集团军群在任何情况下都要守住哈尔科夫。德军利用"虎"式坦克和"费迪南"式强击火炮，不断实施反突击。苏军突破敌人的猛烈抵抗，紧逼哈尔科夫外围环形防线，并从东面和东南面进抵哈尔科夫近郊。攻打哈尔科夫的战斗异常激烈，强大的苏第 5 近卫坦克集团军最后只剩下了 50 辆坦克。

8 月 22 日下午，苏军地面和空中侦察发现哈尔科夫的敌军有撤退迹象。于是草原方面军司令员、苏联元帅科涅夫发出夜间强攻哈尔科夫的命令，不给敌人逃脱打击的机会。

22 日晚，苏第 53 集团军率先攻入城内。第 53 和第 69 集团军、近卫第 7 集团军、第 57 集团军第 5 近卫坦克集团军的指战员，勇猛顽强，巧妙地绕过敌军支援点，深入敌军防御，从后方攻击敌军守备部队。当夜，市内展开巷战，大火弥漫，巨大的爆炸声不绝于耳。

德军开始全面撤出哈尔科夫，退向第聂伯河的防线。8 月 23 日，城里枪炮声逐渐平息下来，苏军了收复哈尔科夫。别尔哥罗德—哈尔科夫战役中，苏军歼敌约 20 万人，自身损失也很惨重，士兵伤亡 255566 人，损失坦克 1864 辆，火炮 423 门，飞机 153 架。

苏军在别尔哥罗德—哈尔科夫方向上的胜利，标志着库尔斯克会战的结束。库尔斯克会战是第二次世界大战中规模最大的坦克战。无论就其规模、激烈程度还是战果而言，它都是第二次世界大战中最大的会战之一。斯大林说："如果说斯大林格勒附近的会战，预告了德国法西斯军队的覆灭，那么，库尔斯克附近的会战就使得他们已经处于覆灭的边缘。"

一、意大利出兵北非

（一）墨索里尼的"新罗马帝国梦"

在古老贫瘠的非洲大陆北端，有一片浩瀚无垠、黄沙漫漫的不毛之地，它西扼地中海通往大西洋的咽喉要道——直布罗陀海峡，东临欧洲通向中东和近东的必经之路——苏伊士运河，北濒有"欧洲腹部"之称的地中海，与欧洲大陆的三大半岛隔海相望。

在这块灼热的土地上，分布着摩洛哥、阿尔及利亚、突尼斯、利比亚和埃及这5个国家，由于其优越的地理位置、丰富的自然资源，加上便利的交通条件，千百年来一直是兵家的必争之地。从古代的腓尼基人、迦太基人、罗马人，直到近代的意大利人、英格兰人和日耳曼人，都曾对它垂涎三尺，必欲得之而后快。

1939年9月，第二次世界大战爆发，希特勒在欧洲率先起兵，在兵不血刃地侵占了捷克斯洛伐克之后，又奇迹般地闪击了波兰，而后又挥师西征，直扑荷兰、比利时和法国，近而威逼英伦三岛。

希特勒席卷欧洲的巨大成功，强烈地刺激着他那位同样野心勃勃的意大利盟友墨索里尼。墨索里尼是一个天性为虎作伥的家伙，英国在北非的殖民地早已令他垂涎欲滴。面对眼前的大好形势，他非常得意地发现，抢夺它们的时机已经成熟，他完全可以利用英国雄师被困欧洲之际来扩张他的"非洲帝国"。于是，他迫不及待地率领着他那貌似强大的意大利军队提刀上阵，准备趁火打劫，一举拿下北非。

其实早在20年代，墨索里尼在意大利掌握了政权后，就已经打起了夺取北非、重建地中海"新罗马帝国"的主意。1935年，他先是出兵东非，一举占领了厄立特利亚、意属索马里和埃塞俄比亚。后来，他在殖民地利比亚屯集了23万重兵，准备伺机夺取东面一界之隔的英属殖民地埃及。1940年6月10日，即法国沦陷前不到两周，这个蓄谋已久的意大利独裁者终于把意大利也拖入了战争，开始正式向英法宣战，北非随即成了第二次世界大战的又一战场。

墨索里尼之所以选择这个时候向英法宣战，基于他自以为是的两大便利条件：

第一，德国的凌厉攻势已使英国陷入了极大的困境。虽然英国控制埃及由来已久，先是作为保护国的身份，随后又根据条约向埃及派驻了军队，但英军此时更为现实的想法应该是如何保持自己的大本营。由于两线作战，英军在人力、物力、财力资源上均已大量消耗，作为次要战场的中东地区，英军不可能再有足够的战争力量用以投入。第二，埃及西临利比亚，埃塞俄比亚又与东非的英属殖民地相毗邻，而这两片小小的国土早已成了意大利的殖民地。如果英军不自量力奋起抗争，意大利军队完全可以展开大量兵力，向埃及实施两面夹击。

墨索里尼

据此，墨索里尼制定出了自己的进攻战略：以东非的军队进攻英属索马里，控制红海南部的出海口；以北非的军队进攻埃及，夺取苏伊士运河。战备目的一旦达成，地中海即可成为"新罗马帝国的内海"。

为了早日实现自己的梦想，6月下旬，墨索里尼的军队便侵入了肯尼亚、苏丹和英属索马里。意大利人以 10 个师的庞大兵力一路高歌挺进，几乎没有遇到任何抵抗就很快向南渗透到肯尼亚，占领了索马里，从而打开了通往苏丹和埃及的道路。意军像一把巨型钳子从南部和西部向埃及步步逼近，这把钳子很快将摧毁驻埃及的英军，那时，意大利就会成为赤道以北的头号势力，墨索里尼对此深信不疑。

从哪里形成西线的包围圈呢？墨索里尼毫不犹豫地选择了利比亚。利比亚作为北非的战略要地，自 1911 年以来，就一直被意大利占领着。它与西西里岛的海上距离只有 483 公里，它东邻埃及、西接法国殖民地突尼斯和阿尔及利亚。而就在法国沦陷不久，利比亚两边的这两个法属殖民地国家就明智地采取了中立立场，这样，墨索里尼大可以放心地去重点进攻埃及了。

1940 年 6 月 28 日，墨索里尼命令他的意大利军队全面入侵埃及，去努力实现意大利人期待已久的光荣与梦想。然而，他的将军们的表现与他的雄心壮志相比，却显得不那么成比例，他们总是以缺乏足够的装备为由拖延行动的时间。8 月份，当墨索里尼听说德国即将入侵英国时，他迫不及待地向意大利驻利比亚总督兼总司令鲁道夫·格拉齐亚尼元帅下达了第三道进攻命令。

有"屠夫"之称的 58 岁的老格拉齐亚尼元帅，是一个残酷无情且极端狂热的法西斯分子，曾因在镇压非洲土著族反叛运动中功勋卓著，受到了墨索里尼的器重，被晋升为元帅。这位老帅虽经验丰富，但他深知这次面对的是一个强大的对手，况且英军在埃及的防务正在不断增强，任何轻举妄动都将换来不容低估的后果。然而，为了应付领袖的再三催促，情急之下，他只好召开了一次高级军官军事会议，在他的引诱之下，与会的军官们得出了相当一致的结论：目前意军的力量还远远不足，根本无法穿越沙漠发动一场酣畅淋漓的进攻战。

墨索里尼得知此事后像只咆哮的狮子怒吼道："你们怎么能做出这种事来？太不像话了！堂堂一个陆军元帅，竟然与下属进行这种协商，我们罗马帝国的威严何在？"

老格拉齐亚尼元帅像个委屈的孩子老老实实地站在那里，任凭领袖近乎歇斯底里的训斥，也不敢再有任何的只言片语。他知道墨索里尼的脾气，此时哪怕只是再申辩半句，他都有解甲归田的危险。屋内的空气凝固了足有一刻多钟后，终于慢慢平静下来，领袖呼吸均匀，看来怒火已经泄得差不多了。

老元帅蹑手蹑脚地走到领袖的桌前，他试探着问了一句："卑职有个想法不知当讲不当讲？"

墨索里尼一边拿起酒杯一边说："说来听听。"

老元帅见领袖心有所动，连忙献计道："德国人不是准备近期入侵英国吗？依卑职之见，不如等他们入侵发动之后，再实施您进攻埃及的计划。到那时，英军肯定以本土作战为主，至于北非那些失去主心骨的英军，必定无心进行有力的抵抗，取得埃及简直犹如探囊取物，我们何乐而不为呢？"

老元帅努力地摇动着他那三寸不烂之舌，待说到口干舌燥之时，总算取得了预期的效果——固执的领袖终于动了心。于是，进攻一事再次被搁置起来。

转眼已到9月。罗马的初秋，天高气爽。尽管正午的阳光还略微有些热，但同烈日炎炎的夏季比起来毕竟柔和多了。阵阵微风送来一片清爽，空气中飘拂着一股淡淡的清香。在这本应心情舒畅的日子，老格拉齐亚尼元帅却觉得仍像过炎热的夏季一样郁闷烦躁。因为他刚刚接到领袖的电话，让他立刻去罗卡古堡——墨索里尼的夏宫，领袖说有要事相商。

在路上，元帅就似乎闻到了一种不祥的气味。想想这段日子以来，希特勒入侵英国的"海狮"计划一推再推，迟迟不能实现，致使他进攻埃及的所谓策略很明显变成了托词。领袖早已迫不及待地想在埃及的街道上检阅意大利军队了，这次紧急召唤他，少不了又要为此事痛斥他一番。可他转念一想，不管他了，今天反正是豁出去了，哪怕是罢官杀头，也要向墨索里尼力陈进攻埃及的种种不利之处。在沙漠中，一打败仗就必然会引起迅速而全面的崩溃。此事非同小可，他相信领袖应该有这样的远见。

格拉齐亚尼一路想着踏进了领袖官邸。一抬头，远远就望见墨索里尼双手叉腰，怒目圆睁，弯眉倒竖，正在前厅过道里等着他。

"怎么样？我亲爱的元帅，进攻准备是否已做好？这么长时间了，想必准备得十分充分了吧？"墨索里尼不无讽刺地说道。

格拉齐亚尼一路上打好的腹稿刹那间烟消云散，不知从何说起了。他镇定了一下情绪，勉强说道："由于意军在北非接连失利，加上英国援军源源不断地从地中海运到前线，埃及防务已大大加强，这不是意军经过一朝一夕的准备便能克服的。而且，意军一点儿机械化作战的经验都没有，在这方面绝非英军的对手。领袖也清楚，意大利拥有地中海上空制空权的种种说法纯属宣传，旨在鼓舞士气。另外，所需的许多摩托化装备都被积压在南斯拉夫边界，不能使用，意军力量分散，如果现在进攻，注定要打败仗……"元帅语无伦次、絮絮叨叨地讲了半天。令他惊讶的是，领袖居然没有打断他，只是靠在他那宽大舒适的座椅上闭目养神。格拉齐亚尼本来是准备挨骂的，这样一来，反而弄得他不知所措了。

过了好一会儿，墨索里尼眼皮微抬，喃喃自语道："看来，应该把任务交给那些希望提升一级的人去做了。"

格拉齐亚尼不禁起了一身鸡皮疙瘩，说实在的，他可不愿意冒降级或被编入非现役的风险。不过，元帅还是振作精神进行着最后的努力："亲爱的领袖，我恳请您再宽限一个月的时间……"

墨索里尼像是没听见他的请求，果断地打断他："听着，我在这里向你下达最后的命令，限你在两天之内发动进攻埃及的战斗，不管那个该死的'海狮'计划实行不实行，否则，你这元帅的位置也到头了！"

就这样，在独裁者的横加干涉下，在司令官极不情愿的情况下，9月上旬，意大利驻利比亚军队终于开始了他们拖延已久的行动，纠集6个师的意大利兵力对埃及发起大规模的进攻。9月13日，一支先遣队越过了边境进入到埃及西部的沙漠，紧接着8万大军在200辆坦克的掩护下，以游行队伍的方式从边境以西3公里处的一个叫卡普佐的村庄浩浩荡荡地出发了。

随着一阵嘹亮的军号声的吹响，一支穿着黑色衬衫、装备着短刀和手榴弹的法西斯突击部队趾高气扬地走在队伍的前面。后面，缓缓开动的是装运着大理石里程碑的卡车。这些大理石里程碑是意大利军队用来标示胜利进程的，也许他们自己并没有意识到，对于一支攻不能克、守不能固的队伍来讲，这样的东西显然准备得有些过多了。

意大利的先头突击部队穿过利比亚高原边缘的陡坡，沿着狭窄的海岸平原一路悠闲自得地向前推进，就好像在进行着一次并不正规的长途拉练，用了整整4天的时间，才推进了不足97公里的距离，来到了西迪巴拉尼小镇。格拉齐亚尼元帅一纸命令，部队全部停歇下来，一边安营扎寨、加修工事，一边乞求元首增派更多的人员和供给品。

意大利人浮夸、散漫的天性在这一时刻暴露无遗。他们的军队不仅不擅长作战，就连建起防御工事来都拖拖拉拉、不紧不慢。此时，罗马的电台却还在大肆吹捧着前线上的胜利，他们把意大利军队修建的那些简陋而笨拙的泥草房简直美化成了一座钢筋水泥的大都市。收音机里激情飞跃的声音，足以让后方的人们毫不吝惜地为他们前线的军队浪费着感情："亲爱的罗马市民，咱们意大利工程师的精湛技术真是令人叫绝，有轨电车又在西迪巴拉尼的大街上奔跑起来了，这是多么令人兴奋的事啊！"

格拉齐亚尼元帅命令意军修建的是一个由七大据点组成的呈半圆形的防御要塞，这道要塞从海岸边距离西迪巴拉尼以东 24 公里的马克提拉村开始，向内陆蜿蜒伸进 80 余公里。令意大利军官们甚为满意的绝不仅仅是这些要塞军营所具有的防御功能，他们更看重的是那些"军官俱乐部"之类的生活便利设施。有了这些设施，高级军官们就可以在战斗间隙听上一曲美妙的音乐，跳上一支华丽的舞蹈，再品尝一下用高级玻璃器皿盛装的冰镇弗拉斯卡蒂白葡萄酒。如果有可能，意大利人甚至想在沙漠上踢上一场精彩的足球比赛，因为只有那个才是他们真正能引以为豪壮的游戏项目。

希特勒对意大利军队这种坐观静待的战术行为深感忧虑，德国空军在英国上空所遭受的巨大损耗与重创，无法让希特勒镇定自若地看着他的同盟在北非战场上无所作为。他担心英军迟早有一天会从设在埃及的基地向意大利军队实施猛烈轰炸，这样一来，轴心国在中东地区的利益必将受到严重损害，更可怕的是，这有可能影响到德军即将入侵苏联的"巴巴罗萨"计划。

10 月 4 日，希特勒在与墨索里尼的一次会晤上，主动提出了愿意提供装甲部队和飞机大炮帮助格拉齐亚尼元帅早日行动起来，但他的这番好意却遭到了他那位傲慢自大的法西斯盟友的冷漠拒绝。

墨索里尼向希特勒表示："强大的意大利军队目前无需任何帮助，我们一定会在 10 月中旬前重新开始自己伟大的进攻行动。"然而，他也并没有把话说绝，他同时表示："欢迎德国在战役的最后阶段给予意军最强有力的援助。"

10 月 28 日，意大利军队突然入侵希腊，希特勒对此事却一无所知，为了教训一下狂妄的墨索里尼，他决定暂缓给意大利军队的任何援助。

（二）骁勇的不列颠骑士

二战爆发之初，丘吉尔凭着其无可争议的军事才能，重掌海军大印，步入了英国政府的战时内阁。1940 年 5 月，丘吉尔又在民众的一片欢呼声中临危受命，出任大英帝国的首相。

上任伊始，丘吉尔便大刀阔斧地重组联合政府，一改张伯伦求和谈判、寄希望于法西斯的仁慈的绥靖政策，毫不犹豫地对德意法西斯宣战。他在一次演讲中讲道：

> 我们的政策，就是用上帝所能给予我们的全部能力和力量，在海上、陆上和空中进行战争，同一个在邪恶悲惨的人类罪恶史上还从来没有见过的穷凶极恶的暴政进行战争。我们的目的只有一个，那就是胜利，不惜一切代价去争取胜利。无论多么恐怖，无论道路多么遥远和艰难，也要争取胜利。因为没有胜利，就不能生存，就没有大英帝国的存在，就没有促使人类朝着目标前进的那种时代的要求和动力……

面对德意虎视眈眈的严峻形势，丘吉尔果断确定了在欧洲取守势、在非洲取攻势的战略方针，尽最大可能将陆军投送到中东和地中海地区。其中增调至埃及的部队就有 3 个团——皇家第 2、第 7 坦克团和第 3 轻骑兵团。丘吉尔认为，非洲是英国唯一能够和敌人周旋的战场，具有较大的作战空间和防御弹性，他始终坚信，意大利帝国的毁灭将是英国在第二次世界大战中能够获得的第一个战利品。

当时英军在东非和北非一共驻扎部队 5 万人，由中东英军司令韦维尔将军统一指挥，其中有 3.5 万人集结在埃及。英国皇家陆军第 7 装甲师是这支队伍中唯一的装甲部队。1940 年 6 月 16 日，英军一支小分队秘密地越过埃及和利比亚的边境，采取偷袭的战法一举摧毁了意军的一个边境哨所，从此揭开了长达两年之久的非洲鏖战的序幕。

装 7 师在师长克雷少将的指挥下，义无反顾地走向了大战的最前沿。面对意军部署小而散的特点，克雷大胆地把部队分成多路奇袭分队，频频越境袭扰，并屡屡得手，载誉而归。该师第 11 轻骑队战绩尤为突出。他们神出鬼没，经常大胆迂回，深入意军防线后方，以快速灵活的机动战术设埋伏、拔据点，搅得意军寝食不安、无所适从。

9 月上旬，恼羞成怒的墨索里尼纠集 6 个师的兵力对埃及发起了大规模进攻，很快就占领了西迪巴拉尼城，然后安营扎寨，加修工事，并沿线筑起兵营为盾牌，与东面的英军设在梅沙马特鲁港的防线形成对峙。

面对数量明显占优势的意大利军队，韦维尔将军不是坐以待毙，而是主动出击。虽然他性情孤僻、不善言辞，在第一次世界大战中左眼不幸被流弹击中而失明，佩戴的黑色眼罩似乎增添了几分神秘和狡黠，而且独断固执的性格，常使他对丘吉尔的建议不屑一顾，但他具有丰富的作战经验，对指挥协同、摆兵布阵往往拥有很独到的见解。他认为：意军步兵数量虽多，但坦克质量老化、火力薄弱，应该充分发挥英军的装甲优势，兵分两路，果断反击，避敌锋芒，直插西迪巴拉尼，然后视情况攻占巴迪亚。

无边无际的北非大漠，宛如一片黄色的海洋，海洋中，一支长蛇般的队伍正在慢慢地游动。这些英国士兵身体消瘦，面目黝黑，由于经受过严格的沙漠地作战训练，他们在沙漠中行进了60多公里依然步伐矫健。

12月7日的夜晚，月明星稀，风沙阵阵。装7师的坦克和装甲车辆如潮水般涌出防线，卷起股股浓密的沙雾，犹如一把利剑，直劈意军防线的间隙。意军急忙调兵遣将实施阻拦，无奈仓促应战，兵力一时难以集中，而且尚未摸准英军的真实意图，不好全力一搏，只有少数坦克在防线上急速射击。出乎意军意料的是，英军坦克并无拼杀之意，只令部分坦克略作抗击，其余则勇猛越障，直向西迪巴拉尼方向穿插。

12月8日晚，一轮明月悬挂在空中，在月光的照耀下，英军开始对意军营地发起进攻。天气奇冷，坦克和卡车的引擎好不容易才发动起来，马上就要投入战斗。营地的意大利军队似乎应该能够嗅到一种不安的气味，但他们什么也没有发现，眼底只有一望无际的沙地。

12月9日早晨刚过7时，尼贝瓦据点的意大利守军还在煮咖啡、烤面包，准备吃早餐。等他们意识到这可能是最后的早餐时，英国的坦克和装甲车辆已进至兵营四周低矮而简陋的围墙，防卫墙上惊呆了的哨兵早被英军装甲车上的布朗式机枪所击倒。

伴随着尖锐的苏格兰笛声，装甲车内的士兵迅速涌出车厢，在"马蒂尔达"坦克的引导下汹涌地冲进了意军兵营。英军坦克里射出的炮弹击毁了20多辆停在营地外的意军 M-13 型坦克。意大利的反坦克炮火予以还击，但炮弹无法穿透英军坦克的装甲。混乱之中，意军骑兵的战马多数受惊，匹匹引颈长鸣、四蹄乱蹬，搅起一片片沙尘。

战至上午9时，意军的第一座兵营在3小时内便落入英军之手。此战，意军被俘2000余人，死伤200余人，部分人员仓皇地四处逃散。当英军控制了尼贝瓦据点后，继续向北朝其他据点进发时，炮火刚刚轰了几下，一面面白旗就举了起来。

火，渐渐地灭了，一个个杂酚油桶爆裂所发出的恶臭随风飘散。战场也渐渐地平静了，一群群意军高举着双手从残缺的工事里缓缓地走了出来。

12月10日，面对失利的战场态势，格拉齐亚尼元帅为保存实力，无奈地放弃西迪巴拉尼仓皇西撤。可刚行至布克镇东侧，就钻进了英军装7师早已设下的伏击圈。一场激烈的短兵相接后，又有1.4万之众的意军成了俘虏，残余人马丢弃火炮近200门，慌忙逃过边境，退守利比亚的巴迪亚要塞。

巴迪亚是一座位于104米高的悬崖上、离边境线20公里的海岸要塞。这座军营里有 45000 人和 400 门大炮，防守线的前面是一道有 3.7 米宽的反坦克沟壑且遍地埋下了地雷。要塞指挥官安尼巴勒·贝贡佐立中将被认为是意大利军官中最优秀的一位。这位在西班牙内战中脱颖而出的将军，脸上蓄着一把火焰般的红色胡子，这为他赢得了一个"电胡子"的绰号。

1941 年 1 月 3 日黎明，经过英国皇家空军一整夜的猛烈轰炸，澳大利亚军队在附近海上 3 艘战舰炮火的协同配合下，向巴迪亚发起了进攻。澳大利亚人在一个将近 13 公里的战线上敲开了意大利人的防御工事，到次日黄昏时分，他们肃清了最后一批防守者，这次的战俘又有 4 万之众。"电胡子"不在其中，他已逃到靠西边 113 公里的海港要塞托布鲁克。但托布鲁克也绝非一处避难所。装 7 师很快就包围了这座城市，澳大利亚军队随后赶到。驻守托布鲁克的意军经过 36 小时的激烈战斗，最后于 1 月 22 日投降。

装 7 师在短短的时间内，连克三城，战绩斐然，仅俘敌就达 7 万余人。在英军梅塞马特鲁的战俘营内，一队接一队身着布满灰尘的绿色制服的意大利士兵人头攒动，挤满了广阔的操场。战俘营的英军长官只好下发许多帐篷、木头和带刺的铁丝，让他们自己动手建设自己的"美好家园"。

意大利军队在托布鲁克战败后，退守于东利比亚弓形海岸西侧的大港班加西，等待来自罗马的援助。2 月 3 日，当他们获悉英军准备继续西进的消息后，又诚惶诚恐地向西利比亚方向撤退。韦维尔将军收到空军侦察发回的情报后，决定展开千里大追杀。他命令部队兵分两路，一路沿弓形海岸从正面突向班加西，另一路直取班加西南侧，切断意军退路。

4 日凌晨，茫茫大漠里出现了少有的宁静，天地一色的天空中变幻着奇妙的海市蜃楼，一会儿是几头高大的骆驼背着沉重的行李在牧民的吆喝下缓缓而行，一会儿有几只饥饿的沙漠秃鹰盘旋在无名的战场废墟上空，似乎在分辨半掩在沙堆里的人们是否真的死去。但这等绝妙的景色，随着一阵隆隆的坦克声，转眼间便消失得无影无踪。

克雷师长率领着第 4 装甲旅和第 11 轻骑队，一头扎进了荒无人烟的戈壁。搅起的漫天黄尘，吹入了他们的眼睛、耳朵和鼻孔，士兵和战车都在浑浊的空气中喘息着。他们日夜兼程，顾不上过多的辛苦和劳累。虽然一路上砂石遍地、颠簸剧烈，难闻的汽油味和汗渍味使士兵们直想呕吐，但他们还是凭着坚忍的意志，如期抵达了班加西以南 161 公里的贝达富姆地区，并迅速构筑起防御工事，建立起主阵地。

6 日晨，贝达富姆阻击战全面打响。意大利军队大队人马沿海岸公路向南蜂拥而至，走在最前面的是 100 辆巡逻坦克。装 7 师充分利用仅有的 29 辆坦克，以逸待劳，依托发射阵地，凭借有利地形准确地向意军射击。英军突然而猛烈的炮火，

打得意军顷刻间乱作一团，坦克频频被毁，升起股股浓烟。

渐渐地，意军队伍恢复了原有的秩序，排列着整齐的战斗队形，以绝对优势的兵力向英军阵地猛扑。见此情景，克雷急令第3、第7轻骑队派出轻型坦克实施阵前出击，从侧翼以准确的火力支援正面战斗，打乱敌军部署。意军受到两面夹攻，阵脚再次大乱。夜幕降临时，意军已有半数坦克横七竖八地被弃在阵地前沿。有的像个大甲虫四脚朝天地静静躺着，有的则伴随着油箱的爆炸声升腾起缕缕火焰。

深夜，急于突围的意军发起了多次凶猛的反扑。战场上爆炸声连续不断，炮弹、曳光弹拖着长长的尾巴来回穿梭，密如织网。一时间，两军打得难分难解，夜幕下的混战时断时续。天亮时分，枪声炮声渐渐稀落，偶尔一两声冷枪再也激不起双方疲惫的斗志，仅仅能够勉强睁着麻木的双眼，漫无目的地观望着。

只见阵前一位跛着脚的意军士兵，从一辆坦克残骸的右侧爬了起来，抖了抖身上的沙尘，在高举双手的同时乱叫着。不久，他的举动像瘟疫一样迅速传开，意军纷纷地缴械投降。队伍中有个军官模样的人竟操着纯正的英语问道："你们能给我面包吗？"

7日，英军顺利地攻占了贝达富姆，并于9日进抵通往利比亚的咽喉——阿盖拉，打开了进攻的黎波里的大门。在这场历时3个多月的反攻战役中，英军以4万兵力击溃了意军第10集团军，俘虏意大利士兵总数达13万，共击毁和缴获坦克400余辆，火炮1200多门，而英国和英联邦国家军队损失的人加在一起还不到2000名。同时，英军还向西跃进了1300公里，夺取了整个东利比亚——昔兰尼加，将意军远远地赶到了利比亚西部，赢得了对轴心国战争的第一个空前胜利。在这场战役中，英国皇家陆军第7装甲师以顽强的斗志和辉煌的战绩，受到了世界的瞩目，他们被誉为"骁勇的不列颠骑士"。

（三）意军疾呼"非洲军团"

北非的意大利军队被英军打得落花流水，溃不成军，自然同英军的勇猛顽强、指挥得力、擅长沙漠作战等特点有紧密关系。然而，意大利军队自身存在的问题和缺陷更是其惨败北非的致命原因。

虽然意大利军队人数众多，但由于装备陈旧落后，缺少系统训练以及兵力结构不合理等因素的影响，致使它的军事素质和作战能力普遍很弱。

意军的M-13型主战坦克是仿造英国卡登·劳埃德的MARK-VI型坦克制成的，机体太轻，引擎的马力明显不足，且因聚热过快，根本无法抵挡住敌军炮火的攻击，就连他们自己的士兵都戏称之为"缓慢移动的棺材"。虽然意军还有1939年投产的M/11.39型中型坦克，但也仅安装了机枪和37毫米的火炮，攻击能力只处于

30 年代初期的水平，与英军的坦克力量相比，差距甚远。

同时，意大利军队还缺乏设计新颖、性能优良的反坦克枪炮和反战机火炮。其主要用于作战的野战炮还是第一次世界大战遗留下来的旧设计，是对在凡尔登战役中声名大噪的法国 75 毫米加农炮的仿造品。它的作战飞机也早已过时，根本无法适应现代战争的需要，只能打一打部落人起义之类的殖民战争。

此外，意大利军队最糟糕的一点是，它庞大的军队主要是步兵，而且没有充足的运输设备，当时北非意大利军队的各种机动车总共加起来才只有 2000 辆，还比不上德国军队 1 个机械化师所拥有的数量，这使得它根本不可能组织起有效的快速作战行动。

除了这些客观缺陷之外，意大利军队糟糕透顶的军事领导班子也是其无法形成战斗力的重要原因。格拉齐亚尼元帅及其手下的主要军官都因缺乏足够的战斗热情而疏忽了对部队的指挥和检查。他们驻守的几个据点相互之间支持不够，防御设施的深度也明显不足。在修筑西迪巴拉尼村周围的防御工事时，意大利人在两个主要据点之间居然留下了一处宽 24 公里的无人防守甚至无人巡逻的地带，后来正是这个地方成了英联邦军队的突破口。

1940 年 12 月至 1941 年 2 月，这个冬天的寒冷对于意大利的独裁者墨索里尼来说，应该是感受得最真切而深刻的。他那不堪一击的队伍在北非的战场上给他丢尽了颜面，偷鸡不成反蚀把米，这是墨索里尼做梦之前和做梦之时都没有想到的。

作为三军之长，墨索里尼似乎从未对自己平庸的指挥能力和决策水平产生过怀疑，即使是最惨痛的失败，那也是临战指挥官的责任，因为领袖的命令永远都是正确的。大为震怒的墨索里尼毫不留情地指责起可怜的老格拉齐亚尼元帅："6 个将军被俘，1 个将军战死，你的战果真是辉煌啊！"痛恨之余，墨索里尼以战争失利为由撤销了格拉齐亚尼元帅的职务。

眼看着意大利人在北非的地位岌岌可危，墨索里尼如坐针毡，好不懊恼。情急之下，他已经别无选择，只好暂时低下自己那高贵的头颅，冒着被耻笑的危险去求助他那位纵横欧洲大陆的德国盟友——希特勒。当然，墨索里尼十分清楚，这样一来，北非意军的指挥权就要全部转交给德国人了，可这也是没有办法的办法，毕竟他分享轴心国胜利果实的梦想从目前来看还算不上破灭。

希特勒面对意大利人在北非战场的失败，一方面大为恼火，一方面又有些幸灾乐祸。因为他打心眼里瞧不起那貌似强大、实则弱不禁风的意大利军队。非洲的战略地位不可小视，任何一种准备置非洲于不顾的战略思想都是不明智的，希特勒对这一点心如明镜。但在德国军队踏上非洲大陆之前，他还是希望英国人能够狠狠地教训一下意大利人，自己也好以一种"救世主"的面目出现在墨索里尼面前，让他不敢小瞧自己这个陆军下士。

墨索里尼忸忸怩怩地和希特勒见了面，准备忍受一番希特勒那近乎神经质的嘲笑和奚落，令他难以置信的是，希特勒给予了他最亲切而热烈的拥抱。当墨索里尼不好意思地请求德军增援时，希特勒更是慷慨激昂地表示，北非对意大利，对整个轴心国都至关重要，他无论如何也不会让意大利失去北非。为此，他准备派遣他那精锐的装甲兵团开赴北非，准备和英国人在地中海畔打一场沙漠里的坦克大战。

其实早在12月份，英国重新夺取埃及的时候，意大利的最高指挥部就曾请求过德军的紧急援助。希特勒当时就答应派出100架轰炸机和20架护航战斗机前往西西里岛和意大利南部，用以保护意大利船只和为攻击英国开往埃及的护航舰队。1月11日，也就是在巴迪亚失陷后的第三天，希特勒发出正式指示，命令派遣1支德国狙击部队火速前往北非，全力阻止英国人的挺进。于是，历史上赫赫有名的"非洲军团"很快就组建起来了。

新改编的第5轻型坦克师由约翰尼·斯特莱希担任指挥，它是从第3装甲师中抽调出的核心力量组成的，是"非洲军团"的第一支部队。刚开始，它只有一个坦克连。第5轻型坦克师按计划本应在2月中旬赶到北非，但由于1月22日托布鲁克的陷落，计划不得不提前了。

失望地看着北非的意大利军队一个劲儿地朝向的黎波里撤退，希特勒决定派人先去利比亚了解一下前线的情况，然后再有的放矢地展开德军的北非行动。他派去的这个人就是一直担任第5轻装甲师指挥的普鲁士贵族汉斯·冯·冯克少将，这位贵族少将也是被希特勒寄予厚望的担任"非洲军团"总指挥的首要人选。

"元首，第5轻装甲师师长冯·冯克少将求见。"秘书的话音未落，冯克少将顾不上保持他那贵族派头，脚步慌乱地闯进希特勒办公室，在红绒地毯上不小心绊了一下，险些摔了一跤。希特勒不满地皱皱眉头："慌什么？什么事这样急？"

冯克赶紧赔罪，接着向希特勒报告了他奉德军总参谋部的委派，去利比亚进行实地调查的情况。冯克将军显然是被沙漠英军势如破竹的攻势吓坏了，前言不搭后语地大谈意军的溃败。最后他说道："我的元首，无论如何必须挑选一支狙击部队帮助意大利人防守的黎波里。我认为，原计划派出的部队太少了，无法挽救利比亚的局势。您知道，意大利人实际上完全垮了，英军一旦对的黎波里发起进攻，等于是进入无人之境。"

听了冯克的介绍，希特勒内心震动也很大，但他表面上依然显得很冷静。"意大利人尽干蠢事，一方面发出惊慌失措的喊叫，把自己军队和装备上的弱点完全暴露给敌人，另一方面又过于妒忌和幼稚，认为一旦投入德国士兵就有损于他们这一行动的光彩。如果德军能穿着意大利军服作战，那墨索里尼是最喜欢不过的了。"

"好了，将军，你的建议值得考虑，你可以走了。"希特勒说着，疲倦地挥挥手。

此刻，希特勒的第一个反应是，必须派出一支更大规模的德国部队前往非洲。希特勒认为，一旦英国人控制了利比亚，那等于是让他们把枪口对准了意大利的胸口，英国人很可能会迫使墨索里尼谈和，这样的结果是德意志所不希望看到的。与此同时，英国军队也可能会转移到叙利亚，威胁即将开始的"巴巴罗萨"行动，这无疑将严重损害到德意志第三帝国的长远利益。

想到这儿，希特勒伸手拿起话筒，"传我的命令，让总参谋部在原定的狙击部队第5轻装甲师动身后，立即再派一个完整的装甲师前往北非。"这样，初具雏形的"非洲军团"规模又扩大了一倍。

放下话筒，希特勒转过身体，依稀望着窗外冯克少将已经远去的背影，心中不禁慨叹道：看来这位将军要撤换了！他对北非的局势过分悲观，显然是意大利军队的崩溃严重地影响了他的情绪。未来的北非战场必将是艰难而残酷的，这样意志薄弱的人无论如何也不能担此大任。看来，需要另找一位有名望的将军来指挥第5轻装师了。

接下来，希特勒想起了埃里克·冯·曼施坦因中将，也就是那位成功策划了入侵法国行动的谋略大师，他有勇有谋，完全可以胜任这个"非洲军团"总司令的位置，倒是有一点让希特勒心存顾虑，毕竟欧洲战场才是德意志帝国的主要战场，即将发起的"巴巴罗萨"行动更需要曼施坦因这样的将军，作为元首，他要让他的将军发挥出最大的价值，看来这个人选也不妥。

最终，被希特勒委以重任的是一位年轻的将军，他在西线战场上出尽了风头，在德国已成为一个家喻户晓的传奇人物，战败的战场上需要他的显赫名声，而且他还知道怎样激励部下，这个人就是曾担任过德国"魔鬼之师"师长、后来被称为"沙漠之狐"的隆美尔。

二、"沙漠之狐"横空出世

（一）英军的克星来了

当现实与梦想都接连受挫之后，沮丧的墨索里尼不得不去做一件事，那就是向希特勒求援。这不仅让他感到耻辱，同时也相当于把北非意军的指挥权交给了德军。为了更高的利益和目标，他不得不低下头，与希特勒进行会晤，并表达了自己的愿望。

虽然对这位盟友充满了鄙视与不满，但为了更长远的利益目标，希特勒礼貌地接待了墨索里尼。当希特勒更加深入地了解了战场态势之后，在反复研究与调查北非战场的局势后，希特勒决定派遣作战经验丰富的将军率领军队支援墨索里尼的军队。反复权衡手下可用的将领之后，希特勒把这一重任交给了隆美尔。

隆美尔，1891 年出生于德国的乌耳姆。他在家中的四个孩子中排行第二。他的家庭并不富裕，父母的社会地位卑微。童年时代，他曾一度自卑于自己的出身，但出身却并没对他产生决定性的影响。为了改变自己的命运，他从小就立志从军，想要成为受人尊敬的将军。在当时那个年代，人们对军人的崇拜是非常强烈的，他的理想也是那个时代年轻人普遍拥有的理想。当他抱定了这个愿望，就开始一步一步地向着他的梦想迈进。

19 岁那年，他迈出了梦想的第一步——应征入伍，成为一名军人。在那个年代，每个德国小伙子在年轻时都会选择入伍，但如何从众多的年轻人中脱颖而出，就不是简单的事了。参军不久后，他被送到波罗的海岸边的但泽皇家军官候补学校。在那里，他继续培养着自己的各项能力。隆美尔的身体素质原本不是很好，但在坚持不懈的锻炼下，他在各项体育运动中都名列前茅，深受校长青睐。毕业 2 个月后，他晋升为中尉。

然而，隆美尔在那里最大的收获却并不是这些，而是一段美丽的爱情。

但泽市市长很喜欢组织大型舞会，但泽市民也有崇尚军人的传统，所以军官们时常有机会与年轻女孩共舞。就在舞会上，有个外表漂亮、舞姿卓越的少女引起了隆美尔的注意。在攀谈中隆美尔得知，她叫露西，比他小 3 岁。隆美尔毫不掩饰自己的爱慕之情，而露西也感觉这个军人身上具有难以形容的气质，认为他是个可以依靠的人。于是，两个人很快就坠入了爱河。从此，他们开始有了通信的习惯，几乎每天一封，这种习惯一直持续到了第二次世界大战时期。当时，他们也仍然通过写信来互诉情感，成了当时的佳话。从认识露西开始，隆美尔的世界里除了军事之外又多了爱情。而这两件事，占据了他全部的情感，除此之外没有任何事物能进入他的感情世界。

机会总是留给有准备的人，而只有真正能把握机会的人才有希望获得成功。第一次世界大战，给了隆美尔一个表现自我的机会，为他后来惊天动地的作为奠定了基础。他作战勇敢，指挥得当，善于以少胜多，以弱胜强，屡立奇功。他的种种传奇经历不断地在德国传颂，他成了当时的风云人物。虽然德国最终成了战败国，但他却成了德国在第一次世界大战中最值得称道的亮点之一，并且收获了德皇威廉二世授予的最高荣誉勋章。

德国并没有因为他的存在而改变自己失败的命运。在之后的岁月里，注定只有在战场上才能光芒四射的他一度成为闲人。但他的军衔却并没有闲下来。他在 40 岁出头的时候，已经成为少校，担任步兵营营长。在没有战争的年代里，他百无聊赖，便整理出版了自己的心得之著——《步兵进攻》。正是这本书的问世，才给了他另一次机会，让他在更大的战场上放射出新的光芒。

德国元首希特勒通过这本书发现了隆美尔的存在，并且将他提拔到了自己身边。隆美尔曾担任过"元首卫队"的中校营长，后又成为上校。1940 年，他终于实现了他童年时的梦想。希特勒在这一年要与英法联军进行一次对垒，隆美尔终于得到了施展才能的机会，担任德军第 7 装甲师的师长，成了真正的将军。他并没有因为梦想的实现而放弃前进的脚步，而是率领着他的军队，迅速地切入了敌军的纵深。这是典型的隆美尔战术，如闪电般的打击令敌人措手不及。势如破竹的德军第 7 装甲师名声大振，也让隆美尔的名字在英法联军那里成了恐怖的代名词。他的军队俘获敌军 10 万人，缴获坦克和装甲车 485 辆、卡车近 4000 辆，以及火炮几万门。而他的军队，却仅仅伤亡 2000 余人。德军第 7 装甲师因此被称为"魔鬼之师"，隆美尔本人也晋升为中将。终于，他再一次以行动证明了他就是为战争而生的，只有战场才是他真正施展才华的舞台。

北非局势越来越紧张，意大利人也已经成为强弩之末，再无增援，就注定要失败。为了扭转北非的颓势，希特勒终于把目光投到了隆美尔身上，希特勒决定在北非打一场彻底的翻身仗。于是，他把隆美尔召到了自己眼前，准备将这一艰巨的使命正式交给这位爱将。

对于这次召见，隆美尔仿佛有了某种预感，他接到指令后立即赶到了柏林，来到了希特勒眼前。希特勒对于他在西线的胜利给予了充分的肯定，接下来突然把话题转到了北非战场。对于战事非常敏感的隆美尔当然知道北非的情况，当希特勒讲述着北非战局时，他已经有了某种预感。希特勒观察着隆美尔的表情，知道自己的意图已经被隆美尔猜到了十之七八，便对他继续说，如果意大利人能够持续取胜，则不必管他们；但如果他们失败了，则会影响到整个战争的形势，德国会失去地中海，那么对将来的战事非常不利。所以，北非这块难啃的骨头必须啃下来。而这一使命，则应当交给最勇敢并且最富有战斗经验的将军。希特勒继续观察着隆美尔的表情，他逐渐感觉到，这位爱将的眼神中流露出的是一种欣喜。看来，北非战场注定将由隆美尔来创造奇迹。希特勒准备让隆美尔在那个缺水、交通不便且不适于人类生存的地带担任德国非洲军的司令官，率领 2 个师，并且还兼管北非的意军。

通过观察，希特勒知道一切都在按照自己的意图发展，隆美尔脸上已经露出了狂喜的神色。他立即向元首表示，一定不负期望，要在北非打一场漂亮的翻身仗。在这个战争狂人心里，非洲大漠的种种困难都不会成为他的障碍，越是艰苦的地带，越是他施展才能的舞台。他相信，属于自己的机会来了。

希特勒有足够的理由相信，隆美尔不是在大放厥词，这个战术天才的确有速战速决的能力。他暗示隆美尔，虽然理论上意大利才拥有北非战场的最高指挥权，但不必完全听从墨索里尼的指示，遇事时还要以德国方面的命令为准。

如果说希特勒因为墨索里尼的频频失败而对这位"合作伙伴"越来越蔑视的话，隆美尔则从来没把意大利放在眼里。从某种意义上说，即使希特勒没有这样示意，隆美尔也只会按照德国的命令行事。

（二）"沙漠之狐"首战告捷

1941 年 2 月 15 日，隆美尔在的黎波里的中心广场上举行了阅兵仪式。隆美尔在战场上屡建奇功，依靠的并不仅仅是勇猛，同时还要依赖他非常聪明的头脑。他用布料将卡车蒙起来，变成了几百辆"坦克"，在自己的装备全部到达之前，这将是他的主要"武器"。这不仅可以鼓舞士气，而且还可以打击英军的信心，让英军以为德军的武器装备相当充足。当然，隆美尔不可能永远使用这种迷惑战术，这只是他打击英军的第一步而已。德军的装备还没有全部到达，隆美尔就向英军发起了闪电般的突袭。英国人吓了一跳，面对先发制人而且实力"雄厚"的隆美尔，他们深感这个名声在外的德军将领的确不易对付，于是开始不断撤退，以期避开他的锋芒。隆美尔不会因为对手的退却而停止前进，他用聪明的头脑、坚定的意志，对英军进行了一系列打击，开始书写他在北非的神话。

欧洲人对于非洲的环境十分不适应，时常有沙尘暴在周遭肆虐，还要忍受蚊虫不断叮咬，运输也困难重重，气温常高得离谱，而且水资源也时常无法及时供应……面对种种困难，隆美尔用铁一般的意志指挥着他的军队。逐渐地，士兵们习惯了这里的生活。

正是在这样艰难的环境中，隆美尔立志要完成他的大业，在这片黄沙滚滚的土地上，开辟出他的时代。隆美尔时常眼望这片大地，规划着他的宏伟蓝图，仿佛胜利已经是他的囊中之物。当然，他是个实干家，他心中不仅有对未来的设想，同时也在思考着作战方案。沙漠地带一望无际，没有城市乡村的各种建筑设施进行地标参照，只能依靠自然与工具来辨别方向。在这样的地方，坦克将是最有力的进攻武器。隆美尔深信，最好的防御就是进攻。他在心中不断地盘算，对英军的首次打击应该如何实施。

2 月 24 日，隆美尔向英军发起突袭，地点是诺菲利亚以东 120 公里处。在这场小规模的战斗中，德国非洲军轻而易举地击毁了英军 3 辆装甲车，俘虏 3 人，取得了隆美尔上任以来的"开门红"。虽然战斗的规模不大，但对于提升军队的士气起到了良好的效果。这场胜利来得有点太容易了，虽然隆美尔通过闪电战取得胜利的例子比比皆是，但他仍然感到顺利得出乎自己的意料。

非洲战场固然重要，但其他战场上的战事同样不可小觑。希腊人一路高歌猛

进，迅速击溃了意大利人。当希腊人逐渐占得上风之际，英军与德军都派了增援队伍，而英军调集的，就是在北非的军队，因此减轻了北非德军的压力，从而给势如猛虎下山的隆美尔创造了良好的条件。但他并非毫无担忧，他的军队对于北非的环境还没能完全适应，同时还有新兵正在补充过来，他们的战术素养也是个问题。为了让整个德国非洲军能够尽快地适应环境，形成坚强的整体，隆美尔在军队中从不摆长官的架子，水资源缺少的时候，他把自己的那份让给士兵；睡觉时他也争取与大家住在"天被地床"的环境中……许多士兵都只是在新闻中听说过这位传奇人物，当许多期待建功立业的军人听说自己被编入隆美尔的部队中时，曾一度兴奋不已，渴望早日与这位将军并肩作战。在他们的心中，隆美尔是遥不可及的人物，只要自己能在他的手下当兵，就已经心满意足了。此时，这位将军正在与自己同吃同住，仿佛兄弟一般，这让士兵们折服不已，更加坚定了打好大漠之战的决心。消息传开后，德国元首希特勒相信，他不用再为北非战场操心了，墨索里尼虽然对德军的援助感到别扭，但同时也安下了心来。另一方面，英军则开始提高警惕，他们相信，自己所面对的是个相当可怕的对手，必须拿出实力，认真对待这场战斗，否则很可能会输得体无完肤。

希特勒深深地了解隆美尔对各方的心理影响，为了进一步鼓励隆美尔，希特勒授予了隆美尔铁十字勋章，并且鼓励他要好好作战，相信他凭借有限的力量可以取得更大的胜利。隆美尔知道德国已经开辟了太多的战场，各方增调资源有限，但他有信心能够凭借有限的资源打赢北非的战斗。然而，并不是每件事都能够顺他的心，他早已经看准了战机，准备再一次发动闪电战，趁着英军的兵力都抽调到希腊时，对利比亚和埃及的英军进行沉重打击。可是希特勒却认为，只有等到德军第15装甲师到达之际，隆美尔才可以开始进攻。这跟隆美尔的计划截然相反，从而也影响了他的计划。不过，素以足智多谋而著称的他，不可能因为这样保守的命令而限制自己的行动，他仍然用惯用的战术，以闪电般的速度扑向了塞尔特以东282公里的阿吉拉。虽然只是一场小规模的战斗，但隆美尔作战时的火力却异常猛烈，巴比亚峡谷巨响连连，浓烟滚滚。他毫不客气地乘胜前进，准备一鼓作气攻下更多的英军阵地。

由于英军将经验丰富的部队都调到了希腊，因此隆美尔得以长驱直入。面对这位可怕的对手，英军多少显得有些懈怠，并没有全神贯注地与之对抗，其总司令韦维尔深知"巧妇难为无米之炊"，面对隆美尔的进攻，他无可奈何。不过，通过无线电的截获，他窃听到了一个消息，就是希特勒命令隆美尔在德军第15装甲师到达北非之前不得进攻，所以他多少有些宽慰，认为自己不会立即遭到德军的进攻，至少还有一段时间的喘息之机。大战期间，情况瞬息万变，只要有了这段时间的调整，说不定会发生什么变化。所以，他在等待着好的时机，期待能够扭转局势。

不过，他错了。原因只有一个，那就是他的对手是隆美尔。"将在外，君命有所不受"这句中国的古话，正是隆美尔的真实写照。在英军喘息未定之际，隆美尔的目标又开始直指梅尔莎布列加的英军据点。伴着巨大的轰鸣声，德军坦克向英军阵地开进，容克-87"斯图卡"式俯冲轰炸机猛烈地轰炸英军的炮兵阵地，机枪营对英军进行包抄。尽管英军顽强抵抗，但面对德军的战术，他们的防线很快就被攻破了。德国非洲军吹着得胜的号角继续向前开进，一直打到了阿格达比亚。英军也在不断地进行伏击和骚扰，也取得了一些战果，无奈当时装备有限，而且他们的战术素养与隆美尔的军队相比还是差了一些，所以他们抵抗的结果只能是失败。

铁十字勋章

隆美尔一路高歌猛进，他把下一个目标定在了利比亚。就在这时，英军再一次得到了情报——柏林方面对隆美尔擅自进攻的做法十分不满，并且勒令他立即停止进攻。但此时的英军再也无法相信这情报的准确性了。或许，这只是迷惑对手的假情报？因为他们始终不敢相信隆美尔敢公然违抗国家元首的命令。在北非战场，德意联军的最高指挥官是意大利的加里波第，当他得到消息的时候，隆美尔已经闪电般打败了英军。加里波第不喜反惊——怎么有人敢公然违背上级指令？他立即赶到了北非前线，怒斥隆美尔不服从上级的行为。但隆美尔仅仅给了这位所谓的"上司"几许轻蔑的微笑，然后告诉对方，自己已经得到了上级的命令，允许他随意进攻。加里波第不明虚实，但面对语气坚定的隆美尔，他还是选择了接受，因为他也不相信隆美尔会编造上级的命令。

在隆美尔取得一个又一个胜利的时候，一个绰号不知不觉间已经在整个北非沙漠流传，令英军闻风丧胆，那便是"沙漠之狐"。"沙漠之狐"出现在哪里，德军就会攻占哪里，英军毫无招架之力。不过，隆美尔却并不满足于已有的战绩，因为此前都是些小规模的战斗，这无法满足他的欲望。于是，他开始计划大规模的攻势。

在这段时间，德军最大的困难仍然是如何适应北非的作战环境。在与士兵们"亲如兄弟"的同时，隆美尔也通过以身作则的方式增强士兵的战斗力。有士兵生病了，他要求他们带病上阵，除非连站都站不起来了才可以休息。而对于有着坚强意志的士兵，他给予的不是鼓励，而是更加苛刻的要求，为的就是克服困难，打好眼前的战斗。他这样的严格管理到底起的是正面作用还是负面作用呢？至少对于当时而言，效果还是不错的。在他的催促下，士兵们不得不打起精神全力进攻。但面对德国人的坦克与机枪，曾经异常骁勇的英军仿佛都失去了战斗力。没过多久，胜利的号角再一次响彻在梅智利和德尔纳的上空。

（三）受阻的"闪电"

闪电般的速度仍然在持续，现在没有人知道有谁能稍稍阻止一下隆美尔进攻的脚步。没过多久，他的军队已经打到了托布鲁克要塞。从当时的局势来看，托布鲁克要塞属于军事要地，那里交通便利，运输方便，如果能够打下那里，基本就相当于得到了一个便捷的补给基地。隆美尔不敢怠慢，立即派出了先头部队，扑向托布鲁克要塞。但刚刚开始就遭遇了挫折，第15装甲师师长海因里希·冯·普里特维茨少将所乘的汽车被英军炮弹击中，他当场身亡。不过战争一定会有伤亡，当斯特莱克把这消息告诉隆美尔的时候，并没能影响到隆美尔的心情，他立即下令发起攻势。托布鲁克要塞是军事要地，当然不能被轻易攻破，英军毫不留情地对来犯的德军进行还击，令在此前势如破竹的德军连续遭遇苦战，在4月12日，德军第8机枪营和20多辆坦克陷在了英军的反坦克壕里，士兵也伤亡惨重。

隆美尔自从来到了北非之后，还没有受到过这么大的损失，他的原则是遇到困难，就以更加猛烈的进攻去克服。虽然他的实力雄厚，但托布鲁克要塞易守难攻，持续了大半个月也没能得手。隆美尔不断变换战术，利用各种战术，包抄、突袭、强攻、渗透……与此同时，意军也没闲着，面对英军的55辆坦克与步兵部队组成的精锐部队，意军成功地在西迪阿则兹挡住了英军的进攻。不久，隆美尔派出第8装甲团第1装甲营和88毫米高射炮增援意军，两面夹击让英国人首尾不能相顾，最终败退到了哈尔法亚山口。

哈尔法亚山口同样是交通要道，机械化部队通过这里才能快速推进，隆美尔当然志在必得。他派出了第8装甲团和第104步兵团进行合击，力求用迅速、凶狠的战术给予英军致命一击。

5月27日，隆美尔重新夺回了哈尔法亚山口，已经把剑尖直指向埃及的心脏地带。自从进入北非以来，他一路过关斩将，如入无人之境，仿佛战神般克服了一个又一个困难，杀到了哈尔法亚山口。到目前为止，他唯一头疼的仍然是托布鲁克要塞没有攻下。如果攻下这个地方，那么他在北非的战绩就可以用"完胜"来形容了。此时，战斗已经逐渐进入相持阶段，隆美尔非常不喜欢这种阵地战。这种战法意味着无论是兵员还是补给都会大量消耗。隆美尔不怕消耗，但却不喜欢这种相持的感觉。不过，虽然通向胜利的道路上出现了一些阻碍，但却并没有影响到他的兴致，面对这座易守难攻的要塞，他的心中也产生出了无限的激情。在不久之后，他相信自己势必会成功地夺下托布鲁克要塞。

他在等待着那一刻的到来！

三、激战茫茫沙海

（一）韦维尔泪别北非

1941 年的春天，隆美尔过得并不愉快，因为他和他的"非洲军团"屡次对托布鲁克发动进攻，却皆以失败收场。不过，他也从中总结了一些经验教训，这令他对自己的最终胜利充满信心。

哈尔法牙关既控制着通往索卢姆的海岸公路，又控制着埃及沿海平原和利比亚沙漠之间的交界地区，战略位置非常关键。隆美尔把哈尔法牙关的指挥权交给了威勒姆·巴赫上尉，这是一位曾经当过牧师的狂热的好战分子，他最引以为傲的即是自己曾带领部队参加了 5 月底那次夺回哈尔法牙关的战斗。

隆美尔命令从哈尔法牙关向着沙漠高原修筑要塞防线，这条新修筑的防线有多处据点，其中包括卡普佐村以南 8 公里左右的 206 号据点和俯视卡普佐南翼的哈菲德山梁上的 208 号据点。如果巴赫指挥的德意军队能够守住哈尔法牙关，那其他据点就会形成一个很宽的弧形，逼迫英国装甲部队进入沙漠作战。

隆美尔对后方的安全不屑一顾，也不相信间接获得的报告，他每天都要亲临前线视察，以获得对战场的真正了解，他认为这是胜利的关键。隆美尔的一位军官回忆说："他在视察前线时，能够看到一切情况，如果大炮没有伪装得很充分，如果埋藏的地雷数量不够，如果常务巡逻兵没有足够的弹药，隆美尔都要亲自过问。"

6 月 14 日，隆美尔通过监听敌军电台得知，英军的进攻将于第二天早晨开始，他命令所有部队保持警戒。为了预先阻止托布鲁克的英军发动任何入侵行动，他在当天晚上月亮升起时便开始用大炮轰击城里。隆美尔的战斗命令简洁明了、一语中的："哈尔法牙关一定会守住的！敌人一定会被打败！"

英国和英联邦国家的军队则远没有这么充分的准备，当然也就缺乏足够的自信。由于"英勇行动"计划的失败，韦维尔将军心里承受着来自伦敦上司们的巨大压力。为了在北非挽回些面子，他精心策划了一个代号叫"战斧行动"的进攻计划。该计划由佩尔斯爵士中将具体负责实施，目标是摧毁隆美尔在哈尔法牙关的部队，以缓解托布鲁克的压力，然后把轴心国部队尽可能地往西驱赶。

应该说，"战斧行动"计划的准备是不够充分的。新组成的第8军并不是一支训练有素的整体，它的许多队伍都是从正规编制单位中抽调出来的。更糟糕的是，"马蒂尔达"坦克行进的速度太慢了，而且装甲兵和步兵之间又无法进行有效的通讯联络。佩尔斯也不像隆美尔那样喜欢待在战场的附近，他把总部设在离利比亚边境有97公里的西迪巴拉尼，这使得他根本无法根据战场上出现的新情况做出及时准确的调整。

6月15日拂晓，英军的进攻全面展开。

中路的坦克团向着卡普措堡方向前进。由于该团全部装备令人生畏的"马蒂尔达"重型坦克，所以防守阵地的德军第8机枪营对它毫无办法，反坦克炮弹打在装甲上全被弹了回来，这使德军官兵感到一筹莫展。毫无顾虑的英军坦克在德军阵地上纵横驰骋，来回碾压，将一门门德国大炮碾得粉碎，德军炮手们惊恐万分，四散奔逃，卡普措堡被英军顺利攻下了。

中路英军攻击得手，但北路的英军则没有那么走运。虽然他们也拥有令人生畏的"马蒂尔达"坦克，但这种坦克的威力被隆美尔在情急之下闪现出来的一个灵感火花给抵消了。

目睹了英军坦克在德军反坦克炮面前横冲直撞，隆美尔心急如焚，他知道这场战役的胜负将决定于他能否找到一种对付这种坦克的办法。突然，这位学生时代的数学高才生将目光停留在了几门88毫米的高射炮上，他立即命令巴赫和他的士兵们把炮管放平，时刻准备着向前来进攻的"马蒂尔达"坦克射击。

巴赫上尉和他的手下人穿着汗渍斑斑的衣服在哈尔法牙关上的据点里彻夜等待着，他们忍受着沙漠跳蚤的无情进攻，一有空闲就偷偷打个盹儿。沙漠中的白昼来得很突然，凌晨4点时，月光已变成了阳光。随着一阵马达声的响起，远处出现了缕缕沙尘。当轰隆隆的装甲车队跃入眼帘时，人们的神经开始绷紧了。炮弹的刺耳声宣布了英军又一次攻击的开始。

随着盟军的脚步声越来越清晰，久久等待的德军终于忍不住了，巴赫上尉终于发出了开火的命令。88毫米的大炮发出印度军队以前从未经历过的响声。很快，其他反坦克炮火也加入进来，好几辆"马蒂尔达"坦克顷刻间冒出浓烟，停了下来，履带、炮架和金属碎片散落一地。被毁坏的坦克后面的印度步兵拼命地试图往前冲，但在密集的炮火下，这是根本不可能的。英国的大炮瞄准意大利的炮兵阵地一阵猛打，但还是无法压制住。同时，德国的炮队继续轰击，迫使英军节节撤退。

巴赫上尉和他的部队顽强地守住了关隘。

高炮低射成了隆美尔挫败丘吉尔"战斧"计划的关键。他马上把仅有的12门高射炮分成两组，一组放在性命攸关的哈勒法山隘口，一组放在另一个战略要地，即英国人南路进攻的目标——哈菲德岭。这一创举使得进攻哈菲德岭的英军损失惨重，防守的德军第15装甲师几乎没费吹灰之力，就让英国人60多辆灵活的坦克变成了大漠中的堆堆废铁。

到了夜间，疲惫的英国人停止了进攻，这使隆美尔赢得了宝贵的调整部署的机会。一向动若脱兔的他马上命令第5轻装甲师和第15装甲师全部撤出战斗，集中全力于拂晓前插到英军的侧翼，以一记漂亮的右勾拳把英国人赶下地中海。

正在正面战场上聚精会神地准备次日进攻的英军万万没有想到隆美尔从侧面杀来，顿时陷入了混乱之中。隆美尔当机立断，决定来它个乱中求胜，他命令自己的两个装甲师向英军发动坚决的钳形攻势，用他的话说："一直打到坦克的汽油烧完为止。"

当天的战斗结束后，隆美尔把他手下各位军官的报告以及无线电窃听到的情报结合在一起，得出了一套很清晰的作战思路。当晚，他便有了一个大胆的计划：由第15装甲师向卡普佐的梅塞韦部队发动反攻，同时，第5轻型坦克师向西迪欧马进发，然后转到东边攻打西迪苏来曼，最后与哈尔法牙关的德军会合，切断英军的通讯联络线。

6月16日黎明，第15装甲师向卡普佐的英国第22护卫大队和第7装甲大队发动了反攻，但经过5个小时的疯狂战斗，它损失了80辆坦克中的50辆，不得不被迫停止反攻。到中午时分，英军攻克了位于卡普佐和索卢姆之间的穆塞德，威胁着巴迪亚。但在那里，它们的进攻逐渐弱了下来，因为装备精良的英国坦克修理站设在遥远的后方，为数不多的随军修理队人员自然感到十分恐慌。

当夜幕降临时，梅塞韦越来越担心他的左翼。他的担心是很有道理的，他的第4装甲大队在超负荷地抵抗着德军的第15装甲师，而第7装甲大队和各个支援小组在一场猛烈的坦克大战中被德军的第5轻型坦克师击退了，这场坦克大战发生在哈菲德山梁和西南方向的西迪欧马之间的沙漠中。

除了突然袭击外，德军在随后的许多胜利都要归功于一种大胆的新战术；德军装甲师不采用坦克对坦克的作战方式，而是用反坦克大炮来对付英国的坦克。这种反坦克大炮由一种特别设计的拖车拖运着，一旦碰上敌人，司机马上停车，炮手架起大炮就能立即开火，这凶猛的火力具有足以致命的效果。

6月17日凌晨，第5轻型坦克师的先头部队攻进了西迪苏莱曼，那里的英军装甲部队只剩下22辆巡逻坦克和17辆"马蒂尔达"坦克，即将陷入全军覆没的危险。这天的战斗还在进行之中，隆美尔的信号窃听部截获到一则无线电报告："焦躁不安的英国人正在抱怨燃料和军火严重短缺。"显然，英军虽然守住了前线，但他们与后方的联系已被德国人切断了。

6月17日中午，佩尔斯和韦维尔一同飞往梅塞韦的指挥部，希望调集第7装甲师发动一次反攻。但是，形势已无法挽救了，梅塞韦早就正确判断出他的部队将在卡普佐和哈尔法牙关被诱擒，所以已经命令印度第 4 师撤回，他特别强调责任由他本人来负。

韦维尔被这消息惊呆了，他取消了要求第 7 装甲师发动反攻的命令，并要求全线撤退。韦维尔认为梅塞韦的决定是明智的，尽管做出这个决定没有得到上级的同意。事实上，正是这次撤退挽救了第 8 军。在 3 天的战斗中，英国和英联邦国家的军队伤亡人数总共不到 1000 人，然而，士兵们的生命虽然保住了，但他们的士气却受到了严重的打击，它们的装甲部队更是呈现出一片惨烈的景象。

6 月 18 日，隆美尔离开指挥部，驱车看望他那些筋疲力尽的德国和意大利士兵，并向他们致谢。看着这些喜气洋洋的面孔，他不由得感到欣慰，受到鼓舞。在这次战斗中，他仅把每天的战斗情况向柏林做一次扼要的报告，而现在他可要沾沾自喜地宣告自己这一难忘的胜利了。他声称自己的部队摧毁了敌军 180 到 200 辆坦克，几天后又把这个数字夸张地修改为 250 辆。其实准确的数字是，英国共损失 91 辆坦克。然而，德国损失的坦克加起来只有 25 辆，这却是不争的事实。

1941 年的整个 6 月，对于隆美尔来说都是令人愉快的日子。他以卓越的战斗和严格的训练赢得了胜利，以至连盟军将士们每每谈起隆美尔和他的坦克时，都不免流露出敬畏的神情。在国内，隆美尔的声誉也同样达到了顶点。在希特勒的提议下，49 岁的隆美尔被晋升为上将。自开战以来，在短短两年时间里，他由一名中校一跃而成了一名德军陆军中最年轻的上将。

一个只有 49 岁的人成了一名上将！这就意味着，尽管在托布鲁克的那几个星期有过难堪的争论，但隆美尔确实已经像玫瑰花一样绚丽芬芳了。只是他自己本人好像并没有太多的激动，听到这个消息后，他只是淡淡地说："这当然是令人高兴的事，然而如果有可能的话，我还会将自己的肩章上添上更多的星。"

初夏的天亮得很早，四下里一片静悄悄的。树叶在晨光中轻轻颤抖，一抹朝阳洒进了中东英军总部。韦维尔将军坐在办公桌后宽大的扶手椅上，收音机里正广播着最新的消息："今天清晨 4 时，德国以 300 多万军队、3000 辆坦克和近 2000 架飞机，对苏联发动了突然袭击，苏联军队正在斯大林将军的领导下，奋起反击……"

韦维尔再次拿起桌子上摊着的那张纸："首相致韦维尔将军：奥金莱克将军将接替你的职位担任中东英军总司令，而你是一名无与伦比的优秀人才和十分杰出的军官，将填补英印总司令的空缺职位。"

看着"优秀人才""杰出军官"这样的字眼，韦维尔心里不禁阵阵苦笑，这其中的酸楚和苦涩恐怕只有他自己才能体会得到。他很清楚，自己在北非的使命已经结束了，可为什么去印度？难道真的去摇动那些印度榕树吗？传说中那是一种能产生金币的树，能够让人发财走运。韦维尔认为自己无论再怎样摇也不会有什么好运了，北非的失败会让人永远记住他的名字，这样的屈辱连神奇的印度榕树也无可奈何。

对于韦维尔来说，这场失败终止了他在北非的长期军旅生涯。他给英国最高司令部的报告显示了他无所畏惧的勇气："我不得不遗憾地向大家报告：'战斧行动'失败了，而全部责任都在我……"将一切过失归于自己是韦维尔的一贯作风。将军一夜之间老了10岁，头发全白，步伐都变得异常沉重。

（二）"十字军战士行动"

使韦维尔解职的这场战役却使隆美尔坐稳了职位，它代表了隆美尔的装甲部队第一次决定性地战胜了同样强大的盟军。另外，还进一步证实了他原来取得的胜利不是纯粹依靠运气，还在于他大胆的战术和亲自督阵指挥的风格。

在这场战役胜利后，隆美尔花了3天时间巡视战场，向他的将士们表示祝贺。在哈尔法牙关，他尤其赞扬了巴赫上尉，并建议给他授予一枚"铁十字"勋章，提拔他当少校。这期间，隆美尔的军团在壮大，他的手下也越来越对这位指挥官充满信任。

尽管人员和物资短缺，隆美尔还是准备攻打托布鲁克。他选择了一些进攻点，把大炮瞄准要塞。他不知疲倦地在沙漠里到处巡视，穿梭于封锁线前沿哨所之间，经常事先不打招呼就突然出现，以监视要塞的修建情况，研究最新的形势报告。

频频告急的北非态势，使得丘吉尔不得不再次从极其复杂的战争局势中冷静下来。他后来在《第二次世界大战回忆录》中写道："北非目前的惨败状况，我是有责任的。不该急于把部分兵力调往希腊，而应该乘胜扩大战果。因为这给希特勒钻了一个不小的空子……当然，韦维尔也是有责任的，他不是一个很称职的指挥员。"

到北非接替韦维尔中东英军司令职务的是一名叫作克劳德·奥金莱克的将军。奥金莱克时年57岁，人赠绰号"海雀"。曾先后就读于桑赫斯特皇家军事学院和帝国国防学院，参加过阿富汗战争、缅甸战争和第一次世界大战，就任前为驻印度英军总司令。他意志坚定、精明过人、作战经验丰富，备受士兵们爱戴。在丘吉尔眼里，他是最为合适的人选。但是他也有明显的不足之处，那就是盲目自信，并且缺乏沙漠作战经验。

上任伊始，奥金莱克按照丘吉尔的指令，将西部沙漠部队扩编为第8集团军，由在东非肃清意军作战有功的艾伦·坎宁安中将任司令。集团军下辖第13军和第30军，分别是由戈德温·奥斯汀中将和诺里中将任军长。这样，整个北非的英军共拥有4个师3个旅，总兵力达13万人，配备"马蒂尔达""瓦伦丁"等坦克710辆，其中200辆为步兵坦克。

面对英军大兵云集之势，隆美尔不敢继续玩弄他那"瞒天过海"的把戏，遂针锋相对地调兵遣将、改编部队。他将第 5 轻型装甲师改为第 21 装甲师，并重新组建一个"非洲师"，还把麾下的意军从 3 个师扩编为 1 个装甲师、5 个步兵师。

两虎相争，必有一败，重兵对垒的英德双方究竟谁能赢得这场战争的胜利呢？

11 月 18 日，英军在经过 4 个多月的精心准备之后，主动发起了迄今为止英国在沙漠战场上最大的一次攻势——"十字军战士行动"。其战略目的是拖住并消灭德军装甲部队，解救围困于托布鲁克的守军，重新夺回整个昔兰尼加，并最终占领的黎波里。丘吉尔对这次战役寄予极大希望，他希望"十字军"行动能成为与布莱尼姆和滑铁卢之战相媲美的战斗。

奥金莱克已经仔细考虑过了：由阿兰·坎宁安中将指挥的第 8 集团军来执行此次行动，作为主要的进攻部队，第 30 军的装甲部队将穿过马达莱纳附近的埃及边界，然后呈一个大弧形向西北方向进军到一个叫加布沙的地方，奥金莱克希望在这里迫使隆美尔的装甲兵作战。在击败"非洲军团"后，第 30 军将继续推进到西迪雷泽周围的一片高地，与托布鲁克守军中的一支突围出来的部队会合。同时，位于第 30 军北翼的第 13 军步兵推进到索卢姆—西迪欧马防线，英军将尽力战斗到最后一刻，直到第 30 军歼灭那两支德国装甲师。

如果说"十字军战士行动"计划书本气太浓，那么英国人在向加布沙利进发前 5 小时试图采用的计划就带有冒险小说的味道了。

那是一个风雨交加的夜晚，汹涌的海浪咆哮着撞击着礁岩，发出了巨大的响声。一支英军突击队乘坐着橡皮艇驶向海岸，他们的目标是一举干掉岸上的隆美尔和他的总参谋部。突击队员们上岸后迅速整好了队形，然后按照英国特工和阿拉伯人合作者提供的情报采取行动，直奔贝达里托利亚，冲进他们认为是隆美尔总部的地点。然而，接下来的情况是，他们不仅走错了屋子，而且还由于慌乱而误伤了自己人。

暗杀隆美尔的行动注定要失败，因为英军根本不知隆美尔本人当时仍然还在意大利。突击队员们在先后杀死了 4 名德国人后，有的被打死，有的被抓获。当然，他们攻击昔兰尼加和亚波罗尼亚的目标也就跟着落空了。

英国突击队员们的刺杀行动并没有动摇隆美尔。他把这看作一次孤立的事件，而不是一次大规模进攻前的序曲。

11 月 17 日，即英军进攻日的前一天，即英军试图直取隆美尔性命的那一天，一场前所未有的大暴雨袭击了轴心国占领的昔兰尼加地区。这场罕见的暴雨使干涸的河床上突然间发了洪水，冲毁了桥梁，淹没了装备，大洪水使他们的机场成了一片泥潭，飞机根本无法起飞降落。一切侦察飞机都暂停了。正因如此，英军在沙漠中新建立起的好几处供应站都未被德军侦察机发现。

18 日晌午时分，英军开始进攻。英国皇家陆军第 7 装甲师在新任师长戈特中将的率领下，再度领衔主演，活跃在战场的最前沿。左翼装 7 旅一马当先，沿托布鲁克向西迪拉杰特前进，敏捷地穿过一条横跨沙漠的古老的贩运奴隶的小道，顺利地抵达目的地。右翼装 4 旅正与德军外围的游动侦察分队进行小规模的冲突，第 22 装甲旅则从另一路快速穿插，在傍晚时分便停顿休整，距目的地仅 20 公里。

在英军发起强大的攻势时，由于行动隐蔽，计划周密，致使德意军队事先并无丝毫察觉。虽然有消息报告说有一队坦克沿途驶来，但隆美尔误以为只是英军的小股侦察分队，是试探性行动，因此未加理睬，仍一心一意地在拜尔迪耶指挥部筹划对托布鲁克的进攻计划。

"司令阁下，空军已发现众多敌军坦克在前线一带集结，侦察袭击不可能动用这么多兵力，这足以说明英军是在进行一次大规模反攻，所以我们必须给予充分重视。"非洲装甲军新任军长克鲁威尔将军试图说服隆美尔。

"那你说该怎么办？"隆美尔问他。

"我已和拜尔林参谋长商量过了，决定让腊芬斯坦的第 21 装甲师的一个坦克团派往加布尔萨拉。"

隆美尔显然是生气了："不行，我们不能过早向敌人暴露自己的真实目的。"

18 日整个下午，克鲁威尔将军和他的高级指挥官们对侦察部队看到几股分散敌军的报告开始警觉起来。克鲁威尔命令第 15 装甲师开进沙漠腹地，以对付可能发生的袭击，然后于晚上 10 点钟赶到隆美尔设在甘布特的总部，向他汇报情况，隆美尔仍坚持认为，英军只是想骚扰一下德军，并嘲讽道："我们千万不能神经错乱。"尽管隆美尔反对，克鲁威尔并没有收回他的命令。这对隆美尔来说真是幸运，德国的"非洲装甲车"与英国的第 8 集团军即将展开角斗，这是战争史上最壮观的装甲车火并战之一。

19 日清晨，英军装 7 师第 22 旅向比尔古比发起了猛烈的攻击，这是一支由义勇军骑兵联队改建的装甲部队，是第一次参加沙漠作战，经验相对缺乏，但他们英勇强悍，求胜心切，发扬骑兵冲锋时的作战风格，全速冲击意军阵地。无奈这种勇敢的精神缺乏灵活性和针对性，好像红了眼的赌徒一样容易给精明的对手看出破绽。结果第 22 装甲旅在意军强烈的反坦克火炮的打击下，伤亡惨重，4 个小时之内便有半数以上坦克被毁，另有 30 多辆坦克因各种故障而瘫痪在沙漠里不能动弹。虽然也有个别坦克侥幸躲过猛烈的炮火，单枪匹马地冲进了意军阵地，但终因后续不力，缺乏步兵协同而退出阵地。

第 22 装甲旅在付出惨重的代价之后，终于慢慢地进至托布鲁克郊区。与此同时，装 7 师第 2 坦克团和第 7 轻骑兵队袭击了托布鲁克西南侧的西迪拉杰特，抢占了飞机场，焚烧了跑道上的飞机，并以机场为中心，四处扩大战果，对德军空中运输线造成了极其严重的威胁。

有关第 7 装甲师活动的报告使克鲁威尔将军相信，英国人的确正在准备发动一次大规模的进攻战，征得隆美尔同意后，克鲁威尔从第 21 装甲师抽调出一支由 120 辆坦克 12 门野战炮和 4 门 88 毫米大炮组成的部队，前去支援侦察部队。这支前去增援的部队刚好与盖特豪斯的第 4 装甲大队迎头相撞，在这场双方坦克数量相同的猛烈战斗中，德国人大占上风，他们把 23 辆 "斯图亚特" 坦克打得动弹不得，而自己只损失了几辆装甲车。

11 月 20 日，双方都想更清楚地搞懂对方的意图。克鲁威尔做出了自己的行动计划，他假设敌军分成了三部：一部在加布沙利，另一部在西迪雷泽，第三部就是曾经把第 3 侦察分队一直追过卡普佐的那支部队。他决定不采取一系列小规模冲突的作战方式，而应该集中他的装甲力量，全力消灭敌军纵队。

第一次遭遇战将在加布沙利打响。坎宁安的监测器偷听到了克鲁威尔的计划，使得英军的准备相当充分。隆美尔意识到他的部队正面临的危险，决定把 "非洲军团" 集中在西迪雷泽。当天下午，德国的装甲部队给英国人来了个措手不及。机场周围高地上的 88 毫米大炮和反坦克大炮重创英国第 22 装甲大队，迫使它撤退，79 辆坦克只剩下了 34 辆。第 7 装甲大队情况更惨，只剩下 10 辆坦克。同时，德军的第 15 装甲师从对面的西边开过来参加战斗。很碰巧，德国人开往战场的道路要直接经过英国第 4 装甲大队扎营的地带。夕阳西下后不久，德军装甲师冲进第 4 装甲大队的指挥部，抓获了 267 人和 50 辆坦克。

这次战役使双方都遭受了空前损失。遭到克鲁威尔部队最猛烈进攻的南非第 5 大队作为一支战斗力量已不复存在，它损失了几乎所有的炮兵部队和反坦克大炮，还有 224 名人员阵亡，379 名受伤，2791 名被俘。在参战的德国 150 辆装甲车中，有 70 辆已失去了战斗力。德军机械化步兵师的大多数军官和军士已伤亡。

西迪雷泽的这次坦克大战可能具有决定性的意义，但战斗还远远没有结束。隆美尔认为威胁托布鲁克的大部分力量已被摧毁，现在，必须趁敌军撤退之机最大限度地给予突然打击，尽快把德军的全体部队推向西迪欧马。

21 日夜，战场渐渐地平静下来，英德双方似乎有了约定一样，都在利用短暂的时间补充油料弹药和给养。装 7 师师长戈特面对上任伊始的战争惨败，陷入了深深的痛苦之中。这位被称为 "扫荡者" 的中将，素以勇猛著称，但是他缺乏沙漠作战的指挥经验，对战争的复杂性认识不足，对作战部队缺乏统一的协调，致使部队处于兵力分散，被动挨打的局面。

要想赢得胜利，必须先发制人，这是戈特痛苦反思后得出的主要结论。可正当英军厉兵秣马准备于天亮前出其不意发起攻击时，德军已抢先一步。其第 15 装甲师早已趁夜色迂回到英军装 7 师背后，占据了西北侧的有利地形，于 22 日拂晓向装 7 师发起了攻击。戈特一夜冥思苦想的计划化为泡影。正准备披挂上阵的英军遭到了德军猛烈的炮火打击，一时阵脚大乱，只得连连后撤。

这一天，恰是德国的"烈士星期日"，是德国人纪念在第一次世界大战中死难同胞的日子。昔日的耻辱似乎唤起了他们誓死雪耻的无穷力量。德国人如愿了，他们把这一天改成了英国人的纪念日，因为英军装 7 师遭受了自沙漠开战以来最为惨重的损失。

事后，隆美尔曾洋洋得意地说："那一天，我内心舒畅极了，因为我再次体会了作为一名帝国军人的荣耀而不是过去的屈辱。当然，这得感谢英国人，是他们送来了一个绝好的礼物。"

（三）无奈的撤退

11 月 24 日，隆美尔的车行驶在第 21 装甲师的最前面，指挥德国装甲兵开始了一次疯狂追击，完全不顾英国军队对他们侧翼的威胁。当天下午晚些时候，隆美尔到达了边境线一带，他身后的"非洲军团"在沙漠上拉开了长达 60 多公里的战线。他的大胆行动使第 30 军陷入混乱。

晚上，在边境线的埃及这一边，载着隆美尔的车抛锚了，隆美尔跳上克鲁威尔的装甲车，亲自驾驶，费劲地沿着铁丝网障碍物缓慢行进，试图寻找一条撤回的路。当德国人在盲目冒险时，坎宁安却感到绝望，因为他的主要装甲力量已被摧毁，隆美尔又在后面追赶，他觉得只能撤退，别无选择。

这一天下午，坎宁安乘飞机去视察奥斯汀所部。在飞机沿前线铁丝网上空返回时，坎宁安漫不经心地向下看去，不禁大吃一惊：只见一场坦克战正在进行中，隆美尔正向第 8 集团军的水源及补给基地挺进。他停在离基地 24 公里的地方，还不知道基地就在前面。那是 4 个师所依赖的水源基地。司令部的人员几乎不相信坎宁安看到的这一切，他们在一起吵吵嚷嚷，议论纷纷。

第二天，奥金莱克急急飞抵位于马列达蒙娜堡的英军前线指挥部。在听取了冗长的例行性战况汇报后，他极其严肃而又慎重地说："先生们，你们必须清醒地看到，导致我们战争失利的，不是因为德军如何强大，如何坚不可摧，而是因为你们对敌人同样惨重的损失视而不见，而只顾一味地撤退。不难看出，你们完全是败在你们自己手里。"

话虽不多，却使在场的指挥员们抬不起头来。第 8 集团军司令坎宁安更是无言以对，坐立不安。当奥金莱克继而宣布首相指令，由陆军少将尼尔·里奇接替坎宁安的职务时，他才慢慢地由不安、迷惑到震惊、失望，最终流出了两行浑浊的眼泪。

坎宁安后来住进了医院，医生发现，他患有严重的精神紧张症。

人们常说，战争是一头吞噬文明的怪兽，对于交战的双方来讲，战争只承认胜利者。

英勇的"非洲军团"席卷北非的壮举，造就了一代名将隆美尔的辉煌与荣耀，同时也造就了他个人性格上的矜持与急躁，这使他无法容忍托布鲁克横亘在他的后勤供应线上。

"对于我们每一个人来说，托布鲁克是英国人抵抗的象征，我们必须彻底摧毁它。"横扫千军，屡战屡胜的良好感觉，使他已经不太在意托布鲁克完备的体系和守卫它的数万名英国士兵，他觉得这个要塞"非洲军团"唾手可得。

在沙漠里，坦克是首要的战斗武器，坦克手必须是精心挑选的勇猛之士。对于步兵来讲，他们将在空旷无垠的沙漠里，处于完全暴露的情况下进行长期艰苦疲惫的战斗，他们将在坚硬无比的土地上挖掩体，将在缺乏水源的地方忍受干渴，将寸步难行地去作战，然后再疲惫不堪地返回。而坦克手的情况却令人振奋，甚至让人感到骄傲。他们指挥的是一个重 20 多吨，怒吼着喷射出火焰的钢铁怪物，能够很轻易就驶过一道道砖墙或灌木丛，而且只要路面结实、汽油充足，就能毫不费事地跨过茫茫荒野。驾驶员、报务员和指挥员虽然互相看不见，然而坦克里的无线电接收机却把他们紧紧联系在一起。然而，对坦克手来说，也有他们感到痛苦的事，舱里永远是燃料、炮油和汗的恶臭味，舱盖放下时，热气几乎使人窒息。在非洲的阳光照射下，金属烫得炙人，再加上引擎和枪炮的热度，温度上升到使人无法忍受的地步。

隆美尔直接向东推进的决定做得太仓促了，对敌军的动向没有充分地理解，尽管德军的推进使英军出现了大溃退，但一些德国部队也遭到了猛烈的攻击。"非洲军团"的将士们正变得越来越疲惫，并且缺乏食品、水和燃料。这次反戈一击已变成一场噩梦。

当隆美尔最终带领"非洲军团"开始打回托布鲁克时，已恢复元气的英国第 7 装甲师从南边进攻他的侧翼。但是，德军的第 15 和第 21 装甲师就在那附近位置稍偏的地区，他们准备进攻托布鲁克城外的新西兰军队。11 月 29 日，第 21 装甲师遭受了一次沉重打击，新西兰人抓获了它的师长约翰·冯·拉文斯坦将军，以及他随身携带的所有地图和文件。

"非洲军团"无法继续向前推进更长的距离。当英国人的前线源源不断地得到增援的坦克时，隆美尔的后备力量却耗尽了。表面上，德国人好像打赢了这场战斗，但付出的代价太沉重了。装甲部队已被拖垮，一切很快明朗起来，只有一条路可走，那就是从昔兰尼加全面撤退。

然而，隆美尔拒绝接受这样的结局。12 月 3 日，他命令"非洲军团"的几支分队向东边的巴迪亚要塞再次提供补给。他仍抱有希望，要把那里的敌军赶入他的各个防守据点沿线的地区。但是，德军小分队的力量太弱，无法通过英军封锁线，结果很快又退回到西迪雷泽。

12 月 5 日，英国第 70 师攻下了关键的艾尔杜达—贝尔哈默德高地。同一天，意军最高指挥一名乌克兰军官给隆美尔带来了更坏的消息，他的装甲部队在 1 月份之前无望获得增援力量。又经过两天的激烈战斗后，隆美尔终于决定从托布鲁克地区撤回到意大利人曾修筑的一道防线，位于 64 公里以外的加扎拉南部。

接下来的战况悲壮而惨烈，自诩一向攻无不克的隆美尔无法面对自己的失败，狂怒之下，他命令第 5 轻装甲师全部投入战斗，发起了一轮又一轮自杀性的攻击，但在英军的顽强而坚决的抵抗面前，一批又一批德国士兵倒在了守军如麻的火网之下。进攻不得不停下来。

应该说，奥金莱克的判断是对的。隆美尔虽然征战以来连续得手，但在英军接二连三的攻势行动中，损失也极为惨重。他在向希特勒不断传送捷报的同时，也频频告急，要求补充坦克、增援部队。但是，当时马耳他岛上空的争斗十分激烈，地中海的海上交通线成了双方反复争夺的目标，隆美尔决定于 12 月 7 日带着仅存的 60 辆坦克向西撤退，在托布鲁克以西 50 公里的加扎拉，建立新的防线。

狡猾的狐狸终于露出了长长的尾巴，隆美尔薄弱的兵力终于一览无余地暴露在英军面前。

12 月 13 日，奥金莱克亲自督阵，指挥部队向加扎拉防线发起了猛烈的攻击，企图给"十字军作战"行动画上个圆满的句号。其战略企图是：以第 30 军大部兵力从加扎拉正面实施突击，以第 4 装甲旅为快速穿插部队，迂回至敌军纵深，断其退路并协同主力部队对敌形成围攻态势，力求全歼。

正面战场的攻击如火如荼地展开了。第 7 装甲师与第 1 南非师并肩作战，直指加扎拉防线。面对英军隆隆驶来的强大坦克纵队，隆美尔感到了从未有过的巨大压力，只有使出全身招数，凭借坚固的防线拼死一战。

该防线以加扎拉为中心，沿其西南方向延伸约 64 公里，是轴心国部队预先修筑的一道撤退性防线。在防线前沿 3 公里范围内设置有反坦克壕，其中种植了密密麻麻的扎人的骆驼刺，并利用断断续续的垣壁，构筑了多道反坦克射击工事和暗堡。在防线内，修筑有几十座碉堡、弹药储存洞库和交织的壕沟，且互相掩护，难以在短期内被敌军突破。

面对德军坚固的防御工事，戈特中将陷入深深的沉思。他知道，上任以来的连连失利皆因为他指挥协同的失误，他没有很好地发挥部队的整体作战能力，而是实行条块分割，各自为战，结果屡屡遭到德军的分割包围。在痛定思痛的同时，他认真地研究制定了下一步的战法，更增强了他对德作战的勇气和决心。

战斗打响后，皇家空军先期对德军阵地进行了空中火力突击。在航空兵的掩护下，戈特率装 7 师进至德军防线前沿，并迅速展开队形，装 22 旅担负火力掩护和扫残任务，装 7 旅则先行协同扫残，开辟通路后向敌阵内攻击。一时间，双方炮声大作，狼烟四起，开始了一场突破与反突破的激烈争斗。

战斗中，德军的防坦克障碍在英军空中火力和地面直瞄火炮的准确打击下，砂石纷飞，不断被毁。不可逾越的反坦克壕也被炸开了几个宽宽的缺口。

见此情景，戈特急令装 7 师发起冲击，但由于被毁坦克的阻拦和通过路数量的有限，其坦克队伍只能是依次蛇行般地缓缓跃进，没能实现大部队同时突入所形成的巨大震撼力。经几次反复冲击，虽有少数坦克突入阵地内，但大多数还是被阻于阵地前沿，不得突入一步。

与此同时，装 4 旅早已奉命向敌后实施穿插，准备断其退路，围点打援。可是精明狡猾的隆美尔早有准备，未等装 4 旅到达指定位置，已组织部分步兵先行撤退，担负巡逻和先遣任务，以保证配有装甲车辆的部队安全退却。见此情景，装 4 旅迅速插入德军队伍当中，将撤退的部队斩为两截。一时间，德军队伍大乱。

一向精明过人的隆美尔此时也叫苦不迭，他心里清楚地知道，如果被英军围困，则有导致全军覆灭的危险。他决定主动放弃正面抗击，迅速组织部队突围。

担任正面攻击的装 7 师，见防线内德军火力突然减弱，人员仓皇退却。装甲 22 旅在实施迂回追击中，也不幸遭到德军的反包围。在混乱中苦战了 3 天后，才以损失 70 辆坦克的代价杀出了重围。

戈特边率部追击，边调整部署，他命令装 7 师展开 3 路队形，从 3 个方向并肩向德军进逼。隆美尔则率部边打边撤，并不时地反身一击。

也许是戈特深谙"归师勿遏，穷寇莫追"的道理，他们对余威尚存的德军的追击格外谨慎，也不大胆贴近追杀，只在德军队伍后面小心跟进，每至傍晚时分便四处设置警戒，安营歇息。就这样追追停停，打打追追，于 12 月下旬终又打回班加西，大体上恢复了 1941 年初的态势。

此次战役，隆美尔的 10 多万兵力仅存 3.5 万步兵，30 辆坦克和部分车辆，大部分被俘，伤亡的步兵为意大利士兵和德军后勤人员，德军的主力阵容还筋骨未断。而英军则损失坦克 500 多辆、兵员 1.8 万，其中不乏受过严格训练的沙漠老兵。

尽管如此，英军还是兴高采烈地打扫战场，据守在班加西地区。远在伦敦的丘吉尔获悉消息后，也大有感触地说："我们确实值得庆贺，因为我们终于获得了一次喘息的机会。"

隆美尔命令全线撤退的决定给轴心国的最高指挥部引来了一场危机。12 月 16 日，他在加扎拉与他的几位上司进行了一系列会谈。放弃昔兰尼加是对墨索里尼的声誉的一次可怕打击，而撤退的命令像一道霹雳闪电击中了意大利人。巴斯蒂柯将军要求无论如何要撤销这一命令，但隆美尔自作主张，他的部队边打边撤，一直持续到 1942 年 1 月初，这时候，他们已到了布雷加港和艾尔阿吉拉，当然也得到了新的部队、坦克和补给品。

在遥远的东边，8800 名德意驻军在巴迪亚失败了，接着又是拥有 6300 名部队的索卢姆驻军被打败，然而，战斗并没有结束。直到 1 月 17 日，一直坚守哈尔法牙关的巴赫上校不得不屈服于这样的结局——投降，从而结束了长达 10 个月之久的托布鲁克争夺战。

四、托布鲁克海沦陷

（一）来自元首的最大鼓励

进攻托布鲁克的失败，使得隆美尔深感到自己在兵力上的不足，人数众多的意大利军队除了每天消耗大量的本已紧张的供应物资外，几乎难以有所作为。无奈之下，他不得不电请柏林派德军增援。此时此刻，德国正在全力以赴地准备实施进攻苏联的"巴巴罗萨"计划，它的大部分兵力要保证在东线，而此时的北非，只不过是大本营的战略家们饭桌上一碗可有可无的小汤罢了。

得不到大本营的增援，沮丧的隆美尔只能调整部署，暂取守势。对于一个极擅进攻的将军来说，采取防御姿态无疑是痛苦的，但在接下来的对付英国人进攻的作战行动中，隆美尔还是用他的出色表现证明了自己同样也是一个防御的行家。

1942 年初，隆美尔在给他妻子露西的信中说了不少鼓舞人心的话，尽管实际情况好像并不像他所预料的那样喜人。他是一名败军之将，已精疲力竭，他手下共有 33000 人在过去的两个月中成了俘虏，其中包括在埃及边境线上的哈尔法牙关驻军。

隆美尔此时已抵达哈尔法牙关以西 547 公里处的利比亚村庄艾尔阿吉拉，正是从这个地方，"非洲军团"在上一年的 3 月份发动了这次代价昂贵的战役。然而，隆美尔给家人的信中没有流露出任何的绝望之情，反而是充满了无限的乐观。他写道："形势正朝着有利于我们的方向发展。我脑子里装满了计划，但我对这里的情况不敢多说什么，他们会认为我疯了，其实只有我知道自己没有疯，我只不过是比他们看得稍远一点罢了。"

德国人仍然有机会对围攻他们的英国军队反戈一击，这个机会只有隆美尔和他的其中几位高级参谋官才看得到。

德国特工人员窃听到了美国驻开罗军事参赞发给华盛顿的无线电报告，隆美尔从这些窃听到的报告中得知，英国军队已脆弱得不堪一击。穿越沙漠追击德军过分拉长了他们的供应线，而德国空军对班加西的狂轰滥炸使他们无法利用这个附近的港口。另外，日本于 12 月 7 日的参战也迫使英国人把部分飞机、坦克和两个整步兵师从北非派遣到马来西亚和其他受到威胁的亚洲殖民地。

隆美尔

此时，柏林给隆美尔注入了新的活力。在地中海水域的德国潜水艇已增加到 20 多艘，另外陆军元帅阿尔伯特·凯塞林的空军编队"空军 2 号"已把总部从苏联前线移到西西里岛，所能提供的保护力量明显加强了，所以坦克、部队和供给能够以不断增长的数目抵达的黎波里。

1942 年 1 月 5 日，停泊在的黎波里港的一支护卫舰队运来了 54 辆坦克，这对于在 10 个月的征战中已损失掉 90% 装甲力量的隆美尔来说，当然是梦寐以求的一大笔财富。当这些新的兵员和装备抵达艾尔阿吉拉时，隆美尔的情报官员告诉他，他现在实际上比他身后的英军拥有暂时的优势。隆美尔决定趁英国人能够纠集起足够的力量恢复优势之前，在 1 月 21 日发起攻势，甚至要把英国人追到埃及内陆。

隆美尔以最严密的安全措施包装着这次具有毁灭性的进攻计划。他只是让他的几位重要下属知道，连他的名义上的意大利上司和他在柏林的真正老板都未曾告诉。他故意散布谣言，说他打算向西撤退，并且通过大胆地把大批运送车队向后方转移来支持他这骗人的谎言。

在原计划进攻日之前的那个晚上，他让他的手下人用火把烧毁了沿海岸线的一些旧房子和附近布雷加港里的已被废弃的船只，顷刻间，火光冲天，明显地表示出他要撤退。正如他所期望的那样，英国间谍看到了这一切，他们当晚给开罗发送无线电信息，这使英国人进一步确信，隆美尔确实是在准备全线撤退了。

然而，当英国人正在自信地等待着隆美尔撤退时，隆美尔却从他的元首那里获得了新的鼓励，要他大胆地向敌人采取行动。

1 月 21 日凌晨，即发起进攻前 3 小时，隆美尔获悉，希特勒给了他更大的指挥权。他指挥的兵力以前隶属于一个装甲集团，而现在则是囊括了非洲的所有装甲部队。这一权限不仅包括原来的"非洲军团"，而且还包括 3 支意大利军队，全都归隆美尔直接指挥。为了提高隆美尔的身份，希特勒给他授予了带剑的徽章，加在已经缀饰的那枚"铁十字"勋章的栎叶上。

隆美尔当天早晨对他的部下这样说："我对这一授予感到自豪，它属于我们大家，希望它激励我们继续前进，并且最终打败敌人。"

早晨 8 时 30 分，隆美尔派遣的两支纵队在德国空军"俯冲式"轰炸机的掩护下发动了进攻。由隆美尔在前面开路，首先击散了挡在道路上的一支孤立的英军大队，到第二天早晨，德军抵达了离艾尔阿吉拉 97 公里的阿格达比亚。然后，两支纵队离开公路，深入内地切断敌军的逃路，朝东北方向疾行，再穿过茫茫沙漠到达安提拉特，并于当晚继续推进到桑奴，两天内推进的距离共达 160 多公里。

隆美尔洋洋得意地说："我们的对手好像被马蜂蜇了一样，只顾奔走逃命。"

次日，德国人召集了他们的反坦克部队，并很快在一处坑洼地架好了 50 毫米大炮。大炮吐出致命的火焰，同时，十多辆装甲车朝着英军坦克隆隆地开去，英军坦克马上就撤走了。

在继续推进的过程中，德军坦克和反坦克大炮交替行动，一方提供炮火保护，另一方则全速冲刺。这是一种新的攻击方法，到傍晚时分，德军已把英国第 1 装甲师的大部人马赶到阿格达比亚以东的一个很危险的地方。为了阻止该师向北撤退，隆美尔当晚在阿格达比亚至安提拉特和桑奴沿线设立了一道武装包围圈，以夹击敌军的装甲部队。

隆美尔的这次大胆袭击正在转变成一次规模庞大的进攻战。意大利最高指挥部本来对这次行动的高度保密就已满怀愤怒，现在则变得大为震惊了。

1 月 23 日早晨，意大利参谋长乌果·卡瓦勒罗陆军元帅和凯塞林陆军元帅从罗马赶来与隆美尔商谈，卡瓦勒罗带着墨索里尼要求坚持防守的指示，对隆美尔说："只需要突袭一下就行了，然后直接回来。"

隆美尔反驳说："我打算继续坚持进攻，除了元首，没有人能改变我的主意。"

卡瓦勒罗气得嘟哝着离开了。

卡瓦勒罗出于义愤暂时收回了他的两个意大利军，而隆美尔照样推行他的计划，决心要击溃撤退中的英国坦克力量。隆美尔十分清楚，英军第 1 装甲师由于没有经验，注定将不堪一击，他们是完全地替换部队，不像德国人那样，能够及时向北非的现有部队不断补充兵员，所以英军根本无法有效保证部队作战的延续性。

另外，隆美尔还握有突然袭击的法宝：英国人把他的坦克实力低估了一半，而且认为他的反戈一击绝对只是试探一下实力。然而，令隆美尔震惊的是，在采取行动的当天，英军的大部分坦克已经溜走了，这不仅使他慨叹："在沙漠里包围武装部队是多么的困难！"

尽管如此，隆美尔却不服气。1月25日，他的装甲部队重新开始追击，向北朝姆苏斯方向追去，他们多次追上了行动缓慢的英国坦克编队，把他们打得四处乱逃。由于隆美尔的装甲部队缺乏足够的燃料，无法穿越将近137公里的开阔沙漠地带，所以他最终选择重新攻下西北113公里外的班加西港，这样也可以与德国的运送舰队连接起来。

1月27日晚，他派遣他的装甲部队佯攻梅智利，英国人被愚弄了。他们把装甲力量集中在梅智利，留下班加西没人防守。1月29日，隆美尔的军队攻进了班加西城，在那里，他们得到了英军丢下的1300辆卡车，这让德国人在接下来的几个月里派上了用场。

此时，隆美尔从希特勒那里得到一份及时的命令，希特勒已提升他为一级上将。隆美尔事前没有给柏林打招呼就发动了这次攻势，看来元首不但没有生气，反而对他的行动表示了肯定，这让隆美尔心中大喜。

接下来，他的部队横扫昔兰尼加半岛，7天以后，更是靠近了加扎拉，这离他的出发点有400多公里，而离托布鲁克只有64公里。隆美尔知道英国人已在加扎拉重新集结，并且正在掘壕固守，于是他便命令部队停止了前进，等待供给品和增援部队的到来。

（二）在加扎拉的殊死战斗

在隆美尔和托布鲁克之间，矗立着一道坚固的防线，英国人利用前线战火暂停阶段修筑的这条防线从海岸边的加扎拉向南蜿蜒64公里，然后一个急转弯，朝东北方向的长布鲁克又延伸了32公里，加扎拉防御工事布下了最为密集的地雷区，50万枚地雷，护卫着英国人称作"盒子"的一排排的据点。

设计这些间隔距离没有规律的"盒子"是为了用作英军夏季攻势的跳板。另外，一旦隆美尔先发起进攻，也可用作防御要塞。每处"盒子"大约1.6公里见方，周围用铁丝网圈着，布满了大炮。每处"盒子"可以容纳一个大队或更多的步兵，以及被围困时足够抵抗一个星期的补给品。支援这些"盒子"的是里奇的机动后备军，坦克编队可以援救某一个被围困的据点，或者加入进来，穿过地雷区的安全缺口，冲出去发起攻势。

驻守在加所拉防线的英国军队和武器在数量上占有明显优势。大约12500名英国人面对11300名德国人和意大利人。此外，英军大约有850辆坦克，敌军有560辆，其中还有228辆是低劣的意大利型号。对隆美尔来说，更糟糕的事情是，英军比轴心国部队多出10倍的装甲车，而且在大炮和飞机上也保持着几乎三分之二的优势。

隆美尔在一定程度上可以依靠作战质量来帮助平衡一下他数量上的不足和劣势。在战场上，他的88毫米大炮的威力和他那几支技高一筹的装甲师，可以给英军规模虽大但连贯性较差的坦克部队予以沉重打击。在空中，他的战斗机能够绕着圈子飞过英国皇家空军的战斗机，而且在轰炸的准确性上，英国没有任何飞机能比得过德国的"俯冲式"轰炸机。

在这些有形资产之外，还有笼罩在隆美尔本人身上的威严光环。有很长一段时间，他一直是一位对他的部下能起到激励作用的人物。在隆美尔和他的部下之间，似乎存在着一种无法解释和分析的默契。就连丘吉尔也对他的领导能力称赞有加："我们遇到了一位很有胆识、很有才能的对手，他是灾难深重的战争岁月中一名伟大的将军。"

隆美尔的一大秘诀是，他不像一名普通的将军那样去思考和行动。英国人以为隆美尔会以常规的方式——正面进攻，去攻打障碍物不计其数的加扎拉防线。但是，隆美尔不会让他的部队去攻打早已有所提防的据点，他只是佯作正面进攻。当步兵牵制住英国装甲兵时，他决定率领坦克纵队和机械化师大胆神速地横扫英军的南翼。一旦赶到加扎拉防线的后方，他马上直奔海边，在英军能够反扑托布鲁克之前先切断他们的退路。然后，他把敌军孤立起来，一个一个地分而击之。他的计划制定得很有自信，要求在发起攻势后的第三天攻打托布鲁克。

5月26日下午，隆美尔发起了他的攻势，代号叫"威尼斯行动"。两点钟，一次诱敌深入的行动在沿加扎拉防线北翼和中心地带的32公里的战线上拉开了。

隆美尔的大炮在轰鸣，"俯冲式"轰炸机尖声叫着冲向由南非第1师和英国第5师据守的那些"盒子"。战斗工兵匍匐着前进，穿过地毯式的地雷区清除道路。在他们的身后，是4支意大利步兵师和德国第90轻型坦克一个大队的步枪和机枪组成的炮火，全部由能干的克鲁威尔中将指挥。在背后远处，隆美尔设计安排了一次蔚为壮观的装甲兵大阵容，事实上，只有几辆坦克是真的，都是模仿得很逼真的放置在汽车上的假装甲车，安装在汽车尾部的飞机发动机搅起阵阵尘土，造成装甲纵队意欲冲来的假象。

然而，由于"超级机密"小组的人员窃听破译了德军电报，英国人知道一次进攻战即将到来，所以已做好充分的反击准备。

他们的数量优势可以对付隆美尔的优势，不过，仅从轴心国的步兵行动来看，还看不出这次大规模的进攻即将进行，而由于下午的一场沙暴，更看不清隆美尔布置的装甲车大阵容。这使得英军指挥官们无法采取必要的行动步骤，把装甲车派上前去迎接假象中的正面进攻。同时，沙暴给隆美尔的主力进攻部队提供了很好的掩护，使之顺利地在加扎拉防线中心地带的对面集结。

当晚10点30分，隆美尔带领他的庞大车队载着睡眼惺忪的步兵和足够4天用的食品、水和军火，开始了行动。在与敌军交火之前，隆美尔的纵队得穿越无路可寻的沙漠，对付沙漠中一夜行军的各种危险。

仅一个运动中的装甲师就要占地4平方公里，而5个师同时在黑夜中的沙漠行动，需要复杂精细地协调配合。隐藏在油箱上的车灯可以帮点忙，天上的月光也可以帮点忙。远处，德国飞机扔下的照明弹可以勾画出加扎拉防线最南端的防御要塞贝尔哈凯姆。由于及时得到了警告，这几支鬼影般出现的德军纵队与这个要塞保持了一段安全的距离。

5月27日将近黎明时分，在行进50多公里之后，这支没有再遭遇上什么不幸的军队在贝尔哈凯姆的东南部暂停一个小时，休整和补充燃料。

隆美尔和他的指挥官们几乎不敢相信他们的好运，英国人没有做出明显的举动来应对针对其后方的大规模威胁，这使得隆美尔暗想，他的侧翼行动一直未被察觉。实际上，南非的装甲车一直在悄悄地跟踪隆美尔的部队，已通过无线电向第7装甲师的总部做了报告。这些报告对英军的指挥阶层没有多大影响，他们仍然以为会有一次正面进攻，不愿认为这只是佯攻。

天亮后不久，隆美尔的纵队与暴露无遗的英军部队开始交火。德军乘坐卡车和装甲车一路轰轰隆隆地行进，很快向北急驰，攻占了英军第7装甲师的指挥所。他们甚至还抓获了该师师长弗兰克·梅塞尔韦少将，不过当时并未意识到这一点，因为梅塞尔韦摘掉了他的军衔徽章，于当晚设法逃跑了。

事实上，在战斗进行过程中，双方都有一段时间很难保持部队的连贯性。在攻占梅塞尔韦的指挥所后，第90轻型坦克师向北急驰，中午之前赶到了艾尔阿德姆，但是，不打一仗，英国人是不会放弃通往他们供应基地的这条路的。里奇在这一地区建有一处坚固堡垒，很快，英国装甲部队就上路了，准备抵抗德国人的威胁。与此同时，隆美尔用于进攻的两支装甲师由于没有侦察部队，只能是凑合着作战，侦察部队已被派去增援第90轻型坦克师了。

在上午九十点钟左右，德军装甲师在贝尔哈凯姆和艾尔阿德姆之间的半路上遭遇了英军第4装甲大队的大约60辆重型坦克。在德国人运来88毫米的高射炮之前，英国的这些庞然大物发动了3次快速出击。但德国的大炮向迎面冲来的英国坦克射出雨点般的炮弹，同时，装甲师盯住英军的侧翼，以协调得很不错的攻击方式摧毁了英军将近一半的装甲力量。英军的残余部队朝艾尔阿德姆方向撤退，在那里，他们报复性地轰炸了德军的第90轻型坦克师。

在这次行动中，隆美尔偏爱走在部队最前面的做法取得了很大的收获，可是，这种直接带领部队穿插的做法给指挥带来了很大的麻烦，在他频繁的突袭行动中，有时他甚至会与他的流动指挥所失去联系，从而与他那些分散在四处的地面部队和空军无法联系，它们的调度派遣全都得靠他的指令。这导致前线指挥所的秩序异常的混乱。

如果说隆美尔喜欢亲临战场的指挥风格有时候得罪了他的高级官员，那么这种风格却鼓舞了部队的士兵，使他们能够很快感觉到前线变幻不定的局势并及时做出适当的反应。

他的装甲部队本来呈一个巨大的弧形包围着加扎拉防线，但现在他确定，防止部队被击溃和分解敌军的唯一办法是完成圆形包围。他要暂时放弃进攻托布鲁克，把他分散的部队集中在加扎拉防线中部的后面，从东至西突破雷区，从而恢复自己的供应渠道，以巧妙的一击切断英军的防线。

这一行动的目标加扎拉防线以内的一个地方，在贝尔哈凯姆以北大约 24 公里处，在一片茶碟形的洼地周围，英军的防守系统好像有一处宽大的缺口，这是隆美尔的部队最惊人的发现。原来在两边地雷已被清除的洼地中间，蜷缩着一个德国侦察机以前不知为什么没有发现的英军据点，第 150 大队的好几千英国兵在 80 辆"马蒂尔达"坦克的支持下驻守着据点。

据点里的大炮直接瞄准轴心国部队的两条通道，以致任何东西要想运过通道几乎不可能。隆美尔义无反顾地要执行他的新计划，所以他下决心要摧毁这座据点。接下来的几场战斗是在令人窒息的尘土和灼热中进行的，激烈的战斗，使这一地区成了有名的"沸腾的大锅"。

在对英军要塞形成包围圈后，隆美尔 5 月 31 日早晨命令 3 个师的兵力发起了进攻。他的炮队发射了一轮又一轮的炮弹，"俯冲"式轰炸机从空中呼啸而下，装甲车轰隆隆地开上前去，第 104 步兵团的地雷工兵引领战友们穿过了最后一道地雷防线，进入英军据点。德军挥起一面白旗，对方马上举起手帕和围巾作为应答。炮火渐渐平息下来，当天，有将近 3000 名英国军人投降，隆美尔通过加扎拉地雷区的生命线现在有了保障。

把"沸腾的大锅"牢牢控制在手里后，隆美尔挥师南下，攻打贝尔哈凯姆。6月 2 日，这个位于摇摇欲坠的加扎拉防线南端的坚固据点再一次抵抗住了来自第 90轻型坦克师的大规模进攻。这个据点是英军整个防御工事中地雷埋得最为密集的地区，估计有 1200 个炮台供机枪和反坦克大炮使用。而且，它的 3600 名将士中绝大多数都有一股抗击敌人的顽强斗志。

他们的顽强让隆美尔吃惊，他自己以前就是一名步兵指挥员，他很自豪自己有能力率领部队攻打英军的据点，他这次要亲自指挥攻打贝尔哈凯姆。他分析在这种多地雷的地区，坦克将不会发挥多大作用，于是他把大批装甲力量留在"沸腾的大锅"，另外带了一些步兵，协同已于 6 月 6 日恢复战斗的第 90 轻型坦克师作战。为了给步兵扫清一条道路，隆美尔的炮兵队射出雨点般的炮弹，同时，德国空军出动了几百架次飞机，顶着英国皇家空军的猛烈抗击，轰炸贝尔哈凯姆。

3 天过去了，炮击和轰炸几乎没有停过，但防守者仍然拒绝放弃。直到 6 月 10 日，经过两周艰苦折磨的防守者已筋疲力尽，没有水和弹药，另外还遭到一支已渗透到他们北侧的攻击小分队的威胁，只好放弃了战斗。

但是，他们的放弃方式与他们的英勇抵抗精神是一致的。利用德军阵线西侧的一处缺口，大约 2700 名守军将士趁着黑夜溜了出来，并与第 7 师的卡车和救护车大队胜利会师。其他 500 名幸存者，由于大多数伤势太重，无法逃离，被迫投降。隆美尔没有听从希特勒"将他们秘密处死"的命令，而是全部按战俘对待，他很尊重这支顽强的队伍。

（三）"一切为了托布鲁克"

无论是在人员数量、武器装备或者是后勤供应方面都占有绝对优势的第 8 集团军，竟然在隆美尔的"非洲军团"面前屡战屡败，这不能不使高傲的英国人感到沮丧。但一想到他们所面对是当时世界上最优秀的将军和他所率领的最优秀的军队，他们又感到有点释然，正如丘吉尔在下院对议员们所讲的："第 8 集团军是付出了努力的，但他们确实遇到了世界上最强大的对手。抛开我们所遭受的战争灾难不说，隆美尔确实是一位军事天才。"

隆美尔就是隆美尔，他不会因为听到了丘吉尔的几句溢美之词而对英国人心慈手软。凭着对战争进程和规律的天才把握和令人惊异的直觉，他认为到了收拾那个在他心中留下痛苦回忆的托布鲁克的时候了。

在 6 月 11 日发布的命令中，他说得言简意赅"托布鲁克，一切为了托布鲁克！"

为了全歼挡在他和托布鲁克这个港口之间的剩余障碍，他派遣那几支曾围攻贝尔哈凯姆的部队以扇形运动开向英军在乃茨布里奇和艾尔阿德姆的据点，同时，第 21 装甲师和"阿里埃特"师从"沸腾的大锅"向东转移。作为回应，里奇撤回了他的左翼，这样一来，被截短的加扎拉防线现在成了一个"L"形状。

和以往一样，隆美尔依旧先用一系列令英国人眼花缭乱的战术手段来展示自己的风采。他命令一部分德军大张声势地向巴尔迪亚推进，做出一副要进攻埃及的样子，而且一路上故意弄得尘土飞扬，黄沙漫漫，等到英国人准备全力以赴地迎击他对埃及的进攻时，狡猾的隆美尔却回马一枪，大部队突然出现在了托布鲁克城下。

德军装甲师疯狂地包抄乃茨布里奇据点，使已经在那里顽强地坚守了两个星期的驻军没有什么选择，只好趁还有机会逃走的时候于当晚撤离了那个据点。当乃茨布里奇据点陷落后，里奇的新防线崩溃了。徒劳无益的坚守使他丢失了将近 140 辆坦克，只给他剩下了 70 辆，还不到隆美尔的坦克数量的一半。

6 月 14 日，当他的南部前线彻底崩溃时，里奇终于命令撤走从一开始就坚守在防线北部的两个师。他的这一命令使英军纷纷逃往安全地带，这便是有名的"加扎拉大逃亡"。

6 月 16 日稍晚时分，隆美尔的部队攻下了里奇损失惨重的防线上的剩余一个据点——位于托布鲁克以南的艾尔阿德姆。第二天，最后一批英国装甲部队在又损失了 32 辆坦克后，跟随撤退的步兵穿过边境进入埃及。6 月 18 日，隆美尔从陆地上的三面完成了对托布鲁克的包围。他说："对我们每一个人来说，托布鲁克是英国人抵抗的象征，现在我们要永远地了结此事。"

隆美尔在上一年曾花了 8 个月的时间也未能攻克托布鲁克，现在，这座要塞只是在表面上还类似于往年。它的周围仍然有一道长达 48 公里的保护屏障，由将近 35000 名驻军把守着。但是，沟壑已任其淤塞了，许多地雷已移埋到加扎拉防线上去了。

在上一年，成功抵抗住隆美尔围攻的部队是一批英勇善战的澳大利亚人，而现在驻军的组成力量主要是未经过真正考验的南非第 2 师，以及在加扎拉战役中已被拖垮的两个步兵大队和一个装甲大队。守军既缺少坦克，又缺少反坦克大炮。事实上，英国指挥官们很久以前就决定不再抵抗另一次围攻，但这一决定后来又被弃置一旁，因为丘吉尔下达了最后的训令："一定要不惜一切代价守住托布鲁克。"

对成功充满信心的隆美尔又玩起了他很在行的骗人花招。他让他的机动部队朝边境地区开去，好像要把英军赶入埃及似的。然后，为了迷惑英军，让第 90 轻型坦克师继续向海岸城镇巴迪亚推进，同时，马上命令装甲部队调过头来，以破釜沉舟的气势向托布鲁克开进。当他的部队于当晚赶到托布鲁克东南部的战斗地点时，他们找到了上一次埋藏在那里的炮弹，一颗未丢，完好无损。

6 月 20 日凌晨 5 时 20 分，进攻战在排山倒海的大炮声和空袭声中拉开了序幕。已经分路到达指定位置的"非洲军团"的装甲部队和意大利的第 20 军团，在德国海军的助攻下，对这座孤悬已久的濒海要塞发起了猛攻，在经过激烈的炮火准备之后，德军坦克和步兵展开了大规模协同作战。一心想攻克托布鲁克然后好去入侵马耳他岛的凯塞林从北非、西西里、希腊和克里特岛集结了 150 多架轰炸机。一波又一波的空袭在托布鲁克东南部扔下了将近 400 吨炸弹，引发了地雷区连锁反应式的爆炸。轰炸进行了一个小时左右之后，步兵开始冲上前去。

8 时 30 分，隆美尔指挥的第 15 和第 21 装甲师的首批 125 辆坦克轰隆隆地开过了已淤塞起来的防线沟壑。9 点钟时，装甲部队就已渗透进入迷宫似的钢筋混凝土碉堡区，这使隆美尔难得一次这么早就宣告取得胜利，尽管战斗不过才刚刚开始。

在身边是隆隆枪声和炮火的情况下，他叫来一名战地记者，为德国电台记录下这一宣告。他拖长声音说道："今天，我们的部队取得了辉煌的胜利，攻占了托布鲁克。"

让隆美尔感到幸运的是，他的部队没有让他白说这番大话。在德国人的突然打击面前，惊慌失措的英军根本组织不起有效的抵抗，到夜幕降临时，英军这座困守了近两年之久的海滨要塞便宣告得手，要塞司令克洛普将军和他的33000多名下属高举双手向隆美尔递交了投降书，隆美尔和他的"非洲军团"有效地控制了托布鲁克。

托布鲁克的征服者们惊异地看着降临在他们头上的战利品。这个要塞沦陷得太快了，守军们只来得及毁掉很小的一部分供给品，留下了大量的燃料和2000辆各种不同类型的机动车，这对于在上个月损失掉几百辆坦克和无数其他运输工具的轴心国军队来说，是一笔不小的补偿。除了这些硬件外，还有偶然得到的无以计价的众多物品：香烟、白面粉、听装食品，在中立国葡萄牙购买的德国啤酒、崭新的卡其布制服以及隆美尔的部下非常羡慕的沙漠靴。

战后，隆美尔的情报官梅欣曾得意地写道：

在这场我所见到的最壮观的攻击战中，我们的飞机俯冲着轰炸英国人的坚固防线，炮兵也不甘示弱地加入战斗，形成最猛烈的精心配合的强大火力网，使得英军据点上空烟尘滚滚、爆炸声不断。可见，大炮和轰炸机加在一起的威力是极其可怕的。

望着被硝烟笼罩着的城堡，隆美尔微笑着对沮丧的英军被俘军官们说："先生们，你们像狮子一样战斗，但却被蠢驴们统率着，这不能不说是你们的不幸。"

1942年6月22日，大战之后的托布鲁克显得格外的宁静，身心疲惫的隆美尔终于沉沉地睡了。他有充分的理由安然地进入梦乡，他麾下的这支非洲装甲军团已经久经战火，变得无坚不摧，那些原本是不堪一击的意大利士兵也在战火中得到了锻炼，重新树立了信心。假以时日，他要率这支军队彻底消灭英国人，征服埃及，征服整个非洲。

"司令官！司令官！"勤务兵的惊叫声突然结束了他的美梦。

"司令官，您听！"过度兴奋的勤务兵忘记了礼节，他向隆美尔指了指外面的高音喇叭，喇叭里正播放着嘹亮的军歌。

"元首大本营，6月22日，元首晋升非洲装甲军团司令官隆美尔上将为陆军元帅。"

"陆军元帅，啊！我成了陆军元帅！"大喜过望的隆美尔喃喃自语，兴奋得像个孩子。

隆美尔终于攀上了他军人生涯的顶峰，而丘吉尔的日子却越来越不好过。失败的情绪再一次笼罩了这个孤立无援的岛国。面对反对党议员们尖酸刻薄的质询，一向能言善辩的丘吉尔无言以对，恨不能找个地缝钻进去。

一位议员不依不饶地说："丘吉尔先生过去在辩论中赢得了一次又一次胜利，但在战场上却遭到了一次又一次的失败。今天您在这里的辩论中无言以对，是不是意味着明天的战场上您将能有所作为呢？"

被鲜花和荣誉所包围的隆美尔，按理应见好就收，坐享其荣。可好斗、倔强的个性，使他不忍放弃目前良好的作战态势，他企图深入埃及腹地，以更为显赫的战功，给崭新的元帅徽章添光加彩。

他自信地对士兵们说："我们的目标是跨过美丽的尼罗河，占领整个埃及。"

听到这个消息后，英国上下一片恐慌。

五、相持阿拉曼防线

（一）第 8 集团军易主

在等了整整 8 个月之后，隆美尔终于实现了攻克托布鲁克要塞的愿望，但隆美尔并没有就此满足。因为托布鲁克要塞只是阻碍他前进的绊脚石而已，他不可能把这次胜利当成最后的目标。

他的目标是埃及！

然而，无论是希特勒还是墨索里尼，他们的目标都不可能仅仅局限在北非。对于隆美尔来说，北非是他的全部；但对于希特勒来说，整个世界才是全部！德军决定调动空军去轰炸马耳他，争取迅速把马耳他彻底占领。但马耳他守军却异常顽强，即使受到沉重的打击，但只要有一点喘息之机，就会重新奋起，给德军以沉重打击。德军对马耳他这个地方头痛不已，于是准备从隆美尔处调集空军前去支援，务求迅速打下马耳他！

隆美尔当然不会允许有人破坏自己的作战计划，他只有一个信念，就是继续在北非进军。可就在此时，一件意想不到的事情发生了，马耳他的英国皇家空军在与德军对峙的过程中，炸毁了给隆美尔军队运载供给品的船只！隆美尔一直最担心的就是供给问题，这一突然变故，让他措手不及，开始面临新的困难。趁此时机，陆军元帅凯塞林立即让隆美尔做出让步，让他顾全大局，抽调空军去攻打马耳他。

隆美尔是个非常有主见的人，为了实现他自己的目标，他不可能轻易改变自己的作战计划。凯塞林对他的固执有些意外，便开始晓之以理、动之以情，甚至到最后有些动怒。而隆美尔软硬不吃，根本不接受凯塞林的任何劝说。但凯塞林也不让步，这让隆美尔心烦不已。为了让凯塞林闭嘴，隆美尔派人去了一趟柏林，向希特勒请求支持。希特勒听了隆美尔的想法后，权衡利弊，认为在有可能出现供给短缺的情况下，隆美尔应当力求速战，而且希特勒知道，只有尽可能地支持隆美尔，这位传奇的元帅才能发挥出他最大的能量。

隆美尔并没有十足的把握能够获得支持，但当"胜利"的消息传来时，他不由得更加振奋，速战速决的信念更加强烈了。凯塞林面对这一结果，不得不无奈"败"走。隆美尔知道，自己必须力求速战，否则自己的供给坚持不了多久。

德军抵达梅沙马特鲁不久，英军便开始对德军先头部队进行轰炸。双方再次交火，隆美尔命令军队从两翼包抄，希望能够将梅沙马特鲁进行包围，但英军仿佛已经猜到了德军的意图，各据点都有准备，连续逼退德军几次包抄。德军的供给短缺问题越来越明显地体现了出来，让英军在这场战斗中占了不少便宜。

奥金莱克意识到了问题的严重性。德军这么快就到达了梅沙马特鲁，这已经直接威胁埃及边境了。许多英军士兵都开始出现恐惧心理，仿佛末日即将来临了一般。奥金莱克知道，在这个时刻，每一步棋都异常关键，一着不慎就可能全盘皆输。经过慎重的考虑后，他做出了一个决定：撤换掉里奇的第8集团军司令一职。在英军面临这么险恶的局势之时，里奇已经不再适合继续担任这项职务了。现在，应是拿出英军最后底牌的时候了。里奇把梅沙马特鲁当成英军最后的防线，认为这是最后的赌注。而实际上，里奇很可能已经认为，这最后的防线也是虚设了。在精神上，他已经投降了。奥金莱克感觉到，如果继续让他来统领军队，则军心尽失，未战先败，很快便会陷入万劫不复之地。

可是，由谁来担任第8集团军司令呢？这是一场输不起的赌局，当奥金莱克再也想不出新的人选时，又一个出人意料的决定出台了，他将亲自兼当第8集团军司令一职！

当这一更换完成之后，他认为，梅沙马特鲁现在已经成为英军的负担。如果在这里死守，并不能确定守得住，一旦失守，很可能英军就会彻底土崩瓦解。在仔细盘算后，他又想到了一个大胆的方案，但在他就要下令时，第10军军长霍姆斯前来向他报告，说已经获得重要情报，隆美尔已经打到眼前了。在几场小规模的战斗后，明天很可能会大举进犯。霍姆斯向奥金莱克讨要战令，决定要与隆美尔决一死战，即使用自己的鲜血铺路，也要阻挡住隆美尔的进攻！因为他认为，梅沙马特鲁决不可失！否则，英军将全面崩溃！

奥金莱克却笑了。他轻松地告诉大家，梅沙马特鲁不是英军的咽喉，即使失去，也不会让英军陷入绝境。不要把这个问题当成心里的包袱，要轻松地面对这一问题，没有一个良好的心态，就不可能抵挡得住敌人的脚步。

在场的人看到奥金莱克如此轻松，也不由得微微有些放松。他们深知，此时此地之关键，是不容有一丝马虎的。而奥金莱克接下来的话，却令大家微微吃了一惊："我们绝不能被围困在梅沙马特鲁！如果在战斗中不能取胜，我们就要向阿拉曼防线撤退！梅沙马特鲁绝不能成为我们的坟场！我们在阿拉曼防线，一定可以抵挡得住敌人的脚步！"

无论是前司令里奇，还是第 10 军军长霍姆斯，都把重注押在了梅沙马特鲁上！可是此时，奥金莱克却突然下了这样的一条指令，大家一时之间如坠雾里。英军要完了吗？

奥金莱克知道解释有时是苍白的，只有行动才能让大家相信事态会有怎样的发展。他在梅沙马特鲁与西迪哈姆扎之间埋满了地雷，并建立了一条坚固的防线。虽然有撤走的意思，但他仍会尽力一搏，如果能胜固然更好，如果失败，他也一定要让德军受到最沉重的打击。

6 月 26 日，隆美尔来了。德军仍然如闪电一般的速度，直扑英军防线。

奥金莱克仔细研究了此前隆美尔的战术战法，发现他时常习惯从两翼包抄，这样一来就有可能围困敌军，让敌军再无逃生之路。奥金莱克安排了重兵在两翼静候德军，只要德军出现，立即开火攻击，绝不能让德军再前进一步。

而隆美尔则偏偏在这一次改变了战法。数次两翼包抄没能成功，他再也不耐烦这样的战法了。这一次，他选择了中路突破，用最快的速度，直接切到了英军的腹地。英军在中路防守并不强大，他们当然也不可能任其直驱，立即开火阻击。隆美尔当然不可能把这些小股力量放在眼里，一路横扫，几乎没有受到太明显的阻碍。

在另一方面，隆美尔的第 15 装甲师疯狂地闯入了英军的营地。这次闯入可以说有些冒险，如果英军能够及时调整自己，与德军正面交战，凭着英军的雄厚实力，是完全可以抵挡甚至战胜来犯的敌军的。如果新西兰军加入进来，形成合击，德军会有毁灭性的危险。但德军的突然闯入，打乱了英军的阵脚。一时间，英军被打得连连败退。同时，德军还将战火烧到了格罗拉附近的海岸公路，并准备攻打格罗拉。

英军阵容大乱，已经组织不起有效的抵抗了。他们只是凭着求生的本能在进行最后的拼杀。隆美尔当然不会允许他们最后的抵抗会给自己造成什么威胁，他命令自己的部队继续围追堵截，力求给予英军更大的打击。

梅沙马特鲁完了！不久后，隆美尔以获胜者的姿态进入了梅沙马特鲁。而按照奥金莱克的计划，只要战斗失败，就不能再恋战，他与他率领的第 8 集团军迅速退向了阿拉曼防线。

（二）死守阿拉曼防线

没过多久，丘吉尔便得到了这个消息。他不由得大惊失色！当托布鲁克要塞失掉的时候，英国政府方面非常震惊，丘吉尔心中对奥金莱克积蓄了很多怒气。而此时，梅沙马特鲁失守的消息又传了过来，他对奥金莱克的积怒更深。在这一瞬间，他的压力瞬间感到倍增。之后的阿拉曼防线到底是否能抵挡得住疯狂进攻的德意非洲装甲集团军？自己在国内的威信是否还能维持稳定？他不知道。不过此时，他对于奥金莱克却逐渐有了想法，开始考虑奥金莱克是否适合当这个司令了。

阿拉曼防线起自地中海，向南64公里，一直延伸到撒哈拉沙漠中的卡塔腊盆地。纵然梅沙马特鲁不能成为英军誓死守卫的最后防线，阿拉曼防线也必将是英军"不成功便成仁"的最后圣域！

英军做好了战斗的准备，不论对手是多么具有传奇色彩的德军元帅，也一定要将其死死挡住，决不容许其再前进一步！最后的"决战"即将在阿拉曼防线打响。

隆美尔的心态则截然不同。他感觉，最后的胜利仿佛已经就在不远的前方了。他的心态终于开始轻松了许多，只要自己的供给还能坚持，只要英军没有强有力的援助，胜利仿佛就已经握在了自己的手中，剩下的只是时间问题。但正是由于担心这两个至关重要的问题，所以，在这个完全可以让军队放松的时候，他却更加严格要求自己的军队继续保持斗志，务必要坚持到最后的胜利！

奥金莱克战略性地放弃了梅沙马特鲁，也就意味着阿拉曼防线将成为他必须守住的战场。当他到达阿拉曼防线时，英军又调配了两个师的生力军前来助战，并且又增加了许多供给与装备，以便使阿拉曼防线万无一失。阿拉曼防线长达64公里，全线地势有利于防守，处于卡塔腊盆地的边缘，重型武器无法通过，而隆美尔擅长的包抄与突袭也无法在这里再次上演。奥金莱克加强了雷区的防控，同时各种防御工事层层设立，让防线不仅有防的功能，而且还可以进行适当的进攻。同时，奥金莱克也让第10军军长霍姆斯在后方的尼罗河三角洲进行重点布防。与梅沙马特鲁一样，虽然阿拉曼防线至关重要，但只有保住第8集团军士兵们的性命，才有可能收获最终的胜利。所以，奥金莱克再次做了两手准备，让后方成了新的临时避难所。

隆美尔已经将阿拉曼防线发生的一切动向收在眼中。他知道，英军会在这里拼死一搏，所以他不敢有丝毫大意。但他却并不认为这将会阻挡自己的前进。在经过反复思索后，他把进攻时间定在了7月1日，让自己的军队稍作歇息，但同时也给了对手准备的时间。双方同时在利用着这宝贵的休战时间，就看谁在这休息的时间里能够酝酿出更有利的战机。

进攻开始了！隆美尔仍然在使用着"毫不客气"的打法，他让德意两方军队交相配合，直接插向中路，同时另派了一支队伍插向另一个方向，仍然采用两翼迂回的方案。南北两边装甲师同时推进，以势不可当的势头向前冲进。

然而，阿拉曼防线不是梅沙马特鲁，此时的英军也不会再重蹈覆辙，他们对隆美尔的打法已有准备，早已设好一张大网在等待着德军的到来。此时，仅靠凶狠作战手段的德军在战术上稍稍吃了点亏，就这一点点的失误，却让德军损失不小，被英军炮火打得四处逃窜。

隆美尔发现北面的战局于己不利，立即催促南边的军队火力加猛，然而却并不起作用，信心倍增的英军用新型的57毫米6磅反坦克炮猛轰德军坦克，配合着空中轰炸，让德军吃尽了苦头。

英军见势头已经开始有利于己，于是更加奋勇，他们不断增加着自己的火力，开始变守为攻，向着隆美尔的方向攻杀过来。

战局有些出乎隆美尔的意料！他有点过高地估计了自己的能力，此时，他亲自指挥的一支军队开始遭遇威胁。他的装甲师已经遭遇了严重的损失，但他仍然不甘心就此认输，即使所剩火力不多，也仍然期待再冒死一搏。

凶猛的进攻再一次开始了！阿拉曼防线前又是一阵炮火连天。英军已经逐渐熟悉了德军进攻的方式，他们不会因为对手已经开始渐现疲态而手软，而是用更加强劲的火力给予了这些"客人"最"热情"的招待。

隆美尔迅速想出了新的对策，他把目标指向了鲁瓦伊萨特岭。但英军也早已经做好了部署，静待着德军与意军的到来。双方又一次正面交火，这个时候他们拼的就是火力与持久力了，虽然各有损伤，但作为防守的一方，英军明显更占优势，德军又一拨儿进攻被打退了，而意军更是溃不成军，死伤无数。

5个月的持续作战，隆美尔终于累了！或许他本人还没有明显的感觉，但他的士兵们却已经疲态尽显，开始有了厌战情绪。与此同时，奥金莱克的脸上终于露出了一丝微笑。英军的势力在不断加强，纵然丘吉尔对奥金莱克有诸多不满，但战争就是战争，只要奥金莱克还在司令的位置上，丘吉尔仍然会给予他持续的援助。在实力不断得到补充的过程中，奥金莱克也不断加固了自己的防线，到了这一天，他终于等到了隆美尔出现疲态，他知道，自己最艰难的日子或许已经过去了。

他对英军士兵们说，之后的日子，他们会舒服很多，接下来他会让久吃败仗的大家享受一些胜利的喜悦。于是，他的攻击开始了。

（三）艰苦的相持战

奥金莱克的作战方案不会像隆美尔那么猛烈，但持续不断的攻击骚扰，让已经有些疲劳的"非洲军团"叫苦不迭。而更加严重的是，隆美尔最担心的问题终于再一次呈现在了他的面前，那便是供给再一次开始短缺了！即使如此，隆美尔也决定遇惊不乱，还是想尽办法排兵布阵，尽量让自己处于不败之地。

奥金莱克在经过几次小范围的攻击后，发现德军虽然已经不像从前那样坚强，但想将其击败却也并不是很容易的事，但同时他却发现了一个新的办法，让他尝到了许多甜头，那便是将攻击的目标专门瞄准意大利人。

意军士兵的意志与德军士兵的意志相比有明显的差距，在这样艰难的形势下，奥金莱克尽量避开了德军一边，而专挑意大利人进行攻击。没过多久，意军便连连败退，不仅伤亡惨重，而且供给也消耗严重，损失也在持续增加。

隆美尔几次希望能够去支援意军，但此时的他也没有足够的实力去这么做了。他心中非常恼火，把一肚子火都烧到了意大利人的头上。他知道，意军是无法指望了，他必须有效地使用自己的德军队伍，继续猛攻对手，才有反败为胜的机会。

7月13日，隆美尔又一次出击了。他命令德军第21装甲师去直接攻击英军在阿拉曼防线的据点。当时，德军从背光的方向发动进攻，英军的反坦克炮兵难以瞄准。运气仿佛在向德军一边倾斜。但你有强光相助，我有狂风帮忙，突然一阵旋风刮过，卷起的黄沙将德军装甲纵队滞留在了原地。直到黄昏时，德军坦克才脱身而出，继续前进。然而，此时已经失去了最好的时机，纵然隆美尔随后调集轰炸机掩护坦克前进，但英军的大炮仍然毫不留情地开火，阻止了德军坦克的前进，隆美尔只好放弃了这次攻击。

隆美尔有一种不好的预感，他感觉，现在的这个对手不会给他喘息之机，随后便会再主动攻来。他明知对方的意图，却已经无可奈何，只能眼看着英军肆意地发起攻击，意军又有2个师遭到了英军的沉重打击，德军也有不小的损失。隆美尔面对持续的失败，心中非常窝火。他曾以为，只要过了托布鲁克要塞，自己就会一马平川，而事实上也确实一路杀到了阿拉曼防线，他认为，占领整个埃及已经指日可待。可惜他错了，在阿拉曼防线前，他栽了一个大跟头。

没有几个人能像隆美尔那样，冒着遭遇沉重打击以及供给大量消耗的危险去强行进攻，即使胜利的概率超过50%。隆美尔很担心奥金莱克在这个时候发起突袭，那么缺少供给和筋疲力尽的颓势将会给自己带来毁灭性的灾难。他再一次使用了迷惑的办法，将自己的主力尽量摆在前方，让对手认为自己的剩余力量还很雄厚。当然，这样的欺骗是很难奏效的。然而，不是每个人都是隆美尔，虽然奥金莱克已经表现出了极高的指挥才能，但他却没选择轻易进犯。隆美尔庆幸自己拙劣的战术与对于侥幸的期待都成功地达到了预期效果，他趁机调来了一些供给与装备，为自己补充了一切必需品。双方都不敢轻易出战，都在不断地观察对手的动向。

奥金莱克冷静地等待着时机的出现。他不求速胜，只求稳居不败之势，然后伺机攻击。隆美尔则有些心焦，这样的等待不是他的做法，他要迅速寻找战机，只有速战速决才是隆美尔擅长和喜欢的战术。

在这场对峙中，奥金莱克想到，这样的等待虽然会让隆美尔心焦，但却也有可能让他发现战机，如果自己稍一大意，则可能会出现并不期待的结局。怎么办？不如就送隆美尔一个机会，让他来主动进攻。当然，奥金莱克也不会白送，就好像下象棋一样，主动送你一个子吃，但我却要你的老将！而这个放弃的棋子，就是卡雷特阿卜德据点。奥金莱克努力营造出一副已经无法坚守的局面，仿佛英军是仓皇逃走的。

这个计策并不复杂，如果仅仅是这个程度的象棋战法，那么一个二流棋手都很容易识破。但此时，对于急需战机又以速战闻名的隆美尔来说，他毫不在意对方是不是有埋伏，果断地开始派兵进行攻击，以期用最快的速度将该处占领。

英军当然不会选择在这个时候出来偷袭。卡雷特阿卜德据点在防线南侧，而英军却突然出现在北方，意军再次成了英军的靶子。意军节节败退，澳大利亚军步步紧逼，丝毫不给对手喘息之机。面对意军的败退，隆美尔感觉自己已经无可奈何，他认为，自己下一步的任务就是一定要解决意军战斗力太差的问题。当听说自己的"信号窃听部"已经被摧毁时，他大惊失色，立即派出德军军队前去接应意军，以免遭受更大的损失。

一天后，他尽量计划让德军与意军不再分得太远，以免意军再受损伤给他带来更加麻烦的局面。他率部队再次向着英军开了过去，但却再次被对方的炮火逼退。

奥金莱克知道，意军那边是自己的"福地"，必须把握好这个机会，才有可能更加迅速地战胜对手。他专门寻找意大利军的主力发起攻击，隆美尔对此头疼不已，只好不断地让德意军队混在一起，以形成一股力量。但奥金莱克却并没有因此而放弃自己的进攻，虽然不能保证一定获胜，但却在持续地骚扰德意非洲装甲集团军，隆美尔很讨厌这样的战法，他也不断地寻找机会进行反击，但也同样是无功而返。

沙漠本就是炎热地带，此时又适逢夏季，士兵们受气候与环境影响的问题在逐渐突出。隆美尔的弹药越打越少，而食物与水也在逐渐短缺，种种困难都已经摆在了面前，这对喜欢用闪电战来赢取胜利的隆美尔来说，是个不小的灾难。

隆美尔开始转攻为守了！不仅仅是战术上的防守，而是彻底掘壕固守，开始了他很讨厌的等待。

稳固的防守，为德意非洲装甲集团军带来了短暂的喘息，但却仅仅是"短暂"而已。奥金莱克显然不想让隆美尔享受过久的安逸日子，他做好了充足的准备，在一天夜里突袭德军的装甲部队。他知道，要突袭就不能"温柔"，必须用猛烈的炮火，给予对方沉重的打击，才能让这次攻击变得有声有色。

但隆美尔也不可能坐以待毙，德军在麦尔洼地已经做好了准备，因为从情报得知，新西兰第2步兵师将会进攻这里。当新西兰军的装甲车队一露面，德军立即开火，新西兰人还没等反应过来发生了什么，就遭遇了惨重的损失。

英军当然不会示弱，英军第23装甲旅的坦克开始进攻德意非洲装甲集团军。这是新来的一支力量，属于生力军，奥金莱克期待用这样的一支力量打出意想不到的效果。然而他失算了，英军坦克在进入德军的雷区时，遭到了猛烈的炮击，几乎全军覆没。

虽然也有一些损失，然而从整个战局来看，这一次，是德意非洲装甲集团军取得了胜利。英军的进攻屡屡失利，遭到了德意非洲装甲集团军的重创。

隆美尔忧虑的心情，终于在此时有了些许恢复。他是个能与士兵们打成一片的指挥官，在遭到重创后又收获了这一次胜利，他不断地对自己的下属们进行着鼓励，争取让他们保持信心，保持一定要坚持到最后胜利的坚定信念。其中有个叫哈尔姆的19岁炮兵，因为作战勇敢，战功卓著，隆美尔还特意为他佩戴上一枚"骑士十字勋章"。在隆美尔的不断鼓励下，德意非洲装甲集团军的信心重新上升，都暗暗决定一定要集中力量，尽快攻破阿拉曼防线，早日占领埃及。

奥金莱克不甘心自己的失败。他认真研究了双方的形势，总结了上一次进攻中存在的问题，以期在下一次攻击中能够吸取教训。他这一次选择了不急于进攻的战术，采取稳扎稳打的战法，让盟军分几路进行攻击。奥金莱克在研究隆美尔，隆美尔也在研究奥金莱克，也在总结与分析新的变化。隆美尔也做了充足的准备，对来犯的敌军一一拆招化解，让澳大利亚军深入了自己的腹地。对于这支孤军，隆美尔当然不能放过，猛烈开火进行攻击，澳军知道仅凭自己的力量不可能有所作为，在付出一定的代价后也不得不败退了下来。

虽然英军的力量明显占优，但在这样的消耗中，力量也在大幅度减弱。奥金莱克深知目前双方谁贸然采取进攻都不会有很顺利的局面，反而采取守势或许才会让隆美尔心中焦急。但是这样一来，隆美尔又可能补充上自己的消耗。但依目前的情况看，消耗战是唯一的办法，所以奥金莱克把宝押在了隆美尔的供给上。如果隆美尔一旦出现供应大量短缺时，或许自己的机会才会真正来了。而目前，却绝不是攻击的良好时机。另一方面，奥金莱克也在给英国总部写信求援，既然是消耗战，当然自己也应当让供应充足，才有可能取得最终的胜利。

虽然进攻战屡屡失利，但阿拉曼防线防守的稳固，也让英军不由得对奥金莱克刮目相看。毕竟，他的对手是在此前势如破竹的隆美尔，而他在险境中敢于在败阵中放弃梅沙马特鲁，将力量集中在阿拉曼防线处，并且稳稳地将隆美尔挡在了防线以外。他在英国收获了很好的声誉。当他的光辉不断地闪耀在第二次世界大战的舞台上之时，一场意外的灾难却悄悄地袭了过来，让他的光辉在瞬间陨落，他没能最终成为最耀眼的明星。而命运也仿佛同他开了一个不大不小的玩笑，因为正是在他的灾难之后，北非战场的战局才正式开始发生转折，新的战局也就从此拉开了帷幕！

六、蒙哥马利临危受命

（一）奥金莱克的伤感报告

当丘吉尔首相还在伦敦为自己的职责苦斗之时，在北非，隆美尔的部队与奥金莱克的部队正陷入一场僵持的局面。奥金莱克如此地卖力或许并没有产生什么实际作用，在丘吉尔眼中，阿拉曼防线暂时守住并不能同加扎拉防线失守、托布鲁克沦陷相提并论，当议员们用锐利的眼光、犀利的语言攻击着这位屡战屡败的首相兼国防大臣时，丘吉尔只能把责任全部都推到奥金莱克将军身上。

丘吉尔尽管用自己一次次才华横溢的雄辩保住了自己的位置，然而，他所遭受的讽刺和嘲笑仍旧无法让他平静，他太需要一场至关重要的胜利了，然而，目前在北非的将军似乎都无法完成这个任务。丘吉尔有时甚至产生了这样一种想法："若是隆美尔是大英帝国的元帅，那有多好。"可转念一想，这种假设简直幼稚可笑，就在刚才还有一位议员指责英军的失败在于内部存在着按部就班的思想："在这个国家里，人人嘴边都挂着这样一句富有讽刺意义的话，'如果隆美尔是在英军服役的话，他将仍旧是一名下士'"。丘吉尔不禁扪心自问："难道我们大英帝国能埋没这样锋芒毕露的人才吗？不会的，至少我在时决不会这样。"

北非阿拉曼前线。

得到了喘息之机的隆美尔稍稍高兴了一点，他让自己尽情享受了两次海水浴，然而，水温太高，根本感觉不到凉意。天气实在是热得过火，再庄重的人也难免要不拘小节了，隆美尔穿上自己略有些长的短裤，慨叹道："要是我也能像凯塞林那样飞回元首大本营该多好。"但是，他必须面对现实，他还在北非。

奥金莱克显然还不清楚伦敦的态势对他有何重大影响，他完全是按照自己的计划来安排和部署的。这次进攻的目标很明确，那就是不遗余力地摧毁隆美尔的装甲部队。夜晚 10 时左右，猛烈的空袭开始了，地面上的炮火也毫不逊色，整个战斗的规模比德军想象的要大得多。

新西兰旅从南面插向沙漠中央处的麦尔洼地，拂晓时，奈宁将军不慌不忙地观察着局势的进展。他很自信地对部下说："我们一定要全歼这支新西兰部队。"在做好充分准备后，他命令他的装甲团连续前进 3 小时，在凌晨 4 时 15 分正式发起反攻。

凌晨 4 时，德军，包括为数不多的机枪和步兵营已经等在洼地周围，他们的手表滴答滴答地接近了进攻的时刻。新西兰人显得很轻松，洼地上可以很清晰地看到他们搭起的帐篷。4 时 15 分，随着信号弹准时划破长空，高爆炸力的炮弹和迫击炮炮弹雨点般地落在新西兰军密集的人群中，接着，装甲车隆隆驶过洼地的边缘，冲入新西兰军的阵地，直到此时英军的装甲部队也没有到达。新西兰步兵首当其冲地成了受害者，奥金莱克的这一次进攻使他的部队损失了 1000 多人和 25 门大炮。

天亮时，第二阶段的战斗又接着开始了。从英国新派来的英军第 23 装甲大队投入 100 多辆坦克奉命前去，在敌军的中间插入一把楔子。然而，这支两星期前还在英国本土的部队，有两个装甲团至今还从未参加过战斗。

上午 7 时 30 分，他们虽然突破了布雷区，坦克先头部队也冲到了隆美尔的后方，险些攻破隆美尔的步兵阵地。然而，由于通讯上的混乱，他们在前进中走错了方向，结果，这些可怜的新来者陷入了地雷区，遭到了德军反坦克炮火的袭击。接着，俾斯麦的第 21 装甲师向英军发起了猛烈的反攻，布鲁尔上校的第 5 装甲团向英军侧翼发动攻击，从而彻底解决了这支英军大队。

隆美尔的进攻战虽然失败了，但他却在防守战中取得了胜利：那天，德国抓获了 1400 多名英军，摧毁了大约 100 多辆英军坦克。

在这两场战役中，德军的士兵中涌现出了一个叫哈尔姆的 19 岁小伙子，他是一名炮兵观测手，操纵着一门俄制 76.2 毫米的反坦克大炮。由于炮手们无法在坚硬的岩石地上安置大炮，于是两名炮手不得不把大炮安置在炮架尾部以便减轻大炮的后坐力。

一支英军坦克纵队呼啸着向他们扑来，两分钟内，哈尔姆便击毁了 4 辆"瓦伦丁"坦克，其余的坦克顿时停下来，搜索毫无遮蔽的大炮，并向他们猛烈开火。

"当时的情况好险啊，一颗炮弹在我的两腿前方爆炸，紧接着第 2 颗炮弹炸掉了装填手巴鲁克的双腿，勇敢的雷利立即接替了巴鲁克的位置，一直坚持到最后。"哈尔姆回想起当时的险情，心中仍不免有些后怕。

"后来我们的大炮被打哑了，好在 21 装甲师及时赶来了，要不然我们真是凶多吉少。"

哈尔姆因为英勇善战，一星期后，很荣幸地接受了隆美尔亲自给他佩戴的"骑士十字勋章"。

隆美尔微笑着鼓励这位年轻的小伙子："感谢你，勇敢的斗士，知道吗，你是第一个获得这一奖赏的普通士兵。"

哈尔姆有些受宠若惊，激动的声音显得有些发颤："感谢元帅，我会继续努力战斗，伟大的德意志帝国万岁！"

隆美尔紧接着巡视了一下战场，感谢他的士兵们并给他们颁发了各类奖章，他突然发现，自己的部队虽然人数处于劣势，但士气却十分高昂，他不仅对接下来的战役充满了信心。

7 月 26 日，奥金莱克将军又试着进行了一次进攻，但结果同样以凄惨的结局而告终。澳大利亚军队虽然突破了德军的防线，但由于坦克的支持力量未能及时出现而不得不退了出来，英军装甲部队指挥官不愿意出动坦克，是他认为步兵在地雷区清除的缺口还不够充分。步兵们孤军奋战，结果可想而知。

隆美尔怀着欣慰的心情给他的爱妻露西写信："当然，要说我们已经越过最困难的阶段那还为时尚早，敌人在数量上远远超过我们。但是两天前我们在阵地前后击毁的 146 辆坦克对此做了很大的补偿，我们已经给了他们沉重的打击，敌人不会再如此放肆了。"

尽管奥金莱克知道德军在 7 月份的这次拉锯战中，损失也相当惨重，隆美尔已经无法再承受更大的损失，但是，同盟国军队接二连三的失败已经在这位大英帝国元帅的心里埋下了阴影，奥金莱克已下定决心，在做好充分的准备工作前，无论如何也不再行动了。

他在给伦敦上司们的一份战况报告中说道："我很不情愿地得出这样的结论——继续对德国装甲部队采取进攻在目前是不可行的。我们需要新的接受过良好训练的兵员和足以给敌军致命打击的武器，目前看来，这些都是远远不够的。"

接到奥金莱克这份令人伤感的报告时，丘吉尔首相本来就不太好的心情，此时突然降至极点。面对北非前线的局势，他再也坐不住了，他在伦敦唐宁街 10 号狭窄的办公室里来回踱步，激动地对接替迪尔的新任帝国总参谋长阿兰·布鲁克大声喊着："中东有 75 万士兵，都跑到哪里去了？奥金莱克为什么不继续作战？看来他是对自己中东作战区司令的位置不满意了吧？"

布鲁克知道奥金莱克这么做肯定会有他的原因，他为了这个昔日的老友尽可能地辩护着："奥金莱克将军目前的处境相当艰难，此时任何一次草率的进攻，都会使我们前功尽弃，不如再等一等，待我们再派些兵员之后再作打算。"

丘吉尔显然没听进去他的话，看他拿着雪茄烟深吸的样子，就可以判断出，此时首相的心里是多么复杂。议会里的危机虽然已成过去，但他此时的政治地位却处在摇摆不定之中，随时都可能因为前线战局的不利而下台，公众的不满情绪依旧增长，要想改变他在公众中的"败军之将"的形象，途径似乎只有一个，那就是在北非前线上取得一场辉煌的胜利！

"奥金莱克以为他带领英军在阿拉曼暂时阻止住德军的进攻就算胜利了吗？还

差得远呢！他难道没有忘记在加扎拉，在托布鲁克我们是怎么样的惨败吗？可恶的隆美尔并没有走远，他就站在埃及的大门口，随时都有可能对我们构成威胁，这是多么紧要的关头，他却不可思议地停止了战斗！"

激动的丘吉尔把刚刚吸了两口的雪茄狠狠地扔在了地上，见此情形，布鲁克也不敢再言语些什么，他心里暗暗在想："奥金莱克将军，恐怕这次你真的是帅位难保了。"

7月中旬，丘吉尔态度十分强硬地坚持要美国人在北非发动一场大规模作战，以代替原来横渡海峡的欧洲作战。这引起了美国军方特别是马歇尔将军的强烈不满。罗斯福总统意识到丘吉尔此时的困境，为了帮助这位私交不错的朋友，他向军方表明："我们美军必须在1942年与德国人交战，无论是在欧洲还是在非洲。"

一直对非洲不感兴趣的马歇尔将军背地里讽刺说："看来我们总统的'欧洲第一'的概念还包括北非呀，如果这样，不如连太平洋也加上，那我们还可以对日本人作战了。"

罗斯福听说此言后，大发雷霆，他立刻给马歇尔写了一份备忘录，里面措辞严厉地说明了"美军一定要参与非洲作战"的决心，最后的签名，罗斯福用了"三军总司令"的头衔，这种头衔以前他基本不用。

丘吉尔在对罗斯福表示不胜感激的同时，心里也越发觉得沉重。他非常清楚，在与美国的联合作战中，英军无论怎么英勇都只能扮演次要的角色，大英帝国首相与美国总统本该有着相同的威望，但此时自己明显感到有些力不从心。即将实施的"火炬"计划，已经确定由英美共同作战，英军不可能在这场战斗中有什么令世人惊叹的表现了，如此说来，纯粹靠英军取得胜利的战役就只剩下一次了，那就是阿拉曼战役。可以说，这是英国留给自己的唯一一次挽回颜面、赢得殊荣的机会了。

丘吉尔越想越气，越想越急，他已经不需要再考虑了："一定要撤换掉奥金莱克！"

1942年8月5日清晨，奥金莱克和他的参谋人员在第8集团军的机场上，迎接丘吉尔首相的到来。

终于，一个胖胖的身影出现在机舱门口，他向人们挥手致意，浑身沐浴着灿烂的阳光，一步一晃地走下了飞机。

丘吉尔和奥金莱克站在一起很有一种喜剧的效果：丘吉尔，身材肥胖，面色红润，奥金莱克身材瘦削，面容疲倦。当两双手亲切地握在一起的时候，谁都会觉得这次会面是那么的充满了热情和真诚。奥金莱克先是向首相介绍了一下他的军队和下一步的计划，接着丘吉尔便与他就其未来计划进行了深入的探讨。

丘吉尔始终无法掩饰自己进攻的强烈欲望，他站在巨大的地图面前，指指点点，嘴里还总是振振有词地调兵遣将，说某某师在接下来的战斗中应该在某某位置才能更好地发挥作用，在某某重要地点应该再增派某某装甲部队去支援。

奥金莱克始终默默地听着，在首相滔滔不绝的讲话终于告一段落后，他才说道："首相阁下，现在第8集团军经过长期奋战，急需补充兵员和物资，有些新换防的部队还不会在沙漠里打仗，他们必须做好必要的训练。在这些准备工作没有做好之前，我不能再贸然发动进攻，那样只能是拿士兵们的性命去冒险。"

丘吉尔立刻问道："那你说什么时候才能准备好吧？我要一个具体的时间。"

奥金莱克虽然看出来首相已经是面带愠色，可想到眼前的形势，他还是说出了这样的话，也许就是这句话决定了他自己被解职的命运。

"最早也要9月中旬，在此之前我拒绝任何行动，因为那些都是徒劳无益的！"

尽管丘吉尔什么也没说，但在他心里，答案早已确定下来。

（二）第8集团军的新指挥

在吃了一顿很不愉快的早餐以后，丘吉尔带着布鲁克离开了第8集团军司令部。当天晚上，在北非作战的空军部队盛情招待了前来视察工作的丘吉尔首相，在会上，丘吉尔亲切会见了第13军军长戈特中将。

"如果你来做第8集团军的司令，你会怎么办？"丘吉尔试探着问了问这位他已经初步确定下来的人选。

"我当然不会像奥金莱克将军这样闲等，要是我，我会选择进攻！尽管我知道我们的部队已经深感疲惫，但我相信，狐狸的部队也好不到哪去，他们已经没什么可以抵抗的力量了。"戈特信心百倍地说了这番话。

丘吉尔笑了，就在第二天晚上，一项重大决策出笼了，丘吉尔任命亚历山大将军为近东总司令，任命戈特为第8集团军司令，受亚历山大指挥。

就在丘吉尔等待来自北非前线的好消息时，不幸的事情发生了，他的爱将——新任第8集团军司令戈特将军在8月7日向开罗进发时，他的车被德国战斗机击中，这位将军在帮助营救伤员时中弹身亡。丘吉尔又一次陷入"选将"的窘境当中，他深深认识到，第8集团军需要一位勇敢的、具有冒险和进取精神的指挥官来让他们重树信心。

经过布鲁克将军的推荐，丘吉尔当机立断，立即下命令调第1集团军司令官蒙哥马利中将出任第8集团军的司令官，尽管蒙哥马利出任第1集团司令官还不到24小时。

如果说在此之前的非洲舞台上隆美尔是当仁不让的唯一主角的话，那么现在，另一位主角粉墨登场了。就是这么一个偶然的机会，一代名将蒙哥马利被推上了历伯纳德·劳·蒙哥马利，1887 年 10 月 7 日出生于伦敦圣马克教区的一个牧师家庭，1907 年以优异成绩考入了英国著名的桑赫斯特皇家军事学校，寒窗 4 年，毕业后分配到了部队任步兵少尉。

第一次世界大战期间，他以自己的出色表现而晋升中尉，不过和在一战中叱咤风云的隆美尔相比，蒙哥马利的表现显得有些平庸。由于从小受母亲严格的管教和约束，他养成了一种服从和反叛共存的矛盾性格。他具有清醒果断的头脑和敏锐的洞察力，具有一种固执己见的自信和近乎狂妄的勇气。这使他在以自我为中心的表象下面显露出了渴望在军界能够出人头地的勃勃雄心。

到第二次世界大战爆发时，蒙哥马利已经成为驻西欧的英国远征军第 3 师的少将师长。在德国人出人意料的"闪击战"面前，英法联军遭到了灾难性的失败，而蒙哥马利则是少数几个能在混乱中保持冷静、清醒而富有远见的师长之一。他精力充沛，头脑清晰而且敢于决断并采取适当的行动，这使他赢得了后来担任陆军参谋总长的布鲁克元帅的赏识。

在经历了敦克尔刻那次令人羞愧的大撤退之后，他和他的同僚们遭到了英国人和德国人的双重嘲笑，这使得一向骄傲、自负而且野心勃勃的蒙哥马利感到愤怒，他渴望能够有朝一日再与德国人一较高低。这种孜孜以求的、狂热的战斗精神使他获得了一个大出风头的机会，屡战屡败的第 8 集团军和广阔无垠的北非大漠为他提供了一个绝好的用武之地。最重要的是，他面临的是一个强大的、被别人神化了的对手——"沙漠之狐"隆美尔。这使他感到亢奋并跃跃欲试，在他的心目中，没有比在全世界的注目之下打败隆美尔这样一个著名的敌人更能让他感到心驰神往的了。

矮小却很健壮的蒙哥马利将军长着一副鸟一般的相貌，他那高昂并带着鼻音的嗓音听起来刺耳而又不友善，他脖子很白，而脸部却粉里透红。蒙哥马利其实在许多方面与隆美尔非常相像，比如说，他们两人都很孤僻，在自己同行的将军中，都是敌人多、朋友少；他们文化素质都不高，对待下属经常表现出超乎寻常的专横和傲慢；他们都怕太多的约束，如果情况紧急，他们都敢大胆犯上而不计后果；在战场上，两人又都是优秀且有独到见解令人钦佩的指挥官，他们都有足够的智慧和力量去调动官兵们的战斗积极性，并最大限度地发挥他们的战斗力；就连平常的生活习惯，他们两人也惊人地相似，他们都不吸烟，也都不喝烈性酒，而且都喜欢在冬天运动，努力保持自己的身体健康。

然而，他们的不同点也是显而易见的。隆美尔是个尚武的军人，而且使他的战友、上司、对手、敌人都能为之增光。而蒙哥马利却有些不通人情，他命令士兵，无论在哪里，发现德国人就一律打死，不要考虑任何别的东西。隆美尔却在尽量避免着这种残忍，对待战俘，他甚至能置希特勒"把他们全部杀掉"的指示于不顾，尽可能地保全他们的性命。蒙哥马利在作战指挥上，行为有些古怪，而隆美尔却是一个正统的指挥官，并以随机应变的眼光和深邃的洞察力而受到称赞；隆美尔经常跟随部队一起上前线，并在战斗中表现出战士们一样的无畏和勇敢；而蒙哥马利是无论如何也不会亲自率军上前线的，也不会在面临防线被突破时亲自指挥反坦克炮瞄准射击目标，更不会在突袭中与先头部队的士兵一起争夺掩体；隆美尔完全依靠自己的才智，他信不过别人；而蒙哥马利却善于运用别人的智慧，依靠军事力量补偿任何计划中的缺陷。

在北非沙漠这个大舞台上，两个人都是雄心勃勃，都十分蔑视对方，然而在内心深处，他们谁也不敢轻视对手，又都十分谨慎。历史为两个优秀的指挥官提供了一个直接对话的机会和舞台，但结果却注定了这两人的其中之一必将成为未来这场悲剧的主角。因为战争本身就是要决出胜负，它不可能像东方象棋的搏杀那样，出现一种叫作"和棋"的奇妙结局。

在任命蒙哥马利为第8集团军司令的当天，丘吉尔的私人参谋长伊斯梅就来到了蒙哥马利的办公室，按照首相的吩咐，他是来向蒙哥马利介绍近两年北非战况的。

听了伊斯梅详细的介绍后，蒙哥马利不禁感慨万千，他谈到了一个军人一生所能遭遇到的诸多考验和风险："一个人把战斗作为自己毕生的追求，无论遇到什么艰险都始终坚定自己的信念，年纪轻轻就能得到将军的殊荣，似乎胜利和成功永远都会光顾他。就这样，他能被迅速地提升，一次次机会让他声名远扬、世界瞩目，几乎每一个人都在谈论他的魅力和品行。可是，命运之神又来捉弄他了，一次战斗失败就使他一生的成就毁于一旦，这难道真是他的过失吗？不一定，然而，他却一定会被写在一系列军事失败的历史书当中，真是世事难料啊！"

伊斯梅没想到这位将军还是个多愁善感之人，于是便给了他一些鼓励的话："怎么，不要这样，还没上阵就说这些不吉利的话。你是英勇善战的英雄，首相对你非常器重，你不用把北非的情况看得过分糟糕，那里是一支优秀的军队，如果加以调教，必成大器。"

蒙哥马利诧异地看着伊斯梅，仿佛一点都没听懂他刚才说的话"你说什么呀，我这是在谈'沙漠之狐'隆美尔啊！"

8月13日天刚刚亮，蒙哥马利便离开了开罗英军总部，驱车前往第8集团军。第8集团军的参谋长德·甘冈已经在那里守候这位新司令的到来了。一阵寒暄过后，德·甘冈取出了他整理的一份材料，准备向蒙哥马利介绍情况。

"我的老朋友，你难道忘记了，我在有关人员亲自向我报告之前，我是从来不看任何文件的。你收起那份材料，随便说说就行。"

德·甘冈笑了："你果真还是老样子！"接着，他就和蒙哥马利详细谈论了作战形势、最新敌情、各个战区指挥官的情况以及他自己对这一切的看法。他头脑灵活，观点清楚，深受蒙哥马利的欣赏。蒙哥马利一边听着一边暗自打量着这位难得的人才，待德·甘冈说完以后，他才问了一句："现在官兵们的士气怎么样？"

"说实话，并不太好，这里最缺乏的是明确的领导和自上而下的强有力的控制。"

听到这些，蒙哥马利不由自主地点了点头，很显然，对于目前的状况，他早已料到了。

蒙哥马利有一个非常坚定的信念：如果要让士兵们使出最大力量，就必须使他们绝对信任指挥他们投入战斗的人。一个指挥官的成败决定于他的能力，即被他的下属所公认的能力。他认为，士兵们想知道的是，领导他们的军官可不可以信赖，他们的生命就掌握在这个人的手里，他能有效地照管他们的生命吗？

针对第8集团军存在的问题，上任之后的蒙哥马利所做的第一件事就是在军团内树立起他的形象，并恢复全集团军人员对集团军高级军官的信任，同时让士兵们树立起必胜的信念。

1942年8月13日傍晚6时30分，蒙哥马利在巡视完沙漠战场后，向第8集团军的全体参谋人员发表了他的"施政演说"：

我希望同大家见面谈谈。正如你们所知道的那样，我已经发布了一些命令，并且将继续发布命令。"决不后退"的命令意味着作战方针的根本改变。你们必须明白我的方针是什么，因为你们将处理具体的参谋工作……埃及城市的保卫，必须通过这里的阿拉曼战斗来最终实现……我要把我们的松散的装甲部队组成一个强大的第10装甲军，实施机动作战。取消分散作战的方针，而是以师为单位作为一个整体进行作战……最后，我要宣布任命德·甘冈为第8集团军参谋长，他所发出的命令与我发布的有同等效力，你们都要立即执行，我授权他管理整个作战司令部。

蒙哥马利的一番慷慨激昂、妙趣横生的演说在士兵们当中引起了强烈的反响，这对安定军心、鼓舞士气、树立坚定必胜的信念起到了积极的作用。

接下来，蒙哥马利又开始处理他所说的那些"朽木"，通过仔细审查他的指挥机构，毫不留情地砍掉了那些他认为普遍存在的令人无所适从的中间环节，建立了一个与他的性格和作战理论相适应的指挥系统。他果断公正地撤换了一些人，也补充了一些他认为有能力的人，科贝特、史密斯、伦顿……一个又一个战场指挥官被撤了职。蒙哥马利似乎有些极端无情，但后来的实践证明了他以极大的勇气和超人魄力所做出的这些决策是多么的正确。

在蒙哥马利看来，作战计划慎而又慎，遇险及时化夷，胜利时注意节制这是一个指挥员的指挥要旨。他说："在军事行动方面，总司令必须对自己所设想的战役制定一个总体计划，并且必须预先考虑和计划两次战役——他准备打的一仗和下一仗。前一仗的成功，可以作为另一仗的跳板。"这就把战略需要、战术可能和兵力三者联系起来，抓住战略枢纽部署战役，抓住战役枢纽部署战斗。在开始攻击之前，往往就决定了战势的发展。"

蒙哥马利非常强调作战准备工作，他说："具有忍受痛苦和审慎准备的无穷能力，是卓有成效地从事高级指挥的重要条件。"无论大仗还是小仗，部队训练、物资储备、欺骗伪装及气候等条件，哪一方面不准备充分，他都不打仗。

蒙哥马利还改革了第8集团军的司令部，将司令部分为一个小型"作战司令部"和一个"主司令部"。小型"作战司令部"设在离"主司令部"相当远的前沿地域，它是参谋长德·甘冈的活动场所，所有详细的计划和行政管理工作都在那里进行。在"主司令部"，蒙哥马利只保持极少量的参谋、通信、机要人员和联络官。这种做法不仅使蒙哥马利能够摆脱忙碌得如蜂房一样的司令部工作，而且还使他能与实际指挥战斗的将军们保持密切的接触。每当蒙哥马利向一个下属，比如一个军长发布命令时，他总是要给更下一级司令部打电话，以检查对他命令执行的情况。

一切准备就绪，接下来就是考虑如何收拾面前的这个对手——隆美尔了。

对于蒙哥马利来说，正确判明隆美尔的下一步行动方向，将是他赢得下属们尊敬的关键，他认识到：隆美尔将在不远的将来发动一场进攻。虽然隆美尔的空中保护随着大批飞机被调到东线而不复存在，油料和弹药也消耗殆尽，但隆美尔逃不过这样一个铁的事实，那就是希特勒决不允许隆美尔后撤。刚愎自用的希特勒已经将"非洲军团"在北非的存在与苏联方向上的德军南下的战略联系了起来。为了实现希特勒的这一伟大目标，对于隆美尔来说，除了进攻，他没有别的选择。

为了对付隆美尔即将发起的进攻，蒙哥马利向中东司令部申请了1000门威力强大的远距离大炮，并为此而构筑了科学严密而且伪装良好的大炮阵地。他还以骁勇善战的新西兰师的南侧为基础，在箱形阵地与著名的哈勒法山之间的缺口内部署了精锐的第22装甲旅，把新到达的第44师两个旅配置在陡峭的哈密瓜勒法山脊上，将第23装甲旅置于第22旅的后面，作为一支强大的预备队。蒙哥马利为隆美尔精心设下一个可怕的陷阱，不论隆美尔采取什么样的方法进攻，这样的部署都能够保证将他堵住。如果隆美尔真敢无视对手的充分准备而发动一场进攻的话，等待他和他勇敢的"非洲军团"的将是万劫不复的地狱。

（三）意志支撑下的隆美尔

露西在给隆美尔的回信中谈道："今天的新闻广播说，你的对手奥金莱克已经被革职，代替他的是一个名字叫作蒙哥马利的将军。"隆美尔读后并没有什么反应，足以看出当时的隆美尔对这个名字的漠视，或许他没有想到，正是这个人最终改变了他的命运。

8月是一个受人欢迎的月份，又有长达一个月的休战期。双方的部队在到处都是地雷的灼热沙漠里相互对视着，谁也不敢轻举妄动。他们都在忙着重新组合编队。8月初，隆美尔估计，在英军采取另一次行动之前，他可能还有4个星期的准备时间。同时，希特勒在苏联向高加索的大举进攻势必影响英军在中东的兵力部署。他知道目前德军的装甲力量只能抵挡敌军的小规模进攻，但他不得不下达最严厉的命令，以防止7月间那种蔓延于德军各条战线的混乱再度出现。

隆美尔现在回过头来想，当时凯塞林是对的，他是错的，他完全应该在攻下托布鲁克后及时调转头去攻克马耳他岛，因为"非洲军团"的补给主要依赖海路运输，但是英军控制的马耳他岛却一直在阻挠着德、意的海上运输，给隆美尔部队的补给造成威胁。正是英国皇家空军轰炸机和英国战舰毫不留情地轰击了轴心国的供应船只，才使他们满载汽油和弹药的运输船几乎无法到达目的地就被击沉。6月份英军就击沉了6艘轴心国船只，7月份击沉7艘，8月份击沉12艘。

在沿非洲海岸进行的供应战中，德国人也在输。英国皇家空军对在德军控制的港口和轴心国部队前线之间运载货物的汽车和轮船实施了不断的袭击。有一天，他们竟然先后击沉了3艘海岸运输船。照这样下去，"非洲军团"非困死在沙漠中，更别提去进攻英国人了。

一想到这些，隆美尔就显得不那么信心十足了。德国军队在东线的频频失利使他面临着双重的困难，一方面希特勒希望他能够用一次又一次的辉煌胜利来为第3帝国撑腰打气，一方面他又得不到必要的支援和补充。这些无疑使隆美尔陷入了极端困难的境地。

在这里，有一点是值得一提的，那就是英军的情报来源要比德军占有很大优势。隆美尔与最高统帅部联系的许多绝密电报，几小时后便可在英国情报机关的侦破机那里看到，这使得蒙哥马利能够采取及时有效的防御措施。机智的英军情报机关也知道如何隐藏自己的情报来源，他们故意放出风去让德国人知道，说是意大利人把情报转告了英军，这居然一度使隆美尔和他的高参们信以为真。

我要求每一名士兵，军官也包括在内，坚守自己的阵地，决不后退。放弃阵地就意味着被消灭。在夜战中固守住我们的阵地，我们就能赢得少伤亡的有利条件，任何突破阵地的敌军，都必须由附近的后备部队彻底地加以消灭，任何放弃自己阵地的人员都将被指控为临阵脱逃者，并送交军事法庭审判。

从隆美尔的这一命令可以看出，他正准备打一场防守战。

在休战的期间里，隆美尔与英军的力量差距正在缩短。他得到了5400名新补充的兵员和新组建的第164轻装甲师的两个先头团。8月初，一支空军精锐部队，第1伞兵旅也被派往北非由隆美尔来指挥。这支部队的指挥官赫尔曼·兰克将军是克里特战役中一位灵活好斗的老兵。他镶着一口金属的假牙，原来的牙齿在一次跳伞事故中不小心摔掉了。他手下的伞兵装备精良，身体健壮。然而，由于他们是空军部队，隆美尔很少去看望他们。他们毕竟是德国人，而且受过严格的训练，于是他们全部被填补到隆美尔在大海和大洼地之间薄弱的防御线上。与此同时，炮兵也陆续到达，弹药库也在修建，密集的布雷区和地雷箱已用计划好的方式细致地埋设妥当。

新的意大利军队——弗尔格尔伞兵师也到达了，这是一支第一流的部队。当他们的指挥官喝令立正向隆美尔敬礼时，他们表现出的训练素质足以使一名普鲁士教官为之自豪。然而，隆美尔还是瞧不起意大利的军队，他在一封信中曾这样说："我需要的不是更多的意大利师，更不用说是毫无作战经验的部队了，我需要的是物资和燃料，仅仅靠它们，我也能发起进攻。"

人员的补充算是及时，可供应短缺的问题仍然无法从根本上加以解决。8月初，抵达隆美尔部队的供应品还不足日常所需，新来的部队没有车辆，这给本来已经超负荷的运输大队带来了更大的压力。为了节省军火，隆美尔被迫禁止部下乱开枪，他抱怨说："意大利的后方部队设备充足，许多卡车和大炮放在意大利的兵站仓库里都积满了灰尘，而前线的轴心国部队却缺这少那，也不知道他们的指挥官整天在想些什么。"

8月中旬，他向柏林报告说："我的装甲部队缺少50%，反坦克大炮缺少40%，炮弹缺少30%，作战人员也还需要16000人。"

尽管隆美尔一再求援，希特勒仍然无动于衷，东线的失利已经让这位法西斯头子深感忧虑了，一向被视为次要战场的北非，能坚持到什么程度就算什么程度吧。再说隆美尔此前也同样面临过这样的窘境，不还是凭借他非凡的指挥才能渡过难关了吗？希特勒的这种分析有点"精神胜利法"的味道，可是在这个时候，也只能运用一下"精神胜利法了"。

整个8月，隆美尔的军队都保持原地不动。灼人的高温和接近尼罗河三角洲的不利处境，不仅使装甲军团的士兵付出了高昂的代价，而且使隆美尔自己也病倒了，这对于这个意志顽强的元帅来说，还是来沙漠作战以来的第一次。

8月2日，他就开始感到不舒服，到了月中，他真的病了。事实上，40多岁的军官中他是唯一在非洲坚持了这么久的一个。

8月19日，他的参谋们留意到陆军元帅总是头痛感冒，而且还得忍受喉咙剧痛的折磨。参谋们认为是流感，当他们跑去找隆美尔的私人医生霍尔斯特教授时，他们发现自己的元帅已经只能躺在床上了。

霍尔斯特的诊断报告说："隆美尔元帅正忍受着低血压的痛苦，而且有昏眩的趋势，这种情况是由于长期的胃病和肠功能紊乱造成的，再加上最近几个星期体力和脑力的过度疲劳，尤其是不利的天气影响，使得这一病情加重了。在目前这种情况下，特别是如果他的负担再进一步增加，要想完全康复是绝对不可能的。康复的唯一希望只能是在德国待上很长一段时间，并且要有适当的医药和护理。"

最后霍尔斯特教授还说"在非洲土地上的暂时治疗看来也还是可行的，不过，元帅不能再去考虑那么多问题了，他现在最需要的就是完全的休息。"

不考虑问题了，那怎么可能呢！

隆美尔十分清楚，到了9月份，第8集团军将变得十分强大，远非他的非洲军团所能打败。所以，必须在8月就发起进攻，由于夜间行动更具隐蔽性，这就需要一个月圆的夜晚，算来算去，8月底是最合适的时机了，这个时机若是再抓不住，轴心国就只能接受兵败北非的结局了，这问题能不考虑吗？

同时，隆美尔还得考虑目前的供应短缺问题，汽油不足，火炮力量也远远不如英军，这就决定了正面突击方案的不可实施性。要想成功，只能对英军实施包围或者迂回，从南端突破，那里是英军防线最薄弱的环节，否则就根本没有胜利的希望，这能不考虑吗？

"可是元帅，距8月底还有一段时间，你可以先让别的将军暂时替你一下，这时的休息是为了决战时候更好地指挥作战呀！"霍尔斯特教授力劝隆美尔。

"好吧，让我再考虑一下。"

8月21日，隆美尔把诊断结果电告柏林，并推荐坦克将军海因兹·古德里安来暂时顶替他的职务，他相信通过自己这段时间的休息，会更加精力充沛地投入到8月底的作战行动中，届时，阿拉曼防线必将会被一举攻破！

可是当他返回自己的活动房里，最高统帅部司令凯特尔的电报已经在等他了。电文说："古德里安不能接替这一职务，因为他的健康情况不能适应热带的气候。"

"见鬼，什么健康原因，怕是这位老兄又把元首给得罪了吧！"

8月24日，隆美尔的病情有了些许好转，在霍尔斯特的陪同下，他乘车去梅沙马特鲁做了一次心电图检查，检查结果还算令人满意。

根据霍尔斯特的建议，在即将发起的进攻中他还可以继续指挥"非洲军团"作战，同时，必须接受适当的药物治疗，在此以后，他将视情返回德国进行治疗，这段时间元首也好考虑一下接替他的人选。

隆美尔又一次对整个战线作了视察。然而，就在他准备向正在集结的大英帝国的军队发起猛烈进攻的时候，他的病情又有所加重。他虽病着，却被胜利在望和可以返回德国的希望所鼓舞着。

用不了多长时间了，也许9月中旬就可以回柏林了，那样就可以与久别的露西和我的小儿子曼弗雷德在一起至少度过6个星期。我们一家可以去奥地利的山区度度假，那里的水可是清澈透明，我可以好好地洗上一个澡了。到了那里，也不用整日担心敌人的大炮，就让那该死的声音远远地离开我们吧！

七、蒙哥马利旗开得胜

（一）"超级机密"显神威

同盟国军队可谓兵强马壮，轴心国军队相比起来则逊色不少。此时隆美尔的部队中有1万多名士兵失去了战斗力，病员的数量也达到了到非洲以来的最高峰——共有9000多名官兵患上了不同的流行性疾病。

尽管如此，隆美尔还是将8月30日确定为发起进攻的日子。按计划，"非洲军团"将投入200余辆德国战斗坦克，其中包括100辆经过精心改装的高速坦克；同盟国这边，蒙哥马利准备了760辆坦克，并且还拥有120辆能够发射6磅炮弹的新型反坦克炮。双方从实力对比上可以看出，同盟国军队要明显占优。

然而，对于"沙漠之狐"隆美尔来讲，兵力上的劣势并不是作战的主要障碍，因为在此之前，他曾多次取得"以少胜多"战役的胜利。此时，他最担心的是战备物资，特别是燃料的供应问题能否得到及时有效的解决，因为他那两个身经百战的装甲师的汽油，仅够在正常条件下行驶160多公里了。

8月27日清晨，隆美尔的司令部外突然传来一阵熟悉的斯托奇飞机的轰鸣声。当隆美尔快步冲出门去的时候，发现陆军元帅凯塞林正昂首阔步地走下飞机。

隆美尔一见到凯塞林就恼火，在隆美尔眼里，凯塞林跟意大利的那些家伙没什么两样，也是个说话不算数的人，他曾多次答应过要帮助"非洲军团"解决燃眉之急，可他在柏林和北非之间跑了好多趟了，却连一点儿燃料的影子还没看见，也不知道这位陆军元帅整天忙碌些什么。

"元帅阁下，现在'非洲军团'急需燃料和弹药，如果在进攻日前还送不过来，我们就根本无法执行原来的计划。"隆美尔急切地说道。

"意大利统帅部的卡瓦莱罗元帅不是说要给你们解决一部分吗？"凯塞林元帅倒显得十分平静。

"他是经常来前线视察，而且每次来都一口允诺要帮助'非洲军团'改善一些条件。可是到了他下次来访的时候，他只会哈哈大笑地说，因为他所做的诺言实在是太多了，所以无法使其一一兑现。这个可恶的家伙，打仗的时候一个劲儿往后退，糊弄自己人倒蛮有两下子。"

隆美尔气愤得几乎想把这许久以来的火都倾吐出来，其实这些话也有指桑骂槐的功用，最后他坚定地说了一句："进攻日取决于运送汽油的船能否按规定日期到达，我的最后期限是 30 日，我希望元帅您对这次进攻加以重视。"

"好啦，好啦，"凯塞林元帅安慰地拍拍他的肩头对他说，"如果所有的努力都失败了，我就用飞机给你空投 700 吨汽油。"

第二天早晨，隆美尔仍旧没有做出最后的决定。上午 8 点 30 分，他把指挥装甲师的全体将军召集到他的司令部里，又一次重复了自己的计划并警告他们："虽然最后期限是 30 日，但一切还要取决于燃料的供应情况，凯塞林元帅答应给我们空投 700 吨汽油，但这也无法从根本上解决问题，我们现在一点储备也没有了，在阿拉曼战役之后我们究竟能走多远，将由燃料和弹药能否及时得到供应来决定。"

为什么非要选择 8 月 30 日这一天呢？

作为久经战阵的一代名将，隆美尔清醒地认识到了他所面临的巨大危险。漫长的、脆弱的后勤供应线使他的"非洲军团"几乎弹尽粮绝，而他的对手则在获得了有力的支援后而变得空前强大。现在是个最好的机会，如果等到 9 月份，双方实力对比将更加悬殊，也许到那时他就永远也没有发动进攻的机会了，而此前的一切殊荣都将因为一次失败而化作烟尘。这使得隆美尔很无奈地做出了进攻的决定。

29 日清晨，隆美尔的私人医生霍尔斯特看见元帅的脸色很不好，疲惫、憔悴，而且满是忧郁。

"您感觉怎么样，元帅？这几天都按时吃药了吗？"霍尔斯特担心地问。

"没什么，就是这几天考虑的事情太多，睡得不太好，头感觉稍稍有点晕。医生，你知道吗，今夜发起的进攻是我有生以来最难做出的一项决定。这次进攻的结果只有两种可能，要么是我们成功到达了苏伊士运河，同时，我们在俄国的军队也成功地占领了高加索的格罗尼兹，要么我们就……"说到这里，他做了一个失败的手势。

医生好生奇怪，元帅今天是怎么了，他怎么突然间变得犹豫不决了，而且言语中透露出一种发自内心的恐慌，这同过去那个趾高气扬的隆美尔可是判若两人啊！

很随意地吃了点早饭，隆美尔又开始给他的爱妻露西写信了，不知为什么，这一天的信，他写得特别长。

"……今天终于到来了。为了这一天的来临我已经等待了太久，并一直担心着我是否能得到再次发起进攻所需要的那一切，许多事情都还没有适当地解决好……我们在许多方面还存在着很多不足的地方。尽管如此，我仍旧要冒险行动，因为要等到月圆和力量均衡以及其他条件都再次具备时，又需要一段很长的时间……如果我们的进攻胜利，对于赢得这场将会有很大的帮助，即使我们不能胜利，我也希望能给敌人一个沉重的打击……你在远方为我祝福吧。"

作为一位统帅，隆美尔尽管对他即将开始的这次进攻心中没底，但在士兵面前，隆美尔却始终保持着他那勇往直前的英雄形象。

临行前，他庄严地向"非洲军团"的士兵们宣布："今天，我们的大军又一次向敌人发起进攻了，我们要消灭他们。这是一个永远难忘的时刻，我希望军团里的每一名士兵在这富有决定性的日子里，奋勇前进，尽力冲杀。法西斯意大利万岁！更伟大的德意志帝国万岁！我们伟大的元首万岁！"

话音刚落，隆美尔的副官将刚刚收到的电报递到了他手中，电文上清清楚楚地写着："今晨，6艘运输船中的4艘，被英舰击沉，燃料和弹药全部沉入海底。"

隆美尔此时再也无法保持他那镇定自若的姿态了，他的身体也像刚刚被击沉的船一样，慢慢下滑，几乎要从元帅椅上摔了下来："天哪，这究竟是怎么回事？他们为什么总是提前一步就知道我们的行动计划，难道又是那些可恶的家伙走漏了消息？"

隆美尔本来想说"可恶的意大利人"，可他知道这对即将出征的部队来说毫无益处，于是立马改了口。其实他哪里知道，这些都是英军"超级机密"的作用！

英国记者安东尼·布朗在《兵不厌诈》一书中写过这样一段话：

其实阿拉曼战役，从一开始，隆美尔军队失败的命运就已经注定了。隆美尔所采取的每一个重大军事行动，都被"超级机密"暴露，他给希特勒的每一份密报，蒙哥马利都通过"超级机密"了解到了，而希特勒发给隆美尔的答复电，有的蒙哥马利甚至比隆美尔还要早看到。

这"超级机密"究竟是什么秘密武器呢？

在伦敦郊外的一片绿树林中，有一幢维多利亚式建筑——布莱奇雷庄园。这个庄园造型别致，风景如画，四周优美的环境更是叫人叹为观止。令人不解的是，在这座装饰华丽的大厦周围，有许多看上去极不协调的小窝棚。其实，这就是英国密码破译机构的所在地。那些小窝棚是因为破译工作量太大，庄园的房间容纳不下那么多人员和设备而仓促盖起来的。

在这片不起眼的居住区中，聚集了众多的杰出人才。这些人大多留着长发，衣冠不整，上身是破破烂烂的花呢上衣，下身是皱巴巴的灯芯绒裤，看上去他们的行为也有些古怪。可别小瞧了这些人，他们之中有数学家、语言学家、围棋大师，还有电气工程师和无线电专家，甚至还不乏银行职员和博物馆馆长。

这是一个充满神秘色彩的地方，除了在这里工作的人员以外，只有英国国家首脑人物和最上层的情报官员才能到这里来。这里工作人员的任务只有一个，就是利用一种先进的机器，破译德军发出的密码电报。因为从这里发出的情报一律使用一个代号——"超级机密"，所以英军便用"超级机密"来代指所有来自布莱奇雷庄园的情报。而正是这些来自布莱奇雷庄园的"超级机密"，使蒙哥马利在阿拉曼战役中大大受益，成为他的得力"助手"。

要了解"超级机密"的情况，还要从二战开始数年前，纳粹使用的一种特殊密码说起。

纳粹在获取德国政权后，使用了一种不同于当时所有国家使用的新的军事密码，这种密码是由一台机器编制的，它虽不是由数学家设计的，但却可以被数学家破译。这台机器被恰如其分地称作"迷"，音译为"埃尼格马"。

蒙哥马利

1938年6月，英国情报六处的副处长孟席斯接到了他在东欧的一名特工人员的报告，说是一名波兰犹太人通过英国驻华沙使馆同他接触，声称他曾在柏林制造"埃尼格马"机器的秘密工厂当过技术员和理论工程师。后来因为是犹太人，被纳粹驱逐出德国。现在，他提出可以凭记忆为英国制造一部最新式的军用"埃尼格马"密码机，他要求的报酬只是1万英镑外加给他以及他的家人发英国护照。

经过英国情报局为期1个月的调查和辨别，他们认为这个波兰犹太人的话是可信的，因此决定答应他的条件。于是，这个被德军情报人员认为是自己骄傲的密码机，很快就被英军识破了。然而好景不长，仅仅1年以后，即到了1939年夏天，德国人又制造了更加先进和复杂的密码机，这样，英国的情报人员又不得不想尽一切办法破解新的密码了。

正当英国情报人员受到德国新密码机的困扰时，波兰军事情报部门出于战略上的考虑，将他们数年工作的破译成果，以及仿制的样机转让给了英军情报部门。为了对付来自德国的威胁，波兰情报部门很早就开始对纳粹密码机的研究工作了，他们所取得的成果已经远远地超过了英国。

英国情报人员在富于创造性的波兰人员奠定的基础上，向德国情报机构的机密发起了最后冲刺。由于两个关键人物的出色表现，加快了解开纳粹谜团的步伐，这两个人一个叫诺克斯，另一个叫图林。他们两个都是世界上第一流的密码专家，是少见的密码破译奇才。

经过他们的共同努力，一部"万能机器"研制成功了。这部两米多高，外形像一个老式钥匙孔的机器，实际上是一部最早的机械式数据处理机，它可以把"埃尼格马"的密码解密。随着越来越多数据的输入以及使用人员经验的积累，这种机器解密的效果越来越好。

1940年5月的一天，天空明净，阳光明媚。在大选中刚刚获胜不久的丘吉尔首相正在他的办公室里忙碌着，这时，已经提升为情报六处处长的孟席斯走到首相的办公桌前，向他递交了一个字条。

丘吉尔接过纸条惊叹道："啊，是'超级机密'吧？"

看着孟席斯脸上那自信的表情，首相笑了："它必将在对德军的战斗中发挥巨大的作用！我们有耳朵和眼睛了，而且是千里眼、顺风耳！"丘吉尔一边说着一边指了指自己那肥硕的耳朵。

果然，从这一天起，"超级机密"成为丘吉尔及盟国在整个第二次世界大战中的一张王牌。战争期间，丘吉尔无论在什么地方，都要求随时将最新的"超级机密"传送给他。

在整个第二次世界大战期间，"超级机密"是英国一个最机密、最重要、最可靠的情报来源，为了保住这一情报渠道的安全，英国情报部门从一开始就采取了一切极其严格的措施。丘吉尔明确表示，"超级机密"情报只能口头向英军作战的指挥员传达，不得以任何文字方式出现在战场上，以防止德军缴获"超级机密"的重要情报。

在以后相当长的一段时间内，这个秘密都没有被泄露。布莱奇雷庄园的这些精英们，他们是当之无愧的英雄，他们不谈军衔、不谈报酬、不谈职务，只是凭借着一种对祖国安全的责任感和对纳粹敌人的愤怒而选择这项工作，甚至在战后30年中也未曾泄露过一丝一毫的内幕，正如首相丘吉尔称赞的那样，他们是"下金蛋的鸡，从不咯咯乱叫。"直到后来英国政府正式宣布"超级机密"解密期已到时，他们才有机会向人们说起战争岁月中那段鲜为人知的故事。

（二）"沙漠之狐"的赌注

隆美尔的这次进攻无疑是一场赌博——一场孤注一掷的赌博。不过意大利人再次在一份密码电报中向他保证，第二天将有一艘运送汽油的船到达。5月间在加扎拉的战斗中，隆美尔也曾面临过相同的困境，那一次都对付过去了，难道这一次就不能胜利了吗？

隆美尔的战术计划将再次依靠速度和突袭，从而弥补相对的弱点，抵消敌军在数量上的优势。该计划要求新到来的非洲第164轻型坦克师和拉姆克伞兵大队以及意大利的几支部队协同作战，从北部和中部困住英军，同时，"非洲军团"进攻南边的卡塔拉谷地附近地区，然后转向英军的左翼。装甲师将以最快的速度向北挺

进，攻占第 8 集团军腹地的一个战略要地——哈尔法山梁。

隆美尔指望英军指挥官们会做出很慢的反应，也希望用一条好计迷惑他们，他已命令对前线北部和中部的坦克和大炮阵地实行伪装保护。但是在南边，将要发起进攻的地方，他部署了一些假的坦克，部署的方式很讲究，要让敌人通过近距离观察能够认出它们是假的，这一招骗术将使敌人认为，主要进攻可能是在其他地点。

1942 年 8 月 30 日晚上 10 点钟，一轮苍白的月亮照耀着卡塔拉谷地波浪起伏的沙漠，隆美尔的装甲部队开始朝东向着敌人的布雷区推进。奈宁将军指挥的"非洲军团"的左翼是意大利的装甲部队——利托里奥和阿雷艾特师，右翼是第 90 轻装甲师。士兵们晃动着小型的手灯，传达着把他们带往自己布雷区缺口的命令，随后他们便踏上了自己的征途。

就在轴心国军队要穿过自己布雷区的时候，传来了一种使许多老兵喉咙梗塞的难以忘怀的声音。俾斯麦将军派第 5 装甲师的一支乐队奏起了古老的普鲁士进行曲以欢送隆美尔的军团投入战斗，或许他并不知道这支音乐曾多少次成为灾难的序曲。步兵和坦克手们在高速运转的坦克引擎的吱吱声和履带的轰隆声中只听到难以辨认的断断续续的音符，然而这声音却是令人难以忘记的。

隆美尔的计划不可谓不周密，不过，事实很快证明，隆美尔的妙计并没有愚弄住任何人。英国特工通过监听无线电话通讯，已知道了隆美尔的主要进攻方向，于是蒙哥马利特别加强了那一地区的力量。

进攻一方立即陷入了困境，他们不得不在沙漠中走了 48 公里才开始进攻，而这一地区的大多数路段都埋有地雷。他们遇到的地雷比预计的要埋得更多、更密。英军的装甲车、大炮和机枪给正在清除地雷的德意士兵以及紧跟在后面的作战部队予以重创。在照明弹的映照下，英国皇家空军瞄准正在等待着地雷清除的德国坦克，实施轰炸，这表明英国皇家空军的优势在这场战役刚开始时就占据了主导地位。

8 月 31 日凌晨，隆美尔的活动指挥部紧跟着他的军团搬到了克拉克山，他确信英军在这一防区的布雷和防御都很薄弱。然而，情报部门的工作却做得十分糟糕，就在同时，他的士兵们闯进了密集的布雷区。在那里，配备有重型机枪、大炮和迫击炮的顽强的英军步兵扼守着这片布雷区。更为严重的是，凌晨 2 时 40 分，整个阵地被英军伞兵的照明弹照得通明透亮，无休无止的空袭也同时开始了。

装甲军团的先头部队被死死地挤在布雷区里，成为飞机轰炸的目标，而地雷工兵们在前面拼命地为德军打开一条狭窄的路。卡车、运兵车和坦克纷纷被炮弹击中，燃起了熊熊的大火。火焰和伞兵部队的照明弹把整个战场照得如同白昼，爆炸声、叫喊声和重机枪的嗒嗒声响成一片。

显然，蒙哥马利一直在等待着德军的这一进攻。也正是在这里，冯·俾斯麦将军被迫击炮击中身亡。几分钟后，一架英军战斗轰炸机袭击了奈宁的指挥车，摧毁了他的电台，他手下的许多军官被子弹打死，奈宁自己身上也尽是弹片留下的窟窿。拜尔林立即换乘另一辆汽车，临时担任"非洲军团"的指挥。

上午8时，隆美尔驱车疾速赶到前线。

"情况怎么样？"他问先行到达的副官。

"很糟糕，司令，英军的雷区出乎意料的既深且密。一夜间，我们的先头部队仅越过雷区13公里，距原计划的趁暗夜前进48公里的目标相差甚远。而且，"非洲军团"司令官身负重伤，冯·俾斯麦将军也阵亡了。"

隆美尔大惊失色，痛苦地低下头。他对这一仗的艰难是有预感的，但没料到情况会如此严重。计划的基础是奇袭，可是，突击的兵力被意想不到的坚强雷阵所阻挡，消耗了太多的时间，完全丧失了突然性。隆美尔此时也弄不清楚是该进还是该退。

看来，隆美尔打算依靠速度来取胜的那份时间表已经不管用了，原计划于黎明后向北进军的部队在太阳升起时仍然困在地雷区。此时，已有了好几个关键部门的德军指挥官倒下，"非洲军团"司令瓦尔特·内林中将受重伤，他的好几位参谋部成员阵亡。隆美尔考虑取消进攻计划。

"元帅，不能停止战斗啊！"风尘仆仆的拜尔林闯了进来，他想让元帅改变主意。

"目前有两个装甲师的坦克已经突破地雷区并在向东推进，他们面前是一片开阔的沙漠，眼下放弃进攻，对那些为突破雷区而牺牲的士兵是一种嘲弄，所以无论怎样艰难，我们毕竟已经冲过来了，应该继续进攻才是，否则会让军心大乱的。"他焦急地等待着元帅的回答，元帅会不会接受他的建议，他心里也没有把握。

隆美尔沉思片刻，最终接受了他的建议："你说的有道理，但我们时间不多了，进攻计划要略作改变，不再绕道迂回哈尔法山梁，让全部士兵此时横跨山脊，全力冲向阿兰哈尔法山。"

此时，英军第22装甲旅正隐藏在阵地上，注视着越来越近的德军坦克。英军第22装甲旅长罗伯茨准将，后来回忆起那天上午与德军坦克交火时的情景时写道：

过了没多久，我们就能够通过望远镜看见敌人了，他们顺着那排直通我们阵地的电线杆上来。敌人先头部队的坦克开了几炮，目标可能是我们的轻装甲连队。所以我命令轻装甲连队后撤，并且撤得离我们远一些，以免把我们的阵地暴露给敌人。

它们终于上来了，已经向左转了，面对着我们，开始慢慢地推进。我用无线电预先通知了各个部队，在敌人的坦克进入 914 米距离以前不允许射击，不久他们就进入这个距离了。几秒钟以后，我们的坦克突然开火，激烈的战斗随之而起。

德军的新式 75 毫米坦克给我们造成了很大伤亡，敌人的坦克也遭到了重创，停止了前进。但情况仍然严重，我们的防御阵地被打了一个大缺口。我立即命令苏格兰骑兵第 2 团尽快离开他们的阵地来堵这个缺口。这时敌人的坦克又开始慢慢地前进，已经开到了离步兵旅的反坦克炮很近的地方。当德军坦克进入几百米距离以内时，反坦克炮仍然保持沉默，接着突然开火，敌人遭到重大伤亡，与此同时，我军的一些反坦克炮也被敌人碾烂了。

我请求炮兵紧急支援，炮兵立刻向敌人坦克开炮，由于炮兵的威力，加上敌人已遭到重创，进攻被挡住了。

中午的时候，沙漠中的热浪已经开始袭来，云层低垂，干燥的南风掀起一阵沙暴，铺天盖地席卷着整个战场，"非洲军团"行动迟缓，先是沙暴的阻挡，然后是细沙的妨碍，使坦克步履艰难，增加了燃料的消耗。直到下午 4 点，东进的装甲部队才开始转向北进。

对隆美尔来说，更糟糕的是，新的燃料还不知道在什么地方。

下午 6 时，他们不得不停顿下来休整，正前方就是山脊上的据点——132 号高地了，此时天已经晴了，集结在山脊上的英军坦克和大炮立即开火。接着，轰炸机也飞来了，对准困在沙漠里的德军猛烈轰炸。很明显，英军事先就知道了德国人的意图，早已加固了那一带的防线，准备了充足的火力。

那一次，大约有 400 辆坦克集结待命，另外，英军第 2 装甲师把它的"格兰特"重型坦克隐藏在沙丘后的地洞里。炮兵队已操练了几周时间，已经趁着夜色各就各位了，他们期待着这一重大时刻的到来。他们的新型 63 磅反坦克大炮首先保持沉默，等敌军进入到 366 米范围内才开始开炮。

夜幕降临时，德军进攻英军战壕阵地，击毁了几十辆"格兰特"重型坦克，但他们自己也造成了重大伤亡。当时的双方伤亡都很大，但防守者还在顽强坚持，德军只好原地挖掘战壕，忍受着英国皇家空军整整一夜的连续轰炸。

（三）阿兰哈尔法战役大捷

8 月 31 日的夜晚是属于英军的夜晚。当时，照明弹把撒哈拉大沙漠照得亮如白昼，英国皇家空军的轰炸机又开始对完全暴露的"非洲军团"进行猛烈轰炸，空气几乎令人窒息，冰雹一样打来的致人死命的岩石碎块加大了爆炸的威力。一时间，到处是火光，到处是燃烧的坦克和大炮，英军的大炮发出的怒吼，把炮弹准确地倾泻到德军混乱不堪的阵地上。

9 月 1 日凌晨，缺少燃料的隆美尔只好让第 15 装甲师一支部队进行有限制的进攻。在同盟军大炮和飞机的强大轰击下，进攻很快减弱下来，密集的炮火使德军坦克和步兵一直无法动弹。由于坦克现在快要用完燃料了，隆美尔知道他的部队不可能再前进了，甚至连生存都很危险。

9 月 2 日，隆美尔决定撤退，但是，燃料的短缺使大规模的撤退都变得异常艰难，兵员和坦克只能逐个地撤退。

隆美尔本人仍然有病在身，那天下午，他在巡视"非洲军团"的阵地时，6 次遭受空袭，有一次，他刚走出战壕，就看到在几米远的地方，一把铁锹被一块火红的金属片顿时炸成了碎片，散落在他的脚下。硝烟灼热呛人的气味带着细沙，使人无法呼吸。

夜间，敌人的空袭加剧了。

据隆美尔的私人秘书阿尔布鲁斯回忆道："我们还从未经历过像那天晚上那样猛烈的轰炸，尽管我们已经在 92 号高地做过十分妥善的疏散，但离炸弹的距离还是很近，我们的战斗梯队有许多士兵阵亡，3 门 88 毫米高射炮和许多弹药车被炸毁。"

当弹片再一次落在隆美尔的脚下时，已是上午 8 点 25 分了。隆美尔再也无法忍受这种折磨了，于是他命令装甲军团逐步撤退回 8 月 30 日出发时的阵地。

隆美尔的士兵们无话可说，他们感到万分惊讶。固守在山脊西南面低地的第 104 步兵团的作战日志上记载：

今天早晨，我们的司机给我们送来了水，他们告诉我们，阿兰哈尔法已被占领，两小时后我们将向前推进。我们已经开始想到尼罗河、金字塔和狮身人面像，以及那些逗人的舞蹈者和欢呼的埃及人了。大约下午 1 点钟，我们的卡车来了，大伙都上了车，然后车子向西起动。为什么要向西走呢？这是我们对开罗、金字塔和苏伊士运河梦想的终结！原来，阿兰哈尔法战役已经结束了，我们失败了。

在亚历山大的一次晚宴上，蒙哥马利向他尊贵的外国朋友们宣告："埃及已经没有危险，我将最终消灭隆美尔和他的'非洲军团'，这一点是肯定的。"

9 月 2 日下午 5 时 30 分，当凯塞林来到隆美尔的指挥车上时，他面色严峻，斩钉截铁地告诉这位军团司令官，这一挫折将破坏元首的伟大战略部署，隆美尔竭力解释为什么放弃这一进攻，他绘声绘色地描述了敌军空军猛烈可怕的进攻，并请求"从根本上改善给养状况"。凯塞林私下认为，隆美尔正是利用给养短缺为借口，以掩盖他自己低落的士气。

就这样，隆美尔的军队开始缓缓地撤退了，到 9 月 6 日时，大多数已退到了原来的位置。在南边，他们控制着英军的一些地雷区，增强了自己的防御能力，但这不过是一点小小的安慰罢了，这场长达 6 天的战斗，结果更有利于同盟国一方。

战后，有人曾对隆美尔的这次失败进行过调查分析。失败的主要原因在于德军的绝密材料被侦破，这一点已经十分清楚；其次，很重要的一点是隆美尔当时过于疲劳，无法了解整个战斗情况，致使许多措施当时对他十分不利。

凯塞林很无奈地说："这场战斗对于过去的隆美尔来说是不存在任何问题的，在侧翼进攻敌军的战斗已经取得胜利的情况下，他绝对不会撤退。今天我已经了解到，他的士兵们对他下达的撤退命令永远也无法理解。毕竟他当时已经从侧翼包围了敌军称之为最后希望的防御线。"

就在这年年底，希特勒在他的言谈中也流露出了对隆美尔撤退决定的不满："无疑，可以肯定他在进攻中撤退的做法是极端错误的。或许是由于受到了4000吨油船沉没的影响吧。可为什么不继续进攻呢？这对于我们来说简直是个谜。我们已经再次使英军处于溃败的境地，我们只需要追击敌军，并彻底消灭他们就行了。"

希特勒还说："看来，让一个人长久地承担一项重大的职责，这种做法是愚蠢的，随着时间的推移，有必要让他从这种沉重的负担中解脱出来。"

事实上，蒙哥马利之所以打败隆美尔，与其说是物质上的胜利，倒不如说是心理上的胜利。隆美尔利用保留被占领的英军布雷区和重要的卡伦特·希梅麦特高地进一步增强了自己的防御线，这就使他能够清晰地观察到蒙哥马利的南翼。德军伤亡并不算严重，536人死亡，其中有369名德国人，38辆坦克被击毁。而英军，尽管他们牢牢地站住了脚跟，而且处于防御地位，却损失了68架飞机，27辆坦克和更多的人员伤亡。

然而英军能够及时弥补这些损失，隆美尔却无能为力。特别是经过6天的战斗后，他已经消耗了400辆卡车，正如局势表明的那样，11月间他将为运输工具的不足而深感忧虑，而此时英军物资储备丰富，官兵们士气正旺，这样的部队是不可能不取得胜利的。

在隆美尔宣布停止进攻的同时，蒙哥马利也下令停止这次战役。因为他考虑到凭借目前的英军的实力，还无法彻底打败隆美尔的军队。而且第8集团军的士气和训练都较差，装备还没有处于绝对优势，如脱离阵地追击，非但不能追上退却之德军，如德军回头痛击，还有失败的可能。所以没像人们预想的去做，而是让他的部队继续做好准备，在确有胜利把握的时候才会面向隆美尔发起进攻。

巴顿对他如此"保守"的战斗风格做出了这样的评价："他更关心的是不打败仗，而不是如何取胜。"

艾森豪威尔对此给予了公正的评价，他说："在战争中，评价一位司令官的唯一标准是他胜利和失败的总记录，只要是一个经常打胜仗的将军，他就理应因其才能，因其对事物可能发生的情况表现的判断力，以及因领导能力受到赞扬。有些人指责蒙哥马利，说他有时未能取得最大的战果，但他们至少必须承认，他从未遭到过一次惨败……要好好地记住，慎重和怯懦不是同义词，正如勇敢不等于鲁莽一样。"

战斗结束后，蒙哥马利写信给英国的朋友："我与隆美尔的初次交锋是饶有兴味的，我幸好还有时间收拾这个摊子，进行筹划，因而毫无困难地就把他给解决了。我感到我在这场球赛中赢得了第一轮，这一轮是他发的球，下次该轮到我发球了。"

阿兰哈尔法战役的胜利，是蒙哥马利来到非洲后指挥的第一个胜仗，这一胜利，犹如一针兴奋剂，使英军第8集团军士气空前高涨。与此同时，蒙哥马利也成了英军官兵心目中的英雄，他们对蒙哥马利产生了极大的信任和敬仰。蒙哥马利的指挥车驶向哪里，哪里的官兵们就向他欢呼。他那人们熟悉的戴双徽贝雷帽的身影，足以使官兵们群情激昂。

蒙哥马利在指挥车上，身着长绒衫，脖子上系一条长长的围巾，头戴黑色的双徽贝雷帽，频频向官兵们招手致意，想起贝雷帽上的双徽，蒙哥马利不由得微微一笑。

贝雷帽上双徽的出现，最初是偶然的。阿兰哈尔法战役前夕，蒙哥马利到澳大利亚部队去视察时，戴着澳大利亚的贝雷帽。他的这一做法使澳大利亚部队官兵备感亲切，受到热烈欢迎。当蒙哥马利来到坦克团时，坦克团的官兵开玩笑，把一枚装甲兵的帽徽别在了他的帽子上。

蒙哥马利发现，他戴着这个有两个帽徽的贝雷帽，不仅十分瞩目，而且很受部队欢迎。从此以后，他到部队视察时，就戴上这顶帽子，以便战斗在北非沙漠中的士兵们一眼就能认出他。就这样，双徽贝雷帽成了蒙哥马利的标记。后来的实践证明，戴着双徽贝雷帽，对于缩短蒙哥马利与英军士兵的距离，特别是在艰难时刻鼓舞士气，起到了十分重要的作用。

为了彻底消灭隆美尔的"非洲军团"，英国政府为第8集团军运来了大批的援军和装备。到10月底，初尝胜果的第8集团军已经成了拥有7个步兵师、3个坦克师和7个旅共计23万人的强大兵团，仅坦克就有1100辆，其中还包括400辆先进的美制"格兰特"坦克。而此时的"非洲军团"人数尚不足8万，坦克也只有540辆，两相比较，其实力简直不可同日而语。

接近弹尽粮绝的"非洲军团"无望而坚决地同英军对峙在阿拉曼一线。在此期间，没有后勤供应之忧的蒙哥马利一直在悄悄地积蓄力量，准备在适当的时候对"沙漠之狐"发起致命一击。由于蒙哥马利采取了一系列近乎完美的战场欺骗行动，使得隆美尔对英军即将开始的大进攻毫无察觉。所以当阿拉曼战场上万炮齐鸣时，"非洲军团"的精神领袖隆美尔正在德国的医院里无奈地养病。

八、进攻"魔鬼的花园"

(一) 魔鬼的花园

　　盟军在阿兰哈尔法的胜利让隆美尔和他的德军指挥部有了一个清醒的认识——随着这次进攻战的失败，轴心国军队夺取苏伊士运河的企图只能是奢望了，很可能他们已经失去了争取荣誉的最后一次机会。

　　隆美尔对此次失败的原因总结了三点：第一，情报部门工作太差劲儿，他们战前掌握的英军实力与实际情况大相径庭，德军战前准备不够充分；第二，他们没想到英国皇家空军如此轻而易举地就取得了制空权，德军过分依赖曾经发挥过巨大作用的88毫米高射炮，而这一次战斗它却没那么"灵"了；第三，也是最关键的因素，德军的物资和燃料严重缺乏，官兵们持续奋战，却连温饱都不能保证，这怎么能打胜仗呢？

　　"事情到了这个地步，我们只能先打一场防御战了，进攻的事只能另作打算。"隆美尔长叹过后，很无奈地下达了这样的命令，尽管他一直都不愿意扮演防守者的角色。

　　根据隆美尔的判断，由于英军无法对战线进行侧翼包围，蒙哥马利很可能会从正面插入。为了减少英军炮火和空中轰炸的影响，隆美尔设计了十分全面的防御系统。他认为，英军的主要攻击目标必将是连绵的德军布雷区战线，因为那里所有的布雷区均无人驻守，所以应该在那里布下成千上万的地雷和陷阱，从而建成一条坚固的防线。这条防线的前沿将由德军战斗前哨部队守卫，每一个步兵营抽出一个连的兵力。

　　这些主要的防御地带便是有名的"魔鬼的花园"。大多数地雷的威力都足以炸断坦克的履带或摧毁一辆卡车，而其中3%的地雷具有多种毁灭性的杀伤力，或通过电线引爆，或是一触即响，接着这些地雷就会迅速爆炸开来，无数的钢球将飞溅到四面八方。在蒙哥马利发起进攻之前，即9月至10月间，隆美尔的部队沿着64公里的前线埋下了将近50万颗地雷。在某些地段，地雷分几层埋下，这样可以使英军地雷工兵不知所措。即使他们发现并清除了上面一层地雷，下面还有一层地雷会爆炸。另外，德军还埋设了一些手榴弹和炮弹，与地雷拉线并联在一起，这也成为地雷阵的一部分。在地雷阵的后面，依次部署着步兵、炮兵、反坦克兵和装甲兵。

9月份，同盟国和轴心国的军队似乎形成了难得的默契，他们谁也不主动攻击，数日来硝烟弥漫的北非大漠突然间安静了许多。这个时候最高兴的当然是那些很久都没有休息过的前线官兵，轴心国这边尤其显得热闹。

隆美尔的指挥部想方设法地给士兵们找事做，白天主要是进行必要的体能训练和建造地雷网，晚上的时间则用来举办演讲会、音乐演奏会、棋类比赛等丰富多彩的娱乐活动。为了活跃部队气氛，调整一下紧张的神经，指挥部还特别抽出十几名具有喜剧表演才能、很会逗人笑的士兵组成了一个演出团，在各部队单位进行巡回演出，受到了官兵们的热烈欢迎。另外，各部队还结合实际分别举行了一些有特别意义的纪念活动，最有意思的是第25炮兵团举行的"第8万发炮弹开炮仪式"，第15装甲师的厨师们举行的"第400万个面包烘烤仪式"，从他们那兴奋的眼神和放松的表情上可以看出，这些日子官兵们过得非常愉快。

"都9月4日了，怎么接替我的人还没有来，这一次元首不会又不派人了吧。"隆美尔焦急地翻着日历，自言自语地说。

"别着急，元帅，还是先去洗个热水澡吧，这些天您最重要的是放松心情，毕竟您的健康状况还不是很乐观。"霍尔斯特医生劝隆美尔。

"是啊，都一个多星期了，这个该死的蒙哥马利居然连洗澡的时间都不给我！"

在那个非常简陋的浴室里，隆美尔一边泡着热水一边想："都已经6个多月没有见到我那亲爱的妻子和可爱的儿子了，美丽的露西会不会已经有白头发了，年轻的曼弗雷德不久就会长得和我一样高了，他还会崇拜这个打了败仗的父亲吗？"

洗完了澡，隆美尔立刻回到了他的司令部，他想再看一看那封摆在桌子上的信，那是他可爱的儿子曼弗雷德付出辛勤劳动用打字机打给他的。

亲爱的爸爸：告诉您一件非常有意义的事，我已经学会了用打字机打字，只是还不太熟悉。您不会为我没用笔给您写信而生气吧，您或许不知，这打字可真不容易啊！有这个时间我都能写好10封信了。得知您要回家休假，这可实在是太棒了，我时时刻刻都在盼望着这一天的到来。我正在阅读最近一期的《法兰克福》杂志，里面有一篇文章谈到了您，当记者问您在法国指挥过的那个师的士兵们处境如何时，他们回答说："我们的右翼没有友邻部队，侧翼没有掩护，我们的后方也没有兵力，但是隆美尔元帅始终站在我们的前列！"您知道吗，听到这些话我有多么骄傲。爸爸，我已立下决心要以您为榜样，永远英勇地为德国而战斗！

看着儿子充满温情的来信，想想当前北非战线的局面，隆美尔真有些不好意思了："哎，要不是那些可恶的意大利人不给我送来燃料和食品，我怎么会离开？"

9月19日，接替隆美尔的人终于到了，他就是坦克专家格奥尔格·施图姆将军。

施图姆将军个子高大，脾气很好，没几天就已完全适应了沙漠里的气候。陆军

二战全程

元帅凯塞林很欣赏他，在这位元帅的眼里，施图姆要比隆美尔更能胜任这个职务，因为他很善于调解部队中的种种矛盾，特别是德国和意大利部队之间的摩擦。

9 月 23 日，隆美尔终于可以离开了。可就在动身之前，他还很不放心地对施图姆将军说："我想我有必要再强调一下我们的基本战术计划：先要让敌军的进攻陷入我们的布雷区，然后我们再从战线的北端和南端发起反攻，使蒙哥马利的精锐部队最终落进圈套，这样他们才能必死无疑。"

"元帅阁下，您尽管放心，我一定会坚决完成任务。"施图姆向他保证。

"在阿拉曼防线上必须继续加紧防御工事的建造进度，战斗一旦打响，我将放弃治疗，迅速返回非洲！"隆美尔信誓旦旦地说。

当天，隆美尔先飞到意大利与墨索里尼会面，他抱怨说供给短缺，同盟国占有空中优势，但那位意大利独裁者却没有多少兴趣听他的这番抱怨，他认为隆美尔无论在身体上还是在精神上均已经垮掉。

在柏林，这个希特勒膨胀的帝国首都，隆美尔元帅在戈培尔家里一连做了好几天客。

漂亮的戈培尔夫人整天忙碌在他身边，隆美尔整理着那些他将用来影响元首的地图和计算表。几乎每天晚上，这个家庭都在倾听他那迷人的有关埃及战斗的描述，一直到深夜。渐渐地，他们使隆美尔从沉默中解脱出来。

隆美尔讲述了不少有关意大利贵族和军官们的逸闻趣事，接二连三地详尽地描述了他们的"怯懦"表现和第一次碰到澳大利亚或新西兰部队时如何逃跑的细节。他还告诉他们，他自己如何经常从死亡或几乎被俘的险境中脱身的经历，这常常使得戈培尔和他的家人们发出钦佩和恐怖的尖叫。

作为回报，宣传部长戈培尔给他放映了一些有关北非战役的新闻纪录片。他们一家很清楚地感受到，当隆美尔看见自己率军攻占托布鲁克以及追击第 8 军进入阿拉曼的情景再现时，一种新的生命和活力已经涌进了他的躯体和血液中。

9 月 29 日，戈培尔还向隆美尔透露，元首一直在考虑在战争结束后让隆美尔担任德国军队的总司令。而他个人也表示坚决支持，他认为："像隆美尔元帅那样的人当然有能力承担起这一职务，他在战场上赢得了荣誉，而且思想鲜活敏捷，并且具有抓住主动权的能力。"

9 月的最后一天，隆美尔轻快地走进了帝国总理希特勒的书房，接过了一个里面装有闪闪发光、镶有钻石的元帅官杖的黑皮箱。希特勒身后站着凯特尔，副官施蒙特以及其他聚在那里的官员。隆美尔身后站着他的助手阿尔弗雷德·伯尔恩德。

隆美尔连珠炮似的一口气道出了他所需要的供应物资：9 月份需要至少 3 万吨燃油，10 月份需要 3.5 万吨。他还描述了一种美国制造的新式炮弹，这种炮弹能够穿透装甲车，同盟国军队把这种炮弹用在战机上来对付德国的装甲车，具有很大的摧毁性。

这番描述激怒了赫尔曼·戈林，这位德国空军司令大声说道："这不可能，美国人只知道怎么样制作剃须刀片！"

隆美尔回答道："我们能有一些那样的剃须刀片也行啊，我的帝国元帅先生！"

下午 6 点，隆美尔成了柏林运动场群众集合的上宾，新闻纪录片摄下了他通过党和军队要员密密麻麻的行列来到主席台前受到希特勒迎接的情景，他摆动着元帅杖，接着就用一种近似挥手和行纳粹礼的姿势扬起了手臂。所有帝国广播电台都播送了希特勒赞扬隆美尔的演说。他已经到达了自己成就的最高峰。

几天以后，隆美尔写信告诉施图姆关于他和希特勒的会见。"元首和领袖都已同意我关于固守目前我们在非洲已赢得的阵地的那番打算，在我们的部队充分得到供应和恢复以及更多的部队被派往那里之前，将不发动任何新的进攻。"

隆美尔接着说："元首已经答应我，他将考虑让装甲团尽可能地得到增援，首先是最新的大型坦克，火箭发射装置和反坦克炮，还有大量的火箭弹，260 毫米的迫击炮和一种叫作比尔威弗的多管火箭发射器，以及至少 500 台烟幕发生器。"

隆美尔向希特勒呈送了一连串抱怨意大利人的报告，他说："他们的军官和士兵都没有准备，他们的坦克太缺乏战斗力，大炮的射程还打不到 8 公里，意大利部队没有战地伙房。常常看到他们向德国战友讨吃讨喝。"他还进一步说："意大利人是我们脖子上的一块磨石，除了防御之外，他们毫无用处，即使英军步兵用刺刀发起进攻，他们也根本不管用。"

隆美尔除了责怪意大利人外，对他们也丝毫不尊重。

"敌人怎么会这么快就知道我病了，毫无疑问是从罗马那里得来的消息。"

很明显，隆美尔一直怀疑是意大利人出卖了他们向阿兰哈尔法山发动进攻的情报。进而，他认为那些运送汽油的船只之所以沉没，也是因为那些意大利的叛徒把船只的动向报告给英军所造成的。

"意大利普通士兵是好的，他们的军官却毫无用处，他们的最高统帅部全是一伙叛徒。"此时，激动的隆美尔做出了一个坚定的手势，"只要给我的坦克 3 艘船的汽油，那么 48 小时后我一定能打进开罗！"

10 月 3 日上午，应戈培尔的邀请，隆美尔出席了在宣传部召开的有各国记者参加的新闻招待会。当隆美尔走进会议大厅的时候，所有的眼睛都盯着他，电影摄影机也缓缓地转动起来。

"今天，我们已经站在离亚历山大和开罗只有 80 公里的地方，通向埃及的大门已经掌握在我们的手中，为此我们还准备采取进一步的行动！我们并没有放弃那里，我们还会重新打回去的。有人可以把它从我手里拿走，但我要表明的是，它仍旧牢牢地控制在我们手中！"隆美尔说这番话的时候依然显得那么有底气，也不知是什么让他突然增添了信心。

中午，他的飞机离开柏林，几小时后，他终于又回到了露西的怀抱。

（二）不打无准备之仗

阿兰哈尔法战役结束后，蒙哥马利就开始研究怎么样才能在阿拉曼彻底击败隆美尔。

通过"超级机密"和各种侦察手段，他对隆美尔的防御部署一清二楚。但是，隆美尔所建立的防线，是一种由工事和爆炸性障碍物组成的绵亘防线，在沙漠作战的历史上，还没有人遇到过这样的防线。如何才能突破这种防线呢？这一直是困扰蒙哥马利的头等问题。

在亚历山大的办公室里。

"蒙哥马利将军，有件事我要同你商量，你看看怎么回话为好？"亚历山大紧接着就拿出了丘吉尔当天的电报，只见电文上写着：

"你部来电提到 10 月 23 日发动进攻一事，经与内阁及帝国总参谋长商议确定，进攻必须在 9 月份进行，以配合俄国人的攻势与盟军于 11 月初在北非海岸西端的登陆，即'火炬'作战行动。"

蒙哥马利显然不能接受首相的建议，在他看来，这纯粹是从政治因素上考虑的，根本就没把它当成一项军事行动。

"不行，9 月份就发起进攻简直是发疯，如果 9 月份发起进攻，我们各项准备工作都做得不够充分，即使勉强发动进攻也必将会失败。难道再等 1 个月都等不了了吗？如果他们非要在 9 月份采取行动，就请他们另请高明吧！"蒙哥马利丝毫不掩饰自己的气愤。

"我的将军，别忘了，现在你可是重臣，不比阿兰哈尔法战役之前了！我会跟伦敦那边解释的，你现在主要是抓紧时间，把各项准备工作做好，尽可能做到万无一失。顺便提醒你一下，以后说话可要多加注意，别总是口无遮拦！"亚历山大拍了拍蒙哥马利的肩，微笑着说。

蒙哥马利接下来的工作就是调整一下第 8 集团军的高层指挥员，把在他眼里认为不合适的将军统统换掉。第一个被革职的居然就是第 30 军的军长拉姆斯登将军。

那是一个晴朗的早晨，阳光照耀在空气中散发出一种久违的清爽的味道，拉姆斯登将军迈着矫健的步伐向集团军司令部走来。从他那兴奋的表情上可以看出，这位将军的心情也如这天气一样开朗愉快。

"拉姆斯登将军，怎么这么着急就来领受任务了？现在我并没有说发动进攻啊！"蒙哥马利开玩笑地说。

"不是，将军，我是想，想和您请个假，自从来到非洲我们就一直战斗在沙漠里，现在形势还不算紧张，我想去亚历山大休息一下，陪一下我的妻子和女儿。"拉姆斯登将军有些不好意思，说起话来也吞吞吐吐。

"好啊，去吧。祝你们一家玩得愉快！"蒙哥马利一脸的真诚。

"感谢将军，回来以后我一定更加精力充沛地参加战斗，您就放心吧！"拉姆斯登将军带着十分轻松的心情离开了蒙哥马利的司令部。

可就在他3天以后再次回到北非战场时，他突然发现，几天前还在英格兰的奥利弗·利斯将军现在已经顶替了他的位置。他急忙来到蒙哥马利将军的司令部。

"将军，我回来了，可是奥利弗·利斯将军他——"

"哦，我想你在沙漠中已呆了9个月了，一定很疲惫，所以决定由他来继续带领你的部队。"蒙哥马利打断了他的话，又是一脸真诚的样子跟他说。

"可是——"拉姆斯登将军似乎还想说些什么。

"可是什么？别忘了，这是战争，战争你懂吗？战争意味着瞬息万变！一刻也不能放松！"蒙哥马利大声喊道，吓得拉姆斯登将军无话可说，灰溜溜地离开了。

一直在蒙哥马利身边的参谋长德·甘冈似乎对将军的决定有些不解："将军，您这么决定是否过于仓促？他也是奋战了多年的将军，总得给他留点心理准备的时间吧。"

蒙哥马利只是重复了刚才的那句话："没办法，这是战争！"

在接下来的时间里，蒙哥马利还任命赫伯特·兰姆斯登将军担任他的精锐部队第10军的军长，这位将军曾经在沙漠指挥过第1装甲师，在中东早已久负盛名，深得蒙哥马利的信任。此外，蒙哥马利还做出了一个惊人的决定，撤换曾经被称作"沙漠之鼠"的英国皇家陆军第7装甲师的师长伦顿。这个决定连他的参谋长德·甘冈都难以理解！

原来，就在阿兰哈尔法战役之前，蒙哥马利曾视察过南翼的阵地，在那里他第一次和大名鼎鼎的铁甲师长伦顿见了面。他们之间的交流看起来是真诚而友善的。

蒙哥马利对他说："请问你怎么看待隆美尔即将发动的进攻？"

"我看隆美尔何时发动进攻这并不是个问题，问题是该派谁去率领装甲部队去迎战。我们装甲7师一直是隆美尔的克星，如果派我们去的话，我敢保证能够完成这项重任。"伦顿的意图太明显，他认为他有承担这项任务的能力。

"可你不知道吗？我们的装甲部队这一次并不发动进攻，而是驻守在原地，等待隆美尔的到来。"蒙哥马利本以为伦顿能对他的意图有所领悟。可接下来伦顿的表现足以说明他的想法与蒙哥马利的相差甚远。

"您别开玩笑了，坦克和装甲车本来就是发动进攻用的，只有愚蠢的人才会把它们用于防守，无论如何我也不相信这是真的。"也许正是这句话，决定了他的命运。

第二天，这个不开窍的家伙就被解职了，他一直到那时也没有明白蒙哥马利的意思，看来蒙哥马利对他的评价是中肯的："伦顿师长无疑是勇敢的，但他的思想有些固执和僵化，有时并不是那么听使唤，这对接下来的战斗是不利的。"

在做好高层指挥官的调整工作后，经过反复思考，蒙哥马利确定了对付隆美尔的作战方案，准备分三路同时出击：

在强大的炮火掩护下，奥利弗·利斯将军的第30军的4个步兵师将从北边进攻，长达10公里的战线北起海边的特艾沙山，向南一直到来特尔牙山梁，步兵和地雷工兵将清除沿途的地雷，攻下德军步兵阵地和炮火掩体。然后，赫伯特·兰姆斯登将军的第10军的坦克将冲上前去，砸碎轴心国军队的防线。在南边，布莱恩—霍洛克将军的第13军将主动出击，牵制住那一地区的德军装甲部队，进一步使德军搞不清第8集团军的真正目的。

同时，盟军飞机将轰炸德军阵地，袭击轴心国的机场，使敌军飞机在防守中发挥不了作用，这一作战方式被蒙哥马利将军称为"粉碎性作战"。

"粉碎性作战"是蒙哥马利创造的一种新式的沙漠地作战战术。他一改过去的以密集的装甲部队歼灭敌军装甲部队、继而再扑向暴露的步兵的战法，而是首先歼灭德军的非装甲部队，同时将德军装甲部队隔开，不让他们前往接应，最后再来对付失去步兵保护的装甲部队。

对此，蒙哥马利说："过去一般公认的原则是，应当首先着眼于消灭敌军的装甲部队，一旦这个任务完成了，敌人的非装甲部队就很容易对付。我决定把这个原则颠倒过来，先消灭敌人的非装甲部队，暂不打他的装甲师，留待以后再收拾他们。"

这一大胆的不合常规的战术引起英军装甲师及步兵指挥官的担心和反对，几乎所有的师长都对蒙哥马利的这一计划毫无信心，就连丘吉尔首相也不无担心地说："发明坦克的本意就是为了在敌人机枪火力的威胁下替步兵开辟道路，现在却要步兵来为坦克开辟道路，在我看来，这是一项非常艰巨的任务。"

但是，蒙哥马利预计，只有从侧翼和后方对扼守阵地的德军非装甲部队进行夹攻，采用"粉碎性"打击予以消灭，隆美尔的装甲部队就无法守住夺来的地盘，在这种情况下，隆美尔会由于补给不足而始终处于岌岌可危的境地，唯一的出路就只有撤退。

为了保障战役成功，蒙哥马利还进行了充分的"骗敌计划"，它是沙漠战中迄今为止最精巧的欺骗计划，代号为"伯特伦"。

要说这一计划的成功运用，还得感谢伦敦控制处的中东分支机构A部队首脑达德利·克拉克上校。他的部队先是在英国，后来是英美两国专门负责在近东和地中海地区搞伪装欺骗的组织。克拉克上校四十出头，精明干练，是专门从事秘密战的专家。他原来曾做过一名陆军炮手，热衷于研究英布战争时期的战术。早在1940年，他就从伦敦来到中东，协助韦维尔将军对意大利的入侵军队实行欺诈战术。

在地中海旁边的伯吉勒·阿拉伯沙滩上，有一幢白色的房子，英国第8集团军参谋长德·甘冈的办公室就在这幢房子里。

那一天，德·甘冈正焦急不安地站在门外张望着，不时地低头看表，大约10时20分左右，他等的人终于来到了，这就是"魔术大师"——克拉克上校。

"参谋长，有什么事这么急？"

"你先看看这个。"德·甘冈递来一张兵力装备统计表。

"兵力22万，坦克1200辆，火炮2300门，卡车无数辆——怎么，你是想让我把这些东西都变得无影无踪，开战时再把他们变回来对吗？"

"果然是厉害呀，全被你猜中了！可是还有成千上万吨战争储备物资呢，没想到吧？"德·甘冈笑了笑说。

"你们这些沙漠部队是怎么回事？韦维尔任职时是让我把无中生有的士兵变出来，现在你们又让我把已有的大军变回去。好吧，具体讲讲你们的作战计划吧。"上校严肃起来。

"请看地图，阿拉曼防线全长64公里，北起地中海海岸，南至卡塔腊洼地，这洼地是一大片无法通过的内海沙地。进攻这道防线的唯一可行的办法是在北部实施正面突击，隆美尔当然知道这一点，这样，就增强了我们进攻的困难性——只能正面进攻，无法从南面迂回。整条战线上都有步兵的坚强防守，足以打击正面来犯者。因此，在阿拉曼采取守势要比进攻更有利，守方可以构筑坚固工事，并且利用地雷保护自己。而进攻一方却暴露在守方火网面前，除了向前硬冲以外，没有其他办法攻克敌方阵地。"

"看起来困难确实很大，那么，你们打算怎么办呢？"

"很简单，蒙哥马利将军准备从北部进攻，但是他希望隐藏在那里的作战准备活动，而在南方，则要有意识地显示我们准备发动进攻的假象。但是由于北部的集结无法做得不露马脚，他还希望缩小其表面规模。这样，当一切进攻准备就绪的时候，要让隆美尔觉得我们尚未做好准备，他还有一两个星期的时间就要发动进攻了。总之，诈敌计划的目的有两个：一是不让敌人了解我们发动攻势的意图，越久越好；二是如果瞒不住时，要使敌人对我们的进攻日期和主攻地带摸不清楚。"

德·甘冈介绍情况的时候，克拉克上校眼睛盯着地图，头脑在飞快地运转着：阿拉曼一带的沙漠是沙土坚硬、岩石突出、灌木矮小的平原地，隆美尔尽可一览无遗。而我们却要在隆美尔的眼皮下把蒙哥马利的庞大兵力装备隐藏起来，这谈何容易。

"难啊，隆美尔也非等闲之辈，他只需要把一个转筒放到岩石上贴上耳朵就很容易怀疑到进攻准备是在北方。"克拉克面带难色地说道。

"就是因为困难才找你们嘛，尽管如此，你们必须做好这一切，而且一定要争取瞒过德国人，别忘了，为了这场久违的胜利，伦敦方面，特别是第8集团军已经等了足足两年了。"

"那么我只有尽力而为了!"

"你们一定要成功，记住!"德·甘冈的口气不容商量。

接到这样一个必须完成的任务，克拉克上校自然不敢怠慢，他找到手下的两位伪装专家——电影布景师巴卡斯中校和魔术师马斯基林少校，搞出了这份"伯特伦"的欺骗计划。

他们要做的是将6000吨储备补给品悄声无息地隐藏在战线方圆8公里的地方。巴卡斯在那里发现了一年前修建的纵横交错的石砌掩壕，他那双经过训练的眼睛马上看出，如果将油桶堆在里面，不会有光线或阴影方面的变化。拍出的航空照片果然证实了他的判断。只用了3个晚上，2000吨汽油便安全地藏在掩壕里，他们又用了3个晚上将另外4000吨作战物资堆积成10吨卡车的样子，并且修了顶盖，看上去好像兵营一样。

下一步该隐藏火炮了，蒙哥马利计划要在北部以1000多门大炮齐射，拉开"捷足"战役的序幕，尽管伪装大炮很难，但专家们还是想出了简单易行的方法，把它们藏在假的3吨卡车下面，仅用了1个晚上，包括牵引车、前车和火炮在内的3000件装备便伪装成1200辆卡车的样子，开战前夕，火炮进入发射阵地后，1200辆假卡车要迅速装配起来，以掩饰已经撤走的火炮。

在北方隐藏进攻意图的同时，伪装专家们还在南方装成要发动进攻的样子。在南部地带，他们建立了大型模拟补给仓库，建造加油站和燃料库，铺设油管，而且故意放慢速度，为的是让德国人相信，11月以前英军不会竣工，所以也就无法进攻。

蒙哥马利高度赞扬了克拉克及其手下人的这些杰作，现在他已经一切都准备就绪，就等着隆美尔前来进攻了。

就在10月19日，蒙哥马利还通过"超级机密"了解到，隆美尔的燃料仅够用一周，以目前的情况来计算，"非洲军团"的口粮也只够吃3个星期，轮胎和零件也十分缺乏，约三分之一的待修车辆放在修理车间已达2个星期，现在各种弹药加起来也只能打9天仗。这使得蒙哥马利信心倍增。

（三）蒙哥马利的月亮

隆美尔所担心的盟军空中优势，已变得越来越明显。

连日来，英国皇家空军的轰炸机群排着整齐的队形飞行，场面煞是好看，德军士兵们把它们称作"集合大表演"，因为它们很像战前纳粹集会的飞行表演。这些轰炸机在 9 月、10 月两个月里，几乎每天都要骚扰德国装甲部队，给敌人的心理造成一定的压力。

最多的一天是 10 月 9 日，英国皇家空军先后出动了 500 余架飞机，而深受燃料缺乏之苦的德国空军只出动了 100 多架。德军的神经都给炸麻木了，竟然有一名炮兵下士在背上挂着一个牌子，上面写着，"别开炮！"

10 月下旬，英德两军在空中力量的情况是：英军有 605 架战斗机和 315 架轰炸机，德军有 347 架战斗机和 243 架轰炸机，连隆美尔都不得不承认："已经没有真正的回应力量，来对付敌军的空中优势了。"

与此同时，"魔鬼的花园"后面的步兵仍然什么东西都短缺，他们需要坦克、大炮、弹药、卡车、食品，当然还有燃料。

其实早在前去度假之前，隆美尔就向德军最高统帅部打过报告："元首阁下，有一点是很清楚的，如果没有足够的供应品及时运抵北非，要继续维持'非洲军团'在战争舞台上的胜利几乎是不可能的。"然而，希特勒给"非洲军团" 9、10 月份运来的燃料总共还不到他们所需要的最低数的一半。最要命的是，"非洲军团"此时还缺少食品，因为为了腾出地方放置更多的武器，食品的装运量被大大削减了。截至 10 月下旬，只有不到一半的食品运来，蔬菜更是成了严重短缺的奢侈品。由于吃不饱饭，再加上营养不良，致使许多士兵得了肝炎和痢疾等疾病。施图姆将军感叹道："我们还没止住一个漏洞，结果却又撕开了另外一个。"

最终运抵的少量军备物资使德军两支装甲师在 10 月份分别增加了约 100 辆坦克，但这数目远远少于蒙哥马利囤积的军备物资。由于收到了大批美制"谢尔曼"坦克，大量反坦克大炮和榴弹炮，英国第 8 集团军现在的装备无论在质量还是在数量上都占有绝对优势。蒙哥马利利用这段空隙集结了一支不可抗拒的部队，并对他们进行了很充分的训练，到 10 月中旬时，他们和敌军在力量对比上的优势已大致达到了二比一甚至更好的比例。

1942 年 10 月 23 日的夜晚，广袤的北非大漠上皓月当空，微风习习，月光下的大沙漠像镀上了一层银箔，泛着一种幽幽的白光，给人一种强烈的荒凉、肃穆之感。突然间，大地发出了一阵剧烈的颤抖，炮弹呼啸声瞬间便撕碎了静谧的夜空。英军阵地上的 1000 多门大炮同时向德军的炮兵阵地、堑壕、碉堡和地雷场展开了猛烈的炮击。一时间，大地震动，铺天盖地的炮弹挟着尖锐的啸声冰雹般地砸向德军，炽热的炮火把整个地中海海滨的天空映得火红。

在二战史上具有重要意义的阿拉曼战役打响了。

在等待冲锋的短暂时间里，阿拉曼战场上的英国第 8 集团军全体官兵在震耳欲聋的炮火声中聆听了他们的司令官蒙哥马利将军发布的第一份私人文告：

第8集团军的官兵们，你们是大英帝国的战狮，你们热切期盼的一个光辉的时刻即将来临了！你们要像狮子一样勇敢地扑向敌人，消灭他们。在非洲这个广阔的舞台上，无论在哪个角落，一旦发现德国人，就打死他。勇敢和胜利自古就是一对孪生兄弟。我热切地希望你们拿出皇家军人的自豪和无畏来，在这一场决定性的战役中让自己的名字写进史册。

——伯纳德·劳·蒙哥马利

1942 年 10 月 23 日

在强大的炮火掩护和空军飞机支援下，英国第 30 军和第 13 军的士兵们冒着战场上令人窒息的烟雾尘埃，向德军阵地发起了潮水般的进攻。月光下，一排排头戴钢盔的士兵，随着尖厉而急切的风笛声向前挺进，只见刺刀闪光，发出逼人的寒气。在战斗开始阶段，训练有素的德国士兵以其特有的顽强和勇敢的牺牲精神抵消了英国士兵在数量上所占的巨大优势。然而，在英军突如其来的猛烈炮火之下，"非洲军团"遭到了可怕的损失。

22 时，炮火目标移向隆美尔的"魔鬼的花园"，地雷、炮弹竞相爆炸，阿拉曼阵地很快变成火光冲天、硝烟弥漫的地狱。零时，英国第 30 军的 7 万余名步兵和 600 辆坦克，借助探照灯和轻高射炮对固定战线发射的炮弹，开始向轴心国防线靠左边的中央地域发起攻击。与此同时，第 13 军在南部也发起佯攻，一时间，整个战线成为一片火热的海洋。

"司令，司令，快醒醒。"酒足饭饱的施图姆将军正在酣睡，被一阵急切的呼声唤醒。

"前线来电，英军发起强大的炮火攻势，其意图不太清楚。"代替负伤离队休假的高斯担任参谋长职务的威斯特法尔上校手里攥着一纸电文，向施图姆报告。

威斯特法尔的话像一针清醒剂令施图姆睡意全无："怎么，英军已经发动总攻了吗？这怎么可能呢？他们不是还在修水管吗？"

"从炮火的强度来看，不像是普通炮轰，估计每分钟发射炮弹达数千发。"

像是要证明威斯特法尔的估算，远处阿雷似的炮声滚滚连成一片，几乎听不出间断，施图姆和他的司令部军官们深感震惊和意外。英国人是何时集结并藏匿了如此强大的炮兵部队？怎么一点风声都没有泄露？虽然他估计英军有可能提前发动总攻，但怎么也没想到会在一点蛛丝马迹都没有的情况下发生这一切。施图姆将军有点茫然不知所措。

"英军的主攻方向在哪里？"施图姆稍稍稳了稳神，问他的代理参谋长。

"根据炮声判断，有可能是在北部。不过，还需要前线的报告加以证实。"

话音刚落，电话铃声响了，威斯特法尔急忙过去接。

"将军，是第21装甲师师长打来的电话，他说他们驻守在南部的部队也遭到了猛烈的轰击，主攻点可能在南部。他请示您是不是动用我们的大炮进行还击。"

"告诉他，在搞清楚真正的主攻方向之前，严禁进行炮击，我们的炮弹不多了，这个情况他应该知道。"

德军司令部一片忙乱，电话呼叫声，电传打字声夹杂着叫骂声此起彼伏。开始，来自前线的报告就支离破碎，数量很少，越往后就几乎没有任何报告送回了。显然，在英军的猛烈炮击下，德军通讯已被扫平了，午夜已过，施图姆仍然没有摸到头绪。

此时，地中海海岸观察哨来电，电文上讲："在强大的轰炸机力量支援下，英国军舰正在炮击位于达巴和西迪阿布代拉赫曼之间的第90轻装甲师。在此之前，英国重炮已对我阵地进行了炮袭，英国鱼雷快艇正沿海岸线向前推进，马上就要进抵我们的防御区域。"

"将军，快下命令吧，如果英军登陆兵从我军后方登陆成功，后果可就不堪设想了。"作战参谋催促道。

事不宜迟，施图姆果断地命令轰炸机和战斗机投入战斗，并且指示第90轻装甲师的后备力量进入作战地域，粉碎英军在德防线后方登陆的企图，大炮和坦克开始扫射海面。

黎明时分，英军在穿越"魔鬼的花园"时，步兵的推进不得不缓慢下来。因为防守炮火十分顽强地抵抗，新增援的第164非洲轻型坦克师在发动局部的反攻战。第443炮兵营在视野空旷的条件下开火，封住了英军的一次突破包围。

施图姆将军此时仍然不是十分清楚战斗的情况，就在他决定带领一名参谋开车亲自看看时，他的指挥车遭到了澳大利亚机枪手的袭击，那名参谋军官被打死在车里，在司机开足马力急速调头时，施图姆因心脏病突发而死，而且被抛在了车外，恐惧的司机根本没有注意到这一切，所以德军一度认为施图姆失踪或投降了，而不是阵亡。他的无法解释清楚的消息使德军指挥部再次陷入一片慌乱中。

激烈的战斗持续了一天一夜，意大利"利托里奥"师和德国第15装甲师竭尽全力顶住英军对28号高地的压力，这个重要的山头尽管比周围的沙漠平地只高出几米，但却控制着整个战场。由于轴心国军队的顽强抵抗，双方伤亡人数都在急剧上升，装甲部队相互也攻打得十分激烈。两天内盟军就损失了250辆坦克，而德军的第15装甲师也损失了它的119辆坦克中的88辆。无时不在的英国皇家空军向轴心国军队的阵地投掷了雨点般的炸弹，前不久刚刚接管"非洲军团"的里特·托马将军继任了施图姆的全部指挥权。

九、阿拉曼最后决战

（一）"非洲军团"最后的疯狂

当蒙哥马利的进攻打响时，隆美尔还在奥地利的山庄里养病，与他的妻子和儿子待在一起。他们正为远离斯大林格勒，远离惨遭轰炸的鲁尔城市，远离埃及而感到庆幸。

隆美尔悠闲地徘徊在他的屋子里，偶尔读一点统计报告，诸如有关美国的军事力量以及施图姆将军从阿拉曼前线送来的信件。就在 10 月 24 日，他还派遣年轻的副官伯尔恩德中尉携函前往罗马。柏林和总参谋部曾估计埃及战场将会安静一段时间，可是下午 3 时左右，山庄里的电话铃声急促地响了起来。伯尔恩德从罗马打来电话："蒙哥马利昨天夜里开始进攻了，施图姆将军已经失踪，不知去向。"

隆美尔长期以来认为罗马隐藏着敌人的怀疑加剧了，他们为何一直把他蒙在鼓里？他要通了德国最高统帅部的电话，几乎与此同时，统帅部也给他打来了电话，他发现跟他讲话的是希特勒，元首的声音有些沙哑："隆美尔，非洲的消息很不妙，施图姆将军下落不明。"

隆美尔急忙说道："元首，让我立即飞回北非吧！"

希特勒关切地问："你的身体能支撑得住吗？"

"完全可以，已经好多了。"隆美尔求战心切。

"那么你就先到维也纳·诺伊施塔特机场待命吧，"希特勒接着又说："我要弄清楚他们是否迫不及待地需要你去。"

事实上，希特勒正在犹豫不决，与其让隆美尔在身体尚未痊愈的时候过早地飞回北非，不如留住他，日后用于东部战线，这样对德国会更有利。

晚上 9 时 30 分，他命令驻罗马的德军高级将领冯·林特伦将军收集当天下午 3 时的最新战局分析报告，以便能最后做出决定。

隆美尔却已经在机场等待了，直到夜幕降临。这时因天色太黑，亨克尔飞机不能起飞。大约 8 时 30 分，驻在维也纳的德军司令部给他送来了有关装甲军团最新情况的报告："蒙哥马利发动的主攻在北部防线突破了一个缺口，预料次日将在阿拉曼战线展开全面进攻。施图姆将军于 24 日清晨驱车奔走前线的途中遭到伏击，9时 30 分失踪，虽然经过极力寻找，还是没什么线索，估计是受伤被俘。冯·托马将军已接替装甲军团的指挥权。"

希特勒终于来电话了："装甲军团判断蒙哥马利的总攻已迫在眉睫，这将是一场旷日持久的艰苦鏖战，看来你必须立即回到前线，重新指挥战斗。"

清晨7时50分，亨克尔飞机载着隆美尔起飞了，10点钟已飞抵罗马。林特伦在机场等着他。陆军元帅凯塞林已飞往战场。林特伦汇报说，装甲军团剩下的汽油只够3天战斗消耗，这消息弄得隆美尔目瞪口呆。

隆美尔咆哮道："我离开非洲时，部队的汽油还够用8天，现在至少也得用30天的汽油才行！"

林特伦抱歉地说："您知道，几天前我才休假回来，在我休假期间，后勤补给工作没有受到足够的重视。"

隆美尔越发扯开了嗓门："那些意大利人就得采取一切可能的措施，包括动用潜艇和海军，把给养物资迅速运给装甲军团。现在就开始行动。"

凯塞林

早晨10时45分，他再次登上了飞机。下午2时40分，在碧波起伏、浩渺如烟的地中海上，一架亨克尔轰炸机正在低空飞行，这是专门提供给隆美尔旅途换乘的DH—YA型专机，飞行员赫尔曼·吉森中尉宣布："5分钟后飞机将在克里特岛着陆。"

2时45分，克里特岛的海拉克利恩机场已映入隆美尔飞机的圆形舷窗。他走下飞机，一辆刚刚加过油的坦克迎上来，目前指挥空军第10军的冯·瓦尔道将军在跑道上等待着他。他脸色阴郁，将一份阿拉曼战线的最新报告呈交给这位陆军元帅。

"战线的北部和南部地段此时遭到英军坦克的猛烈攻击，再次搜索战场时，找到了施图姆将军的尸体，死亡原因是心脏病突发。"

隆美尔转身正准备登机，瓦尔道将军上前阻止道："我不能允许您大白天乘坐亨克尔飞机，这样会很危险。"于是隆美尔乘坐一架漂亮的高速的多尼尔217新式轰炸机马上飞往埃及去了。

5时30分，多尼尔轰炸机在飞沙走石的卡沙巴机场着陆。隆美尔的斯托奇飞机已经等待在那里，他继续向东飞行，直到天黑才着陆，接着又乘车沿海岸公路往前急驰。此刻，前方的地平线被炮火映得通红，他反复地自问："难道真的已经输掉了这场战役？"

他回到了装甲军团司令部，又见到了那些熟悉的面孔和战斗车辆，那遍布石头的荒凉沙漠和依旧令人窒息的热浪，以及无所不在的苍蝇和蚊子，还有他离开了32天的那些营养不良但却骁勇善战的士兵。

前线的将士们看到隆美尔回来了，不住地呐喊："总司令，您总算又回来了！"此时阿拉曼战役已进行了48小时。前线依然炮声隆隆，听起来战斗十分激烈。

"报告司令，英军以排山倒海之势轻而易举地冲过前沿阵地，占领了我军的布雷区。"托马将军报告说。

"为什么当英军集结时你们不用炮火轰击？"隆美尔质问托马。

托马看了一眼身旁的威斯特法尔上校，代理参谋长立即上前一步解释说："施图姆将军下令严禁进行炮击，以免浪费炮弹。"

隆美尔大发雷霆："你们这样做简直铸成了致命的大错，知道吗？缺乏弹药不等于在关键时候也不用，这个施图姆，怎么会这样带兵打仗，我就知道他这样一个毫无沙漠作战经验的指挥官是根本不行的，唉！"他紧接着长叹了一口气。

隆美尔沉默着，看得出，他对目前北非前线的局面很是痛心。

威斯特法尔小心翼翼地汇报："司令，我们只剩下最后3座油库，其中一处位于800公里外的班加西港。"

"我知道了，"隆美尔挥挥手，"你们听着，我们今后几天之内的目标就是要不惜一切代价把敌人逐出我方主阵地，重新恢复我们原有的阵地，以避免敌人由我们的防线中间构成一个西向的突出地带。"说着，隆美尔飞快地写下一行字，交给代理参谋长，"马上下达给全体官兵。"

字条上写着："我再次担任全军总指挥。隆美尔。1942年10月25日夜11时25分。"

托马认为英军的进攻重点在北部，由于装甲军团炮火的猛烈还击，才使他们遭到重创，从而被迫小心翼翼地前进。英军的意图显然是以步兵为突击队，在浓郁的烟幕掩护下从布雷区杀开一条通道，以便坦克能够突破防线。在这些通道之间，兀立着可作为炮兵观察所的光秃秃的28号高地。但这个高地夜间也落入了英军手里。

10月25日的夜晚，英军密集的炮火始终没有间断过，最后炮声汇集成一阵持续不断雷霆般的轰鸣。隆美尔只睡了几个小时，凌晨5时就回到了指挥车上。他火速赶往前沿，用望远镜观察英军的调动和部署，清楚地看到英军正在28号高地挖掘工事。此后的几天里，隆美尔向这块高地发起了殊死的反攻，贫瘠的土地上，血流成河。

隆美尔也已确信蒙哥马利企图在北部发起主攻。他在10月26日下午，将后备队从南部防线调集过来，包括第21装甲师和炮兵主力部队。这是一场孤注一掷的大赌博。如果他的判断失误，部队就再也调不回去，因为装甲车的汽油已濒临耗

尽。结果证明他是正确的，第二天，隆美尔挫败了英军的一次突破企图。

下午3时，隆美尔投入装甲和步兵主力向28号高地发起反攻，反攻未能得手，在根本无法隐藏的地段上，德军进攻部队遭到英军空军的无情轰炸。隆美尔灰心丧气地回到指挥车上，他在给露西的信中悲伤地说："谁也不了解压在我肩上的这副重担，没有一张称心如意的牌可以打，尽管如此，我还是希望我们能够渡过难关。"

有一项战术措施本可以击退一部分敌军，这就是后撤几公里，退出敌军炮火射程之外，再诱敌深入，使对方的坦克卷入激战。但可惜空军无能为力，插不上手，而且隆美尔没有足够的汽油将此抉择付于实施，继运载汽油和弹药各1000吨的"特吉斯蒂"号被击沉后，载油2500吨的"普罗塞比娜"号又告遭难，这无异给了隆美尔当头一棒！无怪乎那几天夜里总也无法入睡，白天从望远镜里看到的景象有如噩梦一般折腾了他整整一夜。

隆美尔似乎感到绝望了，他在给露西的信中这样写道：

亲爱的露西，我是否还能在安宁之中给你写信，只有天知道了，今天还有这样一个机会。战斗打得正紧，但敌人已经以绝对优势压了过来，我们的物资少得可怜。倘若战败，我的生死只好全凭上帝的安排了。战败后的那一切实在叫人无法忍受。但我深信我已尽了自己最大的努力去争取胜利。我并不怜惜自己的身体。倘若我回不去了，我将从内心深处为你的爱情和我们的幸福向你和我们的孩子致谢。在这短短的几个星期里，我深深体会到他们两个对我来说意味着什么，我在最后一刻将会十分想念你们。我死后你们千万不要悲伤，要为我感到自豪。几年以后曼弗雷德就会长大成人，愿他永远保持我们家的光荣！

随后，8时50分，他向濒于绝境的指挥官们发布命令，指出这是一场生死存亡的搏斗，必须绝对服从命令，每一个人都必须战斗到底："凡是临阵脱逃或违抗命令者，无论其职务高低，一律军法论处。"他让指挥官们记住命令，然后将其毁掉。

他确信蒙哥马利将进行大规模突破的尝试，所以他把南部的德军全部调往北面，仅把意大利人和不能打仗的德军留了下来。当天下午，他看到一张缴获的英军地图，证实了蒙哥马利的意图是突破北部角落的主要防线，然后长驱直入，打到达巴海岸。隆美尔在赶往前线途中，从望远镜里看到密密麻麻的英军经过惨重的伤亡之后，方才楔入德军布雷区。晚上9点时，震撼大地的炮击开始了，10点钟，总攻的序幕拉开了。

突击28号高地北部的英军部队是莱斯利·莫西德将军率领的身经百战的澳大利亚第9师，这支部队在1941年4月间曾使隆美尔的部队在托布鲁克港吃过苦头。正如隆美尔所预料的那样，英军的进攻被迫转向靠海岸北部的布雷区纵深地带，扼守这一地段的德军是125坦克步兵团第2营，这支部队厮杀了整整一夜，显示了极强的战斗力。此外，隆美尔还在这一地段设置了强有力的反坦克屏障。黎明时分，澳大利亚师的进攻被阻挡住了，这使得蒙哥马利被迫考虑新的战略部署。

（二）英军采取"增压行动"

和隆美尔一样，那一天，蒙哥马利在司令部里同样度过了一个阴郁的日子。

经过 5 天的战斗，英军伤亡几近 1 万人，被摧毁的坦克约有 300 辆，超过隆美尔拥有坦克的数量总数。坦克兵只剩下 900 多名，更成问题的是步兵，由于打的是一场步兵消耗战，蒙哥马利实际上已没有步兵后备队，所有的步兵师都部署在前线了，特别是新西兰师和南非师，几乎没有得到兵员补充，最糟糕的是，尽管付出如此惨重的代价，仍然未达到预定的在 24 日要实现的目标，也就是说前线的进攻似乎并未超过先前的战略突破点。下一步该怎么办？蒙哥马利也觉得有些不知所措了。

丘吉尔在伦敦与英国总参谋长阿兰·布鲁克交谈时说："如果蒙哥马利的全盘计划就是打一场掉以轻心的仗，他为何还对我们讲只需要 7 天就可以获得胜利？难道我们找不出一个能打赢一场战斗的将军来了吗？"他宣布，中午召集一次参谋长联席会议。

在这次会上，布鲁克声辩说："蒙哥马利正在策划一次新的更大规模的进攻。"其实他很清楚，这纯粹是自圆其说，事实上蒙哥马利已被狠狠地揍了一顿。

蒙哥马利在这一时刻能够得到一位关心自己前途的参谋总长的支持，不是依靠运气，而是依靠战绩。在敦刻尔克的那些日子里，以及在敦刻尔克以前和以后的日子里，布鲁克一直都对蒙哥马利极为信任。

蒙哥马利作为一个战场的指挥官，无论过去和现在都只按"军事需要"来考虑问题和采取行动，对处理各种"关系"却考虑不够，这自然会使人们对他产生误解并对他的能力失去信心，他的某些未经说明的行动使别人对他产生怀疑和不良的看法，但他缺乏移情能力或直觉，未能预见到这点而采取预防措施。他万万没有想到，他自认为是完全合乎逻辑的军事行动，竟会以截然不同的面貌呈现在伦敦的焦急不安的上司们面前。

经过连夜的深思熟虑，蒙哥马利决定改变计划，实施大面积的机动，并通过重新部署部队来建立一支强大的预备队，以实施猛烈的最后打击。他下令第 1 装甲师撤出战斗，重新编组，第 30 军也暂时退出战场。将这次战役打响后尚未参加过激烈战斗的南非师和第 4 印度师从侧翼调到右边，替下精锐部队新西兰师，让他们做一次短暂的休整。蒙哥马利的这一决定还没有实施，伦敦方面就派人来了，显然，丘吉尔对他目前的表现并不十分满意。

那是一个阴沉的上午，德·甘冈突然推开了蒙哥马利的门："将军，中东部队总司令亚历山大将军和他的参谋长麦克里里少将，还有国务大臣凯西一行前来视察。"

正在忙于制定"增压"行动计划的蒙哥马利感到有些诧异："这么突然，怎么事先没有通知一声？"

"看来对于我们重新调整部署，伦敦方面很不放心。"

"有什么不放心的，由我来说服他们吧，要是实在不同意就请他们找别人好了！"蒙哥马利对伦敦方面的这种做法感到有些不快。

尽管如此，出于礼貌，蒙哥马利还是亲自出去迎接了亚历山大等人，并对他们的到来表示热烈欢迎。

亚历山大开门见山："将军，还是先介绍一下目前的战况吧。"

蒙哥马利也直接切入主题："根据战斗的进展情况，我已于 27 日开始抽调一些师留做后备队。具体做法是，让开战以来一直担负主攻的新西兰师撤到休整区域，把本战役中尚未参加过激烈战斗的南非师和印度师从侧翼调往北边补充缺口。由于隆美尔已将其全部装甲部队调到我们的北部走廊对面，为减少伤亡，我已把该地区作为防御正面，那里的第 1 装甲师也抽出来作为预备队，诸位想必急于知道，我重新部署部队加强后备力量的目的吧？"

蒙哥马利继续说道："我是想实施最后一次决定性的打击，我把这个新计划叫作'增压'行动。澳大利亚师在 30 日夜至 31 日凌晨之前向北猛烈攻击，到达海边，把德意军队的注意力引向北面。然后，在 10 月 31 日夜至 11 月 1 日凌晨前，在北通路北面，以新西兰师为主，在第 9 装甲旅和 2 个步兵旅增援下，向意军发起强大的攻势，打开一个深远的缺口。之后，第 10 装甲军通过缺口，穿过开阔的沙漠，绕到德军阵地的后面并将其消灭。"

亚历山大听了蒙哥马利的介绍后，一直没有表情的脸上顿时出现了笑容。

麦克里里还提出了自己的见解："我看，突破点可以再往南一些，避开敌人组织严密的防御阵地，这不更好？"

蒙哥马利对他的建议表示接受。

凯西似乎还是没太弄清楚这些将军们的意图，他还是把伦敦方面的担忧对蒙哥马利表明了："首相认为将军的这次行动进展并不顺利，而且在实力明显占优的形势下似乎有些迟缓误事。"

听到这里，还没等凯西把话说完，蒙哥马利就急忙插上一句："我本来就说是打 10 天，现在只不过才过了一半，首相急什么？"

"你的意思是你的'增压'行动可以在 4 天内完成？"凯西似乎觉得这个有点不太可能。

"对，这个绝对没有问题。"蒙哥马利向他保证。

听到这两个人的话明显充满火药味，亚历山大将军忙着劝道："别说了，蒙哥马利将军，就按你想的去做吧，我们都会支持你。"然后，他又对凯西说："您也不用着急，伦敦方面由我来解释。"

凯西说："好吧，尽管这样，我还是需要给首相发封电报，让他也在思想上做好失败的准备。"

"可以发，但是我敢断定，如果那样，你的政治生涯会提前结束的。"蒙哥马利毫不客气。

凯西无奈地走了。

通过"超级机密"，蒙哥马利获悉 28 日夜与澳大利亚师交战的德国部队是第90 轻型装甲师的第 155 战斗群，这不仅表明隆美尔的全部精锐部队已投入了北面作战地段，而且还表明隆美尔在手头已没有德军预备队了，在这次战役开始之前，蒙哥马利曾经说过，德国部队和意大利部队是交错地配置在一起的，如果能够把他们分开，那么突破由意大利部队构成的正面就不成问题了。现在看来，德军和意军完全分开配置了，这种情况的出现，为集中力量攻击战斗力较弱的意军提供了绝好的机会。蒙哥马利决定抓住这个机会。

夜色朦胧，淡淡的月光洒在海岸公路上，十几辆大小汽车正轰鸣着沿公路向西驶去。隆美尔坐在他的指挥车上，浓眉微耸，双唇紧闭，嘴角边的线条更深了，显出一副严厉的神态，坐在一旁的威斯特法尔上校知道，元帅的心绪很乱。

自昨天中午起，隆美尔就获悉英国装甲部队在腰子岭一带集结。他估计，蒙哥马利再度企图取得决定性的突破。可是，整个下午没有什么动静，隆美尔想先发制人地发起反击的企图也被英国空军的一通轰炸给粉碎了。

晚上 9 时，来势凶猛的英国炮火开始轰击腰子岭以西地段，紧接着数百门火炮又集中轰击腰子岭以北地区。一小时后，英军沿海岸线的进攻开始了。据前线部队报告，进攻部队是澳大利亚师，这是曾死守过托布鲁克的作战英勇的英军精锐部队。隆美尔把剩下的所有火炮都集中起来使用，才暂时打退了这次进攻。然而，异常激烈的战斗持续了 6 小时后，德军终于被打垮了。与此同时，隆美尔同他的集团军司令部不得不踏上西撤的道路。

这一夜，隆美尔和他的司令部官兵是在海岸公路上度过的。这里离前线已有一段距离了，但仍然能看到炮口连续不断地发出闪光。炮弹在黑暗中爆炸，雷鸣般的炮声不断在耳边回响。英国夜航轰炸机编队一次又一次地出现，把炸弹用到德军头上。降落伞照明弹照亮了整个战场，就像白昼一样。

司令部一行抵达原作战指挥部旧址时，已是午夜过后了。隆美尔全无睡意，一个人来到海岸边踱步，他要好好理一理思绪，战局会如何发展变化？下一步该怎么办？在英军进攻的压力下，能否继续抵抗一阵？对此，隆美尔是有疑问的。英军真

正的大规模进攻还未开始，压力会继续增加，难道就这样坐以待毙吗？当然不行，要寻找一条生路，怎么办？只有主动向西撤退。

隆美尔头脑中第一次想到撤退，他试图想点别的办法，但是，"撤退"这个字眼的诱惑力实在是太大了，无法把它从脑子中驱逐出去。

不过，撤退必要丧失大部分非机动化步兵兵力，其原因一方面是摩托化部队战斗力有限，另一方面，所有的步兵都已经卷入战斗，难以迅速脱离战场。那么，就打消这个念头，再试着以顽强的抵抗迫使英军自动放弃攻击？这根本是不可能的啊！

又是一阵沉闷的炮声传来，将隆美尔的思路拉回到眼下面临的实际情况上来。如果今天上午他们就发动起大规模强攻呢？所以还是做两手准备为好。撤退时要尽量把坦克和武器装备撤出来，以利于再战。

权衡再三，隆美尔决定，假如今天上午英军压力过大的话，就要趁战斗尚未达到高潮时，向西撤退到富卡防线。

此时东方已经破晓，隆美尔不觉一阵倦意袭来，可是他不能睡了，谁知道白天等待他的将是什么呢？

（三） 为了生存的撤退

上午，英军在强烈炮火的掩护下，继续进攻德军阵地，并取得了小范围的胜利。但隆美尔所预料的主要攻势在 29 日这一天并没有到来，于是，隆美尔抓紧时间，小心翼翼地瞒着他的意大利上司，开始策划西撤的计划。

下午，隆美尔把威斯特法尔召到他的司令部内，一言不发地用红笔在地图上圈了一道。

威斯特法尔马上心领神会："您是说我们将撤退到阿拉曼以西的 100 公里处的富卡防线？"

"是的，因为眼下阿拉曼防线北部已经不在我们手中了，所以，我们必须在富卡为部队准备另一条防线，以便伺机撤到那里，你看怎么样，上校？"

"我看是可行的，富卡像阿拉曼一样，也是一个理想的防御地域，特别是南边的卡塔腊洼地的倾斜度较大，英军绝不可能从侧翼突破。"

"对，我也是这样考虑的，另外，所有非作战部队可以撤退到富卡以西更远的地方，比如梅沙马特鲁地区。"

威斯特法尔惊讶地看了一眼元帅，他是怎么了，准备更远的撤退，要一撤到底吗？这在元帅的经历中可是前所未有的啊，他的信条一直是"向前、向前，再向前"的呀！

"撤退的事宜是否需要向最高统帅部或元首本人报告？"威斯特法尔小心翼翼地提醒道。

"不必了，作为战场指挥官，我完全有权力根据战局的发展做出自己的决定，你就准备拟定一个撤退的时间表吧。"

"是，将军。"

也许是由于这两天前线相对平静无事，也许是由于安排好了退路，也许是由于一艘意大利船历尽坎坷终于运来了 600 吨燃料，隆美尔精神状态好一些了，也能睡着觉了，他或许在想："看样子，我又能渡过难关了！"

不出预料，11 月 1 日至 2 日夜间，蒙哥马利惊天动地的进攻开始了，夜里 10 点左右，200 门大炮同时向隆美尔的防线的一段狭窄地带齐轰，构成了一道密集的火力网，成群的重型轰炸机潮水般地向该地区和后方目标狂轰滥炸，在那个漫长寒冷的夜晚，这位陆军元帅看到了挂在沙漠上空的一颗颗照明弹；托马的非洲军司令部被炮弹击中，他本人受了轻伤；无线电波遭到干扰，失去了作用。

次日凌晨 5 时，隆美尔驱车到前沿，了解战事进展的情况。他得到的消息说：凌晨 1 时，英军的坦克群和步兵在 900 米宽的战线上突破了 28 号高地西面的防御工事，此刻正长驱直入，通过布雷区，企图打开一条通道。

就在白昼与黑夜交替之际，一场血战在激烈地进行。

天刚放亮，隆美尔看见布雷区里有 20 辆英军坦克的残骸，但紧跟在后面却有 100 多辆坦克排成纵队滚滚而来，涌向突破口。有 20 辆英军装甲车实际上已冲破防线，这是大坝崩溃前从裂缝中喷出来的水花。这些装甲车随即在黎明前消失在隆美尔防线的后方，它们在那里横冲直撞，向防守薄弱的给养部队射击，大坝终于崩塌了。

上午 11 时，电话响了，隆美尔接到了早已预料到的报告：英军坦克群已突破了 28 号高地西南 2 公里的地段，正在向西推进。

隆美尔仓促地吃了几口饭，接着便赶去指挥他的一生中最后的一次沙漠坦克大战，他明白，这也许是决定命运的时刻了。

隆美尔多次立在一座大山上审视着这场大战。他抓住几分钟的时间给他的家人写信："亲爱的露西，形势对我们越来越不利，敌军以十分强大的兵力一步步地粉碎着我们的阵地。这意味着我们末日的来临，你可以想象我现在的境地。"

从中午到下午 1 时，整队的轰炸机对 28 号高地以西的残余防线进行了 7 次轰炸，288 野战医院虽然挂有红十字的旗帜，但同样不能幸免，有 3 名军官丧命。隆美尔命令将英军军官作为人质扣押在那里，以便引起敌人的注意。

下午 1 时 30 分，无线电情报部门截获了蒙哥马利给坦克部队的命令，表明英军打算转向东北，逼近嘎沙尔海岸，以便从突进去的北部切断隆美尔的部队。隆美尔当机立断，调出南线的最后预备队，他命令意大利阿里艾特装甲师和它剩余炮兵朝阿卡克尔北面移动，因为这个地方明显是蒙哥马利的临时目标。

战斗持续打了整整一个下午，使德国人惊恐万分的是，英军坦克主力部队使用了数百辆从未见过的美制坦克，这种坦克远比德军的坦克厉害，它可以在900米的距离外开火，而口径88毫米的德国高射炮几乎连它的装甲都无法穿透。

下午3时30分，隆美尔决定当天晚上就开始从前线撤退，一小时后，他向参谋人员宣布了自己的决定。要把部队撤退到富卡防线。他的这个最后决定一直保留到当天托马将军打电话向他汇报战斗进展情况时为止。

托马说："我们已尽了最大的努力，将防御线连成一体，战线现在已经稳住，但很薄弱。明天能够作战的坦克只有30辆了，至多不会超过35辆，就连后备队也全部出动了。"

这使隆美尔下定了决心，他对托马说："我的计划是要全军边打边撤退，退到西线，步兵今天夜里开始行动，非洲军的任务是坚守到明天早晨，然后撤出战斗。但要尽量牵制住敌军，给步兵赢得脱逃的机会。"

傍晚7时，隆美尔询问最近的弹药和汽油贮存位置，回答是："情况不明。"其实，部队现在甚至没有足够的汽油把弹药从达马运到前线。

20分钟后，隆美尔的参谋人员用电话通知下一步撤退的命令。截至晚上9时5分，装甲军团的最后一支部队接到了这项命令。

隆美尔知道希特勒和墨索里尼都会对这次撤退不满，所以他想尽可能长时间地对他们隐瞒这次撤退行动。那天下午送出的临时战报居然没有提到他们撤退的意图。

罗马最高统帅部还是察觉了此次行动。隆美尔在此之前曾向利比亚的马尔马塞蒂求援，向他借运输车辆撤退意大利步兵，但马尔马塞蒂拒绝了他的要求，他立即通知了曼西尼上校："请转告隆美尔元帅，领袖认为必须不惜任何代价坚守现在的防线，我们将千方百计地立即从空中和海上两条路增援给养物资。"

隆美尔那天下午发出的一无所用的临时报告，几小时后被送到了东普鲁士的最高统帅部，电文上写着：

虽然我军在今天的防御战中获得了胜利，但面对占绝对优势的英空军和地面部队，经过10天的艰苦奋战，全体将士已经筋疲力尽。预计强大的敌军坦克群可能于今晚或明天将再次突破战线，我军部队确实已尽全力，由于缺少运输工具，无法将意军的6个非机械化师和德军的两个非机械化师顺利撤出阵地。大批部队将被敌人的摩托化部队牵制。目前，我军的机械化部队正在浴血奋战，但预料仅能有一部分兵员摆脱敌军纠缠……尽管我军部队进行了英勇顽强的抵抗，显示了大无畏的精神，但鉴于此种形势，全军覆没的危险仍然不可避免。

几乎就在同时，英国人也通过"超级机密"获取了这则电报的全文，专家们迅速开始翻译并分析电文，几小时后，蒙哥马利就已获悉，隆美尔确实是不行了。

子夜时分，希特勒亲自打电话给最高统帅部的参谋人员询问情况："隆美尔还有消息来吗？"当他得知没有时才如释重负，回去睡觉了。

第二天，即11月3日早晨8时30分，陆军元帅凯特尔急匆匆地跑进希特勒的地下避弹室，要求面见元首。他气急败坏地把隆美尔夜间的报告交给希特勒，希特勒这才知道，昨天夜里，隆美尔已率部队撤出了防线。是值夜班的军官没有注意到这句关键性的措辞，把电文当作日常公文处理了。一会儿又有一则电文发过来"撤退正按计划进行！"

希特勒气愤得直抓自己的头发："在这关键时刻，隆美尔求救于我，求救于祖国，我们应该给他最大鼓励，给他强大的支持力量，要是我知道的话，一定会全力支持，命令他坚守阵地，可是当隆美尔向我求救时，我们居然还有人在坦然地睡大觉！"

接下来，希特勒发出了一封电报，电文如下：

隆美尔元帅：我和全体德国人民，怀着对你的领导能力和在你领导下的德、意部队英勇精神的坚定信念，注视着你们在埃及进行的英勇防御战。鉴于你现在所处的形势，毋庸置疑，只有坚守阵地，决不后退一步，把每一条步枪和每一名士兵都投入战斗，除此别无他路。大批空援将在未来几天内到达南线总司令凯塞林那里，领袖和意军最高统帅部必将竭尽全力积极增援，以保证你能继续战斗，敌人虽占优势，但已是强弩之末，意志的力量能够战胜强大的敌人，这在历史上已屡见不鲜。你可向你的部下指明，不胜利，毋宁死，别无选择。

阿道夫·希特勒

隆美尔接到电文后，精神几近崩溃，他的部队一直处于空袭的恐怖中，已经形成了撤退的混乱局面，意大利人和德国人你推我挤，争先恐后地逃离阿拉曼战场，而就在这个紧要关头，元首却不允许撤退。他该怎么办？

在此后的一小时内，隆美尔写了一大堆回电，其中有一则是这样的："我的元首，我永远遵从您的旨令，但在盲目服从和责任感之间我无所适从，我几乎不能拿我下属的生命做赌注，这次战役已经彻底失败，如不撤退，后果不堪设想。"但是，这个电文并没有发出去，隆美尔在关键时刻仍然屈从于希特勒的指令了，接下来的事实证明了他的忠心。

隆美尔给非洲军司令托马将军打电话："我现在命令，所有部队一律停止撤退，要继续不遗余力地战斗，元首马上就给我们运来物资和燃料，我们一定要坚守到底。"

听到这个命令后，隆美尔的参谋们特别是拜尔林，激烈地反对这项命令，但他们的元帅还未学会去违抗元首的特别命令。

当时，步兵、反坦克兵和工程兵的伤亡数已达一半多，炮兵将近40%，非洲军现在只剩下24辆坦克，第20军的利特里奥装甲师和德里斯特机械化师事实上已不复存在。

然而，这些仍然没有使希特勒收回他的那项灾难性的命令，隆美尔也只好唯命是从，他大喊着："我要求你们在力所能及的范围内，竭尽全力取得当前战斗的胜利，要做战场的主人，元首的命令已排除了任何撤退的可能，你们必须守住现在的阵地，绝不能后退！"

11月4日早晨，陆军元帅凯塞林来到部队打气，当他得知隆美尔的部队只剩下22辆坦克时，他立即改变了自己的想法："隆美尔元帅，我看我们不能把元首的电报当作一成不变的命令，它应该更是一种呼吁。"

"可我认为元首的命令是绝对不可以更改的！"隆美尔依旧坚定。

"但也要随机应变呀！你迅速给元首拍电报，就说现在部队损失如此惨重，人员剧减，不可能再守住防线，要在非洲立足，唯一的机会就是全面撤退然后再等待机会反攻，其他工作我来跟元首说！"

隆美尔尽管听从了凯塞林的指令，给希特勒发了电报，但在等待回话的时间里，他仍然固守着元首的命令，指挥部队"尽最大的力量守住阵地！"

对于隆美尔的决定，托马将军简直气疯了，他怎么也想不通，为什么明知道要去送死，却还要主动向枪口上撞，这是什么逻辑？他亲自挂上自己所有的勋章，乘着坦克赶到前线最激烈的地方去了，当英军的坦克迎上来的时候，他手里拿一个小小的帆布包，向英军投降了。

就在那一天，非洲军们仍然执行着隆美尔"不许撤退"的命令，导致第20军遭到了全军覆没的厄运。隆美尔终于不再等待希特勒的命令了，他断然地把命运操在自己手中，下令撤退。

晚上8时50分，希特勒终于同意撤退了："既然木已成舟，我同意你的要求。"

就这样，隆美尔7万人的部队开始了艰难的撤退，开始了一场3200公里长的奥德赛式的远征，也可以说是溃逃，尚不知道前面等待他们的将是什么危险。

十、"沙漠之狐"千里溃逃

（一）"逐次抵抗大师"

获准撤退的隆美尔率领着"非洲军团"幸存的那些残兵败将踏上了一条漫长的撤退之路，在这以后的将近 3 个月的时间里，他开始尽情施展那动若脱兔的"沙漠之狐"的风采。

至此，历时 12 天的阿拉曼战役最终以同盟国军队大获全胜而告终。这场战役是德意法西斯在非洲末日的开始，是整个第二次世界大战北非战场的转折点。此役，德意军队共阵亡 1 万多人，伤 1.5 万多人，被俘 8 万多人。从此，一度纵横大漠的"非洲军团"一蹶不振，而英国第 8 集团军则赢得了全面的胜利。

阿拉曼一战得手，使得一直渴望打败隆美尔的蒙哥马利梦想成真，一夜之间他成了大英帝国的英雄和救星。因为一直急切地盼望一场久违的胜利，面对大获全胜的蒙哥马利将军，丘吉尔首相的声音竟有些颤抖，他握着蒙哥马利的手动情地说："蒙蒂，大英帝国的全体臣民感谢你和你英勇的军队。"

作为一名久经沙场的老将，在品尝了胜利的果实之后，更主要的是能够在胜利面前保持清醒的头脑和理性的思维，在这方面蒙哥马利堪称典范。他并未因为自己的一场胜利就忘乎所以，相反，他很清楚，不可一世的隆美尔是被他击败了，但那只狡猾的狐狸还远没有被击垮，更没有被消灭。此时，他正率领着他的残兵败将一路狂奔，妄图挣脱死神的阴影，一旦假以时日，他完全有可能重整旗鼓，卷土重来，这绝不是蒙哥马利所希望看到的。

为了不给隆美尔以喘息之机，蒙哥马利决定立即率领士气正盛的第 8 集团军对隆美尔和他的"非洲军团"展开持续而猛烈的追杀。

与士气高昂的英军相反，阿拉曼之战的创伤深深地印在了每一个"非洲军团"官兵的心头。这对于一支习惯了胜利的军队来说无疑是一次致命的打击，它极大地动摇了士兵们对自身和对他们指挥官的信任。

随着一系列防御战斗的失败，他们从阿拉曼到卜雷加，从卜雷加到布厄艾特，一个个本属于自己的阵地不得不放弃了，一座座美丽的城市和港口不得不失去了，昔日的辉煌刹那间变成了每一个士兵痛心疾首的回忆，而就在他们还未从回忆中醒来时，现实又不得不逼着他们踏上了前途未卜的撤退之路。

如果说，隆美尔此前在人们心目中的印象是一位"极擅进攻，同时防御也很在行"的将领的话，那么此次"非洲军团"长达上千里的大撤退，则集中体现了他"沙漠之狐"的风采。每次蒙哥马利都觉得"非洲军团"已成为他的囊中之物，可每次隆美尔都能奇迹般地得以逃脱，并且还能在撤退的同时，不失时机地对追击中的英军反戈一击。因此，后来的军史家们很形象地给隆美尔戴上了一顶颇为受用的桂冠——"逐次抵抗大师"。

应该说，很少有哪种环境竟然能在一支军队撤退时，还如此恶毒地消耗着它的能量和精髓。然而，隆美尔却依旧表现出了他身处逆境时那种惊人的狡诈。虽然疾病缠身，头晕目眩，但他率领着 7 万德意联军，历尽千辛万苦，终于穿过了北非海岸线几百公里荒无人烟的沙漠。

这支首尾长达 100 公里，由坦克、大炮以及各种载人车辆拼凑起来的队伍，一路上忍受着热带白昼酷热的煎熬，经受着黑夜疾风暴雨的吹打，同时还经常遭到同盟国军队无情的空袭。有好些日子，由于缺乏燃料，整个撤退行动不得不瘫痪下来。但是，隆美尔那些身经百战、忠诚不渝的士兵们却仍然在为掩护撤退做着殊死顽强的抵抗。

在竭尽全力地应付蒙哥马利一次次"欲置'非洲军团'于死地"的侧翼包围行动的同时，疲于奔命的隆美尔还不得不应付来自希特勒和墨索里尼的要他死守到底的荒谬命令。在他的心目中，待在后方指挥部里的大人物们，根本无视"非洲军团"和第 8 集团军之间实力对比近于 1 比 10 这一令人寒心的数字，而是一味地从政治甚至面子的角度来盲目地命令他死守到底。

连年苦苦征战却得不到有力支持的隆美尔，再也掩饰不住自己内心的愤懑，他不禁仰天长啸："到底什么叫'到底'？难道说让'非洲军团'在这场毫无希望的厮杀中全死光了才叫'到底'？难道在敌人迂回包抄的情况下也不考虑后撤，宁可坐以待毙也要抵抗，这才叫'到底'？"

无人理解的隆美尔，只有在给妻子露西的信中才能说出自己真实的感受："在这个舞台上，我所做的一切都是徒劳无益的。老实说，我已经鞠躬尽瘁，做出了非凡的努力，结果却落得了这种凄惨的下场。"

面对来自敌人和自己上司的双重压力，隆美尔陷入一种极其复杂的矛盾之中，经过反复的斟酌和思谋，一个职业军人的良知让他做出了这样的决定——宁可抗上，也要尽量挽救每一个"非洲军团"士兵的生命！墨索里尼听到这个消息时，肺都快气炸了，他声嘶力竭地叫嚷："不许撤退！非洲是属于我们的！"

然而，早已立下横心的隆美尔已经顾不上这么多了，他对参谋长德·甘冈说："不能再犹豫了，多一分犹豫就多一分全军覆灭的危险！你把我的命令传下去，让大部队迅速撤退，一切后果由我隆美尔一人承担。"

11 月 4 日黄昏过后，隆美尔的司令部已安全撤离。在右面海岸线的公路上，燃烧的车辆喷着烈焰，火光冲天，大部队仍然在穿越无垠的沙漠。蒙哥马利依仗其雄厚的兵力和充足的后勤供应，对隆美尔的残兵败将展开了无所顾忌的步步紧逼式追杀。他费尽心机地为已成惊弓之鸟的德国人设下了一个又一个的陷阱，但每一次都在他认为大功即将告成时，被隆美尔这只狡猾的狐狸奇迹般地逃脱。

6日凌晨，隆美尔的部队终于穿过黑暗，开始向梅沙马特鲁进发，那些依稀可见的阿拉伯村庄没过多久就深深地沉睡在了后面的夜幕中。在出人意料地挨了隆美尔的几次回身一脚之后，蒙哥马利的行动变得谨慎和小心起来。天亮的时候，蒙哥马利集中兵力在梅沙马特鲁正东方向收紧罗网，他暗下决心："这次决不能再让隆美尔跑掉了！"然而，隆美尔的表现再一次让他失望了，这次隆美尔要感谢的是一场突如其来的大雨，它使沙漠变成一片泽乡，从而成功阻止了英军迂回的企图。蒙哥马利气得脸色苍白："这只狡猾的狐狸！"

得以逃脱的隆美尔利用两天时间对他的部队进行了调整。此时，摆在他面前的无疑是个烂摊子——装甲军团的战斗力已经微乎其微，仅剩下了十多辆坦克，部队有1000多人阵亡、近4000人负伤、近8000人失踪；意大利第10军被留在阿拉曼防线，没有车辆，没有燃料和淡水；第21军特兰托的半师人马于10月24日被英军赶上，而另一半则和博洛尼亚步兵师一起遭到了噩运——听候命运之神的处置；最悲惨的是第20军，他们于11月4日全军覆没；第19轻装甲师只有1个营的兵力；虎口脱险的第164轻装甲师也只留下了三分之一的兵员。原本庞大的"非洲军团"此时仅剩下了一个团的架子。

唯一令隆美尔感到欣慰的是，11月7日，兰克将军和他属下的800多名空降部队奇迹般地出现在他的指挥车旁。隆美尔兴奋地问："你们怎么赶到这里来的？"

兰克将军对隆美尔意见很大，因为11月4日隆美尔下达撤退命令时，并没有及时通知到他的部队。

听到元帅的问话后，他很冷漠地行了个军礼，尖酸刻薄地回答道："我们当然是指望不上别人的，只是运气稍好些，依靠自己的力量伏击了一支英军运输队，偷到了汽油，这才能追上您的部队呀，看样子，你们跑得还是不够快！"

隆美尔知道他心里不顺，便没说什么，毕竟在这个关键时刻，能搞到些汽油是非常令人振奋的，从这点来讲，兰克将军也算是立了一功。

对于隆美尔来说，这种脑袋屡屡被别人套进绳索，每一次都是在最后一刻才能幸运地挣脱出来的遭遇，让他感到沮丧万分。他很清楚，假如哪一天不走运的话，他和他的这支曾经能征善战的队伍，就有可能和他过去取得的所有辉煌一起，被深深埋葬在这残阳如血的茫茫大漠中。

由于失去了制空权，讨厌的英国轰炸机像影子一般追踪着这支仓皇奔逃的疲惫之师。它们肆无忌惮地把炸弹倾泻到"非洲军团"的头上，使隆美尔的逃跑之路逐渐转变成了一条名副其实的死亡之途。

看到道路两旁那熊熊燃烧的车辆和士兵们血肉模糊的尸体，一向意志坚定的隆美尔不禁悲从中来。他站在布满灰尘的敞篷车上，大声地向士气低落的士兵们喊话："抬起头来，勇敢的'非洲军团'的士兵们，蒙哥马利那个混蛋是追不上我们的，一旦元首给我们送来了援兵和汽油，我们就会像从前那样狠狠地教训一下可恶的英国人。"

然而，元首真的会派兵来救援吗？隆美尔没有把握让官兵们相信，事实上，连他本人也不相信。

11月8日，雨后初霁，隆美尔决定再次转移。他不得不放弃梅沙马特鲁，进一步撤退。在部队向西移动之前，隆美尔与几位装甲师指挥官碰了一下头，最后他们达成了这样一个共识——必须让部队按先后顺序有条不紊地沿公路开拔，这样才不至于被敌人一网打尽。

这一招果然奏效，隆美尔和他的部队很快就撤退到边境上去了。在去往利比亚边境的途中，隆美尔与伯尔恩德意外地相遇了。

伯尔恩德曾于11月4日晚些时候晋见过希特勒。他把希特勒的重要命令原原本本地转达给了隆美尔："元首指示，此时唯一要做的就是在非洲某个地方重新建立起新的战线，而且要选择在不太重要的地方。元首答应要让你的装甲军团恢复元气，重整旗鼓。你们很快就能得到最近生产的新式武器，其中包括具有大杀伤力的88毫米大炮以及41型高射炮，还有新出厂的十几辆巨型坦克、新式4型坦克和'虎'式坦克，要知道，它们每一辆都有60多吨重。"

然而，刚刚因为受到点鼓舞而增添了一点信心的隆美尔，被接下来的消息惊呆了。战场指挥官威斯特法尔打来电话："元帅，大事不好，一支庞大的、拥有10万人的美军部队已在阿尔及利亚和摩洛哥登陆了，他们会从另一方向向我们逼近。"

隆美尔拿着电话愣在那里，过了一会儿才反应过来："好，我知道了。"

此时的隆美尔已经对留在非洲彻底失去了信心。他很清楚，如果没有轴心国的其他部队作掩护，要想建立一个新的立足点是不可能的，看来的确是该撤出非洲的时候了。

（二）告别的黎波里

已下定决心撤离非洲的隆美尔开始给希特勒写报告：

未来的形势很明显，敌军将从内陆向我们包围，几天之内残余的部队势必被围歼。单靠我们的剩余部队和为数不多的武器是不可能守住昔兰尼加的。我们必须立刻着手从昔兰尼加撤出，加扎拉防线对于我们也毫无帮助，因为我们已不可能把所剩无几的部队调到那里去。再者，我军很快就会遭到夹击包围，我们从一开始就该后撤至布雷加一线，在那条防线的后方或许能够有喘息的机会，部队若是不能大规模地休整，不能设置一条防线阻止住从西面向我们推进的敌军，最好的办法就是撤至昔兰尼加的群山之中，形成守势，然后再用潜艇、小船和飞机在夜间尽量把大批训练有素的士兵运回欧洲，以便投入其他战场。

然而，希特勒却另有想法。他认为隆美尔一旦从非洲撤退，必将导致墨索里尼的垮台，一旦墨索里尼垮台，一个反法西斯的意大利必然对德国产生严重的后果。

他在给隆美尔的回信中写道"我百分之百地相信你和你的部队在阿拉曼已尽了全力，而且对你的指挥也十分满意，撤退是可以的，但只有在阿拉曼防线的北部地区完全落入敌军手中时，才应该考虑这个问题，现在考虑显然为时过早"。

隆美尔看完信后，感到心已凉了半截："事到如今，只能采取自救的办法了，我的元首，您也未免太残忍了！"显然，隆美尔已决定再次违背元首的命令。

很快，"非洲军团"在隆美尔的指挥下，一路狂奔直趋突尼斯。他们先是放弃了极具战略意义的阿兰哈尔法山口，接着又丢掉了曾经凝聚过他们荣誉和辉煌的托布鲁克。当隆美尔率军撤退到著名的卜雷加防线时，后勤供应军官向他报告了一个灾难性的消息：

"元帅阁下！我们的部队目前只剩下10吨汽油了，而且这些汽油还存放在远在80多公里以外的地方。"

隆美尔闻言，不由得倒吸了一口冷气。他明白，整个军团的燃料供应已经完全陷入了死胡同，他就是再有才华，也难以带领这支失去了动力的军队走出困境。

正当隆美尔因奄奄待毙的"非洲军团"缺乏燃料而一筹莫展之际，一个几乎是上天恩赐的机会突然来到了他的面前。他不仅惊呼一声："奇迹真的出现了。"

伴随着一阵飞机引擎的轰鸣声，一架德制斯托奇式飞机降到了离他指挥所不远的草坪上，飞机停稳之后，从上面走下了身材矮胖的空军指挥官赛德曼将军。他扭动着肥胖的身躯，一路小跑来到隆美尔的跟前，声音颤抖地说："报告元帅阁下！我们发现离我们不远的海岸上漂浮着成千上万的箱子和油桶，这是遭鱼雷袭击的'汉斯阿尔普'号油船上的货物，命运之神将它们送到了我们的脚下。"

凭着侥幸得到的这批燃料，隆美尔又一次开始了死里求生的大逃亡。

11月23日，隆美尔和他的部队安然无恙地撤出了阿杰达比亚，把装甲军团带到布雷加防线。事实上，他是在没有遭受什么损失的情况下从阿拉曼一直后撤了1200多公里。

到达布雷加防线后，隆美尔对该地随即进行了视察。他认为这不是进行防御的好地方，并急于再次向西移动，可是墨索里尼命令他坚守在那里，希特勒也不允许他再撤退。

11月24日，为了撤与不撤之事，隆美尔、凯塞林、卡瓦利诺和巴斯蒂柯4位陆军元帅召开了一次长达3小时的会议。

会上，隆美尔态度粗暴地说："我觉得完全没有必要在布雷加死守这条防线，你们应当清楚，我的部队只有35辆坦克和57门反坦克炮了，而蒙哥马利手中却有420辆坦克和30辆装甲车。"他不容别人插话，"要是在布雷加防线失守，在的黎波里前面做任何抵抗都将无济于事。"

尽管如此，会后不久，墨索里尼还是要求隆美尔向英军发动进攻。在绝望中，隆美尔采取了最后的步骤：回德国向希特勒呼吁。

11月28日，希特勒以极不友善的态度接见了他。隆美尔得到的结果是，希特勒派遣戈林作为全权大使和他一起到罗马进行另一轮毫无成果的谈判。

隆美尔在日记中这样写道："在飞回非洲的时候，我明白只能依靠我们自己手头的资源了。"然而，在物资方面，特别是油料和食品，德国装甲集团依然摆脱不了饥饿的状态。

隆美尔一次又一次地化险为夷，使经过旷日持久的长途追击，昔日士气高昂、兵精粮足的英军也开始感到一些不妙。官兵们开始对艰苦的沙漠之战产生一些抱怨。尤其是兵强马壮的第8集团军竟然始终追不上几乎快要溃不成军的"非洲军团"，这使蒙哥马利意识到这样下去的可怕后果——阿拉曼战役给他带来的巨大声誉有可能化为乌有。

为此，他做出了一个大胆的决定：在德军布防的布厄艾特一线发动一次牵制性进攻，尽量拖住妄图在此抵抗一阵的"非洲军团"，另派一支强有力的装甲部队从远距离迂回，从隆美尔认为几乎不能通行坦克的大沙漠里直插他后退时的必经之路——扎维尔，一举切断"非洲军团"的后退之路。如果此战成功，隆美尔要么逃进大漠，要么被赶下地中海，除此别无选择。

当时，第30军已接替第10军担任先头部队。蒙哥马利与利斯一起侦察了阿盖拉的阵地后，决定于12月5日发动进攻。蒙哥马利计划由弗赖伯格率领新西兰师迂回到敌人的南侧，奔赴马腊达北面的阵地，再从那里袭击隆美尔部队的后方，同时由第51高地师和第7装甲师从阿盖拉正面发起进攻。

阿盖拉从表面上看是一个很难攻的阵地，但它有一个致命的弱点：它的南翼侧是开放的。虽然南翼侧通行困难，但毕竟是可以通行的。尽管隆美尔十分清楚他的翼侧所面临的危险，但可怜的是，他缺乏汽油，以至于不能用坦克去攻击蒙哥马利可能向南面纵深开进的任何部队。无疑，英国人进攻的最好时机到了。

蒙哥马利发现阿盖拉之战的准备工作需要大大提前，因为第8集团军的巡逻报告表明，隆美尔从12月6日夜间起，已开始把他的非摩托化的意大利部队向后撤了。为了防止隆美尔不打一仗就溜掉，蒙哥马利决定提前发动进攻。他立即下令第

51 高地师从 11 日晚上起，就对主阵地猛烈袭击，而全面攻击则定于 14 日开始。

第 51 高地师所进行的最初几次袭击以及炮兵的火力支援，很快就使隆美尔深信末日到来了。隆美尔后来写道："很快一切都清楚了，敌人的进攻已经开始。"因此，他急忙把残余部队从阵地上撤出，向暂时还安全的埃尔穆格达的防坦克壕开去。

当时，一切都取决于新西兰师的进展情况。新西兰师当时驻在离英军前线很远的地方，其任务是从埃尔哈塞特进行一次 480 公里远的包围行动，并于 12 月 15 日夜间到达迈拉一线，在第 4 轻装甲旅的配合下，与正面攻击部队形成夹击敌军之势。

尽管弗赖伯格率领全师昼夜兼程，但却由于油料缺乏和第 4 轻装甲旅迟迟不到而无法采取行动。到 12 月 15 日傍晚，弗赖伯格才把他的两个步兵旅调到了海岸公路区域。但遗憾的是，它们依然相隔 10 公里。结果，包括坦克在内的小股敌军很快从旁边绕过，急忙向西撤去。

12 月 16 日，战斗较为激烈，有的地方整个一天都在混战，形成了持久的拉锯局面。隆美尔的坦克部队最后突围到了西面，但又遭到英空军的袭击和新西兰师的重创，伤亡惨重。英军在阿盖拉之战中俘获敌军 450 名，大炮 25 门，坦克 18 辆。

此时，一向沉着冷静的隆美尔再也坐不住了。蒙哥马利如此远距离的迂回，不仅将迫使他放弃眼前的阵地，就连利比亚的首都，德意帝国在利比亚存在的象征，有地中海畔明珠之称的的黎波里也必须放弃。

一声令下，疲惫的"非洲军团"又踏上了漫漫长路，隆美尔站在敞篷车上，目睹着各式坦克、汽车和摩托车组成的庞大车队浩浩荡荡地驶离利比亚，他不禁潸然泪下。

在蒙哥马利的猛烈追击下，隆美尔又一口气撤退了 1200 多公里，赶在第 8 集团军"关闭大门"之前，"非洲军团"又一次溜掉了，其令人瞠目的撤退速度让蒙哥马利都感到震惊和钦佩。

（三）"非洲军团"退出历史舞台

隆美尔的撤退决定又一次遭到了意大利人的嘲笑和斥责，这使隆美尔感到费解。意大利的领导人空有一番雄心壮志，他们那支糟糕的军队也堪称胆小如鼠，不堪一击。隆美尔弄不明白墨索里尼凭什么坚持认为利比亚天经地义地属于意大利。他认为，为了防守一个在军事上几乎毫无价值的的黎波里，而不惜让历经千辛万苦才勉强保存下来的"非洲军团"拼个精光，这种赌法太不值得了。

果然不出隆美尔所料，第 8 集团军在蒙哥马利的率领下很快逼近的黎波里。为了使部队振作精神，为最后"跃进"到的黎波里做好准备，蒙哥马利决定让第8集团军就地休息，圣诞节后再发动攻势。他要求部队在沙漠条件许可的情况下，尽可能地以最愉快的方式度过这个特别的圣诞节。当时气候寒冷，火鸡、葡萄干、布丁、啤酒等全都要到埃及订购，但在参谋人员的努力下，这些东西全部都按时运到了。

圣诞节那天，蒙哥马利向第8集团军全体官兵发布了圣诞文告，祝愿大家圣诞快乐。在文告中，他引用了约克郡一位名叫赫尔的姑娘寄给他的圣诞贺信，使整个文告充满了亲人般的温馨，令全体官兵备感亲切。圣诞节过后不久，他收到第8集团军一名士兵的信。这封来自普通一兵的信，使蒙哥马利非常高兴。他一直珍藏着这封信，并将它一字不落地引用在他的《回忆录》中，因为它最真实地说明了他在第8集团军官兵心目中所树立的形象，以及他的演讲在士兵精神方面所产生的巨大影响。

圣诞节之后，蒙哥马利的先头突击部队于12月29日，逼近了德军在布埃拉特设置的阻击线。开罗的广播电台说：隆美尔的集团军已被装进蒙哥马利的瓶子，瓶塞即将盖上。但隆美尔却对参谋人员说："只要坦克能加满汽油，瓶子里的军队很快就会跑掉。"

实际上，无论是隆美尔还是巴斯蒂柯元帅，都不认为布埃拉特阵地能够长期坚守，隆美尔甚至已经在考虑往突尼斯撤退，并考虑到，英美部队可能通过夺取加贝斯隘口来切断他的退路。然而，墨索里尼对德意军团申请撤退的答复却是："要尽力抵抗！我再重复一遍，要用布埃拉特阵地上的全体德意军队尽力抵抗！"

这正中蒙哥马利的下怀。

蒙哥马利对部下说："我不要敌人撤退，我要敌人坚持在原地打。假如敌人这样做，多半会被我消灭……当我袭击布埃拉特阵地时，一定要确保我军能长驱直入的黎波里，不能让敌人延迟或阻止我军行动。"

然而，隆美尔是一个强有力的雄辩者，他终于迫使意军最高统帅部在12月31日授予巴斯蒂柯这样的权力：如果他受到严重威胁，可自行决定是否撤退。实际上，隆美尔已开始撤退他所指挥的意大利军队了。当英军后来向布埃拉特发动进攻时，德意装甲集团军已经多少有点分散了，并且由一个仍然企图保全加贝斯隘口的人负责指挥。

蒙哥马利认为，突破隆美尔的布埃拉特防线需要速度，而进军的黎波里，关键则在于后方的勤务。从班加西到的黎波里为1086公里，从布埃拉特到的黎波里为370公里。因此，进攻前必须集结足够的供应物资，以保障部队能够有充足的燃料进军的黎波里。

蒙哥马利下令尽快备足供10天战斗用的汽油、弹药和供应物资。参谋人员报告说，必要的军需品的集结可望在 1 月 14 日前准备就绪。于是，蒙哥马利决定于 1 月 15 日凌晨发动攻势。

攻向的黎波里的行动按计划于 1 月 15 日开始，蒙哥马利最后选择了沿海岸推进的方案，并亲自指挥，结果一切顺利。先头部队于 1943 年 1 月 23 日凌晨 4 时进入的黎波里，当天中午，蒙哥马利在的黎波里正式接受了意大利副总督的投降。

第 8 集团军攻占的黎波里之后，为防止部队沉湎于大都市的物质生活而腐化变质，蒙哥马利禁止使用宅邸、大楼等作为指挥部和营房，所有人员必须住在沙漠或田野里，以使部队保持坚忍不拔的战斗力。

要完成下一个重要任务——突破马雷斯防线，第 8 集团军必须依赖的黎波里港供应作战物资。因此，占领的黎波里后，蒙哥马利便致力于使港口畅通，以便船只进港后每天都能卸下大批物资。在第 8 集团军的协助下，英国海军创造了奇迹。虽然港口设施被彻底破坏，港湾完全被堵塞，但在官兵们的共同努力下，第一艘船于 2 月 3 日到达，第一个护航船队于 2 月 9 日到达。到 2 月 10 日，港口日卸货量就超过了 2000 吨。

2 月 3 日和 4 日，英国首相和帝国参谋总长到第 8 集团军视察。蒙哥马利为他们举行了隆重的阅兵式。参加检阅的有苏格兰师、新西兰师、皇家装甲部队和皇家陆军后勤部队。部队精神饱满，威武雄壮，给丘吉尔留下了深刻的印象。

隆美尔把他的集团军从的黎波里周围的复杂地形中解脱出来后，到 2 月初，德军大部分已在马雷斯防线站稳了脚跟。隆美尔与突尼斯德军指挥官冯·阿尼姆之间的责任界限正好定在加贝斯隘口的北面。此时，第 21 装甲师已经进入冯·阿尼姆的辖区之内，这样，两条战线就互相交错起来。按道理讲，它们彼此靠得越近，就越能从"内线"的运用中得到好处，但不幸的是，由于隆美尔撤出的黎波里过于突然，使意大利人十分不满，结果意大利人、凯塞林和希特勒的参谋机构全都反对他，反而使德军的力量被微妙地削弱了。

然而，盟国军队对隆美尔后方的威胁一直是长期存在的，并随着时间的推移而日益增大。但此时德国人却把物资供应重点从第 8 集团军当面的德军转向第 1 集团军当面的德军，因而使德国"非洲军团"在最危难的时刻得不到物资供应。这样，这 2 个以前本来相互独立的战场便开始相互产生直接的影响。

2 月 17 日，亚历山大被任命为在法属非洲作战的盟国部队副总司令。3 天后，他一接管新职务，就使第 8 集团军和第 1 集团军成了一个不可分割的整体。2 月 20 日，隆美尔发起卡塞林战役，在卡塞林隘口大败美军，但总的战况仍不乐观。

蒙哥马利说："那天，亚历山大给我发来一份紧急求援的电报，强烈要求我采取行动以减轻敌军对美军的压力。"当时，蒙哥马利的部队已经进入了突尼斯，第 7 装甲师和第 51 师的一个旅已经到达了本加尔丹。因此，蒙哥马利能够很容易地加快行动的速度，到2月26日，他的军队所施加的压力明显使隆美尔停止了对美军的进攻。

隆美尔从第1集团军的正面撤走后，蒙哥马利估计他很可能转过身来向第8集团军发起攻击。在2月28日至3月3日这段时间，蒙哥马利感到十分焦虑，因为他在前线还没有足够强大的力量来对付隆美尔可能发动的反攻。

马雷斯战役很快就要打响，这是一项艰巨的任务，必须进行十分复杂的准备。但那时他主要考虑的却是离他很近的梅德宁。梅德宁是他的集团军的前哨，他估计敌人任何时候都可能向那里发动进攻。果然，蒙哥马利很快就得到了敌人向第8集团军正面调动军队的情报。

哈罗德·亚历山大

但是，蒙哥马利并没有慌乱。他决定采用阿兰哈尔法山战役的战法来对付隆美尔。他把新西兰师从的黎波里调来，负责保卫梅德宁地区。第7装甲师则部署在该师的右翼。第25近卫步兵旅暂时置于第7装甲师的指挥之下，占领了一座叫作塔杰拉基尔的小山，来填补第7装甲师与新西兰师之间的缺口。

3月5日晚上，所有的迹象都表明隆美尔将于明晨发起进攻。果然不出所料，英军在3月6日清晨的薄雾中看到两群德军坦克从马雷斯防线内陆一端的群山中开出来了，沿着梅德宁与图坚之间的公路摸索前进。大约在同一时刻，第51高地师面临着德军第90轻装甲师和意军斯皮齐亚师步兵的攻击。

英军的野战炮和中型炮向推进的轴心国部队进行了无情的轰击，而反坦克炮则尽可能地直到最后一刻才开火。英军发现，敌人的坦克和步兵之间的协同很差，"非洲军团"已丧失了它往常所具有的冲劲。

实际上，英军的阵地没有遭到任何突破，到中午时分，敌人就向后撤退重新编组了。3个装甲师指挥官在一起协商后，决定派步兵在坦克前面推进。这是一种绝望的行为。敌人的步兵被英军的炮弹打得焦头烂额、人心慌乱，敌人的坦克进攻也是半心半意的。于是，隆美尔在下午8点30分下令结束他在非洲进行的最后一场战斗。

在这一天的持续战斗中，英军损失轻微，而隆美尔则伤亡了653人，更为严重的是，损失坦克50多辆。

1943年3月9日上午7时50分，心情沉重的隆美尔元帅终于在他的众多将军的欢送下，含泪登上了飞往罗马的飞机。

在飞机上极目远眺，苍山如刃，大漠苍茫，昔日的战场依稀可辨，昔日的辉煌则如过眼烟云，烟消云散了。

别了！这片熟悉的土地！

别了！勇敢的"非洲军团"士兵！

这一年的 5 月 13 日，继隆美尔负责整个指挥的意军总司令梅塞陆军元帅向第 8 集团军投降，至此，非洲战争全部结束，德意军队以惨败告终。

第 8 集团军对北非战场最后的胜利所做的贡献是巨大的。它把隆美尔和他的军队赶出埃及、昔兰尼加、的黎波里，然后协同第 1 集团军将他们全歼在突尼斯。从阿拉曼到突尼斯相距大约 4800 公里，第 8 集团军却在短短 3 个月内拿下的黎波里，6 个月内拿下突尼斯，创下了史无前例的光辉业绩。

6 月初，英国首相丘吉尔在蒙哥马利的纪念册上题词：

敌军在突尼斯全军覆没，最后投降总数达 24.8 万人。这标志着阿拉曼战役以及进军西北非这个伟大业绩的胜利结束。祝你们在以往的成就和新的努力的基础上，取得更加辉煌的胜利。

温斯顿·丘吉尔

1943 年 6 月 3 日于阿尔及尔

盟军反攻：光复欧洲

一、进军西西里

（一）难产的"赫斯基"计划

第二次世界大战进行到 1943 年，战场局势发生了巨变。苏德战场，斯大林格勒战役已经结束，苏军转入反攻。北非战区，英国取得了阿拉曼战役的胜利，英美盟军登陆北非，德意军队被迫投降。西西里战役拉开了序幕。

"赫斯基"，是英文 Husky 的谐音，它可以翻译成"爱斯基摩人"或者"壮汉"，它是盟军西西里岛登陆作战计划的代号。

西西里岛是地中海中最大的岛屿，位于地中海的中部，面积 2.5 万平方公里，人口 400 万左右。该岛是从北非到欧洲的海上交通要地，具有十分重要的军事价值。

早在 1942 年，美、英盟军在北非取得节节胜利的时候，盟军便开始酝酿把战争打到欧洲大陆去。但是关于登陆地点，双方有很大分歧。

北非登陆成功后，美国人自我感觉很好，他们仿佛已经看到了和平的曙光，于是他们开始着手描绘下一步的行动蓝图。美国人主张，应尽快结束北非战事，以便抽出手来一举打过英吉利海峡，开辟第二战场，迅速打败法西斯德国。但务实的英国人觉得美国的计划太冒险，他们认为，横渡海峡是一场无谓的冒险，可能会招致灭顶之灾，倒不如从意大利的西西里岛入手，向敌人的"软腹部"进攻。

为了达成一致意见，双方召开了卡萨布兰卡会议。双方议定：首先解决意大利问题，然后再考虑在法国登陆的事。会议之后，"赫斯基"行动计划的制定工作便在英国首都伦敦悄悄地开展起来，但由于受到各方面因素的影响，进展十分缓慢。后来，计划工作改由艾森豪威尔亲自负责，计划小组迁至阿尔及尔，同时被命名为"141"小组。

领导"141"小组的是英国军官查尔斯·亨利·盖尔德纳少将。查尔斯在战争中曾指挥过英第 6 装甲师作战，有较丰富的实战经验，并因擅长制定作战计划而在英军中闻名，被誉为"制定作战计划的能手"。"141"小组认真仔细地分析了西西

里岛的兵要地志，先后拿出了7个作战预案，但都被盟军指挥部一一否决了。

4月中旬，"141"小组再次推出了"赫斯基第8号"方案。该方案甫出台，便得到艾森豪威尔、坎宁安、泰德等盟军高级将领的赞同。

"141"小组分析，西西里岛地形比较复杂，可供使用的道路比较少，特别是西西里岛东北部。盟军登陆相对比较容易，但向西西里岛腹地发展进攻将十分困难，大部队难以展开，且容易受到敌人的节节阻击。因此，要想使"赫斯基"作战行动顺利实施，必须首先攻占西西里岛的两个主要港口，即西西里岛西北部的巴勒莫港和东南部的锡腊库扎港。然后凭借这两个港口建立前进基地。

因此"赫斯基第8号"方案规定，由巴顿率领美第7集团军，在巴勒莫地区登陆，由蒙哥马利率领英第8集团军，在锡腊库扎地区登陆。

已出任美第7集团军司令一职的巴顿看到"赫斯基第8号"方案时，十分满意。他知道，巴勒莫是西西里岛首府，具有悠久的历史，在世界上享有盛名，由他来夺取巴勒莫，一旦成功，自己必将作为这座世界名城的解放者而载入史册。他决心抓住这一机会，在此次登陆作战中大展身手。

正当巴顿雄心勃勃、夜以继日地琢磨具体作战计划的时候，蒙哥马利打破了他的美梦。

自美军参战以来，美军和英军之间的竞争就开始了。蒙哥马利和巴顿则是双方的地标人物。蒙哥马利始终认为，初出茅庐的美军，在战争中难以担当重任，"赫斯基第8号"方案竟然让他与巴

小乔治·史密斯·巴顿

顿同享战果，他无论如何接受不了。所以他毫不犹豫地推翻了"赫斯基第8号"方案。

蒙哥马利指出，"赫斯基第8号"方案实际上是一个分散用兵的方案，如果按照这个方案行动，是非常危险的，一旦敌人查明盟军企图，敌人就会集中兵力实施各个击破，将我们赶下大海。他提出了自己的方案：英军第8集团军仍然在锡腊库扎地区登陆，但美第7集团军不在巴勒莫登陆，而在距英军登陆地点不远的位于西西里岛西北角的杰拉地区进行登陆。蒙哥马利认为，这样部署便于双方相互配合，才可以使整个作战协调地向前发展。

蒙哥马利的主张遭到了大多数人的反对，因为他的用心很明显，就是要把美军置于次要方向，仅仅担负保护英军翼侧安全的任务。但是在蒙哥马利强烈要求和极

力主张下，盟军主帅艾森豪威尔和亚历山大最终接受了他的提案。巴顿对此感到十分愤怒，但也只能被迫接受。

经过数月的反复修改，最终定下来的"赫斯基"作战计划如下：

1. "赫斯基"作战计划，由亚历山大将军指挥的第15集团军群负责实施。该集团军群下辖蒙哥马利指挥的英军第8集团军和巴顿指挥的美军第7集团军。编内共有13个师和3个独立旅，总兵力为47.8万人。

2. 陆军。美第7集团军的任务是在西西里岛南线利卡塔至斯科格利地区登陆，占领杰拉和利卡塔后，以积极的行动配合英军向纵深发展进攻。英第8集团军的任务是在西西里岛东线帕基诺至锡腊库扎地区登陆，占领该地区后，向卡塔尼亚、墨西拿方向发展进攻。

3. 关于海军。地中海战区盟军的海军部队由坎宁安海军上将统一指挥。在登陆部队进行海上航渡的过程中，海军应出动战舰控制突尼斯海峡和墨西拿海峡南部海域。当登陆部队突击上陆以及抗击敌人反击时，海军舰队应适时提供炮火支援。

4. 关于空军。地中海战区的盟军空军部队由英国的泰德空军上将统一指挥。空军的任务包括：袭击对这次战役有影响的敌纵深内的重要机场、港口和交通枢纽；阻止敌增援部队集结和开往西西里岛；空中掩护进入和通过地中海的所有盟军护航运输队；伺机攻击意大利的海上军舰和补给船等。

通过"赫斯基"作战计划，盟军统帅部的整体作战意图是，首先夺取西西里岛，打开通向意大利的大门，然后乘势向意大利本土发动进攻，迫使意大利政府投降，肢解轴心国体系。同时用积极的攻击态势牵制大批驻意德军，配合盟军在其他战场的作战。在此基础上，趁机解放整个意大利。

（二）海空权的激烈争夺

自从飞机大量运用于战争中以后，夺取制空权便成了战场上一项非常重要的作战内容。尤其是在登陆战役中，如果没有制空权，后果将不堪设想。拥有制空权，既能使己方部队免受敌人空中威胁，又能保证己方空军部队利用空间执行空中掩护、空中阻滞、近距空中支援等任务，同时还能使敌人无法使用该环境。

美、英盟军深知这一点。早在1941年，美军的《野战条令》就指出："制空权就是必须将敌人的航空部队消灭掉，或者压制住，使之不能出动。"这种观念在美国每个指挥员脑中都根深蒂固。所以在西西里登陆战之前的两个月内，盟军空军对意大利主要机场、港口、潜艇基地和各大工业中心，实施了连续不断的空袭，夺取了制空权。

当时，参加西西里登陆作战的盟军空军，总共有3680架作战飞机，另有900余架运输机和许多滑翔机。德、意两国在这个地区的空军兵力约有1400~1500架飞机，其中意军有 600 余架，德军有 800 余架。

面对数量占优的盟军飞机，意大利空军司令福吉尔将军和驻意德国空军第 2 航空队指挥官冯·里希特霍芬中将做出共同决定，为保存实力，把大部分轰炸机撤到欧洲大陆机场。从这以后，意大利的鱼雷飞机和四发动机的飞机都转移到意大利中部城市比萨和佩鲁贾，仅把歼击机留在西西里岛和撒丁岛南部各机场上。他们的意图是，避轻就重，集中用兵，在抗击盟军空军空袭的前提下，把有限的空中力量集中用于支援抗登陆作战。

在盟军空军频繁实施空袭的过程中，德、意歼击机部队也采取了一切措施进行反空袭顽抗，如德国歼击机曾出动 500 架次，意大利歼击机曾出动 600 架次，对盟军空袭编队实施空中拦截。但终因双方空军兵力对比过于悬殊，轴心国空军始终未能有效地阻止盟军空军的轰炸行动。

为确保登陆的顺利进行，尽快夺取制空权，从 7 月 2 日到 9 日，盟军空军对所有岛上的敌机场以及意大利亚得里亚海沿岸的福贾机场，特别是西西里岛上的机场进行了猛烈的轰炸。单是 7 月 2 日夜间至次日凌晨，就在西西里岛的几个重要机场投下了 1500 多吨炸弹。

7 月 9 日，也就是登陆前一天，盟军的轰炸行动达到了高潮。盟军空军集中了 411 架轰炸机，在 160 架歼击机的护航下，发动了 21 次轰炸和扫射，目标主要是夏卡到塔奥米纳一带的机场。此外，盟军空军还使用了 78 架歼击机袭击了敌人的雷达站。在这些空袭行动中，盟军空军一举炸毁了德军航空兵司令部，后者设在塔奥米纳和圣多梅尼考教堂附近。

日落之后一直到午夜，盟军又调集了 107 架轰炸机，出动 8 个波次，轰炸了锡腊库扎、卡塔尼亚、帕拉佐洛和其他机场。

盟军空军的猛烈轰炸起到了理想的效果。轰炸结束之后，德意轴心国在西西里岛东部只剩下杰尔比尼一个简易机场能够使用；在西西里岛西部只有巴勒莫和奇尼西亚两个机场可供紧急着陆使用。通过对敌机场长时间、高密度的轰炸，盟军大大削弱了德意空军的战斗力，基本上夺取了制空权。

盟军进攻西西里的第一步是攻占班泰雷利亚岛，这个岛位于西西里岛与突尼斯之间，是意大利空军基地和海军鱼雷艇基地。攻占该岛，对盟军来说具有至关重要的意义。当时盟军飞机的作战半径都比较小，如果夺取了这个岛，就可以解决空中作战兵力"腿短"的问题。

在制定攻占这个小岛的作战计划时，发生了一件非常有趣的事情，就是丘吉尔和艾森豪威尔打赌。

丘吉尔认为，虽然班泰雷利亚岛军事价值较高，但毕竟是一个小岛，岛上守军人数最多只有 5000 人，不会超过此数。而艾森豪威尔认为，岛上守军人数应该会超过 5000 人。于是两人决定打赌。丘吉尔说："如果岛上守军人数超过 5000 人，每超过一人，赌注增加一生丁。"于是，双方赌约正式形成。

在艾森豪威尔的亲自指挥下，6月初，盟军出动飞机对班泰雷利亚岛进行了6个昼夜的空中打击，将上万吨炸弹倾泻到了该岛东部的狭小地区。随后，艾森豪威尔派遣6艘巡洋舰和10艘驱逐舰向岛上守军开炮射击。6月11日，登陆兵抢滩上陆。结果进攻出人意外地顺利，盟军在没有任何伤亡的情况下，俘敌11000多人。

按照赌约，丘吉尔输了65个法郎。

班泰雷利亚岛被夺取以后，邻近的两个小岛上的意军相继投降。至此，西西里岛西南面的前哨阵地已被全部肃清。盟军迅速修复了班泰雷利亚岛上的机场。从此，西西里岛已完全暴露在盟军的眼皮底下了。

（三）古佐尼劳思伤神

当美、英盟军在厉兵秣马、摩拳擦掌时，西西里岛上的守军却没那么兴奋。此时担负防守任务的，是意大利第6集团军司令阿尔弗雷德·古佐尼将军。他手下有意军11个师，德军2个装甲师。古佐尼的主要任务是负责组织指挥西西里岛的抗登陆作战。

古佐尼很快发现这里的情况很不让人满意。德军2个装甲师装备精良，富有作战经验，有较强的战斗意志，但缺乏坦克和运输工具，最主要的是人员数量太少，只有3万多人。意军数量虽多，有20多万人，但编制不足，军事素质和身体状况极差，装备也十分低下。

另外，守岛的意大利军队中，恐战、厌战情绪严重，士气低沉。由于他们是西西里岛当地人，所以认为在西西里岛战斗得愈激烈，家乡的破坏也就愈严重，因而不想进行认真抵抗。面对此情此景，古佐尼力不从心，只好寄希望于2个德国师和意大利本土增调的第14装甲师。

古佐尼判断，盟军如果在西西里岛登陆，很可能会在西西里岛东部和南部两个方向以符形攻势同时实施，据此，古佐尼做出部署：罗兹指挥的德军第15装甲师配置在西侧，任务是抵御盟军在西部的进攻；而把库兰斯指挥的德军戈林装甲师分为两部分，较强的一部分配置在离杰拉约32公里的内地，任务是对付盟军在西部的进攻，另一部分配置在东部，任务是应付卡塔尼亚平原的局势；意军第6集团军一部分兵力（2个意大利师）配置在南岸约200公里的正面上，其余大部兵力驻守在岛屿的西北部，任务是适时增援东、南两侧作战，并应付意外情况。

古佐尼要求全体官兵振作精神，在盟军登陆时，必须抓住有利战机，实施突然、猛烈地反突击，力争把登陆部队歼灭在滩头，如果不成，就迅速转入纵深进行决战。

然而始终困扰古佐尼的问题是，盟军何时登陆。从5月份开始，盟军的轰炸已经进行了好几个月，班泰雷利亚岛丢失以后，几乎每一天都可能是盟军的登陆日。为此，古佐尼只得让德、意守军连续处于高度戒备状态，但这样又导致军队十分疲惫。

根据"赫斯基"作战计划，盟军登陆部队分别在北非和地中海东岸的港口上船。由巴顿将军率领的美第7集团军在奥兰、阿尔及尔、比塞大港口起航。

战前，巴顿发表了激动的演说，他对手下的士兵说："你们要为被挑选参加这次行动而感到骄傲，因为你们被授予了进攻和摧毁敌人的权力，你们的手中掌握着美国陆军的光荣和世界的未来。注意，你们值得获取这种伟大的信任。"巴顿的临战动员激起了将士们的战斗热情。

美国第7集团军和英国第8集团军分别登船起航。按预定计划，美第7集团军向杰拉方向，英第8集团军向锡腊库扎方向。2000多艘大小军舰和运输船只，载着16万英美军队，兵分两路，利用夜幕，在地中海上乘风破浪、浩浩荡荡地向西西里岛驶去。

大部队到达西西里岛时，发现岛上异常的平静。原来古佐尼难以准确判明盟军的登陆时间，岛上守军只好连夜警戒，官兵们已经极度疲劳。7月9日下午，恰好又刮起了大风，岛上守军判断盟军今夜肯定是不会来了，于是他们趁机睡觉去了。

10日凌晨2时45分，美、英军以迅雷不及掩耳之势，分别在杰拉和锡腊库扎地区顺利登陆。当时的情况是："狂风巨浪的天气使那些因连续几夜处于戒备状态而疲惫不堪的意军在床上辗转反侧，感天谢地地说'今天夜里，他们无论如何也来不了'。但是，他们却来了。"

盟军登陆部队在登陆战役一开始就占尽了便宜。

英军第5师当天傍晚就攻下了锡腊库扎。在诺托湾登陆的英军第30军也稳住了登陆场，英军第一天就占领了宽100公里、深10~15公里的登陆场。美军没有英军幸运，他们在南部的登陆受到了风浪的影响，还有岸上敌人的顽强抵抗，但10日结束时，3个美军师的突击部队仍然登陆了，攻下了杰拉和利卡塔。

在舰载部队登陆前，盟军还实施了一次大规模的空降。登陆前，美第7集团军和英第8集团军分别使用空降兵抢占登陆场，保障登陆部队上陆。

6月20日前后，美空降兵第82师和英空降兵第1师开始向突尼斯集结，并陆续转场至预定空降出发地域。部队全部就位后，开始对伞兵的战斗装备和物资装备进行详细检查和研究，并做了空投试验。

7月9日晨，做了一夜美梦的士兵早早地醒来，十分敏锐地感觉到天气可能要变坏，因为风力在渐渐加大。很快，部队收到上级发来的紧急通知："天气可能要变坏，西西里岛的地面风速将达每秒15米。仍按预定计划执行。"

空降部队在恶劣的环境下出发，然而，伞兵们仍然发扬了顽强的战斗作风。在预定地区及其附近地区着陆的伞兵，迅速集中，并立即向分散着陆在其他地区的伞兵发出讯号。

有些飞机飞抵西西里岛海岸时，伞兵脱下救生衣，背上降落伞，准备跳伞。但是由于找不到预定空降场，遂飞回海上重新进入，反复多次，在德意高射炮火网中盘旋飞行1个多小时，终于引火烧身，不少飞机被击落。

美、英军此次在西西里岛的空降作战，是第二次世界大战开战以来盟军实施的最大规模的空降作战。据战后统计，美、英军在西西里岛共空降了9816人，其中美军5305人；出动运输机642架次，使用滑翔机156架；运输机被击落45架（其中被己方击落27架，占60%），击伤86架（其中被己方击伤71架，占88.7%），失踪25架，原载返回40架；滑翔机坠海69架，着陆撞毁15架，失踪10架，被牵引返回4架；人员伤亡约1500余人（其中英军550余人），占空降人数15%强。

虽然这次西西里岛的空降作战暴露出很多问题，但空降部队在敌军中引起了普遍的恐慌和混乱，它在肢解敌军的抗登陆战役布局，策应盟军登陆行动方面，仍然起到了一定的作用。

（四）二将争功

巴顿将西西里战役看作美、英军之间的较量以及他和蒙哥马利之间的一场私人竞赛。尽管最终敲定的"赫斯基"方案将美军置于次要地位，但巴顿仍要以实际行动证明美军是世界上最优秀的军队，同时证明自己比蒙哥马利更强、更出色。

盟军西西里登陆战役第一阶段进展得很顺利。西西里战役总指挥亚历山大将军不无得意地说："那些防守海岸的意军简直不值一提，几乎一枪未发就瓦解了。而那些野战师遇到盟军就像迎风扬糠一般四下逃命。"

西西里战役

但是岛上守军并非真的不堪一击。暂时的顺利隐藏着巨大的危机。

当古佐尼获悉美、英军的主要登陆地区是杰拉和锡腊库扎地区以及盟军空降兵着陆后严重分散的情况后，立即命令德国戈林师和2个意大利装甲师向杰拉方向反击，趁美军立足未稳，将其赶下大海，同时试图切断美、英军之间的联系。

德意军队的反击对刚刚登陆的美军造成很大压力。在形势万分危急的关键时刻，美国海军舰炮发挥了巨大威力，成千上万发炮弹一股脑儿倾泻到了敌军的阵地上。德国坦克部队和意大利装甲师在伤亡600余人、被击毁坦克约40多辆的情况

下，仓皇向北逃窜。

情势暂时得以缓解，但巴顿清醒地认识到，更激烈的战斗还在后面。根据前一段作战情况，巴顿认为，美军当务之急是把坦克和火炮等武器卸运上岸。于是，他果断地改变了原先的登陆预案，命令加菲少将指挥的第 2 装甲师和达比上校指挥的第 18 团（辖 3 个突击营）立即登陆，并迅速做好应付敌军再次反击的准备。

在古佐尼再一次发起反击时，美军坦克和大炮已经乘夜登陆上岸，而且做好了一切战斗准备。

11 日上午 9 时 30 分，信心十足的巴顿将军，决定亲自上陆参战。巴顿上岸后，便驱车直奔杰拉城。战斗正是最激烈的时刻。德军戈林师和意大利利沃德师已经冲进城内。

巴顿不顾部下的劝阻，冒着枪林弹雨，大踏步地来到突击队员中间，大声喊道："杀死上帝诅咒的每一个私生子！"这句话极大地鼓舞了突击队员的士气。在巴顿的亲自指挥下，美军作战开始变得紧张而有秩序。

美军逐步控制了战斗的主动权。战至上午 11 时，意大利利沃德师在久攻不克，又受到重创的情况下，退出杰拉市。但此时杰拉平原仍然硝烟弥漫，德军戈林师正在向艾伦的第 1 步兵师守卫的海滩阵地进行猛烈冲击。巴顿火速给艾伦下达了一道死命令："坚守阵地，不准后退一步，后退就是失败！"在艾伦第 1 步兵师的拼死抗击下，美军赢得了宝贵的时间，不久，各部队相继到位。在美军火炮、坦克及舰炮的合力打击下，德军戈林师三分之一的坦克被摧毁。库兰斯见势不好，便率残余兵力狼狈撤退。

美军终于打退了敌人的反击，危机已然过去，3 个滩头阵地已经连成一片，集团军登陆场终于形成。美军有了稳固的立足之地。12 日，美军全线出击，稳步向纵深推进。日落前，已先后占领了科米佐、比斯卡里和彭地奥里佛机场。随后，巴顿挥师北上，直逼卡尔塔尼塞塔。

在西西里东部地区，蒙哥马利依然采取他惯用的步步为营、稳扎稳打的战法。蒙哥马利的优柔寡断给德军第 15 装甲师提供了极为难得的机动时间。德军第 15 装甲师从西西里岛西侧迅速机动至东侧，并很快占领了有利地形，成功地切断了英军企图沿海岸公路向北进军的行动路线。

由于行动过于迟缓，致使英军当面之敌的数量逐日增加。英军陷入了困境。

7 月 12 日，美军在西西里岛西南侧进展非常顺利，巴顿十分满意，为了加快进攻速度，他开始考虑修改下一步作战预案。巴顿起草了一份经阿格里琴托和卡斯特尔维特拉诺向巴勒莫发动迂回进攻的作战计划，但被亚历山大否决了。

亚历山大的注意力完全集中到了蒙哥马利的身上，因为夺取西西里战役胜利的关键在于攻占墨西拿，而处于东部地区的蒙哥马利距离墨西拿最近，所以这个任务应该交给蒙哥马利来完成。而巴顿率领的第 7 集团军只应该负责确保蒙哥马利的侧翼安全。

但是蒙哥马利的进攻遇到德军越来越强硬的抵抗。英军每前进一步，都要付出很大代价。蒙哥马利决定把前进的重点向左移，向北进攻，以便将这个岛截成两半。然而，蒙哥马利为了将主攻部队移至左翼，至少耗费了两天时间。德国守军利用这段时间，建立起一道阻击蒙哥马利的坚固防线。结果蒙哥马利的计划刚一出台就遭到了迎头一击。

由于蒙哥马利行动迟钝，德军占据了有利地形，居高临下，凭险扼守。英军在两个方向上都陷入了困境，伤亡惨重。德军整个防线固若金汤，蒙哥马利无计可施。

当英国进攻受挫时，巴顿幸灾乐祸地说："我们的表兄弟们被揍得鼻青脸肿。"巴顿不甘心就这样闲坐着，他深信如果让他去进攻巴勒莫，他会干得很出色，而且此举一旦成功必将会促成整个战局向着有利于盟军的方向发展。7月17日，巴顿乘飞机前往北非亚历山大司令部，亲自说服亚历山大。亚历山大权衡了形势后，批准了巴顿的请求。

巴顿立即返回战场，火速进行了战斗部署。第3步兵师、第82空降师和第2装甲师临时组建成一个军，由凯斯将军指挥，主要任务是夺取巴勒莫。

7月19日，巴顿下达了总攻命令。凯斯将军指挥的暂编军立即以迅雷不及掩耳之势向前推进，21日占领了卡斯特尔维特拉诺。22日抵达巴勒莫城下。美军一路上势如破竹，闪电般地到达巴勒莫，使该城守军惊慌失措，根本来不及组织有效的抵抗，守军纷纷缴械投降。

7月22日，巴顿随第2装甲师以胜利者的姿态进入了巴勒莫，并在该城豪华的王宫中建立了他的司令部。

接下来，美军将西西里岛一分为二，实现了英军想实现而未实施的诺言，这给巴顿和美军带来了很高的荣誉。在这次行动中，美军仅伤亡300余人，然而却俘虏意军5.3万人，击落敌机190架，缴获大炮67门，并夺取了停泊在港口还没来得及逃跑的大部分船只，巴顿可谓战功显赫。

巴勒莫被占领，动摇了墨索里尼在意大利的独裁统治，而且极大鼓舞了盟军的士气，接下来的进攻便顺利得多了。8月初，盟军发动了全线进攻。三路大军一齐把进攻的矛头指向了西西里岛的东北角——墨西拿。

1943年8月17日，德意部队主力10万人越过墨西拿海峡回到意大利。同一天，美军第3师抢先攻入墨西拿。整个西西里战役，盟军损失2.2万人，德军损失1.2万人，14多万名意军投降。盟军实现了预定的大部分目标，但遗憾的是，没有充分利用制空权和制海权，致使4万德国精锐部队逃脱。

（五）墨索里尼下台

西西里战役结束后，意大利本土已完全暴露在盟军的眼皮底下。当盟军正在为下一步的战略争论不休时，意大利政府突然垮台了。

意军在北非、西西里以及在苏德战场上的连续惨败，加深了墨索里尼政权的军事、经济和政治危机。截至1943年8月底，在国内，意大利军队尚存47个师，但残缺不全，士气低落，兵力分散。在苏德战场上作战的意大利第3集团军，已由22万人锐减到8万人。

连年的战争，几乎将意大利国力耗尽。再加上盟军日益猛烈的空袭，使意大利国家经济濒于崩溃。物价的上涨、食品的奇缺以及名目繁多的苛捐杂税，使意大利人对法西斯当局的不满情绪达到了极点。

1943年3月，米兰、都灵等地的工人就举行了大罢工，参加者达30多万人。这次罢工冲破了意大利长期沉闷的政治局面。意大利共产党领导的地下抵抗运动也在日益发展。另外，意大利人对驻意德军十分反感。德军官兵傲慢粗暴，任意侮辱意军官兵。德军还在意大利横征暴敛。

在此情形下，意大利统治集团内部出现了严重分歧。有人主张与同盟国媾和，以挽救意大利，但墨索里尼不甘心失败，仍想垂死挣扎，坚持将战争进行下去。

面对满目疮痍的国家，意大利王室、议会、总参谋部、法西斯党把一切罪过都归咎于墨索里尼一人。他们中间的一些人，包括墨索里尼的女婿、意大利外交部长齐亚诺在内，都在密谋推翻墨索里尼，企图以此来摆脱危机。最后连国王也坐不住了，他们为了自身的利益，果敢地下定决心：抛弃墨索里尼。

1943年2月，墨索里尼改组内阁，撤掉齐亚诺和格兰第的职务，更激起了意大利军政要员的不满。

国王觉得时机已到，必须采取断然措施，否则后患无穷。于是，他同总参谋长安布罗西奥将军和巴多里奥元帅等人联系，密谋推翻墨索里尼，从而脱离纳粹德国，投降英、美盟国。

1943年7月17日，墨索里尼在威尼托的费尔特雷附近的一个别墅里会见了希特勒，随行的还有意大利总参谋长安布罗西奥等人。他们事先商定，由墨索里尼向希特勒说明，意大利无力再进行战争了，需要立即缔结停战协定。但是，在这次会见时，希特勒提出，为了扭转被动局面，所有的意大利军队应该由德国将领指挥。墨索里尼竟然没敢反驳，而是打肿脸充胖子，表示他愿意与德国同舟共济、血战到底。

7月22日，国王埃曼努尔三世深感形势刻不容缓，决定根据"意大利宪法程序"罢免墨索里尼。

在国王的授意下，法西斯党的一些元老强烈要求召开法西斯大议会。7月24日下午5时整，法西斯大议会在罗马威尼斯宫玛帕蒙多会议厅准时举行。所有的28名成员全部到会。他们当中，有法西斯元老、进军罗马领导委员会的戴·博诺和戴·韦基，以及齐亚诺等人。会议由格兰第主持。

格兰第宣布会议正式开始后，墨索里尼首先发言，他表示要将战争进行到底。

场内不时有人发出嘘声。

墨索里尼发言结束后，格兰第站起身来，开始宣读早已准备好的提案。提案要求，恢复宪制，国王应掌握更大的权力，军队归国王指挥，墨索里尼不应再当意大利内阁总理，只应当党的领袖。

提案宣读完毕后，场内顿时热闹起来。墨索里尼的支持派和反对派展开激烈的争论，双方互相指责、辱骂。格兰第当面指责墨索里尼："是你的独裁，而不是法西斯主义导致了战争的失败。"

墨索里尼意识到，反对他的人是有备而来，于是以时间已晚做借口，提出会议暂时到此。但倒墨派成员坚持认为，必须在今晚解决问题。格兰第坚定地说："在没有做出决议以前，不能散会。"

短暂休息后，墨索里尼再次发言，他猛烈抨击格兰第等人，说他们对自己的指责是无中生有，他们这样做，是企图抹杀他的功绩，是拿国家命运开玩笑。

会议对格兰第的提案进行表决。表决结果大大出乎墨索里尼的意料：19票赞成，8票反对，1票弃权。墨索里尼被击败了。他站起来，面带怒色地离开了会议厅。但直到此时，墨索里尼还没有把这次会议当回事，他还认为国王会继续支持他。

7月25日下午，墨索里尼乘车前往萨沃亚宫拜见国王。国王此时已经知道了法西斯大议会的表决结果，并秘密做好了安排。

墨索里尼没想到，见面之后，国王对他说："事情不能这样继续下去了。军队反对你，阿尔卑斯山轻步兵在唱一支歌，歌中说他们将不再以墨索里尼的名义去打仗。"

墨索里尼争辩说，军队在最后考验中将支持他。国王却只是表示"我很遗憾……非常遗憾……没有别的解决办法"，说完便向门口走去，这是向墨索里尼示意：会见到此结束。

墨索里尼迈着沉重的步伐，缓慢地走下台阶。当他向自己的汽车走去时，突然，一名宪兵上尉拦住了他，并说："领袖，国王陛下命令我陪着你，保护你。"然后把墨索里尼赶上了一辆红十字救护车。车门一关，车子便风驰电掣般地向远处驶去。统治意大利长达二十多年的法西斯头子墨索里尼，就这样被拘禁了。

墨索里尼垮台后，意大利国王命令由巴多里奥负责组织一个包括军事首脑和文官在内的新内阁，巴多里奥即日起出任政府内阁总理。国王同时下令，将这一消息向全世界广播。意大利人走上街头，呼吁尽快结束战争。

巴多里奥上台以后，一方面公开扬言要站在德国一边，并且宣布意大利将继续参战，同时派人与德国外交部长进行会晤，企图麻痹希特勒，避免德国人的报复；另一方面，暗地里同英、美接触，准备谈判投降，表示意大利新政府要反戈一击，与同盟国一起对德作战。

为压迫巴多里奥尽快投降，艾森豪威尔在与巴多里奥政府保持联系的同时，指示蒙哥马利迅速做好战斗准备。9月3日凌晨，英军第8集团军强渡墨西拿海峡，向意大利南部进军。迫于压力，巴多里奥终于决定向盟军正式投降。

10月13日，意大利的巴多里奥政府向德国宣战，同时英、美、苏三国政府发表公告，承认意大利为盟国一方。意大利脱离德国并对德宣战，标志着法西斯轴心国的解体和反法西斯联盟的一大胜利。

（六）营救墨索里尼

墨索里尼的垮台让希特勒目瞪口呆。希特勒连夜召集心腹们开会，决定营救墨索里尼，并进攻罗马，支持已经倒台的意大利法西斯党。德国总参部迅速制定了"橡树"计划，成立特种突击队，营救墨索里尼。

墨索里尼先是被关押在第勒尼安海上的蓬察岛，这里曾是法西斯政权流放政治犯的地方，所以墨索里尼被关押在此非常具有讽刺意味。巴多里奥为防止希特勒抢劫墨索里尼，将墨索里尼秘密转移到撒丁岛旁边的马塔莱纳岛上。

8月11日，按照希特勒的命令，德军精心挑选了90名伞兵，组成空降突击队，并任命斯科增努中尉为突击队队长；同时规定，所有伞兵乘12架滑翔机机降抢劫墨索里尼，然后乘1架轻型运输机返回。

接受任务的斯科增努中尉在罗马设立了行动指挥部，并派出大量间谍进行侦察。在斯科增努中尉一筹莫展之际，8月底，墨索里尼被隐蔽转移到坐落在罗马北面的亚平宁山脉之中的坎普将军饭店。巴多里奥原以为这样就可以安枕无忧了。没想到，9月初，德军截获了一份意大利内务部的电报，该电报上清清楚楚地写着"科尔诺山附近警戒已毕"。斯科增努如获至宝，他断定此地就是软禁墨索里尼的地方。

经过侦察，斯科增努确认了自己的判断。而且在侦察过程中，一个大胆的想法出现了：饭店旁边有一小块三角地，在缆车站台旁边也有一块平地，可以利用这两块有限的平地，以滑翔机实施机降突袭。

巴多里奥政府对德宣战后，希特勒为此大为恼火，他命令：必须在巴多里奥政府将墨索里尼引渡给盟军之前，救出墨索里尼。

9月12日清晨，斯科增努中尉率领90名空降突击队员在普拉特克德马雷机场，隐蔽地做好了出发准备。不多久，远处传来了马达的轰鸣声，机场内的沉闷气氛被打破了，12架飞机牵引着12架滑翔机终于来了。斯科增努把起飞时间定在下午1点钟。

下午1时整，机场上一片轰鸣，12架飞机牵引着12架滑翔机，开始起飞了。两架滑翔机在跑道上的弹坑中撞坏，但其余10架滑翔机均顺利升空。在斯科增努的引导下，飞机离开机场后，直飞科尔诺山地区。当飞机快接近目标上空时，10架滑翔机在 3600 米的高度上解缆。按照预先计划，5 架滑翔机直奔悬崖顶部，准备在饭店旁边的三角地着落，另外 5 架朝着缆车站台附近的平地方向滑去。

斯科增努乘坐的滑翔机首先降落在饭店旁边。其余滑翔机也大多顺利降落。

意军看守人员见到突然出现的突击队员，一时惊恐万状，不知所措。突击队员很快控制了山谷，并缴了意军官兵的枪械。然后斯科增努中尉飞快地冲进坎普将军饭店，他发现了墨索里尼，并迅速将墨索里尼劫出饭店。整个行动只持续了约 3 分钟。

然而，原来准备运送墨索里尼的轻型运输机在着陆时被撞坏了。恰在此时，一架德国轻型观察机飞临饭店上空，并在那儿盘旋。斯科增努如遇救星，立即向观察机发出求救信号。

驾驶这架飞机是德军王牌飞行员格洛克上尉，当他接收到斯科增努的求救信号后，准确地把飞机降落到了饭店旁边的三角平地上。斯科增努把身体肥胖的墨索里尼塞进飞机，随后他也挤了进去。

12 名突击队员聚集在小飞机附近，用劲推飞机，飞机慢慢加速。不一会儿载着三人的小飞机便起飞了，摇摇摆摆地向罗马方向飞去。

两天之后，墨索里尼到达拉斯登堡的"狼穴"，又与希特勒相见了。

9 月 17 日，墨索里尼在意大利北部萨洛出任"意大利社会共和国"傀儡政府总理，与南部已被盟军占领的意大利王国分庭抗礼。对于饱受法西斯之苦的意大利人来说，墨索里尼被"幸运"救出的意义，仅仅在于使他们在战争中继续遭受灾难。

然而所谓"不是不报，时候未到"，日后的 1945 年，墨索里尼在逃亡米兰的路上，被游击队俘虏。1945 年 4 月 28 日，根据意大利北方解放委员会的命令，墨索里尼和他的情妇克拉蕾塔被枪决，并曝尸于米兰市广场示众。

二、会议桌上的较量

（一）赫尔莫斯科之行

1943 年是第二次世界大战大转折的一年。同盟国在各个战场上都掌握了战略主动权：

在苏德战场上，德军先是在斯大林格勒惨败，然后又在库尔斯克遭到重大失败，从此一蹶不振，再也无力发起大规模进攻；

在太平洋战场上，以麦克阿瑟将军为司令的西南太平洋盟军早已开始有限反攻，控制了所罗门群岛大部。尼米兹海军上将指挥的美国太平洋舰队，于 11 月底攻占吉尔伯特群岛中的塔拉瓦岛和马金岛，从中太平洋发动主要攻势；

在北非和地中海战场上，美、英、法军队 5 月解放了突尼斯，肃清了北非残敌，7 月在西西里登陆；月底墨索里尼垮台。之后意大利向盟军投降，并对德国宣战，德国事实上已处于两线作战的被动局面。

在战场后方，同盟国的优势更加明显。到 1943 年 4 月时，同盟国中的主要大国美、英、苏军队人数和技术兵器的数量，都已超过轴心国德、意、日，在力量对比上同盟国越来越占优势。

总之，德、意、日法西斯已处于退却、挨打的被动境地。

同盟国接下来面对的问题是：如何利用战局的胜利转折，进一步加强各国之间的合作和协同作战，以便尽快打败法西斯侵略者，并为战后的和平和安全做出安排。为此，同盟国首脑进行会商越来越必要。

1943 年 8 月 19 日，美国总统罗斯福和英国首相丘吉尔联合致函苏联政府首脑斯大林，提议三国首脑进行会晤，并提供了阿拉斯加、巴士拉、巴格达、安卡拉等地，供斯大林选择作为开会地点。

斯大林也希望与罗斯福、丘吉尔会晤，但此时苏军正在痛击德寇，斯大林身为苏联武装部队最高统帅，无法离开莫斯科。斯大林建议，会议地点最远不能超过伊朗首都德黑兰。

为了加强主要同盟国之间的了解和联系，并为召开首脑会议事先做好安排，美英苏三国政府商定先举行外长会议。

1943 年 10 月 19 日至 30 日，美、英、苏外长会议在莫斯科克里姆林宫内的斯皮里多诺夫卡宫举行。

出席会议的美国代表是国务卿科德尔·赫尔，新任驻苏大使艾·哈里曼和驻莫斯科军事使团团长约·迪恩少将；英国代表是外相安·艾登，副外相助理威·斯特朗和国防部参谋长黑·伊斯梅将军，苏联代表是外交人民委员维·莫洛托夫，苏联元帅克·伏罗希洛夫，副外交人民委员安·维辛斯基、马·李维诺夫。

会议的第一项议程，主要是开辟第二战场问题。这个问题苏联已提出两年多了，并且一再希望英美尽早实施。

在这次会议上，苏联代表建议明确规定开辟第二战场的日期。对美国来说，1944 年春天进军西欧已势在必行了。但是英国人还是谨小慎微，莫斯科外长会议期间，丘吉尔曾致电艾登和伊斯梅将军，通知他们进攻欧洲将要延期。所以，后来在外长会议公报中只是写道，"对于为缩短对德国及其欧洲卫星国战争所应采取的措施方面，曾有率直和详尽的讨论。讨论了具体的军事作战计划，关于此项作战计划，已经做出决定，并已着手准备……"

会议的第二项议程是苏、美、英中关于普遍安全的宣言。

本来是苏、美、英三国外长会议，结果却发表了四国宣言，这是什么原因呢？

简言之，这是中国人民六年抗战的收获，同时也是美国对外政策的结晶，尤其是赫尔的杰作。到 1943 年时，中国人民已进行了 6 年的抗日战争。

旧中国虽然贫穷落后，但地大物博，人口众多。4.5 亿人民坚持抗战，付出了巨大牺牲。几百万军队牵制、消耗和消灭了大量的日本侵略军，显示出一个伟大民族的风范和一个泱泱大国不屈不挠的精神，博得了全世界反法西斯人民的尊敬。

对美国来说，在战时，中国是打击日本的最好的基地；中国的众多劳力也是可用的兵源。

在战争结束后，一个亲美的中国在亚洲可以监督日本，在北方可以抗衡苏联，在国际安全组织中也可以制约英国。而巨大的中国市场则是销售美国工业品和资本输出的好地方。

科德尔·赫尔

所以，此时美国对外政策的目标之一，就是竭力提高中国的国际影响，确定中国的大国地位。

这就是为什么赫尔这只勇敢的老鹰要不畏疲劳、远涉重洋飞到莫斯科去的原因之一。

经过赫尔力争而使中国代表参加签署的《四国宣言》全文如下：

苏联、美利坚合众国、联合王国及中国政府，一致决心遵照 1942 年 1 月 1 日联合国家宣言及以后历次宣言，对它们现正分别与之作战的轴心国继续敌对行动，直至各轴心国在无条件投降基础上，放下武器时为止；感到有使它们自己和同它们同盟的人民从侵略威胁下获得解放的责任；并承认有必要保证由战争迅速而有秩序地过渡到和平并建立与维持国际和平与安全，使全世界用于军备的人力与经济资源达于最小限度，特联合宣告：

1. 它们保证用以对其个别敌人进行战争的联合行动将为组织及维护和平与安全而继续下去；

2. 它们中与某一共同敌人作战者，对于有关敌人的投降及解除武装等一切事项，将采取共同行动；

3. 它们将采取它们认为必要的一切措施，以防止任何破坏对敌人所规定的条件的行为；

4. 它们承认有必要在尽速可行的日期，根据一切爱好和平国家主权平等的原则，建立一个普遍性的国际组织，所有这些国家无论大小，均需加入为会员国，以维持国际和平与安全；

5. 为维持国际和平与安全起见，在法律与秩序重建及普遍安全制度创立以前，各该国将彼此磋商，并于必要时与联合国家中其他国家磋商，以便代表国际社会采取共同行动；

6. 战事终止后，除非为实现本宣言内所预期的目的，并在共同磋商后，它们将不在其他国家领土内使用其军队；

7. 它们将彼此并与联合国家中其他国家会商及合作，俾对战后时期军备的调节，获得一实际可行的普遍协议。

看到已经签好的宣言，赫尔心情极为激动。他知道，战后将要建立一个维护和平的国际组织。赫尔后来回忆说："当我签字时，我不禁回想我为旧的国际联盟而进行的长期战斗。现在，美国非常可能成为新的安全组织的一员。苏联同样非常可能成为主要成员之一。

而中国由于签署了四国宣言也将成为创始会员国之一。如果我不坚持努力使中国成为最早的签字国之一，中国要担任联合国安全理事会常任理事国的要求就会不那么有理有据。"

这次外长会议还通过了《苏美英三国关于意大利的宣言》《苏美英三国关于奥地利的宣言》和《苏美英三国关于德国暴行的宣言》。

此外，会议的另一个重要决定是成立欧洲咨询委员会，以研究战后的合作问题，会址设在伦敦。

10月30日，莫斯科外长会议结束。

莫斯科外长会议意义重大。它加强了同盟国的合作，为战后建立保卫和平的国际组织——联合国奠定了基础，并促进了三国首脑会议的召开。

对美国国务卿赫尔来说，这次外长会议是他十年外交生涯中的一个亮点。他这次万里之行的几大成果：

1. 实现了罗斯福和他本人的构想，建立一个国际组织——"联合国"以维护世界和平；

2. 经过赫尔的努力争取，中国已成为四大国之一，为以后成为联合国安理会的常任理事国打下了基础；

3. 斯大林向赫尔许诺，苏联在打败德国之后，将出兵攻打日本。

（二）开罗会议

1943年11月13日，美国总统罗斯福率领文武官员离开华盛顿，乘坐美国新型战列舰"艾奥华"号，横渡大西洋，前往开罗和德黑兰，他要去参加两个重要的盟

国首脑会议。罗斯福的随行人员主要有政治顾问和好友霍普金斯、陆军参谋长马歇尔、陆军航空兵参谋长阿诺德、参谋长联席会议主席总统私人参谋长李海等等。

应罗斯福的邀请，中国国民政府主席蒋介石偕夫人宋美龄、政治顾问王宠惠、参军商震等一行，于 11 月 18 日离开重庆，经印度飞往开罗，于 21 日到达。

丘吉尔及其三军参谋长们一行于 11 月 12 日乘"威名"号军舰从普茨茅斯启程，越过比斯开湾，通过直布罗陀海峡，进入地中海，17 日到达马耳他岛。21 日清晨，"威名"号开进亚历山大港。丘吉尔上岸后，立即乘飞机到达开罗金字塔附近的沙漠机场。

开罗会议有两个主要议题：一为军事问题，即怎样把日本侵略者赶出缅甸。这原来只是英国的事情，因为缅甸是它的殖民地；但中国渴望打通滇缅公路，以便取得美援；而美国希望打败日本，提高中国的国际地位，所以这就变成了英、中、美三国的任务。

第二个议题则是通过蒋介石参加三大国首脑会议，以确立中国的大国地位，这主要是美国总统罗斯福的意图。

开罗会议在 1943 年 11 月 23 日正式开会，罗斯福担任主席。

关于缅甸作战问题。虽然这是美、中、英三国的共同问题，但英国始终坚持"先欧后亚"战略。在开罗会议上，代表英国的东南亚战区司令蒙巴顿海军上将，提出代号为"斗士"的缅甸作战方案。这个方案主要是想利用中国驻印军和云南的中国远征军出师缅甸，打通滇缅公路。

但蒋介石坚持要英国海军从孟加拉湾实施水陆两栖作战，南北夹击日军。后来经过罗斯福斡旋，中英两国同意在 1944 年 3 月对缅甸发动攻势。然而在一周后的德黑兰会议上，英美决定先考虑在法国登陆的事情，所以丘吉尔又把缅甸作战方案推翻了。在德黑兰会议后，罗斯福马上写信给蒋介石："经过同斯大林元帅会商后，我们将于今年晚春在欧洲有一场大战，可望在今年夏末结束对德战事。因是之故，遂使吾人不能供应足量登陆艇于孟加拉湾，实行两栖作战……"

开罗会议有关政治问题的会谈，主要在罗斯福和蒋介石之间进行。

11 月 23 日晚上，罗斯福在宴请蒋介石夫妇之后，与蒋进行了一番长谈。

罗斯福表示，中国应取得四大国之一的地位，平等参加四强机构，参与制定此类机构的一切决定。对此，蒋介石欣然同意。

对于中国领土，罗、蒋二人一致同意，日本用武力从中国夺去的中国东北、台湾和澎湖列岛，战后必须归还中国。

关于中国近邻朝鲜、印度支那和泰国等，罗斯福认为，美中应就朝鲜、印度支那和其他殖民地以及泰国的未来地位达成一项相互谅解。蒋介石表示同意，同时强调朝鲜必须独立，泰国则应恢复其独立地位。

关于战后日本，罗斯福提出，在战后对日本的军事占领中，中国应担任主要角色。蒋介石则认为中国不具备这些条件，这项重大任务应在美国领导下执行，中国可作为辅助力量参加。

开罗会议最重要的成果，是美、英、中三国政府首脑发表了《开罗宣言》。这个宣言是由霍普金斯起草的，经罗、丘、蒋讨论并一致同意后，又被带到德黑兰去征求斯大林的意见。

斯大林表示完全同意。于是《开罗宣言》于 1943 年 12 月 1 日在开罗正式公布：

中美英三国开罗宣言

三国军事方面人员，关于今后对日作战计划，已获得一致意见，我三大盟国表示决心以不松弛之压力，从海陆空诸方面加诸残暴的敌人。此项压力已经在增长之中。

我三大盟国此次进行战争之目的，在于制止及惩罚日本之侵略。三国决不为自身图利，亦无拓展领土之意。三国旨在剥夺日本自 1914 年第一次世界大战开始以后在太平洋所夺得或占领之一切岛屿，以及日本所窃取于中国之领土逐一归还。日本亦将被逐出于其以暴力或贪欲所攫取之所有土地，我三大盟国轸念朝鲜人民所受之奴役待遇，决定在相当期间，使朝鲜自由独立。我三大盟国抱定上述之各项目标并与其他对日作战之联合国家目标一致，将坚持进行为获得日本无条件投降所必要之重大的长期作战。

开罗宣言明文规定我国东北、台湾和澎湖列岛是中国固有的领土，战后应该归还中国。以后，在 1945 年 7 月 26 日美、英、中促令日本投降的《波茨坦公告》中，三大国又重申了开罗宣言。

（三）德黑兰三巨头会晤

开罗会议结束后，罗斯福和丘吉尔便于 1943 年飞到伊朗首都德黑兰。美国代表团到达德黑兰不久，斯大林马上就向罗斯福表示友好的姿态。苏、美、英三国在德黑兰都有使馆，苏联和英国使馆都设在市中心，近在咫尺，而美国使馆离它们有一段路。

斯大林通过美国驻苏大使哈里曼告诉罗斯福总统：苏联的情报机关已经获悉，德国党卫军保安局要在德黑兰会议期间暗杀三巨头，尤其是罗斯福。苏联情报人员发现，德国党卫军突击队的头目之一奥托·斯科增努正着手执行一项秘密计划，代号为"远扑"。此人在两个多月以前曾把被囚禁的墨索里尼营救出来。

斯大林说，在这个斯科增努的指挥下，6 个德国特务作为"远扑"行动的先头部队已经到达德黑兰附近。斯大林因此建议罗斯福总统在苏联大使馆内找一所单独的别墅住下来。罗斯福接受了斯大林的邀请，于 11 月 28 日搬进了苏联大使馆内。

11 月 28 日是星期天，德黑兰天气极好。下午 3 时，罗斯福正在卧室休息，卫士赖利报告说，斯大林元帅正向这里走来。罗斯福迅速坐上轮椅，进入他那宽敞的客厅。两人开始会谈，在场的只有两名译员。

罗斯福问斯大林有关苏德战场的进展情况，斯大林对形势做了如实介绍，说情况不太好。罗斯福说，德黑兰会议上将要讨论的主要问题当中，就有关于迫使德国从东线调走 30 至 40 个师的措施问题。斯大林表示赞同。

在谈到法国问题时，斯大林批评戴高乐将军不现实，因为戴高乐只能代表象征性的法国灵魂，而真正的、实际的法国正在贝当的领导下与德国狼狈为奸。斯大林说，戴高乐在行动上表现得好像一个大国的元首，而事实上他能指挥的只是很小的一点力量。

罗斯福总统同意斯大林对法国的看法，并且说参加过贝当伪政府的法国人，都不应被允许再担任法国胜利后新政府的职务。

这次谈话并不长，下午 4 时苏联大使馆的会议室内，三巨头第一次正式会议开始。

客套之后，进入正题。罗斯福概述了美国对战争的看法。他说，美国受太平洋战争的影响更为直接，美国军队肩负着这一地区的主要重担，当然也得到了澳大利亚和英国军队的支持。

美国海军设施的大部分在太平洋，在这一地区一直保持着 100 万人左右。盟军在太平洋的战略是以消耗战为原则。美国现在击沉日本舰船的吨位，已超过日本的补充能力，这证明消耗战原则是成功的。在西面，美国的一个主要目标是保持中国继续作战，为此，有一支远征军准备从缅甸北部和云南省发起进攻。

关于欧洲战场，罗斯福说在这一年半多时间以来，他同丘吉尔举行过的前两三次会议中，所有军事计划的制定都是围绕着这样一个问题：怎样解除德国对苏联战场的压力。现已确定 1944 年 5 月 1 日为行动的时间。罗斯福还把从法国南部登陆计划通知了斯大林。

斯大林接着发言。关于太平洋战争，他说，苏联政府欢迎英美对日作战。

由于苏联军队被德国人缠得很紧，至今为止苏军还无法对日本作战。在德国最后被击败时，必要的苏联军队就可以调往西伯利亚东部。那时候，斯大林说："我们就可以联成一条战线来打击日本。"

斯大林详细分析了德军在苏德战场上的力量，认为苏军在前进中碰到的巨大困难之一是补给问题，因为德国人在撤退时破坏了一切。尽管前线的主动权总的来说仍然掌握在苏联人手里，但由于气候条件的限制，那些地区的攻势已经缓慢下来了。

然后是丘吉尔发言。他说，美国和英国很早就对横渡海峡战役的必要性表示同意，这次战役定名为"霸王战役"，目前正在调用同盟国共同资源和兵力的绝大部分。他和罗斯福都清楚地认识到，北非和意大利战役在性质上是次要的……第一次会议在这天下午 7 时 20 分结束。

从 11 月 28 日下午到 12 月 1 日三国元首举行了 4 天会谈。会议内容主要是研究并制定了对德国的作战方针，即开辟第二战场。

斯大林十分关心开辟西欧战场的"霸王"行动，要求立即确定其开始日期；丘吉尔先是坚持其进军巴尔干的计划，继而又提出从巴尔干和西欧两路攻入欧洲的新方案，极力回避发起"霸王"行动的确切日期；罗斯福则居中调和，但倾向斯大林的意见，表示不想推迟"霸王"行动。三方最终就对德作战问题达成一致意见，签署秘密作战计划（即《苏美英三国德黑兰总协定》），规定"霸王"行动和进攻法国南部的战役于 1944 年 5 月同时发起；届时，苏军将在东线发动攻势，以阻止德军由东线向西线调动。

12 月 1 日会议结束时，三国首脑发表《德黑兰宣言》。宣言指出苏美英三国已经议定关于消灭德军的计划，并已就从东面、西面和南面进行的军事行动的规模和时间商得完全一致的协议；号召所有国家积极参加对德作战，并欢迎它们参加战后维护和平的国际组织。会议还通过苏、美、英《关于伊朗的宣言》。宣言承认伊朗在对德战争中所做的贡献，同意给予经济援助，并赞成伊朗维持其独立、主权和领土完整的愿望。

（四）"联合国"的设想、战后德国问题和波兰问题

德黑兰会议期间，罗斯福曾单独会见斯大林，向其阐明关于建立战后世界组织，以维护持久和平的设想，争取这位元帅的理解和支持。

罗斯福总统说，设想中的这个世界组织将由三个机构组成：

一是由 35 个或 50 个联合国家组成的总组织（即后来的联合国），它将提出各种建议。在这个总的机构里，每个国家都能讲出它们想讲的话，同时小国也能发表自己的意见。

二是执行委员会，它将由苏联、英国、美国、中国以及另外两个欧洲国家、一个南美国家、一个中东国家、一个亚洲国家（除中国外）和一个英属自治领组成。这个执行委员会可以处理农业、粮食、经济、卫生等问题。

三是由苏、英、美、中四国组成的警察委员会，在出现侵略或破坏和平的危险时，能够迅速采取行动。

罗斯福举例说，当 1935 年意大利对阿比西尼亚不宣而战时，他曾请求法国、英国封锁苏伊士运河，使意大利无法继续这场战争。但法国和英国都没有采取任何措施，却把这个问题交给国际联盟去解决。这样就给意大利造成了继续侵略的机会。罗斯福现在提议的这个只由四个国家组成的机构，在类似的情况下，能迅速做出关于封锁苏伊士运河的决定。

斯大林对中国参加这个四国机构存有疑问，他不相信中国在战争结束时会是非

常强大的。罗斯福回答道，他曾坚持要中国参加莫斯科四国宣言，并不是因为他没有认识到现在的中国还很弱，而是他想到更远的将来。中国是一个有四亿人民的国家，把他们当作朋友，总比当作潜在的敌人要好得多。

德黑兰会议还就战后德国的处置问题进行了讨论，但是未达成具体协议。美英都主张分割德国，美国主张将德国一分为五，英国则主张将德国东南部与别的国家合并组成联邦。斯大林对这一问题的态度比较慎重，他认为应当摧毁的不是德国，而是"希特勒国家"。所以，斯大林主张，必须彻底肃清普鲁士的军国主义势力。会议对这一问题的讨论没有结果，三国首脑决定由欧洲咨询委员会再进一步研究这个问题。

波兰问题也是德黑兰会议的重要议题之一。苏联 1939 年 9 月出兵占领的波兰领土，恢复了沙俄政府 1795 年第三次瓜分波兰后的版图。此外，苏联还占领了东加里西亚和立陶宛大部分地区。英美政府一致认为，1939 年波兰领土的任何变更都是不能接受的，而苏联政府则坚持 1941 年 6 月德国入侵苏联前的领土不容更改。在 12 月 1 日的圆桌会议上，罗斯福断然拒绝。丘吉尔考虑到苏军在战场上已越出国境向西挺进，苏联将完全占领波兰，于是随机应变，改取主动迎合苏联的要求，提出将波兰边界西移至东起"寇松"线西迄奥得河之间，用德国的领土来补偿波兰在东部失去的疆域。丘吉尔的这一提议，是为了换取苏联承认英国在巴尔干半岛的利益。斯大林赞同这个提议。就这样，美、英、苏三国为了各自的利益，背着波兰人民做出了处置波兰领土的决定。

据说，在德黑兰会议期间，伊朗国王曾分别拜会了美、英、苏三国政府首脑，但只有斯大林回拜了伊朗国王，因而受到了最高级的礼遇。

开罗会议和德黑兰会议的召开，表明国际反法西斯联盟空前地加强和巩固了。斯大林评价说："德黑兰会议是关于对德国联盟战线巩固的鲜明标志之一。"

三、诺曼底登陆

（一）"霸王"计划

自 1941 年德国入侵苏联后，苏联红军便一直单独在欧洲大陆上与德军作战，斯大林向丘吉尔提出在欧洲开辟第二战场对纳粹德国实施战略夹击的要求，但当时美国尚未参战，英国根本无力组织这样大规模的战略登陆作战。

1943 年 5 月，同盟国决定于 1944 年 5 月在欧洲大陆实施登陆，开辟第二战场。1943 年 8 月，英美魁北克会议批准"霸王"计划。1943 年 11 月，英美苏德黑兰会议确定于 1944 年 5 月发动"霸王"行动。

作战计划早在之前就开始制定了。在欧洲西线战场发动大规模攻势，首先要确定的是登陆地点。根据历次登陆作战的经验教训，登陆地点应具备三个条件：一要在从英国机场起飞的战斗机半径内，二航渡距离要尽可能短，三附近要有大港口。以此条件衡量，从荷兰符利辛根到法国瑟堡长达 480 公里的海岸线上，有三处地区较为合适：康坦丁半岛、加莱和诺曼底。康坦丁半岛地形狭窄，不便于展开大部队，最先被否决。至于加莱和诺曼底，两地各有利弊。加莱距英国最近，仅 33 公里，而且靠近德国本土，但缺点是德军在此防御力量最强，守军是精锐部队，工事完备坚固，并且附近无大港口，也缺乏内陆交通线，不利于登陆后向纵深发展。而诺曼底虽然距离英国较远，但优点一是德军防御较弱，二是地形开阔，可同时展开 30 个师，三是距法国北部最大港口瑟堡仅 80 公里。几经权衡比较，盟军选择了诺曼底，于 1943 年 6 月 26 日起制定具体计划，以"君主"为作战方案的代号，以"海王"为相关海军行动的代号。

然后是确定盟军最高统帅的人选。丘吉尔本来要任命英帝国总参谋长艾伦·布鲁克，但后来考虑到在整个战役中，美军人数将大大超过英军，因此建议罗斯福任命马歇尔为最高统帅。但美国海、空军参谋长都不赞成马歇尔离开美国参谋长联席会议，最后这个职位落到艾森豪威尔身上。德黑兰会议后不久，罗斯福正式任命艾森豪威尔为西北欧盟国远征军最高统帅。

艾森豪威尔 1944 年 1 月 14 日到达伦敦，着手建立他的司令部。经英美两国联合参谋长委员会商定，盟军副统帅是泰德（英），英军地面部队司令是蒙哥马利，美军地面部队司令是布莱德雷；海军总司令拉姆齐（英），空军总司令是利·马洛里（英），参谋长还是美将史密斯。

早在艾森豪威尔的司令部成立之前，英美早在 1943 年 3 月就在伦敦秘密地成立了一个参谋部，由英国中将摩根领导，负责研究和制定诺曼底登陆作战计划，筹集兵员和各种军用物资。到 1944 年 6 月 6 日登陆作战时，他们已在英国准备好了大量的军队、飞机和舰只等，计有陆军 39 个师，各类飞机 13000 多架，战列舰 6 艘，低舷重炮舰 2 艘，巡洋舰 22 艘，驱逐舰 93 艘，小型战斗舰艇 159 艘，扫雷艇 255 艘；各种类型的登陆舰艇 1400 多艘，连同运输舰只船舶共达 6000 多艘。总之，战斗员和基地、后勤人员合计，盟国陆海空三军官兵总数是 287 万多人，其中美军 153 万多人。从 1943 年 3 月起，英美空军就对德国及其占领国实行"战略轰炸"，其目的是按照卡萨布兰卡会议的决定，摧毁和打乱德国军事、工业和经济体系，瓦解德国人民的士气，使其军事力量大大削弱。1943 年，英美两国飞机对德国及其占领国投弹 207600 吨；1944 年投弹 915000 吨。

盟军轰炸的首要目标是制造潜艇的船坞、飞机制造厂、滚珠轴承厂、炼油厂和其他军事工业。盟国飞机在对德国 61 座大城市的轰炸中，摧毁或严重破坏了 360 万幢房屋，使 750 万人无家可归。炸死约 30 万人，炸伤 78 万人。"战略轰炸"虽未达到预期的目的，但却严重影响到德国工业生产、军队部署和士气，例如导致很多工人不得不从生产战线上被调去做修复工作；从 1943 年起，差不多有 200 万人困守在高射炮的弹药库和炮位上，不能到前线去作战。在前线的官兵也因关心家人的生命和财产而惶惶不安。

1944 年 4 月，艾森豪威尔对英美空军加以改组，统一指挥，使战略轰炸直接为登陆做准备。4、5 月间，盟国空军对法国铁路、公路交通线和飞机场的轰炸更为猛烈，炸毁了火车机车 1500 台和大量德国飞机。结果，在盟军登陆前夕，法国基地上的德国飞机只有 500 架，并且其中一半由于缺乏零件、汽油和没受过训练的飞行员而不能上天，所以盟军完全取得了制空权。

制海权方面，盟军也具有极大的优势。英美海军在大西洋上的长期海战中，逐个击沉了德国的一些较大的战舰。例如，在 1939～1942 年，德国潜艇总共只损失 158 艘；而在 1943～1945 年则损失 600 艘。到盟军在诺曼底登陆时，德国在英吉利海峡和比斯开湾一带还有 500 艘水面舰艇和潜水艇。但除了 5 艘驱逐舰以外，水面舰艇大多为鱼雷艇、摩托鱼雷艇、扫雷艇和巡逻艇。此外有 130 艘大型远洋潜艇，但它们不适于在英吉利海峡那样的浅水区作战，因而无用武之地。这样的海军兵力根本不是盟国的对手。

为了迷惑德军，盟军最高统帅部大用疑兵之计。它集结了一支假舰队，发出大量电讯，造成假象，以造成盟军总司令部设在肯特的假象。以勇猛著称的美国将领乔治·巴顿也被特意安排在肯特街头闲逛，德国情报人员因此认定巴顿是盟军总司令。在进攻前夕，英国飞机又撒下大量的锡箔片，使德军从海岸雷达上看来，好像一支舰队正从第厄普向东驶去，开往加莱。

盟军实际选择的登陆地点是诺曼底海滩从东到西 5 个滩头——剑滩、朱诺滩、金滩、奥马哈滩、犹他滩，全长约 80 公里。根据艾森豪威尔和蒙哥马利修订后的计划，第一批进攻部队是 5 个师，每师占领 1 个滩头。为了保证登陆部队迅速占领滩头阵地，站稳脚跟，盟军又派出 3 个师在冈城东北和科汤坦半岛东部空降着陆，占领通往海滨的要道，阻击敌军。

（二）史上最重要的天气预报

D 日是美军常用军事术语，这种表示有两个意义，第一表示作战时间尚未确定，第二表示行动计划高度保密。D 日通常用来表示攻击日，历史上最著名的是诺曼底登陆的 D 日。

英、美、苏德黑兰会议原定于 1944 年 5 月发动"霸王"行动，但后来为确保拥有足够的登陆舰艇，英美联合参谋长委员会决定将登陆日期推迟到 6 月初，并且将原定同时在法国南部的登陆推迟到 8 月。

根据"霸王"计划，英美地面部队将在D日分别占领他们的滩头阵地，然后在D日后的第一天，将这两块滩头阵地连接起来，并在D日后第二天到第九天这段时间内向西北、西部和南部扩展，从而形成一个集结场，在那里增加力量，准备向巴黎和莱茵河突破。

为了实现这一目的，首先，英国军队必须守住卡昂附近的左侧翼，抵挡住德国装甲部队的反击；其次，位于中心的英美军队必须在内地占领所有足够远的高地，保护人造的桑葚海港免于德军炮火的直接袭击；再次右路的美国军队必须占领科唐坦半岛的基地，并继续前进到亚瑟港，这对盟军能够长期卸载部队和物资至关重要。

在海滩和内地要实现人员和供给的增加必须伴有完全的空中优势。盟国远征空军的利马洛里上将支配着3467架重型轰炸机，1645架中型、轻型和鱼雷轰炸机以及5409架战斗机。所有这些都将为进攻地区提供一把连续的空中保护伞，并向四周延伸阻断德军的陆地和空中行动。总之，计划设计得十分详细，没有给德军留下任何的机会。

本来确定具体的日期和时刻就是一个复杂的协同问题。各兵种根据自身特点提出各自的要求。陆军要求在高潮上陆，以减少部队暴露在海滩上的时间；海军要求在低潮时上陆，以便尽量减少登陆艇遭到障碍物的破坏；空军要求有月光，便于空降部队识别地面目标。最后经过综合考虑，拟定在高潮与低潮间登陆。D日安排在满月的日子。由于5个滩头的潮汐不尽相同，所以规定5个不同的登陆时刻。符合上述条件的登陆日期，在1944年6月中只有两组连续三天的日子，6月5日至7日和6月18日至20日。

然而，有一个因素盟军无法施加任何的控制，那就是天气。这导致D日一直难以确定下来。

5月8日，艾森豪威尔将D日定为6月5日，并将6月6日和6月7日作为合适的替换日。在5月剩下的日子里，南部英格兰和英吉利海峡一直处在美丽的夏日阳光照耀下，连微风都很少。这是进攻的理想天气。

在英国皇家空军上校斯塔格的领导下，一批英国和美国的气象员组成了盟国远征军最高统帅部气象委员会。5月29日，气象委员会对6月最初几天的天气情况做了一个长期预测，并对此持乐观态度。以气象委员会的预测为基础，D日战争机器被发动起来了。

所有英国士兵和车辆被从密封的营地移到了等待的战舰上。印有象征解放的白色五角星标记的坦克和卡车夹在160公里长的护卫队之间，隆隆驶向南部沿海港口。没人确切知道这些士兵要去哪里，甚至连这些士兵自己也不知道。但英国的每个人都意识到他们将迎来历史性的重要时刻。

然而，一个"意想不到的变化"出现了，给"霸王"笼罩了阴影。

6月3日晚上九点半，斯塔格上校在最高司令部和他的副官们举行的会议上描

绘了一幅阴沉的气象图。斯塔格说，长时期的稳定天气将因亚速尔群岛上空的高压带出现紊乱。"一连串的三个低压带正慢慢地从苏格兰穿过大西洋，向纽芬兰岛移动"，这将导致直到 6 月 7 日英吉利海峡都会有强风出现，而且伴有覆盖率达100%、低度为 150~300 米的云层。

在这样的天气状况下，无论是海上炮轰还是空中袭击都无法进行。艾森豪威尔决定将决议延迟到第二天也就是 6 月 4 日星期天早上 4 点 15 分，但与此同时下令航程最远的小型舰队开航。

接下来的 24 小时里，艾森豪威尔的精神一直很紧张。星期天早上 4 点 15 分，指挥官们再次进行会晤。房间内的紧张气氛更加强烈了。斯塔格进一步确认了他先前的预测。海军上将拉姆齐主张按照计划进攻。蒙哥马利将军的观点类似。但利·马洛里上将说他的轰炸机不能在预测中的厚重云层里作战。

艾森豪威尔将军认为，既然盟国的地面部队与德国的地面部队相比不占绝对优势，"霸王"行动就一定要靠制空权支持，所以盟军不能冒险推进"霸王"行动。因此，艾森豪威尔又将 D 日向后推迟了一天。

当 6 月 4 日晚上 9 点 30 分指挥官们再次进行会晤的时候，天空在下着雨，一片阴暗，大风仍在猛烈地吹着。指挥官们严肃地盯着斯塔格，他们知道进攻行动不能再推迟了。因为海潮很快就将达到最低点，而部队也不能再继续被困在登陆艇的甲板上了。推迟登陆对盟军是十分危险的。盟军总部为此忧心忡忡，对气象总部寄予厚望，祈求着天气的好转。

斯塔格上校整天埋头专心于一大堆复杂的气象资料中，仔细地寻找、分析和推断，以求绝处逢生。6 月 4 日上午，气象图上突然发现了一个意想不到的情况，有一股冷气流正在向英吉利海峡移动，可能在下午或夜间通过朴茨茅斯。

艾森豪威尔

同时，大西洋上的低气压云团已越来越沉重，降慢了向英格兰移动的速度。斯塔格上校很快得出推论：从冷气流通过到低气压云团来临之前这段时间，英吉利海峡的天气将好转；这一天很可能是 6 月 6 日。

这是一个风险很大的预报，经过气象专家们的反复分析和论证后，当晚 9 时 30 分，斯塔格上校向盟军总部会议报告说，从 5 日的下午到 6 日的上午天气将转好，风力会减弱，云层将减薄，可以保证头两批登陆部队在6日的拂晓和黄昏登上诺曼底海滩。6日中午以后，天气又将转阴或雨。

听到这个报告，将军们脸上的乌云一扫而光，唯有艾森豪威尔将军不露声色。他要求气象总部进一步分析确定，做到预报万无一失。

6月5日凌晨，斯塔格上校再次向盟军总部报告：6日的大部分时间有利于登陆，6日以后的天气虽将转阴或雨，但不会威胁登陆行动的完成。艾森豪威尔将军终于下定决心抓住这一天赐良机，他做出了自己一生中最重大的、也是对人类命运至关重要的决定：6月6日登陆！这个历史性的决定以"翠鸟加五最后确认无疑"的代号，发往各个部队。

（三）艰难的登陆战

史上最长的一日开始了。

1944年6月6日凌晨，美英盟军的2395架运输机和847架滑翔机，从英国20个机场起飞，上面载着3个空降师。飞机群向南疾飞，到法国诺曼底海岸后边的重要地区后伞兵空降着陆。黎明时分，英国皇家空军出动1136架飞机，对勒阿佛尔和瑟堡之间事先选定的10个德军海岸炮垒猛烈轰炸。天亮后，美国第8航空队的轰炸机开始出击，1083架飞机对德军海岸防御工事投下1763吨炸弹，此时距部队登陆还有半小时。之后，盟军各类飞机同时出击，将炸弹倾泻到敌人的海岸目标和内陆的炮兵阵地。5时50分，太阳初升，盟国海军战舰开始猛轰沿海敌军阵地。霎时间，漫天炮火，地动山摇，德国士兵一个个龟缩在钢筋混凝土的掩体里。

首先是运输舰把进攻部队分别送到距岸17公里（美军登陆区）和11公里（英军登陆区）的海面，然后"换乘"大型登陆艇和小型登陆艇。小艇是攻击艇，每艇载30人，并排前进按时抵达攻击滩头。紧随其后的是运载重武器、大炮、坦克和工程设备的大型登陆艇。登陆艇上还分别安装着大炮、迫击炮和火箭炮，靠岸时就直接向敌人的海岸防御工事进行射击。此外还有两栖坦克，它们一游上海岸就能直接投入战斗。最后是登陆船，直接开到岸边，卸下人员、装备和供应品。

6日早晨6时30分，美军开始在奥马哈和犹他滩头登陆。

在犹他滩，盟军实际登陆的地点，比预定地往东偏了1.6公里，但德军在登陆点部署的兵力并不多。攻击行动展开后，盟军部队仅用3小时就跨越了滩头，掌控了沿海的公路。当天中午之前，登陆部队与5小时前空降于敌后的部队碰头。到了当天午夜，盟军已向内陆推进了6.5公里。在所有登陆作战中，犹他滩登陆是伤亡人数最少的一场战役，2.3万名官兵中，仅伤亡197人。

在奥马哈滩，美军的进攻就没那么顺利了，事实上它是诺曼底登陆战役中战斗最为激烈的海滩。大浪、晨雾、烟尘和侧面的气流使部队还未登陆就精疲力竭，负载沉重的士兵跌跌撞撞地走下船来，随即遭到猛烈炮火的袭击。霎时间，阵亡的和负伤的战士，横七竖八地布满了海滩。下一批进攻的部队遭到了同样的命运。在这关键时刻，美军两个突击营用绳梯爬上了海岸上的悬崖峭壁，夺取了敌人的海岸大炮，摧毁了1座炮台。但敌军的其余火力点仍猛烈射击，把美军阻挡在海滩上。美军第1步兵师师长许布纳当机立断，命令驱逐舰冒着有可能误伤自己人的危险，向德军炮群和火力点进行近距离的射击。驱逐舰果然威力巨大，德军士兵举着双手从工事里走了出来。美第1师官兵经过浴血奋战，终于占领了一条纵深不到3公里的滩头阵地。到6日夜晚，陆续有3.4万名美军上了岸。

英国军队于7时20分开始登陆。

在金滩，英军第50师开始时遇到一些困难，但在皇家海军"艾杰克斯"号的强力炮火轰击下，逐渐摧毁了德军的抵抗。到傍晚时已有2.5万名盟军顺利登陆，并进入内地大约8公里。

在朱诺滩，加拿大第3师遇到了顽强的抵抗，但在肃清了滩头敌军之后，他们迅猛推进，进展最大，当晚就到达卡昂—贝叶公路。

在剑滩上，英国第3师也遇到了激烈的抵抗，但到傍晚时，他们成功与第6空降师会合了。

到了6月6日傍晚，盟军已在欧洲大陆建立了牢固的登陆场。伤亡人数少于预计。到6日夜晚，将近10个师的部队连同坦克、大炮和其他武器已经上岸了，后续部队源源不断地赶来，盟军对德国守军的优势不断扩大。

6月5日的恶劣天气，使西线德军大部分将领都认为盟军不会在这时进攻，所以防守变得懈怠。6日凌晨2点左右，巴黎的龙德施泰特总司令部接到报告，说有大规模的英美空降部队着陆。但龙德施泰特却判断，空降伞兵只不过是一种声东击西的手法，盟军的主要登陆地点应该在加莱附近。

未过多久，西线德国海军部队向总司令部报告说，海岸雷达站的荧光屏上出现大量的黑点，应该是一支庞大的舰队正向诺曼底海岸开来。西线总司令的参谋长却回答："什么，在这样的天气里？一定是你们的技术员弄错了。不会是一群海鸥吧？"

当西线德军终于反应过来盟军正在进行大规模登陆时，他们请求希特勒批准出动2个装甲师去对付盟军空降部队。希特勒却命令，在白天侦察弄清形势之前，禁止动用这支战略预备队。希特勒认为这只是牵制性的佯攻。

此时，一向主张在海岸滩头击败登陆盟军的隆美尔，正在德国为爱妻露西过生日。6日上午10时15分，隆美尔接到参谋长斯派达尔的电话，请他立即赶回指挥部。隆美尔听了电话之后"为之愕然，震惊不已"，然后毫无表情地自言自语道："我太愚蠢了！我太愚蠢了！"站在他身边的露西发现他已完全判若两人。

6月7日，希特勒将西线装甲集群的5个装甲师交给隆美尔指挥，隆美尔决心凭借这支精锐部队大举反击，但面对严峻局势，他不得不把反击目标首先定为阻止盟军将5个登陆滩头连成完整的大登陆场，其次再确保卡昂和瑟堡。可惜这支装甲部队在盟军海空军的绝对优势火力下，根本无法成建制投入作战，无力发动决定性的大规模反击。

美英加的后续部队源源而来，登陆场逐渐扩大，补给物资不断增加。在战役的最初6天里，有326547人、54186辆军车和104428吨物资通过海滩运到岸上。到6月12日，几个滩头已连接成一条阵线。

然而跟预期相比，盟军的进展仍然显得缓慢。按原计划规定，卡昂是登陆第一天夺取的目标，但一直久攻不下。从6月6日到7月5日的1个月里，盟军实力与日俱增，各种车辆已达17.7万辆，登陆部队超过了100万人。尽管希特勒一直无法集结大规模的兵力来进行反击，隆美尔方面投入战斗的兵力还不到盟军的一半，但在1个月里盟军始终在海滨徘徊，在卡昂和圣洛一线只前进了30公里。

根据7月5日艾森豪威尔向马歇尔的报告，盟军进展不顺的原因主要有三个：一是德国士兵的战斗素质；二是自然条件不利，沼泽遍布，道路狭窄，灌木篱笆丛中隐藏着敌人的火力点，不易突破；三是天气多雨，空军不能最大限度地发挥作用。

（四）刺杀希特勒

7月17日一大早，隆美尔像往常一样驱车到前线巡视。回司令部途中，突然发现有两架低空飞行的"飓风"式飞机向他们俯冲过来。司机加速向前面一片小树林驶去，但还没等下公路，飞机就开火了。汽车被掀翻，隆美尔受严重脑震荡，被送进医院。隆美尔负伤退出战斗，但德国人一直加以保密。

盟军在西线的推进依然不顺，蒙哥马利组织了"古德伍德"行动，但部队只前进了11公里。有人揶揄说："7000吨炸弹换来的只是11公里！"蒙哥马利受到广泛的批评。更不能让人接受的是，战役头6周的伤亡数字表明，美军损失达6万多人，而英军损失只有3万多人，相差近1倍。这说明英军不卖力，而让美军去卖命。罗斯福按捺不住了，向马歇尔抱怨蒙哥马利不积极行动，并派陆军部长史汀生赴英敦促艾森豪威尔尽快过海接掌指挥权。

恰在这个当口，从柏林发出的无线电波里，传出一件令全世界为之震惊的消息——有人刺杀希特勒！

行刺发生在7月20日中午。这天晚上9点过后，德国广播电台每隔几分钟就预告一次元首将在深夜发表广播演说。凌晨1点，希特勒那独特的嗓音传遍全世界：

我的德国同志们！

我今天对你们讲话，第一是让你们听到我的声音，知道我安然无恙；第二是为了使你们了解在德国历史上从未有过的一次罪行。

一小撮野心勃勃、不负责任同时又愚蠢无知的军官合谋杀害我，以及与我在一起的武装力量最高统帅部的将领。

冯·施道芬堡伯爵上校放置的炸弹在离我右边两米的地方爆炸，它使一些与我精诚合作的同事受了重伤，其中一人已经去世。我本人只受了一点轻微的擦伤、碰伤和烧伤。

我把这看作上天降大任于我的一个证明！

因此，我现在命令，任何军事当局、任何指挥官和士兵都不得服从这个阴谋集团发出的任何命令。我同时命令，人人都有责任逮捕任何发布或持有这些命令的人，如遇反抗，可就地处决！这一次，我们将用我们民社党人习惯的方式来同他们算账。

（五）施道芬堡是谁

克劳斯·冯·施道芬堡伯爵 1907 年出生在德国南部的著名世家。他的外曾祖父是抵抗拿破仑时期的军事英雄，母系这方也是名将的后裔。他父亲曾做过伍尔登堡末代国王的枢密大臣。母亲是著名的女伯爵。

1938 年，施道芬堡 31 岁，他被选拔进总参谋部任职，正是在这一年，纳粹的排犹主义使他第一次对希特勒产生了怀疑。之后，怀疑便与日俱增。大战爆发后，他作为参谋军官到过波兰、法国和苏联，目睹了党卫队的大屠杀、阴森可怖的集中营，这些使他对第三帝国的幻想彻底破灭了。

1943 年施道芬堡加入了一个反对希特勒的密谋组织——"黑色乐队"。这个集团有许多知名人士，其中有原陆军总参谋长贝克、前莱比锡市长戈台勒。而这个组织的领导者，就是德高望重的贝克将军。很快，施道芬堡便以其勃勃的生气、清楚的头脑、宽广的思路、杰出的才干，赢得了大多数密谋分子的拥护和信赖，成为"黑色乐队"的核心人物。

盟军在法国成功登陆后，施道芬堡开始犹豫是否还有必要除掉希特勒，毕竟随着盟军和苏军的节节胜利，德国的败局已经注定。最后，这个组织的其他人主张继续行动，理由是除掉希特勒可以尽早结束战争。而且在西线停战后，还可以防止俄国人打进德国。施道芬堡顿开茅塞，立即着手准备刺杀行动。但从何下手？由谁下手？

机会终于来了。1944 年 7 月 19 日，施道芬堡接到最高统帅部命令，要他次日下午一点到"狼穴"向希特勒报告关于编组新的"人民步兵师"的进展情况。

这是一次上天赐予的良机，施道芬堡和他的伙伴兴奋不已。贝克立即召集成员开会，坚定地表示："胜败在此一举！"他向施道芬堡交代说："成功后迅速飞回柏林，占领柏林的行动要靠你来指挥。"施道芬堡信心满满，表示没有问题。

7月20日，施道芬堡进入"狼穴"后，先去找另一名密谋分子统帅部通讯主任菲尔基贝尔将军，约好炸弹一响，立即切断"狼穴"的所有电话、电报和无线电通讯，使它同外界特别是柏林完全隔绝。

然后，施道芬堡来到凯特尔的办公室，故意把帽子和皮带留在外面的会客室。凯特尔告诉他，由于元首要接待来访的墨索里尼，所以会议从1时提前到十二时半，而且改在地面上的木结构会议室举行。

快到十二时半的时候，凯特尔和施道芬堡离开房间去会议室。刚出屋没几步，施道芬堡说他把帽子和皮带忘在会客室了，要凯特尔稍等片刻，便转身回到屋里。在会客室，他迅速打开皮包，用一把小夹子启动炸弹上的引爆装置——玻璃管，让里面的药水流出来。药水将在10分钟后把一根很细的金属丝腐蚀掉，然后撞针就会弹出来击发雷管。

他刚把这件事情做完，就听到凯特尔在外面催他了，于是抓起帽子和皮带奔出房间。4分钟后，两人走进会议室，会议已经开始。希特勒背对门坐着，正在听陆军副总参谋长豪辛格作东线形势汇报，并不时用放大镜看地图。进屋后，凯特尔走向希特勒左边的座位，施道芬堡则走到右边距希特勒不到两米的位置，中间隔两个人。他把皮包放在厚实的桌子底座内侧，然后用脚将皮包悄悄推进希特勒，然后就偷偷溜了出去，此时离爆炸只剩下1分钟了。

豪辛格将军关于东线战况的汇报将要结束时，时针指向12点42分，他忧心忡忡地说："如果我们在贝帕斯湖周围的集团军不立即撤退，一切灾难……"正在这时，只听"轰"的一声，会议室剧烈抖动了一下。此时施道芬堡正站在离爆炸点200码的地方。看到会议室里烟火升腾，碎片翻飞，他兴奋地以为希特勒必死无疑，便转身匆忙离开"狼穴"，回柏林发动他的政变去了。

然而希特勒并没有死，甚至连重伤也没负。原来施道芬堡放的皮包附近站着一位名叫勃兰特的上校军官，他觉得皮包碍脚，便把它拿到桌子底座的外侧。勃兰特下意识的举动，救了希特勒一命。炸弹炸死了几个德国军官，希特勒本人只受了一点轻伤。

刺杀失败后，希特勒迅速展开镇压活动。党卫队出动了，施道芬堡、贝克、奥尔布里希特等人被逮捕并就地处决。随之而来的是一场空前彻底和残酷的大搜捕，被怀疑与密谋有牵连的人都被逮捕、审判、处决，光被处死的就有4980人，另外还有成千上万的人被投入集中营。

死者中，有一些是自杀的，其中最引人注目的当数隆美尔了。"7·20"事件的密谋者曾多次与隆美尔接触，而隆美尔这时也开始设想联合英美反苏的计划，与希特勒的矛盾不断激化。8月12日，密谋刺杀希特勒的重要成员戈台勒被捕，从他箱子里搜出来的有关文件上有隆美尔的名字。另外一名参与这个组织的成员霍法克也向希特勒的秘密警察证实：隆美尔曾让起义的人相信，如果阴谋得逞，他可以算一

份。9月末，希特勒最信任的心腹马丁·博尔曼在从元首大本营发出的一份印有"帝国秘密事务"字样的呈文中报告，隆美尔曾说"暗杀成功后他将领导新政府"。这些文件让希特勒对最喜欢的隆美尔将军做出了死刑判决。

10月14日，希特勒派人送毒药给隆美尔，并传达了希特勒的允诺：如果服毒自尽，将对他的叛逆罪严加保密，并为他举行国葬，其亲属可领取陆军元帅的全部抚恤金；否则将受法庭审判。隆美尔选择了前者。希特勒果然下令为隆美尔举行国葬，陆军元老伦德施泰特元帅致悼词，希特勒为其送葬。希特勒甚至专程给隆美尔的妻子露西发去了电报："您丈夫的逝世给您带来了重大的损失，请接受我最真挚的吊唁。隆美尔元帅的英名，与他在北非的英勇战绩一样，都将永垂不朽！"

（六）"眼镜蛇"行动

盟军一直困在诺曼底周围的狭小地带，施展不开。在登陆8周之后，美军决定发动大规模攻势，打开局面，这次行动的代号就是"眼镜蛇"。

7月12日，布莱德雷向他的下属指挥官简介他的眼镜蛇计划，该计划包括3个阶段。主攻部队将由柯林斯的第7军指挥。第1阶段，将由埃迪少将的第9和霍布斯少将的第30步兵师实施突破攻击，在德国的战术区打开一个缺口，然后按住两侧进行渗透，同时许布纳少将的第1步兵和布鲁克斯少将的第2装甲师将深入防线，直到抵抗崩溃。在第2阶段，5~6个师突击部队，将通过在德军防线和西翼的缺口。如果这2个阶段是成功的，德军在西部的防线将变得不可收拾，第3阶段将容许盟军相对容易地推进到灌丛的西南端，切断及攻占布列塔尼半岛。

由于恶劣天气影响而数次推迟后，"眼镜蛇"行动于7月25日展开。首先是大约3000架美军飞机，对敌人一个长约11公里、宽约3公里的阵地投弹4000吨。这场可怕的轰炸结束时，呈现在眼前的是一片陌生的土地：村庄没有了，道路不见了，山头削平了，沟渠填满了——地图也失去了作用。

接着，美第1集团军派出6个师发起强攻，在敌人防线上打开了一个缺口。布莱德雷迅速扩大战果，把第1集团军的4个军全部投入战斗，第7和第8军不到1周就前进了50公里，占领了阿佛朗什，迫使德军向东南方向退缩。美国人以排山倒海之势汇成一股橄榄绿色的巨大洪流，奔腾向前，追赶着狼狈后撤的德国人，其进展如此神速，以致布莱德雷不得不靠飞行员报告哪里又升起了红、白、蓝法国国旗，才知道部队已经打到哪里。

这时希特勒和他的最高统帅部终于认识到，诺曼底战役是盟军的主要战略行动，慌忙把部署在加莱地区的第15集团军紧急调往诺曼底阵线，但为时已晚，加上交通不便，行动缓慢，收效甚微。

8月1日，美将巴顿指挥的第3集团军从阿佛朗什出击，投入战斗。

巴顿是在 7 月初的一天，接到了期待已久的命令，要他 7 月 6 日到法国去建立他的司令部，但要保密，不能让德国人知道。巴顿来到前线之后，很快发现自己是个多余的人。他一直被调在"待命"状态。7 月 12 日，布莱德雷把"眼镜蛇"计划的内容透露给他，而他则想起自己曾把类似的想法告诉过布莱德雷。

听说希特勒遇刺的消息后，巴顿很着急，生怕战争会突然停止。他向布莱德雷恳求说："看在上帝的份儿上，你得在战争结束前让我投入战斗。"这时巴顿终于派上了用场。巴顿的坦克部队兵分三路：一路向西，8 月 6 日切断了布列塔尼半岛上的德军阵线；另一路向东南挺进，8 月 8 日攻下勒芒，然后挥师北上。8 月 13 日美军和法国第 2 装甲师（这支部队由雅克·勒克莱尔将军指挥）进抵阿尔让唐外围，对德军诺曼底阵线南翼进行扫荡；第三路挥戈东进，8 月 17 日直取奥尔良，18 日攻下夏特勒。

在美军辉煌胜利的刺激下，蒙哥马利也积极行动起来。英、加和波兰军队从卡昂南下，向法莱斯推进，准备包围德军。8 月 16 日，加、波军队占领了法莱斯。19 日，这个钳形攻势完成，形成了阿尔让唐—法莱斯的口袋，包围德军 8 个步兵师和 2 个装甲师，结果俘敌 5 万人，毙敌约 1 万人。战斗十分惨烈，后来艾森豪威尔回忆说："在这个包围圈封闭后的 48 小时，有人领我步行通过这个地区，那里的景象只有但丁才能形容。你完全可以在死尸和烂肉堆上一气走几百米而踩不着别的东西。"

溃退的德军向塞纳河方向狼狈逃窜，德军西线总司令冯·克鲁格被撤职，克鲁格在回国途中由于担心希特勒把诺曼底的失败归罪于他，而服毒自杀了。

僵持局面终于打开了。美军史诗般地冲出了厮杀近两个月的诺曼底，大踏步地向法国心脏地区挺进，其速度之快，德军连炸桥的时间都没有。7 月 31 日，美军已站在通向布列塔尼和法国中部的大门口。艾森豪威尔向马歇尔报告说，"巴黎的塞纳河已唾手可得"。

（七）巴黎解放

盟军在"眼镜蛇"行动后势如破竹，希特勒为此焦头烂额，但他的倒霉事还不止于此。8 月 15 日，酝酿已久的"龙骑兵"行动终于在法国南部展开。盟军 50 万人马在美国第 7 集团军司令帕奇中将的指挥下，在普罗旺斯地区顺利登陆，直奔土伦和马赛。德守军第 19 集团军的精锐部队早被调往诺曼底战场，已处于绝对劣势，面对盟军强大攻势纷纷溃败。

而 8 月 15 日这天最开心的应该是巴顿了。晚上听着广播，巴顿突然从椅子上跳起来，奔出屋外，向参谋们大声喊道："我刚从广播里听说，我正在法国指挥第 3 集团军！"

原来，为了让德国人相信巴顿一直在英国准备在加莱海峡登陆，艾森豪威尔对巴顿已在法国指挥作战一事进行保密。这样，尽管巴顿驰骋疆场、所向披靡、攻城略地、节节胜利，但战报中就是不提他的名字，也不提他的第3集团军。然而熟悉巴顿作战风格的德国人，看到一支部队在向布雷斯特、昂热、勒芒、奥尔良、阿尔让唐进攻，很快就断定是巴顿在指挥。即使远在美国的巴顿夫人，也能轻易在地图上标出她丈夫的方位，并在心中默默地把巴顿的名字填到公报上。

德国人还从被俘的人员及截获的文件中确认了他们的对手正是巴顿，并用多种语言向全世界公布了这一消息。对于巴顿，德国人比美国人了解得还清楚。但艾森豪威尔还是继续对外保密。

巴顿对此十分不甘。这不仅是个人荣誉问题，而且会影响到第3集团军的士气。他的部队像他一样需要荣誉来激励，他要使他们成为整个远征军中"最翘尾巴的小伙子"。但"该死的保密"把第3集团军的胜利掩盖起来了，还"怎么可能使它保持高昂的士气呢"？第3集团军的官兵们也有不满情绪，他们指责最高统帅部是在妒忌他们的首长，剥夺他们的功绩。官兵的敌对情绪甚至妨碍了战争的顺利进行，以致马歇尔将军后来不得不派一名助手来欧洲调查。

美国国内的巴顿崇拜者们，也开始为他鸣不平。美国的一家报纸发表了一篇社论，公开把这个问题提出来，指责统帅部既要借助巴顿，却又不给他应得的荣誉。被逼无奈之下，艾森豪威尔只好举行了一个记者招待会，宣布巴顿将军正在法国指挥第3集团军作战。

这一宣布不要紧，记者们很快就从各地飞奔巴顿的指挥所，使他应接不暇。一时间，巴顿的名字垄断了报纸、电台的头条新闻，巴顿自己形容，他再次成了"公共财产"。这是他乐意的事，更让他兴奋的是，在舆论的推动下，国会宣布授予他永久性少将军衔，比布莱德利还早两周。

20日以后，盟军全线追击，向塞纳河高速挺进。盟军势如破竹，呈现在面前的是平坦宽阔的公路，青葱翠绿的一望平川。巴顿属下的法国第2装甲师师长勒克莱尔重回祖国，不禁感慨万千。1942年底，勒克莱尔从中非乍得湖畔率领一旅法军北上，行军39天，1943年2月初到达突尼斯，后来参加了盟军围歼北非德意残军的战斗。诺曼底登陆时，经艾森豪威尔和戴高乐商定，勒克莱尔率领法国第2装甲师开赴英国，参加诺曼底战斗。他感慨道，这似乎是1940年战局的重演，不过胜负双方颠倒了过来。这次是德国人在出其不意的攻击下，乱作一团，溃不成军。

巴顿的部队先后在巴黎西北的芒特、巴黎以南的默伦和枫丹白露、巴黎东南的特鲁瓦渡过塞纳河，把河西的残余德军压向狭窄的下游地区。随后，英国和加拿大军队从西面赶来，参与对挤在河岸上的逃敌的围歼。这次围歼中，盟国空军再次发挥了威力，向等待过河的德军头上扔下了无数吨的炸弹。莫德尔这位刚上任10天的德国西线总司令，带着几万败兵，仓皇逃去。

8月25日法国首都巴黎解放了。这比艾森豪威尔的计划要提前得多。他对进攻巴黎这样的大城市不感兴趣，他只想更快、更多地消灭敌人，更早向德国境内推进。另外，艾森豪威尔担心残酷攻坚战会毁坏这个欧洲文明的摇篮。他决定绕过巴黎。然而，就在巴顿的部队占领芒特那天，长期处于纳粹暴政统治下的巴黎人民举行了起义。

艾森豪威尔面临的局势顿时复杂了。如果命令部队援助起义，德国人很可能一怒之下狗急跳墙，将这座古都变成一座废墟。这种危险并非没有，德国守军已奉希特勒之命在桥梁、名胜古迹、重要建筑物、各要害部门安放好了炸药。但若不援助起义，巴黎人民便有可能遭到纳粹"最广泛的血腥报复"。盟军此时已站在巴黎大门口，见死不救怎么也说不过去。事实上，盟军登陆法国后，得到法国人民的大力支援，辉煌战果的背后也有他们的一分力量。

这个时候，戴高乐将军不失时机地返回法国，他问艾森豪威尔，为什么不进攻巴黎。艾森豪威尔答以"攻打巴黎会造成严重破坏和居民伤亡"。戴高乐说："但巴黎人民已经起事，再不进攻就没有道理了。"艾森豪威尔："是啊，他们动手太早了。"

第二天，戴高乐又催促艾森豪威尔尽快进军巴黎。这时，巴黎起义领导人传出消息说，德军已与他们达成暂时停火，撤到东城区，如盟军不赶快进城，德军很可能会再杀回来。艾森豪威尔无可奈何地说："现在看来，我们好像不得不进入巴黎了。"于是按照事先与戴高乐达成的协议，命令勒克莱尔的法国第2装甲师火速从阿尔让唐进军巴黎。

1944年8月25日，法国第2装甲师从巴黎的南门和西门进入城市。当天下午，根据艾森豪威尔的命令，法国的勒克莱尔将军光荣地接受了德军的投降。

不久，戴高乐也驱车进入巴黎。他来到市政厅，向下面欢呼的人群伸开双臂高呼："法兰西共和国万岁！"戴高乐之前曾要求艾森豪威尔借给他两个师，"以显示威力和巩固他的地位"。艾森豪威尔没有同意，但同意了让戴高乐由布德雷陪同，检阅两个路过巴黎开往前线的美国师。巴黎居民万人空巷，热烈欢迎戴高乐这位法兰西民族英雄。

巴黎的解放成为诺曼底战役结束的标志。